成唯識論 **성유식론 주해**

마음의 구조와 작용

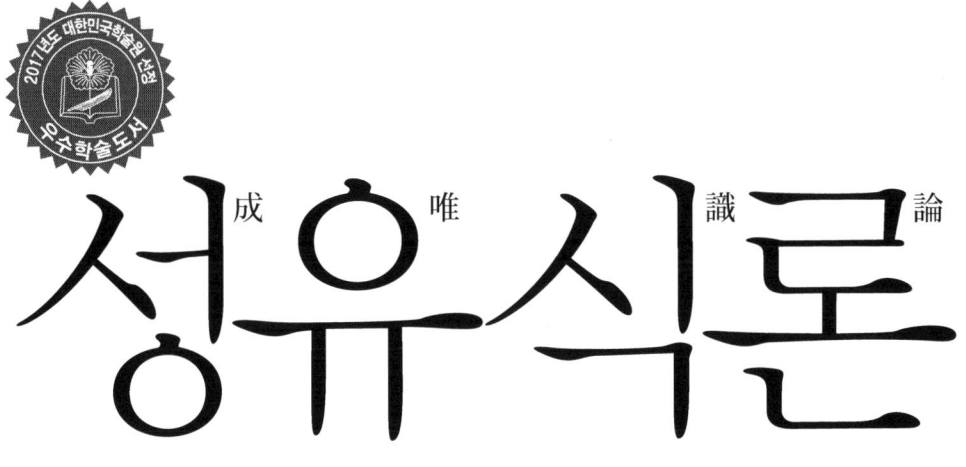

성유식론 成唯識論

마음의 구조와 작용

성유식론은 중국의 현장 법사가 세친의 유식30송에 관하여 인도의 10대 논사들이 주석한 것을, 유형상(有形象) 유식론에 입각해서 호법 등의 것만을 번역하여 엮은 것이다. 우리나라에는 7세기 후반에 도입되어 법상학 연구에 지대한 영향을 주었는데, 불교를 마음의 종교라고 할 때에 그 핵심에 놓여 있는 논서이다. 즉, 이 사상은 각자가 소유하고 있는 마음을 자세하게 분석하여 정리한 것으로서 불교의 심리학이라고도 할 수 있다.

이 만 역주

주해

씨아이알

머리말

불교에서는 자신에게 주어진 인연은 언제나 달게 감수해야 한다는 經句가 있다. 한참 배워야 할 무렵에 일찍부터 직업을 갖게 되어 배움에 대한 미련이 항상 짓누르고 있었는데, 그 무렵에 아주 색다른 인연에 접하게 된 것이 바로 불교학과에 다니는 것이었다.

처음 강의를 들었을 때에는 생소한 교의는 물론이고 모르는 한자들이 너무도 많이 사용되므로 퍽이나 당황스러운 때도 있었고, 더구나 불교를 전공하려고 선택한 것이 아니었기 때문에 거의 1년간은 방황의 연속이었다. 그러다 그해의 겨울 방학 때에 다음 학기의 등록금을 마련하기 위하여 텅 비어 있는 기숙사에 머물고 있을 무렵, 지난 1년간의 서울 생활을 반성해본 결과는 오히려 심리적으로 갈등만 커지고 진로에 대한 확신이나 처음에 의도한 바의 목적과는 전혀 상반된 입장에 놓이게 된 것을 깨닫고서, 마침내 결정한 것이 불교학에 관한 연구를 다짐한 것이었다.

그렇게 결정하고 전공 서적들을 검토한 결과로 김동화 박사가 지은 『唯識哲學』이 손에 들어 왔던 것이며, 이 책은 나의 書齋에서 그 어떤 책보다도 항상 관심과 애착을 끄는 장서로서 지금도 좀 낡았지만 꽂혀 있다. 다른 사람들이야 그 책을 어떻게 보는지 모르지만 한 권의 책이 한 사람의 일생을 바꿔 놓은 것이며, 이런 事由로 바람이 있다면 내가 지은 변변치 못한 책들이라도 훗날에 누군가의 사랑을 받는 장서가 되었으면 하는 마음 간절한 것이다.

이 『成唯識論』은 世親의 말년 저작인 『唯識三十頌』에 관하여 印度의 10대 논사들이 각각 주석한 내용을 有形象 唯識論의 관점에서 護法 등의 것만을 중국의 玄奘 삼장이 번역하여 편집한 것이다. 『成唯識論』은 相宗의 핵심 전적으로서 性宗의 논장인 『起信論』과는 필수적인 연찬의 자리에 놓여 있는데, 大覺國師 義天의 회고와 같이 일반인들이 쉽게 접근할 수 없지만 大乘 始敎의 교의를 알기 위해서는 반드시 섭렵해야 하는 논장인 것이다.

신라의 太賢 법사는 瑜伽祖로서 일찍이 이 논장을 궁구하였는데, 그는 聰慧하고 精敏하여 판단이 분명하였으므로 그의 章疏에 대해서 중국인들도 주석하였다는 구체적인 내용이 日本의 善珠(724~797)가 지은 『唯識分量決』에 나오고 있다. 말하자면 태현은 홀로 邪謬를 판정하고 幽奧를 밝혀서 東國의 후진들은 물론이고 중국의 학자들도 자주 이것을 얻어서 안목으로 삼았다는 것이다.

이와 같이 유식교학에 관하여 태현의 뛰어난 안목이 있었던 것은, 신라에서는 일찍부터 중국 玄奘의 신유식학 사상을 도입하여 유명한 스님들이 거의 모두 『成唯識論』에 관하여 章疏를 저작하는 등의 연찬이 활발하게 이루어진 풍토였기 때문에 가능했던 것인데, 그들을 보면 玄奘의 수제자인 圓測을 비롯하여 元曉, 神昉, 憬興, 順憬, 道證, 勝莊, 玄一, 悟眞, 義寂, 道倫, 義榮, 義濱 및 太賢 등이었으며, 특히 唯識의 6大家 중에는 窺基 법사 등과 함께 圓測과 義寂 법사가 포함되는 수준에 이르렀던 것이다.

더 나아가 고려시대에도 大覺國師 義天은 『刊定成唯識論單科』를 저작하여, 『俱舍論』을 배우지 않고서는 소승의 이치를 알지 못하는 것과 같이 『成唯識論』을 배우지 않고서는 대승의 교의를 헤아릴 수 없다고 강조했으며, 그의 『成唯識論單科』를 원효의 章疏와 함께 송, 요 및 일본 등에 보냈고, 淨源 법사의 제자인 善聰과 그가 유학시절에 교류했던 辨眞에게도 보내서 그들이 灌手

焚香하고 잘 받았다는 서신을 보내왔다는 것이다.

이 『成唯識論 註解』는 주로 窺基가 찬술한 『成唯識論述記』와 智旭의 『成唯識論觀心法要』, 그리고 佐伯定胤이 校訂한 『新導成唯識論』 등을 참조했으며, 때로는 원측의 것과 태현 스님의 현존서인 『成唯識論學記』의 것도 인용하였지만, 신라인들의 것을 더 많이 依用하지 못한 것이 끝내 아쉽다.

이제는 세월의 변화와 함께 그간 살아오면서 부딪쳤던 일들도 서서히 본래의 제자리에 놓이게 될 처지에 있다. 참으로 많이 몸부림쳤고, 따라서 갈등도 많았던 인생살이였지만 그래도 이렇게 마무리를 잘 지을 수 있도록 배려해주신 씨아이알 출판부에 감사드리고, 항상 잊지 못하는 조모님과 부모님, 그리고 집의 아내를 비롯하여 자식들과 며느리에게도 진심으로 고맙다는 의사 표시를 하고 싶다.

오직 바라는 것이 있다면 이 책이 출판되어서 세상에 나왔을 적에 이에 관심 있는 많은 분들에게 실망감이나 주지 않았으면 하는 마음이다. 더러 부족하지만 이 책이 뒷날의 근거로 되어서 한 단계 향상된 수준으로 나아가는 우리 불교학계가 되었으면 한다. 이 시간에도 많은 것을 갈구하는 분들에게 부처님의 가피가 항상 같이 하여 편안한 삶 되기를 간절히 기원한다.

2016년 5월 30일
옮긴이 李 萬

목차

머리말 v
卷第 1 『成唯識論』　　3
卷第 2 『成唯識論』　 65
卷第 3 『成唯識論』　141
卷第 4 『成唯識論』　219
卷第 5 『成唯識論』　303
卷第 6 『成唯識論』　389
卷第 7 『成唯識論』　473
卷第 8 『成唯識論』　549
卷第 9 『成唯識論』　635
卷第 10 『成唯識論』　713
찾아보기　777

『成唯識論』卷第1

卷第1

『成唯識論』[1)]

護法等 菩薩造
三藏法師 玄奘 奉詔譯

稽首唯識性 滿分清淨者 我今釋彼說 利樂諸有情.

【歸敬】

唯識의 성품에[2)] 원만하게[佛]
또는 부분적으로[菩薩] 청정한 분들께 예경을 올립니다.
제가[3)] 이제 그[世親]의 게송을 해설하여,
모든 유정들을 이롭고 안락하게 하겠나이다.

今造此論為於二空有迷謬者生正解故　生解為斷二重障故
由我法執二障具生　若證二空彼障隨斷

---

1) 護法 等 菩薩 造, 玄奘 譯, 『成唯識論』(『大正藏』31, 1, 上~59, 上).
2) 窺基 撰, 『成唯識論述記』 卷第1 本(『大正藏』 43, 232, 中), "(유식의) 자성은 바로 심식의 원성실성 자체로서 오직 진여, 무위 및 무루이다. 유식의 자성을 唯識性이라 한다."(性卽是識圓成自體 唯是眞如無為無漏 唯識之性名唯識性).
3) 『述記』 卷第1 本(『大正藏』 43, 233, 下), "我란 安惠로서 자기 자신을 가리킨다."(我卽安惠 自指己身).

【緣起】

　이제 이 논장을 짓는 것은 2空[我空과 法空]에 관하여 미혹하고 오류를 범하는 사람들에게 바른 了解가 일어나게 하기 위해서이다. 요해하면 2가지의 麤重한 惑障[煩惱障과 所知障]을 단절하게 되기 때문이다. 자아와 법에 대한 집착으로 인하여 2가지의 추중한 혹장이 함께 일어난다. 만약에 2空을 증득하면 그 혹장도 따라서 단절된다.

　　斷障爲得二勝果故 由斷續生煩惱障故 證眞解脫 由斷礙解
　　所知障故得大菩提.

　혹장이 단절되면 2가지의 수승한 증과[涅槃과 菩提]를 증득할 수 있기 때문이다. 潤生을[4] 상속시키는 번뇌장을 단절하므로 인하여 진실한 해탈이 증득된다. 지혜[解]를[5] 장애하는 소지장을 단절하므로 인하여 큰 깨달음을 증득하기 때문이다.

　　又爲開示謬執我法迷唯識者 令達二空 於唯識理如實知故

---

4) 자연계에서 비나 이슬 등이 식물의 종자를 적셔서 새싹을 트이게 하듯이, 번뇌인 악업이 중생들의 心識을 도와서 迷界의 생명을 받게 하는 것을 말한다.
5) 『述記』卷第1 本(『大正藏』43, 235, 下), "알아야 할 것이란 바로 일체제법이 존재하거나 존재하지 않는가를 모두 알아야 하기 때문으로서, 알아야 할 것을 요달한 지혜를 解라고 한다." (言所知者 卽一切法若有若無皆所知故 了所知智之爲解.) 또한 4無礙智를 4無礙解라고도 하는데, 『阿毘達磨俱舍論』卷第27(『大正藏』29, 142, 上)에, "無礙解를 게송으로 말하면, 무애해에는 4가지가 있으니, 法, 義, 詞 및 辯無礙解로서 명칭, 의미, 언설 및 도를 말하는데, 퇴굴하지 않는 지혜를 자성으로 삼는다."(無礙解者 頌曰 無礙解有四 謂法義詞辯 名義言說道 無退智爲性.) 라는 것과 같이, 마음의 인식활동으로서는 智(慧)와 (理)解라고 하며, 언설로서는 辯이라 한다. 또한 『成唯識論』卷第9(『大正藏』31, 53, 中~下)에서도 보살의 제9 善慧地에서 이 4無礙解가 증득되어 佛地에 증입된다는 것이다.

復有迷謬唯識理者 或執外境如識非無 或執內識如境非有
或執諸識用別體同 或執離心無別心所 為遮此等種種異執
令於唯識深妙理中 得如實解故作此論.

또한 그릇되게 자아와 법에 집착하여 유식성에 미혹한 사람들에게 개시하여 2공을 통달하게끔 하려는 것이고, 유식의 이치를 여실하게 알게 하기 위해서다. 나아가 유식의 이치에 미혹하거나 오류를 범하는 사람들이 있는데, 외부의 경계는 心識처럼 존재하지 않는 것이 아니라고 주장한다[說一切有部 등]. 혹은 마음의 심식도 외부의 경계처럼 존재하지 않다는 것이다[淸辯 등]. 또는 모든 심식의 작용은 다르지만 체상은 같다고 주장한다[一部의 八識體一說]. 더 나아가 마음을 여의면 별도로 심소법도 존재하지 않다고 주장한다[經量部와 覺天 등]. 이러한 갖가지의 다른 주장들을 遮斷하고, 유식의 심오한 이치에서 진실한 지혜[解]를 증득하게 하기 위해서 이 논장을 짓는다.

若唯有識 云何世間及諸聖教 說有我法 頌曰.
(1)[6] 由假說我法 有種種相轉 彼依識所變 此能變唯三
(2) 謂異熟思量 及了別境識.

【總標】

만약에 오직 심식만이 존재한다면, 어째서 세간과 모든 성스러운 가르침[經典]에서 자아와 법이 존재한다고 하는가? (이에 관하여) 30송에서 다음과 같이 논술한다.

---

6) 이 숫자는 『유식30송』의 제1송을 가리킴(이하 같음).

자아와 법을 가설함으로 인하여
갖가지 형상들의 展轉함이 있으니
그것들은 심식이 전변한 것[相分과 見分]에 의지한다.
이러한 능변식에는 오직 3가지가 있는데
이숙과 사량 및 요별경식을 말한다.

論曰 世間聖教說有我法 但由假立非實有性 我謂主宰 法謂軌持 彼二俱有種種相轉.

논술하자면, 세간과 성스러운 가르침에서 자아와 법이 존재한다고 한 것은 단지 가설에 의지하여 건립한 것으로서 실제로는 자성이 존재하는 것이 아니다. 여기에서 자아란 主宰이고, 법이란 軌範[法度]을 任持한 것을[7] 말한다. 그 2가지는 함께 갖가지의 형상으로 展轉함이 있다.

我種種相 謂有情命者等 預流一來等 法種種相 謂實德業等 蘊處界等 轉謂隨緣施設有異.

【賢聖義】

자아의 갖가지 형상이란, 유정과 命者[8] 등과 예류와 일래 등을 말한다.

---

7) 法이란, "자성[성품]을 任持하고 있어서, 그것[자성]이 다른 물질과 헤아림을 낳은 궤범[法則]이 되는 것"(任持自性 軌生物解)을 말한다.
8) 『述記』卷第1 本(『大正藏』 43, 239, 下), "자아를 또한 有情, 意生, 摩納縛迦, 養生者, 數取趣, 命者 및 生者라고도 하는데, 이 중에서 단지 3가지만을 거론한 것이다. -물질과 마음이 상속되는 것을 命이라 한다."(謂我亦名有情・意生・摩納縛迦・養育者・數取趣・命者・生者 此中但擧三種

법의 갖가지 형상이란, 실체[實]와 속성[德] 및 행위[業] 등과[9] 5온과 12처 및 18계 등을 말한다. 전전이란 인연에 따라 시설된 것으로서 變異가 되는 것을 말한다.

> 如是諸相若由假說 依何得成 彼相皆依識所轉變而假施設
> 識謂了別此中識言亦攝心所 定相應故

이와 같은 모든 형상들이 만약에 가설에 의지한 것이라면, 무엇에 의지하여 성립되는가? 그 형상들은 모두 심식이 전변한 것에 의지하여 가정적으로 시설된 것이다. 심식이란 요별로서 여기에서 심식에는 또한 심소법도 포함하는데, 반드시 (심식과) 상응하기 때문이다.

> 變謂識體轉似二分 相見俱依自證起故 依斯二分施設我法
> 彼二離此無所依故. 或復內識轉似外境

【三類境】

전변이란, 심식 자체[自證分]가 전변되어 2가지의 心分[相分과 見分]으로 유사하게 나타나는 것[似現]을 말하는데, 相分과 見分은[10] 모두 自證分에 의지하

一色・心相續名之爲命.)
9) 印度의 6파철학 중 하나인 勝論學派에서 주장하는 6범주[六句義 ; 實, 德, 業, 同, 異, 和合 중에서 3가지를 말한다.
10) 佐伯定胤 校訂(日本 奈良 法隆寺, 1984), 『新導成唯識論』 卷第1, p.13, "마음 작용의 分限에 관하여 네 논사들의 異說이 있는데, 말하자면, 安慧 논사는 오직 自證分만을 건립하고, 難陀 논사는 相分과 見分의 二分을 건립했으며, 陳那 논사는 相分, 見分 및 自證分을 건립하고, 護法

여 일어나기 때문이다. 이러한 2가지[二分]에 의지하여 자아와 법을 시설한다. 그 2가지[자아와 법]는 이것[상분과 견분]을 여의면 의지처가 없기 때문이다. 혹은 마음의 심식[見分]이 전변되어[相分] 외부의 경계로 유사하게 나타나기도 한다.

我法分別熏習力故 諸識生時變似我法 此我法相雖在內識
而由分別似外境現 諸有情類無始時來 緣此執為實我實法
如患夢者患夢力故心似種種外境相現 緣此執為實有外境

【總標殘】

자아와 법으로 분별되는 것은 훈습력 때문이다. 모든 심식이 일어날 때에는 전변되어 자아와 법으로 유사하게 나타난다[難陀와 親勝 등]. 이 자아와 법의 형상이 비록 내부의 심식에 존재하더라도 분별로 인하여 외부의 경계로 유사하게 나타난다. 모든 유정들은 옛적부터 이것을 攀緣하고[11] 집착하여 실제의 자아와 법으로 삼는다. 마치 患夢者가 환몽력 때문에 마음에 갖가지 외경의 형상들을 유사하게 나타내는데, 이것을 반연하고 집착하여 진실로 외경이 존재한다고 하는 것과 같다.

논사는 다시 證自證分을 더해서 四分으로 했다. 그래서 古人들이 게송으로 安, 難, 陳, 護의 一, 二, 三, 四라고 했다."(心用分限有四師異說 謂安慧論師唯立自證分 難陀論師立相見二分 陳那論師立相見分及自證分 護法論師更加證自證分 說四分 古人頌曰 安難陳護 一二三四.)

11) 반연이란 호박이나 칡의 덩굴이 옆의 나무나 풀의 줄기를 휘어잡고 올라가듯이, 마음도 이것이 일어날 때에는 스스로의 힘으로 일어나는 것이 아니고, 반드시 대상에 의지하여 일어나는 것을 말한다[원인을 도와서 결과를 맺게 하는 것]. 이러한 경우 마음은 대상을 반연한다고 하며, 이렇기 때문에 반연은 일체 번뇌의 근본이 된다.

愚夫所計實我實法都無所有 但隨妄情而施設故說之爲假 內
識所變似我似法 雖有而非實我法性 然似彼現故說爲假 外
境隨情而施設故非有如識.

어리석은 범부가 計度한[12] 진실한 자아와 법은 모두가 존재하는 것이 아
닙니다. 단지 허망한 情識[6根; 6情]에[13] 따라서 시설된 것이기 때문에 이것을
가법이라 한다. 내부의 심식이 전변하여 (대상과) 유사하게 나타난 자아와
법은, 비록 존재하더라도 진실한 자아나 법의 성품은 아니다. 그렇지만 그
것으로 유사하게 나타났기 때문에 가법이라 한다. 외부의 대상은 情識[6根]
에 따라서 시설된 것이기 때문에 심식처럼 존재하는 것이 아니다.

內識必依因緣生故非無如境 由此便遮增減二執 境依內識
而假立故 唯世俗有 識是假境所依事故亦勝義有.

내부의 심식은 반드시 인연에 의지하여 일어나기 때문에 경계와 같이 존
재하지 않는 것이 아니다. 이러므로 곧 增益과 損減되는 2가지의 집착을 차
단한다.[14] 외경은 내부의 심식에 의지해서 가립된 것이므로 오직 세속제에
서만 존재한다. 심식은 가법의 경계를 의지하는 자체[事]이므로[15] 또한 (세

---

12) 계탁이란 의식의 활동으로서 여러 사물에 관하여 헤아리고 분별하는 심리작용을 말한다.
13) 『述記』卷第1 本(『大正藏』43, 239, 下), "情이란 情識으로서 자아에게는 情識이 있으므로
   有情이라 한다."(情謂情識 我有情識 名爲有情.); 勝莊 著, 『梵網經述記』卷上 本(『韓國佛敎全書』
   第2冊(1979), p.125, 下, "소위 情이란 것은 6근을 말한다."(所言情者 謂六根也.)
14) 外境은 변계소집성으로서 실유가 아니라고 하여 외경에 대하여 增益하려는 집착심을 막고,
   內識은 의타기성으로서 허무한 것이 아니라고 하여 내식에 대하여 損減하려는 집착심을
   막는 것을 말한다.
15) 여기에서 事를 자체[自證分]라고 한 것은, 본 『成唯識論』卷第2(『大正藏』31, 10, 中)에, "심식

간의) 승의제에서도 존재한다.

云何應知 實無外境唯有內識似外境生 實我實法不可得故.

【破我】

　실제로 외경이 존재하지 않고 오직 마음의 심식만이 존재하여, 외경으로 유사하게 일어난다는 것을 어떻게 알아야 하는가? 진실한 자아와 법이 있을 수 없기 때문이다.

如何實我不可得耶 諸所執我略有三種 一者執我體常周遍 量同虛空 隨處造業受苦樂故 二者執我其體雖常而量不定 隨身大小有卷舒故 三者執我體常 至細如一極微 潛轉身中 作事業故.

[질문]　어째서 진실한 자아는 존재하지 않는가?

을 여의면 소연인 대상도 존재하지 않는다는 것을 통달한 대승에서는, 곧 상분(客觀)을 소연, 견분(主觀)을 행상이라 한다. 상분과 견분이 의지하는 자체를 事라고 하는데, 바로 자증분이다"(達無離識所緣境者 則說相分是所緣 見分名行相 相見所依自體名事 卽自證分.)라고 한 데서 알 수 있다. 또한 『成唯識論述記』 卷第3 本(『大正藏』 43, 318, 中)에도, "말하자면, 대상에 대한 행상인 견분의 능연을 事라고 하는데, 심왕과 심소법의 자체상이기 때문이다. 이것은 事의 의미를 해석한 것이다"(謂行於相見分能緣說名爲事 是心‧心所自體故 是釋事義)라고 했으며, "이 2가지[상분과 견분 소의인 자체분을 事라고 한다. -대승에서는 마음[心王]이 자신의 소연을 상대하면, 별도로 자체분을 건립하여 곧 事로 삼는다. 그러므로 견분을 행상이라 한다. 즉, 소승에서 事인 자체는 바로 견분이므로 자증분을 건립하지 않는다"(上同, 318, 下), 此二所依自體名事 -大乘心得自緣 別立自體分卽以爲事 故以見分名行相 卽小乘事體是見分 不立自證分.]는 것 등이다.

[답변] 모두 주장하는 자아에는 대략 3가지가 있는데, 1) 자아는 체상이 상주하고 주변하며, 크기는 허공과 같다고 한다. 처소에 따라서 업을 지어서 고락을 받기 때문이라는 것이다[數論과 勝論 등]. 2) 자아는 그 체상이 비록 항상 하더라도 크기는 일정하지 않다고 한다. 몸의 대소에 따라서 구부리거나 펴기 때문이라는 것이다[無慚外道 등]. 3) 자아는 그 체상이 항상 하고, 지극히 미세하여 하나의 극미와 같다고 한다. 몸속에 잠재하여 전전하면서 자체의 업을 짓기 때문이라는 것이다[獸主와 遍出 등 외도].

初且非理 所以者何 執我常遍量同虛空 應不隨身受苦樂等 又常遍故應無動轉 如何隨身能造諸業.

1)의 것은 바른 이치가 아니다. 왜냐하면, 주장하는 자아가 항상 하고 두루 해서 크기가 허공과 같다면, 당연히 신체에 따라서 고락 등을 받지 않아야 한다. 또한 항상 하고 두루 하기 때문에 당연히 움직이거나 전변하지 않아야 하는데, 어떻게 몸에 따라서 스스로 여러 가지의 업을 짓겠는가?

又所執我一切有情為同為異 若言同者 一作業時一切應作 一受果時一切應受 一得解脫時一切應解脫 便成大過 若言異者 諸有情我更相遍故體應相雜 又一作業一受果時 與一切我處無別故 應名一切所作所受.

또한 주장하는 자아는 일체의 유정들에게 같거나 다르다고 하는데, 만약에 같다면, 한 사람이 업을 지었을 때에 모든 사람들도 당연히 지어야 한다. 한 사람이 과보를 받을 때에 모든 사람들도 당연히 과보를 받아야 한다. 한 사람이 해탈을 증득할 때에 모든 사람들도 당연히 해탈해야 하는데, 곧 큰 과실이 된다.

만약에 다르다면, 모든 유정들의 자아는 번갈아 서로 두루 하기 때문에 그 체상도 반드시 서로 섞여버릴 것이다. 또한 한 사람이 업을 지어서 한 사람이 과보를 받을 때에, 모든 사람의 자아와 처소는 구별되지 않기 때문에, 당연히 모든 사람들도 업을 짓고 과보를 받는다고 해야 한다.

> 若謂作受各有所屬無斯過者 理亦不然 業果及身與諸我合 屬此非彼不應理故 一解脫時 一切應解脫 所修證法一切 我合故.

만약에 업을 짓고 과보를 받는 것이 각각 소속되는 데가 있어서 이러한 오류가 없다고 한다면, 이치가 또한 그렇지 않다. 즉, 업과 과보 및 몸은 모두 자아와 화합되는 것인데, 이것에 속하는 것이 그것에는 그렇지 않다는 것은 당연히 이치가 아니기 때문이다. 한 사람이 해탈할 때에 모든 사람들도 당연히 해탈해야 하는데, 수습해서 증득된 법은 일체의 자아와 화합되기 때문이다.

> 中亦非理 所以者何 我體常住不應隨身而有舒卷 既有舒卷 如槖籥風 應非常住 又我隨身應可分析 如何可執我體一耶 故彼所言如童竪戲.

2)의 것도 또한 이치가 아니다. 왜냐하면, 자아는 체상이 상주한다는 것으로서 당연히 몸에 따라 구부리거나 펴는 것이 아니기 때문이다. 이미 구부리거나 펴는 것이 존재한다고 하지만 마치 풀무 속의 바람과 같아서 당연히 상주하지 않는다. 또한 자아가 몸을 따른다면, 당연히 분석될 수 있어야

하는데, 어떻게 자아의 체상이 하나라고 주장할 수 있는가? 그러므로 그들이 주장하는 것은 마치 어린 아이들의 장난과 같다.

> 後亦非理 所以者何 我量至小如一極微 如何能令大身遍動
> 若謂雖小而速巡身如旋火輪似遍動者　則所執我非一非常
> 諸有往來非常一故.

3)의 것도 또한 이치에 맞지 않다. 왜냐하면, 자아의 크기가 지극히 작아서 하나의 극미와 같다면, 어떻게 능히 큰 몸을[16] 두루 움직이게 하겠는가? 만약에 비록 작기는 하더라도 신속하게 몸에서 돌아다니는 것이 횃불을 돌려서 바퀴를 만드는 것과 같이, 두루 움직이는 것으로 유사하게 나타난다면, 바로 주장하는 자아는 하나도 아니고 항상 하는 것도 아니다. 모든 往來하는 것은 항상 하거나 하나가 아니기 때문이다.

> 又所執我復有三種 一者即蘊 二者離蘊 三者與蘊非即非離
> 初即蘊我理且不然 我應如蘊非常一故 又內諸色定非實我
> 如外諸色有質礙故

또한 주장하는 자아에는 다시 3가지가 있는데, 1) 5온에 相即하는 것이고, 2) 5온을 여읜 것이며, 3) 5온과 상즉하거나 여읜 것도 아닌 것이다. 1) 5온에 상즉한다는 자아는, 이치가 또한 그렇지 않다. 자아는 당연히 5온과 같이 상주하거나 하나가 아니어야 하기 때문이다. 또한 마음 안의 모든 색법은

---

16) 『述記』卷第1 本(『大正藏』43, 246, 下), "色究竟天[색계의 4禪天의 맨 위에 있는 천계]에서 (몸은) 1만 6천 由旬의 大身이다."(色究竟天 萬六千由旬大身.)

결정코 진실한 자아가 아니며, 마치 외부의 모든 색법과 같이 질애성이[17] 있기 때문이다.

> 心心所法亦非實我 不恒相續待衆緣故 餘行餘色亦非實我
> 如虛空等非覺性故.

마음과 심소법도 또한 진실한 자아가 아니어서 항상 상속되지 않는데, 많은 인연을 기다리기 때문이다. 다른 행(생불상응행)과 색법[외부의 5경과 무표색]도 또한 진실한 자아가 아닌데, 허공 등과 같이 覺察되는 性類가[18] 아니기 때문이다.

> 中離蘊我 理亦不然 應如虛空無作受故 後俱非我 理亦不然
> 許依蘊立非即離蘊應如瓶等非實我故

2) 5온을 여읜다는 자아도 이치가 그렇지 않다. 마땅히 허공과 같아서 업을 짓거나 과보를 받을 수 없기 때문이다. 3) 5온에 相卽하거나 여읜 것이 아니라는 자아도, 이치가 또한 그렇지 않다. 5온에 의지해서 건립하지만 5온에 상즉하거나 여의는 것이 아님[俱非]을 인정한다면, 마치 병[甁] 등과 같이 진실한 자아가 아니어야 하기 때문이다.

---

17) 質碍性이란 變質과 障碍性을 말하는데, 모든 색법은 시간적으로 변화, 변질되고, 공간적으로 서로 부딪치는 장애성이 있다는 것을 말한다[質碍故名爲色].
18) 『述記』卷第1 末(『大正藏』43, 247, 中), "覺이란 覺察로서 심왕과 심소법의 총칭이다."(覺者 覺察 心心所總名.)

又既不可說有爲無爲 亦應不可說是我非我 故彼所執實我
不成.

또한 이미 유위법이나 무위법이라고도 할 수 없다면, 자아라거나 자아가 아니라고도 할 수 없어야 한다. 그러므로 그들이 주장하는 진실한 자아는 성립되지 않는다.

又諸所執實有我體 爲有思慮爲無思慮 若有思慮應是無常
非一切時有思慮故 若無思慮 應如虛空不能作業亦不受果
故所執我理俱不成.

[질문] 또한 모두가 진실로 존재한다고 주장하는 자아의 체상은 사려되는 것인가? 되지 않는 것인가?
[답변] 만약에 사려된다면, 당연히 이것은 무상한 것이어야 한다. 어느 때나 사려되는 것이 아니기 때문이다. 만약에 사려되지 않는다면, 당연히 허공과 같이 스스로 업을 짓거나 과보를 받을 수도 없어야 한다. 그러므로 주장하는 자아는 이치적으로 모두 성립되지 않는다.

又諸所執實有我體 爲有作用爲無作用 若有作用如手足等
應是無常 若無作用如兔角等 應非實我 故所執我二俱不成.

[질문] 또한 모두가 진실로 존재한다고 주장하는 자아의 체상은 작용이 있다고 할 것인가? 없다고 할 것인가?
[답변] 만약에 작용이 있다면, 마치 손이나 발 등과 같이 무상한 것이어야

한다. 만약에 작용이 없다면, 마치 토끼의 뿔 등과 같이 진실한 자아가 아니어야 한다. 그러므로 주장하는 자아는 2가지가 모두 성립되지 않는다.

> 又諸所執實有我體 為是我見所緣境不 若非我見所緣境者
> 汝等云何知實有我 若是我見所緣境者 應有我見非顛倒攝
> 如實知故

[질문] 또한 모두가 진실로 존재한다고 주장하는 자아의 체상은 아견의 소연경이 되는 것인가? 되지 않는가?
[답변] 만약에 아견의 소연경이 아니라면, 그대들은 어떻게 진실로 자아가 존재한다고 아는가? 만약에 아견의 소연경이라면, 당연히 자아가 존재한다는 견해는 顚倒된 것에 포함되지 않아야 한다. 여실하게 알기 때문이다.

> 若爾如何執有我者 所信至教皆毀我見稱讚無我 言無我見
> 能證涅槃執著我見沈淪生死 豈有邪見能證涅槃 正見翻令
> 沈淪生死.

만약에 그렇다면, 어째서 자아가 존재한다고 주장하는 사람[外道와 小乘]들이 篤信하는 지극한 가르침에서도 모두가 아견을 폄훼하고 무아설을 찬탄하여, "무아의 견해는 능히 열반을 증득하게 하고, 자아에 집착하는 견해는 생사윤회에 깊이 빠져들게 한다"라고 말한다. 어찌 삿된 견해가 능히 열반을 증득할 수 있게 하겠으며, 바른 견해가 도리어 생사윤회에 깊이 빠져들게 하겠는가?

> 又諸我見不緣實我 有所緣故 如緣餘心 我見所緣定非實我

是所緣故 如所餘法 是故我見不緣實我 但緣內識變現諸蘊
隨自妄情種種計度.

또한 모든 자아라는 견해는 진실한 個我를 반연하지 않는데 소연이 존재하기 때문으로서, 마치 다른 것[色法 等]을 반연하는 마음과 같이 아견의 소연은 반드시 진실한 개아가 아니다. 이것은 소연이기 때문으로서 마치 다른 법과 같다. 이렇기 때문에 아견은 진실한 자아를 반연하지 않는다. 단지 마음의 심식이 변현된 모든 蘊들을 반연하여 자신의 허망한 情識(6根)에 따라서 갖가지로 계탁하는 것이다.

然諸我執略有二種 一者俱生 二者分別 俱生我執 無始時來
虛妄熏習內因力故恒與身俱　不待邪教及邪分別任運而轉
故名俱生.

【俱生分別】

그런데 모든 아집에 대략 2가지가 있는데, 1) 선천적으로 일어나는 것[俱生起]이고, 2) 후천적인 분별에 의한 것[分別起]이다.[19] 선천적으로 일어나는 아집은 옛적부터 허망하게 훈습된 내적인 원인[心種子]의 세력이기 때문에 항상 몸과 함께 한다. 삿된 가르침이나 분별을 期待하지 않고 자연스럽게 전전하기 때문에 선천적이라 한다.

---

19) 『述記』卷第1 末(『大正藏』43, 249, 中), "이러한 등급의 차별은 몸과 함께 일어나므로 구생기라 하고, 뒤에 제멋대로 계탁을 일으키므로 분별기라고 한다."(此列差別 與身俱起 名曰俱生 後橫計生 名分別起.)

> 此復二種 一常相續在第七識 緣第八識起自心相執為實我
> 二有間斷在第六識 緣識所變五取蘊相 或總或別起自心相
> 執為實我 此二我執細故難斷 後修道中數數修習勝生空觀
> 方能除滅.

이것에도 다시 2가지가 있는데, (1) 항상 상속되는 것으로서 제7식에 존재하는데, 제8식을 반연하여 자기 마음의 형상을 일으키고[20] 집착하여 진실한 자아로 삼는다. (2) 단절됨이 있는 것으로서 제6식에 존재하는데, 심식이 전변한 5취온의 형상을 반연하여 전체나 개별적으로 자기 마음의 형상을 일으키고 집착하여 진실한 자아로 삼는다. 이 2가지의 아집은 미세하기 때문에 단절하기가 어렵다. 뒤의 수도위에서 반복적으로 수승한 生空觀을[21] 수습하면 마침내 스스로 없어진다.

> 分別我執亦由現在外緣力故非與身俱　要待邪教及邪分別
> 然後方起故名分別 唯在第六意識中有.

(후천적으로) 분별하여 일어나는 아집은, 현재의 외부의 인연력에 의거하기 때문에 몸과 함께 하지 않는다. 요컨대 삿된 가르침과 분별을 期待한 연후에 마침내 일어나기 때문에 분별기라고 한다. 오직 제6 의식에만 존재한다.

---

20) 『述記』卷第1 末(『大正藏』43, 249, 中), "影像의 形相 중에도 또한 실아는 존재하지 않고 오직 제8식만을 似現하는데, 바로 제7식의 자체 마음의 형상이다."(影像相中亦無實我 唯似第八 是第七識自心之相.)
21) 人空觀 또는 我空觀이라고도 하는데, 상일 주재하는 자아가 존재한다는 주관적인 迷執을 없애기 위해서 닦는 空觀을 말한다.

此亦二種 一緣邪教所說蘊相 起自心相 分別計度執爲實我
二緣邪教所說我相 起自心相 分別計度執爲實我 此二我執
麁故易斷 初見道時觀一切法生空眞如即能除滅.

이것에도 또한 2가지가 있는데, (1) 삿된 가르침에서 교설한 5취온의 형상을 반연하여 자기 마음의 형상을 일으켜서, 분별, 계탁하고 집착하여 진실한 자아로 삼는다. (2) 삿된 가르침에서 교설한 我相을 반연하여 자기 마음의 형상을 일으켜서, 분별, 계탁하고 집착하여 진실한 자아로 삼는다. 이 2가지의 분별에서 일어난 아집은 거칠기 때문에 단절하기가 쉽다. 처음 見道의 때에[22] 일체제법의 生空[我空]眞如를[23] 관찰하면 바로 없어진다.

如是所說一切我執自心外蘊 或有或無 自心內蘊一切皆有
是故我執皆緣無常五取蘊相 妄執爲我 然諸蘊相從緣生故
是如幻有 妄所執我橫計度故決定非有 故契經說 苾芻當知
世間沙門婆羅門等所有我見一切皆緣五取蘊起.

이와 같이 교설된 일체의 아집에서 자기 마음 밖의 5취온은 존재하거나 존재하지 않기도 하지만,[24] 자기의 마음의 5취온은 일체에 모두 존재한

---

22) 『述記』 卷第1 末(『大正藏』 43, 250, 下), "견도와 相違되기 때문에 견도가 일어나면 바로 소멸된다. 상견도 중에서는 단절되지 않기 때문에 논장에서 처음[初]이라 한 것이다."(違見道故道生便滅 相見道中不斷之故 故論初起.)
23) 『述記』 卷第1 末(『大正藏』 43, 250, 下), "이것은 二乘과 그 行相에 의지하므로 生空[我空]斷이라 하고, 보살은 法空斷에 통한다."(此依二乘·及行相 說言生空斷 菩薩亦通以法空斷.)
24) 上同, "제7식이 계탁하는 자아는 마음 밖에 오직 존재하지만, 제6식이 계탁한 자아는 마음 밖의 취온으로서 존재하지 않기도 한다.—俱生起는 반드시 존재하지만 分別起는 존재하지 않기도 한다. 즉, 5취온을 계탁하는 자아의 본질은 존재하지만, 5취온을 여의면 계탁하는

다.[25] 이렇기 때문에 아집은 모두 무상한 5취온의 형상을 반연하여 허망하게 집착해서 자아로 삼는다. 그리고 모든 5취온의 형상은 인연에 따라서 생기므로 허깨비와 같이 존재한다. 허망하게 집착된 자아는 제멋대로 계탁하기 때문에 반드시 실재하는 것이 아니다. 그러므로 경전『대반야경』의 異本에서, "비구들이여, 마땅히 알아야 한다. 세간의 사문과 바라문 등에게 간직된 아견은 일체 모두가 5취온을 반연하여 일어난다"라고 하였다.

> 實我若無 云何得有憶識誦習恩怨等事 所執實我旣常無變
> 後應如前是事非有 前應如後是事非無 以後與前體無別故.

진실한 자아가 만약에 존재하지 않는다면, 어떻게 기억하고 식별하며, 암송하고 익히며, 감사하고 원망하는 등의 자체가 있을 수가 있겠는가? 집착된 진실한 자아가 항상 하고 변화하지 않는다면, 이후에도 당연히 이전과 같이 이 자체는 존재하지 않아야 하고, 이전에도 이후와 같이 이 자체는 없지 않아야 한다. 이후의 것은 이전의 체상과 구별되지 않기 때문이다.

> 若謂我用前後變易非我體者 理亦不然 用不離體應常有故
> 體不離用應非常故

만약에 자아의 작용이 전후로 變易하므로 자아의 체상이 아니라면, 이치가 또한 그렇지 않다. 작용이 체상을 여의지 못하는 것은 당연히 항상 존재하기

자아의 본질은 존재하지 않는다."(第七計我心外唯有 第六計我心外之蘊 或是於無－俱生定有 分別或無 卽蘊計我本質是有 離蘊計我本質是無.)

25) 上同, "少法은 스스로 少法을 연취하지 못하지만, 오직 자기 마음만은 재차 자기 마음을 연취함이 있다. 그러므로 모두 5취온을 반연한다."(無少法能取少法 唯有自心還取自心 故皆緣蘊.)

때문이고, 체상이 작용을 여의지 못하는 것은 항상 하지 않기 때문이다.

然諸有情各有本識 一類相續任持種子 與一切法更互爲因
熏習力故 得有如是憶識等事 故所設難於汝有失非於我宗.

[正義] 그러므로 모든 유정들에게는 각각 근본식이 있어서 한 性類로 상속되면서 종자들을 任持한다. 일체제법과 서로 원인이 되는 훈습력 때문에 이와 같이 기억하고 식별하는 등의 자체가 있는 것이다. 그렇기 때문에 施設된 [앞의 기억 등의] 비난은 그대들에게 過失이 있는 것이지 우리의 宗旨에 있는 것이 아니다.

若無實我 誰能造業誰受果耶 所執實我旣無變易 猶如虛空
如何可能造業受果 若有變易 應是無常 然諸有情心心所法
因緣力故 相續無斷 造業受果 於理無違

[질문] 만약에 진실한 자아가 존재하지 않는다면, 무엇이 스스로 업을 짓고, 과보를 받겠는가?
[논주의 반문] 집착된 진실한 자아가 變易되지 않는다면 마치 허공과 같은데, 어떻게 스스로 업을 짓고 과보를 받을 수 있겠는가? 만약에 變易된다면, 당연히 이것은 무상한 것이어야 한다.
[正義] 그러므로 모든 유정들은 마음과 심소법의 인연력 때문에, 상속[諸趣에 태어남]되고 단절되지 않으면서 업을 짓고 과보를 받는다는 것은 이치에 위배되지 않는다.

我若實無 誰於生死輪迴諸趣 誰復厭苦求趣涅槃 所執實我

既無生滅 如何可說生死輪迴 常如虛空 非苦所惱 何為厭捨
求趣涅槃 故彼所言常為自害.

[비난] 자아가 만약에 실제로 존재하지 않는다면, 누가 생사에서 여러 갈래로 윤회하고, 나아가 누가 고통을 싫어하여 열반을 희구하려 하겠는가?
[논주의 반문] 주장하는 진실한 자아는 생멸함이 없다고 하는데, 어떻게 생사에 윤회한다고 할 수 있겠는가? 상주하는 것은 허공과 같아서 고통으로도 괴롭혀지지 않는데, 무엇을 싫어하여 버리고 열반을 희구하겠는가? 그렇기 때문에 그들이 말하는 것은 언제나 자가당착이다.

然有情類身心相續 煩惱業力輪迴諸趣 厭患苦故 求趣涅槃
由此故知 定無實我 但有諸識 無始時來前滅後生 因果相續
由妄熏習似我相現 愚者於中妄執為我.

[정의] 그러므로 유정의 무리들은 몸과 마음이 상속되어서 번뇌와 업의 세력으로 여러 갈래로 윤회하는데, 근심하고 고통을 싫어하기 때문에 열반을 희구하는 것이다. 이러하므로 반드시 진실한 자아는 존재하지 않다는 것을 알아야 한다. 단지 여러 심식만이 존재하며, 옛적부터 전멸후생하면서 인과가 상속된다. 허망한 훈습력에 의지하여 자아의 형상으로 유사하게 나타나는데, 어리석은 사람은 그 가운데서 망령되게 집착하여 자아로 삼는다.

如何識外實有諸法不可得耶 外道餘乘所執實法 理非有故
外道所執云何非有 且數論者執 我是思 受用薩埵刺闍答摩
所成大等二十三法 然大等法三事合成 是實非假 現量所得.

【數論】

[질문] 어째서 심식의 외부에 실제로 존재하는 모든 법이 있을 수가 없는가?
[답변] 외도와 소승에서 주장하는 실유의 법은 이치적으로 존재하지 않기 때문이다.
[질문] 외도가 주장한 것이 어째서 실유하지 않는가? 우선 수론자들이 주장하는 神我[puruṣa]는 순수정신으로서 純質[sattva], 動質[rajas] 및 暗質[tamas]로 이루어진 大[覺, 知性][26] 등 23가지의 법을[27] 수용한다. 그리고 大 등 법은 3가지의 자체가 화합하여 이루어지는데, 이것은 실유로서 가유가 아니며, 현량으로 인식될 수 있다.

> 彼執非理 所以者何 大等諸法多事成故 如軍林等 應假非實
> 如何可說現量得耶 又大等法若是實有 應如本事非三合成.

[답변] 그들이 주장하는 것은 이치에 맞지 않다. 왜냐하면, 知性[大] 등 모든 법은 많은 자체로 이루어졌기 때문에, 마치 軍隊나 叢林 등과 같이 당연히 가유로서 실유가 아니어야 한다. 어떻게 현량으로서 인식될 수 있다고 하는가? 또한 지성[大] 등의 법이 만약에 실유라면, 근본 자체[本事 ; 自性, 즉 純質 등]와 같이 3가지가 화합하여 이루어진 것이 아니어야 한다.

> 薩埵等三即大等故 應如大等 亦三合成 轉變非常為例亦爾

---

26) 『新導成唯識論』 卷第1, p.20, "大라는 것은 증장의 의미로서 自性의 형상이 증장된 것을 말하고, 또한 覺 등이라고도 한다."(大者增長義 自性相增名大 亦名覺等).
27) 上同, "먼저 自性으로부터 大가 일어나고 大를 따라서 아집이 일어나며, 아집에서 5唯[五唯量 ; 五微塵]와 5大가 일어나고, 이어서 5知와 5業 및 마음의 평등이 차례로 일어나므로 23법이라 한다."(先從自性生大 從大生我執 我執生五唯五大 次五知 次五業 次心平等 是謂二十三.)

又三本事各多功能 體亦應多 能體一故

　純質 등 3가지가 바로 지성[*]薩 등이라 하기 때문에, 大 등과 같이 또한 3가지가 화합하여 이루어져야 한다. 전변하여 항상 하지 않는 것이라고 예를 든 것도 역시 그렇다. 또한 3가지의 근본속성[本事]은 각각 공능이 많다고 하므로 체상도 또한 당연히 많아야만 한다. 공능과 체상은 하나이기 때문이다.

　　　三體既遍 一處變時餘亦應爾 體無別故 許此三事 體相各別
　　　如何和合共成一相 不應合時變為一相 與未合時體無別故

　3가지의 체상이 두루 하다면, 한 곳이 전변할 때에 다른 곳도 또한 당연히 그러해야 하는데, 체상은 차별이 없기 때문이다. 이 3가지의 자체가 체성과 형상이 각각 다르다고 인정한다면, 어떻게 화합하여 공동으로 하나의 형상을 이루겠는가? 당연히 화합할 때에도 전변하여 하나의 형상으로 되지 않아야 한다. 화합하지 않았을 때와 체상은 차별이 없기 때문이다.

　　　若謂三事體異相同 便違己宗體相是一 體應如相冥然是一
　　　相應如體顯然有三 故不應言三合成一 又三是別 大等是總
　　　總別一故應非一三

　만약에 3가지의 근본속성이 체성은 다르지만 형상이 같다면, 곧 자기 종파[數論派]의 체성과 형상이 하나라고 한 것과 다르게 된다. 체성도 당연히 형상과 같이 冥然[隱然]해서 하나여야 한다. 형상도 당연히 체성과 같이 顯然하여 3가지가 있어야 한다. 그러므로 3가지가 화합하여 하나가 된다고 하지 않아야 한다. 또한 3가지는 개별적인 것이고, 自性[*]薩 등은 전체적인 것이다.

전체와 개별이 하나이기 때문에 당연히 (자성[大] 등은) 1가지가 아니거나 (3가지의 속성은) 3가지가 아니어야 한다.

> 此三變時若不和合成一相者 應如未變 如何現見是一色等
> 若三和合成一相者 應失本別相體亦應隨失

이 3가지가 변현할 때에 만약에 화합하여 하나의 형상으로 될 수 없다면, 당연히 변현되지 않았을 때와 같아야 하는데, 어떻게 현재에 이것이 하나의 색법 등으로 보이겠는가? 만약에 3가지[근본의 3형상]가 화합해서 하나의 형상으로 된다면, 당연히 본래의 개별적인 형상을 잃게 되고, 체상도[28] 또한 따라서 잃게 되어야 한다.

> 不可說三各有二相 一總二別 總即別故 總亦應三 如何見一
> 若謂三體各有三相 和雜難知 故見一者 既有三相 寧見為一
> 復如何知三事有異.

3가지에 각각 2형상이 존재하여 하나는 전체적인 것이고, 다른 하나는 개별적인 것이라고 할 수 없는데, 전체적인 것이 바로 개별적인 것이기 때문이다. 전체적인 것도 또한 3가지여야 하는데, 어떻게 하나로 보는가? 만약에 3가지의 체상에 각각 3형상이 있어서 和雜하여 알기 어렵기 때문에 하나로 본다면, 이미 3형상이 있는데 어떻게 보아 하나라고 하는가? 나아가 어떻

---

28) 『述記』卷第1 末(『大正藏』 43, 254, 下), "形相을 造成할 때의 근본되는 3가지의 體性은 당연히 3가지에 있지 않는데, 形相이 바로 體性이기 때문으로서 마치 성립된 형상과 같다."(成相之時根本三體 應無有三 以相即體故 如所成相)

게 3속성에 차이가 있다는 것을 알겠는가?

> 若彼一一皆具三相 應一一事能成色等 何所闕少待三和合 體亦應各三 以體即相故 又大等法皆三合成 展轉相望應無差別.

만약에 그 하나하나[純質 등]가 모두 3형상을 갖추었다면, 당연히 하나하나의 자체는 색법 등으로 이루어져야 한다. 무엇이 모자라서 3화합을 기대하겠는가? 체상도 또한 각각 3가지여야 하는데, 체상이 바로 형상이기 때문이다. 또한 자성[大] 등의 법이 모두 3가지가 화합하여 이루어졌다면, 전전하고 相望하므로 당연히 차별이 없어야 한다.

> 是則因果唯量諸大諸根差別皆不得成 若爾一根應得一切境 或應一境一切根所得 世間現見情與非情淨穢等物現比量等 皆應無異 便為大失 故彼所執實法不成 但是妄情計度為有

[총결] 이러한 즉, 원인[大], 결과[我慢], 5유[5唯量 ; 5微塵 ; 5塵],[29] 모든 요소[5大] 및 모든 근[11根]의 차별이라는 것은 전부 성립되지 않는다. 만약에 그렇다면, 하나의 근이 모든 경계를 인식해야 하고, 혹은 당연히 하나의 경계가 모든 감각기관에 인식되어야만 한다. 세간에서 현재 보이는 유정과 무정물, 청정과 염오 등의 사물, 현량과 비량 등에 전부 차이가 없어야 하는데, (이것이) 바로 큰 過失이다. 그러므로 그들이 주장하는 진실한 법은 성립되지 않

---

29) 수론학파에서 소리[聲], 감촉[觸], 물질[色], 맛[味] 및 향기[香]의 5가지는 순수하고 無雜한 原質로서, 그 자체가 바로 체성으로서 5大 등을 이루므로 5唯, 5唯量 등이라 한다.

으며, 단지 이것은 허망한 情識[6根]으로 계탁되어 존재하는 것이다.

勝論所執實等句義多實有性 現量所得 彼執非理 所以者何
諸句義中 且常住者 若能生果 應是無常 有作用故如所生果

【勝論】

승론학파에서 주장하는 실체[實] 등의 범주[6句義]는 대부분 실유성으로서 현량으로 인식된다고 한다. 그들의 주장은 이치에 맞지 않다. 왜냐하면, 모든 범주에서 우선 상주하는 것이 만약에 스스로 결과를 발생시킨다면, 이것은 무상한 것이어야 한다. 작용이 있기 때문에 발생된 결과와 같은 것이다.

若不生果 應非離識實有自性 如兔角等 諸無常者 若有質礙
便有方分 應可分析 如軍林等 非實有性 若無質礙如心心所
應非離此有實自性

만약에 결과를 일으키지 못한다면, (그것은) 당연히 심식을 여의고서 진실로 자성이 존재하지 않는데, 마치 토끼의 뿔 등과 같다. 모든 무상한 것이 만약에 질애성이 있다면, 곧 부피[方分]가 있어서 당연히 분석할 수가 있으므로 군대나 총림 등과 같이 실유성이 아니어야 한다. 만약에 질애성이 없다면, 마음과 심소법과 같이 이것[마음과 심소]을 여의면 진실로 자성이 존재하지 않아야 한다.

又彼所執地水火風 應非有礙實句義攝 身根所觸故 如堅濕煖動 卽彼所執堅濕煖等 應非無礙德句義攝 身根所觸故 如地水火風 地水火三對靑色等 俱眼所見 准此應責

또한 그들이 주장하는 지, 수, 화, 풍은 질애성이 있는 실체[實]의 범주[句義]에 포함되지 않아야 한다. 身根이 감촉하기 때문으로서 마치 堅固, 濕潤, 煖性 및 流動性과 같다. 즉, 그들이 주장하는 견고, 습윤 및 난성 등은 질애성이 없는 속성[德]의 범주에 포함되지 않아야 하는데, 신근이 감촉하기 때문으로서 마치 지, 수, 화, 풍과 같다. 지, 수 및 화의 3가지를 청색 등에 配對하여 모두 눈이 보는 것이라 하는 것도, 이것에 준거하여 당연히 비난받아야 한다.

故知無實地水火風 與堅濕等各別有性 亦非眼見實地水火 又彼所執實句義中 有礙常者 皆有礙故 如麁地等 應是無常 諸句義中色根所取無質礙法 應皆有礙 許色根取故 如地水火風

그러므로 실체의 지, 수, 화, 풍과 견고, 습윤 등은 각각 별도로 자성이 존재하지 않으며, 또한 눈이 실체의 지, 수, 화를 보는 것이 아니라는 것을 알아야 한다. 나아가 그들이 주장하는 실체의 범주에서 질애가 있고 상주하는 것은 모두가 질애성이 있기 때문에, 마치 거친 땅 등과 같이 무상한 것이어야 한다. 모든 범주에서 색근에 緣取되는 질애성이 없는 법은, 모두가 질애성이 있는 것이어야 한다. 색근에 연취되는 것으로 인정되기 때문으로서 마치 지, 수, 화, 풍과 같다.

又彼所執非實德等 應非離識有別自性 非實攝故 如石女兒

非有實等應非離識有別自性 非有攝故 如空花等 彼所執有
應離實等無別自性 許非無故 如實德等

또한 그들이 주장하는 실체가 아닌 속성[德] 등은, 심식에서 벗어나 별도로 자성이 존재하는 것도 아니어야 한다. 실체에 포함되지 않기 때문으로서 마치 石女의 아이와 같다. 보편성[有性과 覺 및 樂 등]이 아닌 실체 등은, 당연히 심식에서 벗어나 별도로 자성이 존재하는 것이 아니어야 한다. 보편성에 포함되지 않기 때문으로서 마치 空花 등과 같다. 그들이 주장하는 보편성[有性]은, 당연히 실체 등에서 벗어나 별도의 자성이 존재하지 않아야 한다. 존재하지 않는 것이 아니라고 인정되기 때문으로서 마치 실체 및 속성 등과 같다.

若離實等應非有性 許異實等故 如畢竟無等 如有非無無
別有性 如何實等有別有性 若離有法有別有性 應離無法
有別無性.

만약에 실체 등에서 벗어났다면 보편성이 아니어야 한다. 실체 등과 다르다고 인정하기 때문으로서 마치 절대적으로 존재하지 않는 것 등과 같다. 보편성이 존재하지 않는 것이 아니라고 하면서, 별도로 보편성이 존재하지 않다는 것과 같다. 어떻게 실체 등에 별도의 보편성이 존재하겠는가? 만약에 존재하는 법에서 벗어나 별도로 보편성이 존재한다면, 당연히 존재하지 않는 법에서 벗어나서 별도로 보편성이 없는 것[無性]이 존재해야 한다.[30]

---

30) 『述記』卷第1 末(『大正藏』43, 260, 上), "無性의 체상은 존재하지 않으므로 무성 위에서는 무성을 건립할 수 없지만, 有法의 체상은 존재하지 않는 것이 아닌데 어째서 모름지기 별도로 유법을 건립하는가."(無性體非有 無上不立無 有法體非無 何須別立有.)

彼既不然此云何爾 故彼有性唯妄計度 又彼所執實德業性
異實德業 理定不然 勿此亦非實德業性 異實等故 如德業等
又應實等非實等攝 異實等性故 如德業實等

그것이 이미 그렇지 않은데, 이것은 어째서 그렇다고 하는가? 그러므로 그들이 주장하는 보편성은 오직 허망한 계탁일 뿐이다. 또한 그들이 주장하는 실체, 속성 및 업의 체성[同異性; 특수성]이 실체, 속성 및 업과 다르다면, 이치가 반드시 그렇지 않다. 이것[同異性]도 또한 실체, 속성 및 업의 체성이 아닌 것이 아니다. 실체 등과 다르기 때문으로서 마치 속성 및 업 등과 같다. 또한 실체 등은 실체 등에 포함되지 않아야 하는데, 실체 등의 체성과 다르기 때문으로서 마치 속성, 업 및 실체 등과 같다.

地等諸性對地等體更相徵詰 准此應知 如實性等無別實等
性 實等亦應無別實性等 若離實等有實等性 應離非實等有
非實等性 彼既不爾此云何然 故同異性唯假施設

地 등의 모든 성품을 地 등의 체상에 配對하여 다시 서로 推徵하여 힐난하는 것도, 이에 준거해서 알아야만 한다. 실체의 체성[특수성] 등도 별도의 실체 등의 특수성이 없는 것과 같이, 실체 등에도 또한 별도로 실체의 특수성이 없어야 한다. 만약에 실체 등에서 벗어나서 실체 등의 특수성이 존재한다면, 실체 등이 아닌 것에서 벗어나 실체 등이 아닌 특수성이 존재해야 한다. 그것은 이미 그렇지 않은데, 이것은 어째서 그렇다고 하는가? 그러므로 同異性도 오직 가설로 시설된 것이다.

又彼所執和合句義定非實有 非有實等諸法攝故 如畢竟無
彼許實等現量所得 以理推徵尚非實有.

또한 그들이 주장하는 화합의 범주[句義]는 반드시 실유가 아니다. 보편성과 실체 등의 모든 법에 포함되지 않기 때문으로서, 절대적으로 존재하지 않는 것과 같다. 그들이 실체 등은 현량으로서 인식되는 것이라고 인정하지만, 이치적으로 推理하면 오히려 실유가 아니다.

况彼自許和合句義非現量得 而可實有 設執和合是現量境
由前理故亦非實有 然彼實等 非緣離識實有自體 現量所得
許所知故 如龜毛等

하물며 그들이 스스로 화합의 범주는 현량으로 인식되는 것이 아니라고 인정하는데, 실유이겠는가? 설령 화합의 범주도 현량의 경계라고 주장하더라도 앞의 이치로 인하여 또한 실유가 아니다. 그러므로 그들이 말하는 실체 등은, 심식에서 벗어나 진실로 존재 자체를 반연하는 현량으로 인식되는 것이 아니다. 비량[所知]으로 인정하기 때문으로서 마치 거북이의 털 등과 같다.

又緣實智非緣離識實句自體現量智攝 假合生故 如德智等
廣說乃至緣和合智 非緣離識和合自體現量智攝 假合生故
如實智等 故勝論者實等句義 亦是隨情妄所施設

또한 실체를 반연하는 지혜는, 심식에서 벗어나 실체의 범주 자체를 반연하는 현량지에 포함되지 않는다. 임시로 화합해서 생성되기 때문으로서,[31] 마치 속성[德]을 반연하는 지혜 등과 같다. 널리 교설되고 내지 화합을 반연

---

31) 『述記』卷第1 末(『大正藏』43, 261, 下), "能緣의 지혜는 제법에 本籍을 두고 생기되므로 임시로 합생된 것이라 한다."(以能緣智藉多法起 名假合生.)

하는 지혜는, 심식에서 벗어나 화합하는 자체를 반연하므로 현량지에 포함되지 않는다. 임시로 화합해서 생성되기 때문으로서 마치 실체를 반연하는 지혜 등과 같다. 그러므로 승론학파에서 주장하는 실체 등의 범주도 또한 情識(6根)에 따라서 허망하게 시설된 것이다.

有執有一大自在天 體實遍常能生諸法 彼執非理 所以者何
若法能生必非常故 諸非常者必不遍故 諸不遍者非真實故.

【大自在天】

어떤 사람은, 한 대자재천이 존재하는데 자체가 실재하고 두루 하며 상주하여 스스로 제법을 발생시킨다는 것이다. 그들이 주장하는 것은 이치에 맞지 않다. 왜냐하면, 만약에 법이 스스로 발생되는 것이라면, 반드시 상주하지 않아야 하기 때문이다. 모든 상주하지 않는 것은 반드시 두루 하지 않기 때문이고, 모든 두루 하지 않는 것은 진실하지 않기 때문이다.

體既常遍 具諸功能 應一切處時頓生一切法 待欲或緣 方能
生者 違一因論 或欲及緣 亦應頓起 因常有故.

자체가 상주하고 두루 하다면, 모든 공능을 갖추어서 일체의 장소와 시간에 즉시에 일체제법을 발생시켜야 한다. 욕심이나 반연을 기대하여 마침내 스스로 발생된다면, 이것은 一因論에 어긋난다. 혹은 욕심이나 반연도 또한 즉시에 일어나야 하는데, 원인[자재천의 체생이 항상 존재하기 때문이다.

餘執有一大梵時方本際自然虛空我等 常住實有 具諸功能
生一切法 皆同此破

【七外道】

　다른 사람들은, 한 대범천왕, 시간, 장소, 본제,[32] 자연, 허공 및 자아 등이 존재하여 상주하고 실유하며, 모든 공능을 갖추어서 일체제법을 스스로 발생시킨다고 하는데, 모든 것은 앞에서와 같이 논파된다.

有餘偏執 明論聲常 能為定量表詮諸法 有執一切聲皆是常
待緣顯發 方有詮表.

【二聲論】

　어떤 사람은 편벽되게 주장하기를, 明論[veda論]에서[33] 소리는 상주하며, 스스로 定量이 되어서 제법을 직접적으로 표현[表詮]한다는 것이다. 또한 어떤 사람은, 일체의 소리는 모두 상주하며, 인연을 기대하여 나타나고 발생

---

32) 『述記』卷第1 末(『大正藏』43, 262, 下), "本際라는 것은 바로 과거의 始初[初首, 初頭]로서, 이 때에 일체의 유정은 이 本際의 一法에 따라서 탄생되므로, 이 본제는 진실하고 항상하여 능히 모든 법을 생성한다."(本際者卽過去之初首 此時一切有情 從此本際一法而生 此際是實是常 能生諸法.)

33) 上同(上同), "吠陀는 밝은 것[智慧]으로서 모든 실제적인 자체가 밝기 때문이다. 저들은 이 明論에서 소리가 能詮經文의 定量이 되어서 제법을 사리에 맞게 표현하고, 제법을 닦고 헤아린다고 한다. 그러므로 항상 머물면서 교설된 시비를 모두 결정한다는 것이다. 다른 것은 닦고 헤아리지 못하기 때문에 항상 하지 않다는 것이다."(吠陀者明也 明諸實事故 彼計此論聲爲能詮定量 表詮諸法 諸法揩量 故是常住 所說是非 皆決定故 餘非揩量 故不是常.)

되어, 마침내 의미를 표현[詮表]하여 존재한다는 것이다.

> 彼俱非理 所以者何 且明論聲許能詮故 應非常住 如所餘聲
> 餘聲亦應非常聲體 如瓶衣等 待眾緣故.

그들의 주장은 모두 이치에 맞지 않다. 왜냐하면, 우선 명론에서 소리는 표현하는 주체[能詮]로 인정되기 때문으로서, 마땅히 상주하는 것이 아니어야 한다. 다른 소리와 같이.[34] 다른 소리도 또한 상주하는 소리의 체상이 아니어야 한다. 마치 병[瓶]이나 옷 등과 같이 여러 인연을 기대하기 때문이다.

> 有外道執 地水火風極微 實常 能生麤色 所生麤色不越因量
> 雖是無常而體實有

【順世外道】

어떤 외도는, 지, 수, 화, 풍의 극미는 실체이고 상주하며, 스스로 麤顯한 색법을 생성한다는 것이다. 생성된 추현한 색법은 원인[부모 극미인 4大]의 크기를 초월하지 못하고, 비록 무상하다고 하더라도 체상은 실유라는 것이다.

> 彼亦非理 所以者何 所執極微若有方分 如蟻行等 體應非實
> 若無方分 如心心所 應不共聚生麤果色 既能生果 如彼所生

---

[34] 『述記』卷第1 末(『大正藏』43, 263, 上), "다른 소리란 바로 明論이 아닌 외부의 다른 일체의 소리이다. 그 소리의 성품은 能詮이 아니기 때문에 일정하지 않음이 없다."(餘聲即是非明論外餘一切聲 以彼聲性非是能詮故無不定.)

如何可說極微常住

　그것도 또한 이치에 맞지 않다. 왜냐하면, 주장하는 극미에 만약 방분이 존재한다면, 개미의 행렬 등과 같이 체상은 당연히 실재하는 것이 아니어야 한다. 만약에 방분이 존재하지 않는다면, 마음과 심소법처럼 함께 모여서 추현한 결과의 색법을 생성하지 않아야 한다. 스스로 결과를 생겨나게 한다고 했으므로 그 생성된 것[子極微] 등과 같은데, 어떻게 극미가 상주하는 것이라고 할 수 있겠는가?

　　又所生果 不越因量 應如極微不名麁色 則此果色 應非眼等
　　色根所取 便違自執.

　또한 생성된 결과가 원인의 크기를 초월하지 못한다면, 극미와 같이 추현한 색법이라 하지 않아야 한다. 바로 이 결과의 색법은 안근 등 색근이 연취하는 것이 아니어야 한다. 그러면 곧 자신들의 주장에 위배된다.

　　若謂果色量德合故 非麁似麁色根能取 所執果色既同因量
　　應如極微無麁德合 或應極微亦麁德合 如麁果色 處無別故.

　만약에 결과의 색법은 크기의 속성[量德]과 화합하는 것이기 때문에, 麁色은 아니지만 추색과 비슷하여 색근이 스스로 연취한다면, 주장하는 결과의 색법은 원인의 크기와 같으므로 극미와 같이 추색의 속성과 화합하지 않아야 한다. 혹은 극미도 또한 추색의 속성과 화합해야 하는데, 추현한 결과의 색법처럼 처소에 차별이 없기 때문이다.

若謂果色遍在自因 因非一故可名麁者 則此果色體應非一
如所在因 處各別故 既爾此果還不成麁 由此亦非色根所取.

만약에 결과의 색법이 자체의 원인에 두루 존재하고 원인이 하나가 아니기 때문에 추현한다면, 곧 이 결과의 색법은 체상이 하나가 아니어야 한다. 원인이 존재하는 장소와 같이 처소도 각각 다르기 때문이다. 그렇다면, 이 결과는 도리어 추현함을 이룰 수 없으며, 이것으로 인하여 또한 색근이 연취되는 것도 아니어야 한다.

若果多分合故成麁 多因極微合應非細 足成根境 何用果為
既多分成 應非實有 則汝所執前後相違

만약에 결과의 대부분이 화합하였기 때문에 추현함을 이룬다면, 많은 원인의 극미가 화합될 때에도 미세하지 않아야 한다. 색근의 경계로 되는 것이 충분한데,[35] 어째서 果色을 활용하려 하겠는가? 이미 많은 부분으로 이루어졌다면 마땅히 실유가 아니어야 한다. 곧 그대들의 주장은 앞뒤가 서로 위배된다.

又果與因俱有質礙 應不同處 如二極微 若謂果因體相受入
如沙受水藥入鎔銅 誰許沙銅體受水藥 或應離變非一非常

---

35) 『述記』卷第1 末(『大正藏』43, 264, 中), "그들은 부모의 극미가 설령 화합할 때라도 또한 색근의 경계가 아니며, 추색이 서로 화합하면 곧 색근의 경계가 된다는 것이다. 여기에서는 부모의 극미가 화합하여 색근의 경계가 되게끔 한다고 하기 때문에 색근의 경계로 충분히 된다는 것이다."(彼說父母極微設和合時 亦非根之境 麁色相合即成根之境 今令父母極微合成根之境故 言足成根境.)

또한 결과와 원인에 모두 질애성이 존재한다면, 같은 장소에 존재하지 않아야 한다. 마치 두 개의 극미와 (같은 장소에 있는 것과) 같기 때문이다. 만약에 결과와 원인의 체상이 서로 수용되고 섭입되는 것이, 마치 모래가 물을 흡수하거나 약이 구리 그릇에 담기는 것과 같다면, 누가 모래와 구리의 체상이 물과 약을 수용한다는 것을 인정하겠는가? 혹은 당연히 여의고 전변되어서 하나도 아니고 상주하는 것도 아니어야 한다.

又麤色果體若是一 得一分時應得一切 彼此一故 彼應如此
不許違理 許便違事 故彼所執進退不成 但是隨情虛妄計度

또한 추현한 색법의 果相은 그 체상이 만약에 하나라면, 일부분을 얻을 때에 당연히 일체를 얻어야 한다. 그것과 이것은 하나이기 때문으로서 그것도 이것과 같아야 한다. 이것을 인정하지 않으면 이치에 위배되고, 인정하면 곧 자체[世間之事]에 위배된다. 그러므로 그들이 주장하는 것은 進退兩端으로 성립되지 않는다. 단지 이것은 情識[6根]에 따라서 허망하게 계탁된 것일 뿐이다.

然諸外道品類雖多 所執有法不過四種 一執有法與有等性
其體定一 如數論等 彼執非理 所以者何 勿一切法即有性故
皆如有性 體無差別 便違三德我等體異 亦違世間諸法差別
又若色等即色等性 色等應無青黃等異

【四類計】

 그런데 모든 외도들의 품류가[36] 비록 많지만, 주장하는 有法은[37] 4종류에[38] 불과하다.

 1) 실재와 특수성[有等性]은[39] 그 체성이 결코 하나라고 주장하는데, 수론학파 등과 같다. 그들의 주장은 이치에 맞지 않다. 왜냐하면, 일체의 법이 바로 보편성[有性]이기 때문으로서,[40] 모두 보편성과 같이 체성에 차별이 없는 것이 아니다. 곧, 3가지의 속성[純質, 動質 및 暗質]과 神我[puruṣa] 등의 체성이 다르다는 것과 위배된다. 또한 세간의 모든 법에 차별이 있다는 것과도 위배된다. 나아가 만약에 색법 등이 바로 색법 등의 특수성이라면, 색법 등은 靑, 黃 등과 같이 차이가 없어야 한다.

二執有法與有等性 其體定異 如勝論等 彼執非理 所以者何
勿一切法非有性故 如已滅無 體不可得 便違實等自體非無

---

36) 품류란, ① 篇, 章, ② 種類 등으로서, 정도가 같은 것을 하나로 모아서 의미와 내용 등을 다른 것과 구별한 것을 말하는데, 品別이라고도 한다. 여기에서는 외도의 주장이 많다는 의미이다.
37) 예를 들어, "소리는 무상하다"라고 할 때에, '무상'을 法이라 함에 대하여 '소리'를 有法이라 한다.
38) 하나[一]라고 주장하는 것은 數論, 다르다[異]는 것은 勝論, 하나이기도 하고 다르기도 하다[亦一亦異]는 것은 無慚外道, 하나도 아니고 다르지도 않다[非一非異]는 것은 邪命外道의 4부파를 말한다.
39) 『述記』卷第1 末(『大正藏』43, 265, 中), "有等性이란 동이성[특수성]과 같다. 동이성이라 하지 않고 有等性이라 한 것은 有等이 바로 그것의 특성을 나타내기 때문이다. 또한 동이성이 같다는 것은 성류가 다름을 나타낸 것이다. 이 법성으로 구별하여 논파한다."(有等性者 等同異性也 不言同異言等性者 顯有等是彼性故 又等同異顯類別故 以是法性 故別破之.)
40) 『述記』卷第1 末(『大正藏』43, 265, 中), "너희들의 5유량[微塵] 등은 당연히 차별이 없어야 하는데, 바로 보편성[유성]이기 때문으로서 마치 모든 법에 없지 않는 것과 같다. 모든 법에 없지 않는 것은 바로 보편성이다. 보편성은 모두 차별이 없다. 그 보편성에 이미 차별이 없으므로 법 또한 당연히 그렇다."(汝唯量等 應無差別 即有性故 如諸法非無 諸法非無 即是有性 有性皆無別 其有性既無差 法亦應爾.)

亦違世間現見有物 又若色等非色等性 應如聲等 非眼等境

2) 실재와 특수성은 그 체성이 반드시 다르다고 주장하는데, 승론학파 등과 같다. 그들의 주장은 이치에 맞지 않다. 왜냐하면, 일체의 법은 보편성 [有性]이 아니기 때문에 이미 소멸되어 없어진 것과 같이[41] 체성이 없는 것은 아니다. 이것은 곧 실체 등의 자체가 없는 것이 아니라는 것에 위배된다. 또한 세간에서 현재에 물질이 존재하는 것으로 보는 것에도 위배된다. 나아가 만약에 색법 등이 색법 등의 특수성이 아니라면, 당연히 소리 등과 같이 안근 등의 대상이 아니어야 한다.

三執有法與有等性 亦一亦異 如無慚等 彼執非理 所以者何
一異同前一異過故 二相相違 體應別故 一異體同俱不成故
勿一切法皆同一體 或應一異是假非實 而執為實理定不成

3) 실재와 보편성이 하나이거나 다른 것이라고 주장하는데, 무참외도 등과 같다. 그들의 주장은 이치에 맞지 않다. 왜냐하면, 하나이거나 다른 것은 앞에서 하나이거나 다르다고 한 過誤와 같기 때문이다. 두 가지의 형상[一·異]은 서로 위배되므로 체성이 달라야 하기 때문이다. 하나이거나 다르다는 체성이 같다면, 그 두 가지는 모두 성립되지 않기 때문이다. 일체제법이 모두 같은 하나의 체성인 것은 아니다. 혹은 하나이거나 다르다는 것은 가설이지

---

41) 慧月 造, 玄奘 譯, 『勝宗十句義論』 卷第1(『大正藏』 54, 1264, 上), "5가지의 존재하지 않음이란, 존재하지 않음에 관한 범주[句義]를 말하는데, 어떤 것이 5가지인가 하면, 1) 아직 생겨나지 않아서 존재하지 않는 것이고, 2) 이미 소멸되어 존재하지 않으며, 3) 또한 서로 존재하지 않고, 4) 會合하지 못해서 존재하지 않으며, 5) 필경에 존재하지 않던 것으로서, 이것을 5가지의 존재하지 않음이라 한다."(謂五種無 名無說句義 何者為五 一未生無 二已滅無 三更互無 四不會無 五畢竟無 是謂五無)

실제가 아니어야 한다. 그런데도 주장하여 실제로 삼는 것은 이치가 결코 성립되지 않는다.

> 四執有法與有等性 非一非異 如邪命等 彼執非理 所以者何
> 非一異執同異一故 非一異言為遮為表 若唯是表應不雙非
> 但是遮應無所執 亦遮亦表應互相違 非表非遮 應成戲論.

4) 실재와 특수성은 하나도 아니고 다르지도 않다고 주장하는데, 사명외도 등과 같다. 그들의 주장은 이치에 맞지 않다. 왜냐하면, 하나도 아니고 다르지도 않다는 주장은 다르다거나 하나라는 것과 같기 때문이다. 하나도 아니고 다르지도 않다는 것은, 부정적인 논리[遮詮]도 되고 긍정적인 논리[表詮]도 된다.[42] 만약에 오직 긍정적인 논리라면, 두 가지를 다 부정하는 것이 아니어야 한다. 단지 부정적인 논리라면, 주장하는 것이 없어야 한다. 또한 부정하기도 하고 긍정하기도 한다면, 당연히 서로 위배된다. 긍정하는 것도 아니고 부정하는 것도 아니라면, 희론이 된다.

> 又非一異 違世共知有一異物 亦違自宗色等有法決定實有
> 是故彼言唯矯避過 諸有智者勿謬許之.

또한 하나도 아니고 다르지도 않다면, 세간에서 공통적으로 하나나 다른 물질이 존재하는 것으로 알고 있는 것에 위배된다. 또한 자신들의 종파에서

---

42) 논리를 설명하는 방법에 表詮법과 遮詮법이 있는데, 표전법은 긍정적으로 하는 직설적인 표현방법이고, 차전법은 부정적으로 하는 간접적인 방법을 말한다. 예를 들어, "소금은 짜다"라고 하면 이것은 표전법이고, "소금은 싱겁지 않다"라고 하면 차전법이다.

색법 등의 실재는 반드시 실유라는 것과도 위배된다. 이렇기 때문에 그들의 주장은 오직 속여서 과오를 회피하려는 것일 뿐이다. 모든 지혜가 있는 사람이라면 그릇되게 인정해서는 안 된다.

餘乘所執離識實有色等諸法 如何非有. 彼所執色不相應行
及諸無爲 理非有故 且所執色總有二種 一者有對極微所成
二者無對非極微成 彼有對色定非實有 能成極微非實有故

【破餘乘】

[질문] 소승에서는 심식에서 벗어나 진실로 색법 등의 제법이 존재한다고 하는데, 어째서 존재하지 않다고 하는가?

[답변] 그들이 주장하는 색법과 불상응행법 및 모든 무위법은 이치적으로 존재하지 않기 때문이다. 또한 주장하는 색법에는 전체적으로 2가지가 있는데, (1) 유대색으로서[43] 극미[44] 이루어진 것이고, (2) 무대색으로서 극미로 이루어진 것이 아니다. 그 유대의 색법은 결코 진실한 존재가 아닌 것으로서 스스로 성립된 극미는 실유하지 않기 때문이다.

---

43) 『述記』卷第2 本(『大正藏』 43, 266, 下), "對라는 것은 對礙로서 장애인 有對를 연취한 10處를 유대라고 하며, 法處는 무대라고 한다."(對謂對礙 取障礙有對 十處名有對 法處名無對.)
44) 『阿毘達磨大毘婆沙論』卷第75(『大正藏』 27, 390, 上), "극미의 하나하나는 비록 變礙色가 아니지만, 많이 적집되면 변애(色)가 된다."(極微一一雖無變礙而多積集卽有變礙) ; 『述記』卷第2 本(『大正藏』 43, 267, 上), "대승에서 극미는 법처소섭의 가색으로서 능히 眼 등과 같이 적집된 색은 될 수가 없다고 한다. 이러므로 네구절로 분별해서 말하면, 經量部는 10處가 麤假이지만 細實하다 하고, 대승에서는 세속적으로는 麤實하지만 細假이며, 薩婆多 등에서는 麤細가 함께 實이고, 일설부 등에서는 麤細가 모두 假라는 것이다."(大乘極微法處假色 不能成眼等積集色故 由此應作四句分別 經部十處麤假細實 大乘世俗麤實細假 薩婆多等麤細俱實 一說部等麤細俱假.)

謂諸極微若有質礙 應如瓶等 是假非實 若無質礙 應如非色
如何可集成瓶衣等 又諸極微 若有方分 必可分析 便非實有

말하자면, 모든 극미가 만약에 질애성[色]이 있다면, 병[甁] 등과 같이 이것은 가유이지 실유가 아니어야 한다. 만약에 질애성이 없다면, 색법이 아닌 것[무위와 불상응행법 등]과 같아야 한다. 어떻게 적집되어서 병이나 옷 등으로 될 수 있겠는가? 또한 모든 극미가 만약에 부피가 있다면, 반드시 분석될 수 있어야 한다. 그렇다면 바로 실유가 아니어야 한다.

若無方分 則如非色 云何和合承光發影 日輪纔舉照柱等時
東西兩邊光影各現 承光發影 處既不同 所執極微定有方分
又若見觸壁等物時 唯得此邊不得彼分 既和合物即諸極微
故此極微必有方分

만약에 부피가 없다면, 바로 색법이 아닌 것과 같다. 어떻게 화합하여 빛을 받아서 그림자를 일으키겠는가? 태양이 방금 솟아나서 기둥 등을 비출 때에, 동서의 양쪽에 빛과 그림자가 각각 나타난다. 빛을 받아서 그림자가 발생될 때에 처소[東西]가 같지 않다면, 주장하는 극미는 결정적으로 방분이 존재한다. 또한 만약에 벽 등의 사물을 보거나 접촉할 때에는 오직 이쪽 면만 얻을 수 있고, 다른 쪽 부분은 얻을 수 없다. 이미 화합된 사물은 바로 모든 극미이기 때문에, 이러한 극미는 반드시 방분이 존재해야 한다.

又諸極微隨所住處必有上下四方差別　不爾便無共和集義
或相涉入 應不成麁 由此極微定有方分 執有對色即諸極微

> 若無方分 應無障隔 若爾便非障礙有對

또한 모든 극미는 머무는 처소에 따라서 반드시 上下와 四方의 차별이 있다. 그렇지 않다면, 곧 공동으로 화합해서 적집된다는 의미가 없게 된다. 혹은 서로 涉入되어 麤顯되지 않아야 한다. 이러한 원인으로 극미는 반드시 방분이 존재한다. 유대색이 바로 모든 극미라고 주장하지만, 만약에 방분이 없다면 가로막힘[障隔]이 없어야 한다. 만약에 그렇다면, 곧 장애되는 유대색이 아니다.

> 是故汝等所執極微 必有方分 有方分故 便可分析 定非實有 故有對色實有不成.

이러한 까닭에 그대들이 주장하는 극미에는 반드시 방분이 있어야 한다. 방분이 있기 때문에 분석할 수 있으므로 결코 실유가 아니다. 따라서 유대색이 진실로 존재한다는 것은 있을 수 없다.

> 五識豈無所依緣色 雖非無色而是識變 謂識生時 內因緣力 變似眼等色等相現 即以此相為所依緣.

[질문] 전5식에는 어째서 의지처[5根]와 인식대상[5境]인 색법이 존재하지 않는가?
[답변] 비록 색법이 존재하지 않는 것은 아니지만, 이것은 심식이 전변된 것이다. 말하자면, 심식이 일어날 때에 마음 속의 인연력으로 전변되어서, 안근 등과 색경 등의 형상으로 나타난다. 곧, 이 형상을 의지처와 인식대상으로 삼는다.

然眼等根非現量得 以能發識比知是有 此但功能非外所造
外有對色理既不成 故應但是內識變現 發眼等識名眼等根
此為所依生眼等識 此眼等識外所緣緣 理非有故 決定應許
自識所變為所緣緣.

그런데 안근 등은 직관인 현량으로 취득되는 것이 아니다. 스스로 심식을 일으켜서 이것이 존재한다고 比量으로 아는 것이다. 이것[眼根 등]은 단지 공능일 뿐으로 외부로부터 조작된 것이 아니다.[45] 마음 밖의 유대색은 이치적으로 성립되지 않는다. 그러므로 단지 이것은 마음의 심식이 변현된 것이어야 한다. 안식 등을 일으키는 것을 안근 등이라 하는데, 이것을 소의로 삼아서 안식 등을 일으킨다. 이 안식 등의 심식이 외부의 소연연이라는[46] 것은 이치가 될 수 없다. 반드시 자신의 심식이 변현된 것을 소연연으로 삼는다는 것을 인정해야 한다.

謂能引生似自識者 汝執彼是此所緣緣 非但能生 勿因緣等
亦名此識所緣緣故 眼等五識了色等時 但緣和合似彼相故.

말하자면, 스스로 자체[境界 ; 色心]에 유사하게 심식을 引生시키는 것을 그대들은 그것이 바로 이 소연연이라 하는 것이다. 단지 스스로 (심식이) 일어

---

45) 『述記』卷第2 本(『大正藏』43, 268, 中), "마음 밖에 별도로 4大種이 존재하여 조작된 색법이 아니다."(非是心外別有大種 所造之色.)
46) 『成唯識論』卷第7(『大正藏』31, 40, 下), "所緣緣이란 만약에 어떤 법이 존재할 때에 자기의 心相을 띤 심왕과 혹은 이에 상응하는 심소법이 사려하고 의지하는 것을 말한다."(所緣緣 謂若有法是帶己相 心或相應所慮所託.) 여기에서 所緣은 내부에서 마음이 반연된 것이고, 緣은 그 所緣이 되는 외부의 법을 말한다.

나는 것만은 아니지만, 인연 등[등무간연과 증상연]과 같은 것도, 또한 이 심식의 소연연이라 해서는 안 된다. 안식 등 전5식이 색법 등을 요별할 때에, 단지 화합된 형상만을 반연하여 그 형상으로 유사하게 나타나기 때문이다.

非和合相異諸極微有實自體 分析彼時 似彼相識定不生故
彼和合相既非實有 故不可說是五識緣 勿第二月等能生五
識故.

화합된 형상은 모든 극미와는 달리 진실로 자체가 존재하는 것은 아니다. 그것[和合相]을 분석할 때에 그것의 형상으로 似現되는 심식은 결코 일어나지 않기 때문이다. 그 화합된 형상은 실유가 아니다. 따라서 이것은 전5식의 소연이라 할 수 없다. 제2의 달 등과 같이 스스로 전5식을 일으키지 못하기 때문이다.

非諸極微共和合位 可與五識各作所緣 此識上無極微相故
非諸極微有和合相 不和合時無此相故 非和合位與不合時
此諸極微體相有異 故和合位如不合時色等極微 非五識境

모든 극미가 함께 화합한 상태에서 전5식과 더불어 各自가 소연으로 될 수 있는 것은 아니다. 이 전5식 상에는 극미의 형상이 존재하지 않기 때문이다. 모든 극미에 화합된 형상이 있는 것은 아니다. 화합되지 않을 때에 이 형상은 존재하지 않기 때문이다. 화합한 상태와 화합하지 않았을 때의 이 모든 극미는, 그 자체와 형상에 다름이 존재하는 것은 아니다. 그러므로 화합한 상태에서도 화합하지 않았을 때의 색법 등의 극미와 같이 전5식의 대상이 아니다.

有執色等一一極微 不和集時非五識境 共和集位展轉相資
有麁相生 為此識境 彼相實有 為此所緣

어떤 사람들[新薩婆多]은, 색법 등은 하나하나의 극미가 화합하고, 적집되지[和集] 않았을 때에는 전5식의 대상이 아니다. 그러나 함께 和集한 상태에서 전전하고 서로 도와 추현한 형상으로 발생되어 존재한다. 이것[一一極微]을 전5식이 대상으로 삼으므로 그 형상은 실유이며, 이것을 대상으로 삼는다는 것이다.

彼執不然 共和集位與未集時體相一故 瓶甌等物極微等者
緣彼相識應無別故 共和集位一一極微 各各應捨微圓相故.

그들의 주장은 그렇지 않다. 함께 화집한 상태와 아직 화집하지 않은 때에는 자체와 형상이 하나이기 때문이다. 병이나 사발 등 물질의 극미 등은 그것의 형상을 반연하는 심식의 차별이 없어야 하기 때문이다. 함께 화집한 상태에서의 하나하나의 극미는 각각 미세하고 원만한 형상을 버려야 하기 때문이다.

非麁相識緣細相境 勿餘境識緣餘境故 一識應緣一切境故
許有極微尚致此失 況無識外真實極微 由此定知 自識所變
似色等相為所緣緣 見託彼生帶彼相故.

추현한 형상의 심식이 미세한 형상의 경계를 반연하는 것이 아니다. 다른 경계[聲境]의 심식이 다른 경계[色境]를 반연하기 때문이라고 해서도 안 된다.

하나의 심식은 일체의 경계를 반연해야 하기 때문이다. 극미가 존재한다고 인정해도 오히려 이러한 과실에 이르게 되는데, 하물며 심식 밖에 진실한 극미가 없음에는 말할 필요가 없다.

[정의] 이러하므로 반드시 알아야 하는데, 자체의 심식이 전변되어 색법 등으로 似現된 형상을 소연연으로 삼는다. 見分은[47] 그것에 의탁[緣]해서 일어나는데, 그것의 체상을 帶同하기[所緣] 때문이다.

然識變時隨量大小 頓現一相 非別變作衆多極微合成一物
爲執麁色有實體者 佛說極微令其除析 非謂諸色實有極微

그런데 심식이 전변될 때에 (相分의) 形量의 대소에 따라서 즉시에 하나의 형상을 나타낸다. 별도로 많은 극미를 변작하여 하나의 물질로 합성되는 것은 아니다. 麁色은 실체가 존재한다고 주장하는 사람들을 위해서 부처님께서 극미를 교설하시어,[48] 그것에 대한 집착을 제거하고 색법을 분석하게 하신 것이다. 말하자면, 모든 색법에 진실로 극미가 존재한다고 한 것은 아니다.

諸瑜伽師以假想慧於麁色相 漸次除析至不可析假說極微
雖此極微猶有方分而不可析 若更析之便似空現 不名爲色
故說極微是色邊際

---

47) 智旭 述,『成唯識論觀心法要』卷第1[中華電子佛典協會(2009),『卍新纂續藏經』第51冊, p.311, 下] 參照.
48) 『瑜伽師地論』卷第54(『大正藏』30, 597, 下).

모든 유가사들이 가상의 지혜로서 麤色의 형상에 대해 점차로 집착을 제거하고 색법을 분석해서, 분석할 수 없는 데까지 이른 것을 가설로 극미라고 한 것이다. 비록 이 극미는 아직 方分이 있다고 하더라도 더 이상 분석할 수 없다. 만약에 다시 이것을 분석한다면, 곧 空으로 사현되므로 색법이라 할 수 없다. 그러므로 극미는 바로 색법의 한계[邊際]라는 것이다.[49]

由此應知 諸有對色皆識變現非極微成 餘無對色 是此類故
亦非實有 或無對故 如心心所 定非實色 諸有對色現有色相
以理推究離識尚無 況無對色現無色相而可說為真實色法

이러한 까닭에 마땅히 알아야 한다. 모든 유대색은 다 심식이 변현한 것으로서 극미가 이룬 것이 아니다. 다른 무대색도 이것[유대색]의 성류이므로 역시 실유가 아니다. 혹은 장애가 없기 때문에 마음과 심소법과 같이 결코 진실한 색법이 아니다. 모든 유대색은 현재에 색법의 형상으로 존재하지만, 이치적으로 추구하면 심식을 여의면 오히려 존재하지 않는다. 하물며 무대색은 현재에 색법의 형상이 존재하지 않는데, 진실한 색법이라 할 수 있겠는가?

表無表色豈非實有 此非實有 所以者何 且身表色若是實有
以何為性 若言是形便非實有 可分析故 長等極微不可得故
若言是動 亦非實有 纔生即滅無動義故.

---

[49] 『述記』卷第2 本(『大正藏』43, 273, 上), "肉眼과 天眼의 경계가 아니고 오직 다른 3眼의 경계이다. 지혜로만 이것을 분석할 수 있을 뿐인데, 실유가 아니기 때문이다."(非肉天眼境 唯餘三眼境 唯惠折之 非實有故.)

[질문] 표색과 무표색은 어째서 실유하지 않는가?
[답변] 이것도 실유하는 것이 아니다. 무슨 까닭인가?

【表無表】

우선 신체의 표색이 만약에 실유라면, 무엇으로서 자성으로 삼는가? 만약에 이것이 형상이라면, 곧 실유가 아닌 것으로서 분석할 수 있기 때문이고, 길이[長] 등의 극미는 있을 수 없기 때문이다. 만약에 이것이 움직임이라면, 또한 실유가 아닌 것으로서 방금 생겨난 것이 바로 없어진다면, 동작한다는 의미가 없기 때문이다.

有爲法滅不待因故 滅若待因應非滅故 若言有色非顯非形
心所引生能動手等名身表業 理亦不然 此若是動義如前破
若是動因應即風界 風無表示不應名表.

유위법이 소멸되는 것은 원인을 기대하지 않기 때문이고, 소멸이 만약에 원인을 기대한다면, 소멸이 아니어야 하기 때문이다. 만약에 색법이 있는데 顯色[靑黃 등]도 아니고 形色[長短 등]도 아니며, 마음에 引生되어서 스스로 손 등을 움직이는 것을 신체의 표업이라 한다면, 이치가 또한 그렇지 않다. 이것이 만약에 동작의 의미라면, 앞에서 논파한 것과 같다. 만약에 이것이 동작의 원인이라면, 곧 風界이어야 한다. 풍계라면 표시할 수 없는 것이므로 마땅히 표색이라 하지 않아야 한다.

又觸不應通善惡性 非顯香味類觸應知 故身表業定非實有

然心爲因 令識所變手等色相生滅相續轉趣餘方 似有動作
表示心故 假名身表.

또한 (풍계의) 감촉은 선악의 성품에 상통하지 않아야 한다. 현색과 향기 및 맛이 아니라는 것도 감촉에 견주어서 알아야 한다. 그러므로 신체의 표업은 반드시 실유가 아니다.
[정의] 그러므로 마음을 원인으로 삼은 심식이, 전변한 손 등의 색상이 생멸하는 상속몸을 다른 방면으로 轉趣케 하고, 동작하는 것을 유사하게 마음에 표시하기 때문에,[50] 가설로서 몸의 표색이라 한다.

語表亦非實有聲性 一刹那聲無詮表故 多念相續便非實故
外有對色前已破故.

언어의 표색에도 또한 실유 하는 소리의 자성은 없다. 한 찰나의 소리는 논리적으로 표현할 수 없기 때문이고, 많은 생각이 상속되는 것은 곧 진실한 것이 아니기 때문이다. 외부의 유대색에 대해서는 앞에서 이미 논파했다.

然因心故 識變似聲 生滅相續 似有表示 假名語表 於理無違 表既實無 無表寧實 然依思願善惡分限 假立無表 理亦無違.

---

50) 『新導成唯識論』卷第1, p.24, "그 표업의 의미를 나타내므로 이것은 표업의 체상이 아니다. 그 마음을 표시하기 때문에 표업이라는 것이다."(顯其表義 此非業體 表示其心 故名表業.)

[정의] 그렇지만 마음으로 원인하기 때문에, 심식이 전변하여 유사한 소리로 생멸되고 상속되어서, 표시되는 것과 유사한 것을 가정적으로 언어의 표색이라 하는데, 이치에 위배됨이 없다. 표색이 진실로 존재하지 않는데, 무표색이 어찌 실재하겠는가? 그러므로 생각과 바램[願]의 선악의 분한에 의지해서, 무표업을 가립한 것은 이치가 또한 위배되지 않는다.

謂此或依發勝身語善惡思種增長位立 或依定中止身語惡現行思立 故是假有.

말하자면, 이것[무표업]에서 수승한 身業과 語業을 일으키는 선악의 생각 종자를 증장한 위치에 의지하여 건립하고, 혹은 선정 중에서 신업과 어업의 악행을 그치는 현행의 생각에 의지해서 건립한다. 그러므로 이것은 가유이다.

世尊經中說有三業 撥身語業 豈不違經 不撥為無但言非色 能動身思說名身業 能發語思說名語業 審決二思意相應故 作動意故說名意業 起身語思有所造作 說名為業.

[질문] 세존께서는 경전에서 3업이 존재한다고 하셨다. 신업과 어업을 부정[撥無]하는 것이 어째서 경전에 위배되지 않는가?
[답변] 부정하여 없애려는 것이 아니고 단지 색법이 아니라는 것이다. 스스로 몸을 움직이는 생각을 신업이라 하고, 언어를 일으키는 생각을 어업이라 한다. 審慮와 決定의 2가지의 생각은 의식과 상응하고 의식을 작동하기 때문에 意業이라 한다. 신업과 어업을 일으키는 생각은 조작됨이 있으므로 업이라 한다.

是審決思所遊履故 通生苦樂異熟果故 亦名爲道 故前七業
道亦思爲自性 或身語表由思發故 假說爲業 思所履故說名
業道 由此應知 實無外色唯有內識變似色生.

이것은 심려와 결정의 생각이 가볍게 실천하였기[遊履] 때문이고, 공통으로 고락의 이숙과를 일으키기 때문에 또한 법도[依止의 의미]라고 한다. 그러므로 앞의 七業道[신업의 3과 어업의 4]도 또한 생각을 자성으로 삼는다. 혹은 신, 어업의 표색은 생각으로 인해서 일어나기 때문에 가설로서 업이라 한 것이고, 생각이 실천한 것이기 때문에 업도라고 한다. 이러한 까닭에 진실로 외부의 색법은 존재하지 않으며, 오직 마음의 심식만이 존재하고 전변되어 색법으로 유사하게 나타나 일어난다는 것을 알아야 한다.

不相應行亦非實有 所以者何 得非得等 非如色心及諸心所
體相可得 非異色心及諸心所作用可得

【不相應行】

불상응행법도 또한 실유가 아니다. 왜냐하면, 득과 비득 등은 색법과 심왕 및 모든 심소법과 같이 체상을 취득할 수 없으며, 색법과 심왕 및 모든 심소법과는 달리 작용도 취득할 수 없다.

由此故知 定非實有 但依色等分位假立 此定非異色心心所
有實體用 如色心等 許蘊攝故 或心心所及色無爲所不攝故
如畢竟無定非實有 或餘實法所不攝故 如餘假法 非實有體

이러한 까닭에 반드시 실유가 아니며, 단지 색법 등의 分位에 의지해서 가립된 것임을 알아야 한다. 이것[불상응행]은 결코 색법, 심왕 및 심소법과는 달리 진실한 체상과 작용이 존재하지 않는다. 색법과 심왕 등과 같이 5온에 포함되는 것이 인정되기 때문이다. 혹은 심왕, 심소법, 색법 및 무위법에 포함되지 않기 때문에, 필경에 존재하지 않는 것과 같이 결코 실유가 아니다. 혹은 다른 진실한 법에 포섭되지 않기 때문에, 마치 다른 假法과 같이 실유의 체상이 아니다.[51]

且彼如何 知得非得異色心等有實體用 契經說故 如是補特伽羅成就善惡 聖者成就十無學法 又說異生不成就聖法 諸阿羅漢不成就煩惱 成不成言顯得非得.

[반문] 또한 그들은 어떻게 득과 비득이 색법과 심왕법 등과 달리 진실로 체상과 작용이 존재한다는 것을 아는가?
[외인의 답변] 경전에 宣說되었기[52] 때문으로서, 이렇게 보특가라[pudgala ; 自我, 人, 數取趣]는 선악을 성취하고, 聖者는 10가지의 무학도[8正道와 正解脫 및 正智를 성취하는 것이다. 또는 범부들은 성스러운 법을 성취하지 못하고, 모든 아라한들도 번뇌를 성취하지 못한다는 것인데, 성취와 불성취라는 것은 득과 비득을 나타낸다.

經不說此異色心等有實體用 為證不成 亦說輪王成就七寶

---

51) 『成唯識論觀心法要』 卷第1[『卍新纂續藏經』 第51冊(2009), p.313, 上], "다른 진실한 법이란 색법, 심왕 및 심소법을 가리키고, 다른 假法이란 거울 속의 꽃, 물 및 달 등을 가리킨다."(餘實法 指色及心心所 餘假法 指鏡花水月等也.)
52) 『阿毘達磨俱舍論』 卷第4(『大正藏』 29, 22, 上)에서 『中阿含經』 卷第15 등의 내용을 인용.

豈即成就他身非情 若謂於寶有自在力 假說成就 於善惡法
何不許然 而執實得.

[반론] 경전에서는 이것이 색법과 심왕법 등과 달리, 진실로 체상과 작용이 존재한다는 것을 교설하지 않았으므로 증거로 삼을 수가 없다. 또한 전륜성왕이 7보배를[53] 성취했다고 하는데,[54] 어떻게 바로 他身 유정과 유정이 아닌 것[무생물]을 성취하는가? 만약에 7보에 대하여 자재력이 있어서 가설로서 성취되는 것이라면, 선악의 법에 대해서는 어째서 그렇다고 인정하지 않으면서 진실한 득이라고 주장하는가?

若謂七寶在現在故 可假說成 寧知所成善惡等法 離現在有
離現實法理非有故 現在必有善種等故.

만약에 7보가 현재에 존재하기 때문에 가설로서 성취할 수 있다면, 어찌 성취된 선악 등의 법이 현재에서 벗어나 존재한다고 아는가? 현재에서 벗어난 진실한 법은 이치적으로 존재하지 않기 때문으로서, 현재에는 선, 악 및 무기 등의 종자만 있기 때문이다.

又得於法有何勝用 若言能起應起無為 一切非情應永不起
未得已失應永不生.

---

53) 『述記』卷第2 本(『大正藏』43, 277, 中), "7가지의 보배는 상보와 마보 등을 말하는데, 이 중에서 앞의 5가지는 他身의 유정이고, 뒤의 2가지는 유정물이 아니다."(七寶者 一象寶 二馬寶 三主兵臣 四主藏臣 五女寶 六珠 七輪 此中前五他身有情 後二非情.)
54) 『阿毘達磨俱舍論』卷第4(『大正藏』29, 22, 中)에서 『長阿含經』卷第18 등의 내용을 인용.

또한 득은 법에 어떤 뛰어난 작용이 있는가? 만약에 스스로 일어난다면, 당연히 무위법도 일으켜야 한다. 일체의 유정물이 아닌 것[非情]은 영원히 일어나지 않아야 하며, 아직 취득되지 못한 것과 이미 유실된 것은 영원히 발생되지 않아야 한다.

若俱生得爲因起者 所執二生便爲無用 又具善惡無記得者
善惡無記應頓現前 若待餘因得便無用 若得於法是不失因
有情由此成就彼故 諸可成法不離有情 若離有情實不可得
故得於法俱爲無用 得實無故 非得亦無

만약에 선천적인 득을 원인으로 하여 일어난다면, 집착된 2가지의 발생[大小의 生]은 곧 쓸모가 없게 된다. 또한 선, 악 및 무기의 득을 갖추었다면, 선, 악 및 무기는 즉시에 현전해야 한다. 만약에 다른 원인을 기대한다면, 득은 쓸모가 없게 된다. 만약에 득이 법에 流失되지 않는 원인이고, 유정은 이것으로 인하여 그것[得]을 성취하기 때문이라면, 모든 성취할 수 있는 법[현재와 진여 등]은 유정에게서 벗어나지 않을 것이다.

만약에 유정에게서 벗어난다면, 진실로 득이라 할 수 없다. 그러므로 득은 법에 대해서 모두 쓸모가 없게 된다. 득은 진실로 존재하지 않기 때문이고, 비득도 또한 존재하지 않는다.

然依有情可成諸法分位假立三種成就 一種子成就 二自在
成就 三現行成就 翻此假立不成就名 此類雖多 而於三界見
所斷種未永害位 假立非得名異生性 於諸聖法未成就故

[정의] 그러므로 유정이 성취할 수 있는 모든 법의[55] 분위에 의지하여 3가지의 성취를 가립한다. 1) 종자의 성취이고, 2) 자재의 성취이며, 3) 현행의 성취이다. 이것과 반대로 불성취라는 것을 가립한다. 이것의 성류가 비록 많더라도 3界의 견소단에서 단절되는 종자를 영원히 없애지 못한 위치에서, 비득을 가립하여 범부의 성품이라 한다. 모든 성스러운 법을 아직 성취하지 못했기 때문이다.

復如何知 異色心等有實同分 契經說故. 如契經說此天同
分此人同分 乃至廣說.

[반문] 다시 색법과 심법 등과 달리 진실한 同分이 존재한다는 것을 어떻게 아는가?
[외인의 답변] 경전에서 교설했기[56] 때문으로서. 그 경전에서 이것은 하늘의 동분이고, 이것은 인간의 동분이며,[57] 내지 자세하게 교설한 것과 같기 때문이다.

此經不說異色心等有實同分 為證不成 若同智言因斯起故
知實有者 則草木等應有同分 又於同分起同智言 同分復應
有別同分 彼既不爾 此云何然.

---

55) 『述記』 卷第2 本(『大正藏』 43, 278, 中), "그렇지만 외부의 무정물, 타신, 과거 및 미래는 모두 성취될 수 없다."(然外非情 他身 過·未 皆非可成.)
56) 『中阿含經』 卷第24(『大正藏』 1, 578, 下) ; 阿毘達磨俱舍論』 卷第5(『大正藏』 29, 24, 中)에서 인용.
57) 『新導成唯識論』 卷第1, p.28, "즉, 色心의 上位에 의지하여 人天의 同分을 말하기 때문이다." (卽依色心之上 說人天同分故.)

[반문] 이 경전에서는 색법과 심법 등과 다르게 진실한 동분이 존재한다는 것을 교설하지 않았다. 따라서 증거로 삼을 수가 없다. 만약에 동분이라는 지혜와 말이[58) 이것[동분]을 원인으로 일어나기 때문에 실유라는 것을 인지한다면, 곧 초목 등에도 동분이 존재해야 한다. 또한 동분에 대해서도 동분이라는 지혜와 말을 일으키므로, 동분에도 다시 별도의 동분이 존재해야 한다. 그것은[59) 이미 그렇지 않는데, 이것은 어째서 그러한가?

若謂爲因起同事欲知實有者 理亦不然 宿習爲因起同事欲
何要別執有實同分 然依有情身心相似分位差別假立同分.

만약에 원인이 되어서 같은 자체의 업[事業]과 욕심을 일으키므로 실유라는 것을 인지한다면, 이치적으로 또한 그렇지 않다. 숙세의 훈습을 원인으로 같은 자체의 업과 욕심을 일으키는데, 어째서 별도로 진실한 동분이 존재한다고 주장하는가?

[정의] 그러므로 유정의 몸과 마음의 유사한 分位의 차별에 의기해서 동분을 가립하는 것이다.

復如何知 異色心等有實命根 契經說故 如契經說 壽煖識三
應知命根說名爲壽 此經不說異色心等有實壽體 爲證不成

---

58) 『述記』卷第2 本(『大正藏』 43, 280, 上), "만약에 별도로 진실한 중동분이 존재하지 않다면, 3계, 5취 및 4생 등을 반연해서는 동분이라는 말과 지혜는 당연히 발생될 수가 없다. 능히 동분이라는 상사법이 존재하지 않기 때문으로서 발생되지 않는 마음이 없으면, 요긴하게 有法을 반연하기 때문이다."(若無別實衆同分者 即緣界・趣及四生等 同言同智應不得生 以無能同相似法故 無不生心 要緣有故.)
59) 『新導成唯識論』卷第1, p.28, "그 동분에는 이미 동분이 없다"(彼同分既無同分)는 것을 의미한다.

[반문] 또한 색법이나 심법 등과 다르게 진실한 命根이 존재한다는 것을 어떻게 아는가?

[외인의 답변] 경전에서 교설했기[60] 때문으로서, 그 경전에서 수명과 체온 및 심식의 3가지라고 한 것과 같다. 마땅히 명근을 수명이라 한 것을 알아야 한다.

[반문] 이 경전에서는 색법이나 심법 등과 다르게 진실한 수명 자체가 존재한다고 하지 않았다. 따라서 증거로 삼을 수 없다.

又先已成色不離識 應比離識無別命根 又若命根異識實有
應如受等 非實命根 若爾如何經說三法 義別說三 如四正斷.

또한 앞에서 색법은 심식에서 벗어나지 못한다는 것이 성립되었듯이, 심식을 벗어나서는 별도로 명근이 존재하지 않다는 것을 比量해야 한다. 또한 만약에 명근이 심식과 달리 진실로 존재한다면, 마치 감정 등과 같이 진실로 명근이 아니어야 한다. 만약에 그렇다면, 어째서 경전에서 3법으로 교설했겠는가? 의미의 차별에서 3가지라고 한 것으로[61] 마치 4正斷과 같다.[62]

住無心位壽煖應無 豈不經說 識不離身 既爾如何名無心位.

---

60) 『雜阿含經』卷第21(『大正藏』2, 150, 中) ; 『阿毘達磨俱舍論』卷第5(『大正藏』29, 26, 上)에서도 인용.
61) 『新導成唯識論』卷第1, p.38, "의미의 차별을 3가지로 설한다는 것은, 아뢰야식의 상분인 색법의 신근이 소득한 것은 체온, 이 심식의 종자는 수명, 현행하는 심식은 識이라는 것을 말한다."(義別說三 謂賴耶相分色法身根所得名煖 此識之種名壽 現行識即名識.)
62) 『新導成唯識論』卷第1, p.38, "한 精進을 자체로 삼는다."(一精進爲體.)

[질문] 無心에 머무는 지위에서는 수명과 체온도 당연히 존재하지 않아야 한다.
[답변] 그러면 어째서 경전에서 심식이 몸에서 벗어나지 않는다고 하지 않았겠는가?
[질문] 그렇다면, 어째서 무심의 지위라고 하는가?

彼滅轉識 非阿賴耶 有此識因後當廣說 此識足爲界趣生體
是遍 恒續 異熟果故 無勞別執有實命根.

[답변] 거기에서는 轉識이 소멸되는 것이지 아뢰야식이 소멸된 것은 아니다. 이 아뢰야식이 존재하는 까닭은 뒤[卷第3]에서 마땅히 자세하게 설명하겠다. 이 심식은 3계, 5취 및 4생의 체성으로 삼기에 충분하다. 이것은 두루하고 항상 상속되며, 이숙과이기 때문이다. 수고롭게 별도로 진실한 명근이 존재한다고 주장하지 않아야 한다.

然依親生此識種子 由業所引功能差別住時決定假立命根 復
如何知 二無心定無想異熟 異色心等有實自性

[정의] 그러므로 친히 이 심식을 일으키는 종자에 의지하여, 업장으로 견인된 공능차별이 머무는 때를[63] 결정적으로 명근이라고 가립한 것이다.
[반문] 또한 2무심정[無想定과 滅盡定]과 無想異熟은[64] 색법과 심법 등과 달

---

63) 『述記』卷第2 本(『大正藏』 43, 282, 上), "이것(명근)은 무루위에도 통하므로 佛位에서도 존재한다."(此通無漏 佛亦有故.)
64) 無想異熟이란 無想定을 수행한 결과로 無想天에 태어나는 과보를 말한 것으로서 無想事 및 無想有이라고도 한다.

리 진실한 자성이 존재한다는 것을 어떻게 아는가?

> 若無實性 應不能遮 心心所法 令不現起 若無心位有別實法 異色心等能遮於心名無心定 應無色時有別實法異色心等 能礙於色名無色定 彼既不爾 此云何然 又遮礙心何須實法 如堤塘等假亦能遮

[외인의 답변] 만약에 진실로 자성이 존재하지 않는다면, 마음과 심소법을 능히 없애서 현기하지 못하게 하는 것이 없어야 한다.
[반문] 만약에 무심위에서 별도로 진실한 法이 존재하여, 색법과 심법 등과는 다르게 스스로 마음을 없애는 것을 無心定이라 한다면, 당연히 無色定의 때에도 별도로 진실한 법이 존재하여, 색법과 심법 등과 달리 색법을 장애하는 것을 무색정이라 해야 한다. 그것[無色定]은 이미 그렇지 않은데, 이것[二無心定]은 어째서 그러한가? 또한 마음을 없애고 장애하는데, 어째서 진실한 법을 필수로 하는가? 마치 堤防 등과 같이 가법인 무상정 등도 또한 능히 마음을 없앤다.

> 謂修定時於定加行厭患麁動心心所故 發勝期願遮心心所 令心心所漸細漸微 微微心時熏異熟識 成極增上厭心等種

[정의] 말하자면, 선정을 닦을 때에 그 가행위에서 거칠게 움직이는 마음과 심소법을 싫어하고 근심하기 때문에, 감내되는 기간[勝期;7日 내지 1劫 등]에 원력을 일으켜서 마음과 심소법을 없애는 것이다. 마음과 심소법을 점점 심세하고 미약하게 하는 微微心[멸진정에 들기 전의 극히 미세한 마음]의 때에 이숙식을 훈습하여, 지극히 증상된 싫어하고 근심하는 마음 등의 종자를

갖춘다.

> 由此損伏心等種故 麁動心等暫不現行 依此分位假立二定
> 此種善故定亦名善.

이렇게 마음 등을 감소시키고 降伏시킨 종자[무상정은 有漏, 멸진정은 無漏로 인하여, 거칠게 활동하는 마음 등은 잠시 현행하지 않는다. 이러한 분위에 의지해서 2선정을 가립한다. 이 종자가 善性이므로 禪定도 또한 선성이다.

> 無想定前求無想果 故所熏成種 招彼異熟識 依之麁動想
> 等不行 於此分位假立無想 依異熟立得異熟名 故此三法
> 亦非實有.

무상정 이전에 무상과를 희구하기 때문에 훈습된 종자가 그것의 이숙식을 초감한다[總報]. 이것[本識;種子]에 의지해서 거칠게 활동하는 상상 등은 현행하지 않는다[別報]. 이것[無心]의 분위에서 무상정을 가립하고, 이숙식[總報;第8識]에 의해서 건립되므로 이숙생[別報;諸6識]이라 한다. 그러므로 이 3법[無想異熟과 2無心定]도 또한 실유가 아니다.

- 끝 -

卷第2
『成唯識論』

卷第2
『成唯識論』

復如何知. 諸有爲相. 異色心等有實自性. 契經說故. 如契經說. 有三有爲之有爲相. 乃至廣說.

【有爲相】

[반문] 다시 모든 유위법의 형상이 색법이나 심법 등과 다르게 진실로 자성이 존재한다는 것을 어떻게 아는가?

[외인의 답변] 경전에서 교설하였기[1] 때문으로서, 그 경전에서 3유위법[所相]에는 유위하는 형상[能相이][2] 존재한다고 하였으며, 내지 자세하게 교설한 것과 같다.

---

1) 『增壹阿含經』 卷第12(『大正藏』 2, 607, 下).
2) 『述記』 卷第2 末(『大正藏』 43, 283, 中~下), "이것에는 당연히 3유위법의 형상이 존재한다고 해야 하는데, 유위법은 곧 所相法이다. 3유위법의 형상이 존재한다는 것은 유위법에는 3능상이 존재한다는 것을 나타낸다. 중복해서 유위법을 언급한 것은 이것은 능상에 종속되고, 제법이 이것을 지니고 있으므로 체상은 유위법이며, 緣生의 성질임을 나타낸 것이다."(此中應言有三有爲之相 有爲 是所相法 有三之相者 即顯有爲有三能相也 重言之有爲者 此屬能相 顯法有此體是有爲 是緣生性.)

此經不說異色心等有實自性. 爲證不成. 非第六聲便表異體.
　　色心之體 卽色心故. 非能相體定異所相. 勿堅相等 異地等故.
　　若有爲相異所相體. 無爲相體 應異所相.

[반문] 이 경전에서는 색법과 심법 등과 다르게 진실로 자성이 존재한다고 교설하지 않으므로 증거로 삼을 수가 없다. 제6의 소리[聲], 즉 依主釋은[3] 바로 다른 체상을 나타내는 것이 아니다. 색법과 심법의 체상이 바로 색법과 심법이기 때문이다. 能相의 체상은 결코 지어진 형상과 다르지 않으며, 堅相 등은 땅 등과 다르지 않기 때문이다. 만약에 유위상이 지어진 형상의 체상과 다르다면, 무위상의 체성도 당연히 지어진 형상과 달라야 한다.

　　又生等相若體俱有. 應一切時齊興作用. 若相違故用不頓興.
　　體亦相違如何俱有. 又住異滅用不應俱.

또한 태어남[生] 등의 형상이 만약에 체상과 함께 존재한다면, 모든 때[同時]에 똑같이 (生, 住 등 4相이) 작용을 일으켜야 한다. 만약에 서로 다르기 때문에 작용이 즉시에 일어나지 않는다면, 체상 또한 서로 다른데 어떻게 함께 존재하겠는가? 또한 머물고[住], 변이되고[異], 소멸되는 것[滅]은 작용이 당연히 함께 하지 않아야 한다.

　　能相所相體俱本有. 用亦應然. 無別性故. 若謂彼用更待因緣

---

3) 依士釋이라고도 하는데, 2개 이상의 명사로 된 합성어에서 뒤의 말에 제한되어 主伴의 관계가 성립됨을 나타내는 방법으로서, 예를 들면 '왕의 신하'를 '王臣'이라고 하는 것과 같다.

所待因緣應非本有. 又執生等便為無用. 所相恒有而生等合.
應無為法亦有生等. 彼此異因不可得故.

　능상과 소상에 체상이 본래부터 함께 존재한다면, 작용도 또한 당연히 그러해야 하는데 별도로 자성이 존재하지 않기 때문이다. 만약에 그것의 작용이 다시 원인과 조건을 기대한다면, 기다리는 원인과 조건은 당연히 본래부터 존재하지 않아야 한다. 또한 집착된 태어남 등은 곧 쓸데없는 것이 된다. 所相이 항상 존재하여 태어남 등과 화합한다면, 당연히 무위법에도 또한 태어남 등이 존재해야 한다. 그것과 이것이 다르다고 할 까닭이 있을 수 없기 때문이다.

又去來世非現非常. 應似空花非實有性. 生名為有. 寧在未來.
滅名為無應非現在. 滅若非無生應非有. 又滅違住寧執同時.
住不違生何容異世. 故彼所執進退非理.

　또한 과거나 미래세는 현재도 아니고 상주하는 것도 아니므로 당연히 허공의 꽃과 같이 실유성이 아니어야 한다. 태어나는 것을 존재라고 하는데 어떻게 미래에 존재하며, 소멸된 것이 없으므로 당연히 현재에 존재하지 않아야 한다. 소멸된 것이 만약에 존재하지 않다면, 태어남도 당연히 존재하지 않아야 한다. 또한 소멸은 머무름과 다른데 어떻게 동시라고 주장하며, 머무름은 태어남과 다르지 않는데 어떻게 다른 때를 인정하는가? 그러므로 그들이 주장하는 것은 진퇴양난으로서 이치에 맞지 않다.

然有為法因緣力故. 本無今有. 暫有還無. 表異無為假立
四相. 本無今有有位名生. 生位暫停即說為住. 住別前後

復立異名. 暫有還無無時名滅. 前三有故同在現在. 後一
是無故在過去.

[정의] 그러므로 유위법은 인연력 때문에 본래 존재하지 않던 것이 지금 존재하며, 잠시 존재하다가 다시 없어진다. 무위법과 다르다는 것을 나타내기 위해서 四相을 가립한 것이다. 본래 존재하지 않던 것이 지금 존재하는데, 존재하는 위치를 태어남이라 한다. 태어난 위치에서 잠시 停止한 것을 머무름이라 하고, 머무름이 전후로 구별되는 것을 變異라고 한다. 잠시 존재하다가 다시 없어지는데, 없어진 때를 소멸이라 한다. 앞의 3가지는 존재하기 때문에 모두 현재에 있으며, 뒤의 1가지는 존재하지 않기 때문에 과거에 있다.

如何無法與有為相. 表此後無為相何失. 生表有法先非有.
滅表有法後是無. 異表此法非凝然. 住表此法暫有用.

[질문] 어떻게 존재하지 않는 법을 존재하는 법과 같이 형상으로 삼는가?[4]
[답변] 이것은 뒤[過去]에 존재하지 않다는 것을 나타낸 것으로서, 형상으로 삼으면 어떠한 과실이 있는가? 태어남은 존재하는 법이 앞서는 존재하지 않았음을 나타내고, 소멸은 존재하는 법이 뒤에는 존재하지 않음을 나타내며, 變異는 이러한 법은 依然[凝然]하지 않음을 나타내고, 머무름은 이러한 법이 잠시 작용하는 것을 나타낸다.

---

4) 『新導成唯識論』卷第2, p.52, "대승에서는 소멸된 형상도 현재에 존재하기 때문이다."(大乘滅相在現在故.)

故此四相於有為法雖俱名表而表有異. 此依剎那假立四相.
一期分位亦得假立. 初有名生. 後無名滅. 生已相似相續名
住. 即此相續轉變名異. 是故四相皆是假立.

그러므로 이러한 4상이 유위법에서 비록 함께 나타난다고 하더라도, 그 나타남에는 차이가 있다. 이것은 찰나에 의지하여 4상을 가립하지만, 1期의 分位에서도 또한 가립한다. 처음에 존재하는 것을 태어남이라 하고, 뒤에 존재하지 않는 것을 소멸이라 하며, 태어나서 서로 유사하게 상속되는 것을 머무름이라 하고, 곧 이러한 상속이 전변된 것을 변이라고 한다. 이렇기 때문에 4상은 모두가 가립된 것이다.

復如何知. 異色心等有實詮表名句文身. 契經說故. 如契經說
佛得希有名句文身. 此經不說異色心等有實名等. 為證不成.
若名句文異聲實有. 應如色等非實能詮. 謂聲能生名句文者.
此聲必有音韻屈曲. 此足能詮何用名等.

【名句文】

[반문] 다시 색법과 심법 등과 달리 진실로 의미를 표현하는 명칭, 문구 및 문자가 존재한다는 것을 어떻게 아는가?
[외인의 답변] 경전에서 교설하였기 때문으로서, 경전에서 부처님께서 희유한 명칭, 문구 및 문자를 증득하셨다고 한 것과 같다.
[반문] 이 경전에서는 색법과 심법 등과 달리 진실로 명칭 등이 존재한다고 교설하지 않으므로 증거로 삼을 수가 없다. 만약에 명칭, 문구 및 문자가

소리와 다르게 실제로 존재한다면, 당연히 색법 등과 같이 진실로 나타내는 것[能詮]이 아니어야 한다. 이를테면, 소리가 스스로 명칭, 문구 및 문자를 일어나게 하고, 이 소리에 반드시 음운의 굴곡이 있다면, 이것[屈曲]이 능히 표현하기에 충분한데 어째서 명칭 등을 사용하겠는가?

> 若謂聲上音韻屈曲卽名句文. 異聲實有. 所見色上形量屈曲.
> 應異色處別有實體. 若謂聲上音韻屈曲如絃管聲非能詮者.
> 此應如彼聲. 不別生名等.

만약에 소리 상의 음운 굴곡이 바로 명칭, 문구 및 문자이고, 소리와 다르게 진실로 존재한다면, 보이는 물질 상의 형상과 크기[形量]의 굴곡도 색경과 달리 별도로 진실한 체상으로 존재해야 한다. 만약에 소리 상의 음운 굴곡이 현악기나 관악기의 소리와 같이 능히 나타나는 것이 아니라면, 이것[語聲]도 그것[絃, 管]의 소리와 같이 별도로 명칭 등을 붙이지 않아야 한다.

> 又誰說彼定不能詮. 聲若能詮. 風鈴聲等應有詮用. 此應如彼
> 不別生實名句文身. 若唯語聲能生名等. 如何不許唯語能詮.

또한 누가 그것[絃, 管의 소리]은 반드시 나타나는 것이 아니고, 소리가 만약에 나타내는 것이라면, 바람이나 방울의 소리와 등과 같은 것도 나타내는 작용이 있어야 한다. 이것[바람 등의 소리]도, 그것이 별도로 진실한 명칭, 문구 및 문자를 일어나게 하지 않다는 것과 같아야 한다. 만약에 오직 언어의 소리만이 명칭 등을 일어나게 한다면, 어째서 언어만을 능전이라고 인정하지 않는가?

何理定知能詮即語. 寧知異語別有能詮. 語不異能詮 人天
共了執能詮異語. 天愛非餘.

[질문] 어떤 이치로서 결정적으로 스스로 나타내는 것이 바로 언어라는 것을 알 수 있는가?

[답변] 어떻게 언어와는 달리 별도로 나타내는 것이 존재한다는 것을 아는가? 언어가 능히 나타내는 것과 다르지 않다는 것은 인간이나 천인이 모두 알고 있으며, 나타내는 것이 언어와 다르다고 주장하는 것은 天愛[5]뿐이지, 다른 사람들은 그렇지 않다.

然依語聲分位差別而假建立名句文身. 名詮自性句詮差別.
文即是字爲二所依. 此三離聲雖無別體. 而假實異亦不即聲.
由此法詞二無礙解境有差別. 聲與名等蘊處界攝亦各有異.

[정의] 그렇지만, 언어 소리의 분위의 차별에 의지해서 가설로서 명칭, 문구 및 문자를 건립한다. 명칭이란 자성을 나타내고, 문구는 차별을 나타내며, 문자는 바로 글자로서 명칭과 문구 2가지의 의지처가 된다. 이 3가지는 소리를 여의면 비록 별도로 체상이 존재하지 않지만, 假法[명칭 등]과 實有[소리]의 차이로서[6] 소리로서는 아니다. 이것으로 인하여 法無礙解와 詞無礙解

---

5) '諸天이 사랑하는 사람'이라는 뜻이지만, 어리석은 사람을 비유적으로 일컫는 말이다(예; 바보를 선생님이라고 부르는 것 등).

6) 『述記』卷第2 末(『大正藏』43, 288, 下), "이 3가지는 소리를 떠나면, 비록 별도의 체상이 존재하지 않더라도 명칭 등은 가법이고, 소리는 실유인데, 가법과 실유는 다르기 때문이다."(此三離聲雖無別體 名等是假 聲是實有 假·實異故.) 말하자면, 명칭, 문구, 글자는 불상응행법으로서 假法이고, 소리는 색법으로서 실유라는 것이다.

의[7] 2무애해에는 경계에 차별이 있으며, 소리와 명칭 등은 蘊, 處, 界에 포함되지만 또한 각각 차이가 있다.[8]

> 且依此土說名句文依聲假立. 非謂一切. 諸餘佛土亦依光明妙香味等假立三故.

나아가 이 세간에 의지하여 명칭, 문구 및 문자는 소리에 의지해서 가립된 것이라고 하지, 일체를 말하는 것은 아니다. 모든 다른 불국토에서는 또한 광명과 미묘한 향 및 맛 등과 같은 것에 의지하여, 3가지[名, 句, 文]를 가립하기 때문이다.

> 有執隨眠異心心所. 是不相應行蘊所攝. 彼亦非理. 名貪等故. 如現貪等. 非不相應. 執別有餘不相應行. 准前理趣皆應遮止.

어떤 사람들[大衆部와 一說部 등]은, 수면은 마음과 심소법과는 달리 불상응행법이며, 행온에 포함된다고 한다.[9] 그것도 또한 이치에 맞지 않다. (수

---

7) 四無礙解智; 辯 중에서 법무애해는 사리에 맞는 명칭, 문구 및 글자에 무애자재한 것이고, 사무애해는 방언이나 소리 등에 자재한 것을 말한다.
8) 『述記』卷第2 末(『大正藏』43, 288, 下), "이 2가지의 경계와 명칭 등 3가지가 소리와 다르다는 것은, 온, 처, 계에 포함되는 것이 또한 다르기 때문이다. 색온과 행온, 聲處와 法處 및 聲界와 法界는 그 차례대로 소리와 명칭 등에 포함된다."(此二境·及名等三 與聲別者 蘊·處界攝 亦有異故 色蘊行蘊 聲處法處 聲界法界 如其次第攝聲·名等.) 즉, 소리는 5온의 색온, 12처의 聲處, 18계의 聲界에 포함되고, 명칭, 문구 및 문자는 행온, 법처 및 법계에 포함된다는 것이다.
9) 大衆部는 번뇌를 현재에 작용하는 纏과 잠재적인 세력인 隨眠으로 구분하는데, 수면을 불상응행법으로 본다.

면은) 탐욕 등으로 부르기 때문으로서, 現行의 탐욕 등과 같이 불상응행법이 아니다. 또한 별도로 다른 불상응행법이 존재한다는 주장도 앞의 理趣에 의거하여 모두 부정되어야 한다.

諸無爲法離色心等. 決定實有理不可得. 且定有法略有三種
一現所知法. 如色心等. 二現受用法. 如瓶衣等. 如是二法
世共知有. 不待因成. 三有作用法. 如眼耳等. 由彼彼用證
知是有.

【無爲】

모든 무위법이 색심 등을 여의고서 결정코 진실로 존재한다는 것은 바른 이치가 아니다. 또한 반드시 존재하는 법에는 대략 3가지가 있는데, 1) 현재 직관적으로 아는[現量] 법으로서 색심 등과 같은 것이고, 2) 현재에 수용되는 법으로서 병이나 옷 등과 같은 것이다.[10] 이와 같은 2법은 세간에서 공통으로 존재한다고 알고 있는 것으로서, 비교하여 헤아리는 것[比量; 因]을 기대하지 않는다. 3) 작용이 있는 법으로서 눈, 귀 등과 같다.[11] 그것과 그것의 (심식을 일으키는) 작용으로 인하여 이것이 존재하는 것을 깨달아 아는 것이다.[12]

---

10) 『述記』卷第2 末(『大正藏』43, 289, 中), "이것은 비록 현재에 보이는 것이 수용되지만 현량의 소득은 아닌데, 假法이기 때문이다."(此雖現見受用 而非現量所得 是假法故.)
11) 『新導成唯識論』卷第2, p.55, "현량으로서 증득되는 것이 아니고, 또한 함께 아는 것도 아니며, 다른 사람의 지혜로도 아는 것이 아니다."(非現量得 亦非共知 又非他心智知.)
12) 『新導成唯識論』卷第2, p.55, "대승에서는 제8식의 경계도 현량으로서 증득하고, 부처님의 지혜를 반연할 때에도 또한 현량이라 한다. 여기에서는 다른 종파에서 부처님의 지혜를

無爲非世共知定有. 又無作用如眼耳等. 設許有用應是無常.
故不可執無爲定有.

무위법은 세간에서 모두가 반드시 존재한다고 알 수 있는 것도 아니고, 또한 눈, 귀 등과 같이 작용하지도 않는다.[13] 설령 작용한다고 인정하더라도 무상한 법이어야 한다. 그러므로 무위법은 결정코 진실로 존재한다고 할 수 없다.

然諸無爲所知性故. 或色心等所顯性故. 如色心等. 不應執
爲離色心等實無爲性.

그렇지만 모든 무위법은 객관의 체성이거나 혹은 물질과 마음 등으로 나타내지는 성품이기 때문에, 물질과 마음 등과 같이 물질과 마음 등을 여의고서 진실로 무위의 성품이 존재한다고 주장해서는 안 된다.[14]

又虛空等爲一爲多. 若體是一遍一切處. 虛空容受色等法故.
隨能合法體應成多. 一所合處餘不合故. 不爾諸法應互相遍.
若謂虛空不與法合. 應非容受. 如餘無爲. 又色等中有虛空不.
有應相雜. 無應不遍.

제외하고 외부의 공동으로 인정하는 것에 대해서 논쟁으로 삼는다."(今大乘第八境亦現量得 佛智緣時亦現量 今就他宗除佛以外共許爲論.)
13) 일반적으로 대승에서는 무위법도 작용을 한다는 眞如隨緣說을 주장하는 데 반하여, 유식교학에서는 무위법은 작용을 하지 않는다는 眞如凝然說無爲無作用說을 주장한다.
14) 색심 등과 같이 무위법도 존재하지 않으며, 무위법은 색심 등을 통해서 알 수 있으므로 색심 등을 떠나면 무위법도 존재하지 않다는 것을 말한다.

또한 허공 등은[15] (그 체성이) 하나인 것인가 많은 것인가? 만약 체성이 하나로서 일체의 처소에 두루 한다면, 허공은 색법 등을 수용하기 때문에 능히 화합되는 법에 따라서 체성이 당연히 많아야 한다. 하나로 화합된 처소에는 다른 것이 합해질 수 없기 때문이다. 그렇지 않다면 제법은 상호간 서로 두루 해야 한다. 만약에 허공이 법과 화합하지 않는다면, 수용되지 않아야 하는 것이 다른 무위법과 같다. 또한 색법 등 가운데에는 허공이 존재하는 것인가? 존재하지 않는 것인가? 존재한다면 서로 섞어져야 하고, 존재하지 않다면 두루 하지 않아야 한다.

一部一品結法斷時應得餘部餘品擇滅. 一法緣闕得不生時. 應於一切得非擇滅. 執彼體一理應爾故.

1部와 1品類의[16] 結法[번뇌]을 끊을 때에는 당연히 다른 部와 품류의 擇滅을 증득해야 한다.[17] 하나의 법이 인연이 결여되어서 발생될 수 없을 때에는 일체제법에서도 非擇滅을 증득해야 한다. 그것의 체성이 하나라고 주장함에 이치가 당연히 그렇기 때문이다.

---

15) 대승불교에서 무위법을 설명하기 위하여 예를 든 6가지가 있다. 즉, 허공은 그 자성이 어디에도 걸림이 없는 것이 마치 진여와 같다는 것이다. 택멸은 지혜로서 잘 선택해서 단멸하여 없애는 것이 진여와 같고, 비택멸은 지혜조차도 필요 없는 진여의 세계를 말한다. 부동은 산란한 마음이 일어나지 않는 색계 第4禪의 적정의 세계이며, 상수멸은 멸진정에 들어서 상상과 감정 등이 단멸된 경지이고, 진여는 진실하여 변함이 없는 진리의 세계를 말한다.
16) 종류나 정도가 같은 것 등을 하나로 모아서 의미와 내용 등을 다른 것과 구별하는 것.
17) 『述記』卷第2 末(『大正藏』43, 290, 中), "만약에 택멸의 체성이 하나라면, 우선 5部[견소단의 4部(4聖諦의 각각 1部)와 수소단의 1部 중의 1部, 9品 중의 1品에서 번뇌를 단멸할 때와 같이, 다른 아직 단멸되지 않은 4部와 8品의 택멸 무위도 증득되어야 하는데, 체성이 하나이기 때문이다."(若擇滅體是一者 且如五部 一部九品 一品結斷時 應得餘未斷四部 八品擇滅無爲 以體是一故.)

若體是多便有品類. 應如色等. 非實無為. 虛空又應非遍容
受. 餘部所執離心心所實有無為. 准前應破. 又諸無為. 許
無因果故. 應如兔角. 非異心等有.

만약에 체성이 많다면, 곧 품류도 (그렇게) 있게 되어서 색법 등과 같이 진실로 무위법이 아니어야 한다. 허공도 또한 두루 하거나 수용되는 것이 아니어야 한다. 다른 부파[大衆部] 등가 주장하는, 마음과 심소법을 여의고서 진실로 무위법이 존재한다는 것도 앞에 견주어서 논파되어야 한다. 또한 모든 무위법에는 인과법이 존재하지 않는 것으로 인정하기 때문에, 토끼의 뿔[兎角]처럼 마음 등과 다르게 존재하는 것이 아니어야 한다.

然契經說有虛空等諸無為法. 略有二種. 一依識變假施設有.
謂曾聞說虛空等名. 隨分別有虛空等相. 數習力故心等生時.
似虛空等無為相現. 此所現相前後相似無有變易假說為常.

그런데 경전에서 허공 등의 모든 무위법이 존재한다는 교설에는 대략 2가지가 있다. 1) 심식의 전변에 의지하여 가설로서 존재한다고 시설한다. 이를테면, 일찍이 허공 등이 존재한다고 宣說하는 명칭을 듣고 따라서 분별하여, 허공 등의 형상이 존재한다고 자주 훈습한 세력 때문에,[18] 마음 등이 일어날 때에 허공 등의 무위법과 유사한 형상이 나타난다. 이 나타난 형상은 전후로 서로 유사하여 變易됨이 없으므로 가설로서 항상 하다고 한 것이다.

---

18) 『新導成唯識論』卷第2, p.56, "이것은 바로 제7지 이전의 유루의 가행심 등이 명칭을 반연하여 분별상을 일으킨 것이다."(此即七地以前有漏加行心等緣名起分別相.)

二依法性假施設有. 謂空無我所顯眞如. 有無俱非. 心言路絶.
與一切法非一異等. 是法眞理故名法性.

2) 법성에 의지하여 가설로서 존재한다고 시설한다. 이를테면, 空性이나 무아로 나타내지는 진여는, 존재하거나[有] 존재하지 않으며[無], 존재하거나 않기도 하고[俱], 존재하지도 않는 것도 아닌[非] 것으로서, 心行과 言語의 수단[心言의 路]이 단절되어서 일체법과는 하나이거나 다른 것 등도 아닌 것이다. 이것이 법의 진실한 이치이기 때문에 법성이라 한다.

離諸障礙故名虛空. 由簡擇力滅諸雜染. 究竟證會故名擇滅.
不由擇力本性淸淨. 或緣闕所顯故名非擇滅. 苦樂受滅故名
不動. 想受不行名想受滅. 此五皆依眞如假立. 眞如亦是假
施設名.

모든 장애를 여의었기 때문에 허공이라 한다. 간택한 세력으로 인하여 모든 잡념을 멸진하여, 마침내 깨닫게 되기 때문에 택멸이라 한다. 간택하는 세력에 원인하지 않고, 본성이 청정하거나 인연이 결여될 때에 나타나기 때문에 비택멸이라 한다. 고수와 낙수가 멸진되었기 때문에 부동이라[19] 한다. 상상과 감정이 현행하지 않으므로 상수멸이라 한다. 이 5가지는 모두 진여에 의지하여 가립된 것이며, 진여라는 것도 또한 가설로서 시설된 명칭이다.

---

19) 제3 정려 이상의 번뇌를 여의고서 제4 정려에 證入했을 때에, 일체의 고수와 낙수가 멸진된 곳에 나타나는 진여를 말한다[玄奘 譯, 韓廷杰 校釋, 『成唯識論校釋』(中華書局, 1998), p.83].

遮撥為無故說為有. 遮執為有故說為空. 勿謂虛幻故說為實.
理非妄倒故名真如. 不同餘宗離色心等有實常法名曰真如.
故諸無為非定實有.

존재하지 않다[惡取空者와 邪見]는 것을 부정하고 제거하기 위해서 존재한다고 한다.[20] 존재한다는 주장[化地部]을 부정하기 위해서 공이라 한다.[21] 허망하고 환상과도 같다[一說部]고 하지 않아야 하기 때문에 진실하다고 한다.[22] 이치가 허망하게 전도되지 않기 때문에 진여라고 하는데, 다른 종파[化地部]에서 색법과 마음 등을 여의고서 진실로 항상 하는 법이 존재하는 것을 진여라고 한 것과는 같지 않다.[23] 그러므로 모든 무위법도 반드시 진실한 존재는 아니다.

外道餘乘所執諸法. 異心心所非實有性. 是所取故. 如心心所.
能取彼覺亦不緣彼. 是能取故. 如緣此覺.

---

20) 『述記』卷第2 末(『大正藏』43, 291, 下), "악취공과 사견에 빠진 자들이 체성은 전혀 존재하지 않다고 주장하는 것을 부정하기 위해서 존재한다고 한다. 체성은 진실로 존재하지 않지만, 존재하지 않는 것만은 아니다."(遮惡取空及邪見者 撥體全無 故說為有 體實非有非不有.)
21) 上同(上同), "화지부의 반드시 존재한다는 주장을 부정하기 위하여 공이라 한 것이다."(遮化地部說 定有執 故說為空.)
22) 上同(上同), "일설부에서 일체는 모두 가립된 것이고 진여도 허망한 것이며, 의타기성의 법과 같다는 것을 부정하기 위하여 진실하다고 한다. 또한 허망한 것은 변계소집으로 분별하고, 환상과 같은 것은 의타기성으로 분별한다."(遮一說部 一切皆假 謂如為虛 同依他法 故說為實 又虛簡所執 幻簡依他.)
23) 上同(上同), "우리 부파에서는 색법 등과는 하나도 아니고 다른 것도 아니라고 하기 때문이다. 또한 이것은 진실한 것도 아니고 진실하지 않은 것도 아니기 때문에, 다른 화지부에서 색심 등을 여의면 반드시 진실한 법이 존재한다는 주장과는 같지 않다."(我部所言 與色等法 非一異故 亦非是實 非不實故 不同於餘化地部 離色心等定實有法.)

【所取, 能取】

 외도와 소승이 주장하는 모든 법[색법, 불상응행법 및 무위법]은,24) 마음과 심소법과는 달리 진실한 성품이 존재하는 것이 아니어야 한다. 이것은 소취[대상]이기 때문으로서, 마치 마음과 심소법[他心智의 所緣]과 같다. 능히 그것[색법 등]을 연취한다는 覺知[마음과 심소법]도 또한 그것을 반연하지 않는다. 이것은 능취[주체]이기 때문으로서, 마치 이것[覺]을 반연한 각지[마음과 심소법]와 같다.25)

> 諸心心所依他起故. 亦如幻事. 非真實有. 為遣妄執心心所外實有境故. 說唯有識. 若執唯識真實有者. 如執外境亦是法執.

 모든 마음과 심소법은 다른 것에 의지해서 일어나기 때문에, 또한 환상[幻事]과 같아서 진실로 존재하는 것이 아니다. 마음과 심소법 밖에 진실로 경계가 존재한다고 망령스럽게 집착하는 것을 없애기 위해서, 오직 심식만이 존재한다고 宣說한다. 만약에 오직 심식만이 진실로 존재한다고 주장하는

---

24) 『述記』卷第2 末(『大正藏』43, 292, 中), "(소승에서) 주장하는 제법은 심왕과 심소법을 제외한 3가지의 聚法[색법, 불상응행법 및 무위법]에 통한다. 자신들이 의타기성으로 인정하는 심왕과 심소법 및 전변된 색법 등의 제법을 분별하기 위한 것이다."(所執諸法通三聚法除心心所 為簡自許依他性心及心所 所變色等諸法.)

25) 『述記』卷第2 末(『大正藏』43, 292, 中), "살바다 등에서, 만약에 경계가 진실로 존재하지 않는다면, 어떻게 반연될 때에 마음과 심소법이 일어나는가라고 함에 대하여, 이제 헤아려 말하면, 그대들은 능히 그 색법 등을 연취한 覺知가 또한 그 색법 등 제법을 반연하지 않는다고 하는데, 능취이기 때문으로서 마치 이것을 반연한 각지가 소유한 각지와 같다. 각지란 마음과 심소법의 전체적인 명칭이고, 이것이란 바로 마음과 심소법이다. 마음과 심소법 등을 반연한 마음은 곧 他心智 등이다."(薩婆多等言. 若境無實. 云何緣時生心心所 今立量云. 汝言能取彼色等覺. 亦不緣彼色等諸法 是能取故. 如緣此覺之所有覺. 覺者是心·心所總名. 此者卽是心·心所也. 緣心等心. 卽他心智等.)

것은, 바깥 경계를 집착하는 것과 같아서 이것 또한 法執이다.

> 然諸法執略有二種. 一者俱生. 二者分別. 俱生法執無始時來.
> 虛妄熏習內因力故 恒與身俱. 不待邪教及邪分別. 任運而轉.
> 故名俱生.

【法執】

그런데 모든 법집에는 대략 2가지가 있는데, 1) 선천적으로 일어나는[俱生] 것이고, 2) 후천적으로 일어나는[分別] 것이다. 선천적인 법집은 옛적부터 허망하게 훈습된 마음의 원인력[種子] 때문에 항상 몸과 함께 한다. 삿된 가르침과 분별을 기대하지 않고 자연스럽게 일어나기[展轉] 때문에 선천적이라 한다.

> 此復二種 一常相續. 在第七識緣第八識起自心相執為實法.
> 二有間斷. 在第六識緣識所變蘊處界相. 或總或別起自心相
> 執為實法. 此二法執細故難斷. 後十地中數數修習勝法空觀
> 方能除滅.

이것에 다시 2가지가 있는데, (1) 항상 상속되어 제7식에 존재하면서 제8식을 반연하여, 자기 마음의 형상을 일으켜 집착하여 진실한 법으로 삼는다. (2) 순간적으로 단절됨이 있으면서 제6식에 존재하여 심식이 전변한 5온, 12처 및 18계의 형상을 반연하며, 전체나 개별적으로 자기 마음의 형상을 일으켜 집착하여 진실한 법으로 삼는다. 이 2법집은 미세하기 때문에 단절하기가 어렵다. 뒤에 보살의 10지에서 자주자주 뛰어난 法空觀을[26] 수습하여 마침내 없앨 수 있다.[27]

> 分別法執亦由現在外緣力故非與身俱. 要待邪教及邪分別.
> 然後方起. 故名分別. 唯在第六意識中有.

후천적인 분별의 법집도 또한 (마음의) 현재의 외연력에 의지하기 때문에 몸과 함께 하지 않는다. 요컨대 삿된 가르침과 분별을 기대한 다음에 비로소 일어나기 때문에 분별이라 하는데, 오직 제6 의식에만 존재한다.

> 此亦二種. 一緣邪教所說蘊處界相. 起自心相 分別計度執
> 爲實法. 二緣邪教所說自性等相. 起自心相. 分別計度執
> 爲實法. 此二法執麁故易斷. 入初地時觀一切法法空眞如.
> 卽能除滅.

이것에도 또한 2가지가 있는데, (1) 삿된 가르침[소승 등]에서[28] 교설하는 5온, 12처 및 18계의 형상을 반연하여, 자기 마음의 형상을 일으켜 분별과

---

26) 玄奘 譯, 韓廷杰 校釋, 『成唯識論校釋』(中華書局, 1998), p.88. 일체법은 인연에 따라 잠시 존재할 뿐으로서 불변하거나 실체가 없으며 그 자성도 존재하지 않다는, 제법이 공하다는 도리를 관하는 것.
27) 『述記』卷第2 末(『大正藏』43, 293, 中), "제6식 가운데의 선천적인 법집은 10지에서 도를 자주자주 닦아 각각의 지위에서 개별적으로 끊어지는데, 지위를 장애하기 때문이다. 제7식은 10지에서 도를 자주자주 닦아서 마침내 금강심에 이르면 바야흐로 단절되어 제거된다."(第六識中俱生法執 於其十地道數數備 地地別斷 以障地故 第七識者 於十地中道數數備 要至金剛方能除斷.)
28) 『述記』卷第2 末(『大正藏』43, 293, 下), "소승 등을 삿된 가르침이라 하는데, 바른 이치라고 하지 않기 때문이다."(卽小乘等並名邪故 不稱正理故)

계탁하고 집착해서 진실한 법으로 삼는다. (2) 삿된 가르침에서 교설하는 自性 등의[29] 형상을 반연하여, 자기 마음의 형상을 일으켜 분별과 계탁하고 집착해서 진실한 법으로 삼는다. 이 2법집은 거칠기 때문에 끊기가 쉽다. 보살의 초지에 證入할 때에 일체법의 법공인 진여를 관찰하면 바로 없앨 수 있다.

如是所說一切法執自心外法或有或無. 自心內法一切皆有.
是故法執皆緣自心所現似法. 執爲實有.

이와 같이 교설된 일체의 법집에서 자기 마음 밖의 제법은 존재하거나 존재하지 않지만,[30] 자기 마음의 內法은 일체 모두에 존재한다.[31] 이렇기 때문에 법집은 모두 자기 마음에 나타난 유사한 법을 반연하고 집착해서 진실한 존재로 삼는다.[32]

然似法相從緣生故. 是如幻有. 所執實法妄計度故. 決定非有.

---

29) 『述記』卷第2 末(『大正藏』43, 293, 下), "자성이란 바로 數論의 수승한 성품으로서 勝論의 實句義(실체) 등도 같이 취하므로, 이렇게 한 가지가 아니다."(自性即是數論勝性 等取勝論實句義等 如是非一.) ; 『成唯識論校釋』, p.88, 여기에서 자성이란 數論의 수승한 성품25諦 가운데서 1諦인 冥諦, 25제가 神我인데, 이 2가지가 지닌 성질이 수승하므로 勝性이라 함을 말하고, 等이란 勝論 이 모든 사물을 실체와 속성으로 나누고, 이것을 실체, 성질, 운동, 보편, 특수 및 결합의 6범주로 해석하는 6句義를 가리킨다.

30) 『述記』卷第2 末(『大正藏』43, 293, 下), "제7식의 본래 법은 반드시 존재한다. 제6식의 본래 법은 혹 존재하지 않기도 한다. 수도의 본래 법은 반드시 존재한다. 견도의 본래 법은 혹 존재하지 않기도 한데, 5온 등을 계탁하면 존재가 허용되지만, 자성 등을 계탁하면 결코 존재하지 않는다."(第七本法定有 第六本法或無 修道本法定有 見道本法或無 計蘊等或容有 計自性等定無.)

31) 上同(上同), "마음에서 전변된 것은 모두 인연으로 생기며, 일체로서 존재한다."(心之所變皆因緣生 一切故有.)

32) 『述記』卷第2 末(『大正藏』43, 293, 下~294, 上), "이것은 집착된 것은 바로 오직 내부의 형상임을 나타낸다. 그러므로 모든 법집은 전부 내심의 의타기 형상의 존재를 반연한다."(此顯所執親唯內相 故諸法執皆緣內心依他相有.)

故世尊說. 慈氏當知. 諸識所緣唯識所現. 依他起性如幻事等.

그런데 유사하게 나타난 법의 형상은 인연[種子]에 따라 생겨나기 때문에 마치 허깨비와 같은 것으로 존재한다. 집착된 진실한 법은 허망하게 계탁된 것이기 때문에 결코 존재하지 않는다. 그러므로 세존께서는,[33] "자씨[彌勒] 보살이여, 마땅히 알지어다. 모든 심식[見分]의 소연[相分]은 오직 마음[自體分]이 나타낸 것이고, 의타기성은 마치 허깨비와 같은 것이다"라고 하셨다.

如是外道餘乘所執. 離識我法皆非實有. 故心心所. 決定不用外色等法. 為所緣緣. 緣用必依實有體故. 現在彼聚心心所法. 非此聚識親所緣緣. 如非所緣. 他聚攝故. 同聚心所亦非親所緣. 自體異故. 如餘非所取.

이와 같이 외도와 소승이 주장하듯이 심식을 여읜 자아와 법은 모두 진실로 존재하지 않는다.
[총결] 그러므로 마음과 심소법은 결정적으로 외부의 색법 등을 依用하여 所緣緣으로[34] 삼는 것이 아니다. 능연의 의용은 반드시 실유의 체상에 의지하기 때문이다.[35] 현재 타인[彼聚]의 마음과 심소법은[36] 자기[此聚] 심식의

---

33) 『解深密經』卷第3(『大正藏』 16, 698, 中), "내가 교설한 심식의 소연은 오직 심식[自體分]이 나타낸 것이기 때문이다."(我說識所緣 唯識所現故.) 참조.
34) 4연 중의 한 가지로서 緣緣이라고도 하는데, 마음에서 일어난 대상인 소연은 그 인식주체인 마음과 심소법이 사려하고 의지하는 바가 되는 것을 말한다.
35) 『新導成唯識論』卷第2, p.59, "가립된 상분을 또한 실유라고도 하는데, 변계소집성의 것과 구별되기 때문이다."(假之相分 亦名實有 簡遍計故.)
36) 『新導成唯識論』卷第2, p.59, "다른 사람의 마음을 아는 지혜 등의 소연인 경계를 말한다." (他心智等 所緣之境.)

친소연연이[37] 아니다.[38] 마치 대상이 아닌 것은 다른 사람[他聚]에게[39] 포함되기 때문이다. 자기[同聚]의 심소법도 또한 친소연이 아닌데, 마음 자체와 다르기 때문으로서, 마치 다른 것[안근 등]은 所取가 아닌 법인 것과 같다.[40]

由此應知. 實無外境 唯有內識似外境生. 是故契經伽他中說.
如愚所分別 外境實皆無. 習氣擾濁心. 故似彼而轉.

이러하므로 진실로 외부의 경계는 존재하지 않고, 오직 마음 안의 심식만이 존재하여 외부의 경계로 유사하게 일어난다는 것을 알아야 한다.
이렇기 때문에 경전의[41] 게송에서 다음과 같이 교설한다.
어리석은 사람들이 분별하는 것과 같이,
외부 대상은 진실로 모든 것이 존재하지 않는다.
습기가 마음을 요란스럽고 혼탁하게 하기 때문에,

---

37) 주관과 마음 자체[주관식]가 서로 여의지 않고 견분 등이 내적으로 사려하고 의지하는 바의 것을 친소연연, 즉 상분이라 한다.
38) 『成唯識論觀心法要』卷第2[『卍新纂續藏經』第51冊(2009), p.318, 中], "諸8識은 서로 相望하고 피차로 호칭되는데, 심왕법은 반드시 심소법과 상응됨이 있으므로 모두 積聚라고 한다. 가령 第8識처럼 5변행 심소법과 스스로 하나의 적취가 되지만, 第7識의 친소연연은 아니다. - 또한 변행의 5심소법처럼 비록 第8識과 상응하더라도 제8식의 소연연이 아니며, 나아가 第8識인 심왕법도 5심소법의 소연연이 아니다. 5심소법은 서로 상망하므로 또한 각각 서로를 반연하지 않는다."(八識互望 互稱彼此 心王必有心所相應 故皆名聚 且如第八識 與五遍行心所 自為一聚 非第七識親所緣緣 - 且如遍行五心所 雖與第八識相應 然非第八識之所緣緣 又第八識心王 亦非五心所之所緣緣 又五心所互望 亦各不得相緣.)
39) 『述記』卷第2 末[『大正藏』43, 294, 中], "他聚란 다른 사람을 말하거나 혹은 자신 중에서 諸8識이 다시 서로 상망하여 타인의 심식으로 삼는다."(他聚者 謂他身 或自身中八識更相望爲 他聚識也.)
40) 『述記』卷第2 末[『大正藏』43, 294, 中) 참조.
41) 『述記』卷第2 末[『大正藏』43, 294, 下], "경전의 게송과 같다는 것은 후엄경의 게송을 말한다."(如經頌者 厚嚴經頌.) 『厚嚴經』은 『大乘密嚴經』의 同本 異譯이다.

그것[외부 대상]과 유사하게 일어나 전전하는 것이다.[42]

有作是難. 若無離識實我法者. 假亦應無. 謂假必依眞事似
事共法而立.

【猛赤】

어떤 사람은 이렇게 비판한다[吠世師]. 만약에 심식을 여의고서 진실로 자아와 법이 존재하지 않는다면, 가법도 마땅히 존재하지 않아야 한다. 가법은 반드시 진실한 자체[眞事 ; 自我와 法]와 사현된 자체[似事 ; 心識이 轉變한 法][43] 및 공통되는 법[共法 ; 作用]에[44] 의지하여 건립된 것을 말한다.

如有眞火 有似火人 有猛赤法 乃可假說此人爲火. 假說牛
等應知亦然.

실재하는 불[眞火 ; 眞事]이 있고, 불과 유사[似火 ; 似事]한 사람[婆羅門]이 있어서,[45] 불의 맹렬함과 사람의 붉은 모습이 있으므로, 이내 가설로서 이러

---

42) 『大乘入楞伽經』 卷第6(『大正藏』 16, 627, 中), "如愚所分別 外境實非有 習氣擾濁心 似外境而轉"로 되어 있고, 卷第7(上同, 634下~635上), "如愚所分別 外所見皆無 氣擾濁心 似影像而現"로 되어 있다. 『大乘密嚴經』 卷第2(『大正藏』 16, 731, 下)에는, "習氣擾濁心 凡愚不能見"의 게송만 있다.
43) 似事는 眞事와 유사한 것으로서 심식이 전변된 것[識所變]을 의미한다.
44) 여기에서 共法이란 공통된 법으로서의 작용을 말하는데, 불과 사람은 맹렬함과 붉음이 있기 때문에 공법이 된다.
45) 猛赤에서 赤이란 바라문을 가리키는데, 그들의 얼굴이 붉기 때문에 黃赤性의 사람이라고 한다.

한 사람을 불과 유사하다고 하는 것과 같다. 가설로서 소[牛] 등이라 한 것도 또한 그러함을 알아야 한다.[46]

我法若無 依何假說. 無假說故. 似亦不成. 如何說心似外境轉.

자아와 법이 만약에 존재하지 않는다면, 무엇에 의지하여 가설하는가?[47] 가설할 것이 없기 때문에 似現(되는 我法)도 또한 성립되지 않는다. 그런데 어떻게 마음이 외부의 대상으로 사현되어 전전한다고 하는가?

彼難非理. 離識我法前已破故. 依類依實假說火等. 俱不成故. 依類假說 理且不成. 猛赤等德非類有故. 若無共德而假說彼 應亦於水等假說火等名.

그들의 비판은 이치에 맞지 않다. 심식을 여읜 자아와 법에 대해서는 앞에서 이미 논파하였기 때문이다. 性類[同異性]와 實體[實句義]에[48] 의지하여 가설로서 불 등을 설하는 것은 모두 성립되지 않기 때문이다. 성류에 의지

---

46) 『新導成唯識論』卷第2, p.60, "무거운 짐을 진 모습이 마치 소와 같다"(負重形質猶如牛)라는 비유.
47) 窺基, 『成唯識論掌中樞要』卷上末(『大正藏』43, 628, 中), "유사하게 나타나는 것은 가설되지 않는데, 무엇이 스스로 유사하게 나타나는가? 스스로 유사하게 나타나는 것은 가설이 없기 때문이다. 공통되는 法의 유사함도 또한 성립되지 않는다. 별도로 의미를 체상 등에 의지해서 가설로 了解해서는 안 된다. 世間과 聖敎의 2가지의 유사함도 모두 성립되지 않기 때문이다." (所以既無說誰為能似 能似假說無故 共法之似亦不成 不得別解義依於體等假 世間聖教二似俱不成故)
48) 『述記』卷第2 末(『大正藏』43, 295, 中), "심식이 전변하는 것[似事] 중에서 성류와 실체에 의지함이 있는 것을 似事라고 하는데, 성류란 성품으로서 바로 특수성[同異性]이고, -실체란 바로 그 범주로서 지, 수, 화 등과 같다."(似事之中 有依類 有依實 說似 類者性也 即是同異 - 實者即是彼實句義 如地水火等.)

하여 가설되는 이치도 또한 성립되지 않는다. 맹렬함과 붉음 등의 속성[德]은 성류에 존재하는 것이 아니기 때문이다. 만약에 공통된 속성[猛,赤]은 존재하지 않지만 가설로 그것을 설한다면, 또한 물 등에 대해서도 불 등의 명칭을 가설해야 한다.

若謂猛等雖非類德而不相離故可假說. 此亦不然. 人類猛等
現見亦有互相離故. 類旣無德又互相離. 然有於人假說火等.
故知假說不依類成.

만약에 맹렬함 등이 비록 성류의 속성은 아니지만 서로 여의지 못하기 때문에 가설할 수 있다면, 이것도 또한 그렇지 않다. (왜냐하면) 사람의 성류와 맹렬함 등은 현재 보면 또한 서로 떨어져 있기 때문이다.
[총결] 성류에는 속성이 존재하지 않고 또한 서로 떨어져 있다. 그럼에도 사람에게 불 등을 가설할 수 있는가? 그러므로 가설은 성류에 의지해서는 성립되지 않는다는 것을 알아야 한다.

依實假說 理亦不成. 猛赤等德非共有故. 謂猛赤等在火在人,
其體各別. 所依異故. 無共假說有過同前.

실체에 의지해서 가설하는 이치도 또한 성립되지 않는다. 맹렬함과 붉음 등의 속성은 함께 존재하는 것이 아니기 때문이다. 말하자면, 맹렬함과 붉음 등과 같은 것은 불에 있거나 사람에게 있는 것이므로, 그 체상이 각각 차별되고 의지처가 다르기 때문이다.[49] 공통되는 법이 없어도 가설하는 것

---

49) 『述記』卷第2 末(『大正藏』43, 296, 上), "이것은 공통되는 법이 아님을 나타낸 것이다. 만약

은 그 과실이 존재하는 것이 앞에서와 같다.

> 若謂人火德相似故可假說者. 理亦不然. 說火在人非在德故.
> 由此假說不依實成.

만약에 사람과 불의 속성[赤德]이 서로 유사하기 때문에 가설할 수 있다고 하더라도 이치가 또한 그렇지 않다. 불이라는 것은 사람에게 있는 것이지 속성에 있는 것이 아니기 때문이다. 이러하므로 가설은 실체에 의지해서 성립되지 않는다.

> 又假必依眞事立者. 亦不應理. 眞謂自相. 假智及詮俱非境故.
> 謂假智詮不得自相. 唯於諸法共相而轉. 亦非離此有別方便
> 施設自相爲假所依.

또한 가법은 반드시 진실한 자체[眞事]에 의지해서 건립된다는 것도 또한 이치에 맞지 않다. 진실한 자체라는 것은 自相이므로, 가법의 지혜와 논리는 모두 경계가 아니기 때문이다.[50] 이를테면, 가법인 지혜와 논리로는 자상을 증득할 수 없고, 오직 모든 법의 공상에서만 展轉한다. 또한 가법의 지혜와 논리에서 벗어나 별도의 방편으로 자상을 시설하여, 가법의 지혜와 논리의

에 맹렬함과 붉음 등의 체상이 하나의 법으로서 하나의 머리는 사람에게 있고 다른 하나는 불에게 있다면, 이러한 맹렬함과 붉음 등은 공통되는 법이고 함께 존재한다고 할 수 있다. 이미 함께 존재하지 않은 것은 의지처가 다르기 때문이다."(此顯非共 若猛赤等體是一法 一頭在人 一頭在火 此猛赤等可名共法而是共有 旣非共有 所依別故.)

[50] 『述記』卷第2 末(『大正藏』 43, 296, 中), "이것은 오직 직관[현량]으로만 아는 것으로서 자성은 언설 및 지혜의 분별을 여읜 것이다. 이것은 진실 자체는 지혜와 논리로서 미칠 수 없다는 것을 나타낸 것이다."(此唯現量知 性離言說 及智分別 此出眞體非智詮及.)

의지처로 삼을 수 있는 것도 아니다.

> 然假智詮必依聲起. 聲不及處此便不轉. 能詮所詮俱非自相.
> 故知假說不依眞事.

그런데 가법의 지혜와 논리[名, 句 등]는 반드시 소리에 의지해서 일어나지만, 소리는 자상[處]에 이르지 못하므로 이것은 곧 전전하지 않는다.[51] 명칭 및 문구 등[能詮]과 이에 의한 표현[所詮]도 모두 소리의 자상이 아니다. 그러므로 가설은 자상[眞事]에 의지하지 않는다는 것을 알아야 한다.

> 由此但依似事而轉. 似謂增益非實有相. 聲依增益似相而轉.
> 故不可說假必依眞. 是故彼難不應正理.

[총결] 이러하므로 단지 共相[似事]에 의지해서만 전전한다. 似現된 것이란 增益된[52] 진실한 존재가 아닌 형상을 말한다. 소리는 증익의 사현된 형상에 의지하여 전전한다. 그러므로 가법[假智]와 詮은 반드시 자상[眞事]에 의지한다고는 할 수 없다. 이렇기 때문에 그들의 비판은 당연히 올바른 이치가 아니다.

---

51) 『述記』 卷第2 末(『大正藏』 43, 297, 上), "향기와 맛 및 감촉과 같은 것은 감각기관과 화합해서 자상을 증득하는데, 어떻게 소리로서 그것 자체를 증득할 수 있겠는가. 소리로는 자상의 처에 미치지 못한다. 그러므로 반드시 이러한 가법의 지혜 및 논리는 모두 그 자상에 미치지 못하고 전전한다는 것을 알아야 한다."(如香·味·觸 根合得自相 豈能以聲得彼自體 聲旣不及自相之處 故定知此假智及詮 皆不及彼自相而轉.)

52) 『述記』 卷第2 末(『大正藏』 43, 297, 下), "이것은 共相[似事]이 진실한 존재가 아닌 것을 나타낸다. 말하자면, 자상 上에 공상이 다른 유법에 의지하여 증익한 것으로서, 한 색법의 형상은 모든 색법 上에 통하기 때문에 증익이라고 한다."(此顯似事 非眞實有 謂於自相之上 增益共相依他有法 謂一色相 通諸色上 故名增益.)

然依識變對遣妄執眞實我法說假似言. 由此契經伽他中說.
爲對遣愚夫 所執實我法 故於識所變 假說我法名.

그렇지만 심식의 전변[見, 相分]에 의지하여 허망하게 집착한 진실한 자아와 법을 부정하기 위하여, 가립적으로 사현된 것이라는 말을 하는 것이다. 이러하므로 경전의 게송에서,[53] 다음과 같이 宣說하고 있다. 즉,
어리석은 범부가 집착한
진실한 자아와 법을 부정하기 위하여,
심식이 전변한 것[견분과 상분]에 대하여,
자아와 법이라는 명칭을 가설한다.

識所變相雖無量種. 而能變識類別唯三. 一謂異熟. 卽第八識多異熟性故. 二謂思量. 卽第七識恒審思量故. 三謂了境卽前六識了境相麤故. 及言顯六合爲一種. 此三皆名能變識者.

【識所變】

심식이 전변한 형상은 비록 헤아릴 수 없는 종류가 있다고 하더라도, 능변인 심식의 성류를 구별하면 오직 3가지뿐이다. 1) 이숙식으로서,[54] 제8

---

53) 窺基, 『金剛般若論會釋』 卷第3(『大正藏』 40, 781, 上), "厚嚴經云 爲對遣愚夫 所執實我法故 於識所變假說我法名"이라고 하여, 『후엄경』의 내용으로 되어 있다.
54) 『成唯識論』 卷第3(『大正藏』 31, 13, 下), "혹은 이숙식이라고도 하는데, 능히 생사를 가져오는 선업과 불선업의 이숙과이기 때문이다."(或名異熟識 能引生死善不善業異熟果故.)

아뢰야식은 다분히 이숙성[賴耶三位]이기[55] 때문이다. 2) 사량식으로서, 제7 말나식은 항상 심사하고 헤아리기[思量] 때문이다. 3) 요별경식으로서, 前6識은 대상의 형상에 대한 추현함을 요별하기 때문이다. (30頌중 제2 게송의) '및[及]'이라는 말은 6가지의 심식을 합해서 하나의 종류로 삼은 것을 나타낸다. 이 3가지를 모두 능변하는 심식이라 한다.

能變有二種. 一因能變. 謂第八識中等流異熟. 二因習氣. 等流習氣由七識中善惡無記熏令生長. 異熟習氣由六識中有漏善惡熏令生長.

능변에는 2가지가 있는데, 1) 인능변으로서, 제8식 가운데의 등류와 이숙의 2가지 업 종자[因]의 습기를 말한다.[56] 등류습기는 (능훈식인) 7전식 가운데의 선, 악 및 무기에 의지해서 훈습하여 (신훈종자를) 생기하고 (본유종자를) 증장하게 한다. 이숙습기는 전6식[第7識 제외] 가운데의 유루의 선과 악에 의지하여 훈습해서 생기하고 증장하게 한다.

二果能變. 謂前二種習氣力故. 有八識生現種種相. 等流習氣爲因緣故. 八識體相差別而生. 名等流果 果似因故.

---

55) 『述記』卷第2 末(『大正藏』43, 298, 上), "다분히 이숙성이란 이 심식의 체성에 전체적으로 세 가지의 지위가 있는데, 1) 아애집장현행위이고, -2) 선악업과위이며, -3) 상속집지위를 말한다."(多異熟者 謂此識體總有三位 一我愛執藏現行位-二善惡業果位-三相續執持位.)
56) 『述記』卷第2 末(『大正藏』43, 298, 下), "자성의 직접적인 원인을 등류종자라고 하고, 다른 성품을 초감하는 것을 이숙종자라고 하는데, 모든 종자는 이 2가지에 다 포함된다."(自性親因名等流種. 異性招感名異熟種 一切種子二種攝盡.)

2) 과능변으로서, 앞의 2가지 습기의 세력으로 8식[자체분]이 생기됨이 있을 때에, 갖가지의 형상들[見, 相분과 五蘊 등]을 변현시키는 것을 말한다. 등류습기를 인연으로 삼았기 때문에 8식의 체상이 차별되어 발생되는 것을 등류과라고 하는데, 결과는 업인과 유사하기 때문이다.

異熟習氣爲增上緣 感第八識 酬引業力 恒相續故 立異熟名.
感前六識 酬滿業者 從異熟起 名異熟生. 不名異熟 有間斷故

이숙습기를 증상연으로 삼아서 第8識을 초감한다. 과보를 가져오는 업[引業]의 세력에 보답하여 항상 상속되기 때문에 이숙이라는 명칭을 건립하며, 전6식을 초감한다. 滿業에[57] 보답되는 것은 이숙식에 따라서 일어나므로 이숙생이라 한다. 이숙이라 하지 않는 것은 잠간 사이에 단절됨이 있기 때문이다.

即前異熟及異熟生 名異熟果 果異因故. 此中且說 我愛執藏
持雜染種 能變果識 名爲異熟. 非謂一切.

즉, 앞의 이숙[第8識]과 이숙생[前6識]을 이숙과라고 하는데, (왜냐하면) 결과가 업인과 다르기 때문이다. 여기에서는 또한 아애로 집장되는 잡염법의 종자를 집지하는 능변[眞異熟識]의 결과인 第8識[果識]을 말하여 이숙이라고 하는 것이지,[58] 일체를[59] 일컫는 것은 아니다.

---

57) 滿業이란 別(報)業이라고도 하는데, 사람으로 태어나는 것이 總報라면, 그 위에 남녀, 귀천 및 미추 등의 차별이 있는 것을 말한다.
58) 『新導成唯識論』 卷第2, p.63, "이숙 능변식 자체는 3형상의 동시 이숙으로서 보살의 7지 이전에 국한되지 8지 이상에서는 통하지 않는다."(異熟能變識體 三相同時異熟 局七地以前 不通八地以上也.)
59) 上同, "8지 이상의 이숙식 및 전6식 별보의 이숙."(八地以上異熟識及前六別報異熟.)

雖已略說能變三名. 而未廣辨能變三相. 且初能變其相云何. 頌曰.
(2) 初阿賴耶識　異熟一切種
(3) 不可知執受 處了常與觸 作意受想思　相應唯捨受
(4) 是無覆無記　觸等亦如是 恒轉如瀑流　阿羅漢位捨.

비록 능변식의 3명칭에 대해서 간략하게 서술했지만, 아직도 능변식의 3체상에 대해서는 자세하게 분별하지 않았다.
대저 초능변식은 그 체상이 어떠한가. 게송으로 말하면 다음과 같다.

첫째는 아뢰야식이고, 이숙식이며, 일체 종자식이다.
집수와 기세간[處]과 요별 작용을 알 수 없다.
항상 감촉, 작의, 감정, 상상 및 생각과 상응하며,
오직 捨受[不苦不樂受]이다.
이것은 무부무기성이고, 감촉 등도 또한 그러하다.
언제나 流轉하는 것이 폭포의 흐름과 같은데,
아라한의 지위에서 버려진다.

論曰. 初能變識 大小乘教 名阿賴耶. 此識具有能藏·所藏·執藏義故. 謂與雜染互為緣故. 有情執為自內我故.

【三相】

논술하자면, 초능변식을 대승과 소승의 聖敎에서[60] 아뢰야식이라 한다.

---

60) 『述記』卷第2 末(『大正藏』43, 300, 下), "이 심식을 전체적으로 대, 소승의 교학에서 아뢰야

이 심식에는 능장, 소장 및 집장의 의미가 갖추어져 있기 때문이다. 말하자면, (능장과 소장은) 잡염법과 서로 반연이 되기 때문이고, (집장은) 유정이 집착하여 자신의 내아로 삼기 때문이다.

> 此卽顯示初能變識所有自相. 攝持因果爲自相故. 此識自相 分位雖多. 藏初過重 是故偏說.

이것은 바로 초능변식에 소유되어 있는 자체의 형상을 나타내 보인 것인데, 원인과 결과를 포섭하고 의지해서[攝持] 자상으로 삼기 때문이다. 이 심식의 자상은 분위[三位]가 비록 많다고 하지만, 장식이라 한 것은 첫 번째[初位]이면서 과실이 막중하기 때문에 이에 치우쳐서 宣說한 것이다.[61]

> 此是能引諸界趣生 善不善業異熟果故. 說名異熟. 離此命根 衆同分等 恒時相續 勝異熟果 不可得故. 此卽顯示 初能變 識所有果相. 此識果相 雖多位多種. 異熟寬不共故 偏說之.

식이라 한다. 다음의 이 논장 권제3에서 대소승의 경전 자체에서 증명되고 있기 때문이다. 이 아뢰야식이라는 명칭은 대승에서만 독특하게 있는 것이 아니다."(此識總於大·小乘敎名阿賴耶 下第三卷 大·小乘經自有證故. 非此阿賴耶名大乘獨有.)

61) 『述記』卷第2 末(『大正藏』43, 301, 中), "여기에서는 2가지의 의미로 인하여 아뢰야식을 선설한다. 이것의 자상은 비록 3분위에 존재하지만, 그 아뢰야식이라는 명칭은 3분위 중에서 첫 지위에 포함되어 무시이래로부터 보살의 7지와 二乘의 유학위에 이르러서 처음으로 버려지기 때문이다. 또한 아뢰야식이라는 명칭은 아집이 집착한 것으로서 그 과실이 막중하기 때문이다. ─ 이 아뢰야식이라는 명칭은 2가지의 의미에 통하고, 그 과실이 막중하기 때문에 여기에 치우쳐서 선설하는 것이다."(今由二義說阿賴耶 由此自相雖有三位 以彼藏名三位之中初位所攝 自從無始乃至七地·二乘有學最初捨故 又以是名我執所執 過失重故─以此藏名通二種義 過失之重 故今偏說.)

이것[현행의 第8識]은 스스로 모든 3계와 5취 및 4생을 이끌어드리는 선업과 불선업의 이숙과이기 때문에 이숙식이라 한다. 이것[第8識]을 여의고는 명근과 중동분 등과 같이 언제나 상속되는 뛰어난 진이숙과라는 것이 존재할 수 없기 때문이다.[62] 이것은 바로 초능변식이 소유하고 있는 과상을 나타내 보인 것이다. 이 심식의 과상에는 비록 많은 분위와 종류가 있지만, 이숙이라 한 것은 관대하고,[63] 다른 법으로 통하지 않으므로[不共][64] 이에 치우쳐 선설한다.

　　此能執持諸法種子 令不失故 名一切種. 離此餘法 能遍執
　　持諸法種子 不可得故. 此即顯示初能變識所有因相. 此識
　　因相 雖有多種 持種不共是故偏說. 初能變識 體相雖多 略
　　說唯有如是三相.

　이것은 스스로 제법의 종자를 집지해서 잃지 않게 하기 때문에 일체 종자식이라 한다. 이것을 여읜 다른 법이 스스로 두루 제법의 종자를 집지하는 것은 있을 수 없기 때문이다. 이것은 바로 초능변식에 소유되어 있는 원인의 체성[因相]을 나타내 보인 것이다. 이 심식의 因相은 비록 종류가 많지만, 종자를 집지하는 것은 다른 법으로 통하지 않으므로 이것 때문에 치우쳐

---

62) 『述記』 卷第2 末(『大正藏』 43, 301, 中~下), "살바다의 명근과 중동분이 진이숙이라는 것을 논파한다. 화지부 등에서 이것을 여의고서 별도로 궁생사온이 있고, 대중부에서도 별도로 근본식이 있으며, 상좌부와 분별론자들도 별도로 유분식 등이 있어서 수승한 이숙과로 된다는 것은 있을 수가 없기 때문에 논파한다."(破薩婆多命根·衆同分是眞異熟 破化地部等離此別有窮生死蘊 大衆部別有根本識 上座部分別論者 別有有分識等 爲勝異熟果 不可得也.)
63) 『新導成唯識論』 卷第2, p.64, "賴耶 3位에서 앞의 2位에 통하고, 修行 5位에서는 4위에 통한다."(三位通二 五位通四.)
64) 『述記』 卷第2 末(『大正藏』 43, 301, 下), "오직 이숙과는 다른 법으로 통하지 않기 때문에 不共이라 한다."(唯異熟果不通餘法故言不共.)

선설한다. 초능변식의 체상은 비록 많지만 간략하게 선설하면, 오직 이와 같은 3가지의 체상만이 존재한다는 것이다.

一切種相 應更分別. 此中何法 名為種子. 謂本識中 親生自果功能差別. 此與本識及所生果 不一不異. 體用因果 理應爾故. 雖非一異而 是實有. 假法如無 非因緣故.

【因相廣釋】

일체 종자식의 체상을 다시 분별하면, 이것[제8식]에서 어떤 법을 종자라고 하는가? 근본식 중에서 직접 자체의 결과를 발생시키는 功能의 차별을 일컫는다. 이것[種子]은 근본식 및 발생되는 결과와는 하나도 아니고 다른 것도 아니다. 체성[근본식]과 작용[종자], 원인과 결과로서의 이치가 당연히 그렇기 때문이다. 비록 하나도 아니고 다르지도 않지만, 이것은 진실로 존재한다. 가설된 법은 마치 존재하지 않는 것과 같아서 인연이 될 수 없기 때문이다.

此與諸法 既非一異. 應如瓶等 是假非實. 若爾真如 應是假有. 許則便無真勝義諦. 然諸種子 唯依世俗 說為實有 不同真如. 種子雖依第八識體 而是此識相分非餘 見分恒取此 為境故.

[질문] 이것[종자]이 제법과 하나도 아니고 다른 것도 아니라고 한 것은, 마치 병[甁] 등과 같은 가법으로서 진실한 것이 아니어야 한다.
[반문] 만약에 그렇다면, 진여도 가정적으로 존재하는 것이어야 한다. 그렇

다면, 곧 진실한 승의제는 존재하지 않는다. 그러나 모든 종자는 오직 세속제에 의지해서[65] 實有라고 하므로 진여와는 같지 않다. 종자가 비록 제8식의 체상[자체분]에 의지하지만, 이것은 이 심식의 相分으로서 다른 것[見分 등]이 아니다. 見分은 항상 이것을 연취하여 경계로 삼기 때문이다.

諸有漏種與異熟識 體無別故 無記性攝. 因果俱有善等性故 亦名善等. 諸無漏種 非異熟識性所攝故. 因果俱是善性攝故 唯名為善. 若爾 何故決擇分說二十二根. 一切皆有異熟種子. 皆異熟生.

모든 유루법의 종자는 이숙식과는 체성이 다르지 않기 때문에 무기성에 포함된다. 원인[能熏의 현행]도 결과[所生의 현행]도 모두 善 등의 성품[三性]이 있기 때문에, 또한 善性 등이라 한다. 모든 무루법의 종자는 이숙식의 성품에 포함되는 것이 아니고, 원인[無漏]도 결과도 모두 善性에 포함되기 때문에 오직 선성이라 한다.[66] 만약에 그렇다면, 어째서 攝決擇分에서[67] 22根을 설명하면서, 일체의 모든 것에 이숙의 종자가 존재한다고 하였으며, 모두가 이숙생이라고 하였는가?

---

65) 『新導成唯識論』卷第2, p.65, "이 논장에서는 4眞諦와 1俗諦를 교설하기 때문에 종자 또한 세간 승의제의 虛假한 법이다. 그러므로 오직 실유라고 한다. 말하자면, 세속제에 의지해서만 오직 실유라는 것이다. 만약에 유가론에 의거한다면 4俗諦와 1眞諦를 교설하기 때문에 진제가 포함되지 않으므로 오직 세속제의 법뿐이다. 그러므로 오직 諦라고 한다."(此論說四眞一俗 故種子亦世間勝義諦虛假法也 故唯言實唯也 謂依世俗諦 唯實也 若依瑜伽 說四俗一眞 故不可攝眞諦 唯世俗諦法也 故唯言諦唯也.)
66) 性品에는 2가지가 있는데, 먼저 體性은 무루종자의 것[善性]과 이숙식의 것[無記]이 다르므로 무루종자를 이숙식에 포함시킬 수 없다. 性類에서도 무루종자는 能對治의 법이고 이숙식은 所對治의 법이어서, 그 성품이 다르므로 무루종자를 第8識에 포함시키지 않는다.
67) 『瑜伽師地論』卷第57(『大正藏』30, 615, 上).

雖名異熟而非無記 依異熟故名異熟種 異性相依如眼等識
或無漏種由熏習力轉變成熟立異熟名. 非無記性所攝異熟.

비록 이숙이라고는 하지만 무기성은 아니다. 이숙식에 의지하기 때문에 이숙 종자라고 한다. 다른 성류이면서도 서로 의지하는 것이 마치 안식 등과 같다.[68] 혹은 무루법의 종자는 훈습력으로 인하여 전변되고 성숙되므로 이숙이라는 명칭을 건립한다. 그러나 무기성에 포함되는 이숙은 아니다.[69]

此中有義 一切種子皆本性有不從熏生. 由熏習力但可增長. 如
契經說一切有情無始時來有種種界. 如惡叉聚法爾而有. 界卽
種子差別名故 又契經說無始時來界. 一切法等依 界是因義.

여기에 다음과 같은 견해가 있다[護月]. 즉, 일체의 종자는 모두 본래부터 체성이 존재하는 것으로서 훈습력에 따라 발생되는 것이 아니다. 훈습력으로 인해서는 단지 증장될 뿐이다. 마치 경전에서,[70] 일체의 유정들에게는 옛적부터 갖가지의 세계가 존재하는데, 마치 惡叉 열매의 쌓임과[71] 같이 자

---

68) 『述記』卷第2 末(『大正藏』43, 304, 上), "안식 등의 심식은 다른 성품이 서로 의지하면서도 근에 따라서 명칭되므로 단지 안식이라 한 것과 같다. 곧 依士釋으로서 안근에 의지하는 심식이므로 안식이라 한다. ─이것은 佛地의 무루법에서는 제외된다."(如眼等識異性相依 從根爲名但名眼識 卽依士釋 依眼根識名眼識也─此除佛無漏.)
69) 上同(上同), "선성과 악성을 업인으로 삼지만 초감된 무기성에 포함되는 이숙과는 같지 않다. 이것은 因果의 성류와는 별도로 다르다는 것을 말한 것으로서, 결과는 원인에 보답해서 일어난다는 완숙한 이숙을 말하는 것은 아니다."(非如善·惡而爲因故 所招無記性所攝之異熟 非是因果性別云異 果起酬因說名爲熟之異熟也.)
70) 『述記』卷第2 末(『大正藏』43, 304, 中), "대장엄론에서도 이 경전을 인용했는데, 無盡意經을 말한다."(大莊嚴論亦引此經 名無盡意.)
71) 惡叉(akṣa ; rudrākṣa)는 과일로서 씨[金剛子 및 縱貫珠]로는 염주를 만드는데, 이 과일이 땅에 떨어져서 한 곳에 많이 쌓인 것을 비유하여 惡叉聚라고 한다.

연스럽게 존재한다는 것이다. (여기에서) 세계라는 것은 바로 종자의 공능 차별의 명칭이기 때문이다. 또한 경전[『아비달마경』]에서, 옛적부터 세계는 일체 제법 등이 의지한다고 했는데, 계라는 것은 원인의 의미이다.

瑜伽亦說諸種子體無始時來性雖本有. 而由染淨新所熏發. 諸有情類無始時來若般涅槃法者 一切種子皆悉具足 不般涅槃法者 便闕三種菩提種子. 如是等文誠證非一

『유가론』에서 또한,[72] 모든 종자의 체성은 옛적부터 성류가 비록 본래부터 존재한다고 하더라도 염오와 청정법으로 인하여 새롭게 훈습되어 일어난다는 것이다. 모든 유정들은 옛적부터 만약에 열반의 법에 證入(般)할 사람이라면 일체의 종자를 모두 구족하고, 열반의 법에 증입하지 못할 사람이라면, 바로 3乘의 菩提의 종자를 결여한 것이라고 한다. 이와 같은 내용 등으로 자세하게 증명되는 것이 하나 둘이 아니다.

又諸有情既說本有五種姓別故. 應定有法爾種子不由熏生. 又瑜伽說地獄成就三無漏根是種非現. 又從無始展轉傳來法爾所得本性住姓.

또한,[73] 모든 유정들에게는 본래부터 5종성의 차별이 존재한다고 하기 때문에, 반드시 자연스럽게 무루종자가 있어서 훈습으로 인하여 생성되는

---

72) 『瑜伽師地論』 卷第2(『大正藏』 30, 284, 中).
73) 『入楞伽經』 卷第2(『大正藏』 16, 526, 下).

것이 아니라고 한다. 또한 『유가론』에서,[74] 지옥에서도 3무루근을 성취하는데, 이것은 종자로서 현행이 아니라고 한다. 또는[75] 옛적부터 전전하고 전래되어서 자연스럽게 증득된 본래의 성품에 안주한 종성[本性住種姓; 菩薩]이라고도 한다.

> 由此等證無漏種子法爾本有不從熏生. 有漏亦應法爾有種.
> 由熏增長不別熏生. 如是建立因果不亂.

이러한 등의 증명으로 인하여 무루종자는 자연스럽게 본래부터 존재하는 것이지 훈습에 따라서 발생되는 것이 아니다. 유루법에도 또한 자연스럽게 종자가 존재해야 한다. 훈습력으로 인하여 증장되는 것으로서 별도로 훈습되어 생성되는 것이 아니다. 이와 같이 건립될 때에 원인과 결과가 혼란스럽지 않다.

> 有義種子皆熏故生. 所熏能熏俱無始有. 故諸種子無始成就.
> 種子既是習氣異名. 習氣必由熏習而有. 如麻香氣花熏故生.
> 如契經說諸有情心染淨諸法所熏習故. 無量種子之所積集.

어떤 사람들[難陀, 勝軍 등]은, 종자는 모두가 훈습으로 생겨난다. 소훈처과 능훈식이 모두 옛적부터 존재하기 때문에 모든 종자는 그 때부터 성취된다는 것이다. 종자라는 것은 습기의 다른 명칭이고, 습기는 반드시 훈습으로 인하여 존재한다. 마치 胡麻의 향기가 꽃으로 훈습되어 발생되는 것과

---

74) 『瑜伽師地論』 卷第57(『大正藏』 30, 615, 上).
75) 『菩薩地持經』 卷第1(『大正藏』 30, 888, 中).

같다. 경전[『多界經』]에서 교설한 것과 같이, 모든 유정들의 마음은 염오와 청정의 모든 법으로 훈습된 것이기 때문에, 무량한 종자들이 적집된 곳이라고 한다.

> 論說內種定有熏習. 外種熏習或有或無. 又名言等三種熏習
> 總攝一切有漏法種 彼三旣由熏習而有. 故有漏種必藉熏生.

논장에서,[76] 마음의 종자에는 반드시 훈습된 것이 존재하지만, 외부의 종자에는 훈습된 것이 존재하거나 존재하지 않는다고 한다. 또한 명언종자 등 3가지의 훈습에 전체적으로 일체 유루법의 종자를 포함시키는데, 그 3가지는 훈습으로 인하여 존재하기 때문에 유루법의 종자는 반드시 훈습력을 빌려서 발생된다는 것이다.

> 無漏種生亦由熏習. 說聞熏習聞淨法界等流正法 而熏起故.
> 是出世心種子性故. 有情本來種姓差別. 不由無漏種子有無.
> 但依有障無障建立.

무루법의 종자가 발생되는 것도 또한 훈습으로 원인한다. 『섭대승론』에서,[77] (부처님의 가르침을 듣는) 문훈습은 청정한 법계로부터 평등하게 流轉되는 바른 법을 듣고서, (유루의 종자를) 훈습하여 일어난다고 하기 때문이다. 바로 세간을 여읜 마음[無漏心] 종자의 성품이라고 하기 때문이다. 유정에게 본래부터 종성의 차별이 존재한다고 한 것은, 무루종자의 유무로 인한

---

76) 『攝大乘論釋』 卷第2(『大正藏』 31, 390, 上).
77) 『攝大乘論釋』 卷第3(『大正藏』 31, 394, 中).

것이 아니고 단지 번뇌[번뇌장과 소지장]의 유무에 의거해서 건립한다.

> 如瑜伽說於真如境若有畢竟二障種者立為不般涅槃法姓.
> 若有畢竟所知障種非煩惱者一分立為聲聞種姓一分立為獨
> 覺種姓. 若無畢竟二障種者即立彼為如來種姓.

마치『유가론』에서,[78] 진여의 경계에 대해 만약에 마침내 2障의 종자가 있는 사람이라면, (그를) 건립하여 열반의 법에 證入할 종성이 될 수 없다고 한다. 만약에 마침내 소지장의 종자만 있고 번뇌장의 종자가 없다면, 일부[鈍根]는 건립하여 성문종성으로 삼고, 다른 부류[利根]는 건립하여 독각종성으로 삼는다. 만약에 마침내 2障의 종자가 존재하지 않는다면, 즉, 건립하여 여래종성으로 삼는다는 것과 같다.

> 故知本來種姓差別依障建立非無漏種. 所說成就無漏種言.
> 依當可生非已有體.

그러므로 본래 종성의 차별이란, 2障에 의지해서 건립된 것이지 무루의 종자에 의지한 것이 아님을 알아야 한다. 앞[地獄]의 교설에서 3무루근의 종자를 성취한다는 것은, 장차 발생될 수 있는 것에 의한 것으로서 그 자체가 존재한다는 것은 아니라는 것이다.

> 有義種子 各有二類. 一者本有. 謂無始來異熟識中 法爾而

---

78)『瑜伽師地論』卷第52(『大正藏』30, 589, 上).

有生蘊處界功能差別. 世尊依此說諸有情無始時來有種種界 如惡叉聚 法爾而有. 餘所引證 廣說如初. 此卽名爲本性住種.

어떤 사람[護法]은, 종자에는 각각 2가지의 성류가 있는데, 1) 선천적인 것[本有]으로서, 옛적부터 이숙식 중에 자연스럽게 존재하면서 5온, 12처 및 18계[一切]를 일으키는 공능차별을 말한다. 세존은 이것에 의해서 모든 유정들에게는 옛적부터 갖가지의 세계가 존재하는데, 마치 악차의 열매가 쌓여 있는 것과 같이 자연스럽게 존재한다는 것이다[『無盡意經』]. 다른 인용된 證文이 자세하게 설해진 것은 처음[護月]의 것과 같다. 이것을 본래의 성품(인 불성)에 안주하는 종자[本性住種]라고 한다.

二者始起. 謂無始來數數現行熏習而有. 世尊依此說有情心染淨諸法所熏習故無量種子之所積集. 諸論亦說染淨種子由染淨法熏習故生. 此卽名爲習所成種. 若唯本有 轉識不應與阿賴耶爲因緣性.

2) 비로소 발생된다는 것으로서, 옛적부터 자주자주 현행하고 훈습해서 존재한다는 것이다. 세존은 이것에 의해서 有情의 마음은 염오와 청정의 제법이 훈습한 것이기 때문에 무량한 종자가 적집된 곳이라 하였다[『多界經』]. 모든 논장에서 또한 염오와 청정한 종자는 염오와 청정법의 훈습으로 인하여 발생된다고 하였다. 이것을 훈습으로 (불성을) 성숙케 하는 종자[習所成種]라고 한다. 만약에 오직 본유종자뿐이라면, 轉識은 당연히 아뢰야식과는 인연의 성품으로 되지 않아야 한다.

如契經說.

諸法於識藏　識於法亦爾　更互爲果性　亦常爲因性.

此頌意言. 阿賴耶識與諸轉識. 於一切時展轉相生互爲因果.

경전[『아비달마경』]에서 게송으로 다음과 같이 선설한다.[79]
  모든 법[현행의 7轉識 ; 所藏]은 심식[能攝藏 ; 第8識]에 저장되고,
  심식[所攝藏]을 법[能藏]에서도 또한 그렇다.
  다시 서로 결과의 성품으로 되고,
  또한 항상 원인의 성품으로 된다.
이 게송의 의미는, 아뢰야식과 모든 轉識은 일체의 때에 전전하여 상생하므로 서로 인과로 되는 것을 말한다.

攝大乘說. 阿賴耶識與雜染法互爲因緣. 如炷與焰展轉生燒.
又如束蘆互相依住. 唯依此二建立因緣. 所餘因緣不可得故.

『섭대승론』에서,[80] 아뢰야식은 잡염법과는 서로 인연으로 된다. 마치 심지와 불꽃이 전전하여 일어나 타는 것과 같고, 또한 갈대의 다발이 서로 상대방에 의지하여 서 있는 것과 같다. 오직 이 2가지[종자와 현행]에 의해서만 인연을 건립하는데,[81] 다른 인연은 될 수가 없기 때문이라는 것이다.[82]

---

79) 『攝大乘論釋』 卷第2(『大正藏』 31, 390, 中).
80) 上同(『大正藏』 31, 388, 上).
81) 『新導成唯識論』卷第2, p.69, "현행의 7전식은 第8識의 종자를 相望하여 인연으로 삼고, 또한 종자생종자를 인연으로 삼는다는 의미이다."(以現行七轉識望第八種爲因緣 亦有種子生種子爲因緣義.)
82) 上同(上同), "현행의 7전식은 제8식의 현행을 원인으로 삼지 않고, 단지 종자를 뒤에 상망해서 원인으로 한 것을 취한다."(不以現行七識望第八現爲因也 但取種子望後爲因.)

若諸種子不由熏生. 如何轉識與阿賴耶有因緣義 非熏令長
可名因緣. 勿善惡業與異熟果為因緣故. 又諸聖教說有種子
由熏習生. 皆違彼義. 故唯本有理教相違.

만약에 모든 종자가 훈습으로 인하여 발생되는 것이 아니라면, 어떻게 전식을 아뢰야식과 함께 인연의 의미가 있다고 하겠는가? 훈습해서 증장케 한다고 하여 인연이라 할 수 없다. 선악의 업[現行]을 이숙과와 함께 인연이 된다고 할 수 없기 때문이다. 또한 모든 경전에서 어떤 종자는 훈습으로 인하여 발생된다고 하므로, 모두 그 의미[本有說]와 상위된다. 그러므로 오직 본유종자뿐이라고 하는 것은 이치와 가르침에 상위된다.

若唯始起 有為無漏無因緣故應不得生. 有漏不應為無漏種
勿無漏種生有漏故. 許應諸佛有漏復生. 善等應為不善等種

만약에 오직 비로소 발생된다면, 유위의 무루법은[83] 인연이 존재하지 않기 때문에 발생되지 않아야 한다. 유루법을 당연히 무루법의 종자로 삼을 수 없는 것이고, 무루법의 종자가 유루법을 발생시키는 것도 아니기 때문이다. 앞의 내용이 인정된다면, 모든 부처님께 유루법이 다시 발생되어야 하고, 선법 등을 불선법 등의 종자로 삼아야 한다.

分別論者 雖作是說 心性本淨 客塵煩惱 所染污故 名為雜染
離煩惱時轉成無漏故 無漏法非無因生. 而心性言彼說何義.

---

83) 見道位通達, 見性, 初地 및 歡喜 등에서 증득되는 무루법을 말한다.

若說空理 空非心因 常法定非諸法種子. 以體前後無轉變故.

분별론자[大衆部 등]들도 비록 이런 주장을 하지만, (『無垢稱經』에서[84]) 마음의 본성은 본래 청정하지만 객진번뇌에 염오되었기 때문에 잡염법이라 한다. 번뇌를 여읠 때에는 전전하여 무루법으로 되기 때문에, 무루법은 원인 없이 일어나는 것이 아니라는 것이다. 그러나 마음의 본성이라는 것은 그 경전에서 어떠한 의미를 말하는가? 만약에 공의 도리[진여]를 말한다면, 공이란 마음의 인연이 아니어야 한다. 상주하는 法은 결코 모든 법의 종자가 아니므로 그 체성이 전후로 전변하지 않기 때문이다.

若即說心 應同數論相雖轉變而體常一. 惡無記心又應是善. 許則應與信等相應. 不許便應非善心體. 尚不名善況是無漏.

만약에 바로 마음을 말한다면, 당연히 數論派에서 주장하듯이 (大 등의) 체상이 비록 전변할지라도 체성은 상주하고 하나라는 것과 같아야 한다. 악과 무기성의 마음의 체상도 또한 당연히 善性이어야 한다. 이것을 인정하면 믿음 등과도 상응해야 하고, 인정하지 않는다면 善心의 체성이 아니어야 한다. 오히려 善이라고도 할 수 없는데, 하물며 무루법이겠는가?

有漏善心既稱雜染 如惡心等性非無漏. 故不應與無漏為因. 勿善惡等互為因故.

---

[84] 玄奘 譯, 『說無垢稱經』 卷第2(『大正藏』 14, 563, 中) 참조.

유루법의 善心은 잡염법이라고 하였으므로, 惡心 등과 같이 그 체성은 무루법이 아니어야 한다. 그렇기 때문에 무루법의 원인으로 될 수 없다. 선과 악 등은 서로 원인으로 되는 것이 아니기 때문이다.

若有漏心性是無漏 應無漏心性是有漏. 差別因緣不可得故.
又異生心若是無漏. 則異生位無漏現行. 應名聖者. 若異生
心性雖無漏而相有染不名無漏. 無斯過者則心種子亦非無漏.
何故汝論說有異生唯得成就無漏種子. 種子現行性相同故.

만약에 유루심의 자성이 무루법이라면, 무루심의 자성도 유루법이어야 하는데, 차별된 인연은 있을 수 없기 때문이다. 또한 범부의 마음이 만약에 무루법이라면, 바로 범부의 지위에서도 무루법이 현행해서 聖者라고 해야 한다. 만약에 범부의 마음의 자성이 비록 무루일지라도 체상이 오염되어서 무루라고 할 수 없으며, 이것에 과실이 없다면, 곧 (범부의) 마음의 종자도 또한 무루가 아니어야 한다. (그런데) 어째서 그대들[분별론자 등]은 논장에서,[85] 어떤 범부만이 오직 무루의 종자를 성취할 수 있다고 주장하는가? 종자와 현행의 체성[無漏]과 체상[有漏]은 같아야 하기 때문이다.

然契經說心性淨者說心空理所顯真如. 真如是心真實性故.
或說心體非煩惱故名性本淨. 非有漏心性是無漏故名本淨.

---

[85] 『瑜伽師地論』 卷第57(『大正藏』 30, 615, 上).

[정의] 그러므로 경전에서,[86] 마음의 체성이 청정하다는 것은 마음을 공에 관한 이치로 나타낸 진여를 말하는데, 진여는 바로 마음의 진실한 성품이기 때문이다. 혹은 마음 자체는 번뇌가 아니기 때문에 체성이 본래 청정하다고 한 것이지, 유루심의 체성이 바로 무루심이기 때문에 본래부터 청정하다고 한 것이 아니다.

> 由此應信. 有諸有情無始時來有無漏種 不由熏習法爾成就.
> 後勝進位熏令增長. 無漏法起以此爲因. 無漏起時復熏成種
> 有漏法種類此應知.

이러하므로 모든 유정에게는 옛적부터 무루의 종자가 있으며, 훈습으로 인하지 않고 자연스럽게 성취된다. 다음의 자량위[승진위]에서 훈습되어 (본유의 무루종자를) 증장하게 된다. 무루법이 발생되는 것은 이것[본유의 무루종자]을 원인으로 삼으며, 무루가 일어날 때에는 다시 (견도위에 들어서) 새로운 종자를 훈습한다는 것을 믿어야 한다. 유루법의 종자도 이것[무루종자]에 견주어서 (本, 新의 2가지를) 마땅히 알아야 한다.[87]

> 諸聖教中雖說內種定有熏習. 而不定說一切種子皆熏故生.
> 寧全撥無本有種子. 然本有種亦由熏習令其增盛 方能得果
> 故 說內種定有熏習.

---

86) 『勝鬘師子吼一乘大方便方廣經』(『大正藏』 12, 222, 中).
87) 『述記』 卷第2 末(『大正藏』 43, 308, 上), "무루법에 본유와 신훈종자가 있는 것과 같이, 유루법의 종자에도 이것에 견주어서 모두 존재해야 한다."(如無漏旣有本有及與新熏 有漏法種類此應悉.)

모든 경전에서, 비록 마음의 종자는 반드시 훈습됨이 있다고 하지만, 일체의 종자가 모두 훈습으로서 발생된다는 것은 아니다. 어째서 전혀 본유종자가 존재하지 않는다고 부정하는가? 그렇지만 본유종자도 또한 훈습력으로 인하여 그것을 증성하게 해야만 비로소 결과[현행]를 증득할 수 있기 때문에, 마음의 종자에는 반드시 훈습이 존재한다는 것이다.

　其聞熏習非唯有漏. 聞正法時亦熏本有無漏種子 令漸增盛 展轉乃至生出世心 故亦說此名聞熏習.

　부처님의 가르침을 듣고 생긴 지혜[聞熏習]는 오직 유루의 종자만은 아니다. 바른 법을 들을 때에 또한 본유의 무루의 종자를 훈습해서 점점 증성하고 전전하게 하며, 내지는 출세간의 마음을 일으키기 때문에 또한 이것[본유의 무루종자]을 문훈습이라 한다.

　聞熏習中有漏性者是修所斷. 感勝異熟. 為出世法勝增上緣 無漏性者非所斷攝 與出世法正為因緣. 此正因緣微隱難了. 有寄麁顯勝增上緣方便說為出世心種.

　문훈습의 것 중에서 유루 성품의 것은 수도위에서 단절되고, 수승한 이숙을 초감해서 출세간의 법으로 되는 뛰어난 증상연이다. 무루 성품의 것은 단절되어서 포섭되는 것이 아니고, 출세간의 법과 함께 바른 인연이 된다. 이것의 바른 인연은 미세하고 은밀해서 요달하기 어렵다. 어떤 것에 두드러지게 나타나고 수승한 증상연에 의존하므로 방편으로 출세간심의 종자라고 한다.

依障建立種姓別者意 顯無漏種子有無. 謂若全無無漏種者
彼二障種永不可害卽立彼爲非涅槃法.

　2障에 의지하여 종성의 차별을 건립한다는 의미는 무루 종자의 有無를
나타낸 것이다. 이를테면, 만약에 전혀 무루 종자가 없는 사람이 그의 2障의
종자를 영원히 없앨 수 없다면, 곧 그러한 사람을 건립하여 열반의 법에
들어갈 수 없는 종성[無性種姓]이라 한다.

若唯有二乘無漏種者 彼所知障種永不可害. 一分立爲聲聞
種姓一分立爲獨覺種姓. 若亦有佛無漏種者彼二障種俱可
永害. 卽立彼爲如來種姓. 故由無漏種子有無 障有可斷不
可斷義.

　만약에 오직 (성문과 연각의) 2승의 무루 종자만 있는 사람이 그의 소지
장의 종자를 영원히 없앨 수 없다면, 일부[鈍根]는 건립하여 성문종성으로
삼고, 다른 일부[利根]는 건립하여 독각종성으로 삼는다. 만약에 또한 깨달
음의 무루 종자가 있는 사람이 그의 2障의 종자를 모두 영원히 없앨 수 있다
면, 곧 그를 건립하여 여래종성으로 삼는다. 그러므로 무루 종자의 유무로
인하여 2障을 끊을 수 있거나 끊을 수 없다는 의미가 있는 것이다.

然無漏種微隱難知故 約彼障顯性差別. 不爾 彼障有何別因
而有可害不可害者. 若謂法爾有此障別 無漏法種寧不許然.
若本全無無漏法種則諸聖道永不得生.

그렇지만 무루 종자는 미세하고 은밀하여 了知하기가 어렵기 때문에, 그의 2障에 의거해서 종성의 차별을 나타낸다. 그렇지 않다면, 그의 2障에 어떠한 차별적인 원인이 있어서 끊을 수 있거나 끊을 수 없는 사람이 있는가? 만약에 선천적으로 이 2障에 차별이 있다면, 무루법의 종자는 어째서 그렇다고 인정하지 않는가? 만약에 본래부터 전혀 무루법의 종자가 존재하지 않다면, 곧 모든 聖道는 영원히 일어날 수가 없을 것이다.

誰當能害二障種子 而說依障立種姓別. 既彼聖道必無生義
說當可生亦定非理.

(만약에 무루의 종자가 존재하지 않다면,) 누가 마땅히 2障의 종자를 없애겠는가? 그런데도 (그대들은) 2障에 의지해서 종성의 차별을 건립한다. 원래 그 聖道는 반드시 발생된다는 의미가 없으며, (3무루근이 존재하여) 장차 발생될 수 있다는 것도 또한 결코 이치가 아니다.

然諸聖教處處說有本有種子皆違彼義. 故唯始起理教相違.
由此應知. 諸法種子各有本有始起二類.

그러므로 모든 경전의 여러 곳에서 본유종자가 존재한다고 한 것은 모두 그 의미와 상위된다. 그렇기 때문에 오직 처음으로 생기된다[始起]는 것도 이치와 교의가 상위된다.
[총결] 이러하므로 모든 법의 종자에는 각각 선천적인 종자[本有]와 (후천적으로) 처음으로 생기되는 종자[始起]의 2종류가 있다는 것을 알아야 한다.

然種子義略有六種 一刹那滅 謂體纔生 無間必滅 有勝功力

方成種子. 此遮常法 常無轉變不可說有能生用故.

【種子義】

그런데 종자의 의미에는 대략 6가지가 있다. 1) 찰나에 생멸한다[刹那滅]는 것으로서, 자체가 발생되자마자 사이도 없이 반드시 소멸되지만, 수승한 공능력이 있어서 마침내 종자로 되는 것을 말한다. 이것은 상주하는 법을 부정하는데, 항상 하고 전변하지 않는 것은 스스로 일으키는 작용이 존재한다고 할 수 없기 때문이다.

二果俱有. 謂與所生現行果法俱現和合方成種子. 此遮前後及定相離現種異類互不相違. 一身俱時有能生用. 非如種子自類相生 前後相違必不俱有.

2) 결과와 함께 존재한다[果俱有]는 것으로서, 발생된 현행의 果法과 함께 현현하게 화합하여 마침내 종자로 되는 것을 말한다. 이것은 (원인과 결과가) 전후로 발생된다는 것[因果異時 ; 경량부 및 상좌부]과 반드시 서로 여읜다는 주장[外道]을 부정한다. 현행과 종자는 다른 성류이지만[88] 서로 상위되지 않는다. 한 몸에서 같은 때에 스스로 발생되는 작용이 있어서, 마치 종자의 자체 성류를 서로 발생하여 전후가 상위되어 반드시 함께 존재하지 않는다는 것과는 다르다.

---

88) 『新導成唯識論』卷第2, p.73, "가령 색법의 현행에는 장애가 있지만, 종자에는 장애가 없는 것과 같이, 마음의 연려 등도 이에 견주어서 알아야 한다."(且如色法現行有礙 種子無礙 心緣慮等准知之.) ; "원인과 결과의 체성이 相似하지 않기 때문이다."(因果體性 不相似故.)

雖因與果有俱不俱. 而現在時可有因用. 未生已滅無自體故.
依生現果立種子名 不依引生自類名種. 故但應說與果俱有.

비록 (종자의) 원인과 결과가 함께 하거나[種子生現行 ; 果俱有] 함께 하지 않더라도[種子生種子 ; 恒隨轉], 현재의 같은 시간에 원인이 작용하여 아직 발생되지 않았거나[未來] 이미 소멸된 것[過去]은, 그 자체가 존재하지 않기 때문이다[現在有體 過未無體]. 현행의 결과를 일으킨 것에 종자라는 명칭을 건립하여 (그것에) 의지하지, (종자의) 자체 성류를 引生한 종자라는 명칭에 의지하는 것이 아니다. 그러므로 단지 결과만이 함께 존재한다고 해야 한다.

三恒隨轉. 謂要長時一類相續至究竟位方成種子. 此遮轉識
轉易間斷與種子法不相應故. 此顯種子自類相生.

3) 항상 전전한다[恒隨轉]는 것으로서, 요컨대 오랫동안에 한 성류로 상속되어 究竟位에 이르러서 마침내 종자로 되는 것을 말한다. 이것은 轉識을 부정하는데, 3受로 轉易되고 間斷되어 종자법과는 상응하지 않기 때문이다. 이것은 종자의 자체 성류를 서로 발생시키는 것을 나타낸다.

四性決定. 謂隨因力生善惡等功能決定方成種子. 此遮餘部
執異性因生異性果有因緣義.

4) 성류가 결정되어 있다[性決定]는 것으로서, 원인의 세력에 따라서 선악 등을 일으키는 공능이 결정되어서 마침내 종자로 되는 것을 말한다. 이것은 다른 부파[薩婆多 등]에서 다른 성류의 원인이 다른 성류의 결과를 일으키는 것에, 인연의 의미가 있다는 주장을 부정한다.

五待眾緣. 謂此要待自眾緣合功能殊勝方成種子 此遮外道
執自然因 不待眾緣恒頓生果. 或遮餘部緣恒非無. 顯所待
緣非恒有性 故種於果非恒頓生.

5) 여러 인연을 기대한다[待眾緣]는 것으로서, 이것[自類]의 종자는 요컨대 자체의 여러 인연의 화합을 기대하여 공능이 수승하면 마침내 종자로 된다는 것을 말한다. 이것은 외도가 자연이 원인으로서 여러 인연을 기대하지 않고 항상 즉시에 결과를 발생시킨다는 주장을 부정한다. 혹은 다른 부파의 인연은 항상 존재하지 않는다는 것을 부정하며, 기대되는 인연은 항상 자성이 존재하지 않는다는 것을 나타낸다. 그러므로 종자는 결과를 언제나 즉시에 발생시키는 것이 아니다.

六引自果. 謂於別別色心等果各各引生方成種子. 此遮外
道執唯一因生一切果. 或遮餘部執色心等互為因緣.

6) 자체의 결과를 이끌어낸다[引自果]는 것으로서, 갖가지의 色心 등의 결과를 각각 이끌어내서 마침내 종자로 된다는 것을 말한다. 이것은 외도가 오직 하나의 원인[大自在天]이 일체의 결과를 일으킨다는 주장을 부정한다. 혹은 다른 부파[薩婆多 등]의 색심 등이 서로 인연이 된다는 주장도 부정한다.

唯本識中功能差別具斯六義成種非餘. 外穀麥等識所變故.
假立種名非實種子.

오직 근본식 중의 공능차별만이 이러한 6가지의 의미를 갖추어서 종자로 되는 것이지 다른 것은 아니다. 외부의 穀麥 등은 심식이 전변한 것이기 때문에 임시로 종자라는 명칭을 건립하지만 진실한 종자는 아니다.

> 此種勢力生近正果名曰生因 引遠殘果令不頓絕即名引因 內種必由熏習生長親能生果是因緣性. 外種熏習或有或無. 為增上緣辦所生果. 必以內種為彼因緣. 是共相種所生果故.

이 종자의 세력이 친히 바른 과보를 일으키는 것을 生因이라 하고, 소원하게 남은 과보를 이끌어서 즉시에 단절되지 않게 하는 것을 引因이라 한다. 마음의 종자는 반드시 훈습력으로 인해서 발생되고[新熏] 증장되어서[本有] 직접 스스로 과보를 일으키는데, 이것이 인연의 성품이다. 외부의 종자에는 훈습한 것이 존재하거나 존재하지 않기도 하며, (外種이) 증상연으로 되어서 생성된 결과를 분별한다. 반드시 마음의 종자로서 그것[外種]의 인연으로 삼으며, 이것은 (마음의) 共相 종자가 생성한 과보이기 때문이다.

> 依何等義立熏習名. 所熏能熏各具四義令種生長. 故名熏習. 何等名為所熏四義. 一堅住性 若法始終一類相續能持習氣 乃是所熏. 此遮轉識及聲風等 性不堅住故非所熏.

어떠한 의미에 의지하여 훈습이라는 명칭을 건립하는가? 훈습을 받는 것[所熏]과 능히 훈습하는 것[能熏]에는 각각 4가지의 의미를 갖추고서, 종자를 생성하고[新熏] 증장하게[本有] 하기 때문에 훈습이라 한다.

【所熏】

어떤 것을 일러서 소훈의 4가지 의미라고 하는가? 1) 견고하게 머무는 성질[堅住性]로서, 만약에 법이 처음부터 끝까지 한 성류로 상속되어서 스스로 습기를 집지한다면, 바로 이것이 소훈이다. 이것은 7전식과 소리 및 바람 등[89]은 그 성류가 견고하게 머물지 않기 때문에 소훈식이 될 수 없다고 부정한다.

> 二無記性. 若法平等 無所違逆. 能容習氣 乃是所熏. 此遮善染勢力强盛無所容納故非所熏. 由此如來第八淨識. 唯帶舊種非新受熏.

2) 무기의 성품[無記性]으로서, 만약에 법이 평등하여 상위되거나 거스름 없이 스스로 습기를 받아들인다면, 바로 이것이 소훈이다. 이것은 선성과 염오성은 세력이 강성해서 (다른 성류의 법을) 수용하지 못하기 때문에, 소훈식이 될 수 없다고 부정한다. 이러하므로 여래의 제8 청정식은 오직 옛 종자[舊種][90]만을 지닐 뿐이지, 새롭게 훈습을 수용하는 것이 아니다.

> 三可熏性. 若法自在性非堅密 能受習氣 乃是所熏. 此遮心所及無爲法依他堅密故非所熏.

---

89) 『新導成唯識論』 卷第2, p.75, "6근과 6경 및 법처소섭색 등으로서, 무색계에 證入하면 색법이 존재하지 않고, 멸진정에 증입하면 또한 마음이 존재하지 않기 때문이다."(根塵法處色等 生無色卽色無故 入滅定等 亦心無故.)
90) 『成唯識論觀心法要』 卷第2[『卍新纂續藏經』 第51冊(2009), p.324, 上], "옛적에 원인 중에 훈습한 무루의 선법 종자"[舊(時因中所熏無漏善)種]

3) 훈습을 받아들이는 성질[可熏性]로서, 만약에 법이 자재하거나 체성이 견밀[凝然常住]하지 않아서 능히 습기를 받아들인다면, 곧 이것이 소훈식이다. 이것은 심소법과 무위법은 다른 것에 의지하고[心所] 견밀[無爲]하기 때문에 소훈식이 될 수 없다고 부정한다.

四與能熏共和合性. 若與能熏同時同處不即不離. 乃是所熏. 此遮他身剎那前後無和合義故非所熏. 唯異熟識具此四義 可是所熏. 非心所等.

4) 능훈식과 함께 화합하는 성질[和合性]로서, 만약에 능훈식과 같은 시간과 장소에서 相即하거나 여의지 않는다면, 이것이 바로 소훈식이다. 이것은 다른 사람과 찰나의 전후[경량부 등]에는 화합의 의미가 없기 때문에 소훈식이 될 수 없다고 부정한다.
　오직 이숙식만이 이 4가지의 의미를 갖추어서 소훈식이 될 수 있는 것이지, 심소법 등은 될 수가 없다.

何等名為能熏四義. 一有生滅. 若法非常能有作用生長習氣. 乃是能熏. 此遮無為前後不變無生長用故非能熏.

【能熏】

어떠한 것을 일러서 능훈의 4가지 의미라고 하는가? 1) 생멸함이 있는 것[有生滅]으로서, 만약에 법이 항상 하지 않고 스스로 작용하여 습기를 발생시키고[신훈] 증장시키는[본유] 것이라면, 바로 이것이 능훈식이다. 이것은 무위법은 전후로 전변되지 않아서 발생시키고 증장하게 하는 작용이 없기 때문에 능훈식이 될 수 없다고 부정한다.

> 二有勝用. 若有生滅 勢力增盛 能引習氣. 乃是能熏. 此遮 異熟心心所等 勢力羸劣故非能熏.

2) 뛰어난 작용이 있는 것[有勝用]으로서, 만약에 생멸함이 있고 세력이 增盛하여 스스로 습기를 牽引한다면, 이것이 바로 능훈식이다. 이것은 이숙식의 마음[見分]과 심소법 등은 세력이 미약하고 열등하기 때문에 능훈식이 될 수 없다고 부정한다.

> 三有增減. 若有勝用可增可減攝植習氣. 乃是能熏. 此遮佛果圓滿善法 無增無減故非能熏. 彼若能熏便非圓滿. 前後佛果 應有勝劣.

3) 증감하는 것[有增感]으로서, 만약에 뛰어난 작용이 있고 증감할 수 있어서 습기를 거두어 유지할 수 있다면, 이것이 바로 능훈식이다. 이것은 부처님 지위의 원만한 善法은 증감됨이 없기 때문에 능훈식이 될 수 없다고 부정한다. 그것[佛果]이 만약에 능훈식이라면 곧 원만한 것이 아닌데, 전후의 부처님의 지위에 뛰어남과 열등함이 있어야 하기 때문이다.

> 四與所熏和合而轉. 若與所熏同時同處不即不離. 乃是能熏. 此遮他身刹那前後無和合義故非能熏. 唯七轉識及彼心所有勝勢用. 而增減者具此四義可是能熏.

4) 소훈식과 화합하여 전전하는 것[能所和合]으로서, 만약에 소훈식과 같은 시간과 장소에서 相卽하거나 여의지도 않는다면, 이것이 바로 능훈식이다. 이것은 다른 사람과 찰나의 전후에는 화합의 의미가 없기 때문에 능훈식이 될 수 없다고 부정한다.

오직 7전식과 그의 심소법만이 뛰어난 세력의 작용이 있고 증감할 수 있는 것으로서, 이러한 4가지의 의미를 갖추어서 능훈식이 될 수 있는 것이다.

> 如是能熏與所熏識俱生俱滅熏習義成. 令所熏中種子生長 如熏苣藤故名熏習. 能熏識等從種生時. 卽能爲因復熏成種 三法展轉因果同時. 如炷生焰焰生焦炷. 亦如蘆束更互相依 因果俱時理不傾動.

이와 같이 능훈과 소훈식이 함께 생멸하여 훈습의 의미가 성립된다. 소훈처인 제8식 중에 종자를 발생시키고 성장하게 하는 것이, 마치 苣藤[胡麻]에 김을 쏘이는 것과 같기 때문에 훈습이라 한다.

능훈식 등이 종자에서 발생될[種子生現行] 때에 바로 스스로 원인이 되어서 다시 종자를 훈습한다[現行熏種子]. 3법[本有, 現行 및 新種]이 전전하면서 원인과 결과가 같은 시간인 것은, 마치 심지가 불꽃을 일으키고 불꽃이 일어나 심지를 태우는 것과 같고, 또한 갈대 묶음이 번갈아 서로 상대방에게 의지하는 것과 같다. 즉, 원인과 결과가 같은 때라는 것은 이치가 어긋나지 않는다.

> 能熏生種 種起現行 如俱有因得士用果. 種子前後自類相生如同類因引等流果. 此二於果是因緣性. 除此餘法皆非因緣. 設名因緣應知假說 是謂略說一切種相.

능훈식이 종자를 발생시키고 종자가 현행을 일으키는 것은, 마치 [小乘에서] 俱有因으로서 士用果를[91] 얻는 것과 같다. 종자가 전후로 자체의 성류를 서로 생겨나게 하는 것은, 마치 동류인으로서[92] 등류과를 이끄는 것과 같다. 이들의[93] 2가지[종자와 현행]는 (현행과 종자의) 결과에 대해서 인연성이다. 이것을 제외하면 다른 법[7轉識 등]은 모두가 인연성이 아니다. 설령 인연성이라고 하더라도 가설인 것을 알아야 한다. 이것은 일체 종자식의 체상을 간략하게 설명한 것이다.

> 此識行相所緣云何. 謂不可知執受處了. 了謂了別. 卽是行相.
> 識以了別爲行相故 處謂處所. 卽器世間. 是諸有情所依處故.

【行相, 所緣】

이 심식의 인식활동[行相]과 대상은 어떠한가? 了知하기 어려운 집수와 기세간 및 요별을 말한다[제3송]. 여기에서 了라는 것은 了別로서 곧 인식활동인데, 심식[自體分]은 요별로서 행상[見分]으로 삼기 때문이다.

處라는 것은 처소로서 바로 기세간인데, 이것은 모든 유정들의 의지처이기 때문이다.

> 執受有二. 謂諸種子及有根身. 諸種子者謂諸相名分別習氣
> 有根身者謂諸色根及根依處. 此二皆是識所執受. 攝爲自

---

91) 俱有因은 6因 중의 하나로서 동일한 시간에 자타가 서로 인과관계를 이루어서 돕는 것을 말하고, 士用果는 5果 중의 하나로서 구유인과 상응인의 작용에 의해서 얻어지는 결과를 말한다.
92) 同類因도 6因 중의 하나로서 동일한 性類에서 前時의 것이 後時의 것에 대하여 원인이 되는 것을 말한다.
93) 1) 현행훈종자, 2) 종자생종자, 3) 종자생현행.

體同安危故.

　집수에는 2가지가 있는데, 모든 종자와 유근신을 말한다. 모든 종자라는 것은 온갖 형상과 명칭 및 분별의 습기를 말하고, 유근신이란 모든 색근[5根;勝義根]과 그것의 의지처[扶塵根]를 말한다. 이 2가지[종자와 유근신]는 모두 심식에 집수되고 포섭되어서 자체로 되는데, 安危를 같이 하기 때문이다.

執受及處俱是所緣. 阿賴耶識因緣力故自體生時. 內變為種及
有根身. 外變為器. 即以所變為自所緣. 行相仗之而得起故
此中了者謂異熟識於自所緣有了別用. 此了別用見分所攝.

　집수[종자와 유근신]와 기세간[處]은 모두가 (심식의) 대상이다. 아뢰야식이 인연의 세력[종자] 때문에 자체가 발생될 때에, 안으로는 종자와 유근신으로 전변되고, 밖으로는 기세간인 현상계로 전변된다. 곧 전변된 것으로서 자체의 인식대상[相分]으로 삼으며, 인식활동[見分]은 이것[상분]에 의지하여 일어나기 때문이다.[94] 여기에서 요별이란 것은, 이숙식이 자체의 인식대상[親所緣의 相分]에 대해서 요별하는 작용이 있는 것을 말한다. 이것의 요별작용은 견분에 포함된다.

然有漏識自體生時. 皆似所緣能緣相現. 彼相應法應知亦爾.
似所緣相說名相分 似能緣相說名見分.

---

[94] 『述記』卷第3 本(『大正藏』43, 317, 上), "마음 밖의 법이 아니고, 본식은 반드시 실제의 법을 반연하여 발생되기 때문이다. 만약에 상분이 존재하지 않다면, 견분도 발생되지 않는다."(非心外法 本識必緣實法生故 若無相分 見分不生.)

【四分義】

 그런데 유루식 자체가 발생될 때에 모든 것은 인식대상과 인식주체에 유사한 형상으로 나타나는데, 그것과 상응하는 법[心所]도 또한 그러함을 알아야 한다. 인식대상으로 유사하게 나타난 형상을 일러서 상분이라 하고, 인식주체로 유사하게 나타난 형상을 일러서 견분이라 한다.

> 若心心所無所緣相. 應不能緣自所緣境. 或應一一能緣一切.
> 自境如餘 餘如自故. 若心心所無能緣相 應不能緣. 如虛空等.
> 或虛空等亦是能緣. 故心心所必有二相. 如契經說.
> 一切唯有覺　所覺義皆無　能覺所覺分　各自然而轉.

 만약에 마음과 심소법에 대상에 관한 형상이 존재하지 않는다면, 능히 자체의 소연인 경계를 반연할 수 없어야 한다. 혹은 하나하나가 능히 일체를 반연해야 하고, 자신의 경계도 마치 다른 사람의 것과 같으며, 다른 사람의 것도 자신의 것과 같아야 하기 때문이다. 만약에 마음과 심소법에 주관에 관한 형상이 존재하지 않는다면, 능연이 아니어야 하는데, 마치 허공 등과 같다.[95] (반론으로서) 혹은 허공 등도 또한 이 능연이어야 한다.[96]
 그러므로 마음과 심소법에는 반드시 2가지의 형상[見, 相分]이 존재한다. 즉, 경전[厚嚴經]에서 교설한 것과 같다.

---

95) 『述記』卷第3 本(『大正藏』43, 318, 上), "마음과 심소법에는 능연의 형상이 존재하는데, 그렇지 않다면 마음 등은 능연이 아니어야 한다. 능연의 형상이 존재하지 않기 때문에 마치 허공과 같다."(心·心所法有能緣相 不爾心等應非能緣 無能緣相故 如虛空等.)
96) 『成唯識論觀心法要』卷第2[『卍新纂續藏經』第51冊(2009), p.325, 下, "마음에 견분이 존재하지 않는 것이 능연인데, 바로 허공에는 견분이 존재하지 않으므로 또한 능연이어야 한다." (心無見分而能緣 則虛空無見分 亦應能緣也.)

일체는 오직 지각[能覺]만 있을 뿐,

지각되는 것[所覺 ; 心外實境]은 모두 없다.

능각[見分]과 소각[相分]의 2분이

각각 자연스럽게 전전한다.97)

執有離識所緣境者. 彼說外境是所緣. 相分名行相. 見分名事
是心心所自體相故. 心與心所同所依緣行相相似. 事雖數等
而相各異. 識受想等相各別故.

심식에서 벗어나 소연인 경계가 존재한다고 주장하는 사람들은, 외부의 경계[外境]는 소연이고, 상분은 행상이며, 견분은 자체분[事]이라 한다.98) 이것은 마음과 심소법 그 자체의 체상이기 때문이다.99) 마음과 심소법은 의지처와 대상이 같고 인식활동도 유사하다. 자체는 비록 (마음과) 가지 수가 같더라도[相似의 의미]100) 행상은 각각 다른데,101) 了別[識]과 領納[受] 및 상상 등과 같이 그 (체성의) 행상이 각각 구별되기 때문이다.

---

97) 『述記』卷第3 本(『大正藏』43, 318, 中), "말하자면, 견분과 상분은 각각 자연스럽게 그 인연에 따라 화합하여 일어나지만, 반드시 마음 밖의 경계를 苦待하지는 않는다."(謂見相分各名自然 從其因緣和合而起 不必須待心外之境.)
98) 『述記』卷第3 本(『大正藏』43, 318, 中), "말하자면, 체상을 인식할 때에 견분의 능연을 사라고 한다."(謂行於相 見分能緣說名爲事.)
99) 『述記』卷第3 本(『大正藏』43, 318, 中), "자체의 事라고 하지 않고 자체의 형상이라 한 것은, 대승에서 事는 자증분이라는 것을 변별한 것이다. 자체의 事라는 바로 그것의 오류이기 때문이다."(不言自體事言自體相者 謂大乘事謂自證分 言自體事便濫彼故.)
100) 『成唯識論觀心法要』卷第2[卍新纂續藏經』第51冊(2009), p.326, 上, "자체는 비록 가지 수가 같다라는 것은, 마음의 체성도 자증분이고, 심소법의 체성도 또한 자증분인 것을 말한다."(言事雖數等者 謂心王之體是自證分 心所之體亦是自證分也.)
101) 『述記』卷第3 本(『大正藏』43, 318, 下), "요별[識]과 영납[受] 등은 체성이 각각 하나이기 때문이지만, 행상은 구별된다."(識受等體各是一故 而相狀別.)

達無離識所緣境者. 則說相分是所緣. 見分名行相. 相見所
依自體名事. 即自證分. 此若無者 應不自憶心心所法. 如
不曾更境必不能憶故.

　심식에서 벗어나면 소연인 경계가 존재하지 않다고 통달한 사람들은, 바로 상분은 소연이고, 견분은 행상이라 한다. 상분과 견분이 의지하는 자체분을 事라고 하는데,[102] 곧 자증분이다. 만약에 이 자증분이 존재하지 않는다면, 자체의 마음과 심소법을 기억하지 못해야 한다. 마치 일찍이 경험하지 못했던 대상은 반드시 기억할 수 없는 것과 같기 때문이다.

心與心所同所依根. 所緣相似. 行相各別. 了別領納等作用
各異故. 事雖數等而相各異. 識受等體有差別故.

　마음과 심소법은 의지하는 감각기관이 같고 인식대상[相分]은 相似하지만, 인식활동[見分]은 각각 다른데, 요별하고[識] 받아들이는[受] 등의 작용이 각각 다르기 때문이다. 자체[事]는 비록 가지 수가 같더라도 행상은 각각 다른데, 요별과 영납 등과 같이 체상에 차별이 있기 때문이다.

然心心所一一生時. 以理推徵各有三分. 所量能量量果別故.
相見必有所依體故. 如集量論伽他中說.

---

102) 上同(上同), "대승에서는 마음이 자체의 소연을 취득하면 별도로 자체분을 건립하는데, 바로 이것을 事라고 한다. 그러므로 견분을 행상이라 한다. 즉, 소승에서는 事 자체가 바로 견분이므로 자체분을 건립하지 않는다."(大乘心得自緣 別立自體分 即以爲事 故以見分 名行相 即小乘事體是見分 不立自體分.)

似境相所量　能取相自證　即能量及果　此三體無別.

그런데 마음과 심소법은 하나하나가 일어날 때에 이치적으로 추리하면 각각 3가지의 心分이 있다[陳那]. 즉, 인식되는 것[所量 ; 상분]과 인식하는 것[能量 ; 견분] 및 인식의 결과[量果 ; 자체분]가 다르기 때문이다. 상분과 견분은 반드시 의지하는 체성이 존재하기 때문이다.

마치 『집량론』의 게송에서 교설한 것과 같다.

> 경계로 유사하게 나타난 형상[相分]은 所量이고,
> 능히 형상을 연취하고 자증하는 것은
> 바로 能量[見分]과 量果[自體分]로서
> 이 3가지는 자체가 다르지 않다.[103]

又心心所　若細分別　應有四分　三分如前　復有第四　證自證
分　此若無者　誰證第三　心分既同　應皆證故

또한 마음과 심소법을 만약에 자세하게 분별하면, 당연히 4가지의 心分이 존재해야 한다. 3가지의 심분은 앞에서와 같지만, 다시 제4의 증자증분이 존재한다[護法]. 만약에 이것[證自證分]이 존재하지 않는다면, 무엇이 제3분을 증명하겠는가. 심분이라는 것은 같은 것이므로 모두 증명되어야 하기 때문이다.[104]

---

103) 『新導成唯識論』 卷第2, p.79, "자체는 한 심식이지만 공능이 각각 다르기 때문에 3가지라고 한다."(體是一識 功能各別 故說言三.)

104) 『成唯識論觀心法要』 卷第2[『卍新纂續藏經』 第51冊(2009), p.326, 中], "견분은 반드시 자증분으로서 증명되었으므로 곧, 자증분도 또한 반드시 증자증분으로 증명되어야 한다는 것을 말한다."(謂見分既須自證分以證之 則自證分 亦須證自證分以證之也.)

又自證分 應無有果 諸能量者 必有果故 不應見分 是第三果
見分或時 非量攝故 由此見分 不證第三 證自體者 必現量故

또한 자증분에는 인식의 결과가 존재하지 않아야 하는데, 모든 인식하는 것[能量]은 반드시 인식의 결과[量果]가 존재하기 때문이다[자체분은 무분별]. 마땅히 견분이 제3분의 인식 결과여서는 안 된다. 견분은 어느 때에는 그릇된 인식[非量]에도 포함되기 때문이다. 이러 하므로 견분은 제3분을 증명하지 못하는데, 자체분을 증명하는 것은 반드시 현량이기 때문이다.

此四分中 前二是外 後二是內 初唯所緣 後三通二 謂第二分
但緣第一 或量非量 或現或比.

이 4분 중에서 앞의 2가지인 상분과 견분은 외부로 작용하고, 뒤의 2가지인 자증분과 증자증분은 내부(의 체성)이다. 처음의 상분은 오직 소연이고, 뒤의 3분은 능연과 소연의 2가지에 통한다. 말하자면, 제2의 견분은 단지 제1의 상분만을 반연하는데, 바르게 인식하거나 그릇되게 인식하기도 하며, 혹은 현량이거나 比量이기도 한다.[105]

第三能緣第二第四 證自證分 唯緣第三 非第二者 以無用故
第三第四 皆現量攝 故心心所 四分合成 具所能緣 無無窮
過 非即非離 唯識理成.

---

105) 『新導成唯識論』卷第2, p.80, "제6식이 한 찰나에 순간적으로 18계를 반연할 때에 3류경도 일시에 같이 일어난다. 그러므로 現量과 比量 및 非量의 3果도 또한 한 생각에서 동시에 일어난다."(第六識 一刹那頓緣十八界之時 三類境一時竝起 故現比非三果 亦一念俱起.

제3의 자증분은 스스로 제2의 견분과 제4의 증자증분을 반연하는데, 증자증분은 오직 제3분만을 반연한다. 제2분을 반연하지 않는 것은 작용이 없기 때문이다. 제3분과 제4분은 모두 현량에 포섭된다. 그러므로 마음과 심소법은 4분이 화합해서 소연과 능연을 갖추지만, 끝없이 되풀이 되는 것[無窮過 ; 無限遡及]은 아니다. 相卽하거나[功能別故] 여읜 것이 아니므로[體是一故] 유식의 이치가 성립되는 것이다.

是故契經伽他中說.
眾生心二性 內外一切分 所取能取纏 見種種差別.
此頌意說 眾生心性 二分合成 若內若外 皆有所取能取纏縛
見有種種 或量非量或現或比 多分差別 此中見者 是見分故

이렇기 때문에 경전[厚嚴經]의 게송에서 다음과 같이 교설한다.[106]
    중생들의 마음은 (내외의) 2가지의 성품이니,
    내부[자증분과 증자증분]와 외부[상분과 견분]의 일체의 心分은 所取와 能取의 얽매임이고
    견분이 갖가지로 차별한다.

이 게송이 의미하는 것은 중생의 유루 심성은 2가지의 심분이 화합한 것으로서, 만약에 내부이든 외부이든 모두 소취와 능취에 계박되어 있으며, 견분이 갖가지로 바르게 인식하거나 그릇되게 인식하며, 혹은 現量이거나 比量하여 많은 차별이 있다. 여기에서 견해[見]란 바로 견분이기 때문이다.

---

106) 玄奘 譯, 『佛地經論』 卷第3(『大正藏』 26, 303, 中) 참조.

如是四分 或攝爲三 第四攝入自證分故 或攝爲二 後三俱是
能緣性故皆見分攝 此言見者 是能緣義 或攝爲一 體無別故

이와 같은 4분설을 어느 논장[集量論]에서는 포섭하여 3분으로 하는데, 제4분을 자증분에 포함시키기 때문이다. 또한 어느 경전[厚嚴經]에서는 포섭하여 2분으로 하는데, 뒤의 3분이 함께 능연의 성품이기 때문에 모두 견분에 포함시킨다. 여기에서 견해[見]라는 것은 능연의 의미이다. 또한 어느 경전에서는 포섭해서 1분으로 하는데, 체성에 차별이 없기 때문이다.

如入楞伽 伽他中說.
由自心執著 心似外境轉 彼所見非有 是故說唯心.
如是處處 說唯一心 此一心言 亦攝心所 故識行相 即是了
別 了別即是識之見分.

마치 『入楞伽經』의 게송에서 교설한 것과 같다.[107]
    자기 마음의 집착으로 인하여
    마음이 외부대상으로 유사하게 나타나 전전하므로
    그 보이는 것[所緣]은 존재하지 않네,
    이렇기 때문에 오직 마음뿐이라 한다.

이와 같이 여러 곳에서 오직 하나의 마음뿐이라 하는데, 이 하나의 마음이라는 것은 또한 심소법도 포함된다. 따라서 심식의 행상이 바로 요별이

---

[107] 『入楞伽經』 卷第10(『大正藏』 16, 576, 下; 580, 上).

고, 요별이 바로 심식의 견분인 것이다.

所言處者 謂異熟識 由共相種 成熟力故 變似色等 器世間
相 卽外大種 及所造色.

【境唯識】

(제3송의) 처[處]라는 것은, 이숙식은 공상의 종자를 성숙시킨 세력에 의지하기 때문에, 전변되어서 색법 등의 현상계의 형상으로 유사하게 나타난 것을 말한다.[108] 즉, 외부의 4대종과 그것으로 만들어진 색법이다.

雖諸有情 所變各別 而相相似 處所無異 如衆燈明 各遍似
一 誰異熟識 變爲此相 有義一切 所以者何 如契經說 一切
有情 業增上力 共所起故 有義 若爾諸佛菩薩 應實變爲此
雜穢土 諸異生等 應實變爲 他方此界 諸淨妙土 又諸聖者
厭離有色 生無色界 必不下生 變爲此土 復何所用.

비록 모든 유정들이 전변한 것이 각각 다르다고 하더라도, 형상이 서로 비슷하고 처소에 차이가 없는 것은, 마치 여러 개의 등불들이 각각 두루 비추지만 하나가 비추는 것과 같다.

---

108) 『述記』 卷第3 本(『大正藏』 43, 321, 中), "자체의 종자를 인연으로 삼아서 근본식이 기세간의 형상으로 變爲된 것이므로, 오직 外境은 無情物이다."(由自種子爲因緣故 本識變爲器世間相 唯外非情.)

[질문] 누구의 이숙식이 이러한 형상으로 변현되는가?
[답변] 어떤 사람[月藏]은 일체라고 한다.[109] 왜냐하면, 마치 경전에서,[110] 일체 유정들의 업의 증상력으로 함께 일으킨 것이라고 하기 때문이다. 또한 어떤 사람[護法]은 만약에 그렇다면, 모든 부처와 보살들은 실제로 이러한 잡란한 穢土를 변현시켜야 하고, 모든 범부 등도 他方과 이 사바세계의 모든 청정하고 미묘한 국토를 변현시켜야 한다. 또한 모든 성자들이 유색계를 싫어하여 무색계에 태어나면, 반드시 下界에 태어나지 않을 것인데, 이 국토를 변현시켜서 다시 무슨 소용이 있겠는가?

是故現居 及當生者 彼異熟識 變爲此界 經依少分 說一切言
諸業同者 皆共變故

[정의] 이렇기 때문에 현재에 머물거나 장차 태어나는 사람들은 그들의 이숙식이 이 세계를 변현시킨다. 경전에서는 일부에 의탁해서 일체라고 한 것으로서, 모든 업이 같은 사람들은 모두 함께 변현된다고 하기 때문이다.

有義 若爾 器將壞時 旣無現居 及當生者 誰異熟識 變爲此界
又諸異生 厭離有色 生無色界 現無色身 預變爲土 此復何用.

어떤 사람은, 만약에 그렇다면, 기세간이 장차 파괴된 때에는 현재에 머물거나 미래에 태어날 사람이 없는데, 누구의 이숙식이 이 세계를 변현시키

---

109) 『述記』卷第3 本(『大正藏』 43, 322, 上), "여기에서 일체라는 것은, 곧 범부, 성인, 5취의 유정, 自他의 界地, 자기 및 외부의 존재를 말한다."(此言一切 卽通凡聖・五趣有情・自他界地・己及外身.)
110) 眞諦 譯, 『佛說立世阿毘曇論』 卷第10(『大正藏』 32, 223, 下).

는가? 또한 모든 범부들이 유색계를 싫어하여 무색계에 태어나면, 현재에 색신이 존재하지 않는데, 미리 (욕, 색계의 下地의) 국토를 변현시킨다는 이 것은 무슨 소용이 있겠는가?

設有色身 與異地器 麁細懸隔 不相依持 此變為彼 亦何所益 然所變土 本為色身 依持受用 故若於身 可有持用 便變為彼 由是設生他方自地 彼識亦得 變為此土

설령 색신이 존재하더라도 다른 세상의 기세간과는 거칠고 미세함이 현격해서[111] 서로 의지하지 못하는데, 이 심식이 그 다른 국토를 변현시켜서 또한 어떠한 이익이 있겠는가? 그렇지만 변현된 국토가 본래 색신을 의지하고 수용하기 때문에, 만약에 신체에 의지하고 수용할 수 있다면, 바로 그것을 변현시킨다. 이것으로 인하여 설령 타방[다른 三千界]의 자기 세상[欲界 등]에 태어나더라도 그 심식은 또한 이 국토를 변현시킨다.

故器世界 將壞初成 雖無有情 而亦現有 此說一切 共受用者 若別受用 准此應知 鬼人天等 所見異故.

그러므로 현상계가 장차 무너질 때나 처음으로 조성될 때에 유정들이 존재하지 않더라도 역시 현재에 (현상계는) 존재하는데, 이것은 일체의 유정들이 함께 수용한 것을 말한다. 만약에 별도로 수용된다면, 이것에 견주어서 알아야 하는데, 아귀와 인간 및 천사 등은 보이는 것이 다르기 때문이다

---

111) 上地는 微細하고, 下地는 虛疎한 차이가 있다.

[一處四見 ; 一水四見].

諸種子者 謂異熟識 所持一切 有漏法種 此識性攝 故是所緣
無漏法種 雖依附此識 而非此性攝 故非所緣 雖非所緣 而
不相離 如真如性 不違唯識.

모든 종자라는 것은 이숙식이 執持한 일체[三性] 유루법의 종자를 말하는데, 이 근본식의 무기성에 포함되기 때문에 (견분의) 소연이다. 무루법의 종자도 비록 이 본식에 의탁하지만, 이것의 무기성에 포함되지 않기 때문에 소연이 아니다.[112] 비록 소연이 아니더라도 (근본식과) 서로 여의지 않아서 진여, 즉 유식의 실성과 같으므로 唯識이라는 것에 상위되지 않는다.[113]

有根身者. 謂異熟識不共相種成熟力故變似色根及根依處.
即內大種及所造色. 有共相種成熟力故. 於他身處亦變似彼.
不爾應無受用他義.

---

[112] 『述記』卷第3 本(『大正藏』43, 323, 中), "심식이 대치된 것이고, 체성이 다르며, 서로 수순하지 않기 때문에 소연이 되지 못한다. 4分 중에서 자체분에 의지하지만, 심식의 자체분에는 수용되지 않는다. 체성과 행상이 다르기 때문이다."(對治識故 體性異故 不相順故 故非所緣 四分之中 依自體分 非卽是識自體分攝 性相乖故.)

[113] 上同(上同), "이 의미는 심식을 여의면, 외부에 별도로 실물이 존재하지 않기 때문에 유식이라 한다. 마치 진여의 자성과 같이 심식도 비록 불변하지만, 심식을 여의면 외부의 실물이 존재하지 않기 때문에 유식이라 한다. ―만약에 그렇다면, 심소법 또한 심식을 여의지 않으므로 당연히 유식이라 해야 한다. 이것은 그렇지 않다. 심소법은 심식의 자체를 의지하지 않고 별도로 행상이 존재하므로 예와 같을 수 없다. 그렇지만 심식과 상응하고 또한 심식을 여의지 못하므로 아울러 유식인 것이다."(此意卽是非離識外別有實物 故名唯識 如眞如性識雖不變 離識外無故名唯識―若爾心所亦不離識 應名唯識 此亦不然 心所不依識之自體 別有行相 不可例同 然識相應 亦不離識 故並唯識.)

유근신이라는 것은 이숙식이 不共相의 종자를[114] 성숙시킨 세력의 것이기 때문에, 전변되어서 색근과 그것의 의지처로 유사하게 나타난 것을 말한다. 바로 마음의 4대종과 그것으로 조성된 색법이다. 共相의 종자를 성숙시키는 세력이 있기 때문에, 다른 사람의 세계에서도 또한 그에 유사하게 변현된다. 그렇지 않다면, 다른 몸을 수용한다는 의미가 없어야 한다.

此中有義亦變似根. 辯中邊說似自他身五根現故. 有義唯能變似依處. 他根於己非所用故.

여기에서 어떤 사람[安慧 등]은, 또한 根도 유사하게 변현되는데, 『辯中邊論』에서[115] 자신과 다른 사람의 5근으로 유사하게 나타난다고 하기 때문이라는 것이다. 또한 어떤 사람[護法 등]은, 오직 스스로 (다른 것으로) 전변되어서 5근의 의지처로만 유사하게 나타나는데, 다른 사람의 감각기관은 자기에게 소용되지 않기 때문이라는 것이다.

似自他身五根現者. 說自他識各自變義. 故生他地或般涅槃. 彼餘尸骸猶見相續.

자기와 다른 사람의 5근으로 유사하게 나타난다는 것은, 곧 자신과 남의 심식이 각각 스스로 변현된다는 의미를 말한 것이다. 그러므로 다른 세계에 태어나거나 혹은 열반에 들더라도 그의 남겨진 유해는 여전히 견문이 상속된다.

---

114) 共相의 종자에는 共中의 共相山,河 등과 共中의 不共相自己의 田宅 등이 있고, 不共相의 종자에는 不共中의 不共相眼根 등과 不共中의 共相自己의 扶塵根 등이 있다.
115) 『辯中邊論』 卷上(『大正藏』 31, 464, 下).

前來且說業力所變外器內身界地差別. 若定等力所變器身.
界地自他則不決定. 所變身器多恒相續. 變聲光等多分暫時.
隨現緣力擊發起故. 略說此識所變境者. 謂有漏種十有色處
及墮法處所現實色.

앞에서는 업력이 변현한 외부의 현상계와 내부 신체의 3界와 9地의 차별
을 교설한 것이다.

【定, 通】

만약에 禪定 등의 세력으로 전변된 현상계와 신체라면, 3계 9지인 신체의
自他는 결정적인 것이 아니다. 전변된 신체와 현상계는 대부분 항상 상속되
지만 변화한 소리와 빛 등은 대부분 잠시인데, 현재 인연력의 擊發에 따라서
일어나기 때문이다.

이 근본식이 전변한 경계를 간략하게 서술하면, 유루종자와 10가지의 유
색처[5塵과 5根] 및 墮法處[법처소섭색 ; 定果色]에 나타나는 실제의 색법을 말
한다.

何故此識不能變似心心所等為所緣耶. 有漏識變略有二種.
一隨因緣勢力故變. 二隨分別勢力故變. 初必有用後但為境

[질문] 어째서 이 본식은 마음과 심소법 등을 전변하여 유사하게 나타내서
소연으로 삼는 것이 가능하지 않는가?

【二變】

[답변] 유루식의 전변에는 대략 2가지가 있는데, 1) 인연의 세력에 따라서 (유사한 경계로) 전변하는 것이고, 2) 분별의 세력에 따라서 전변하는 것이다. 처음의 것은 반드시 (실제의) 작용이 있지만, 뒤의 것은 단지 (상분의) 경계일 뿐이다.

> 異熟識變但隨因緣. 所變色等必有實用. 若變心等便無實用.
> 相分心等不能緣故. 須彼實用別從此生. 變無爲等亦無實用.

이숙식이 (경계로) 전변된다는 것은, 단지 그 인연만을 따르는 것으로서 변현된 색법 등은 반드시 실제의 작용이 있어야 한다. 만약에 마음과 심소법 등을 변현시킨다면, 곧 실제의 작용이 없어서 상분의 마음과 심소법 등은 반연이 존재한다고 할 수 없기 때문이다. 그것[7전식]은 실제로 작용하므로 별도로 이것[第8識]에 따라서 발생되는 것이 필수적이다. 무위법 등을 전변해도 또한 실제의 작용은 없다.

> 故異熟識不緣心等. 至無漏位勝慧相應. 雖無分別而澄淨故.
> 設無實用亦現彼影. 不爾諸佛應非遍智. 故有漏位此異熟
> 識但緣器身及有漏種.

[총결] 그러므로 이숙식은 마음과 심소법 등을 반연하지 않는다. (佛果의) 무루위에 이를 때에는 뛰어난 지혜와 서로 상응하는데, 비록 분별하지 않을지라도 (거울처럼) 맑고 청정하기 때문이다. 설령 (마음과 심소법 등의) 실제의 작용이 없더라도 또한 그들의 영상을 나타낸다. 그렇지 않다면, 諸佛은

당연히 두루하는 지혜가 아니어야 한다.[116] 그러므로 유루위에서 이 이숙식은 단지 기세간과 신체 및 유루법의 종자만을 반연한다.

在欲色界具三所緣. 無色界中緣有漏種. 厭離色故無業果色.
有定果色於理無違. 彼識亦緣此色爲境.

욕계와 색계에서는 3가지의 소연[종자, 유근신 및 기세간]을 갖추고, 무색계에서는 단지 유루법의 종자만을 반연한다. 색계를 싫어하기 때문에 (유근신과 기세간을 반연하지 않아서) 業果의 색법은 존재하지 않지만, 定果色[定中所引色]이 존재한다는 것은 이치에 어긋나지 않는다. 그것[四空處; 四無色定]의 근본식도 또한 이 정과색을 반연하여 경계로 삼는다.

不可知者 謂此行相極微細故難可了知. 或此所緣內執受境
亦微細故 外器世間量難測故名不可知.

(제3송에서) '了知할 수 없다'라는 것은, 이것[제8識]의 인식활동이 지극히 미세하기 때문에 요지하기 어려운 것을 말한다. 혹은 이것의 소연인 마음[內]의 집수[종자와 유근신]의 경계도 또한 미세하기 때문이고, 외부의 기세간도 그 크기를 헤아리기 어렵기 때문에 不可知라고 한다.

云何是識取所緣境行相難知. 如滅定中不離身識 應信爲有.
然必應許滅定有識 有情攝故 如有心時. 無想等位當知亦爾.

---

116) 『述記』 卷第3 本(『大正藏』 43, 327, 中), "佛位의 제8식은 제법의 영상을 顯現하므로 一切智라고 한다."(由佛第八現諸法影 名一切智.)

[**질문**] 어째서 이 심식의 소연의 경계를 연취하는 인식활동[견분]을 了知하기 어려운가?

[**답변**] 멸진정에서 몸을 여의지 않는 이숙식이 있는 것과 같이, 신뢰해서 존재한다고 해야 한다. 그런데 반드시 멸진정에는 근본식이 존재한다고 인정해야 하는데 유정들에게 포함되기 때문이고, 마치 有心位의 때와 같이 무상정 등[無心의 수면과 민절 등]의 지위에서도 또한 그렇다고 알아야 한다.

- 끝 -

卷第3
『成唯識論』

卷第 3
『成唯識論』

此識與幾心所相應 常與觸作意受想思相應 阿賴耶識無始時來乃至未轉 於一切位恒與此五心所相應 以是遍行心所攝故.

【心所相應門】

이 심식[第8]은 몇 가지의 심소법과 상응하는가? 항상 감촉, 작의, 감정, 상상 및 생각의 심소법과 상응한다. 아뢰야식은 옛적부터 내지는 轉依를 하지 못한 데[金剛無間道 以前까지 일체의 지위에서,[1] 항상 이 5심소법과 상응한다. 이것들은 변행 심소법에 포함되기 때문이다.

觸謂三和 分別變異 令心心所觸境為性 受想思等所依為業

---

[1] 『述記』卷第3 末(『大正藏』43, 328, 中), "즉, 성불의 지위를 제외한 다른 일체의 지위이지만, 여기에서는 (아뢰야식의) 자체의 3지위[我愛執藏現行位, 善惡業果位 및 相續執持位]에서 2지위[相續執持位는 제외]에 통함을 말한다."(卽除成佛餘一切位 此說自體三位通二.)

謂根境識更相隨順故名三和

감촉이란, 3가지[根, 境, 識]가 화합할 때에 변이되어 분별하는 것을 말하는데, 마음과 심소법을 경계에 접촉하게 하는 것을 체성[직접 작용]으로 삼고, 감정, 상상 및 생각 등의 의지처가 되는 것을 업[간접 작용]으로 삼는다. 말하자면, 根, 境界 및 心識이 다시 서로 수순하기 때문에 3가지의 화합이라 한다.

觸依彼生令彼和合 故說為彼 三和合位皆有順生心所功能
說名變異 觸似彼起故名分別.

감촉은 그것[根, 境 등의 화합]에 의지해서 일어나고, 그것을 화합하게 하기 때문에 (경전에서 이 감촉을) 설하여 三和合이라 한다. 3가지가 화합한 위치에서, (이 3가지가) 모두 수순하여 심소법을 발생시키는 공능이 존재하는 것을 變異라고 한다.[2] 감촉은 그것들과 유사하게 일어나므로 분별이라 한다.

根變異力引觸起時. 勝彼識境. 故集論等但說分別根之變異.
和合一切心及心所. 令同觸境是觸自性. 既似順起心所功能.
故以受等所依為業.

---

[2] 『述記』卷第3 末(『大正藏』 43, 328, 下), "이 3가지 상에서 모두 수순하여 일체의 심소법을 일으키는 공능작용이 존재하는 것을 變異라고 하는데, 이 3가지의 법이 종자로 있을 때와 아직 화합하기 이전에는 모두 수순하여 심소법을 일으키는 작용이 없다. 3가지가 화합한 위치에서 공능이 마침내 일어나는데, 전과 다르므로 변이라고 한다. 변이란 바로 이 3가지 체성 상의 작용을 말한다."(此三之上 皆有順生一切心所功能作用名爲變異 謂此三法居種子時 及未合前 皆無順生心所作用 於三合位功能乃生 既與前殊 說名變異 變異即是三體上用.)

인식기관인 根의 變異된 세력이 감촉을 이끌어서 일어나게 할 때에, 그것의 심식과 경계보다도 뛰어나기 때문에 『잡집론』 등에서는,[3] 단지 根의 변이에서 분별한다고만 설한다. 즉, 일체의 마음과 심소법과 화합하여 함께 경계를 접촉하게 하는 것이 감촉의 자성이다. (이 감촉은) 이미 (3가지의 화합에) 수순해서 심소법을 일으키는 공능과 유사하기 때문에 감정 등의 소의가 되는 것으로서 업으로 삼는다.

> 起盡經說受想行蘊一切皆以觸為緣故. 由斯故說識觸受等因二三四和合而生.

『起盡經』에서 受, 想 및 行의 蘊은 일체 모두가 감촉을 반연으로 삼는다고 하기 때문이다. 이렇기 때문에 심식, 감촉 및 감정 등은 2가지[根, 境], 3가지[根, 境, 識] 및 4가지[根, 境, 識 및 觸]가 화합함으로 인으로 발생된다고 한다.[4]

> 瑜伽但說與受想思為所依者. 思於行蘊為主勝故舉此攝餘. 集論等說為受依者以觸生受近而勝故.

그런데 『유가론』에서는,[5] 단지 감정, 상상 및 생각이 함께 소의가 된다고 한 것은, 생각이 행온에 대해서 주가 되어 뛰어나기 때문에 이것[생각을

---

3) 『大乘阿毘達磨集論』 卷第1(『大正藏』 31, 664, 上).
4) 『述記』 卷第3 末(『大正藏』 43, 329, 下), "심식은 근과 경계의 2법의 화합에 의지하여 일어나고, 감촉은 근과 경계 및 심식의 3법의 화합에 의지하여 일어나며, 감정 등은 근과 경계와 심식 및 감촉의 4법의 화합에 의지하여 일어난다."(識依根·境二法和合生-觸依根·境·識三和合生-受等依根·境·識·觸四法和合生.)
5) 『瑜伽師地論』 卷第3(『大正藏』 30, 291, 下); 卷第55(『大正藏』 30, 601, 下).

들고 그 나머지의 것[47심소법]에 포함시킨 것이다. 『집론』 등에서도,[6] 감정의 소의로 된다고만 한 것은 감촉이 감정을 생겨나게 하는 것이 친근하고 수승하기 때문이다.

> 謂觸所取可意等相與受所取順益等相. 極相隣近引發勝故. 然觸自性是實非假. 六六法中心所性故. 是食攝故. 能為緣故. 如受等性非即三和.

말하자면, 감촉이 所取한 可意 등의 형상과 감정이 소취한 順益 등의 형상은, 지극히 서로 相似隣近하고 또한 견인하여 일으키는 것이 뛰어나기 때문이다.[7] 그러므로 감촉의 자성은 실재한 것으로서 가유가 아니다. 6가지의 6법에서[8] 심소법의 자성이기 때문이고, 이것은 4식에 포함되며, 능히 (12支 중에서 심소법에 포함된 것을) 반연으로 삼기 때문에 감정 등의 (실재한) 자성과 같이, 곧 3가지의 화합이 아니어야 한다.

> 作意謂能警心為性. 於所緣境引心為業. 謂此警覺應起心種引令趣境故名作意. 雖此亦能引起心所. 心是主故但說引心.

---

6) 『大乘阿毘達磨集論』 卷第1(『大正藏』 31, 664, 上).
7) 『述記』 卷第3 末(『大正藏』 43, 329, 下~330, 上), "감촉의 인식대상의 가의, 불가의 및 구상위[俱非]의 형상과 감정의 인식대상의 순익, 손해 및 구상위[俱非]의 형상은 지극히 서로 隣近한데, 서로 隣近하다는 것은 相似의 의미이다. -또한 감촉은 감정을 이끌어내는 것이 다른 심소법보다 수승하다."(觸之所取 可意·不可意·及俱相違相 與受所取順益損害·及俱相違相極相鄰近 相鄰近者是相似義 -又觸引發受勝餘心所.)
8) 『述記』 卷第3 末(『大正藏』 43, 330, 上), "俱舍論 卷第10과 阿達磨順正理論 등에서는 6내처, 6외처, 6식신, 6애신, 6촉신 및 6수신을 말하는데, 여기에서는 界身足論의 6, 6법을 취하여 6식, 6촉, 6수, 6상, 6사 및 6애를 말한다."(俱舍第十正理等云 謂六內處六外處六識身六愛身六觸身六受身 今取界身足論六六 謂六識六觸六受六想六思六愛.)

작의라는 것은, 스스로 마음을 경각시키는 것을 자성으로 삼고, 소연의 경계에 마음을 인도하는 것을 업으로 삼는 것을 말한다. 이를테면, 이것은 능히 일어나야 할 마음의 종자를 경각시켜서 일어나게끔 하며, 또한 인도하여 (일으켜진 마음이) 경계로 나아가게 하기 때문에 작의라고 한다. 비록 이것은 심소법도 능히 인도하여 일으키지만, 마음이 주체이므로 단지 마음만을 인도한다고 한다.

有說令心迴趣異境. 或於一境持心令住故名作意. 彼俱非理. 應非遍行不異定故.

어느 논장에서는,[9] (이 작의는) 마음을 다른 경계에 돌려서 향하게 한다거나, 혹은[10] 하나의 경계에 대해 마음을 유지시켜서 머물게 하기 때문에 작의라고 한다는 것이다. 그것[위의 2說]은 모두 이치에 맞지 않다. 당연히 변행이 아니어야 하고, 禪定과 다르지 않기 때문이다.

受謂領納順違俱非境相爲性. 起愛爲業. 能起合離非二欲故. 有作是說. 受有二種. 一境界受. 謂領所緣. 二自性受. 謂領俱觸. 唯自性受是受自相. 以境界受共餘相故.

감정이라는 것은, 順, 違 및 俱非한 경계에 대한 행상을 받아들이는 것을 자성으로 삼고, 갈애를 일으키는 것을 업으로 삼는 것을 말하는데, 스스로 合[樂], 離[苦] 및 非二[不苦樂]의 욕심을 일으키기 때문이다. 어떤 사람[正理論

---

9) 『阿毘達磨順正理論』 卷第11(『大正藏』 29, 389, 下).
10) 『大乘阿毘達磨雜集論』 卷第1(『大正藏』 31, 697, 上).

師은,[11] 감정에는 2가지가 있는데, 1) 境界에 대한 감정으로서 소연을 받아들이는 것을 말하고, 2) 自性에 대한 감정으로서 함께 일어난 감촉을 받아들여서 소연으로 삼는 것을 말한다. (여기에서는) 오직 자성에 대한 감정만이 감정의 자상이고, 경계에 대한 감정은 다른 (마음과 심소법의) 소연상과 공통되기 때문이라는 것이다.

> 彼說非理. 受定不緣俱生觸故. 若似觸生名領觸者. 似因之果應皆受性. 又既受因應名因受. 何名自性.

그들의 주장은 이치에 맞지 않다. 감정은 결코 함께 일어나는 감촉을 반연하지 않기 때문이다. 만약에 (이 감정이) 감촉과 유사하게 발생된다고 해서 감촉을 받아들이는 것으로 여긴다면, (일체의) 원인과 유사한 결과[등류과]는 모두 감정의 자성이어야 한다. 또한 (감촉이) 원인을 받아들였으면, 원인의 감정[因受]이라 해야 할 것인데, 어째서 자성의 감정이라 하는가?

> 若謂如王食諸國邑. 受能領觸所生受體名自性受. 理亦不然. 違自所執不自證故. 若不捨自性名自性受. 應一切法皆是受自性. 故彼所說但誘嬰兒.

만약에 국왕이 온 나라의 고을을 먹는다고 하는 것처럼, 감정은 능히 감촉이 일으킨 감정 자체를 받아들이기 때문에 자성의 감정이라면, 이치가 역시 그렇지 않다. 자신이 집착하는 것과 상위되어서 능히 감정을 증득하지

---

11) 『阿毘達磨順正理論』 卷第2(『大正藏』 29, 338, 下).

못하기 때문이다. 만약에 감정의 자성을 버리지 않는 것을 자성의 감정이라면, 곧 일체제법은 모두 감정의 자성이어야 한다. 따라서 그들이 주장하는 것은 단지 어린 아이들을 유혹하는 것이다.

然境界受非共餘相. 領順等相定屬己者名境界受. 不共餘故.

그리고 경계에 대한 감정은 다른 (마음과 심소법의) 행상의 감정과 공통되지 않는다. 수순 등의 (3가지의) 행상을 받아들여서 결정적으로 자신에게 소속시키는 것을 경계의 감정이라 하는데, 다른 것[마음과 심소법]의 행상과는 공통되지 않기 때문이다.

想謂於境取像為性. 施設種種名言為業. 謂要安立境分齊相方能隨起種種名言.

想像이란, 경계에 대해서 (自相과 共相의) 영상을 취하는 것을 자성으로 삼고, 갖가지의 名言을 시설하는 것을 업으로 삼는 것을 말한다. 이를테면, (먼저) 반드시 경계에 대한 分齊高下와 美惡 등의 영상[自相과 共相]을 안립하여, 마침내 스스로 갖가지의 명언을 따라서 일으키는 것을 말한다.

思謂令心造作為性. 於善品等役心為業. 謂能取境正因等相. 驅役自心令造善等.

생각이란, 마음으로 하여금 조작하게 하는 것으로서 자성으로 삼고, 선품 등에 대해 마음을 수고스럽게 하는 것을 업으로 삼는 것을 말한다. 이를테면, 스스로 경계에 대한 바른 원인[正因] 등의[12] 영상을 취득하여, 자기의 마음을 부려서 선업 등을 짓게 하는 것을 말한다.

> 此五既是遍行所攝. 故與藏識決定相應. 其遍行相後當廣釋.
> 此觸等五與異熟識行相雖異. 而時依同所緣事等. 故名相應.

이 5가지는 변행 심소법에 포함되기 때문에 장식과 결정적으로 상응한다. 그 변행법의 행상은 뒤[卷第5]에서 자세하게 해설할 것이다. 이러한 감촉 등 5심소법은 이숙식과는 행상이 비록 다르지만, (일어나는) 때와 의지하는 根이 같고, 소연의 경계[相分]와 자체분[事]이 相似하기 때문에 상응이라 한다.[13]

> 此識行相極不明了. 不能分別違順境相. 微細一類相續而轉.
> 是故唯與捨受相應. 又此相應受唯是異熟.

【受俱門】

이 심식의 행상은 지극히 명료하지 않고, 스스로 相違되고 隨順하는 경계의 형상을 분별할 수 없으며, 미세하고, 한 성류[이숙무기성]로 상속되어서 전전한다. 그러므로 오직 捨受와만 상응하며, 또한 이 심식과 상응하는 감정

---

12) 『新導成唯識論』卷第3, p.100, "(正因과) 삿된 원인[邪因]과 둘 다가 아닌[俱相違因] 행상의 因相으로서, 이러한 경계에 대한 영상을 요별하므로 인하여 생각이 업을 지어서 선업 등의 자체를 일으킨다."(邪俱相違行因相 由了此境相故思作業起善等事.).
13) 『述記』卷第3 末(『大正藏』 43, 332, 中~下), "유가론의 권제55에서 4가지가 같기 때문에 상응이라 한다는 것이다. 즉, 자체[事], 의지처, 때 및 대상이 같음을 말하는데, 자체와 의지처는 상사하므로 이것을 같다고 하며, 때와 대상은 반드시 하나이므로 같다고 한다."(五十五說 由四等故說名相應 謂事等·處等·時等·所依等 事·處相似名之爲等 時·依定一名之爲等.)

은 오직 진이숙[阿賴耶識]이다.

> 隨先引業轉不待現緣. 住善惡業勢力轉故. 唯是捨受. 苦樂
> 二受是異熟生. 非眞異熟 待現緣故. 非此相應.

이전의 引業에 따라 전전하면서 현재의 반연을 기대하지 않고, 선악업의 세력에 머물러서 전전하기 때문에 오직 捨受이다. (만약에 그렇다면) 고락의 2감정은 이숙생[諸6識의 이숙과인 貴賤과 美醜 등]이지 진이숙이 아닌데, (반드시) 현재의 반연을 기대하면서 전전하기 때문에 이것[第8識]과는 상응하지 않는다.

> 又由此識常 無轉變. 有情恒執為自內我. 若與苦樂二受相應.
> 便有轉變. 寧執為我. 故此但與捨受相應.

또한 이 심식은 항상 하고 전변하지 않지만, 유정들은 언제나 집착하여 마음의 자아로 삼는다. 만약에 고락의 2가지의 감정과 상응한다면, 곧 전변함이 있게 되는데, 어떻게 집착해서 자아로 삼겠는가? 그러므로 이것은 단지 사수와만 상응하는 것이다.

> 若爾如何此識亦是惡業異熟. 既許善業能招捨受此亦應然.
> 捨受不違苦樂品故. 如無記法善惡俱招.

[질문] 만약에 그렇다면, 어째서 이 심식은 또한 악업이 초감한 이숙과인가?
[답변] 선업이 능히 捨受를 초감한다고 인정하면, 이것[惡業]도 또한 당연히 그러해야 한다. 사수는 고, 락의 성품에 거스르지 않기 때문으로서, 마치

무기성의 법이 선, 악 모두에게 초감되는 것과 같다.

> 如何此識非別境等心所相應互相違故. 謂欲希望所樂事轉.
> 此識任運無所希望. 勝解印持決定事轉. 此識瞢昧無所印持.
> 念唯明記曾習事轉. 此識昧劣不能明記.

[질문] 어째서 이 심식은 別境 등의 심소법과는 상응하지 않는가?
[답변] 서로 거스르기 때문이다. 말하자면, 욕망의 심소법은 좋아하는 것 자체를 희망하여 전전하지만, 이 심식은 자연스럽게 희구하는 것이 없다. 승해는 결정된 자체를 분명히 지녀서 전전하지만, 이 심식은 몽매하여 분명하게 지니는 것이 없다. 기억은 오직 일찍이 익혔던 자체를 명확하게 기억하여 전전하지만, 이 심식은 몽매하고 열등해서 스스로 분명하게 기억하지 못한다.

> 定能令心專注一境 此識任運刹那別緣. 慧唯簡擇德等事轉.
> 此識微昧不能簡擇. 故此不與別境相應.

禪定은 스스로 마음을 하나의 경계에 오로지 전념하게 하지만, 이 심식은 자연스럽게 찰나마다 다르게[14] 반연한다. 지혜는 오직 德 등 자체를 간택해서 전전하지만, 이 심식은 미진하고 몽매해서 간택하는 것이 불가능하다. 그러므로 이것은 별경 심소법과는 상응하지 않는다.

---

14) 『新導成唯識論』 卷第3, p.101, "행상이 거칠거나 얕으면 본질의 一境에 專念하지 못한다."(行相麤淺 不專注本質一境.)

此識唯是異熟性故. 善染污等亦不相應. 惡作等四無記性者.
有間斷故定非異熟.

이 심식은 오직 이숙성이기 때문에 선법이나 염오법 등과도 또한 상응하지 않는다. 악작(悔) 등 4심소법이 무기성에 통하는 것은 단절됨이 있기 때문으로서 결코 이숙식과는 상응하지 않는다.

法有四種. 謂善不善有覆無記無覆無記. 阿賴耶識何法攝耶.
此識唯是無覆無記異熟性故. 異熟若是善染污者. 流轉還滅
應不得成. 又此識是善染依故. 若善染者 互相違故. 應不
與二俱作所依.

【三性門】

[질문] 법에는 4가지가 있는데, 선, 불선, 유부무기 및 무부무기를 말한다. 아뢰야식은 어느 법에 포함되는가?
[답변] 이 심식은 오직 무부무기성으로서 이숙성이기 때문이다. 이숙식이 만약에 선성이나 염오성이라면, 유전과 환멸문은 당연히 이루어질 수가 없다.[15] 또한 이 심식은 선법과 염오법에 의지하기 때문에 만약에 (자체가)

---

15) 『述記』卷第3 末(『大正藏』43, 334, 中), "善趣(人天趣)는 善이어서 당연히 不善을 일으키지 않는다. 항상 선법을 일으키므로 流轉되지 않는다. 集諦로 생사에 유전하고, 苦諦로 생사에 유전한다. 惡趣(三惡道)도 반대로 또한 그렇다. 항상 악법을 일으키므로 환멸하지 않는다. 道諦로 환멸하고, 滅諦로 환멸하기 때문이다."(善趣旣是善 應不生不善 恒生善故即無流轉 由集故生死流 由苦故生死轉 惡趣翻亦然 旣恒生惡應無還滅 由道故還 由滅故滅)

선성과 염오성이라면, 서로 상위되기 때문에 당연히 이 2가지의 법은 모두 소의처가 될 수 없다.

> 又此識是所熏性故. 若善染者 如極香臭 應不受熏. 無熏習故 染淨因果俱不成立. 故此唯是無覆無記.

또한 이 심식은 훈습되는 성품이기 때문에 만약에 선성과 염오성이라면, 마치 매우 향기로운 것과 악취가 나는 것은 서로 훈습을 받을 수 없는 것과 같다. 훈습이 이루어지지 않기 때문에 염오와 청정한 인과법이 모두 성립되지 않는다. 그러므로 이 심식은 오직 무부무기성이다.

> 覆謂染法. 障聖道故. 又能蔽心令不淨故. 此識非染. 故名無覆. 記謂善惡. 有愛非愛果及殊勝自體可記別故. 此非善惡. 故名無記.

가림[覆]이란 염오법으로서 聖道를 장애하기 때문이다. 또한 스스로 마음을 은폐하여 청정하지 않게 하기 때문이다. 이 심식은 염오성은 아니기 때문에 무부라고 한다. (無記性의) '記'라는 것은 선법과 악법으로서 갈애와 갈애하지 않은 업과가 있고―義,[16] 수승한 자체[二義]로서 記別할 수 있기 때문이다. 이것은 선법이나 악법이 아니기 때문에 무기라고 한다.

---

16) 『新導成唯識論』卷第3, p.102, "선법은 애련하려는 업과에 있고, 악법은 애련하지 않으려는 업과에 있다."(善有可愛果 惡有非愛果.)

觸等亦如是者. 謂如阿賴耶識唯是無覆無記性攝 觸作意受想思亦爾. 諸相應法必同性故. 又觸等五如阿賴耶. 亦是異熟 所緣行相俱不可知. 緣三種境五法相應. 無覆無記. 故說觸等亦如是言.

【心所相例門】

(제4 게송에서) "감촉 등도 또한 이와 같다"라는 것은, 아뢰야식이 오직 무부무기성에 포함되는 것과 같이, 감촉, 작의, 감정, 상상 및 생각도 또한 그러하다는 것을 말한다. 모든 상응되는 법[심소법]은 반드시 (심왕법과) 같은 성품이어야 하기 때문이다. 또한 감촉 등 5심소법은 아뢰야식과 같이 역시 이숙성이고, 소연과 행상을 모두 알 수 없으며, 3가지의 경계를[17] 반연하고, 5법과[18] 상응하며, 무부무기성이다. 그러므로 "감촉 등도 또한 이와 같다"라고 하는 것이다.

有義觸等如阿賴耶. 亦是異熟及一切種 廣說乃至無覆無記. 亦如是言無簡別故.

어떤 사람[難陀 등]은, 감촉 등도 아뢰야식처럼 이숙식이고, 일체 종자식이라고 자세하게 설명하며, 내지는 무부무기성이라는 것이다. (제4 게송의)

---

17) 阿賴耶識의 所緣三境으로서 執受의 種子와 有根身, 그리고 處現象界를 말한다.
18) 『成唯識論觀心法要』卷第3[『卍新纂續藏經』第51冊(2009), p.331, 上], "한 가지의 마음과 다른 4가지의 심소법이다."(一心王及餘四心所也.)

'또한 이와 같다'[亦如是]라는 것은 간택하여 구별하는 것이 없기 때문이라는 것이다.

> 彼說非理. 所以者何. 觸等依識不自在故. 如貪信等不能受熏.
> 如何同識能持種子.

그들의 주장은 이치에 맞지 않다. 왜냐하면, 감촉 등은 아뢰야식에 의지하며, 자재하지 못하기[心王이 아님] 때문에 (마음에 의지하는) 탐욕과 믿음 등의 심소법과 같이 훈습을 받는 것이 가능하지 않는데, 어떻게 아뢰야식과 같이 스스로 일체종자를 집지할 수가 있겠는가?

> 又若觸等亦能受熏. 應一有情有六種體. 若爾果起從何種生.
> 理不應言從六種起. 未見多種生一芽故.

또한 만약에 감촉 등도 스스로 훈습을 받을 수 있다면, 한 유정에게 6종자[1心王과 5心所]의 체성이 존재해야 한다.
[질문] 만약에 그렇다면, 업과가 발생되는 것은 어떤 종자로부터 일어나는가?
[답변] 이치적으로 당연히 6종자로부터 발생된다고 해서는 안 된다. 많은 종자가 하나의 싹을 생겨나게 한다는 것을 듣지 못했기 때문이다.

> 若說果生唯從一種 則餘五種便為無用. 亦不可說次第生果.
> 熏習同時勢力等故. 又不可說六果頓生. 勿一有情一刹那
> 頃六眼識等俱時生故.

[질문] 만약에 과보를 일으키는 것이 오직 하나의 종자에만 따른다고 한다면, 곧 다른 5종자는 쓸데없는 것으로 될 것이다. 또한 차례대로 과보를 일어나게 한다고도 할 수 없는데, 훈습하는 것은 같은 시간으로서 세력이 같기 때문이다. 또한 6과보가 즉시에 일어난다고도 할 수 없는데, 한 유정에게 한 찰나의 사이에 6안식 등이 함께 일어나지 않기 때문이다.

誰言觸等亦能受熏持諸種子. 不爾如何觸等如識名一切種.

[救難] 누가 감촉 등도 또한 능히 훈습을 받아서 모든 종자를 집지한다고 하는가?
[반문] 그렇지 않다면, 어째서 감촉 등을 아뢰야식과 같이 일체 종자식이라 하는가?

謂觸等五有似種相名一切種. 觸等與識所緣等故. 無色觸等有所緣故. 親所緣緣定應有故. 此似種相不爲因緣生現識等.

[외인의 답변] 이를테면, 감촉 등 5심소법에는 각각 종자와 유사한 형상[相分; 獨影境]이 존재하므로 일체 종자식[제3 因相門]이라 한다. 감촉 등과 심식은 소연이 같기 때문이고, 무색계의 감촉 등에도 소연이 존재하기 때문인데, 친소연연이[19] 반드시 존재해야 하기 때문이다. 단지 이러한 종자와 유사한

---

19) 親所緣緣: 마음의 대경을 소연이라 하고, 이 대경은 마음에 대해서 연이 되어 심리작용을 일으키므로 소연연이라 한다. 이렇게 사려하여 아는 마음의 작용인 見分에 대하여 그 직접적인 대경인 상분을 친소연연이라 한다. 疏所緣緣: 사물을 인식할 때에 본질과 비슷한 그림자[相分]을 떠오르게 하고 견분으로 이것을 인지하는데, 이 때에 상분을 친소연연이라 하며,

형상은 인연이 되어서 현행의 심식 등을 발생시키는 것은 아니다.

> 如觸等上似眼根等非識所依. 亦如似火無能燒用. 彼救非理.
> 觸等所緣似種等相 後執受處方應與識而相例故.

마치 감촉 등의 심소법 상에 유사하게 나타난 안근 등은 (안식 등) 심식의 의지처가 되지 못한 것과 같고, 또한 (거울 속의) 불로 사현된 것은 태울 수 있는 작용이 없는 것과 같다.
[반문] 그들의 救援 설명도 이치에 맞지 않다. 감촉 등의 소연인 유사한 종자 등의 형상이라면, 다음의 집수[種子와 根身]와 처[器世間][第4 所緣門]에서 이제 심식과 서로 비유되어야 하기 때문이다.

> 由此前說一切種言定目受熏能持種義. 不爾本頌有重言失.
> 又彼所說亦如是言無簡別故. 咸相例者定不成證. 勿觸等
> 五亦能了別 觸等亦與觸等相應. 由此故知. 亦如是者隨所
> 應說非謂一切.

[정의] 이러하므로 앞에서 일체 종자식이라 한 것은 반드시 훈습을 받아서 스스로 종자를 집지한다는 의미를 가리킨다. 그렇지 않다면,[20] 본 게송에서 말을 중복한 과실이 있게 된다.

본질은 소소연연이라 한다.
20) 『新導成唯識論』 卷第3, p.104, "만약에 일체 종자식이란 것이 종자를 반연하기 때문에 일체 종자식이라 한다면, 어째서 또한 집수와 처[所緣門]에서도 종자를 반연한다고 하겠는가."(若一切種者 以緣種故 名一切種子 何故又執受處中言緣種耶.)

또한 그들이 주장하는 '또한 이와 같다'라는 것은, 간택하여 변별하는 것이 없기 때문에 모두를 서로 비유한다는 것은 결코 증거가 될 수 없다. 감촉 등 5심소법도 또한 (심식과 같이) 스스로 요별하며, 감촉 등이 (심식과 같이) 감촉 등과 상응한다고 해서는 안 된다. 이렇기 때문에 '또한 이와 같다'라는 것은, 곧 상응되는 것에 수순하여 말한 것으로서 일체 종자식을 말한 것이 아니라는 것을 알아야 한다.

阿賴耶識爲斷爲常. 非斷非常以恒轉故. 恒謂此識無始時來一類相續常無間斷. 是界趣生施設本故. 性堅持種令不失故.

【因果比喩門】

[질문] 아뢰야식은 단절되는 것인가 아니면 항상 하는 것인가?

[답변] 단절되는 것도 아니고 항상 하는 것도 아닌 것으로서 언제나 전전하기 때문이다. 항상 한다는 것은, 이 심식이 옛적부터 한 성류로 상속해서 언제나 間斷함이 없는 것을 말한다. 이것이 3계, 5취 및 4생을 시설하는 근본이기 때문이고, 체성이 견고하여 일체 종자를 집지해서 잃지 않게 하기 때문이다.

轉謂此識無始時來念念生滅前後變異. 因滅果生非常一故. 可爲轉識熏成種故. 恒言遮斷 轉表非常. 猶如瀑流因果法爾. 如瀑流水非斷非常相續長時有所漂溺. 此識亦爾.

(제4송에서) 展轉이라는 것은, 이 심식이 옛적부터 생각생각마다 생멸해

서 전후로 變異되는 것을 말한다. 원인이 소멸되면 결과가 발생되어서 항상 하거나 한 가지의 것이 아니기 때문이고, 7轉識을 위해서 종자를 훈습하여 조성할 수 있기 때문이다.

(제4송에서) 항상 한다는 것은 단절을 차견하고, 전전한다는 것은 항상 하지 않는 것을 나타내는데, 마치 폭포수의 흐름과 같이 인과법도 자연스럽게 그러하다. 폭포수가 단절되거나 항상 하지도 않으면서 상속되어 오랫동안 (人, 天界에) 떠다니게 되거나 (惡趣에) 빠지게 되는 것과 같이, 이 심식도 또한 그러하다.

從無始來生滅相續非常非斷. 漂溺有情令不出離. 又如瀑流雖風等擊起諸波浪而流不斷. 此識亦爾. 雖遇眾緣起眼識等而恒相續.

옛적부터 생멸하고 상속되어 항상 하거나 단절되지도 않으면서, 중생들을 떠다니게 하거나 빠지게 하여 벗어나지 못하게 한다. 또한 마치 폭포수가 바람 등으로 격발되어 많은 물결을 일으키더라도 그 흐름이 단절되지 않는 것과 같이, 이 심식도 또한 그러해서 비록 여러 반연을 만나 안식 등을 일으키더라도 항상 상속되는 것이다.

又如瀑流漂水下上魚草等物隨流不捨此識亦爾. 與內習氣外觸等法恒相隨轉. 如是法喻意顯此識無始因果非斷常義.

또한 마치 폭포수의 흐름이, 물의 위와 아래에 있는 물고기와 풀 등의 물질을 떠다니게 하여 흐름에 따라서 버리지 않는 것과 같이, 이 심식도 또한 그러하여, 마음의 습기와 외부의 감촉 등의 법과 항상 서로 수순하여 전전하는 것이다. 이와 같은 법과 비유가 의미하는 것은, 이 심식이 옛적부터 원인과 결과로서 단절되거나 항상 하지도 않는다는 의미를 나타낸다.

謂此識性無始時來刹那刹那果生因滅. 果生故非斷. 因滅
故非常. 非斷非常是緣起理. 故說此識恒轉如流.

말하자면, 이 심식의 체성은 옛적부터 찰나찰나에 결과가 발생되면, 원인은 소멸된다는 것이다. 결과가 일어나기 때문에 단절되지 않으며, 원인이 소멸되기 때문에 항상 하지 않는다. 단절되거나 항상 하지 않는 것은 바로 연기의 이치이다. 그러므로 이 심식이 항상 전전하는 것이 폭포수의 흐름과 같다는 것이다.

過去未來 旣非實有 非常可爾 非斷如何 斷豈得成緣起正理
過去未來 若是實有 可許非斷 如何非常 常亦不成緣起正理

[질문] 과거와 미래는 실유가 아니다. 항상 하지 않는 것은 그렇다고 하더라도 단절되지 않는 것은 어째서인가? 단절된다면 어떻게 연기의 바른 도리를 이룰 수 있겠는가?
[반문] 과거와 미래가 만약에 실유라면, 단절되지 않는 것은 인정할 수 있지만, 어째서 항상 하지 않는다고 하는가? 항상 한다면 또한 연기의 바른 이치를 이루지 못한다.

豈斥他過 己義便成. 若不摧邪 難以顯正 前因滅位 後果卽生
如秤兩頭 低昂時等 如是因果 相續如流 何假去來 方成非斷.

[질문] 어찌 남의 과오를 (단지) 배척하는 것으로서 자기가 (건립한) 의미를 바로 성취하려는가?

[답변] 만약에 삿된 것을 논파하지 않으면, 바른 이치를 드러내는 것이 어렵다. 앞의 원인이 소멸된 자리에 뒤의 결과가 바로 발생되는 것은, 마치 저울(秤)의 양쪽 끝이 내려가고 올라갈 때 등과 같다. 이와 같이 인과가 상속되는 것이 마치 폭포수의 흐름과 같은데, 어째서 과거와 미래를 (실유하다는 것에) 가탁하여 이제 단절되지 않는 것을 성취하려는가?

因現有位 後果未生 因是誰因 果現有時 前因已滅 果是誰果
既無因果 誰離斷常

[질문] 원인이 현재에 존재하는 위치에서는 다음의 결과는 발생되지 않는데, (현재의) 원인은 어떤 원인인가? 결과가 현재에 존재할 때에는 앞의 원인은 이미 소멸되었는데, (현재의) 결과는 어떤 결과인가? 이미 원인과 결과가 존재하지 않는데, 무엇이 단절과 항상 함을 여의었는가?

若有因時 已有後果 果既本有 何待前因 因義既無 果義寧有
無因無果 豈離斷常 因果義成 依法作用 故所詰難 非預我宗.

[반문] 만약에 원인이 존재할 때에 이미 뒤의 결과가 존재한다면, 결과는 본래부터 존재한 것인데, 어째서 이전의 원인을 기대하는가? 원인의 의미가 존재하지 않는데, 결과의 의미가 어찌 존재하겠는가? 원인도 존재하지 않고 결과도 존재하지 않는데, 어떻게 단절과 항상 함을 여의겠는가?

　원인과 결과에 관한 의미가 성립되는 것은 (바로 오직 현재에 존재하는) 법의 작용에 의거한다. 그렇기 때문에 (그대들이) 힐난하는 것은 우리[대승의 宗旨와는 관련되지 않는다.

體旣本有 用亦應然 所待因緣 亦本有故 由斯汝義 因果定無 應信大乘緣起正理 謂此正理 深妙離言 因果等言 皆假施設

체성이 본래부터 존재한다면 작용도 또한 그러해야 한다. 기대되는 인연도 또한 본래부터 존재해야 하기 때문이다.
[정의] 이러하므로 그대들이 주장하는 의미는 원인과 결과가 결코 존재하지 않으므로 대승의 연기에 관한 바른 이치를 믿어야 한다. 말하자면, 이 바른 이치는 심오하고 미묘해서 언설을 떠났으며, 원인과 결과 등의 말은 모두 임시로 시설된 것이다.

觀現在法 有引後用假立當果 對說現因 觀現在法 有酬前相 假立曾因 對說現果

현재의 법에 뒤의 것을 견인하는 작용[공능]이 있음을 관찰하여, 가정적으로 미래의 결과를 건립하고, 그것(미래의 결과)에 대해서 현재의 원인을 선설한다. 현재의 법은 이전[원인]에 보답된 행상이 있음을 관찰하여, 가정적으로 과거의 원인을 건립하고, 그것[과거의 원인]에 대해서 현재의 결과를 선설한다.

假謂現識 似彼相現 如是因果 理趣顯然 遠離二邊 契會中道 諸有智者應順修學

가정한다는 것은, 현재의 심식 上에 그것[過, 未]相과 유사하게 나타난 행상을 나타낸 것을 말한다. 이와 같은 원인과 결과는 이치가 그대로 드러나서 (間斷과 항상 함의) 양 극단을 멀리 떠나[21] 중도[無漏의 眞智]에 계합된다. 모든 지혜가 있는 사람이라면 당연히 (이것에) 수순해서 닦고 배워야 한다.

有餘部說 雖無去來 而有因果恒相續義 謂現在法 極迅速者
猶有初後生滅二時 生時酬因 滅時引果.

어느 부패[上座部]에서는, 비록 과거나 미래는 존재하지 않더라도 원인과 결과는 항상 상속된다는 뜻이 있다는 것을 주장한다.
말하자면, 현재의 법[心法]이 지극히 신속하다는 것은 마치 처음과 뒤의 생기와 소멸의 두 시각이 존재하는 것과 같다. (이 법이) 생기될 때에는 원인[前法]에 보답하여 결과로 되고, 소멸될 때에는 (원인이 되어서) 결과[後法]를 견인하는 것이다.

時雖有二而體是一 前因正滅 後果正生 體相雖殊 而俱是有
如是因果 非假施設然離斷常 又無前難 誰有智者 捨此信餘.

시각은 비록 2가지로 존재하지만 체성은 하나이다. 이전의 (법의) 원인이 바로 소멸될 때에 뒤 법의 결과가 즉시에 생기되므로, 체상은 비록 다르지만 그러나 (現在世에) 함께 존재한다. 이와 같은 인인과 결과는 가정적으로 시설된 것이 아니다. 그러므로 단절과 항상 함을 여읜 것이고, 또한 앞의

---

[21] 『新導成唯識論』 卷第3, p.106, "原因이 있기 때문에 항상 하지 않고, 결과가 있기 때문에 間斷하지 않는다."(有因故非常 有果故非斷.)

비난도 의미가 없다. 어떤 지혜로운 사람이 이것을 버리고 다른 것을 믿겠는가?

彼有虛言 都無實義 何容一念 而有二時 生滅相違 寧同現在
滅若現在 生應未來 有故名生 旣是現在 無故名滅 寧非過去
滅若非無 生應非有生旣現有 滅應現無

[반문] 그대들에게는 허황된 말만이 있고 도무지 진실한 의미가 없다. 어떻게 한 생각에 2가지의 시각[生, 滅]이 존재한다는 것을 인정하는가? 발생되는 것과 소멸되는 것은 상위되는데, 어떻게 함께 현재인가? 소멸됨이 만약에 현재라면, 발생은 미래여야 한다. 존재하기 때문에 발생이라 하지만 이것은 현재이고, 존재하지 않기 때문에 소멸이라 하지만, 어찌 과거가 아닌가? 소멸이 만약에 존재하지 않는 것이 아니라면, 발생도 존재하지 않아야 한다. 발생되어서 현재에 존재한다면, 소멸은 현재에 존재하지 않아야 한다.

又二相違 如何體一 非苦樂等 見有是事 生滅若一 時應無二
生滅若異寧說體同 故生滅時 俱現在有 同依一體 理必不成

또한 2가지[生, 滅]이어서 상위되는데, 어떻게 체성이 하나이겠는가? 괴로움과 즐거움 등에서 이러한 자체가 존재하는 것을 보지 못했다. 발생과 소멸이 만약에 하나라면, 시각에는 당연히 (처음과 뒤의) 2가지가 존재하지 않는다. 발생과 소멸이 만약에 다르다면, 어떻게 그 체성이 같다고 하는가? 그러므로 발생과 소멸될 때에는 모두 현재에 존재하며, 함께 하나의 체성에 의지한다는 주장은 이치가 반드시 성립되지 않는다.

經部師等 因果相續理亦不成 彼不許有阿賴耶識能持種故
由此應信 大乘所說因果相續緣起正理.

　경량부의 논사 등이, 원인과 결과가 상속된다는 것도 이치가 또한 성립되지 않는다. 그들은 아뢰야식이 존재해서 스스로 종자를 집지한다는 것을 인정하지 않기 때문이다. 이러하므로 대승에서 선설하는 원인과 결과가 상속된다는 연기의 바른 이치를 믿어야 한다.

此識無始 恒轉如流 乃至何位 當究竟捨 阿羅漢位方究竟捨
謂諸聖者 斷煩惱障 究竟盡時 名阿羅漢 爾時此識 煩惱麤重
永遠離故 說之爲捨.

【斷捨門】

[질문] 이 아뢰야식은 옛적부터 항상 전전하는 것이 폭포수와 같은데, 이내 어떤 지위에 이르러서 당연히 궁극적으로 버려지는가?
[답변] 아라한의 지위에서 마침내 버려진다. 말하자면, 모든 성인들[三乘]이 번뇌장을 단절하여 최후로 멸진한 때를 (모두) 아라한이라 한다. 그 때[無學位]에는 이 심식의 번뇌 종자[麤重;現行]를 영원히 여의었기 때문에, 이것을 버렸다고 하는 것이다.

此中所說 阿羅漢者 通攝三乘 無學果位 皆已永害 煩惱賊故
應受世間妙供養故 永不復受分段生故.

여기에서 선설된 아라한이란 3乘의 무학과의 지위를 통틀어 포함한다. 모두가 이미 번뇌의 怨賊을 영원히 없앴기 때문이고, 마땅히 세간의 승묘한 공양을 받을 만하기 때문이며, 영원히 다시는 분단생사[범부의 윤회]를 받지 않기 때문이다.

云何知然 決擇分 說諸阿羅漢 獨覺如來 皆不成就阿賴耶故
集論復說 若諸菩薩 得菩提時 頓斷煩惱 及所知障 成阿羅
漢及如來故.

[질문] 어떻게 그렇다는 것을 아는가?
[답변] 「섭결택분」에서,[22] 모든 아라한과 독각 및 여래는 모두 아뢰야식을 성취하지 않는다고 하기 때문이다. 『집론』에서도[23] 다시 교설하기를, 만약에 모든 보살들이 보리를 증득했을 때에는, 즉시에 번뇌장과 소지장을 끊어서 아라한과 여래를 성취한다고 하기 때문이다.

若爾菩薩 煩惱種子 未永斷盡非阿羅漢 應皆成就阿賴耶識
何故即彼決擇分 說不退菩薩亦不成就阿賴耶識.

[질문] 만약에 그렇다면, 보살이 번뇌 종자를 아직 영원히 단절하고 멸진하지 않아서 아라한이 아니라면, 마땅히 모두 아뢰야식을 성취해야 할 것인데, 어째서 그 「섭결택분」에서는 불퇴전의 보살도 또한 아뢰야식을 성취하지 않는다고 하는가?

---

22) 『瑜伽師地論』 卷第51(『大正藏』 30, 582, 上).
23) 『大乘阿毘達磨集論』 卷第7(『大正藏』 31, 692, 下).

彼說二乘 無學果位 迴心趣向 大菩提者 必不退起煩惱障故
趣菩提故 即復轉名不退菩薩 彼不成就阿賴耶識 即攝在此
阿羅漢中 故彼論文不違此義.

[답변] 거기[「섭결택분」]에서도, 二乘의 무학과 지위에서 마음을 돌려 대보리로 향해가는 사람은 결코 퇴전하여 번뇌장을 일으키지 않고 깨달음으로 나아가기 때문에, 곧 다시 轉換되어 불퇴전의 보살이라 하며, 그는 (보살일지라도) 아뢰야식을 성취하지 않는다는 것이다. 즉, (그 불퇴전 보살도) 이 아라한에 포함되기 때문에[24] 그 논장의 내용은 이 의미와 상위되지 않는다.

又不動地已上菩薩 一切煩惱 永不行故 法駛流中 任運轉故
能諸行中起諸行故 刹那刹那轉增進故 此位方名不退菩薩

또한 제8 부동지 이상의 보살도 일체 번뇌가 영원히 현행하지 않기 때문이고, 법의 빠른 흐름[法駛流][25] 가운데 자연스럽게 전전하기[26] 때문이며,

---

24) 『新導成唯識論』 卷第3, p.109, "3승의 무학위 중에서 2승에 포함된다."(三乘無學中二乘攝.)
25) 『成唯識論觀心法要』 卷第3[『卍新纂續藏經』 第51冊(2009), p.331, 上, "소지장의 법집에 표류된 유정은 부사의변역생사를 받는데, 이것을 법의 駛流라고 한다."(所知法執漂溺有情 受不思議變易生死 名法駛流.)
  * 부사의변역생사(不思議變易生死)란, 분단생사(分段生死)에 반하는 개념으로서 소지장의 조력에 의하여 감득된 무루의 대원대비의 업과는 신체와 수명에 제한이 없고 그 묘용이 측량하기 어렵다는 것을 말한다.
26) 『述記』 卷第3 末(『大正藏』 43, 342, 中), "십지론의 제10권에서, 제8지 이상의 보살들은 無相[薩婆若海(Sarvajña ; 지혜)]의 바다에서 자연스럽게 전전한다. - 찰나찰나에 진, 속제에 雙運하는 것이 무공용이기 때문에 자연스럽게 전전한다는 것이다."(十地論第十卷說 第八地已上菩薩 於無相海任運而轉 - 刹那刹那 眞·俗雙運 以無功用故任運轉.)

스스로 모든 현행 중에서 제행을 일으키기[27] 때문이고, 찰나찰나에 전전해서 증진하기[無漏의 相續] 때문에, 이 지위를 이제 불퇴전의 보살이라 한다.

然此菩薩雖未斷盡異熟識中煩惱種子 而緣此識 我見愛等
不復執藏爲自內我 由斯永捨阿賴耶名 故說不成就阿賴耶
識 此亦說彼名阿羅漢

그런데, 이 보살은 아직도 이숙식 가운데의 번뇌 종자를 斷盡하지는 못했지만, 이 심식을 반연하는 아견과 아애 등이 다시 아뢰야식을 집장하여 자신의 내아로 삼지 않는다. 이러하므로 영원히 아뢰야식이라는 명칭을 버린다. 그렇기 때문에 아뢰야식을 성취할 수 없으며, 이 게송에서도 또한 그들[頓悟의 8地 이상의 菩薩]을 아라한이라 한다.

有義初地已上菩薩 已證二空所顯理故 已得二種殊勝智故
已斷分別二重障故 能一行中起諸行故, 雖爲利益起諸煩惱,
而彼不作煩惱過失. 故此亦名不退菩薩.

어떤 사람[難陀 등]은, 초지 이상의 보살들도 이미 2공[아공과 법공]으로 顯現된 (진여의) 이치를 증득했고, 두 가지의 수승한 지혜[根本智과 後得智]를 증득했으며, 분별된 두 가지의 추중한 번뇌[번뇌장과 소지장]를 단절했고,

---

27) 『述記』卷第3 末(『大正藏』43, 342, 中), "십지론에서, 초지에서 제6지까지는 소행이고, 제7지는 대행이며, 제8지 이후는 廣行이다. -제8지 이후에는 일체행 중에서 일체행을 수습하기 때문에 광행이라 한다."(十地論說 初地至六地名爲少行 第七地名大行 八地已去名爲廣行-八地以去 一切行中修一切行 故名爲廣.)

스스로 (10바라밀 중의) 한 行 가운데서 모든 행을 일으켰으며, 중생의 이익을 위해서 많은 번뇌를 일으켰더라도, 그는 번뇌의 과실을 짓지 않기 때문에[28] 이들도 또한 불퇴전의 보살이라고 한다는 것이다.

然此菩薩雖未斷盡俱生煩惱. 而緣此識所有分別我見愛等不
復執藏爲自內我. 由斯亦捨阿賴耶名. 故說不成阿賴耶識 此
亦說彼名阿羅漢.

그러나 이 보살이 비록 (선천적인) 俱生起의 번뇌를 아직 斷盡하지는 못했더라도, 이 심식을 반연하고 소유한 분별[제6식]의 아견과 아애 등은 다시 집장되어서 자신의 내아로 되지 않는다. 이러하므로 또한 아뢰야라는 명칭을 버린다. 그렇기 때문에 아뢰야식을 성취하지 않는다고 하며, 이 게송에서도 또한 그들[初地 이상의 菩薩]을 아라한이라 한다.

故集論中作如是說. 十地菩薩雖未永斷一切煩惱. 然此煩惱
猶如呪藥所伏諸毒. 不起一切煩惱過失. 一切地中如阿羅漢
已斷煩惱. 故亦說彼名阿羅漢.

그렇기 때문에 『집론』에서,[29] 이와 같이 선설한다. 즉, 10지의 보살이 비

---

28) 『述記』卷第3 末(『大正藏』43, 343, 上)에, "『섭대승론석』에서 10지의 보살이 중생의 이익을 위해서 관찰할 때에 염오심이 일어나지 않고 번뇌를 일으키지만, 알지 못하고서 일으키는 것이 아니라고 했다. 즉, 『유가사지론』권제77, 78에서도 요컨대 알고서 일으키지 알지 못하고서 일으키는 것이 아니라고 했다."(攝論云 十地菩薩觀爲利益 不動染心而方起惑 非不知而起 卽瑜伽論七十七・八云 要知方起 非不知而起.)
29) 『大乘阿毘達磨集論』卷第7(『大正藏』31, 692, 下) ; 『大乘阿毘達磨雜集論』卷第14(『大正藏』31, 763, 下).

록 영원히 일체의 번뇌를 단절하지는 못했더라도, 이 번뇌는 마치 주술이나 약으로 制伏시킨 여러 가지의 독과 같이 일체 번뇌의 과실을 일으키지 않으므로, 일체의 지위에서 마치 아라한이 이미 번뇌를 끊은 것과 같다. 그렇기 때문에 또한 그들을 아라한이라 한다는 것이다.

彼說非理. 七地已前猶有俱生我見愛等. 執藏此識爲自內我. 如何已捨阿賴耶名. 若彼分別我見愛等不復執藏說名爲捨. 則預流等諸有學位. 亦應已捨阿賴耶名. 許便違害諸論所說.

[반문] 그의 주장은 이치에 맞지 않다. 7地 이전의 보살에게는 여전히 俱生起[第7識]의 아견과 아애 등이 존재하여 이 심식을 집장하여 자신의 내아로 삼는데,30) 어떻게 아뢰야라는 명칭을 버린다고 하는가? 만약에 그가 분별[第6識]한 아견과 아애 등이 다시는 집장되지 않으므로 버린다고 한다면, 곧 예류 등의 모든 유학위에서도 또한 아뢰야라는 명칭을 버려야 하고, 그것을 인정하면 곧 여러 논장에서 선설한 내용과 상위하게 된다.

地上菩薩所起煩惱. 皆由正知不爲過失. 非預流等得有斯事. 寧可以彼例此菩薩.

초지 이상의 보살들이 일으킨 번뇌는 모두 바른 了知로 원인하기 때문에 과실로 되지 않고, 예류과 등에서는 이러한 자체가 존재하는 것을 증득할 수 없는데, 어떻게 그들[예류과 등]을 이 초지 이상 보살에게 비유할 수 있는가?

---

30) 제6식의 아견은 4智에서 작용하지 않는다. 7地 이전에는 제7식의 아견[俱生]이 여전히 현행하기 때문에, 이렇게 힐난하는 것이다.

彼六識中所起煩惱. 雖由正知不為過失. 而第七識有漏心位
任運現行執藏此識 寧不與彼預流等同. 由此故知彼說非理.

[정의] 그들[地上의 보살]의 6식 중에 일어나는 번뇌는 正知로 원인하기 때문에 과실이 되지 않더라도, 제7식은 유루심의 지위에서 자연스럽게 현행하여 이 심식을 집장하는데,[31] 어째서 그 예류 등과 같지 않겠는가? 이러하므로 그가 주장하는 것은 이치에 맞지 않다는 것을 알아야 한다.[32]

然阿羅漢斷此識中煩惱麁重究竟盡故. 不復執藏阿賴耶識為
自內我. 由斯永失阿賴耶名說之為捨. 非捨一切第八識體. 勿
阿羅漢無識持種. 爾時便入無餘涅槃.

그러나 아라한[三乘의 無學과 8지 이상의 不退轉 菩薩]은 이 심식[第8識] 중에서 번뇌의 종자[麤重]를 단절하여 마침내 滅盡하였기 때문에, 다시는 아뢰야식을 집장해서 자신의 내아로 삼지 않는다. 이렇게 영원히 아뢰야라는 명칭을 滅失하였으므로 이것을 버렸다고 한다. 그러나 일체의 제8식 자체를 버린 것은 아니며,[33] 아라한이 종자를 집지할 심식이 존재하지 않는다고

---

31) 『述記』卷第3 末(『大正藏』43, 343, 中), "유학위에서 무루심과 멸진정을 제외한 유루심의 때에는 이 심식을 집장하는데, 어찌 그의 예류과 등과 같지 않겠는가? 어느 때에 집장되기 때문이다."(於有學位除無漏心. 滅盡定外有漏心時 執藏此識 寧不與彼預流等同 有時執故.)
32) 上同(上同), "제8지 이후의 모든 보살들은 무루심이 상속되어서 일체 번뇌가 모두 현행하지 않는다. 비록 종자는 존재하더라도 현행은 모두 斷盡되었으므로 명칭을 버렸다고 할 수 있다. 제7지 이전에는 번뇌가 일어나지 않는 것이 아닌데, 어째서 명칭을 버렸다고 하는가?"(第八地去諸菩薩等 無漏相續 一切煩惱皆不現行 雖有種子現行皆盡 可得名捨 非七地前煩惱不起 如何說捨.)
33) 다시는 집장하지 않으므로 버렸다고 하는 것이지, 제8식 자체가 없어졌으므로 버렸다고 하는 것은 아니다.(『大正藏』43, 343, 下) 참조.

해서 그 때에 곧 無餘涅槃에 證入하는 것은 아니다.

然第八識雖諸有情皆悉成就. 而隨義別立種種名. 謂或名心.
由種種法熏習種子所積集故. 或名阿陀那. 執持種子及諸色
根令不壞故. 或名所知依. 能與染淨所知諸法爲依止故. 或
名種子識. 能遍任持世出世間諸種子故.

【眾名】

그런데, 제8식을 비록 모든 유정들이 다 성취한다고 하더라도, 의미의 차별에 따라서 여러 가지의 명칭을 건립한다. 말하자면,[34] 어느 때는 마음이라 하는데, 갖가지의 법으로 인하여 훈습된 종자가 적집된 것이기 때문이다. 혹은 아타나라고 하는데, 종자와 모든 색근을 집지해서 파괴되지 않게 하기 때문이다. 또는 所知依[35]라고 하는데, 능히 염오와 청정한 所知의 (3自性) 제법의 의지처가 되기 때문이다. 혹은 종자식이라 하는데, 능히 두루 세간과 출세간의 모든 종자를 자연스럽게 집지하기 때문이다.

---

34) 『攝大乘論釋』卷第1(『大正藏』31, 383, 下).
35) 『述記』卷第3 末(『大正藏』43, 344, 上), "所知는 바로 三種自性으로서 그들의 의지가 되기 때문에 所知依라고 한다."(所知者 卽三性 與彼爲依故 名所知依); 智周, 『成唯識論演秘』卷第3 末(『大正藏』43, 875, 下), "攝大乘論에서는, 오직 대승에서만 곳곳에서 교설됨을 볼 수 있는데, 말하자면 아뢰야식을 所知依의 체성이라고 하며, 의타기성, 변계소집성 및 원성실성 등 三種自性說을 所知相이라 한다."(攝論云 唯大乘中 處處見說 謂阿賴耶識 名所知依体 依他遍計 圓成實等 三種自性說 名所知相); 『述記』卷第3 末(『大正藏』43, 344, 上), "즉, 섭대승론 第1의 所知依品이 이것으로서, 이 所知依는 아뢰야식의 別名이다."(卽攝論第一所知依品是 此所知依阿賴耶識之別名也.)

此等諸名通一切位. 或名阿賴耶. 攝藏一切雜染品法令不
失故. 我見愛等執藏以為自內我故. 此名唯在異生有學. 非
無學位不退菩薩有雜染法執藏義故.

이러한 모든 명칭은 일체의 지위에 통한다.[36] 혹은 아뢰야식이라 하는데, 일체 잡염된 성품의 법을 섭장하여 유실하지 않기 때문이고, 아견과 아애 등이 집장하여 자신의 내아로 삼기 때문이다. 이 명칭은 오직 범부와 유학위에만 존재하는데, 무학위와 (8地 이상의) 불퇴전의 보살에게는 잡염법에 집장되는 의미가 있는 것이 아니기 때문이다.

或名異熟識 能引生死善不善業異熟果故. 此名唯在異生二
乘諸菩薩位. 非如來地猶有異熟無記法故. 或名無垢識. 最
極淸淨諸無漏法所依止故 此名唯在如來地有. 菩薩二乘及
異生位持有漏種可受熏習. 未得善淨第八識故 如契經說.
如來無垢識　是淨無漏界　解脫一切障　圓鏡智相應.

혹은 이숙식이라 하는데, 능히 생사를 견인하는 선업과 불선업의 이숙과이기 때문이다. 이 명칭은 오직 범부와 2승 및 모든 보살의 지위에만 존재한다. 여래지에서는 여전히 이숙무기의 법이 존재하지 않기 때문이다. 또는 무구식이라 하는데, 지극히 청정해서 모든 무루법의 의지처가 되기 때문으로서 이 명칭은 오직 여래지에만 존재한다. 보살과 2승 및 범부의 지위에서

---

36) 이것은 有漏, 無漏, 凡夫 및 聖人에 통하므로 一切의 地位라고 한다.(『大正藏』 43, 344, 上) 참조.

는 유루종자를 집지하여 훈습을 받아들여서, 아직도 선하고 청정한 제8식을 증득하지 못하기 때문이다. 즉, 경전(『莊嚴經』)에서 교설한 것과 같다.

> 여래의 무구식은
> 청정한 무루계로서
> 일체의 번뇌를 해탈하여
> 대원경지와[37] 상응한다.

阿賴耶名過失重故最初捨故此中偏說. 異熟識體菩薩將得菩提時捨. 聲聞獨覺入無餘依涅槃時捨. 無垢識體無有捨時. 利樂有情無盡時故. 心等通故隨義應說.

아뢰야라는 명칭은 과실이 막중하기 때문이고, 최초로 버려지기 때문에 이 게송에서 편중하여 선설한다. 이숙식 자체는 보살이 장차 깨달음을 증득했을 때에 버려지고, 성문과 독각은 무여의 열반에 證入했을 때에 버려진다. 무구식의 체성은 버려지는 때가 있는 것이 아닌데, 중생들을 이롭고 안락하게 함에는 다하는 때가 존재하지 않기 때문이다. 마음 등[所知依, 執持 및 種子識]은 (일체 지위에) 공통되기 때문에 (染, 淨의) 의미에 따라서 선설되어야 한다.[38]

---

37) 『述記』 卷第3 末(『大正藏』 43, 344, 下), "오직 무루법만을 의지하고 체성이 무구이기 때문에 아말라식, 혹은 아마라식이라 한다. 古師(眞諦)는 모두 9識을 건립했는데, 그건 아니다. 그리고 『楞伽經』에서 9심식이 존재한다고 한 것은 上, 下로 和會한 것과 같다. 이 무구식은 대원경지와 상응하는 심식의 명칭이다. 원인인 제8 아뢰야식의 심체가 轉識되면, 이것을 증득하게 된다."(唯無漏依 體性無垢 先名阿末羅識 或名阿摩羅識 古師立爲諸九識者 非也. 然楞伽經有九種識 如上下會 此無垢識 是圓鏡智相應識名 轉因第八心體得之.)

38) 『新導成唯識論』 卷第3, p.112, "마음과 아타나와 소지의 및 종자식, 이 4가지의 명칭은 모든 지위에 통한다. 그러므로 아뢰야라는 명칭이 버려지는 것이며, 그 곳종자에 의거하면, 금강심의 지위, 현행에 의거하면, 제8지 이상의 지위에서는 이 4가지의 명칭도 또한 버려진

然第八識總有二位. 一有漏位. 無記性攝. 唯與觸等五法相應.
但緣前說執受處境 二無漏位. 唯善性攝. 與二十一心所相應.
謂遍行別境各五善十一.

그런데, 제8식에는 전체적으로 두 가지의 지위가 존재한다. 1) 유루위로서 무기성에 포함되는데, 오직 감촉 등 (변행의) 5법과만 상응한다. 단지 앞에서 선설한 집수[種子와 根身와 기세간處]의 경계만을 반연한다. 2) 무루위[如來地]로서 오직 善性만을 포함하며,39) 21심소법과 상응한다. 말하자면, 변행과 별경의 각각 5가지와 선 심소법의 11가지이다.

與一切心恒相應故. 常樂證知所觀境故. 於所觀境恒印持故.
於曾受境恒明記故. 世尊無有不定心故. 於一切法常決擇故.

(변행은) 일체의 마음과 항상 상응하기 때문이고, (별경의 욕망은) 항상 관찰되는 경계에 대해서 證知하기를 좋아하기 때문이며, (승혜는) 관찰되는 경계에 대해서 항상 분명하게 지니기 때문이고, (기억은) 일찍이 감수한 경계를 항상 명확하게 기억하기 때문이며, (선정은) 세존께는 禪定의 마음이 아닌 것이 존재한다고 할 수 없기 때문이고, (지혜는) 일체 제법에 대해서

다. 이숙식이 버려지면, 그 곳[금강심]에서도 또한 4가지의 명칭이 버려진다. 오직 아뢰야식의 명칭 등이 버려진 곳만을 말하지 마음 등이 버려진 곳을 말하지 않으므로, 여기에서도 이렇게 교설하는 것이다."(心阿那所知依種子識. 此四之名通諸位 故捨阿賴耶名 處約種子者金剛心位 約現行者第八地以上此四之名亦捨 捨異熟識 處金剛心此四之名亦捨 唯說捨阿賴耶名等處 而不說心等捨處 故今說之.)

39) 『述記』卷第3 末(『大正藏』43, 345, 下), "여래지에서는 이숙의 법이 존재하지 않기 때문이고, 업과 번뇌로 초감된 신체가 아니기 때문이며, 일체의 공덕이 모두 원만하기 때문에 不善이 존재하지 않는다."(如來無有異熟法故 非業煩惱所招身故 一切功德皆圓滿故 無有不善.)

항상 결택하기 때문이다.

> 極淨信等常相應故. 無染污故. 無散動故. 此亦唯與捨受
> 相應. 任運恒時平等轉故. 以一切法爲所緣境. 鏡智遍緣
> 一切法故.

(善 심소법은) 지극히 청정한 믿음[信] 등과 항상 상응하기 때문이고, 염오성이 없기[근본 및 수번뇌와 상응하지 않기] 때문이며, (마음이) 산란하거나 麤動함이 없기[不定 심소와 상응하지 않기] 때문이다.[40] 이것[大圓鏡]도 또한 오직 捨受와만 상응하고, 자연스럽게 언제나 평등하게 전전하기 때문이다. 일체제법을 소연의 경계로 삼는데, 대원경지는 두루 일체제법을 반영하기 때문이다.

> 云何應知 此第八識離眼等識有別自體. 聖敎正理爲定量故.
> 謂有大乘阿毘達磨契經中說.
> 無始時來界 一切法等依 由此有諸趣 及涅槃證得.

【五敎義】

[질문] 이 제8식이 안식 등을 여의고서 별도로 자체가 존재한다는 것을 어

---

40) 『新導成唯識論』卷第3, p.113, "산란한 마음이 없다는 것은 惡作과 睡眠이 끊어진 것이고, 거칠게 활동하는 것이 없다는 것은 尋求와 伺察이 끊어진 것이다."(無散心者 遮惡作睡眠 無麤動者 遮尋伺.)

떻게 알아야 하는가?

[답변] 성스러운 가르침과 올바른 이치를 定量으로 삼기 때문이다.

(第1 敎證) 말하자면, 어느 대승아비달마의 경전에서[41] 다음과 같이 선설한다.

> 옛적부터 界[因 ; 種子識]이고
> 일체 제법에 동등하게 의지[緣]하며,
> 이것[第8識]이 존재함으로 인하여
> 諸趣와 涅槃을 증득하게 된다.

此第八識自性微細 故以作用而顯示之 頌中初半顯第八識 為因緣用 後半顯與流轉還滅作依持用. 界是因義 即種子識 無始時來展轉相續親生諸法故名為因.

이 제8식은 자성이 미세하기 때문에 작용으로서 이것을 나타내 보인다. 게송에서 처음의 半頌은 제8식이 인연으로 삼는 작용을 나타내고, 뒤의 반송은 유전과 환멸의 의지처로 되는 작용을 나타낸다.

'界'라는 것은 원인의 뜻으로서 바로 종자식이다. 옛적부터 전전하고 상속해서 친히 모든 법을 생겨나게 하기 때문에 원인이라 한다.[42]

依是緣義 即執持識無始時來與一切法等為依止故名為緣 謂

---

41) 『攝大乘論釋』 卷第1(『大正藏』 31, 383, 上).
42) 『述記』 卷第4 本(『大正藏』 43, 347, 下), "이 심식은 옛적부터 일체법의 원인이 된다. 그러므로 경전에서 界는 바로 원인이 되어 작용한다는 것이다."(此識無始時來 與一切法為因 故經言 界是為因用.)

能執持諸種子故 與現行法爲所依故 卽變爲彼及爲彼依 變
爲彼者謂變爲器及有根身 爲彼依者謂與轉識作所依止.

(게송의 '一切法等依'에서) '依'란 緣의 뜻으로서, 곧 이 집지식[現行의 第8識]은 옛적부터 일체 제법에 동등하게 의지하기 때문에 연이라 한다. 말하자면, 능히 모든 종자를 집지하고, 현행 법의 소의가 되기 때문이다. 바로 그것[5근 등]을 변현하고, 나아가 그들[7轉識]의 의지처로 된다. '그것을 변현한다'라는 것은 기세간과 유근신으로 변위되는 것을 말하고, '그들의 의지처로 된다'라는 것은 7전식의 의지처로 되는 것을 말한다.

以能執受五色根故眼等五識依之而轉 又與末那爲依止故第
六意識依之而轉 末那意識轉識攝故如眼等識依俱有根 第
八理應是識性故亦以第七爲俱有依 是謂此識爲因緣用.

(제8식이) 능히 5색근을 집수하기 때문에 안식 등의 전5식이 그것[5根]에 의지해서 전전한다. 또한 말나식의 의지처가 되기 때문에 제6 의식은 그것[末那]에 의지해서 전전하는데, 제7식과 제6식은 (모두) 轉識에 포함되기 때문으로서 마치 안식 등이 (반드시) 俱有根에[43] 의지하는 것과 같다. 제8식도 이치적으로 심식의 체성이기 때문에 또한 (眼識 등과 같이) 제7식을 俱有依로[44] 삼아야 한다. 이것을 이 심식이 인연으로 삼으므로 작용이라 한다.

---

43) 俱有根은 심왕, 심소법이 동시에 의지하는 眼, 耳, 鼻, 舌, 身 및 意의 6근을 말하기도 하고[玄奘 譯, 韓廷杰 校釋, 『成唯識論校釋』(中華書局, 1998), p.195], 나아가 5근과 의식, 말나식 및 아뢰야식을 일컫기도 한다.
44) 俱有依란 俱有根 및 俱有所依라고도 하는데, 심식들과 동시에 존재하면서 의지처가 되는 것을 말한다. 즉, 5식은 5근, 제6식, 제7식 및 제8식을, 제6식은 제7식과 제8식을, 제7식은

由此有者由有此識 有諸趣者有善惡趣 謂由有此第八識故
執持一切順流轉法令諸有情流轉生死

(게송의 '由此有諸趣'에서) '이것이 존재함으로 인하여'[由此有]라는 것은 '이 심식이 존재함으로 인하여'라는 것이다. '諸趣'가[45] 존재한다는 것은 선취와 악취(등 5취)가 존재한다는 것이다. 말하자면, 이 제8식이 존재함으로 인하여 일체의 유전[현행]에 수순하는 법[종자]을[46] 집지해서, 모든 유정으로 하여금 생사에 유전하게 함을 말한다.

雖惑業生皆是流轉 而趣是果勝故偏說 或諸趣言通能所趣
諸趣資具亦得趣名 諸惑業生皆依此識 是與流轉作依持用.

비록 혹, 업 및 생이 모두 유전한다고 하지만, 5취가 과보로서 수승하기 때문에 치우쳐 선설하는 것이다.[47] 혹은 제취라는 것은 능취와 소취에 공통되는 것을 말한다.[48] 제취의 資具[기세간 또는 惑과 業]도 또한 취라고 한다.

제8식을, 그리고 제8식은 染淨依인 제7식을 구유의로 삼는 것을 말한다.
45) 『成唯識論校釋』, p.195, 유정이 왕생하는 처소를 말한다. 즉, "3界 9地는 중생의 집이요, 5趣 4生은 무명의 과보이다."[三界九地是有識(衆生)之宅 五趣四生是無明之報.]
46) 『述記』卷第4 本(『大正藏』43, 348, 下), "현행의 染汚法을 流轉이라 하고, 종자의 염오법은 유전에 수순한다고 한다."(現行染法名爲流轉 種子染法名順流轉.) 流轉에서 流는 상속이고, 轉은 생기를 말한다. 일체의 중생이 선악의 업을 짓고 고락의 과보를 받아 육도윤회하면서 쉬지 않는 것을 유전이라 한다(『成唯識論校釋』, p.195).
47) 上同(上同), "비록 혹, 업 및 생이 有漏의 집합이고, 苦의 모든 것이 바로 유전이어서 모두 생사의 법이지만, 5趣가 생사의 苦果로서 수승하기 때문에 치우쳐 교설하는 것이다. 과보는 바로 생사로서, 이것은 수순되는 법이다. 업과 혹은 능히 생사에 수순하는 果性이기 때문에 치우쳐서 과보로 드는 것이다."(雖惑業生有漏集. 苦皆是流轉 皆生死法 然五趣是生死苦果勝故偏說 果正生死 是所順法 業惑能順生死果性 故偏舉果.)
48) 『新導成唯識論』卷第3, p.114, "업, 혹 및 中有는 能趣이고, 5趣의 苦果는 所趣라고 한다."(業惑中有名能趣 五趣苦果名所趣.)

모든 혹, 업 및 생은 전부가 이 심식에 의지하는데, 이것이 (혹, 업 및 苦果로) 유전하여 의지처로 되어 작용한다.

> 及涅槃證得者 由有此識故有涅槃證得 謂由有此第八識故
> 執持一切順還滅法 令修行者證得涅槃.

(게송에서) '및 열반을 증득하게 된다'라는 것은 이 심식이 존재하므로 인하여 열반을 증득할 수 있다는 것을 말한다. 이를테면, 이 제8식이 존재하므로 인하여 일체의 환멸[道諦와 滅諦]에 수순하는 법[무루의 종자]을 집지해서 수행자로 하여금 열반을 증득하게 한다는 것이다.

> 此中但說能證得道 涅槃不依此識有故 或此但說所證涅槃
> 是修行者正所求故 或此雙說涅槃與道 俱是還滅品類攝故.

여기에서는 단지 능히 증득되는 道[무루의 종자]만을 선설하는데, 열반은 이 심식에 의지하여 존재하는 것이 아니기 때문이다.[49] 혹은 여기에서는 증득되는 열반만을 선설하는데, 이것은 수행자가 바로 희구하는 것이기 때문이다. 혹은 여기에서는 열반과 도를 겸해서 선설하는데, 모두가 환멸의 품류에 포함되기 때문이다.[50]

---

49) 『述記』 卷第4 本(上同, 349, 上), "말하자면, 이것은 단지 능히 증득되는 도만을 선설한 것이다. 무루의 종자를 집지한 것으로서 열반을 집지한 것이 아니다. 열반은 직접 이 심식에 의지하는 것이 아니기 때문이다."(謂此但說能證得道 執無漏種非執涅槃 涅槃不親依此識故.)
50) 上同(上同, 349, 中), "도는 能還이고 열반은 所還이기 때문에 열반 또한 이 還의 품류에 포함된다. 滅은 적멸 자체이고, 도 또한 그것에 수순해서 염오법을 단멸하여 능히 멸에 수순하기 때문이다. 또한 이것은 멸의 품류에도 포함된다고 한다. 도와 열반은 모두 환멸이라 할 수 있고, 모두 적멸이라고도 할 수 있기 때문에 모두 이것은 환멸의 품류에 포함된

謂涅槃言顯所證滅 後證得言顯能得道 由能斷道斷所斷惑
究竟盡位證得涅槃 能所斷證皆依此識 是與還滅作依持用.

말하자면, (게송에서) '열반'이라는 것은 증득된 적멸을 나타내고, 다음의 '증득'이라는 것은 능히 증득한 도를 나타낸다. 능히 단절하는 도로 인하여 단절되는 번뇌를 끊어서, 마침내 멸진된 지위에서 열반을 증득하는 것이다. 능단과 소단, 능증과 소증은 모두 이 심식에 의지하는데, 이것은 환멸과 함께 의지처로 되어 작용한다.

又此頌中初句顯示此識自性無始恒有 後三顯與雜染清淨二
法總別爲所依止.

또한 이 게송에서 제1 구절은 이 심식의 자성이 옛적부터 항상 존재한다는 것을 나타낸 것이다. 다음의 3구절은 잡염[諸趣]과 청정[涅槃]의 2법이 함께 전체[제2구]와 개별적[제3, 4구]으로 의지처로 되는 것을 나타낸다.[51]

雜染法者謂苦集諦 即所能趣生及業惑 清淨法者謂滅道諦
即所能證涅槃及道 彼二皆依此識而有 依轉識等理不成故.

다는 것이다."(道爲能還 涅槃所還故 涅槃亦是還品類攝 滅是滅體 道亦順彼斷彼染法 以能順滅故 亦說是滅品類攝 道與涅槃俱可言還 俱可言滅故 言俱是還滅品攝.)
51) 제2 구절―切法等俱은 아뢰야식이 이 染淨의 2가지의 법에 모두 의지함을 뜻한다. 제3 구절[由此有諸趣]은 염오법에 의지하고, 제4 구절[及涅槃證得]은 청정법에 의지하므로, 제3구와 제4구는 염정의 2가지의 법에 개별적으로 의지한다는 것이다(玄奘 譯, 『成唯識論校釋』, p.195).

잡염법이라는 것은 고제와 집제로서 바로 소취의 생[苦諦]과 능취의 업과 혹[集諦]을 말하고,[52] 청정법이라는 것은 도제와 멸제로서 바로 소증되는 열반[滅諦]과 능증한 도[道諦]를 말한다. 그 두 가지는 모두 이 심식에 의지하여 존재하며, 轉識 등에 의지한다는 것은[53] 이치가 성립되지 않기 때문이다.

或復初句顯此識體無始相續　後三顯與三種自性爲所依止
謂依他起遍計所執圓成實性　如次應知　今此頌中諸所說義
離第八識皆不得有

혹은 다시 게송의 제1 구절은 이 심식의 체성이 옛적부터 상속되는 것을 나타내고, 다음의 3구절은 3종자성의 의지처가 되는 것을 나타낸다는 것이다. 말하자면, 의타기성[제2구], 변계소집성[제3구] 및 원성실성[제4구]이라고 차례와 같이 알아야 한다는 것이다.

지금 이 게송에서 선설하는 모든 의미는 제8 아뢰야식을 여의고서는 일체의 것이 존재할 수 없다는 것이다.

即彼經中復作是說
由攝藏諸法　一切種子識　故名阿賴耶　勝者我開示
由此本識具諸種子　故能攝藏諸雜染法　依斯建立阿賴耶名
非如勝性轉爲大等　種子與果體非一故　能依所依俱生滅故

---

52) 『新導成唯識論』卷第3, p.115, "生은 所趣의 苦諦이고, 業과 惑은 能趣의 集諦이다."(生所趣苦諦　業惑能趣集諦.)
53) 『述記』卷第4 本(上同, 349, 下), "염오와 청정의 2가지 법은 모두 이것에 의지하여 존재하는데, 轉識은 능히 옛적부터 항상 존재하므로 염오법과 청정법의 전체와 개별적인 의지처가 되지 못한다."(染·淨二法皆依此有　轉識不能無始恒有爲染·淨法總·別依故.)

與雜染法互相攝藏 亦為有情執藏為我 故說此識名阿賴耶.

(第2 敎證) 즉, 그 경전[『달마경』]에서[54] 다시 이와 같이 선설한다.
　　제법을 攝藏하는
　　일체의 종자식으로 원인하기 때문에
　　아뢰야식이라 하는데,
　　수승한 이에게만 내가 열어 보인다.

이 근본식이 모든 종자를 구비하였기 때문에 능히 많은 잡염법을 섭장한다고 하며, 이에 의거하여 아뢰야식이라는 명칭을 건립한다. 수승한 성품이 전변되어 覺[知性; 치] 등이 된다는 것과는 다르다.[55] 아뢰야식의 종자와 제법의 과보는 체성이 하나가 아니기 때문이고, 능의[諸法]와 소의[第8識]는 함께 생멸하기 때문이다.[56] 잡염법과는 서로 섭장하며, 또한 유정에게 집장되어서 자아로 삼기 때문에 이 심식을 아뢰야식이라 한다.

己入見道諸菩薩衆得真現觀名為勝者　彼能證解阿賴耶識
故我世尊正為開示 或諸菩薩皆名勝者 雖見道前未能證解
阿賴耶識 而能信解求彼轉依 故亦為說 非諸轉識有如是義.

---

54) 『攝大乘論釋』卷第1(『大正藏』31, 383, 上).
55) 『新導成唯識論』卷第3, p.116, "數論學派에서, 3가지 덕[純質, 激質 및 翳質]의 冥性이 장차 변화를 일으키는 것을 勝性이라 한다. 전전해서 大 등 23諦로 된다. 비록 인과가 있지만 체성이 하나이고 항상 한다는 것이다."(僧佉計 三德冥性將起轉變名勝性 轉為大等二十三諦 雖有因果而体一常.)
56) "能依는 諸法이고, 所依는 心識이다."(『成唯識論校釋』, p.199)

이미 견도에 證入한 모든 보살들은 진현관을 증득했으므로 수승한 수행자라고 한다. 그들은 스스로 아뢰야식을 깨달아 요해하였기 때문에 우리의 세존께서 바로 열어서[未得] 보이신[已得] 것이다. 혹은 모든 보살들을 다 수승한 수행자라고 한다. 비록 견도 이전에는 아직 스스로 아뢰야식을 증득하여 요해하지 못했지만, (유식의 도리를) 신뢰하고 이해해서 그것[제8식]의 轉依(의 證果)를[57) 희구하기 때문에 또한 그렇게 말한다. 모든 전식에 이와 같은 의미가 있는 것은 아니다.

解深密經亦作是說.
阿陀那識甚深細 一切種子如瀑流 我於凡愚不開演 恐彼分別執為我.

(第3 敎證)『해심밀경』에서[58) 또한 이렇게 선설한다.
  아타나식은 매우 심오하고 미세하며,
  일체[현행의 제8식] 종자식은 폭포수와 같다.
  나는 범부와 어리석은 이에게는 열어 보이지 않나니,
  그들이 분별[제6식]하고 집착하여 자아로 삼는 것이 염려되기 때문이다.

以能執持諸法種子 及能執受色根依處 亦能執取結生相續

---

57) 轉依에서 '轉'은 轉捨轉得이고, '依'는 轉捨轉得의 의지처인 의타기를 말한다. 유식종에서 수행의 최고목표로서 번뇌장과 소지장을 전환해서 버리고 열반과 보리과를 전환하여 증득하는 것이다. 즉, 전의는 의타기성인 8식을 변환하여 번뇌장과 소지장을 소멸시켜 보리와 열반을 증득하는 것을 말한다(『成唯識論校釋』, p.199).
58) 『解深密經』 卷第1(『大正藏』 16, 692, 下).

故說此識名阿陀那 無性有情不能窮底故說甚深 趣寂種姓
不能通達故名甚細 是一切法真實種子 緣擊便生轉識波浪
恒無間斷猶如瀑流.

능히 제법의 종자를 집지하고 또한 색근과 (根의) 의지처를 집수하며, 結生과[59] (諸趣의) 상속[苦果]을 집취하기 때문에 이 심식을 아타나식이라 한다. 무불성 유정은 스스로 근본을 궁구하지 못하기 때문에 매우 심오하다고 하며, 취적 종성[決定性의 2승]은[60] 능히 통달하지[61] 못하기 때문에 매우 미세하다고 한다. 이것은 일체법의 진실한 종자이지만,[62] 반연에 擊發되어서 즉시에 轉識의 파랑을 일으키고 항상 間斷함이 없는 것이 마치 폭포수와 같다.

凡即無性 愚即趣寂 恐彼於此起分別執墮諸惡趣障生聖道
故我世尊不為開演 唯第八識有如是相.

(게송에서) '범부'[凡]라는 것은 바로 무불성 종성이고, '어리석다'[愚]는 것은 취적 종성이다. 그들이 이것에 대해서 (我, 法으로) 분별한 집착된 마음을 일으켜서 모든 악취에 떨어지고, 聖道를 일으키는 것을 장애할까 두렵기 때문에,[63] 우리 세존께서는 열어 보이지 않으신 것이다. 오직 제8식에만 이와

---

59) 四有 중 死有에서 中有 없이 바로 生有인 母胎에 드는 것을 結生이라 한다.[結生者潤生惑.]
60) 『成唯識論觀心法要』卷第3[『卍新纂續藏經』第51冊(2009), p.335, 下], "취적 종성은 결정성의 2乘을 말한다."(趣寂種姓 謂定性二乘.)
61) 『述記』卷第4 本[『大正藏』43, 350, 下], "통달이란 무루도로서 진실로 이것을 증득한 것을 말한다."(通達者 謂無漏道真證得之.)
62) 『新導成唯識論』卷第3, p.117, "현행의 제8식이 종자를 집지하기 때문에 일체 종자식이라 한다."(現行第八持種故名一切種.)
63) 『述記』卷第4 本[『大正藏』43, 351, 上], "만약에 분별의 아집과 법집의 2가지 집착을 일으키

같은 체상이 존재한다.

入楞伽經亦作是說.
如海遇風緣　起種種波浪　現前作用轉　無有間斷時
藏識海亦然　境等風所擊　恒起諸識浪　現前作用轉.

(第4 敎證)『입능가경』에서도64) 또한 이렇게 선설한다.
　　　　바다가 바람의 攀緣을 만나서
　　　　갖가지 파도를 일으키고,
　　　　현전에서 작용이 전전하여
　　　　間斷할 때가 없는 것과 같이,
　　　　藏識의 바다도 또한 그러하여,
　　　　경계 등의 바람에 擊發되어
　　　　항상 여러 心識의 파랑을 일으키고,
　　　　현전에서 작용[種子]이 전전한다.

眼等諸識無如大海恒相續轉起諸識浪. 故知別有第八識性.
此等無量大乘經中. 皆別說有此第八識.

면, 범부는 악취에 떨어지고 어리석은 자는 聖道를 장애한다. 범부에게는 성도가 없지만, 어리석은 자에게는 성도가 일어날 수 있기 때문이다. 그러므로 각각에 偏重된 의미로 선설한다."(若起分別我法二執 凡墮惡趣 愚障聖道 凡無聖道故 愚聖可生故 故各偏義說.)

64) 『入楞伽經』 卷第2(『大正藏』 16, 523, 中~下), "譬如海水動　種種波浪轉　梨耶識亦爾　種種諸識生　心意及意識　爲諸相故說　諸識無別相　非見所見相"으로 되어 있다. 그러나 이 『成唯識論』에 인용된 『입능가경』의 게송은 오히려 『大乘理趣六波羅蜜多經』의 것에 가깝다. 곧, 『大乘理趣六波羅蜜多經』 卷第10, 「般若波羅蜜多品」(『大正藏』 8, 910, 下), "如海遇風緣 起種種皮浪 現前作用轉 無有間斷時 藏識海亦然 境界風所動 恒起諸識浪　無間斷亦然"이 그것이다.

안식 등 모든 심식은 대해와 같이 항상 상속되어서 전전하지만, 모든 심식의 파랑을 일으키지는 않는다. 그러므로 별도로 제8식의 체성이 존재함을 알아야 한다.

이와 같이 무량한 대승경전 가운데에서 모두가 별도로 이 제8식이 존재한다고 선설한다.

> 諸大乘經皆順無我違數取趣. 棄背流轉趣向還滅. 讚佛法僧毀諸外道. 表蘊等法遮勝性等. 樂大乘者許能顯示無顚倒理契經攝故. 如增壹等至敎量攝.

모든 대승경전들은 전부 무아에 수순하므로 보특가라[數取趣]와는 상위되고, 유전문은 등져서 버리고 환멸문에는 향하여 나아가며, 불법승을 찬탄하고 모든 외도는 비방한다. 5蘊 등의 법을 표방하고 수승한 자성 등과 같은 것은 부정한다. 대승을 좋아하는 사람은, (진실로) 전도됨이 없는 이치를 나타내 보이는 경전에 포함된다고 인정하기 때문이다. 마치『증일아함경』등과 같이 성인의 가르침[至敎量 ; 聖敎量, 正敎量, 聖量]에[65] 포함되어야 한다.

> 又聖慈氏以七種因證大乘經眞是佛說. 一先不記故. 若大乘經佛滅度後有餘為壞正法故說. 何故世尊非如當起諸可怖事先預記別. 二本俱行故. 大小乘敎本來俱行. 寧知

---

[65] 眞諦 譯,『金七十論』卷上(『大正藏』54, 1246, 上), "이 논장에서 量에 3가지가 있음을 건립하는데, −세 번째는 성언량으로서, 성언이란 만약에 現(證)量과 比量으로서도 이러한 의미를 통하지 못하면, 성언에 의거하면 바로 통하게 된다는 것이다. 성언이란 게송에서 설한 것과 같이 아함이 바로 성언이다. − 聖敎를 성언이라 한다."(此論中立量有三−三者聖言 聖言者 若捉證量比量不通此義 由聖言故是乃得通 −聖言者 如偈說 阿含是聖言 −聖敎名聖言.)

大乘獨非佛說.

또한 성인인 자씨[彌勒]보살은 7가지의 원인으로서 대승경전이 진실로 부처님의 말씀임을 증명한다.[66] 1) 먼저 記別하지 않았기 때문으로서[67] 만약에 (모든) 대승경전이 부처님께서 열반에 드신 뒤에 다른 사람들로부터 정법이 파괴될 것이기 때문에 교설된 것이라면, 어째서 세존께서 장차 두려워할 만한 일들이 일어날 것이라고 먼저 미리 기별하지 않았겠는가? 2) 본래 함께 수행하기 때문으로서 (부처님의 열반 후부터) 대승과 소승의 가르침은 본래 함께 수행한 것인데, 어째서 대승만이 부처님의 말씀이 아니라고 알아야 하는가?

三非餘境故. 大乘所說廣大甚深非外道等思量境界. 彼經論中曾所未說. 設爲彼說亦不信受. 故大乘經非非佛說. 四應極成故. 若謂大乘是餘佛說非今佛語. 則大乘敎是佛所說 其理極成.

3) 다른 사람들의 경계가 아니기 때문으로서[68] 대승에서 교설하는 것은

---

66) 여기에서는 7因先不記, 本俱行, 非餘境, 應極成, 有無有, 能對治, 義異文을 제시한 반면에, 『大乘莊嚴經論』卷第2, 「成宗品」(『大正藏』31, 591, 上)에서는 8因을 제시하고 있다. 즉, 不記, 同行, 不行, 成就, 體, 非體, 能治 및 文異 등이다.
67) 『述記』卷第4 本(『大正藏』43, 352, 下), "부처님께서 어째서 기별하지 않았는가에 3가지의 이유가 있다. 첫째는 무공용의 지혜는 항상 현재전에 일어나므로 지혜와 천안의 소견이고, 둘째는 항상 바르게 정근하여 정법을 수호하며, 셋째는 미래를 아는 지혜에 장애가 없기 때문이다."(佛有三因何故不記 一無功用智恒起現前 卽惠天眼所見 二恒作正勤守護正法 三知未來智無有障礙)
68) 『述記』卷第4 本(『大正藏』43, 353, 上), "5가지의 이유 때문에 그 忖度사[懷疑論者; 聲聞 및 外道]들은 대승의 경지에 悟入할 수가 없다. 첫째는 (그들은) 의지하는 데가 있기 때문으로

광대하고 심오하여 외도 등이 사량할 경계가 아니다. 그래서 그들의 경전에서는 일찍이 교설되지 않았다. 설령 그들을 위하여 교설하더라도 또한 믿고 받아들이지 않았을 것이다. 따라서 대승경전은 부처님께서 말씀하신 것이 아닌 것이 아니다. 4) 지극히 타당한 이치이기 때문으로서 만약에 대승이 (과거나 타방의) 다른 부처님의 말씀이고 현재의 부처님[釋迦]의 말씀이 아니라고 하더라도, (부처와 佛道가 같으므로) 대승의 가르침이 바로 부처님의 말씀이라는 것을 드러낸 그 이치는 매우 타당한 것이다.

> 五有無有故. 若有大乘即應信此諸大乘教是佛所說. 離此大乘不可得故. 若無大乘聲聞乘教亦應非有. 以離大乘決定無有得成佛義. 誰出於世說聲聞乘. 故聲聞乘是佛所說. 非大乘教不應正理.

5) 존재하거나 존재하지 않기도 하기 때문으로서[69] 만약에 대승이 존재한다면, 바로 이 모든 대승의 가르침이 바로 부처님의 교설임을 믿어야 한다. 이것을 벗어나면 대승(의 오묘한 법)을 증득할 수 없기 때문이다. 만약에 대승이 존재하지 않다면, 성문승의 가르침도 또한 존재하지 않아야 한

서 지혜는 가르침에 의지해서 생기는 것이지 증득되는 것이 아니라고 한다. 둘째는 결정되지 않았기 때문으로서 어느 때, 어느 곳에서도 다른 지혜가 일어날 수 있기 때문이라 하며, 셋째는 세속제를 반연하기 때문으로서 세속제를 忖度하므로 제일의제에 이르지 못하기 때문이고, 넷째는 보편적이지 않기 때문으로서 비록 세속제를 반연하지만 단지 적은 지식만을 얻으므로 일체를 헤아리지 못하기 때문이며, 다섯째는 퇴굴함이 있기 때문으로서 쟁론에 대하여 변별력이 다하여 침묵하기 때문이다."(有五因故 彼忖度人不得入大乘境 一有依故 智依教生 非證智故 二不定故 有時有處有異智生故 三緣俗故 忖度世諦不及第一義諦故 四不普故 雖緣世諦但得少解不解一切故 五退屈故 評論辨窮即默然故.)

69) 『述記』卷第4 本(『大正藏』43, 353, 中), "『大乘莊嚴經論』에서는 제5의 자체와 제6의 비체의 2가지를 합하여 하나로 한다."(莊嚴論第五體. 第六非體 二合為一.); 『大乘莊嚴經論』卷第1(『大正藏』31, 591, 上) 등 참조.

다. 대승을 떠나서는 결코 성불한다는 의미를 증득할 수가 없는데, 누가 이 세상에 출현하여 성문승을 선설하겠는가? 따라서 성문승만이 부처님의 말씀이고 대승의 가르침은 그렇지 않다는 것은 당연히 바른 이치가 아니다.[70]

六能對治故. 依大乘經勤修行者皆能引得無分別智. 能正對治一切煩惱. 故應信此是佛所說. 七義異文故. 大乘所說意趣甚深. 不可隨文而取其義便生誹謗謂非佛語.

6) 능히 대치하기 때문으로서 대승경전에 의지해서 열심히 수행하는 사람은, 모두 스스로 무분별지를 증득해서 바르게 모든 번뇌를 대치할 수 있기 때문이다.[71] 따라서 당연히 이것이 부처님의 교설인 것을 믿어야 한다. 7) 의미는 문자와 다르기 때문으로서 대승에서 교설하는 意趣는 매우 심오하기 때문에, 문자에 따라 그 의미를 취해서 곧 비방하여 부처님의 말씀이 아니라고 해서는 안 된다.

是故大乘眞是佛說. 如莊嚴論頌此義言.
先不記俱行 非餘所行境 極成有無有 對治異文故.

---

70) 『述記』卷第4 本(『大正藏』43, 353, 下). 여기에서는 성문승이 대승 자체가 될 수가 없는 4가지의 인연(非全, 非不違, 非行 및 非敎授)을 선설하며, 대승과 성문승이 서로 상위되는 5가지의 이유(發心異, 敎授異, 方便異, 住持異 및 時節異)도 밝히고 있다.
71) 『述記』卷第4 本(『大正藏』43, 353, 下), "『대승장엄경론』에서 7가지를 능지하여 부지런히 닦을 때에 무분별의 지혜가 증득되고, 일체의 번뇌가 대치된다. 이것은 바로 3승의 단절과도 통하므로 만약에 불타께 구하려면 먼저 법집을 끊어야 하는데, 제법에 관한 분별과 집착은 바로 이 지혜와 상위되기 때문이다."(莊嚴論云 七能持勤修行時 得無分別智 對治一切煩惱 此卽三乘通所斷者 若求佛者先斷法執 諸法分別執是違此智故.)

이렇기 때문에 대승은 진실로 부처님의 말씀인 것이다. 『장엄론』에서도[72] 이러한 의미를 게송으로 선설한 것과 같다.

> 먼저 기별하지 않았고,
> 함께 수행하는 것이며,
> 다른 부류들이 수행하는 경계가 아니고,
> 논리적으로 지극히 타당하며,
> (대승 자체는) 있거나 없기도 하고,
> 대치할 수 있으며,
> 문자와는 다르기 때문이다.

餘部經中亦密意說阿賴耶識有別自性. 謂大衆部阿笈摩中密意說此名根本識 是眼識等所依止故. 譬如樹根是莖等本. 非眼等識有如是義. 上坐部經分別論者俱密意說此名有分識 有謂三有. 分是因義 唯此恒遍爲三有因.

(第5 敎證) 다른 부파의 경전에서도 또한 밀의로서 아뢰야식에는 별도로 자성이 존재한다고 선설한다. 이를테면 대중부의 아함에서도 밀의로서 이것을 근본식이라 했는데, 이것은 안식 등이 의지하는 처소이기 때문이다. 비유하자면, 나무의 뿌리는 줄기 등의 근본인 것과 같다. 안식 등에는 이와 같은 의미가 존재하지 않는다. 상좌부의 경전과 그 분별론자들은 함께 밀의로서 이것을 有分識이라 했는데, 여기에서 '존재'[有]라는 것은 3가지의 세계[界]를 말하고, 分이라는 것은 원인의 의미로서, 오직 이것만이 항상 하고

---

[72] 『大乘莊嚴經論』卷第1(『大正藏』31, 591, 上).

두루 하여 3界의 원인이 된다는[73] 것이다.

化地部說此名窮生死蘊. 離第八識無別蘊法窮生死際無間
斷時. 謂無色界諸色間斷. 無想天等餘心等滅. 不相應行離
色心等無別自體. 已極成故. 唯此識名窮生死蘊.

化地部에서는 이것을 궁생사온이라[74] 했는데, 제8식에서 벗어나서 항상 間斷하는 때가 없이 생사의 시기를 다하는 다른 蘊法은 존재하지 않다는 것이다. 말하자면, 무색계에서 모든 색법은 단절되고 무상천 등에서는 다른 심법 등도 소멸되며, 불상응행법은 색법과 심법 등을 떠나서는 별도로 자체가 존재하지 않다는 것은, 지극히 타당한 이치이기 때문에 오직 이 심식만이 궁생사온이라는 것이다.

說一切有部增壹經中 亦密意說此名阿賴耶. 謂愛阿賴耶.
樂阿賴耶. 欣阿賴耶. 憙阿賴耶. 謂阿賴耶識是貪總別三
世境故立此四名.

---

73) 『述記』卷第4 本(『大正藏』43, 354, 上), "有分識은 체상이 항상 하여 間斷하지 않으며, 3界에 두루 하므로 3界의 원인이 된다는 것이다."(說有分識 體恒不斷 周遍三界 爲三有因.)
74) 『成唯識論自攷』卷第3(『續藏經』51, 187, 中), 여기에서는 一念頃蘊, 一期蘊 및 窮生死蘊을 들어서 설명하고 있다. 즉, "諸蘊에는 3가지가 있는데, 첫째로 一念頃蘊은 한 찰나에만 생멸법에 존재하고, 둘째로 一期蘊은 태어나서 늙고 죽음에 이르기까지 항상 전전하는 법에 따르며, 셋째로 窮生死蘊은 無始로부터 금강정에 이르기까지 항상 전전하는 법에 따름을 말한다. 이를테면, 이 第8識은 3계와 9지에 두루하며, 생사의 처에 존재하고, 이것을 의지처로 삼아서 바로 금강심에 이른 뒤에 번뇌가 다할 때에 비로소 버려지기 때문에 궁생사온이라 한다."(蘊有三種 一者一念頃蘊 謂一刹那有生滅法 二者一期蘊 從生至老死恒遵轉法 三者窮生死蘊 從無始乃至金剛定恒遵轉法 謂此第八遍三界九地 有生死處 即以此為依 直至金剛心後煩惱盡時方捨 故名窮生死蘊)는 것이다.

설일체유부의 『증일아함경』에서도 역시 밀의로서 이것을 아뢰야라 했는데, 애아뢰야, 낙아뢰야, 흔아뢰야 및 희아뢰야라고 한 것이다. 아뢰야식은 바로 탐욕의 전체[愛]와 개별적[樂, 欣 및 熹]으로 3世의 대상이기 때문에 이 4가지의 명칭을 건립한다.[75]

> 有情執為真自內我. 乃至未斷恒生愛著故. 阿賴耶識是真愛著處. 不應執餘五取蘊等.

유정들이 집착하여 진실한 자신의 내아로 삼으며, 나아가 (이 집착이) 아직 단멸되지 않은 때에 이르기까지[2乘의 금강심] 항상 애착을 일으키기 때문에 아뢰야식은 바로 진정한 애착처인데, (애착처이므로) 당연히 다른 5取蘊 등과[76] 같은 것은 집착하지 않아야 한다.

> 謂生一向苦受處者於餘五取蘊不生愛著. 彼恒厭逆餘五取蘊念我何時當捨此命此眾同分此苦身心令我自在受快樂故. 五欲亦非真愛著處. 謂離欲者於五妙欲雖不貪著而愛我故.

---

75) 『述記』 卷第4 本(『大正藏』 43, 354, 中), "無性은, 애아뢰야식은 전체적인 문구이고, 다른 3가지는 현재, 과거 및 미래로서 그 차례와 같이 3世를 별도로 말한 것이다. 이것의 성품은 항상 매우 희원하기 때문이며, 즐기고, 흔모하며, 기뻐하기 때문에 전체적으로 아뢰야식이라 한다는 것이다."(無性云 愛是總句 餘三現在·過去·未來 如其次第三世說 此性恒時極希願故 由樂·欣·喜 是故總名阿賴耶也.)
76) 이어서 설명되는 것은 5가지[五取蘊]가 아니라 7가지를 들어서 설명하고 있다. 즉, 『新導成唯識論』 卷第3, p.121, "다음에는 이것이 아니고 다른 것을 나타내는데, 문장에는 그것이 7가지이다."(次顯餘非此 文有其七). 즉, 一向苦受處, 五慾, 樂受, 身見, 轉識, 色身 및 不相應行法 등을 말한다.

말하자면, 오로지 고통만 받는 곳[3惡趣의 極苦]에 태어난 사람은 다른 취온에 대해서는 애착심을 일으키지 않는다. 즉, 그는 항상 다른 5취온을 싫어하고 거역하여, 자기가 어느 때나 당연히 이 목숨과 衆同分[行蘊] 및 고통스러운 몸과 마음을 버리고서 자기에게 자재하게 쾌락을 받게끔 하려고 생각하기 때문이다.

5가지의 욕망도 또한 진정한 애착처가 아니다. 이를테면, 욕망을 여읜 사람은77) 5가지의 미묘한 욕망에 대해서는 탐착하지 않더라도 자아라고 애착하기 때문이다.

> 樂受亦非眞愛著處. 謂離第三靜慮染者雖厭樂受而愛我故.
> 身見亦非眞愛著處. 謂非無學信無我者 雖於身見不生貪著
> 而於內我猶生愛故.

樂受도 역시 진실한 애착처가 아닌데, 第3 정려의 염오심을 여읜 수행인은 비록 낙수를 염리하더라도 자아라고 애착하기 때문이다.

살가야견[身見]도 진정한 애착처가 아닌데, 무학인은 아니지만 무아의 이치를 신뢰한 사람은 비록 신견에 대해서는 탐착심을 일으키지 않더라도 내면의 자아에 대해서는 오히려 애착을 일으키기 때문이다.78)

> 轉識等亦非眞愛著處. 謂非無學求滅心者 雖厭轉識等而愛

---

77) 『成唯識論自攷』 卷第3(『續藏經』 51, 187, 下), "욕망을 여읜 자는 不還果의 사람을 말하는데, 欲界의 9品 의 思惑을斷盡했기 때문이다."(離欲者 謂不還人 已斷欲界九品思盡)
78) 『自攷』 卷第3(『續藏經』 51, 187, 下), "무학인이 아닌 사람을 유학인이라 하는데, 무아를 稟信했기 때문에 탐착하지 않는다. 비록 분별기의 번뇌는 단절했지만, 구생기의 번뇌는 아직 여의지 못했기 때문이다."(非無學 謂有學人 已稟信無我 故不貪著 雖斷分別 俱生未離故.)

我故. 色身亦非真愛著處. 離色染者雖厭色身而愛我故.

轉識 등도 진정한 애착처가 아닌데, 무학인은 아니지만 마음의 적멸[무상정과 멸진정 등]을 희구한 사람은[79] 비록 轉識 등을 싫어하지만 자아로 애착하기 때문이다.

色身도 또한 진정한 애착처가 아닌데, 색법의 염오성을 여읜 수행자[無色界의 시]는 비록 色身을 厭離하더라도[80] 자아로 애착하기 때문이다.

不相應行離色心等 無別自體. 是故亦非真愛著處. 異生有學起我愛時 雖於餘蘊有愛非愛而於此識我愛定生. 故唯此是真愛著處. 由是彼說阿賴耶名. 定唯顯此阿賴耶識.

불상응행법은 색법과 심법 등을 여의면 별도로 자체가 존재하지 않는다. 이렇기 때문에 또한 진실한 애착처가 아니다. 중생과 유학인이 我愛를 일으킬 때에 다른 취온에 대해서는 애착하거나 안할 수도 있지만, 이 심식에 대해서는 我愛를 반드시 일으킨다. 이렇기 때문에 이것[第8識]만이 진실한 애착처인 것이다.

이러하므로 그 곳[『증일아함경』]에서 아뢰야라는 명칭을 선설한 것은 결코 이 아뢰야식뿐이라는 것을 나타낸 것임을 알아야 한다.

---

79) 上同(上同), "마음의 적멸을 희구한 사람인 有學人은 滅盡定에 證入하기를 희구하고, 外道는 無想定에 증입하기를 바라는 것을 말한다. 이들은 모두 展轉하는 心識을 厭離하기 때문이다."(求滅心者 謂有學求入滅定 外道欲入無想 皆厭轉識故.)
80) 上同(上同), "색법의 염오성을 여읜 사람이란 무색계에 증입한 聖人과 凡夫를 말하는데, 색계의 번뇌를 여의어서 4공인 무색계천에 머무르기 때문이다."(離色染者 謂無色界聖凡 以離色界煩惱 居四空故.)

已引聖教當顯正理 謂契經說 雜染清淨諸法種子之所集起.
故名為心. 若無此識彼持種心不應有故

【十理證】:【持種證】

이미 성스러운 가르침을 인용하여 마땅히 바른 이치를 드러냈다. 말하자면, 경전에서 잡염과 청정한 모든 법의 종자는 集起되는 것이기 때문에 마음이라 한다는 것이다. 만약에 이 심식이 존재하지 않는다면 그 (경전에서 선설한) 종자를 집지하는 마음도 존재하지 않기 때문이다.

謂諸轉識在滅定等有間斷故. 根境作意善等類別易脫起故.
如電光等不堅住故. 非可熏習. 不能持種. 非染淨種所集起心.

이를테면, 모든 7轉識은 멸진정 등[5위 무심]에서 間斷함이 있기 때문이고, 감각기관, 경계 및 작의(등의 반연), 그리고 선악 등과 그 성류를 달리하며, (다시) 변이 되고 탈피되어 일어나기 때문이다. 마치 (그 성품이) 번개 불 등과 같이 견실하게 머물지 않기 때문에 훈습할 수 없고 능히 종자를 집지할 수 없는데, 염정법의 종자가 집기 되는 마음이 아니기 때문이다.

此識一類恒無間斷如苣蕂等. 堅住可熏. 契當彼經所說心義.
若不許有能持種心. 非但違經亦違正理.

이 심식은 한 성류[無記]로서 항상 間斷하지 않음은 마치 胡麻苣藤 등과 같이 오래 머물면서 훈습할 수 있으므로, 마땅히 그 경전에서 선설하는 마음의 의미와 계합된다. 만약에 능히 종자를 집지하는 마음이 존재한다는 것을 부정하면, 단지 경전에 위배될 뿐만 아니라 바른 이치에도 어긋난다.

> 謂諸所起染淨品法無所熏故 不熏成種 則應所起唐捐其功.
> 染淨起時既無因種. 應同外道執自然生.

말하자면, 모든 생기된 염정품의 법이 훈습할 곳이 존재하지 않기 때문에 종자를 훈성할 수 없다면, 곧 생기된 법은 그 공능을 荒唐하게 버려져야 한다. (또한) 염정법이 일어날 때에 원인인 종자가 없게 된다면 외도들이 자연스럽게 생기된다는 주장과도 같아야 한다.

> 色不相應非心性故. 如聲光等理非染淨內法所熏. 豈能持種
> 又彼離識無實自性 寧可執為內種依止.

색법과 불상응법은 마음의 체성이 아니기 때문에 마치 소리나 빛 등과 같이 이치상 염정의 內法의 소훈처가 아닌데, 어떻게 능히 종자를 집지하겠는가[경량부를 논파]? 또한 그것들[색법과 불상응]은 심식을 여의면 진실로 자성이 존재하지 않는데, 어떻게 마음의 종자에 의지한다고[81] 주장하는가?

> 轉識相應諸心所法. 如識間斷易脫起故. 不自在故. 非心
> 性故. 不能持種亦不受熏. 故持種心理應別有.

---

81) 『述記』 卷第4 本(『大正藏』 43, 357, 上), "마치 거북의 털 등과 같이 불상응행법은 마음에 의지하여 가립된 것이다. 마땅히 진실한 법만이 종자의 의지처가 될 수 있다."(如龜毛等不相應假依心而立 亦應實法為種子依.)

전식과 상응하는 모든 심소법은 마치 전6식과 같이 중단됨이 있고, 변이하며 탈피되어 일어나기 때문이며, 자재할 수 없고, 마음의 체성이 아니기 때문에 능히 종자를 집지할 수 없고, 또한 훈습을 받을 수도 없다. 그러므로 (第8識이) 종자를 집지하는 마음이라는 것도 이치상 별도로 존재해야 한다.

有說六識無始時來 依根境等前後分位事 雖轉變而類無別.
是所熏習能持種子. 由斯染淨因果皆成. 何要執有第八識性.

어떤 사람은[經量部의 異師], 전6식은 옛적부터 감각기관과 대상 등에 의지하며, 전념과 후념의 분위에서 심식 자체[事]는 비록 전변할지라도 그 성류는 차별되지 않는다. 이것[심식의 성류]은 훈습되는 것이고 능히 종자를 집지하며, 이것으로 인하여 염정의 인과법이 모두 성립되는데, 어째서 요컨대 제8식의 자성이 존재한다고 주장하는가?

彼言無義. 所以者何. 執類是實則同外道. 許類是假便無勝用
應不能持內法實種 又執識類何性所攝. 若是善惡應不受熏.
許有記故. 猶如擇滅.

[반문] 그것은 말뿐이고 의미가 없다. 왜냐하면, (만약에 심식의) 성류가 진실한 것이라고 주장하면 곧 외도[勝論]와 같고, 성류가 가법이라고 인정하면 바로 뛰어난 작용이 없어서, 내법의 진실한 종자를[82] 집지할 수가 없어

---

82) 『述記』卷第4 本(『大正藏』43, 357, 中), "이것에는 두 가지의 원인이 있는데, 하나는 가법이고, 다른 하나는 뛰어난 작용이 없는 것이다. 마치 병이나 옷 등과 같이 결코 내법의 종자는 능히 집지할 수 없다."(此中二因 一是假故 二無勝用故 如瓶衣等定不能持內法種子.)

야 한다. 또한 (그대들이) 주장하는 심식의 성류는 (다시) 어떠한 성품에 포함되는가? 만약에 이것이 선이나 악이라면 당연히 훈습을 받아들이지 않아야 하는데, 善과 不善[有記法]으로 인정되기 때문으로서 마치 택멸 법과도 같다.

　　若是無記善惡心時無無記心此類應斷. 非事善惡類可無記. 別類必同別事性故.

만약에 이것이 無記法이라면 선이나 악심일 때에는 무기심이 존재하지 않으므로 이러한 성류는 당연히 단절된다. (말하자면) 심식 자체[事]는 선이나 악인데 성류는 무기성일 수가 없다. 다른 성류는 반드시 다른 심식 자체의 성품과 같아야 하기 때문이다.

　　又無心位此類定無. 既有間斷性非堅住. 如何可執持種受熏.
　　又阿羅漢或異生心識類同故應為諸染無漏法熏. 許便有失.

또한 무심위에서는 이러한 성류가 결코 존재하지 않는다. 단절됨이 있고 성품이 오래 머물지 않는데, 어떻게 종자를 집지해서 훈습을 받을 수 있다고 주장하는가? 또한 아라한이나 중생들의 마음은 심식의 성류가 (무기성으로) 같기 때문에, (아라한이) 모든 잡염법(을 훈습하고)과 (중생들이) 무루법은 (서로) 훈습하여야 하는데, 그렇다고 하면 곧 과실이 있게 된다.

　　又眼等根或所餘法 與眼等識根法類同 應互相熏. 然汝不許.
　　故不應執識類受熏. 又六識身若事若類. 前後二念既不俱有
　　如隔念者非互相熏. 能熏所熏必俱時故.

또한 안근 등과 혹은 다른[信 등] 法은 안식 등의 根과 法의 성류가 같음으로 서로 훈습해야 하는데, 그러나 그대들은 인정하지 않으므로 마땅히 심식의 성류가 훈습을 받는다고 주장해서는 안 된다. 또한 전6식이 만약에 심식 자체이든지 성류이든지 간에 전후의 두 가지의 생각은 함께하지 존재하지 않으며, 마치 생각을 間隔하는 것과 같아서 서로 훈습하지 않는다. 능훈[轉識]과 소훈[제8식]은 반드시 같은 때이기 때문이다.

> 執唯六識俱時轉者. 由前理趣既非所熏. 故彼亦無能持種義.
> 有執色心自類無間 前為後種因果義立. 故先所說為證不成.

오직 6식만이 같은 때에 전전한다는 주장[대중부]도 앞의 이취로 인하면 훈습되는 것이 아니다. 그러므로 그것도 또한 능히 종자를 집지한다는 의미가 없어야 한다.

어떤 사람들[상좌부]은, 색법과 심법의 자체 성류가 間斷 없이 전법을 후법의 종자로 삼으므로 因果의 의미가 성립된다. 그러므로 앞에서 선설한 것을 증거[제8식이 존재함]로 삼은 것은 성립되지 않는다는 것이다.

> 彼執非理無熏習故. 謂彼自類既無熏習. 如何可執前為後種
> 又間斷者應不更生. 二乘無學應無後蘊 死位色心為後種故.
> 亦不應執色心展轉互為種生. 轉識色等非所熏習前已說故.

그들이 주장하는 것도 이치에 맞지 않는데, 훈습되지 않기 때문이다. 말하자면, 그 자체[前念]의 성류는 훈습되지 않는데, 어떻게 전법을 후법의 종자로 된다고 주장하는가? 또한 (자체의 성류가) 間斷하는 것은 당연히 다시는 발생되지 않아야 한다.[83] 2乘이 무학도를 증득했을 때에는 마땅히 최후의 온[後蘊]이 존재하지 않는데, (단지 그가 집착해서) 죽는 위치의 신체와 마음을 다음의 종자로 삼기 때문이다. 또한 색법과 마음이 전전하여 서로 종자로 되어 발생된다고 주장해서도 안 된다. 전식과 색법 등은 훈습되는 것이 아니라는 것은 앞에서 이미 선설했기 때문이다.

有說三世諸法皆有. 因果感赴無不皆成. 何勞執有能持種識
然經說心爲種子者 起染淨法勢用強故.

어떤 사람들[설일체유부]은, 3世의 모든 법은 다 존재하며, 원인과 결과로 초감되어 나아가므로 모든 것은 성취되지 않음이 없다. (그런데) 어째서 수고롭게 스스로 종자를 집지하는 심식이 존재한다고 주장하는가? 그러므로 경전에서 마음을 종자로 삼는다고 한 것은 염정법을 일으키는 (마음) 세력의 작용이 강하기 때문이라는 것이다.

彼說非理. 過去未來非常非現如空花等. 非實有故. 又無作用
不可執爲因緣性故. 若無能持染淨種識 一切因果皆不得成.

그들의 주장도 이치에 맞지 않다. 과거와 미래는 항상 하거나 현재하지도 않으며, 마치 허공의 꽃 등과 같이 실유가 아니기 때문이다. 또한 작용이 없음으로 집착해서 인연의 성품으로 삼을 수도 없기 때문이다. 만약에 능히 염정법의 종자를 집지하는 심식이 존재하지 않는다면, 일체의 因果는 모두

---

83) 『述記』 卷第4 本(『大正藏』 43, 358, 中), "『섭대승론』에서는, 무색계에 태어나면 색법은 오래 전에 단절되었으므로 다음에 하계에 태어나더라도 색법은 생기지 않는다고 한다."(攝論云 謂生無色 色久時斷 後生下界 色應不生.)

성립되지 않는다.

> 有執大乘遣相空理爲究竟者. 依似比量撥無此識及一切法.
> 彼特違害前所引經. 知斷證修染淨因果皆執非實成大邪見.

어떤 사람들[淸辯 등], 즉 대승에서 形相에 관한 遮遣의 空理를 주장하여 최고로 삼는 사람들은, 似比量에[84] 의거하여 이 심식과 일체 제법을 부정한다. 그들은 특히 앞에서 인용한 경전의 내용과 위배된다. 고제를 요지하고 집제를 끊으며, 멸제를 증득하고 도제를 닦는 染淨의 인과법을 모두 진실하지 않다고 주장하므로 큰 邪見을 이룬다.

> 外道毀謗染淨因果亦不謂全無. 但執非實故. 若一切法皆
> 非實有 菩薩不應爲捨生死精勤修集菩提資糧.

외도들도 染淨의 인과법을 비방하는데, 역시 전혀 존재하지 않다고는 하지 않지만, 단지 진실하지 않다고 주장하기 때문이다. 만약에 일체법이 모두 실유 하는 것이 아니라면, 보살들은 마땅히 (진실하지 않는) 생사를 없애기 위하여 부지런히 정진해서 깨달음의 자량을 닦아 모의지 않을 것이다.

> 誰有智者爲除幻敵 求石女兒用爲軍旅. 故應信有能持種心
> 依之建立染淨因果. 彼心卽是此第八識.

---

84) 『新導成唯識論』 卷第3, p.125, "西明 圓測은 中觀心論의 量이라 했다."(西明指中觀心論之量) ; 『大乘掌珍論』 卷上(『大正藏』 30, 268, 下) 참조.

어떤 지혜 있는 사람이라면, 幻影의 敵을 없애기 위하여 石女의 아이들을 모집해서 (그들을) 활용하여 군대의 무리로 삼겠는가? 그러므로 능히 종자를 집지하는 마음이 존재해야 하고, 이것에 의지해서 염정의 인과법을 건립한다는 것을 믿어야 한다. 그 마음이라는 것이 바로 이 제8 아뢰야식이다.

> 又契經說有異熟心善惡業感. 若無此識彼異熟心不應有故.
> 謂眼等識有間斷故. 非一切時是業果故. 如電光等 非異熟心.

【異熟證】

또한 경전에서는 이숙심이 존재하여 선업과 악업을 초감한다고 한다. 만약에 이 심식이 존재하지 않는다면, 그 (경전에서 선설하는) 이숙심도 존재하지 않아야 하기 때문이다. 이를테면 안식 등은 間斷함이 있기 때문이고, 일체의 때나 업의 결과도 아니기 때문에 마치 번개 불 등과 같이 이숙심[진이숙]이 아니어야 한다.

> 異熟不應斷已更續. 彼命根等無斯事故. 眼等六識業所感
> 者猶如聲等. 非恒續故. 是異熟生非眞異熟.

이숙은 단절되었다가 다시 상속되는 것이 아닌데, 그[小乘云] 命根 등[5根]에는 이러한 자체[事]가 없기 때문이다. 안식 등 6식의 업에 초감되는 것은 마치 소리 등과 같이 항상 상속되는 것이 아니기 때문에, 이것은 이숙생으로서 진이숙은 아니어야 한다.

定應許有真異熟心　酬牽引業遍而無斷變為身器作有情依.
身器離心理非有故. 不相應法無實體故. 諸轉識等非恒有故.

[정의] 반드시 진실한 이숙심이 존재하여 (이것이) 견인되는 업에 보답하며, 두루 하여 단절되지 않고, 유근신과 기세간을 변이하여, 유정의 의지처로 된다고 인정해야 한다. 유근신과 기세간은 (이 진이숙의) 마음에서 여의면 이치적으로 존재하지 않기 때문이고, 불상응행법은 그 실체가 존재하지 않기 때문이며, 모든 전식 등은 항상 존재하는 것이 아니기 때문이다.

若無此心誰變身器. 復依何法恒立有情. 又在定中或不在定
有別思慮無思慮時理有眾多身受生起. 此若無者不應後時
身有怡適或復勞損.

만약에 이 마음이 존재하지 않는다면, 무엇이 유근신과 기세간을 변역하겠는가? 다시 어떤 법에 의지해서 항상 유정을 건립하겠는가? 또한 선정 가운데에 들거나 들지 않아서 별도의 사려가 있거나 없을 때에도, 이치적으로 (선정 중에서도) 많은 신체에 감수된 경계[身受;四大觸]가 생기되어 존재한다. (그런데) 이것[제8식의 身受]이 만약에 존재하지 않는다면, 마땅히 (禪定에서 나온) 뒤에 신체에는 쾌적함[怡適]이나 혹은 다시 피곤함[勞損]이 있지 않아야 한다.

若不恒有真異熟心. 彼位如何有此身受. 非佛起餘善心等位.
必應現起真異熟心. 如許起彼時. 非佛有情故. 由是恒有真
異熟心. 彼心即是此第八識

만약에 항상 진실한 이숙심이 존재하지 않는다면, 그 (선정에서 나온) 위치에서 어떻게 이 신체에 감수된 경계[身受]가 존재하겠는가? (만약에) 깨닫지 못한 다른 善心 등을 일으키는 위치에서는 반드시 진이숙의 마음을 現起하여야 하는데[宗],[85] 마치 그것[異熟心]을 일으킨다고 인정한 때와 같다[喩]. 깨닫지 못한 유정이기 때문이다[因]. 이렇기 때문에 항상 진실한 이숙심이 존재하는데, 그 마음이 바로 이 제8 아뢰야식인 것이다.

又契經說有情流轉五趣四生. 若無此識彼趣生體不應有故. 謂要實有. 恒遍無雜. 彼法可立正實趣生. 非異熟法趣生雜亂 住此起餘趣生法故.

【趣生證】

또한 경전에서, 유정은 5취와 4생에 유전한다는 것이다. 만약에 이 심식이 존재하지 않는다면, 그 5취와 4생의 체성도 당연히 존재하지 않아야 하기 때문이다. 요컨대 (趣生이) 진실로 존재하고, 항상 하며, (3界 9地에) 두루하고, 잡란하지 않는다면, 그것[4義를 갖춘]의 법을 바르고 진실한 5취와 4생으로 건립할 수 있다. 이숙이 아닌 법[加行의 善 등]은 취와 생이 잡란하며, 이것[아뢰야식]에 머물러서 다른 취와 생의 법을 일으키기 때문이다.

諸異熟色及五識中業所感者不遍趣生. 無色界中全無彼故.

---

85) 『述記』卷第4 本(『大正藏』43, 360, 上), "깨달음이 일어난 善心의 위치에는 異熟心이 존재하지 않기 때문이다."(佛起善心位 無異熟心故.)

諸生得善及意識中業所感者. 雖遍趣生起無雜亂而不恒有.
不相應行無實自體. 皆不可立正實趣生.

모든 이숙의 色法소리와 법처를 제외한 나머지 9法과 5識 중에서 (일부) 업에 초감된 것은 天趣와 化生에 두루 하지 않는데, 무색계에는 전혀 그것[취와 생]이 존재하지 않기 때문이다. 모든 선천적인 善과 의식 중에서 (일부) 업에 초감된 것은, 비록 취와 생에 두루 하고 일어남에 잡란하지 않더라도 항상 존재하는 것은 아니다. 불상응행법은 진실한 자체가 존재하지 않으므로 모두 正實한 취와 생을 건립하는 것이 불가능하다.

唯異熟心及彼心所實恒遍無雜. 是正實趣生. 此心若無 生無色界起善等位應非趣生. 設許趣生攝諸有漏 生無色界起無漏心. 應非趣生 便違正理. 勿有前過及有此失 故唯異熟法是正實趣生.

오직 이숙심과 그 (상응하는) 심소법만이 진실하고, 항상 하며, 두루 하고, 잡란하지 않는데, 이것이 正實한 취와 생이다. 이 마음이 만약에 존재하지 않는다면, 무색계 중에 태어나 善法 등을 일으킨 지위에서는 마땅히 취와 생(에 포함된 것)이 아니어야 한다. 설령 취와 생하여 모든 유루법을 포함한다고 인정하더라도 무색계에 태어나서 무루심을 일으키면 취와 생(에 포함된 것)이 아니어야 하는데, (그러면) 곧 바른 이치에 어긋난다. 앞의 과실[4義의 不具]이 있는 것만이 아니라 이것의 과실도 있다. 따라서 오직 진이숙의 법만이 정실한 취와 생(의 체성)인 것이다.

由是如來非趣生攝. 佛無異熟無記法故. 亦非界攝非有漏故.

世尊已捨苦集諦故. 諸戲論種已永斷故. 正實趣生既唯異熟
心及心所. 彼心心所離第八識理不得成. 故知別有此第八識

이렇기 때문에 여래는 취와 생에 포함되는 것이 아니다. 불타께서는 이숙무기의 법이 존재하지 않기 때문에 또한 3계에 포함되는 것도 아닌데, 유루가 있지 않기 때문이다. 세존은 고제[3界의 結果]와 집제[3界의 原因]를 버렸고, 모든 희론의 종자[原因]를 영원히 끊었기 때문이다. (그러므로) 정실한 취와 생은 오직 이숙심과 심소법뿐이고, 그 마음과 심소법은 제8식을 여의면 이치적으로 성립되지 않는다. 그렇기 때문에 별도로 이 제8 아뢰야식이 존재한다는 것을 알아야 한다.

又契經說有色根身是有執受. 若無此識彼能執受不應有故.
謂五色根及彼依處. 唯現在世是有執受彼定由有能執受心.

【執受證】

또한 경전에서, 有色[욕, 색계의 중생]의 根身은 바로 유집수라는 것이다. 만약에 이 심식이 존재하지 않는다면, 그 (경전이 선설한) 능집수[제8식]도 당연히 존재할 수가 없기 때문이다. 말하자면, 5색근[5根]과 그 의처는 오직 현재세로서 유집수이고, 그것은 반드시 능집수의 마음이 존재해야 하기 때문이다.

唯異熟心先業所引非善染等. 一類能遍相續執受有色根身.
眼等轉識無如是義. 此言意顯眼等轉識皆無一類能遍相續

執受自內有色根身. 非顯能執受唯異熟心.

(그러므로) 오직 이숙심만이 이전의 業障에 견인되지만 善法이나 잡염법 등은 아니고, 한 성류[無記]로 두루 하고 상속해서 有色의 根身을 집수한다. 안식 등의 轉識에는 이와 같은 의미가 없다. 이 말의 의미는 안식 등의 전식은 모두가 한 성류로서 능히 두루 하고 상속해서, 自內의 有色의 근신을 집수할 수 없다는 것을 나타낸다. 능집수가 오직 이숙심뿐이라는 것을 나타내는 것은 아니다.

勿諸佛色身無執受故. 然能執受有漏色身唯異熟心. 故作是說. 謂諸轉識現緣起故. 如聲風等. 彼善染等非業引故. 如非擇滅.

모든 부처님의 색신도 집수하지 않는 것은 아니다. 그러나 능히 유루의 색신을 집수하는 것은 오직 이숙심뿐이므로 이와 같이 선설하는 것이다. 말하자면, 모든 전식은 마치 소리나 바람처럼 현재에 반연되어 일어나기 때문으로서, 그 善法과 染法 등은 마치 비택멸법과 같이 업에 견인되는 것이 아니기 때문이다.

異熟生者非異熟故. 非遍依故. 不相續故. 如電光等. 不能執受有漏色身. 諸心識言亦攝心所. 定相應故如唯識言. 非諸色根不相應行可能執受有色根身. 無所緣故. 如虛空等. 故應別有能執受心. 彼心即是此第八識.

이숙생인 것은 진이숙이 아니고, 두루 의지하지도 않으며, 상속되지도 않기 때문이다. 마치 번개 불 등과 같이 스스로 유루의 색신을 집수하지 못한다. 모든 심식이란 것은 또한 심소법을 포섭하여 반드시 상응하기 때문에 唯識이라는 것과 같다. 모든 색근과 불상응행법[명근 등]은 유색의 근신을 능히 집수할 수가 없는데, 소연이 없기 때문으로서 마치 허공 등과 같다. 그러므로 별도로 능집수하는 마음이 존재해야 하는데, 그 마음이란 것이 바로 이 제8식이다.

又契經說壽煖識三更互依持得相續住. 若無此識能持壽煖令久住識不應有故. 謂諸轉識有間有轉如聲風等. 無恒持用 不可立為持壽煖識. 唯異熟識 無間無轉猶如壽煖. 有恒持用 故可立為持壽煖識.

【壽煖識證】

또한 경전에서, 수명, 체온 및 심식의 3가지가 서로 번갈아 의지하고 상속해서 머문다고 한다. 만약에 이 심식이 존재하지 않는다면, 능히 수명과 체온을 집지해서 오래 머물게 하는 심식이 존재할 수 없기 때문이다. 말하자면, 모든 轉識은 間斷하거나 전전함이 있어서 소리나 바람 등과 같이 항상 집지하는 작용이 없기 때문에, 가히 수명과 체온을 집지할 수 있는 심식으로 된다고 할 수 없다. 오직 이숙식만이 間斷하거나 전전함이 없어서 수면과 체온과 같이 항상 집지하는 작용이 있기 때문에, 수명과 체온을 집지할 수 있는 심식으로 된다고 할 수 있다.

經說三法更互依持. 而壽與煖一類相續. 唯識不然. 豈符
正理.

경전에서,[86] 3가지의 법이 서로 번갈아 의지한다고 했는데, 수명과 체온은 한 성류로 상속되지만 단지 심식만은 그렇지 않는데, 어찌 바른 이치에 부합되겠는가?

雖說三法更互依持而許唯煖不遍三界 何不許識獨有間轉 此
於前理非為過難. 謂若是處具有三法 無間轉者可恒相持
不爾便無恒相持用

[반문] 비록 3가지의 법이 서로 번갈아 의지한다고 할지라도 오직 체온만이 3界에 두루 하지 않는다고 하면서도, 어째서 심식만이 유독 間斷과 전전함이 존재한다는 것을 인정하지 않는가?
[답변] 이것은 앞의 이치에 대해 과실이 되는 것이 아니다. 이를테면, 만약에 이 곳[욕계와 색계]에 3가지의 법이 갖추어져 있고 間斷과 전전함이 존재하지 않다고 한다면 항상 서로 의지할 수 있지만, 그렇지 않다면 곧 항상 서로 의지하는 작용이 존재하지 않는 것이다.

前以此理顯三法中所說識言非詮轉識 舉煖不遍豈壞前理 故
前所說其理極成.

---

86) 『三法契經』을 말한다[韓廷杰 校釋, 『成唯識論校釋』(中華書局, 1998), p.226].

앞에서는 (바로) 이러한 이치를 3가지의 법으로 선설한 심식이란 의미는 (결코) 轉識에 대하여 논술한 것이 아니어야 한다는 것을 나타낸다. 체온이 (무색계에) 두루 하지 않음을 거론하여 어째서 앞의 이치를 부정하는가? 그러므로 앞에서 선설된 것은 그 이치가 지극히 타당한 것이다.

又三法中壽煖二種既唯有漏 故知彼識如壽與煖定非無漏 生無色界起無漏心 爾時何識能持彼壽 由此故知有異熟識一類恒遍能持壽煖 彼識即是此第八識.

또한 3가지의 법에서 수명과 체온의 2가지는 오직 유루법이다. 그러므로 그들 심식도 수명과 체온처럼 결코 무루법이 아닌 것을 알아야 한다. 무색계에 태어나서 무루심을 일으키는 그 때에는 어떤 심식이 능히 그 수명을 집지하겠는가?[87] 이러한 까닭으로 이숙식이 존재하여 한 성류로 항상 하고 두루 하며, 능히 수명과 체온을 집지함을 알아야 한다. 그 심식이란 바로 이 제8식이다.

又契經說諸有情類受生命終 必住散心非無心定 若無此識生死時心不應有故 謂生死時身心惛昧 如睡無夢極悶絕時 明了轉識必不現起.

---

87) 『述記』 卷第4 本(『大正藏』 43, 363, 下), "무색계에 태어나면 체온이 없는데, 무루심이 일어나는 그 때에는 어떤 심식이 능히 그 수명을 유지하겠는가? 색신이 없는데 어디에 의지하여 유지되겠는가?"(生無色界既無於煖 起無漏心爾時 何識能持彼壽 無色身故何所依持.)

【生死證】

또한 경전에서, 모든 유정들이 태어나고 죽을 때에는 반드시 산란한 마음과 有心位에 머물고, 無心位와 선정에는 머무는 것이 아니라고 한다. 만약에 이 심식이 존재하지 않는다면, 태어나고 죽을 때(의 산란한) 마음이 당연히 존재하지 않아야 하기 때문이다. 말하자면, 태어나고 죽을 때에는 몸과 마음이 혼매하여, 마치 숙면하여 꿈을 꾸지 않거나[極睡眠] 완전히 기절했을 때와 같이, 명료한 轉識[第6識]은 필연코 現起하지 않아야 한다.

又此位中六種轉識行相所緣不可知故 如無心位必不現行 六種轉識行相所緣有必可知 如餘時故.

또한 이 위치[生死位]에서는 6가지의 轉識은 행상과 소연을 了知할 수 없기 때문에 마치 3무심위에서와 같이 반드시 현행하지 않아야 한다.[88] 6가지의 전식이므로 행상과 소연이 존재하면 반드시 了知할 수 있어야 하는데, 마치 산란한 有心位의 때[餘時]와 같기 때문이다.

真異熟識極微細故 行相所緣俱不可了 是引業果一期相續 恒無轉變 是散有心名生死心 不違正理.

이 진실한 이숙식은 지극히 미세하기 때문에 행상과 소연을 모두 요달할 수가 없다. 이것은 引業[總報]이 초감한 결과로서 (태어나서 죽은) 일생 동안

---

[88] 『述記』卷第4 本(『大正藏』43, 364, 中), "이 2가지(生, 死)의 위치에서는 반드시 轉識하지 않는다. 행상과 소연을 了知할 수 없기 때문으로서 마치 無心位에서와 같다."(此二位中必無 轉識 行相所緣不可知故 如無心位.)

에 상속되지만, 항상 전변하는 것은 아니다[오직 무기성]. 즉, 이것은 산란과 有位의 마음으로서 태어나고 죽을 때의 마음이라 한 것은 바른 이치에 상위되지 않는다.

> 有說五識此位定無 意識取境 或因五識 或因他教 或定為因
> 生位諸因既不可得 故受生位意識亦無.

어떤 사람들은,[89] 전5식은 이 위치[生死位]에서 결코 존재하지 않으며, 의식이 경계를 취득하는 것은 5식에서 원인하기도 하고 다른 사람의 言教에서 원인하기도 하며, 혹은 선정력으로서 원인하기도 한다. 태어나는 위치에서는 (마치 이) 모든 원인들[위의 3因]을 취득할 수 없기 때문에 몸을 받는 위치에서는 의식도 또한 존재하지 않는다는 것이다.

> 若爾有情生無色界後時意識應永不生 定心必由散意識引 五
> 識他教彼界必無 引定散心無由起故.

만약에 그렇다면, 유정들이 무색계에 태어난 뒤의 의식은 영원히 일어나지 않아야 한다. 선정의 마음은 반드시 산란한 의식의 견인을 원인으로 한다. 전5식과 다른 사람의 언교는 그 무색계에 결코 존재하지 않는데, (그 무세계에 있을 때에는) 선정을 견인하는 산란한 마음[第6識]이 일어날 이유가 없기 때문이다.

---

[89] 대승교학의 異說로서 難陀, 無量 및 勝軍 등의 견해를 말한다[演培 法師, 『成唯識論講記』(天華出版, 1978), p.266].

若謂彼定由串習力 後時率爾能現在前 彼初生時寧不現起 又欲色
界初受生時串習意識亦應現起 若由惛昧初未現前此即前因 何勞
別說 有餘部執 生死等位別有一類微細意識 行相所緣俱不可了.

만약에 그 (무색계의) 선정이 관습력으로 원인하여 (무색계에 태어난) 뒤에 갑자기 스스로 현재전한다고 하면, 그것[定心]이 처음으로 (찰나 중에) 일어날 때에는 어째서 현기하지 않는가? 또한 욕계와 색계에서 처음으로 태어남을 받을 때에도 관습된 의식은 또한 마땅히 現起해야 한다. 만약에 惛昧함으로 인하여 처음(태어남)에는 (의식이) 아직 현재전하지 않는다면, 이것은 바로 앞에서 선설한 원인인데,90) 어찌 수고롭게 별도로 주장하는가?

다른 부파[上座部]에서도, 태어나고 죽는 등의 위치에서는 별도로 한 성류의 미세한 의식이 존재하고, 행상과 소연도 모두 了知할 수 없다고 주장한다.

應知即是此第八識 極成意識不如是故 又將死時由善惡業
下上身分冷觸漸起 若無此識彼事不成

마땅히 이것이 제8식임을 알아야 한다. 지극히 타당한 의식은 이와 같지 않기 때문이다. 또한 장차 죽으려고 할 때에는 선악업으로 인하여 신체의 아래[善業]와 위[惡業] 부분에91) 찬 감촉이 점차로 일어난다. 만약에 이 심식이 존재하지 않는다면, 그것[執受] 자체[事]도 이루어지지 않는다.

---

90) 『新導成唯識論』, p.132, "모든 賢者들이 공통으로 인정한 원인."(諸賢共許之因.)
91) 『述記』卷第4 本(『大正藏』43, 365, 中), "世親과 無性의 『攝大乘論』에서 모두 말하기를, 善業者는 아래로부터 차가워지고 惡業者는 위로부터 차가워진다. 勝趣와 惡趣에 태어나는 것이 다르기 때문이라 한다."(世親無性攝論皆云 善業從下冷 惡業從上冷 由生勝趣惡趣別故.)

轉識不能執受身故 眼等五識各別依故 或不行故 第六意識
不住身故 境不定故 遍寄身中恒相續故 不應冷觸由彼漸生.

  7轉識은 신체를 집수하는 것이 가능하지 않기 때문이고, 안식 등 전5식은 각각 별도로 의지하기 때문이며, (어떤 때는 반연이 결여되어서) 현행하지 않기 때문이다. 제6 의식은 신체에 (의지하여) 머물지 않기 때문이고,[92] 그 경계가 일정하지 않기 때문이며, 두루 신체 중에 의탁해서 항상 상속되기 때문에, 찬 감촉은 그것[제6식]으로 인하여 점차로 일어나지 않는다.

唯異熟心由先業力恒遍相續執受身分　捨執受處冷觸便生
壽煖識三不相離故　冷觸起處卽是非情　雖變亦緣而不執受
故知定有此第八識.

  오직 이숙심만이 이전의 업력으로 인하여 항상 두루 하고 상속하여 신체의 일부를 집수하며, 집수를 버린 곳[제8식]에 차가운 감촉이 바로 일어나는데, 수명과 체온 및 심식의 3가지는 서로 여의지 않기 때문이다. 차가운 감촉이 일어나는 곳[외부의 일반 것과 같기 때문에]은 곧 비정물(에 포함되)이므로 비록 (제8식이) 변현하고 또한 반연한다고 하더라도 (외부의 것은) 집수하지 않는다.[93] 그러므로 반드시 이 제8식이 존재한다는 것을 알아야 한다.

---

92) 『述記』 卷第4 本(『大正藏』 43, 365, 下), "이것은 결코 몸 가운데에 머물면서 감촉 등을 취하는 것이 아니기 때문에, 의식이 없을 때[5위무심]에는 몸에 곧 냉기가 생기는 것이 아니다."(不是決定住於身中取觸等故 非無意識身便令生.)
93) 上同(上同, 365, 下), "심식이 집수하지 못하는 것은 곧 非情物로서 견인된 과보에 소섭된 외부 세간의 부류들이다. 비록 제8식이 변현하고 반연하지만 집수하지 못하는 것은 수염이나 머리카락과 같은 것 등이다."(識不執處卽是非情 引果所攝外器之類 雖第八識變而亦緣而不執受如鬚髮等.)

又契經說識緣名色 名色緣識 如是二法展轉相依譬如蘆束
俱時而轉 若無此識彼識自體不應有故.

【識名色互爲緣證】

또한 경전에서, 심식이 명색을 반연하고 명색은 심식을 반연하는데, 이와 같은 2가지의 법이 전전하여 서로 의지한다는 것은, 비유하면 마치 갈대의 다발이 동시에 전전하는 것과 같다는 것이다. 만약에 이 심식이 존재하지 않는다면, 그 (경전에서 선설하는) 심식 자체도 마땅히 존재할 수가 없기 때문이다.

謂彼經中自作是釋 名謂非色四蘊 色謂羯邏藍等 此二與識
相依而住如二蘆束更互為緣恒俱時轉不相捨離.

말하자면, 그 경전 가운데에서 직접 이렇게 해설한다. 즉, 名이란 色蘊을 제외한 4蘊이고, 色이란 羯邏藍[94] 등을 말한다. 이 2가지[名色]와 심식[第8識]은 서로 의지하여 머무는 것이, 마치 두 다발의 갈대 묶음이 서로 인연이 되어서 항상 함께 전전하며, 서로 여의지 않는 것과 같다는 것이다.

眼等轉識攝在名中 此識若無 說誰為識 亦不可說名中識蘊
謂五識身 識謂第六 羯邏藍時無五識故.

---

94) 갈라람(kalalaṁ)은 소위 태내 5位갈리람, 알부남, 폐시, 건남 및 발라사게 중의 첫 번째로서 부모의 정액이 최초로 화합하여 응결된 상태를 가리키고, 수태된 후 첫 7일 동안의 상태를 말한다『가산불교대사림』 제1권(가산불교문화연구원, 1998), p.251].

안식 등의 전식은 名[4蘊] 가운데에 포함되는데, 이 심식[제8식]이 만약에 존재하지 않는다면, 어떤 것을 심식으로 삼아야 하겠는가? 또한 名 중에서 識蘊은 (단지) 5식신이고 심식은 제6식이라 말할 수 없듯이, 갈라람의 때에는 5식이 존재하지 않기 때문이다.[95]

又諸轉識有間轉故 無力恒時執持名色 寧說恒與名色為緣
故彼識言顯第八識.

또한 모든 전식은 間斷과 전전함이 있기 때문에 어느 때나 명색을 집지하는 세력이 존재하지 않는데, 어찌 항상 명색과 더불어 반연한다고 하는가? 그러므로 그 (경전 중의) 심식이라는 것은 제8식이라는 것을 나타낸다.

― 끝 ―

---

95) 『述記』卷第4 本(『大正藏』43, 366, 中), "대소승 모두 갈라람 위치의 7일 안에는 5識이 존재하지 않는다고 인정하기 때문에, 이 위치에서 名色에는 심식이 존재하지 않는다."(大小共許 羯邏藍位七日已來並無五識 故於此位無名中識.)

『成唯識論』第4卷

卷第4
『成唯識論』

又契經說一切有情皆依食住. 若無此識 彼識食體不應有故.

【四食證】

또한 경전에서,[1] 일체의 유정들은 모두 食物에[2] 의지해서 머문다는 것이다. 만약에 이 아뢰야식이 존재하지 않는다면, 그 (경전의 所說의) 識食[정신주체]의 체상도 존재하지 않아야 하기 때문이다.

謂契經說食有四種 一者段食變壞爲相. 謂欲界繫香味觸三
於變壞時能爲食事. 由此色處非段食攝. 以變壞時色無用故

말하자면 경전에서,[3] 식사에는 4가지가 존재한다고 한다. 1) (分)段食으로

---

1) 『新導成唯識論』卷第4, p.145, "부처님께서 성도한 후에 처음으로 尼犍子 등의 무의미한 고행을 제거하고자 하여 이 내용을 교설하셨다."(佛成道初欲除尼犍子等無義苦行說之.)
2) 肉身이나 法身을 保養하는 음식물과 감촉 등의 정신작용(āhāra).
3) 『增一阿含經』卷第41(『大正藏』2, 772, 中) 참조.

서4) 變壞되는 것을 自相으로 삼는데, 욕계에 계박된 냄새, 맛 및 접촉의 3가지가 변괴될 때에 능히 (諸根을 長養하고, 身命을 資益하는) 식사 자체로 되는 것을 말한다. 이렇기 때문에 色處[色境]는 段食에 포함되지 않는데, 변괴될 때에 色法은 작용이 없기 때문이다.5)

二者觸食觸境爲相. 謂有漏觸纔取境時攝受喜等能爲食事. 此觸雖與諸識相應. 屬六識者食義偏勝. 觸麤顯境攝受喜樂及順益捨資養勝故.

2) 觸食으로서 (마음으로 하여금) 대상을 접촉하게 하는 것을 자상을 삼는데, 유루법의 접촉이 순간적으로 대상을 연취할 때에, 기쁨 등을 섭수[資養과 生長]하여 스스로 식사 자체로 되는 것을 말한다. 이 접촉은6) 비록 (두루) 모든 심식들과 상응하지만 前6識에 소속되는 것은7) 食事의 의미가 偏重되어 뛰어나며, 麤顯한 대상에 접촉하여 喜受와 樂受 및 順益하는 (몸의) 捨受를

---

4) 『述記』卷第4 末(『大正藏』43, 367, 上), "여기에서 '段'이라는 것은 바로 '分段'의 의미로서 냄새, 맛 및 감촉의 3가지가 변괴된 형상으로, 변괴될 때에 식사의 형상이 되기 때문이다. — 단지 分分하게 이것을 수용할 수 있으므로 段食이라 한다."(今言段者 卽分段義 香·味觸三變壞 爲相 於變壞時爲食相故 — 但可說言分分受之故名段食.)

5) 上同(上同, 上~中), "수승한 定果色[定中所引色] 또한 色境의 성류이다. 변괴될 때에 능히 資益 되지 못하기 때문에 段食이 아니다. 변괴될 때에 색법이 自根으로서 능히 資益되지 않으면, 그 自根에는 이미 資用이 없고, 다른 根 등에도 또한 作用이 없게 되는데, 資養 등을 못하기 때문이다."(勝定果色亦色處類 非變壞時能爲資益 故非段食 以變壞時色於自根不能資益 於其自根旣無 資用 於餘根等亦無作用 不資養等.)

6) 『新導成唯識論』卷第4, p.145, "觸食으로서, 觸은 8識과 상응하는 감촉에 통하는 의미이다."(觸食也 觸食通八識相應觸義.) 혹은, "(접)촉 심소법으로서, 觸은 6識과 상응하는 감촉에 국한된 의미이다"(觸數也 觸食局六識相應觸義.)라고도 한다.

7) 『述記』卷第4 末(『大正藏』43, 367, 中), "6識에 소속된다는 것은, 食事의 의미에 偏勝한 것으로서 어떤 수승한 의미인가 하면, 감촉된 경계의 형상이 麤顯하고, 별도로 스스로 희수와 낙수를 섭수하며, 스스로 몸에 순익하는 捨受를 일으키기 때문에 偏重된 수승한 의미인 것이다." (屬六識者 食義偏勝 勝義如何 所觸之境相麤顯故 別能攝受喜·樂受故 能生順益身之捨受故 是(偏)勝義.)

섭수하여 資養함이 수승하기 때문이다.

> 三意思食希望爲相. 謂有漏思與欲俱轉. 希可愛境能爲食事.
> 此思雖與諸識相應. 屬意識者食義偏勝. 意識於境希望勝故.

3) (第6) 意(識 중의)思(심소)食으로서 희망으로 자상을 삼는데, 유루의 생각이 (별경의) 욕망과 함께 전전하여, 갈애할 대상을 희구하여 (身命을 資益하여) 스스로 食事 자체로 삼는 것을 말한다. 이 생각이 비록 (두루) 모든 심식들과 상응하지만 (第6) 의식에 속하는 것은, 식사의 의미가 편중되어 뛰어나고, 의식은 대상에 대하여 희망하는 것이 수승하기 때문이다.

> 四者識食執持爲相. 謂有漏識由段觸思勢力增長能爲食事.
> 此識雖通諸識自體. 而第八識食義偏勝. 一類相續執持勝故.
> 由是集論說此四食三蘊五處十一界攝.

4) 識食으로서 (諸根을 散壞케 하지 않게끔) 執持로 자상을 삼는데, 유루의 심식이 段食과 觸食 및 意思食의 세력으로 인하여 증장되어, (신명을 집지하는) 食事 자체로 되는 것을 말한다. 이 識食은 비록 모든 심식들의 자체에 통하지만, 제8식이 식사의 의미가 편중되어 뛰어나는데, 한 性類로 상속되어 집지함이 수승하기 때문이다.

이렇기 때문에 『잡집론』에서는,[8] 이 4가지의 식사는 3蘊[段食은 색온, 觸食과 意思食은 행온, 識食은 식온에 포함]과 5處[단식은 香處, 味處 및 觸處,

---

8) 『大乘阿毘達磨雜集論』 卷第3(『大正藏』 31, 672, 中).

촉식과 의사식은 法處, 識食은 意處에 포함] 및 11界[단식은 향계, 미계 및 촉계, 촉식과 의사식은 법계, 識食은 7心界(6識과 意根)에 포함]에 (일부) 포함된다고9) 한다.

> 此四能持有情身命令不壞斷故名爲食. 段食唯於欲界有用.
> 觸意思食雖遍三界而依識轉隨識有無. 眼等轉識有間有轉.
> 非遍恒時能持身命.

이 4가지는 능히 유정들의 신체와 생명을 집지해서, 변괴와 단절되지 않게 하기 때문에 식사라고 한다. 段食은 오직 욕계에서만 작용하고, 촉식과 의사식은 비록 3界에 두루 하지만 심식에 의지하여 전전하므로 심식에 따라서 존재하거나 않기도 한다. 眼識 등의 전식은 間斷[5位의 間斷]과 전전[三性 등으로 轉易]됨이 있으므로 두루하거나 항시에 능히 신체와 생명을 집지하지 못한다.

> 謂無心定熟眠悶絶無想天中有間斷故. 設有心位隨所依緣
> 性界地等有轉易故. 於持身命非遍非恒.

말하자면, 무심정[무상정과 멸진정], 숙면, 민절 및 무상천 중에서는 間斷함이 있기 때문이다. 설령 有心位라고 하더라도 소의[根], 소연[境], 3性, 3界 및 9地 등[有漏, 無漏]에 따라서 (일체의 때에) 轉易됨이 있기 때문에, 신체와 생명을 집지하는 데 있어서 두루 하거나 항상 하지도 않는다.

---

9) 『成唯識論觀心法要』 卷第4[『卍新纂續藏經』 第51冊(2009), p.342, 下 참조.

諸有執無第八識者 依何等食 經作是言. 一切有情皆依食住.
非無心位過去未來識等爲食. 彼非現常 如空花等 無體用故.
設有體用非現在攝如虛空等非食性故.

 (20부파 중에서) 여러 사람들이 제8식이 존재하지 않는다고 주장한 것은, (무심정 등의 지위에 證入할 때에) 어떠한 識食에 의지하는가? (그리고) 경전에서 (이내) 이것에 관하여 선설했는데, 일체 유정들은 모두 식사에 의지하여 머문다고 했다는 것이다.
 무심위의 과거나 미래의 심식[유루에 순익하는 심식] 등은 식사(의 體用으)로 될 수가 없는데, 그것[過未의 心識]이 현재하거나 항상 하지도 않아서 마치 空華 등과 같이 체용이 존재하지 않기 때문이다. 설령 (심식이 과거나 미래에) 체용이 존재한다고 하더라도 (그러나) 현재에 포함되지 않으므로, 마치 허공 등과 같이 식사의 성품이 아니다.

亦不可說入定心等與無心位有情爲食. 住無心時彼已滅故.
過去非食已極成故. 又不可說無想定等不相應行卽爲彼食.
段等四食所不攝故. 不相應法非實有故.

 또한 禪定에 든 마음 등을 무심위의 유정의 식사가 된다고 할 수 없는데, 무심에 머물 때에는 그것[가행된 마음과 심소법]은 이미 소멸되었기 때문으로서, 과거의 것이 식사가 아니라는 것은 이미 논리적으로 증명되었기 때문이다. 또한 무상정 등과 불상응행법[命根과 衆同分]을 그들의 식사가 된다고도 할 수가 없는데, 段食 등의 4가지 식사에 포함되지 않기 때문이고, (더욱) 불상응행법은 (색심 등을 여의어서) 실유법이 아니기 때문이다.[10]

---

10) 『成唯識論』卷第7(『大正藏』31, 39, 下), "心識의 자상[心王]이고, 심식에 상응[心所]하며, (色法

有執滅定等 猶有第六識 於彼有情 能爲食事 彼執非理 後
當廣破. 又彼應說 生上二界 無漏心時 以何爲食. 無漏識等 破
壞有故. 於彼身命不可爲食. 亦不可執無漏識中 有有漏種
能爲彼食.

어떤 사람들[上座部]은, 멸진정 등에는 여전히 第6識이 존재하므로 그들 유정에게는 식사 자체가 된다고 한다. 그들의 주장은 바른 이치가 아니므로 뒤[滅定證]에서 자세하게 논파하겠다. 또한 그들[經量部]은 上位의 2세계[색계와 무색계]에 들어서 무루의 (第6) 심식일 때에는, 무엇으로 식사로 삼는가를 설명해야 한다. 무루식 등은 존재[색계와 무색계의 자체]를 파괴하기 때문에, 그것[上二界]의 신체와 생명을 (마치 涅槃 등과 같이) 식사로 삼을 수 없다. 또한 무루의 (第6) 심식 중에 유루의 종자가 존재해서 능히 그것의 식사로 된다고 주장해서도 안 된다.

無漏識等 猶如涅槃. 不能執持 有漏種故 復不可說 上界有情
身命相持 卽互爲食. 四食不攝 彼身命故. 又無色無身 命無
能持故. 衆同分等 無實體故

무루식 등은 마치 열반과 같아서 (결정적으로) 스스로 유루의 종자를 집지할 수가 없기 때문이다. 다시 上界의 유정들은 신체와 생명이 서로 집지하므로 상

은) 이 2가지[心王과 心所]가 변이된 것이고, (不相應行法은) 위의 3가지[心王, 心所 및 色法] 上(의 假立)의 것이며, (無爲法은) 위의 4가지의 진실한 성품이기 때문에, 이와 같이 모든 법은 다 심식을 여의지 못함으로 전체적으로 심식이라는 명칭을 건립한다."(識自相故 識相應故 二所變故 三分位故 四實性故 如是諸法 皆不離識 總立識名.)

호 식사로 된다고도 할 수 없는데, 4가지의 식사에 그 신체와 생명을 (生住 등과 같이) 포함하지 않기 때문이다. 또한 무색계에는 신체가 존재하지 않아서 생명이 집지되지 않기 때문이고, 衆同分 등은 실체가 존재하지 않기 때문이다.

> 由此定知. 異諸轉識 有異熟識. 一類恒遍 執持身命 令不壞斷.

이렇기 때문에 결정적으로 모든 전식과는 달리 (별도로) 진이숙식이 존재하는데, 한 성류로 항상 하고 두루 하며, 신체와 생명을 집지해서 변괴하고 間斷하지 않게끔 한다는 것을 알아야 한다.

> 世尊依此 故作是言. 一切有情 皆依食住. 唯依取蘊 建立有情. 佛無有漏 非有情攝. 說爲有情 依食住者 當知皆依 示現而說. 旣異熟識 是勝食性. 彼識卽是 此第八識.

세존께서는 이것[根本識]에 의지했기 때문에 이와 같이, 일체의 유정들은 모두 식사에 의지해서 머문다고 하신 것이다. 오직 有漏[取蘊]에[11] 의지해서만 有情을 건립하는데, 부처님께는 유루(의 5蘊)가 존재하지 않으므로 유정에 포함되지도 않는다. (『잡집론』에서[12]) (부처님께서) 유정 (중에서 최상)

---

11) 『俱舍論』卷第1(『大正藏』 29, 2, 上), "有漏를 取蘊이라 하며, -번뇌를 取라고 하는데, 蘊은 번뇌인 取로부터 생기므로 取蘊이라 한다."(有漏名取蘊-煩惱名取 蘊從取生 故名取蘊.) 유식 교학에서는 貪愛의 別名으로서 이것이 사물에 取着하게 하므로 取라 하고, 5온은 항상 번뇌[取]에 종속되고, 능히 번뇌를 일으키므로 취온이라 한다. 또한 3界의 苦果에 집착해서 이것이 후세의 果報를 執持, 長養하므로 取蘊이라 한다.
12) 『大乘阿毘達磨雜集論』卷第3(『大正藏』 31, 672, 中).

이 되어 식사에 의지하여 머문다는 것은, 모두 (權巧의) 示現에[13] 의지하여 교설된 것임을 알아야 한다. 이숙식만이 수승한 식사의 성품이고, 그 심식이라는 것은 바로 제8 아뢰야식이다.

又契經說 住滅定者 身語心行 無不皆滅 而壽不滅 亦不離煖 根無變壞. 識不離身. 若無此識 住滅定者. 不離身識 不應有故.

【滅定證】

또한 경전에서, 멸진정에 머무는 수행자는 신체(몸의 入出息)와 언어(尋伺의 분별) 및 마음의 활동[心行; 受想의 감정을 일으키는 원인]이 모두 멸진되지 않은 것이 없지만,[14] 수명은 단멸되지 않고, 체온도 여의지 않으며, 6근도 변괴됨이 없고, 제8 心識도 몸을 여의지 않는다는 것이다. 만약에 이 (제8) 심식이 존재하지 않는다면, (곧 경전에서 선설한 바와 같이) 멸진정에 머문 수행자에게는 몸을 여의지 않은 심식이라는 것이 존재하지 않아야 하기 때문이다.

---

13) 『述記』卷第4 末(『大正藏』43, 369, 上), "示現은 유정을 위한 것이고, 또한 시현으로서 식사가 되므로, 실제에 의거하여 말한 것이다."(示現爲有情 亦示現有食 擧實而言.) 즉, 示現이란 불보살들이 중생들을 교화하기 위하여 禪定 중에서 잠시 여러 가지로 나툰 것을 말한다[定中所引色, 自在所生色, 定果色].

14) 『述記』卷第4 末(『大正藏』43, 369, 上), "이 선정에 證入하면 身行의 入出息이 소멸되며, 제4 선정 상의 氣運은 바로 絶行되는데, 하물며 이 지위이겠는가. 語行의 尋伺와 心行의 受想은 모두 소멸되지 않음이 없다. 行이란 원인의 의미이다."(入定者 滅身行入出息 第四定上氣卽絶行 況此位故 語行尋・伺 心行受想 無不皆滅 行者因義.)

謂眼等識 行相麤動. 於所緣境 起必勞慮. 厭患彼故 暫求止息
漸次伏除 至都盡位. 依此位立 住滅定者. 故此定中 彼識皆滅

말하자면, 안식 등의 심식은 인식활동이 麤顯하고 變易되어서,[15] 소연인 대상을 일으킬 때에 반드시 수고롭게 思慮한다. (본래) 그것[전식들]을 厭患하기 때문에 잠시 止息됨을 희구하다가 점차로 伏除하여 멸진정의 지위에 이른다. 이 지위에 의거해서 멸진정에 머무는 수행자를 건립하기 때문에, 이 선정 중에는 그 7轉識이 모두 소멸된다.

若不許有 微細一類恒遍 執持壽等識在. 依何而說 識不離身.
若謂後時 彼識還起 如隔日瘧 名不離身. 是則不應 說心行滅

만약에 미세하게 한 성류로 항상 하고 두루 하여, 수명 등을 집지하는 심식으로 존재한다고 인정하지 않는다면, 무엇에 의지하여 심식이 몸을 여의지 않는다고 하겠는가? 만약에 뒤에 그 심식이 다시 일어나는 것이 마치 하루거리 학질과 같이 몸을 여의지 않는다고 한다면, 이것은 바로 마음의 활동[心行]만이 소멸된 것이라고 해서는 안 된다.[16]

---

15) 上同(上同, 中), "眼識 등 모든 심식에는 2가지의 행상이 있는데, 하나는 麤顯이고, 다른 하나는 變易이다. 麤란 相貌로서 지식으로 바꾸고, 動은 곧 數심소법으로서 轉易을 더하는 것이다. 혹은 다시 間斷하거나 그 성품으로 變化하는 것이다. 어느 곳에서는 많은 인연은 산란함이 있지 않기 때문에 動이라 한 것은 이미 그렇다."(眼等諸識 有二行相 一者麤 二者動 麤則相貌易知 動乃數加轉易 或復間斷 或變其性 有處 無有多緣散亂 故名爲動 旣爾.)
16) 『述記』卷第4 末(『大正藏』43, 369, 下), "心行은 禪定 중에는 없고 선정을 벗어나면 마침내 처음으로 활동한다. 곧, 선정 중에서는 심행이 소멸되었다고 한다. 轉識은 선정 중에는 없다. 선정에서 나오면 비로소 활동한다. 어째서 여의지 못한다고 하는가? 당연히 선정 중에 심식 자체는 존재하지 않는다고 해야 한다."(心行定中無 出定方始有 卽說定中心行滅 轉識定中無 出定方始有 何爲說不離 應說定中識體非有.)

識與想等 起滅同故. 壽煖諸根 應亦如識 便成大過. 故應許識
如壽煖等 實不離身.

轉識과 想像[心行] 등은 (그) 생기와 소멸되는 것이 (반드시) 같기 때문이다. (다시) 수명과 체온 및 여러 감각기관도 또한 6전식과 같아야 하므로, 곧 큰 과오를 이루게 된다. 그렇기 때문에 (第8) 심식(이 존재하는 것)도 (마치) 수명이나 체온 등과 같이 진실로 몸을 여의지 않다는 것을 인정해야 한다.

又此位中 若全無識 應如瓦礫 非有情數. 豈得說爲 住滅定者.
又異熟識 此位若無. 誰能執持 諸根壽煖.

또한 이 멸진정의 지위에서 만약에 전혀 심식이 존재하지 않는다면, 당연히 기왓장과 같이 有情의 部類가 아니어야 하는데, 어떻게 멸진정에 머문 聖者[사람]이라 할 수 있겠는가? 또한 이숙식이 이 지위에서 만약에 존재하지 않는다면, 무엇이 능히 모든 감각기관과 수명 및 체온을 집지하겠는가?

無執持故 皆應壞滅. 猶如死屍 便無壽等. 旣爾後識 必不
還生. 說不離身 彼何所屬. 諸異熟識 捨此身已. 離託餘身
無重生故.

집지하는 것이 없기 때문에 모두 변괴되거나 소멸되어서 마치 시체처럼 곧 수명 등이 없어야만 한다. 이미 그렇다면, (선정에서 나온) 뒤의 심식은 반드시 다시 일어나지 않아야 하는데, 몸을 여의지 않는다는 것은 그것이

어디에 屬着되는가? 모든 이숙식이 이 몸을 버리고서 여의였으면, 다른 몸에 依託할 때에 거듭 태어나는 것[사람]이 없기 때문이다.[17]

又若此位 無持種識 後識無種 如何得生. 過去未來 不相應法
非實有體 已極成故, 諸色等法 離識皆無. 受熏持種 亦已遮故

또한 만약에 이 지위에서 종자를 집지할 심식이 존재하지 않는다면, 뒤의 심식은 종자가 없는데 어떻게 생겨날 수 있겠는가? 과거와 미래 및 불상응행법이 (모두) 실유의 체성이 아니라는 것은 (앞에서) 이미 극명하게 밝혀졌기 때문이다. 모든 색법 등은 심식을 여의면 다 존재하지 않으며, 훈습을 받아들여서 종자를 집지한다는 것도 (앞에서) 또한 이미 遮遣되었기 때문이다.

然滅定等 無心位中 如有心位 定實有識 具根壽煖 有情攝故
由斯理趣 住滅定者. 決定有識 實不離身.

그러므로 멸진정 등의 무심위에서는 마치 유심위에서와 같이 반드시 진실로 (제8) 심식이 존재해야 하는데, 그 감각기관과 수명 및 체온을 갖추어서 유정에 포함되기 때문이다. 이러한 理趣에 의거하여 멸진정에 머무르는

---

[17] 『述記』 卷第4 末(『大正藏』 43, 370, 上), "만약에 아뢰야식이 존재한다면, 이것은 진이숙이기 때문에 일체의 시기에 존재한다. 그대들이 (말한 것과 같이) 본 심식이 전재하지 않는다면 이 지위에서는 이숙식이 단절된다. 이숙식이 단절되어 여의였으면, 다른 태어남에 의탁한 거듭 태어남이 없기 때문이다. 즉, 『섭대승론』의 교설과 같다. −그들이 선설한 것은 진이숙이 아닌 것이 인정되는데, 비록 이것이 그들이 인정하는 진이숙법이라 하더라도 우리 宗에서는 모두 인정되는 것이 아니기 때문으로, 결코 과실이 없지 않아서 그렇다."(若有阿賴耶 是眞異熟故一切時有 汝無本識於此位中異熟識斷 異熟斷已離託餘生無重生故 卽攝論同−自許說彼非眞異熟 雖是他許眞異熟法 然非此宗共所許故 無不定過.)

사람에게는 결정코 (第8) 심식이 존재하여 진실로 몸을 여의지 않는다.

> 若謂此位 有第六識 名不離身 亦不應理. 此定亦名無心定故
> 若無五識 名無心者. 應一切定 皆名無心. 諸定皆無五識
> 身故.

만약에 이 지위에는 第6 의식이 존재하므로 몸을 여윈 것이 아니라고 한다면, 또한 당연히 이치에 맞지 않는데, 이 선정을 무심정이라 명칭하기 때문이다. 만약에 전5식이 존재하지 않으므로 무심정이라 한다면, (곧) 일체의 선정을 모두 무심정이라 해야 하는데, 모든 선정에는 다 전5식[身]이 존재하지 않기 때문이다.

> 意識攝在 六轉識中. 如五識身 滅定非有. 或此位識 行相所緣
> 不可知故. 如壽煖等 非第六識 若此位有 行相所緣 可知識者.
> 應如餘位 非此位攝. 本爲止息 行相所緣 可了知識 入此定故

(더욱) 意識은 (본래) 6轉識 중에 포함되어 존재하므로 마치 전5식과 같이 멸진정에 존재하는 것이 아니어야 한다. 혹은 이 지위의 심식은 그 활동과 소연을 알 수 없기 때문에 마치 수명과 체온 등과 같이 제6 의식이 아니어야 한다. 만약에 이 지위에 인식활동과 그 대상을 了知할 수 있는 심식이 존재한다면, 다른 (유심)위에서와 같이 이 멸진정의 지위에 포함되지 않아야 하는데, 본래 인식활동과 그 대상을 了知할 수 있는 심식을 止息하기 위하여 이 선정에 들기 때문이다.

> 又若此位有第六識彼心所法爲有爲無. 若有心所 經不應言

住此定者心行皆滅. 又不應名滅受想定.

또한 만약에 이 지위에 제6 의식이 존재한다면, 그것의 심소법은 존재하게 되는가 존재하지 않게 되는가? 만약에 심소법이 존재한다면, 경전에서 마땅히 이 선정에 머무는 사람은 마음의 활동을 모두 소멸했다고 하지 않아야 하고, 또한 滅受想定이라고 해서도 안 된다.

此定加行但厭受想故 此定中唯受想滅. 受想二法資助心強. 諸心所中獨名心行. 說心行滅 何所相違.

(경량부의 救難) 이 선정의 加行位에서는 단지 감정과 상상을 厭離하기 때문에 이 선정에서는 오직 감정과 상상만이 소멸된다. 감정과 상상의 2가지의 심소법은 마음을 滋養하고 조력함이 강력하므로 모든 심소법에서 유독 마음의 활동이라 하며, 마음의 활동을 소멸했다고 한다. 어떻게 相違되는 데가 있는가?

無想定中應唯想滅. 但厭想故 然汝不許. 既唯受想資助心強 此二滅時心亦應滅. 如身行滅而身猶在. 寧要責心令同行滅

[답변] 무상정 중에서는 오직 상상만을 소멸한다고 해야 하는데, (가행위에서는) 단지 상상만을 厭離하기 때문이다. 그러나 그대들은 (단지 상상만이 소멸된다는 것을) 인정하지 않는다. 오직 감정과 상상만이 마음을 자양하고 조력함이 강력하므로 이 2가지가 소멸될 때에는, 마음도 또한 소멸되어야 한다.
[救難] 마치 몸의 활동[入出息]이 소멸되어도 몸은 존재하는 것과 같은데,[18] 어째서 마음을 責望하여 (감정과 상상하는 마음의) 활동과 같이 소멸된다는

것을 요구하는가?

若爾 語行尋伺滅時 語應不滅而非所許. 然行於法有遍非遍.
遍行滅時法定隨滅. 非遍行滅法或猶在. 非遍行者謂入出息.
見息滅時身猶在故.

[답변] 만약에 그렇다면(心行의 受想滅, 마음은 不滅, 언어의 행상인 尋求와 伺察이 소멸될 때에도 언어는 소멸되지 않아야 하지만,[19] (그대들은 또한) 인정하지 않는다. 그러나 행상은 法에 대해서 두루 하거나 않기도 하는데,[20] 두루 하는 행상이 소멸될 때에는 법도 반드시 따라서 소멸되지만, 두루 하지 않는 행상이 소멸될 때에는 법은 간혹 여전히 존재한다. 두루 하지 않는 행상이란 入出息을 말하는데, 호흡이 소멸될 때에도 몸은 여전히 존재하는 것을 보기 때문이다.[21]

尋伺於語是遍行攝. 彼若滅時語定無故. 受想於心亦遍行攝.
許如思等大地法故. 受想滅時心定隨滅. 如何可說彼滅心
在. 在. 非遍行者謂入出息. 見息滅時身猶在故.

---

18) 『述記』卷第4 末(『大正藏』43, 371, 上), "제4 禪定 이상에 證入하면 入出하는 호흡은 없지만, 그 몸은 반드시 존재한다."(入第四定以上 入出息無 其身尙在.)
19) 『述記』卷第4 末(『大正藏』43, 371, 中), "언어는 당연히 소멸되지 않지만 尋伺의 語行이 소멸되면, 언어도 尋伺에 따라서 없어진다."(語應不滅 尋伺語行滅 語隨尋伺無.)
20) 上同(上同), "말하자면, 행상은 법의 有無에 따르므로 遍行이라 한다. −(법의) 유무에 따르지 않으면 변행이 아니다."(謂行隨法有無 名遍行−不隨有無 名非遍行.)
21) 『述記』卷第4 末(『大正藏』43, 371, 中), "제4 禪定 이상에 證入하면 입출하는 호흡은 없지만, 그 호흡이 없어졌을 때에도 몸은 반드시 존재하기 때문이다."(入第四禪以上 入出息滅 其息滅時 身猶在故.)

심구와 사찰은 언어에서 두루 하는 행상에 포함되는데,[22] 그것이 만약에 소멸될[二禪 이상에서는 尋伺가 없다] 때에는 언어도 반드시 존재하지 않기 때문이다[大乘은 그렇지 않다]. (여기) 감정과 상상도 마음에 대해 또한 두루 하는 행상에 포함되는데, 마치 생각 등과 같이 (모두) 大地法으로 인정하기 때문이다.[23] (이렇기 때문에) 감정과 상상이 소멸될 때에는 (그 6識의) 마음도 반드시 따라서 (함께) 소멸되어야 하는데, 어떻게 그것들[受想]이 소멸되어도 (6識의) 마음은 (마치) 존재한다고 할 수 있는가?

又許思等是大地法 滅受想時彼亦應滅. 既爾信等此位亦無. 非遍行滅餘可在故. 如何可言有餘心所.

또한 생각 등은 대지법이라 인정하므로 (곧) 감정과 상상을 소멸할 때에는 그것[생각 등]도 또한 (따라서) 소멸되어야 한다. 이미 그렇다면, 믿음 등 (모든 심소법)도 이 (멸진정의) 지위에서는 또한 존재하지 않아야 한다. 두루 하는 행상(인 심소법)이 소멸되는데, 다른 것[심소법]이 존재할 수 없기 때문이다. 어떻게 다른 심소법이 존재한다고 말할 수 있는가?

既許思等此位非無 受想應然. 大地法故. 又此定中若有思等亦應有觸. 餘心所法無不皆依觸力生故. 若許有觸亦應有受. 觸緣受故. 既許有受想亦應生. 不相離故.

---

22) 『新導成唯識論』卷第4, p.151, "이것은 소승에 따른 변행법이다. 대승에서는 그렇지 않다. 如來에게는 비록 尋伺가 없더라도 마치 법을 선설함과 같기 때문이다."(此隨小乘云遍行也 大乘不爾 如來雖無尋伺 猶說法故.)

23) 『述記』卷第4 末(『大正藏』43, 371, 中), "근본 경량부에서는 (受, 想, 思의) 3가지 遍大地法이 존재한다고 한다."(根本經部說有三法遍行.)

(만약에) 생각 등을 이 지위[無心位]에서 존재하지 않는 것이 아니라고 인정한다면, 감정과 상상도 (또한) 당연히 그러해야 하는데, (같은) 대지법이기 때문이다. 또한 이 선정 중에 만약에 생각 등이 존재한다면, 또한 접촉도 존재해야 하는데, (일반적으로) 다른 심소법들은 모두 접촉의 세력에 의지하지 않고서는 일어난다고 할 수 없기 때문이다. 만약에 접촉이 존재한다고 인정된다면 또한 감정도 존재해야 하는데, 접촉은 감정에 반연되기 때문이다. 이미 감정이 존재한다고 인정되었으면 상상도 또한 당연히 일어나는데, 서로 여의지 않기 때문이다.

如受緣愛 非一切受皆能起愛. 故觸緣受非一切觸皆能生受.
由斯所難其理不成.

[救難] 마치 감정이 갈애에 반연된다고는 하지만, 일체의 감정이 모두 스스로 갈애를 일으키는 것은 아닌 것과 같다.[24] 그러므로 접촉이 감정에 반연된다고는 하지만 일체의 접촉이 모두 감정을 일으키는 것은 아니다.[25] 이렇기 때문에 (그들이) 비난하는 것은 이치가 성립되지 않는다.

彼救不然有差別故. 謂佛自簡唯無明觸所生諸受爲緣生愛.
曾無有處簡觸生受. 故若有觸必有受生. 受與想俱其理決定.

---

24) 『述記』卷第4 末(『大正藏』43, 372, 上), "無漏位의 善性의 감정은 갈애를 일으키지 않기 때문이다."(無漏善受 不起愛故.)
25) 上同(上同), "이 지위에도 접촉은 존재하지만, 감정은 일어나지 않기 때문이다."(此位有觸 無受生故.)

[답변] 그들의 救難은 그렇지 않는데, 차별이 있기 때문이다.26) 말하자면, 부처님께서 스스로 간택하기를, 오직 無明의 접촉에서 일어난 모든 감정들을 반연으로 삼아서 갈애를 일으킨다고만 하셨다. 일찍이 聖敎[處]에서 접촉이 감정을 일으킨다고 간택[분별]한 것은 있지 않았다.27) 그러므로 만약에 접촉이 존재한다면 반드시 감정도 일어나야 하는데, 감정과 상상이 함께 하는 것은 그 이치가 결정적이다.

或應如餘位受想亦不滅. 執此位中有思等故. 許便違害心行滅言. 亦不得成滅受想定.

혹은 다른 지위에서와 같이 감정과 상상도 또한 소멸되지 않아야 하는데, 이 지위 중에서는 생각 등이 존재한다고 주장하기 때문이다. (이것을) 인정하면, 곧 마음의 행상을 소멸한다는 말에 違害되고, 또한 멸수상정으로 될 수 없다.

若無心所 識亦應無. 不見餘心離心所故. 餘遍行滅法隨滅故. 受等應非大地法故. 此識應非相應法故. 許則應無所依緣等. 如色等法亦非心故.

---

26) 『新導成唯識論』卷第4, p.152, "감정은 갈애를 일으키고, 접촉은 감정을 일으킨다."(受生愛與觸生受)
27) 『述記』卷第4 末(『大正藏』43, 372, 上), "서로 순수하기 때문으로서 일체의 감정이 모두 스스로 갈애를 일으키는 것은 아니며, 일찍이 聖敎에서 접촉이 감정을 일으킨다고 분별함도 없었다. 이것은 散心의 위치에서 접촉이 스스로 감정을 일으키지만, 이 멸진정의 지위에서는 접촉이 감정을 일으키지 않는데, 무엇으로서 예로 삼는가?"(以相順故 非一切受皆能生愛 曾無有敎簡觸生受 此散心位觸能生受 此滅定位觸不生受 何得爲例)

만약에 심소법이 존재하지 않는다면 (곧) 6식도 (반드시) 또한 존재하지 않는데, 다른 (안식 등의) 마음이 (상응하는) 심소법을 여의였다고 볼 수 없기 때문이다.[28] 다른 (5식과 상응하는) 변행 심소법[尋伺]이 소멸될 때에는 心法도 (반드시) 따라서 소멸되기 때문인데, 감정 등은 대지법이 아니어야 하기 때문이다. 이 심식은 상응법이 아니어야 하기 때문으로서 (만약에) 인정된다면, (이 심식과 상응되지 않는 법은) 곧 소의근과 소연경 등이 존재하지 않아야 하는데, 마치 색 등의 법과 같이 또한 마음이라 할 수 없기 때문이다.

又契經說意法爲緣生於意識 三和合觸 與觸俱起有受想思. 若此定中有意識者. 三和合故必應有觸. 觸旣定與受想思俱. 如何有識而無心所.

또한 경전에서,[29] 意根과 法境을 반연으로 삼아서 의식을 일으키는데, 이 3가지가 화합하여 접촉이 있고, 접촉과 함께 일어나는 감정과 상상 및 생각이 존재한다고 한다. (이제) 만약에 이 선정 중에 의식이 존재한다면, 3가지가 화합하기 때문에 반드시 접촉이 존재해야 한다. 접촉은 반드시 감정과 상상 및 생각과 함께 하는데, 어떻게 의식만이 존재하고 심소법은 존재하지 않는다고 하는가?

若謂餘時三和有力成觸生觸能起受等. 由此定前厭患心所

---

28) 上同(上同, 中). "멸진정의 지위에서는 제6 의식[心]이 존재하지 않는데, 大地의 심소법이 없기 때문이다. 마치 悶絶 등의 위치에서와 같다."(滅定之位 無第六心 以無大地心所法故 如悶絶等位.)
29) 『雜阿咸經』卷第11(『大正藏』 2, 74, 中).

故在定位三事無能 不成生觸亦無受等.

[질문] 만약에 다른 때에는 3가지의 화합이 세력이 있어서 접촉을 이루고,[30] 접촉을 일으키므로 능히 감정 등을 일으킨다. 이 선정 이전에 심소법을 厭患한 것에 의거하기 때문에, 선정의 지위에 있을 때에 3가지의 화합자체가 공능이 없어서 접촉을 이루거나 (다시) 일으키지 못하면, 또한 감정 등도 존재하지 않는다는 것이다.

若爾應名滅心所定. 如何但說滅受想耶 若謂厭時唯厭受想.
此二滅故心所皆滅. 依前所厭以立定名. 旣爾此中心亦應滅
所厭俱故如餘心所. 不爾如何名無心定.

[반문] 만약에 그렇다면, (일체의) 심소법을 멸진한 선정이라 해야 할 것인데, 어째서 단지 감정과 상상만을 멸진했다고 하는가?
[救難] 만약에 (심소법을) 厭患할 때에는 오직 감정과 상상만을 염환하며, 이 2가지가 소멸되었기 때문에 심소법이 모두 멸진된다. 이전의 염환된 것에 의거하여 선정이라는 명칭을 건립하는 것이다.
[반문] 이미 그렇다면, 이 (멸진정) 중에서는 (第6) 마음도 또한 (반드시) 소멸되어야 하는데, 염환된 것[감정 등]과 함께하기 때문으로서 마치 다른 심소법처럼. 그렇지 않다면, 어떻게 무심정이라 하는가?

又此定位意識是何. 不應是染或無記性. 諸善定中無此事故.

---

30) 『述記』卷第4 末(『大正藏』43, 372, 下), "별도로 접촉이 존재하지 않기 때문에 능히 접촉으로 되고, 별도로 접촉이 있기 때문에 능히 접촉이 일으킨다."(無別觸故能成於觸 有別觸故能生於觸)

> 餘染無記心必有心所故. 不應厭善起染等故. 非求寂靜翻
> 起散故.

또한 이 선정의 지위에서 의식은 어떠한 성품인가? 당연히 이것은 染汚性이나 無記性이 아니어야 하는데, 모든 善性의 선정 중에는 이들[염오와 무기] 자체가 존재하지 않기 때문이다. 다른 염오성과 무기성의 (第6) 마음이라면,[31] 반드시 심소법이 존재하기 때문이고, 善性을 염환해서 (반대로) 염오성 등을 일으키는 것이 아니기 때문이며,[32] 寂靜을 희구하면 반대로 산란심을 일으키지 않기 때문이다.

> 若謂是善. 相應善故. 應無貪等善根相應. 此心不應是自性
> 善或勝義善. 違自宗故非善根等及涅槃故. 若謂此心是等
> 起善 加行善根所引發故. 理亦不然違自宗故. 如餘善心非
> 等起故.

만약에 이것[멸진정중 의식]이 善性으로서 相應善이기[33] 때문이라 한다면,[34] 마땅히 무탐 등의 선근과도 상응해야 한다. 이 마음[멸진정중 第6]은

---

31) 『新導成唯識論』卷第4, p.153, "그대들이 멸진정의 지위에서도 반드시 심소법이 존재한다는 것은 염오와 무기심을 인정하기 때문으로서, 마치 다른 염오와 무기심처럼."(汝滅定位必有心所 許染無記故 如餘染無記心.)
32) 上同, "당연히 가행위에서는 有心位의 유루 善인 禪定을 싫어하고, 무심위의 善인 멸진정을 희구하지만, 禪定 중에서는 염오와 무기심은 일어나지 않는다."(非應加行位厭有心有漏善定 求無心善滅定 而定中起染無記心.)
33) 4종의 善 중에서 自性善에 상응하는 信과 勤 등의 마음과 심소법을 말한다.
34) 『新導成唯識論』卷第4, p.153, "이 마음이 선성이라면, 당연히 無貪 등의 선근과도 상응해야 한다. 상응되는 善으로 인정되기 때문이다. 마치 다른 지위의 선심과 같이."(此心是善應無貪等善根相應 許相應善故 如餘位善心.)

自性善이나 勝義善[涅槃]이 아니어야 하는데, 자기들의 宗旨에 위배되기 때문이고, (第6識은) 善根 등(의 自性)과 열반(의 승의)이 아니기 때문이다. 만약에 이 마음이 바로 等(流引)起善이고35) (이것이) 加行의 선근에 引發된 것이기 때문이라 한다면, 이치적으로 또한 타당하지 않는데, 자기들의 종지에 위배되기 때문이고, 마치 다른 (지위의) 善(性의 第6)心과 같이 등기선이 아니어야 하기 때문이다.

善心無間起三性心. 如何善心由前等起. 故心是善由相應力.
旣爾必與善根相應. 寧說此心獨無心所. 故無心所心亦應無.

善(性의 第6)心의36) 無間滅에서는 (뒤에 곧 隨緣하여) 3가지 性類의 마음이 일어나는데, 어떻게 善心만을 이전의 것[善心]에 의거해서 등기심이라 하는가? 그러므로 (第6識인) 마음이 (만약에) 바로 善性이라는 것은 (반드시) 상응되는 (심소법의) 세력으로 인한 것이다. 이미 그렇다면, 반드시 (無貪 등의) 선근과 상응해야 하는데, 어째서 이 마음[멸진정중 第6識의 善性]에만 유독 심소법이 존재하지 않는다고 하는가? 그러므로 (만약에 이 禪定에) 심소법이 존재하지 않는다면, (곧 第6識인) 마음도 또한 (반드시) 존재하지 않아야 한다.

如是推徵眼等轉識於滅定位非不離身. 故契經言不離身者.

---

35) 等起善이란 4善 중에서 自性善, 相應善과 함께 일어나는 身口의 표업, 무표업과 불상응행법을 말한다.

36) 『述記』卷第4 末(『大正藏』43, 373, 下), "다른 지위의 善心은 뒤에 2가지 성품의 마음을 일으키는데, 모두가 당연히 等起善이다. 선심이 引發했기 때문으로 마치 이 지위의 마음과 같다."(餘位善心後起二性之心 皆應是等起善 善心引發故 如此位心.)

彼識卽是此第八識　入滅定時不爲止息此極寂靜執持識故.
無想等位類此應知.

[정의] 이와 같이 推徵하면, 안식 등의 6轉識은 멸진정의 지위에서 몸을 여의지 않는 것이 아니다. 그러므로 경전에서, 몸을 여의지 않는다고 한 그 심식이라는 것은 바로 이 제8 아뢰야식으로서, 멸진정에 證入될 때에도[37] (단지 囂動하고 勞慮한 것만을 止息하고) 이러한 지극히 寂靜한 집지식은 止息되는 것이 아니기 때문이다. 무상정 등[無想天]의 지위에서도 이것에 견주어서 알아야 한다.

又契經說心雜染故有情雜染. 心淸淨故有情淸淨. 若無此
識彼染淨心不應有故. 謂染淨法以心爲本. 因心而生依心
住故. 心受彼熏持彼種故.

【染淨證】

또한 경전에서,[38] 마음이 잡염되기 때문에 유정도 잡염되고, 마음이 청정하기 때문에 유정도 청정하다는[39] 것이다. 만약에 이 (第8) 심식이 존재하지

---

37) 『述記』卷第4 末(『大正藏』43, 373, 下), "『成業論』(『大正藏』31, 784, 下)에서, 마음에는 2가지가 있는데, 하나는 集起心이고, 다른 하나는 種種心인데, 第2로 삼기 때문에 無心定이라 한다. 여기에서는 入定할 때에 이 지극히 寂靜한 執持識은 止息되지 않기 때문인데, 바로 第1의 집기심임을 말하는 것이다."(成業論云 心有二種 一集起心 二種種心 爲第二故名無心定 今言入定時 不爲止息此極寂靜執持識故 卽是第一集起心也.)
38) 『說無垢稱經』卷第2(『大正藏』14, 563, 中); 『維摩詰所說經』卷上(『大正藏』14, 541, 中).
39) 『新導成唯識論』卷第4, p.154, "因位의 有漏 第8識이다. 惑業의 훈습을 받아서 그 종자를 집지할 때에는 잡염심이 되며, 第6, 第7識이 무루의 훈습을 받아서 그 종자를 집지하는 지위에

않는다면, 그 (經典 所說의) 잡염과 청정한 마음도 존재하지 않아야 하기 때문이다. 말하자면, 잡염과 청정법은 마음을 근본으로 삼으며, 마음[종자]으로 인하여 일어나고, 마음에 의지하여 머물기 때문이다. 마음이 그것[무루 현행]의 훈습을 받아들이고, 그것[무루]의 종자를 집지하기 때문이다.

然雜染法略有三種 煩惱業果種類別故. 若無此識持煩惱種
界地往還無染心後 諸煩惱起皆應無因. 餘法不能持彼種故.
過去未來非實有故. 若諸煩惱無因而生. 則無三乘學無學果.
諸已斷者皆應起故.

그런데 잡염법에는 대략 3가지가 있는데, 번뇌와 업 및 과보는 종자의[40] 성류가 다르기 때문이다. 만약에 이 (第8) 심식이 번뇌의 종자를 집지하지 못한다면, (一時에) 3界와 9地에 가고 오거나 (二時에) 雜染이 없는 마음의[41] 이후에 모든 번뇌가 일어나는 것은, 모두 원인이 없어야 한다. 다른 법[色法 등]은 능히 그것[有漏種子]의 종자를 집지할 수 없기 때문이고, 과거와 미래는 실유가 아니기 때문이다. 만약에 모든 번뇌가 원인 없이 일어난다면, 곧 3乘의 유학과 무학위의 과보가 없게 되는데, 모든 이미 間斷된 것이 모두 (원인 없이) 일어나야 하기 때문이다.

서는 청정심이다."(因位有漏第八也 受惑業果熏 持彼種子 之時雜染心 受六七無漏熏 持彼種子之位清淨心也.)
40) 『成唯識論觀心法要』卷第4[『卍新纂續藏經』第51冊(2009), p.345, 下], "種이란 번뇌와 업 및 과보의 현행으로 훈습된 종자를 말한다."(種謂煩惱業果現行所熏種子.)
41) 『新導成唯識論』卷第4, p.154, "이 두 시기의 이후에는 모든 번뇌가 일어나므로, 만약에 제8식이 존재하지 않는다면, 모든 것이 원인이 없게 되어 종자를 집지할 수가 없기 때문이다."(此二時後 諸煩惱起 若無第八 皆可無因 無持種故.)

若無此識持業果種. 界地往還異類法後. 諸業果起亦應無因.
餘種餘因前已遮故. 若諸業果無因而生. 入無餘依涅槃界已.
三界業果還復應生. 煩惱亦應無因生故.

만약에 이 (第8) 심식이 업과 과보의 종자를 집지하지 못한다면, 3계와 9지에 가고 올 때와 (上下와 優劣의) 性類를 달리한 법[無漏心]의 이후에 모든 업과 과보가 일어나는 것도, 또한 (종자가 없기 때문에) 원인이 없어야 한다. 다른[色法 등] 종자와 다른[과거와 미래] 원인은 앞에서 이미 遮遣되었기 때문이다.

만약에 모든 업과 과보가 원인 없이 일어난다면, 무여의 열반계에 證入한 사람의 3界의 업과 과보가 還生하여 다시 일어나야 하며, (만약에 그렇다면) 번뇌도 또한 원인 없이 일어나야 하기 때문이다.

又行緣識應不得成. 轉識受熏前已遮故. 結生染識非行感故.
應說名色行爲緣故. 時分懸隔無緣義故. 此不成故後亦不成.

또한 作用[行]이 심식에게 반연된다는 것도 성립되지 않아야 하며, 轉識이 훈습을 받아들인다는 것은 앞에서 이미 차견되었기 때문이다. (中有가 없이 母胎에 다음의 태어남을 위탁하는) 結生의 染汚識은 作用에 초감되는 것이 아니기 때문이며,[42] 名色이 작용을 반연으로 삼는다고 해야 하기 때문이

---

42) 『述記』卷第4 末(『大正藏』43, 375, 上), "만약에 설령 작용[行]이 스스로 심식을 초감하기 때문에 심식이 작용을 반연한다고 하더라도, 結生의 染汚識은 작용에 의해서 초감되는 것이 아니기 때문이다."(若設許行 能招識故 名行緣識 結生染識非行感故.)

고,[43] (이것은 12연기에서) 때를 나눈 것이 懸隔하여 반연의 의미가 없기 때문이다. 그러므로 이것[작용이 心識에 반연된다는 것이 성립되지 않기 때문에 뒤의 것[取가 有에 반연된다는 것도 역시 성립되지 않는다.

> 諸淸淨法亦有三種. 世出世道斷果別故. 若無此識持世出世
> 淸淨道種. 異類心後起彼淨法皆應無因. 所執餘因前已破故.

모든 청정법에도 역시 3가지가 있는데, 세간도[有漏의 六度行]와 출세간도[無漏의 能治] 및 斷果[無爲]가 다르기 때문이다. 만약에 이 (第8) 심식이 세간과 출세간의 청정도의 종자를 집지하지 못한다면, 性類를 달리한 마음이 후에 (다시) 그 청정법을 일으키는 것은 모두 원인이 없어야 한다. 주장한 다른 원인들은 앞에서 이미 논파되었기 때문이다.

> 若二淨道無因而生. 入無餘依涅槃界已. 彼二淨道還復應生.
> 所依亦應無因生故.

만약에 2가지의 청정도[세간과 출세간]가 원인 없이 일어난다면, 무여의 열반계에 증입한 사람은 그의 2가지의 청정도가 환생되어 다시 일어나야 하고, 의지할 몸과 마음도 또한 원인 없이 일어나야 하기 때문이다.

> 又出世道初不應生. 無法持彼法爾種故. 有漏類別非彼因故.

---

43) 上同(上同), "명색 때의 심식은 바로 명칭에 포함되므로 작용이 심식을 반연한다는 것은 이치가 반드시 성립되지 않는다."(名色時識卽是名攝 言行緣識 理定不成.)

無因而生非釋種故. 初不生故後亦不生. 是則應無三乘道果.

또한 출세간도는 처음[見道]에 일어나지 않아야 하는데, 그 선천적인[法爾] 종자를 법으로 집지하지 못했기 때문이다. 유루법은 성류가 달라서 그 원인이 아니기 때문이고, 원인 없이 태어나는 것은 석가족의 자손이 아니기 때문이다.44) 처음의 것[처음의 무루]이 생겨나지 않았기 때문에 이후의 것[뒤의 무루]도 역시 생겨나지 않는데, 이것은 당연히 三乘의 道果가 없는 것이다.

若無此識持煩惱種. 轉依斷果亦不得成. 謂道起時現行煩惱
及彼種子俱非有故. 染淨二心不俱起故. 道相應心不持彼種
自性相違如涅槃故.

(또한) 만약에 이 (第8) 심식이 번뇌의 종자를 집지할 수 없다면, 轉依의 斷果도 역시 성취할 수 없다. 말하자면, 출세간도[第6識 無漏無間道]가 일어날 때에는 현행의 번뇌와 그[번뇌] 종자는 함께 존재하지 않는데, 잡염과 청정의 2가지의 (第6) 마음은 함께 일어나지 않기 때문이다. 출세간도와 상응하는 (第6) 마음은 결코 그[번뇌] 종자를 집지하지 못하는데, 자성이 相違하여 마치 열반과 (세간도가 서로 상위함과) 같기 때문이다.

去來得等非實有故. 餘法持種理不成故. 旣無所斷能斷亦無.
依誰由誰而立斷果.

---

44) 『述記』 卷第4 末(『大正藏』 43, 376, 上), "원인이 존재하여 태어나는 것은 석가의 자손이고, 그렇지 않으면 곧 자연 외도와 같다."(說有因生釋迦子故 不爾便同自然外道.)

(만약에) 과거나 미래(의 심식 등) 및 (聖道의) 得 등과 같은 것은 (반드시) 실유성이 아니기 때문이고, 다른 법[色法 등]이 (번뇌의) 종자를 집지한다는 것은 이치가 성립되지 않기 때문이다. 이미 단절될 것[惑]이 없으므로 능히 단절하는 것[道]도 또한 없는데, 무엇[번뇌]에 의지하고 무엇[斷道]에 의거하여 斷果를 건립하는가?

> 若由道力後惑不生立斷果者. 則初道起應成無學. 後諸煩惱皆已無因. 永不生故. 許有此識一切皆成. 唯此能持染淨種故.

만약에 道의 세력으로 인하여 뒤에 번뇌가 일어나지 않았는데 斷果를 건립한다면, 곧 初道[見道]의 預流向가 일어날 때에는 당연히 무학과로 되어야 하는데, 뒤의 모든 번뇌는 전부 원인이 없으므로[종자가 없기 때문] 영원히 일어나지 않기 때문이다. 이 (第8) 심식이 존재한다고 인정될 때에 일체 (染淨의 因果) 모든 것이 성립되는데, 오직 이 (第8) 심식만이 능히 잡염과 청정법의 종자를 집지하기 때문이다.

> 證此識有理趣無邊. 恐厭繁文略述綱要. 別有此識教理顯然. 諸有智人應深信受.

이 심식이 존재한다고 증명되는 理趣는 끝이 없지만, 번잡한 내용을 싫어할까 두려워서 간략하게 綱要만을 서술한다. 별도로 이 심식이 존재한다는 교리와 이치가 분명하게 드러나므로 모든 지혜 있는 사람들은 깊이 믿고 받아들여야 한다.

如是已說初能變相. 第二能變其相云何. 頌曰

(5) 次第二能變　是識名末那　依彼轉緣彼　思量爲性相
(6) 四煩惱常俱　謂我癡我見　幷我慢我愛　及餘觸等俱
(7) 有覆無記攝　隨所生所繫　阿羅漢滅定　出世道無有.

【第二能變】

이와 같이 초능변식의 체상을 선설했다.
제2 능변식인 末那識은 그 체상이 어떠한가. 게송으로 말하면 다음과 같다.

다음은 제2 능변식이니,
이 심식을 말나식이라 하는데,
그것[아뢰야식]에 의지하여 展轉하고, 그것을 반연하며,
사량함을 자성과 行相으로 삼는다.
4가지의 번뇌와 항상 함께 하는데,
아치와 아견과 아울러 아만 및 아애이다.
그리고 다른 것[수번뇌]과 접촉 등과 함께 하며,
유부무기성에 포함되고,
일어난 것[아뢰야식]에 따라 그것에 계박된다.
아라한과 멸진정 및 출세도에서는 존재하지 않는다.

論曰. 次初異熟能變識 後應辨思量能變識相. 是識聖敎別名末那. 恒審思量勝餘識故. 此名何異第六意識. 此持業釋如藏識名. 識卽意故. 彼依主釋. 如眼識等. 識異意故.

논술하자면, 처음의 이숙 능변식에 이어서 다음에는 사량 능변식의 行相을 변별하겠다. 이 심식을 聖敎에서는 별도로 말나식이라 하는데,[45] (그것은) 항상 審査하고 思量함이 다른 심식보다 뛰어나기 때문이다.
[질문] 이 명칭은 어떻게 第6 의식과 다른가?
[답변] 이것은 持業釋으로서 마치 藏識이라는 명칭과 같이 심식 자체가 바로 意(의 작용)이기 때문이다. 그것[第6 의식]은 依主釋으로서 안식 등이라는 것과 같이 심식 자체가 (所依인) 의근과 다르기 때문이다.

然諸聖教恐此濫彼故於第七但立意名. 又標意名爲簡心識
積集了別劣餘識故. 或欲顯此與彼意識爲近所依故但名意.

그런데 모든 聖敎에서는 이 심식[第7]이 그것[第6]으로 濫用되는 것이 두려웠기 때문에, 第7識에 대해서는 단지 意라는 명칭만을 건립한다. 또한 意라는 명칭을 표방한 것은 (第8인) 마음과 (前6인) 심식을 분별하기 위한 것인데, (이 第7識은) 積集[第8]과 了別[前6]하는 것이 다른 7심식들 보다 열세하기 때문이다. 혹은 이것[第7]이 그[第6] 意識의 가까운 의지처가 된다는 것을 드러내고자 하여 단지 意라고만 한다.

依彼轉者顯此所依. 彼謂卽前初能變識. 聖說此識依藏識故.

---

45) 『瑜伽師地論』卷第63(『大正藏』30, 651, 中).

【所依門】

(제5 게송에서) 그것[제8]에 의지하여 전전한다[依彼轉]라는 것은 이 심식의 소의처를 나타낸다. 여기에서 그것[彼]이란, 바로 앞의 초능변식인 아뢰야식을 말하는데, 聖敎에서[46] 이 심식이 장식에 의지한다고 하기 때문이다.

> 有義此意以彼識種而爲所依. 非彼現識. 此無間斷不假現識爲俱有依方得生故.

어떤 사람들[難陀, 最勝子]은, 이 意는 (오직) 그 장식의 종자만을 소의로 삼지만, 그것[제8]의 현행하는 심식에 (의지하는 것이) 아니다. 이것은 (항상) 間斷하지 않으며 현행하는 심식[제8]을 가탁하여 俱有依로[47] 삼지만, 마침내 발생되는 것이 아니기 때문이라는 것이다.

> 有義此意以彼識種及彼現識俱爲所依. 雖無間斷而有轉易名轉識故. 必假現識爲俱有依方得生故. 轉謂流轉. 顯示此識恒依彼識取所緣故.

또한 어떤 사람[護法 등]은, 이 意는 (반드시) 그 장식의 종자와 현행하는 심식을 함께 소의처로 삼으며, (第7識이) 비록 間斷하지 않더라도 轉易됨이 있으므로 (또한) 轉識이라 하는데, 반드시 현행하는 (第8) 심식을 가탁하여

---

46) 『瑜伽師地論』 卷第51(『大正藏』 30, 580, 中).
47) 俱有根 혹은 俱有所依라고도 하며, 諸八識과 함께 존재하면서 의지할 바가 되어서 세력을 형성하여 일으키게 하는 것을 말한다. 즉, 안식 등의 5식에는 5근과 제6식, 제7식 및 제8식의 구유소의가 있고, 제6식에는 제7식과 제8식, 그리고 제7과 제8식은 서로 구유소의가 되는 것을 말한다.

俱有依로 삼아서 마침내 발생되기 때문이라는 것이다. (제5 게송에서) 展轉이라는 것은 流轉으로서, 이 심식은 항상 그 第8 심식(의 종자와 현행)에 의지해서 소연을 연취하는 것을 현시하기 때문이다.

諸心心所皆有所依. 然彼所依總有三種. 一因緣依. 謂自種子. 諸有爲法皆託此依. 離自因緣必不生故. 二增上緣依. 謂內六處. 諸心心所皆託此依. 離俱有根必不轉故. 三等無間緣依. 謂前滅意. 諸心心所皆託此依. 離開導根必不起故. 唯心心所具三所依名有所依非所餘法.

모든 심왕과 심소법은 전부 소의처라는 것이 존재하는데,[48] 그 소의처에 전체적으로 3가지가 있다. 1) 因緣依[種子依, 根本依]로서[49] 자체의 종자를 말한다. 모든 유위법은 전부 이 의지처에 가탁하며, 자체의 인연을 여의면 결코 일어날 수 없기 때문이다. 2) 俱有依[增上緣依, 俱有所依]로서 내적인 六處[6根]를 말한다. 모든 심왕과 심소법은 전부 이 의지처에 가탁하며, 俱有根을 여의면 결코 展轉할 수 없기 때문이다. 3) 開導依[等無間緣依]로서 以前에 소멸된 의식을 말한다. 모든 심왕과 심소법은 전부 이 의지처에 가탁하며, (이것 以前의) 개도근을 여의면 반드시 (뒷 생각의 심왕과 심소법이) 일어나지 못하기 때문이다. 오직 심왕과 심소법만이 3가지의 소의처를 갖추므로 俱有所依라고 하며, 다른 법에는 간직되어 있지 않다.[50]

---

48) 『瑜伽師地論』 卷第55(『大正藏』 30, 602, 上).
49) 『瑜伽師地論』 卷第1(『大正藏』 30, 279, 上).
50) 『新導成唯識論』 卷第4, p.158, "색법 등의 법은 오직 처음의 一(因緣依)만이 존재한다."(色等法唯有初一.)

初種子依有作是說. 要種滅已現果方生. 無種已生集論說故.
種與芽等不俱有故.

【因緣依】

처음의 1) 種子依[因緣依, 根本依]에 관하여 이렇게 말한다. 요컨대, 종자가 소멸되고서 현재의 과보가 마침내 발생되므로[因果異時 ; 經量部 등], (반드시) 종자가 없어도 (然後에) 발생된다고[51] 『잡집론』에서[52] 선설하였기 때문인데, (마치) 종자와 싹 등과 같이 함께 존재하지 않기 때문이라는 것이다.

有義彼說爲證不成. 彼依引生後種說故. 種生芽等非勝義故.
種滅芽生非極成故. 焰炷同時互爲因故. 然種自類因果不俱.
種現相生決定俱有.

어떤 사람[護法]은, 그들[難陀 등]이 주장하는 것은 증거로 될 수 없다. 그 경론에서는 (단지) (自類의) 후의 종자를 引生하는 것[無種의 종자라는 것이 引生]에 의거해서 선설하였기 때문이다. 종자가 싹 등을 트게 하는 것[世俗의 因果]은 勝義諦(의 因果)가 아니기 때문이고, 종자가 소멸되고서 싹이 튼다는 것은 지극히 논리적으로 타당하지 않으며, 불꽃과 심지는 동시에 서로 因緣으로 되기 때문이라는 것이다. 그런데 종자의 자류의 원인과 결과는 함께하지 않지만[種子生種子 ; 義類, 相從의 因果], 종자와 현행의 相生은 반드시 함께

---

51) 『述記』卷第4 末(『大正藏』 43, 380, 上), "무학위의 최후의 蘊으로서 이때에 종자는 과거로 낙사되지만, 과거는 존재하지 않는다."(無學最後蘊 此時種入過去 過去是無.)
52) 『大乘阿毘達磨雜集論』 卷第2(『大正藏』 31, 668, 中).

한다[種子生現行, 現行熏種子 ; 因果同時].

> 故瑜伽說無常法與他性爲因. 亦與後念自性爲因. 是因緣義.
> 自性言顯種子自類前爲後因. 他性言顯種與現行互爲因義.

그러므로『유가론』에서,53) 무상한 법은 他性과 함께 인연으로 되며, 또한 뒷 생각의 自性과 함께 인연으로 된다는 것이 인연의 의미이다. (여기에서) 自性이란, 종자의 자류[種子生種子]에서 앞의 것이 뒷 것의 인연으로 된다는 것을 나타내며, 他性이란 종자와 현행[種子生現行, 現行熏種子]이 서로 인연으로 되는 의미를 나타낸다.

> 攝大乘論亦作是說. 藏識染法互爲因緣. 猶如束蘆俱時而有.

『섭대승론』에서도,54) 또한 이렇게 교설하는데, 장식과 잡염법이 서로 인연으로 되는 것은 마치 갈대 묶음이 동시에 서 있는 것과 같다는 것이다.

> 又說種子與果必俱. 故種子依定非前後. 設有處說種果前後
> 應知皆是隨轉理門. 如是八識及諸心所定各別有種子所依

또한,55) 종자와 결과와는 반드시 함께 한다고 하기 때문에 種子依는 반드시 전후(의 찰나)가 아니다. 설령 어느 논장에서, 종자와 결과가 전후라고

---

53)『瑜伽師地論』卷第5(『大正藏』30, 302, 中).
54)『攝大乘論』卷第2(『大正藏』31, 388, 上).
55)『攝大乘論』卷第2(『大正藏』31, 389, 中).

하더라도 모든 것은 隨轉理門임을[56] 알아야 한다. 이와 같이 諸八識과 모든 심소법은 반드시 각각 별도로 종자의 所依가 존재한다.

次俱有依有作是說. 眼等五識意識爲依. 此現起時必有彼故.
無別眼等爲俱有依. 眼等五根卽種子故.

【俱有依】

다음의 2) 俱有依[增上緣依]에 대해서 이렇게 선설한다. 안식 등 전5식은 (동시에) 의식을 구유의로 삼는데, 이것[5識]이 현기할 때에는 반드시 그것[제6]이 존재하기 때문이다. 별도로 안근 등을 구유의로 삼지 않는데, 안근 등의 5근이 바로 (5識의) 종자이기 때문이다.

二十唯識伽他中言.
識從自種生 似境相而轉 爲成內外處 佛說彼爲十.
彼頌意說. 世尊爲成十二處故. 說五識種爲眼等根. 五識相
分爲色等境. 故眼等根卽五識種.

(마치)『이십유식론』의 게송에서 다음과 같이 말하는 것과 같다.[57]
　　　전5식[심식의 견, 상분]은 자류의 종자로부터[58] 일어나서

---

56) 隨轉門이라고도 하는데, 때와 장소 및 사람들의 취향에 따라서 교설하는 法門을 말한다.
57) 『唯識二十論』(『大正藏』31, 75, 中).
58) 『述記』卷第4 末(『大正藏』43, 380, 下), "자류의 종자로부터 생겼다는 것은, -견분과 상분을 모두 자류의 종자라고 한다."(自種生者-見分相分俱名自種)

대상의 형상으로 似現되고 展轉하여,
내처[5根]와 외처[5境]를 이루게 되므로
부처님께서 그것을 10處라고 하였다.

그 게송의 의미를 논술하자면, 세존께서 12처를 이룬다고 하였기 때문에 5식의 종자를 안근 등의 5근으로 삼고, 5식이 (所變된) 상분을 色境 등의 5경으로 삼는 것이다. 그러므로 안근 등의 5근이 바로 5식의 종자라는 것을 (알아야) 한다.

觀所緣論亦作是說.
識上色功能　名五根應理　功能與境色　無始互爲因.
彼頌意言. 異熟識上能生眼等色識 種子名色功能. 說爲五根 無別眼等. 種與色識常互爲因. 能熏與種遞爲因故.

『관소연론』에서 또한 다음과 같이 말한다.[59]

　　異熟識 상의 색법의 공능[種子]을
　　5근이라 한 것은 이치에 맞으며,
　　공능과 대상인 색경은
　　무시이래로 서로 인연이 된다.

그 게송의 의미를 논술하자면, 이숙식 상에서 능히 안식 등의 色識[견, 상분]을 일으키는 종자를 색법의 공능이라 하거나 5근이라 하지만, 별도로 5근 등은 존재하지 않는다. 종자[견분의 종자]와 색식[견분의 현행]은 항상

---

59) 『觀所緣緣論』(『大正藏』 31, 888, 下~889, 上).

서로 인연이 되며, 능훈[견, 상분의 현행]은 (견분의) 종자와 함께 번갈아 인연으로 되기 때문이라는 것이다.

> 第七八識無別此依. 恒相續轉自力勝故. 第六意識別有此依
> 要託末那而得起故.

제7과 제8식은 별도로 이 俱有依가 존재하지 않는데, 항상 상속되고 전전하며 자체의 세력이 뛰어나기 때문이다. 제6은 별도로 이 구유의가 존재하는데, 반드시 말나식에 의탁해서 일어나기 때문이다.

> 有義彼說理敎相違. 若五色根卽五識種. 十八界種應成雜亂.
> 然十八界各別有種. 諸聖敎中處處說故.

어떤 사람들[安慧 등]은, 그 교설은 이치와 聖敎에 상위된다. 만약에 5색근이 바로 5식의 종자라면, 18계의 종자는 당연히 잡란하게 된다. 그런데 18계는 각각 별도로 종자가 존재한다는 것을 모든 聖敎의 여러 곳에서 교설하였기[60] 때문이라는 것이다.

> 又五識種各有能生相見分異. 爲執何等名眼等根. 若見分
> 種應識蘊攝. 若相分種應外處攝. 便違聖敎眼等五根皆是
> 色蘊內處所攝. 又若五根卽五識種. 五根應是五識因緣. 不
> 應說爲增上緣攝.

---

60) 『瑜伽師地論』 卷第96(『大正藏』 30, 846, 下) 等.

또한 5식의 종자는 각각 능히 상분과 견분을 일으키는 상이함이 존재하는데, 어떠한 것 등을 주장하여 안근 등의 근이라 하는가? 만약에 (5식의) 견분의 종자라면 識蘊에 포함되어야 하고, (5식의) 상분의 종자라면 外處에 포함되어야 한다. 곧 聖敎에서,61) 안근 등의 5근은 모두 色蘊과 內處에 포함된다는 것과 상위된다는 것이다. 또한 만약에 5근이 바로 5식의 종자라면, 5근은 5식의 친인연이어야 하므로 增上緣에 포함된다고 해서는 안 된다는 것이다.

又鼻舌根卽二識種 則應鼻舌唯欲界繫. 或應二識通色界繫.
許便俱與聖敎相違 眼耳身根卽三識種 二界五地爲難亦然.

또한 (만약에) 비근과 설근(의 2근)이 바로 (비식과 설식의) 2심식의 종자라면, 곧 비근과 설근은 오직 욕계에만 계박되어야 하고, 혹은 2심식은 색계의 계박에도 통해야 한다. 그렇다고 인정하면 바로 모두 聖敎와 상위된다. (또한 만약에) 안근, 이근 및 신근이 3가지 심식[眼, 耳, 身識의 종자라고 하면 (3識은) 2地[욕계와 初禪의]62) (3根은) 5地[욕계와 색계의 四禪]에 통하게 되어서,63) 비난 받는 것도 또한 그렇다.

---

61) 『瑜伽師地論』 卷第54(『大正藏』 30, 596, 中) ; 卷第55(『大正藏』 30, 602, 上).
62) 『述記』 卷第4 末(『大正藏』 43, 382, 上), "3가지의 심식은 2地에 통하고, 3가지의 근은 5地에 통한다."(三識通二地 三根通五地)
63) 『新導成唯識論』 卷第4, p.161, "만약에 眼, 耳 및 身識의 종자가 바로 眼, 耳 및 身根이라면, 심식은 根에 따르므로 2禪 이상에서 또한 안, 이 및 신식이 존재해야 하는데, 종자가 존재하기 때문이다. 또한 안식은 심식을 따르므로 오직 욕계와 初禪만이라고 하면, 안, 이 및 신근이 존재해야 하는데, 그 심식이 존재하기 때문이다."(若眼耳身識之種子卽是眼耳身根者 以識從根二禪以上 亦應有眼耳身識 有種子故 又以眼從識唯欲界初禪 應有眼耳身根 有彼識故.)

又五識種旣通善惡. 應五色根非唯無記. 又五識種無執受攝.
五根亦應非有執受. 又五色根若五識種. 應意識種卽是末那.
彼以五根爲同法故.

또한 5식의 종자는 선악에도 통하지만, 5색근은 오직 무기성만은 아니다. 또한 5식의 종자는 無執受에 포함되고, 5근도 또한 有執受가 아니어야 한다. 나아가 5색근이 만약에 5식의 종자라면 의식의 종자는 바로 말나식이어야 한다.[64] 거기에서[65] 5근으로서 동등한 法性으로[66] 삼기 때문이대의식의 종자는 5근이어야 한다는 것].

又瑜伽論說眼等識皆具三依. 若五色根卽五識種. 依但應二.
又諸聖敎說眼等根皆通現種. 執唯是種便與一切聖敎相違.

또한 『유가론』에서,[67] 안식 등의 심식은 모두 3가지의 의지체[종자의 등]를 갖춘다고 하는데, 만약에 5색근이 바로 5식의 종자라면, 의지처는 단지 2가지여야 한다는 것이다.[68] 또한 모든 聖敎에서,[69] 안근 등의 5근은 모두 현행과 종자에 통한다고 하는데, (이제) 오직 종자만이라 주장한다면 곧 일

---

64) 소승은 물론 대승의 초기교의인 龍樹 때까지도 제7식은 인정되지 않았다.
65) 『攝大乘論釋』卷第1(『大正藏』 31, 384, 中), "안식 등 5식은 그 의식과 같은 법성이 존재한다."(眼等五識與彼意識有同法性.)
66) 『成唯識論觀心法要』卷第4[『卍新纂續藏經』 第51冊(2009), p.348, 下], "동등한 법이란 함께 間斷하는 轉識이 의지하는 根인 法이다."(同法者 同爲有間轉識所依之根法也.)
67) 『瑜伽師地論』卷第1(『大正藏』 30, 279, 上).
68) 『述記』卷第4 末(『大正藏』 43, 382, 中), "종자를 단지 俱有根으로 삼기 때문이며, 因緣根과는 별체가 아니므로 다만 2가지이어야 한다."(以種子爲但有根故 與因緣根無別體 故但應二.)
69) 『大乘阿毘達磨雜集論』卷第1(『大正藏』 31, 695, 下).

체의 聖敎와 상위된다는 것이다.

有避如前所說過難. 朋附彼執復轉救言. 異熟識中能感五識
增上業種名五色根. 非作因緣生五識種. 妙符二頌善順瑜伽.

어떤 사람[護法]은, 앞에서 교설한 바와 같은 과실과 비난을 회피하고, 그[難陀]의 주장에 많은 이유를 들어서 다시 전환하여 救難하기를, 이숙식 중에서 스스로 5식을 초감하는 증상의 업종자를 5색근이라 하지만, 인연으로 되어서 5식을 일으키는 명언종자는 아니라고 한다. (이것은) (『이십유식론』과 『관소연론』의) 2게송에 오묘하게 부합되고 『유가론』에도 잘 수순된다는 것이다.

彼有虛言都無實義. 應五色根非無記故. 又彼應非唯有執受
唯色蘊攝 唯內處故. 鼻舌唯應欲界繫故. 三根不應五地繫故.

(이에 대해서,) 그들(安慧 등은)은 虛言만 있고, 모두 진실한 의미는 없는데, 5색근은 무기성만이 아니어야 하기 때문이다. 또한 그것[5근]은 당연히 오직 유집수로서 색온에만 소섭되며, 내처만은 아니어야 하기 때문이다. 비식과 설식은 오직 욕계에만 계박되어야 하기 때문이고,[70] (안, 이, 신의) 3근은 5地에 계박되는 것이 아니어야 하기 때문이다.

---

70) 『述記』卷第4 末(『大正藏』43, 382, 下), "鼻, 舌識의 업은 오직 욕계에만 계박된다."(鼻舌識業唯欲界繫.) 그러나 『新導成唯識論』卷第4, p.162, "욕계와 색계의 4禪定에 통한다는 법상종과는 상위된다."(違通欲四定之法相.)라고 하였다.

感意識業應末那故. 眼等不應通現種故. 又應眼等非色根故
又若五識皆業所感. 則應一向無記性攝. 善等五識旣非業感.
應無眼等爲俱有依. 故彼所言非爲善救.

의식을 초감하는 업은 말나식이어야 하고, 안근 등 5근은 (또한) 현행과 종자에 통하지 않아야 하며, 또한 안근 등 5근은 색근만이 아니어야 하기 때문이다. 또한 만약에 5식이 모두 업에 초감되는 것이라면, 오로지 무기성에만 포함되어야 한다. (곧) 善, 染 등의 5식은 업에 초감된 것이 아니고, 안식 등을 俱有依로 삼을 수가 없기 때문에, 그가 말한 것은 좋은 救難이 되지 못한다.

又諸聖敎處處皆說. 阿賴耶識變似色根及根依處器世間等.
如何汝等撥無色根. 許眼等識變似色等 不許眼等藏識所變.
如斯迷謬深違敎理.

또한 모든 聖敎의 여러 곳에서,[71] 모두 아뢰야식이 전변하여 색근과 근의 소의처 및 기세간 등과 같은 것으로 사현된다고 한다. 그런데, 어째서 그대들은 색근이 존재하지 않는다고 부정하며, 안식 등의 5식이 전변되어서 색법 등으로 사현되는 것은 인정하면서도 안근 등은 아뢰야식이 전변된 것이라고 인정하지 않는가? 이러한 혼미한 오류와 같은 것은 聖敎와 이치에 매우 상위된다.

---

[71] 『解深密經』 卷第1(『大正藏』 16, 692, 中); 『瑜伽師地論』 卷第76(『大正藏』 30, 718, 上).

然伽他說種子功能名五根者. 爲破離識實有色根. 於識所
變似眼根等. 以有發生五識用故. 假名種子及色功能. 非謂
色根卽識業種.

그러므로 게송에서, 종자『二十論』와 공능『관소연론』을 5근이라 선설한
것은, 심식을 여의고서 진실로 색근이 존재한다는 것을 논파하기 위한 것이
다. 근본식이 전변되어 사현한 안근 등에 대해서 5식을 발생하게 하는 작용
이 있기 때문에 가탁하여 종자와 색법의 공능이라 한 것으로서, 색근이 바
로 심식과 업의 종자라고 한 것은 아니다.

又緣五境明了意識 應以五識爲俱有依 以彼必與五識俱故.
若彼不依眼等識者. 彼應不與五識爲依 彼此相依勢力等故.

또한 5경을 반연하는 명료한 의식은 5식으로서 俱有依로 삼아야 하는데,
그것[제6]은 반드시 5식과 함께 일어나기 때문이다. 만약에 그것[제6]이 안식
등의 5식에 의지하지 않게 된다면, 그것은 마땅히 5식을 의지처로 삼을 수
없는데, 그것[5식]과 이것[제6]은 서로 의지하는 세력이 같기 때문이다.

又第七識雖無間斷. 而見道等旣有轉易. 應如六識有俱有依
不爾彼應非轉識攝. 便違聖教轉識有七. 故應許彼有俱有依
此卽現行第八識攝.

또한 제7식은 비록 間斷하지는 않더라도 견도 등[修道]에서 轉易됨이 있으
므로 6식과 같은 俱有依가 존재해야 한다. 그렇지 않는다면, 그것[제7]은 전

식에 포함되지 않아야 한다. 곧 聖敎에서, 전식에 7가지(의 轉識)가 존재한다는 것에 상위된다. 그러므로 그것에도 구유의가 존재한다고 (반드시) 인정해야 하는데, 이것[俱有依]은 바로 현행의 第8識에 포함된다.

如瑜伽說. 有藏識故得有末那. 末那爲依意識得轉. 彼論意言現行藏識爲依止故. 得有末那非由彼種. 不爾應說有藏識故意識得轉. 由此彼說理敎相違.

『유가론』에서 선설한 바와 같이,[72] (현행의) 장식이 존재하기 때문에 말나식이 존재하게 되고, 말나식을 의지처로 삼아서 의식이 展轉하게 된다는 것이다. 그 논장이 의미하는 것은, 현행의 장식을 의지처로 삼기 때문에 말나식이 존재한다는 것이지 그것[장식]의 종자로 원인한 것이 아니다. (만약에) 그렇지 않는다면, (그 논장에서) 장식이 존재하기 때문에 의식이 전전한다고 해야 한다. 이러하므로 그의 주장[제7식은 俱有依가 없다]은 이치와 聖敎에 상위된다.

是故應言. 前五轉識一一定有二俱有依 謂五色根同時意識 第六轉識決定恒有一俱有依 謂第七識 若與五識俱時起者 亦以五識爲俱有依. 第七轉識決定唯有一俱有依 謂第八識 唯第八識恒無轉變. 自能立故無俱有依.

---

72) 『瑜伽師地論』 卷第51(『大正藏』 30, 580, 中).

이렇기 때문에 (안혜는) 주장하기를, 앞의 5전식은 하나하나에 반드시 2가지의 俱有依가 존재하는데, 5색근과 동시의 의식이고, 제6식은 결정코 항상 1가지의 구유의만이 존재하는데, 제7식이다. 만약에 5식과 같은 때에 일어난다면, 또한 5식으로서 구유의로 삼는다. 제7식은 결정코 오직 1가지의 구유의만이 존재하는데, 제8식이다. 오직 제8식만이 항상 하고[73] 전변되지 않으며, 스스로 건립되기 때문에 구유의가 존재하지 않는다는 것이다.

有義此說猶未盡理. 第八類餘旣同識性, 如何不許有俱有依. 第七八識旣恒俱轉, 更互爲依 斯有何失.

어떤 사람들[淨月 등]은, 이러한 교설도 여전히 이치를 다한 것이 아니라고 한다. 즉, 제8식도 다른 심식[7識]과 類似하게 같은 심식의 성품인데, 어째서 구유의가 존재한다고 인정하지 않는가? 제7식과 제8식은 항상 함께 전전하고 나아가 서로 의지처로 된다고 하는데, 이러한 것에 어떠한 과실이 있는가?

許現起識以種爲依. 識種亦應許依現識. 能熏異熟爲生長住依. 識種離彼不生長住故.

(또한) 현기되는 (제8) 심식이 종자를 의지처[俱有依]로 삼는다는 것을 인정하면, (이) 심식의 종자도 또한 현행의 심식[能熏의 7轉識 및 異熟의 第8識]에 의지한다고 인정해야 한다. 능훈(의 7轉識)과 (所熏의) 이숙식은 새로운

---

73) 『新導成唯識論』卷第4, p.164, "안혜는 아라한 등 3위에는 말나식이 존재하지 않는데, 제8식이 제7식을 소의로 삼지 않기 때문이라는 것이다."(安慧三位無末那故 第八以第七 不爲所依.)

종자를 낳고 근본종자를 증장시키며, (異熟으로) 머물면서 의지처가 되는데, 심식의 종자가 그의 의지처를 여의면, (능훈식은) (곧) 낳고 증장시키며 머물 수 없기 때문이다.

又異熟識有色界中能執持身依色根轉. 如契經說. 阿賴耶
識業風所飄遍依諸根恒相續轉. 瑜伽亦說. 眼等六識各別
依故 不能執受有色根身.

또한 이숙식은 유색계[욕계와 색계] 중에서는 스스로 몸을 집지하며, 5색근에 의지해서도 전전한다. 마치 경전에서,[74] 아뢰야식은 업의 바람에 나부끼며, 두루 모든 근에 의지하고, 항상 상속되어 전전한다는 것과 같다는 것이다. 또한 『유가론』에서,[75] 안식 등의 6식은 각각 별도로 의지하기 때문에 능히 유색계의 根身을 집수하지 못한다는 것이다.

若異熟識不遍依止有色諸根. 應如六識非能執受. 或所立
因有不定失.

만약에 이숙식이 두루 유색계의 모든 근에 의지하지 않는다면, 마치 6식과 같이 능히 집수할 수 없어야 하거나 혹은 건립된 이유[因]에[76] 不定의 과실이 있어야 한다.

---

74) 『入楞伽經』 卷第9(『大正藏』 16, 568, 中).
75) 『瑜伽師地論』 卷第51(『大正藏』 30, 579, 中).
76) 『述記』 卷第4 末(『大正藏』 43, 384, 下), "6가지의 轉識은 능집수가 아니다.(宗) 두루 하는 의지처가 아니기 때문.(因) 마치 번갯불 등처럼.(喩)"(六種轉識非能執受 非遍依故 如電光等.)

是故藏識若現起者定有一依 謂第七識 在有色界亦依色根
若識種子 定有一依 謂異熟識 初熏習位亦依能熏. 餘如
前說.

이렇기 때문에 장식이 만약에 현기하려면, 반드시 한 가지의 의지처가 존재해야 하는데, 바로 제7 말나식이다. 유색계에 있을 때에는 또한 5색근에도 의지한다. 만약에 심식의 종자라면, 반드시 한 가지의 의지처가 존재해야 하는데, 이숙식이다. 처음으로 훈습되는 위치에서는 또한 능훈식에도 의지한다. 다른 것들은 앞에서 논술한 내용과 같다.

有義前說 皆不應理. 未了所依與依別故. 依謂一切有生滅法.
杖因託緣而得生住. 諸所杖託皆說爲依. 如王與臣互相依等.

어떤 사람[護法]은, 앞에서 교설된 것은 모두 당연히 이치가 아니다. 의지되는 것[所依]과 의지하는 것[依]에 관한 구별을 了達하지 못했기 때문이다. 의지하는 것[依]이란, 일체의 生滅을 간직한 法이 현행의 법[因]에 의지하고 인연[本識 등 다른 3緣]에 의탁해서, 생겨나고 머무르는 것을 말한다. 모든 의지되고 의탁하는 것, 전부를 의지하는 것이라 한다. 마치 왕과 신하가 서로 의지하는 것 등과 같다.

若法決定有境爲主 令心心所取自所緣. 乃是所依. 卽內六處.
餘非有境定爲主故. 此但如王非如臣等.

만약에 (어떤) 법이 결정적이고, 대상을 지니며, (自在하여) 주체가 되고, 마음과 심소법으로 하여금 자체의 소연을 취득하게 하면, 곧 이것이 의지되는 것[所依]으로서 바로 마음의 六處[6根]이다. 다른 것은 대상을 지니거나 결정적이고, 주체가 되지 못하기 때문이다. 이것[所依]은 단지 왕과 같지, 신하 등과 같은 존재가 아니다.

> 故諸聖敎唯心心所名有所依. 非色等法 無所緣故. 但說心
> 所心爲所依. 不說心所爲心所依. 彼非主故. 然有處說依爲
> 所依或所依爲依. 皆隨宜假說.

그러므로 모든 聖敎에서[77] 오직 마음과 심소법만이 소의처가 존재한다고 하며, 색법 등의 법에는 (그것이) 존재하지 않는데, 소연이 존재하지 않기 때문이다. 단지 심소법이 마음만을 소의로 삼는다고 하지, 심소법을 마음이 소의로 삼는다고 하지 않는데, 그것[심소법]은 주체가 아니기 때문이다. 그런데 어느 논장에서 (혹) 의지하는 것[依]을 소의로 삼거나[78] 의지되는 것[所依]을 의지처로 삼는다고[79] 하는 것은, 모두가 便宜에 따른 가설이다.

> 由此五識俱有所依定有四種. 謂五色根六七八識. 隨闕一
> 種必不轉故. 同境分別染淨根本所依別故.

---

77) 『瑜伽師地論』卷第55(『大正藏』30, 602, 上).
78) 『新導成唯識論』卷第4, p.165, "種子依 등의 依는 바로 依止處를 所依로 삼는다."(種子依等之依 卽以依爲所依.)
79) 上同, "그러나 時期와 依止가 같을 경우의 依止는 所依를 依止處로 삼는다."(而時依同之依 以所依爲依也.)

이것으로 인하여 5심식의 俱有所依에는 반드시 4가지가 존재하는데, 5색근과 제6식, 제7식 및 제8식을 말한다. 따라서 1가지라도 궐여가 될 때에는 반드시 전전하지 못하는데, (5근의) 같은 대상과 (제6식의) 분별과 (제7식의) 染, 淨分 및 (제8) 근본의 소의가 다르기 때문이다.

聖敎唯說依五根者. 以不共故又必同境. 近相順故.

(그리하여 모든) 聖敎에서,[80] 오직 (5식이) 5근에만 의지한다는 것은 공통되지 않기[不共] 때문이고, 또한 반드시 같은 대상이며, 친근하고 서로 수순하기 때문이다.

第六意識俱有所依唯有二種 謂七八識 隨闕一種必不轉故.
雖五識俱取境明了. 而不定有故非所依 聖敎唯說依第七者.
染淨依故 同轉識攝. 近相順故.

제6 의식의 구유소의는 오직 2가지만 존재하는데, 제7식과 제8식을 말하며, 따라서 1가지라도 궐여되면 전전하지 못하기 때문이다. 비록 5심식과 함께 하고 대상을 연취해서 명료하게 하지만, 결코 존재하지 않기[독두의식] 때문에 소의처가 될 수 없다. (그래서) 聖敎에서,[81] 오직 제7식에만 의지한다고 한 것은 染淨法에 의지하기 때문이며, 함께 전식에 포함되고, 친근하게 서로 수순하기[82] 때문이다.

---

80) 『大乘阿毘達磨雜集論』 卷第1(『大正藏』 31, 695, 下).
81) 『大乘阿毘達磨雜集論』 卷第2(『大正藏』 31, 702, 上).
82) 『述記』 卷第4 末(『大正藏』 43, 386, 下), "서로 수순한다는 것은, 많은 의식을 끌어드려서

第七意識俱有所依但有一種 謂第八識 藏識若無 定不轉故.
如伽他說.
阿賴耶爲依　故有末那轉　依止心及意　餘轉識得生.

제7 의식의 구유소의는 단지 1가지만 존재하는데, 제8식이다. 장식이 만약에 존재하지 않을 때에는 결코 (제7식은) 전전하지 못하기 때문이다. 다음 게송에서 선설한 것과 같다.[83]

> 아뢰야식을 의지처로 삼기 때문에
> 말나식의 展轉함이 있으며,
> (제8식인) 마음과 (제7식인) 의식에 의지하여
> 다른[前6識] 轉識이 일어난다.

阿賴耶識俱有所依亦但一種 謂第七識 彼識若無 定不轉故.
論說藏識恒與末那俱時轉故. 又說藏識恒依染汚. 此卽末那.

아뢰야식의 구유소의도 또한 단 1가지인데, 제7식이다. 그 심식이 만약에 존재하지 않는다면, 결코 전전하지 못하기 때문이다. 논장에서,[84] 장식은 항상 말나식과 같은 때에 전전한다고 하기 때문이다. 또한 장식은 항상 染汚에 의지한다고 하는데, 이것이 바로 말나식이라는 것이다.

염오에 대한 집착 등을 일으키는데, 제7식으로 인하기 때문에 서로 수순한다고 하며, 함께 계탁하기 때문이다."(相順者 多引意識 起染汚執等 由第7識 故言相順 俱計度故)
83) 『入楞伽經』 卷第9(『大正藏』 16, 571, 下).
84) 『瑜伽師地論』 卷第63(『大正藏』 30, 651, 中).

而說三位無末那者依有覆說. 如言四位無阿賴耶. 非無第八.
此亦應爾.

그리고 (제7 게송에서) 3위에서 말나식이 존재하지 않는다는 것은, 有覆末那에 의거한[85] 교설이다. 마치 4위에서[86] 아뢰야식이 존재하지 않는다고 하지만, 제8식이 존재하지 않다는 것이 아닌 것과 같이 이것도 또한 그러해야 한다.

雖有色界亦依五根. 而不定有非所依攝. 識種不能現取自境
可有依義而無所依. 心所所依隨識應說. 復各加自相應之心.
若作是說 妙符理教.

비록 유색계에서는 또한 5근에도 의지한다고 하지만, 반드시 존재하지 않으므로 소의처에 포함되지 않는다. 심식의 종자는 스스로 현재에 (심식) 자체의 대상을 연취하지 않는다.[87] 依止의 의미는 있을 수 있지만 소의처는 존재하지 않는다.[88] 심소법의 소의처는 (그에 상응하는) 심식에 따라서 교

---

85) 『新導成唯識論』 卷第4, p.166, "자체가 존재하지 않다는 것이 아니다."(非謂無體)
86) 『述記』 卷第4 末(『大正藏』 43, 387, 中), "4가지의 지위에서 아뢰야식이 존재하지 않다는 것은,－轉識(得智)을 성취하여 아뢰야식이 존재하지 않는 지위를 말하는데, 성문, 독각, 불퇴전 보살[三乘의 無學位] 및 여래[佛의 경지를 말한다."(四位無阿賴耶者－成就轉識 非阿賴耶 謂聲聞獨覺不退菩薩如來) ; 『成唯識論觀心法要』 卷第4[『卍新纂續藏經』 第51冊(2009), p.350, 中 참조.
87) 『述記』 卷第4 末(『大正藏』 43, 387, 中), "이 내용은 현행이 종자를 소의로 삼지 않는다면, 대상이 존재한다는 의미가 궐여되므로 현재의 소의가 아니라는 것이다."(此文現行不以種為所依 闕有境義 非現所依.)
88) 上同(上同), "마음과 심소법으로 하여금 자체의 소연을 연취하게 하는 것이 소의의 의미이다."(令心心所所取自所緣 是所依義)

설되어야 하고, 다시 각각에 자체와 상응하는 마음을 추가해야 한다. 만약에 이렇게 선설하면, 미묘하게도 이치와 가르침에 부합된다.

後開導依. 有義五識自他前後不相續故. 必第六識所引生故.
唯第六識爲開導依. 第六意識自相續故. 亦由五識所引生故.
以前六識爲開導依. 第七八識自相續故. 不假他識所引生故.
但以自類爲開導依.

【開導依】

다음의 3) 開導依(等無間緣依)에 관하여, 어떤 사람들[難陀 등]은, 5식은 자체와 다른 것의 전후에 상속되지 않고, 반드시 제6식에 견인되어 발생되기 때문에 오직 제6식만을 개도의로 삼는다. 제6식은 스스로 상속되고 또한 5식으로 견인되어 발생되기 때문에, 이전의 6식을 개도의로 삼는다. 제7식과 제8식은 스스로 상속되고, 다른 심식에 견인되어 발생되는 것을 가탁하지 못하기 때문에, 단지 자기의 성류만을 개도의로 삼는다는 것이다.

有義前說未有究理. 且前五識未自在位. 遇非勝境可如所說.
若自在位. 如諸佛等於境自在. 諸根互用任運決定不假尋求.
彼五識身寧不相續.

어떤 사람들[安慧 등]은, 앞의 주장은 이치를 窮究하지 못한 것이라고 한다. 또한 앞의 5식이 아직도 자재하지 못한 지위와 수승하지 못한 경계를 만나는 것은, 교설된 내용과[89] 같다고 할 수 있다. 만약에 자재의 지위라면, 마치 모든 부처님 등[8地 이상]은 경계에 자재하고, 모든 근이 서로 작용하며,[90] 임운하게 결정하고, 尋求에 가탁하지 않는 것과 같은데, 그의 5식신은 어째서 상속되지 않는가?

等流五識既爲決定染淨作意勢力引生. 專注所緣未能捨頃. 如何不許多念相續.

(또한) 등류의 5식은 (제6식의) 결정심과 염정심 및 작의의 세력에 引生되어서 대상에 집중하여 능히 (서로) 잠시라도 버릴 수가 없는데, 어째서 많은 생각이 상속된다고 인정하지 않는가?

故瑜伽說決定心後方有染淨. 此後乃有等流眼識善不善轉. 而彼不由自分別力. 乃至此意不趣餘境 經爾所時眼意二識 或善或染相續而轉. 如眼識生乃至身識應知亦爾.

그러므로 『유가론』에서는,[91] 결정심의 다음에 마침내 염정심이 있고, 이것 다음에 이내 등류심의 안식이 있어서 善과 不善으로 전전한다. 그런데 그것[안식]은 자체의 분별력에는 의지하지 않으며, 내지 이 의식이 다른 경계[聲, 香 등]에 趣向하지 않을 때에는, 약간의 시간을 지나서 안식과 의식의 2심식이 선성이나 염오성으로 (함께) 상속되어 전전한다. 마치 안식의 발생

---

89) 『新導成唯識論』 卷第4, p.167. "間斷하여 상속되지 않는다."(間斷不相續.)
90) 上同, "눈으로서 소리 등을 듣는다."(以眼聞聲等.)
91) 『瑜伽師地論』 卷第1(『大正藏』 30, 280, 上).

과 같이 내지 신식에 이르러서도 또한 그렇다는 것을 알아야 한다는 것이다.

> 彼意定顯經爾所時眼意二識俱相續轉. 旣眼識時非無意識
> 故非二識互相續生. 若增盛境相續現前. 逼奪身心不能暫
> 捨時五識身理必相續. 如熱地獄戲忘天等.

그 (논장의) 의미는 반드시 약간의 시간을 지나면 안식과 의식의 2심식은 함께 상속하여 전전한다는 것을 나타낸 것이다. 안식일 때에는 의식이 존재하지 않기 때문에 2심식이 서로 상속되어 발생되는 것이 아니다. (또한) 만약에 (未自在位에서) 增盛된 대상이 상속되고 현재전하여 몸과 마음을 逼奪해서 잠시라도 버릴 수 없을 때의 5식신은 이치적으로 반드시 상속된다. 마치 熱地獄과 戲忘天[6欲天 중 上位의 四天] 등과[92] 같다.

> 故瑜伽言若此六識爲彼六識等無間緣. 卽施設此名爲意根.
> 若五識前後定唯有意識. 彼論應言 若此一識爲彼六識等無
> 間緣. 或彼應言 若此六識爲彼一識等無間緣. 旣不如是故
> 知五識有相續義.

그러므로 『유가론』에서,[93] 만약에 이 (前念의) 6식을[94] 그 (後念의) 6식

---

92) 『成唯識論觀心法要』卷第4[『卍新纂續藏經』第51冊(2009), p.350, 下, "열지옥은 苦痛이 增盛한 경계이고, 희망천은 쾌락이 증성한 경계이다."(熱地獄 苦增盛境 戲忘天 樂增盛境也.)
93) 『瑜伽師地論』卷第52(『大正藏』30, 584, 中).
94) 『新導成唯識論』卷第4, p.168, "(前念의) 5식은 그 (後念의) 5식과 함께 하고, 제6식은 그 5식 및 제6식과 함께 한다."(五識與彼五識 第六與彼五識及第六.)

의[95] 등무간연으로 삼는다면, 곧 이것을 시설하여 의근이라 한다는 것이다. 만약에 5식의 전후에는 반드시 오직 의식만이 존재한다면, 그 논장[『유가론』]에서, 만약에 이 한 심식[의식]을 그 6식의 등무간연으로 삼는다고 해야 하거나, 혹은 거기에서, 만약에 이 6식을 그 한 심식[의식]의 등무간의로 삼는다고 해야 한다. (논장에서) 이와 같지 않기 때문에 5식은 상속되는 의미가 존재한다는 것을 알아야 한다.

　　五識起時必有意識能引後念意識令起. 何假五識爲開導依

(또한) 5식이 일어날 때에는 반드시 의식이 존재하여,[96] 스스로 뒷 생각의 의식을 이끌어서 일어나게끔 하는데, 어째서 5식을 가탁해서 개도의로 삼는가?

　　無心睡眠悶絶等位意識斷已. 後復起時藏識末那旣恒相續.
　　亦應與彼爲開導依. 若彼用前自類開導. 五識自類何不許然.
　　此旣不然彼云何爾.

5위 무심의 수면과 민절 등의 위치에서는 의식은 단절되었지만, 뒤에 다시 일어날 때에는 장식과 말나식이 항상 상속하므로, 또한 그것[제6식]과 함께 개도의가 되어야 한다. 만약에 그것이 (단지) 이전의 자체 성류를 활용하여 개도한다면, (곧) 5식의 자체 성류도 어째서 그렇다는 것을 인정하지

---

95) 上同, "제6식은 전5식을 개도의로 삼지 않는다."(第六以五不爲開導依.)
96) 上同, "여기부터는 제6식이 이전의 5식을 의지처로 삼는 것이지, 제7식과 제8식을 의지처로 삼지 않는다는 것을 논파한다."(自下破第六識以前五識爲依 不以七八爲依也.)

않는가? 이것[5식]은 그렇다고 (인정)하지 않는데, 그것[제6식]은 어째서 (유독) 그러한가?

平等性智相應末那. 初起必由第六意識 亦應用彼爲開導依.
圓鏡智俱第八淨識 初必六七方便引生. 又異熟心依染污意.
或依悲願相應善心. 旣爾必應許第八識亦以六七爲開導依.
由此彼言都未究理.

평등성지와 상응하는 말나식이[97] 처음으로 일어날 때에는 반드시 제6 의식에 의지하며,[98] 또한 그것[제6식]을 활용해서도 개도의로 삼아야 한다. 대원경지와 함께하는 제8의 청정식은 처음에는 반드시 제6식과 제7식의 방편에 이끌려 일어난다. 또한 이숙심은 염오의 의식에 의지한다고 하며, 혹은 悲願과 상응하는 善心에 의지한다고 한다. 그렇다면, 반드시 제8식이 또한 제6식과 제7식을 개도의로 삼는다는 것을 인정해야 한다. 이러하므로 그들의 주장은 모두 이치를 궁구한 것이 아니다.

應說五識前六識內隨用何識爲開導依. 第六意識用前自類
或第七八爲開導依. 第七末那用前自類或第六識爲開導依.
阿陀那識用前自類及第六七爲開導依. 皆不違理由前說故.

---

[97] 『新導成唯識論』 卷第4, p.169, "즉, 말나식이라는 명칭은 무루위에도 통함을 나타낸다. 비록 6식일지라도 말나식으로 전전하여 증득되므로 제7식이라 하지만, 실제로는 제7식이 아니다. 청정함과 통하지 않기 때문이다."(卽顯末那名通無漏 雖卽六識 轉末那得 名爲第七 實非第七 不通淨故.)

[98] 『新導成唯識論』 卷第4, p.169, "세제일법위의 有漏의 二空 意識"(世第一法位有漏二空意識)

전5식은 이전의 6식 안에서 수순하여, 어떤 심식을 활용해서도 개도의로 삼는다고 해야 한다. 제6식은 이전 생각의 자체 성류나 혹은 제7식과 제8식을 활용하여 개도의로 삼는다. 제7 말나식은 이전 생각의 자체 성류나 혹은 제6식을 활용하여 개도의로 삼는다. 아타나식은 이전 생각의 자체 성류와 제6식 및 제7식을 활용하여 개도의로 삼는다고 한다. 모든 것은 이치에 상위되지 않는데, 이전에 선설되었던 것에 의거하기 때문이다.

> 有義此說亦不應理. 開導依者謂有緣法爲主能作等無間緣.
> 此於後生心心所法. 開避引導名開導依. 此但屬心非心所等.

어떤 사람[護法]은, 이[제2] 교설도 또한 이치에 맞지 않는다. 개도의라는 것은, 有體 緣慮의 법이 주체가 되어 능히 등무간연으로 조작되는 것을 말한다.[99] 이 (4義를 갖춘) 것이 뒤에 일어나는 마음과 심소법에 대해서 (그 길을) 開避하고 引導(하여 일어나게)하므로 개도의라고 한다. 이것은 단지 마음에만 소속되는 것으로서, 심소법 등[색법, 불상응법 및 무위법]에는 소속되지 않는다는 것이다.

> 若此與彼無俱起義. 說此於彼有開導力. 一身八識旣容俱起.
> 如何異類爲開導依. 若許爲依. 應不俱起. 便同異部心不並生

---

99) 『新導成唯識論』卷第4, p.169, "유체 연려의 법이란 색법과 불상응행법 및 무위법을 구별한 것이고, 주체가 된다는 것은 모든 심소법을 구별하며, 등무간연을 조작한다는 것은 다른 성류의 他識 등을 구별한 것이다."(有緣法者 簡色不相應無爲也 爲主者簡諸心所也 作等無間緣者 簡異類他識等也.)

만약에 이것[前念의 마음]이 그것[後念의 마음과 心所]과 함께 같이 일어나는 의미가 없다면, 이것[前念]을 그것[後念]에 대하여 개도하는 세력이 있다고 하며, 한 몸에서 8식이[100) 함께 일어난다는 것이 허용되는데, 어째서 다른 성류[異類의 8識]를 개도의로 삼는다고 하는가? 만약에 (서로) 개도의로 된다고 인정한다면, 당연히 (8식이) 함께 일어나지 않아야 한다. 곧, 다른 부파[薩婆多 등]에서 마음은 함께 일어나는 것이 아니라고 하는 것과 같다.

又一身中諸識俱起. 多少不定 若容互作等無間緣. 色等應爾. 便違聖說等無間緣唯心心所.

또한 한 몸에서 모든 심식들이 함께 일어나는 것이 많거나 적어서 일정하지 않으므로, 만약에 서로 등무간연으로 조작되는 것이 허용된다면, 색근 등도 그러해야 한다. 그러면 聖教에서,[101) 등무간연은 오직 마음과 심소법뿐이라 한 것에 위배된다.

然攝大乘說色亦容有等無間緣者. 是縱奪言. 謂假縱小乘色心前後有等無間緣 奪因緣故. 不爾等言應成無用. 若謂等言非遮多少但表同類. 便違汝執異類識作等無間緣.

---

100) 上同, p.170, "8식은 俱轉되기 때문에 8식 각자의 등무간연은 異類를 相望함이 없다. 有部에서는 6식이 俱轉함을 인정하지 않기 때문에 6식이 서로 등무간연이 된다. 곧 등무간연은 오직 하나라고 하는 것과는 같지 않다."(八識俱轉故八識各自等無間緣 非異類相望 不同有部不許六識俱轉故 六識互爲等無間緣 卽等無間緣唯一.)
101) 『瑜伽師地論』 卷第38(『大正藏』 30, 501, 中).

그런데 『섭대승론』에서,[102] 색법에도 또한 等無間緣이 존재하는 것을 허용한 것은 (곧) 放縱한 逼奪의 말이다. 말하자면, 소승에서 色心이 전후로 등무간연이 존재한다는 것을 가탁하여 방종한 것은,[103] (그 서로) 인연(인 것)을 핍탈한 것이기 때문이다. 그렇지 않는다면, 等이라는 말은 당연히 소용이 없게 되어야 한다. 만약에 等이라는 말이 (세력의 활용을) 많거나 적은 것을 부정하는 것이 아니고, 단지 같은 성류를 나타내는 것이라면, 곧 그대들이 (앞에서) 다른 성류의 심식이 등무간연으로 조작된다는 주장과 상위된다.

是故八識各唯自類爲開導依 深契敎理. 自類必無俱起義故.
心所此依應隨識說 雖心心所異類並生. 而互相應. 和合似一.
定俱生滅. 事業必同.

[正理] 이렇기 때문에 8식은 각각 오직 자체의 성류로서 개도의로 삼는다는 것이 매우 聖敎와 이치에 계합되는데, 자체의 성류는 반드시 함께 일어난다는 의미가 없기 때문이다. 심소법의 이 등무간의는 당연히 (상응되는) 심식에 따라서 선설되어야 한다.[104] 비록 마음과 심소법은 다른 성류로서 함

---

102) 『新導成唯識論』 卷第4, p.170, "소승 또한 비난하기를, 어째서 『攝大乘論釋』 卷第3(『大正藏』 31, 396, 中)에서 아라한의 마음에 오직 등무간연이 존재하는 것이 허용된다고 하였겠는가? 그러므로 색법 또한 이 의미가 존재한다는 것을 알아야 한다. –경량부에서도, 일찍이 아라한이 멸진정에 證入할 때에 가슴 중의 肉色에 뒷 마음의 종자를 소섭했다가 禪定에서 나온 뒤에 생기하게 하기 때문에 색법에도 인연의 의미가 있다는 것을 알아야 한다. 지금 대승은 그 인연의 의미를 逼奪했으며, 등무간연을 假宅해 놓은 것이다."(小乘亦難云 何爲攝大乘第三云 阿羅漢心唯可容有等無間緣 故知色法亦有此義 云云 經量部先計 羅漢入滅定時胸中肉色 攝後心種 出定後生起故知色法有因緣義 今大乘爲奪其因緣義 假縱等無間緣也.)
103) 上同, "그 第8 아뢰야식이 존재하지 않으므로 肉色으로서 원인으로 삼기 때문이다. 인연의 의미가 逼奪되어서 가설로 이 緣을 설정한다."(彼無第八心 以肉色爲因故 爲奪因緣義 假縱此緣)
104) 上同, "8식 중에서 마음에 소속됨에 따라 그것을 활용하여 의지로 삼는다."(八識之中 隨所屬心 用彼爲依.)

께 일어나더라도 서로 상응하고, 화합하여 하나로 사현되며, 반드시 함께 생멸하고, 자체의 업[所依, 時, 事, 處]은 반드시 같다.

　　一開導時餘亦開導. 故展轉作等無間緣. 諸識不然不應爲例.
　　然諸心所非開導依. 於所引生無主義故.

하나[마음]가 개도할 때에 다른 것[심소법]도 또한 개도하기 때문에, 전전하여 등무간연으로 된다. 모든 심식들이 (相望하면 반드시) 그렇지 않으므로 실례로 삼지 않아야 한다. 그리고 모든 심소법들은 개도의가 아닌데, 引生되는 것에 대해 주체의 의미가 없기 때문이다.

　　若心心所等無間緣各唯自類. 第七八識初轉依時. 相應信
　　等此緣便闕. 則違聖說諸心心所皆四緣生.

만약에 (모든) 마음과 (상응하는) 심소법의 등무간연이 (단지) 각각 오직 자체의 성류라고만 한다면,[105] 제7식과 제8식이 처음으로 轉依될 때에 상응하는 믿음 등은 이 등무간연이 곧 결여된다.[106] 그러면 聖敎에서 모든 마음과 심소법이 전부 4연으로 일어난다는 것과 상위된다.

　　無心睡眠悶絶等位. 意識雖斷而後起時. 彼開導依卽前自類.

---

105) 『新導成唯識論』卷第4, p.171, "마음은 오직 마음만을 相望하고, 심소법의 각각은 각각의 심소법만을 상망하는데, 자체의 성류만을 의지로 삼기 때문이다."(心唯望心 心所別別望別 別心所 自類爲依者.)
106) 上同, "마음을 심소법에 상망하여 이 인연으로 지어진다."(心望心所 得作此緣.)

間斷五識應知亦然. 無自類心於中爲隔名無間故. 彼先滅
時已於今識爲開導故. 何煩異類爲開導依.

5위무심의 극수면과 민절 등의 위치에서는 의식은 비록 단절된다고 하지만, 뒤에 일어날 때에 그 개도의는 바로 이전의 자체 성류이며, 間斷된 5식도 그러함을 알아야 한다. (단지) 자체 성류의 마음이 도중에 間隔되는 것이 없음으로서 無間이라 하기 때문이고, 그것이 먼저 소멸될 때에는 지금의 심식에 대해서 개도의가 되기 때문이다. 어째서 번거롭게 다른 성류로서 개도의로 삼는가?

然聖教中說前六識互相引起. 或第七八依六七生. 皆依殊
勝增上緣說. 非等無間故不相違.

그런데 聖教에서 전6식은 서로 引起하거나 제7식과 제8식은 제6식과 제7식에 의지하여 일어난다고 한 것은, 모두가 수승한 증상연에 의지해서 선설한 것으로서 등무간연은 아니기 때문에 상위되지 않는다는 것이다.

瑜伽論說若此識無間諸識決定生. 說此爲彼等無間緣. 又此
六識爲彼六識等無間緣. 即施設此名意根者. 言總意別亦
不相違. 故自類依深契教理.

『유가론』에서,[107] 만약에 이 심식의 無間에 모든 심식들이 결정적으로 발

---

107) 『瑜伽師地論』 卷第85(『大正藏』 30, 775, 下).

생된다면, 이것을 그것의 등무간연으로 삼는다고 한다. 또한 (만약에) 이 6식을 (말한다면,) 그 6식의 등무간연으로 삼는다.[108] 곧, 이것을 시설하여 의근이라 한 것은 말은 전체이고 의미는 개별적이어서[109] 또한 상위되지 않는다. 그러므로 자체의 성류로서 의지처로 삼는다는 것은 매우 聖敎와 이치에 잘 계합된다.

傍論已了應辨正論. 此能變識雖具三所依. 而依彼轉言但顯前二. 爲顯此識依緣同故 又前二依有勝用故. 或開導依易了知故

[총결] 傍論은 了知했으므로 正論을 변별해야 한다. 이 능변식에는 비록 3가지의 소의를 갖추었지만 그것에 의지하여 展轉한다는 것은, 단지 앞의 2가지[因緣과 增上緣]依만을 나타낸다. 이 심식이 의지처와 대상이 같다는 것을 나타내기 위한 것이고, 또한 앞의 2가지의 의지처는 수승한 작용이 있기 때문이며,[110] 혹은 개도의는 了知하는 것이 쉽기 때문이다.

如是已說此識所依 所緣云何. 謂卽緣彼. 彼謂卽前此所依識 聖說此識緣藏識故.

---

108) 『瑜伽師地論』 卷第52(『大正藏』 30, 584, 中).
109) 『新導成唯識論』 卷第4, p.171, "말은 전체로서 6식에 두루 하고, 의미는 곧 개별로서 6식의 자류를 선설하는데, 각각 相望한다."(言總遍於六識 意乃別說六識自類 各各相望.)
110) 『述記』 卷第5 本(『大正藏』 43, 391, 下), "함께 의지함이 서로 친근하고, 종자가 친히 발생되며, 또한 같은 때이므로 함께 논설한다. 등무간연은 그렇지 않는데, 다른 때이고, 疏遠하기 때문이다."(俱依相近 種子親生 又並俱時 故論合說 非無間緣異時遠故.)

【所緣門】

이와 같이 이 심식의 所依門을 교설했는데, 所緣門은 어떠한가? 말하자면, 바로 그것을 반연하는 것이다. 그것[초능변]이란, 바로 앞에서 말한 이것[제7식]의 소의인 심식을 말한다. 聖敎에서,[111] 이 심식이 장식을 반연한다고 하기 때문이다.

> 有義此意緣彼識體及相應法. 論說末那我我所執恒相應故. 謂緣彼體及相應法. 如次執爲我及我所. 然諸心所不離識故. 如唯識言無違敎失.

어떤 사람[難陀]은, 이 말나식은 그 (第8) 심식 자체와 상응하는(5遍行) 법을 반연한다고 하는데, 『유가론』에서는,[112] 말나식은 자아와 자아가 집착한 것[我所執]과[113] 항상 상응한다고 하기 때문이다. 이를테면, 그 자체와 상응하는 법을 반연한다는 것은 차례대로 집착하여 자아와 아소견으로 삼는 것이다. 그러므로 모든 심소법들은 심식을 여의지 못하기 때문에 唯識이라 하는 것과 같이, 聖敎에 상위되는 過失은 존재하지 않는다는 것이다.

> 有義彼說理不應然. 曾無處言緣觸等故. 應言此意但緣彼識見及相分. 如次執爲我及我所. 相見俱以識爲體故. 不違聖說

---

111) 『顯揚聖敎論』 卷第1(『大正藏』 31, 480, 下) ; 『瑜伽師地論』 卷第63(『大正藏』 30, 651, 中).
112) 『瑜伽師地論』 卷第63(上同).
113) 『述記』 卷第5 本(『大正藏』 43, 392, 上), "이것으로 인하여 식 자체를 반연하여 자아가 되고, 심소는 아소견이 된다. 마음이 주인으로 집착하여 자아가 되고, 심소법의 조반으로 아소견이 된다."(由此緣識體爲我. 心所爲所. 由心是主故執爲我. 由所助伴故爲我所.)

어떤 사람[火辨]은, 그들이 선설한 것은 이치가 당연히 그렇지 않다. 일찍이 논장[處]에서, 접촉 등을 반연한다는 언급이 없었기 때문이다. 당연히 이 말나식은 단지 그 아뢰야식의 견분과 상분만을 반연해서 차례대로 집착하여 자아와 아소견으로 삼는다고 해야 하는데, 상분과 견분은 함께 자체분[識]을 체상으로 삼기 때문에, 聖敎의 교설과 상위되지 않는다는 것이다.

> 有義此說亦不應理. 五色根境非識蘊故. 應同五識亦緣外故. 應如意識緣共境故. 應生無色者不執我所故. 厭色生彼不變色故. 應說 此意但緣藏識及彼種子. 如次執爲我及我所. 以種卽是彼識功能 非實有物 不違聖敎.

어떤 사람[安慧]은, 이 교설도 또한 당연히 이치에 맞지 않다. (상분 중에서) 5색근과 경계[第8識의 상분]는 識蘊이 아니기 때문이고, 당연히 5식과 같이 또한 5塵[外]을 반연해야 하기 때문이다. 의식과 같이 공통되는 경계를 반연해야 하며, 무색계에 證入한 사람은 아소견이라는 집착이 없어야 하고, 색계를 厭離해서 그 곳[彼]지에 태어난 사람은 (根塵의) 定色을 변현하지 않기 때문이다. 이 의식은 단지 장식과 그 종자만을 반연하고, 차례대로 집착하여 자아와 아소견으로 삼는다고 해야 한다. 종자는 바로 그 (第8) 심식의 공능이므로 실유의 물질이 아니라는 것은 聖敎에 상위되지 않는다는 것이다.

> 有義前說皆不應理. 色等種子非識蘊故. 論說種子是實有故. 假應如無非因緣故. 又此識俱薩迦耶見任運一類恒相續生. 何容別執有我我所. 無一心中有斷常等二境別執俱轉義故. 亦不應說二執前後. 此無始來一味轉故.

어떤 사람[護法]은, 앞의 교설들도 모두 이치에 맞지 않는다. 색법 등의 종자는 식온이 아니기 때문이고, 『유가론』에서,[114] 종자는 바로 실유라고 했기 때문이다. (만약에) 假有라면 존재하지 않는 것과 같아서 (諸法의) 친인연이 될 수 없기 때문이다. 또한 이 (제7) 심식과 함께하는 (俱生의) 살가야견[身見; 我所見]은 임운하게 한 성류로 항상 상속되어 일어나는데, 어째서 별도로[115] 자아와 아소견이 존재한다고 주장하는 것을 수용하는가? (비유하면 제6 의식과 같이) 한 마음에는 間斷과 恒常 등과 같은 2가지의 경계가 존재하지만, 별도로 집착되어 함께 전전하는 의미는 없기 때문이다. 또한 (제7식의 아집과 아소집에 관한) 2가지의 집착이 전후 (별도로 전전)한다고 해서도 안 되는데, 이것[제7]은 언제부턴가 한 성류로 (항상) 전전하기 때문이라는 것이다.

應知此意但緣藏識見分. 非餘. 彼無始來一類相續似常一故
恒與諸法爲所依故.

[정의] 마땅히 알아야 한다. 이 말나식은 단지 장식의 견분만을 반연하지, 다른 것[상분, 종자 혹은 심소법 등]은 반연하지 않는다. 그것(장식의 견분)은 언제부턴가 (미세하게) 한 성류로 상속되어 (不斷하며) 항상 하고 하나로 似現되기 때문이고, 언제나 모든 법의 소의가 되기 때문이다.

此唯執彼爲自內我. 乘語勢故說我所言. 或此執彼是我之我.

---

114) 『瑜伽師地論』 卷第52(『大正藏』 30, 588, 下).
115) 『新導成唯識論』 卷第4, p.173, "자아와 아소견은 함께 일어나지 않기 때문이다."(我我所不俱起故.)

故於一見義說二言. 若作是說善順敎理. 多處唯言有我見故.
我我所執不俱起故.

이것[제7]은 오직 그것[제8의 견분]만을 집착하여 자체의 內我로 삼는데, (논장에서 단지 이것을) 語勢에 편승하였기 때문에 아소견이라 하는 것이다. 혹은 이것이 그것을 자아 중의 자아로 집착하기 때문에, 하나의 아견에 대한 의미를 (자아와 아소견의) 2가지의 말로[116] 한 것이다. 만약에 이렇게 말한다면, 聖敎와 이치에 잘 수순된다. 여러 논장에서,[117] 오직 (제7식에는) 아견만이 존재한다고 하기 때문이고, 자아와 아소견의 (2가지) 집착은 (從來부터) 함께 일어나지 않기[118] 때문이다.

未轉依位唯緣藏識. 旣轉依已亦緣眞如及餘諸法. 平等性
智證得十種平等性故. 知諸有情勝解差別示現種種佛影像故.

(그러나 제7식이) 아직 轉依되지 않은 위치에서는 오직 장식(의 견분)만을 반연하지만, (만약에) 이미 전의하였을 때에는 또한 진여나 다른 (유위의) 제법을 반연한다.[119] 평등성지는 10가지의 평등성을[120] 증득하였기 때문이

---

116) 『新導成唯識論』 卷第4, p.173, "실제로는 단지 하나의 아견이다."(實是但一我見.)
117) 『顯揚聖敎論』 卷第17(『大正藏』 31, 566, 中) 等.
118) 『新導成唯識論』 卷第4, p.173, "행상과 경계, 이 2가지가 모두 다르기 때문이다."(行相及境二俱別故.)
119) 『新導成唯識論』 卷第4, p.174, "因位의 무루 평등성지는 널리 일체의 유위법을 반연한다." (因位無漏平等性智 普緣一切有爲法.)
120) 『述記』 卷第5 本(『大正藏』 43, 394, 上), "佛地論(『大正藏』 16, 721, 下~722, 上)에서, -10가지의 평등이란, 1) 모든 형상이 增上된 喜愛, 2) 일체를 領受한 緣起, -10) 무량한 공덕을 增殖하고 닦아서 究竟인 열반에 이른 것이라 했다."(佛地經說-十種平等者 一諸相增上喜愛 二一切領受緣起-十修殖無量功德究竟.)

고, 모든 유정들[10地의 보살]의 수승한 견해의 차별성을 了知해서 갖가지로 부처의 影像[他受用身]을 시현하기 때문이다.

> 此中且說未轉依時. 故但說此緣彼藏識 悟迷通局理應爾故. 無我我境遍不遍故.

이 게송에서는 또한 아직 전의하지 못한 때를 선설하기 때문에, 단지 이것은 그 장식만을 반연한다고 한다. 開悟[무루]와 昏迷[유루], 融通[悟]과 局限[迷]의 이치가[121] 마땅히 그러하기 때문이고, 무아와 자아의 경계는 주변하거나[無我] 주변하지 않기[自我] 때문이다.

> 如何此識緣自所依. 如有後識卽緣前意. 彼旣極成此亦何咎.

[질문] 어떻게 이 (제7) 말나식이 자체의 소의(인 제8식)를 반연하는가?
[답변] 마치 뒤의 (제6) 의식이 바로 이전의 (제6) 의식[등무간의 意根]을 반연함이 있다고 하는 것과 같이,[122] 그것[以前의 의식이 등무간연인데, 뒤 의식이 所緣緣으로 짓는 것이 이미 이치적으로 지극히 타당하므로, 이것[所依處인 藏識이 增上緣도 또한 (소연연으로 되면, 나아가)[123] 어떤 허물이 있는가?

---

121) 『新導成唯識論』 卷第4, p.174, "무루는 開悟이고, 유루는 昏迷하며, 무루는 融通되고, 유루는 局限된다. 무루에는 자아가 없고, 유루에는 자아가 있으며, 무아의 경계는 두루 하지만, 유아의 경계는 두루 하지 않기 때문이다."(無漏名悟有漏是迷 無漏是通有漏名局 無漏無我有漏有我 無我境遍有我境不遍故.)
122) 『新導成唯識論』 卷第4, p.174, "제6 의식이 이전의 등무간연의 意根을 반연함과 같으므로, 이것은 所依이고, 또한 所緣인 것이다."(如第六識緣前等無間緣意 旣是所依 亦是所緣.)
123) 『成唯識論觀心法要』 卷第4[『卍新纂續藏經』 第51冊(2009), p.353, 上] 참조.

頌言思量爲性相者. 雙顯此識自性行相. 意以思量爲自性故.
卽復用彼爲行相故. 由斯兼釋所立別名. 能審思量名末那故.
未轉依位恒審思量所執我相. 已轉依位亦審思量無我相故

【自性行相門】

　(제5) 게송에서 사량함을 자성과 행상으로 삼는다고 한 것은, 겸으로 이 심식의 자성[自證分]과 행상[見分]을 나타낸 것이다. 의식은 사량으로서 자성으로 삼기 때문이고,[124] 곧 다시 그것[사량]을 활용하여 행상으로 삼기 때문이다. 이러하므로 겸해서 건립된 (말나식의) 다른 명칭도 해석하며, 능히 심세하게 思量하는 것을 말나식이라 하기 때문이다. 아직 轉依가 이루어지지 않은 위치에서는 항상 하면서 심세하게 집착된 자아의 형상을 사량하지만, 전의된 지위에서는 또한 심세하게 무아의 형상을 사량하기[125] 때문이다.

此意相應有幾心所. 且與四種煩惱常俱. 此中俱言顯相應義.
謂從無始至未轉依　此意任運恒緣藏識與四根本煩惱相應.
其四者何. 謂我癡我見幷我慢我愛. 是名四種.

---

124) 『新導成唯識論』卷第4, p.174, "體性은 행상으로 나타나므로 알기가 어렵다. 그 실체는 사량이지만, 바로 행상이다. 그 체성이 곧 識蘊에 포함되기 때문이다."(體性難知以行相顯 其實思量但是行相 其體卽是識蘊攝故.)
125) 『新導成唯識論』卷第4, p.174, "이것은 말나식이라는 명칭이 무루법에도 통함을 나타낸다."(此顯末那名通無漏.)

【染俱觸等相應門】

이 의식과 상응하는 심소법은 몇 가지가 있는가? 우선 4번뇌와 항상 함께 한다. 여기에서 함께 한다는 것은 상응하는 의미를 나타낸다. 말하자면, 언제부턴가 아직 전의를 이루지 못한 데에 이르기까지 이 의식은 임운하게 항상 장식의 견분을 반연하면서 4근본번뇌와 상응한다. 그 4가지란 어떤 것인가? 아치와 아견과 아만 및 아애를 말하데, 이것을 4가지라고 한다.

> 我癡者謂無明. 愚於我相迷無我理故名我癡. 我見者謂我執
> 於非我法妄計爲我. 故名我見. 我慢者謂倨傲. 恃所執我令
> 心高擧. 故名我慢. 我愛者謂我貪. 於所執我深生耽著. 故
> 名我愛.

아치란 무명으로서, (자기 마음이 변현한) 我相에 우치하고 무아의 이치에 혼미하므로 아치라고 한다. 아견이란 아집으로서, (제8의 견분으로서 본래) 자아가 아닌 법에 대해 허망하게 계탁하여 자아로 삼기 때문에 아견이라 한다. 아만이란 倨傲로서, 집착된 자아를 믿고서 마음으로 하여금 高擧하게 하기 때문에 아만이라 한다. 아애란 아탐으로서, 집착된 자아에 대하여 매우 탐착하는 마음을 일으키기 때문에 아애라고 한다.

> 幷表慢愛有見慢俱. 遮餘部執無相應義. 此四常起擾濁內心
> 令外轉識恒成雜染. 有情由此生死輪迴不能出離. 故名煩惱.

(제6 게송에서) 아울러[幷]라는 것은, 아만과 아애에는 아견과 (함께하고,) (아견과) 아만과 (또한 아애와) 함께 존재한다는 것을[126] 나타낸 것으로서, 다른 부패[薩婆多]에서 상응하는 의미가 존재하지 않다는 주장을 부정한다. 이 4가지는 언제나 일어나서 內心을 擾濁하게 하며, 밖의 전식[6識]으로 하여금 항상 잡염법[유루의 3性]을 이루게 한다. 유정들은 이것으로 인하여 생사에 윤회하며, 능히 出離할 수가 없기 때문에 번뇌라고 한다.

> 彼有十種 此何唯四. 有我見故餘見不生. 無一心中有二慧故. 如何此識要有我見. 二取邪見但分別生唯見所斷. 此俱煩惱唯是俱生修所斷故.

[질문] 그것[本惑]에는 10가지가 있는데, 이것[第7]에는 어째서 오직 4가지뿐인가?
[답변] 아견이 있기 때문에 다른 견해는 일어나지 못하는데, 하나의 마음에는 2가지의 아견[慧]이 존재할 수 없기 때문이다.
[질문] 어째서 이 심식에는 반드시 아견이 존재하는가?
[답변] 2取[계금취견과 견취견]와 邪見은 단지 (후천적인) 분별생으로서 오직 견도에서 단절되지만, 이것[제기]과 함께 하는 번뇌는 오직 (선천적인) 俱生으로서 수도위에서 단절되기 때문이다.

> 我所邊見依我見生. 此相應見不依彼起. 恒內執有我故要有我見. 由見審決疑無容起. 愛著我故瞋不得生. 故此識俱

---

126) 『新導成唯識論』卷第4, p.175, "意識이란 아만과 아애의 두 가지 법은 아견과 함께 일어나고, 아애는 아만과 함께 일어남을 나타낸다."(意者表慢愛二法與見俱起 愛與慢俱起.)

煩惱唯四.

(이러 하니까 2取와 邪見이 없는) 我所見과 (斷常의 2가지의) 邊見은 (모두) 아견에 의지하여 일어나지만, (여기) 이것[제7]과 상응하는 아견은 그것[아견]에 의지하여 일어나지 않는다. 항상 내적으로 자아가 존재한다고 집착하기 때문에 요컨대 아견이 존재한다. 아견이 심세하게 결정하므로 인하여 의심[疑] 심소가 일어나는 것이 허용될 수 없으며, 아애가 자아에 취착하기 때문에 성냄[瞋] 심소가 일어날 수 없다. 그러므로 이 심식과 함께 하는 번뇌는 오직 4가지뿐이다.

見慢愛三如何俱起. 行相無違俱起何失 瑜伽論說貪令心下慢令心擧. 寧不相違. 分別俱生外境內境所陵所恃麤細有殊故. 彼此文義無乖返.

[질문] 아견과 아만 및 아애의 3가지는 어떻게 함께 일어나는가?[127]
[답변] 행상이 상위되지 않아서인데, 함께 일어난다고 하면 어떠한 과실이 있는가?
[질문] 『유가론』에서,[128] 탐욕[我愛]은 마음으로 하여금 卑下케 하고, 아만은 마음으로 하여금 高擧케 한다고 하는데, 어째서 상위되지 않는가?
[답변] 分別과 俱生,[129] 外境과 內境, 所陵과 所恃, 麤顯과 審細로 특수한 것이

---

127) 『新導成唯識論』卷第4, p.176, "이것들은 각각 자생력이 인정되기 때문이다."(以此各許自生力故.)
128) 『瑜伽師地論』卷第58(『大正藏』30, 623, 上).
129) 『新導成唯識論』卷第4, p.176, "分別起(의 번뇌)는 오직 견도에서 단절된다거나 아직도 견도에서 단절하지 못한다고 한다. 즉, 修道位 중에서 강력하게 분별해서 상속되지 않게

존재하기 때문으로서, 그것과 이 經文의 의미는 乖返되는 것이 없다.

> 此意心所唯有四耶. 不爾. 及餘觸等俱故 有義此意心所唯九.
> 前四及餘觸等五法. 卽觸作意受想與思. 意與遍行定相應故.

[질문] 이 의식의 심소법은 오직 4가지만 존재하는가?
[답변] 그렇지만은 않다. (게송에서) 나아가[及] 다른 (변행 심소법의) 접촉 등과 함께 하기 때문이(라 했)다.

어떤 사람[第一師]은, 이 의식의 심소법은 오직 9가지로서 앞의 4가지와 다른 접촉 등의 5법[五遍行], 즉 접촉, 작의, 감정, 상상 및 생각으로서, 의식은 변행 심소법과 반드시 상응하기 때문이다.

> 前說觸等異熟識俱. 恐謂同前亦是無覆. 顯此異彼故置餘言
> 及是義集. 前四後五合與末那恒相應故

앞[卷第3]에서 접촉 등은 이숙식과 함께 한다고 했으므로 (지금) 앞에서와 같이[130] 또한 이것[제7]을 無覆라고 하는 것이 염려되어서, 이것[제7의 접촉 등]은 그것[제8의 감촉 등]과 差異가 있다는 것을 나타내기 위하여 다른[餘]이라는 말을 한 것이다. 그리고 나아가[及]라고 한 것은 집합의 의미로서 앞의 4가지와 뒤의 5가지가 합해져 말나식과 항상 상응하기 때문이라는 것이다.

하는 것도 또한 이 성류이기 때문이다."(分別者唯見斷 又未必唯見斷 卽修道中 强分別生不相續者 亦是類故.)

130) 『新導成唯識論』卷第4, p.176, "이 뒤에 선설되는 의식이란 제7식과 함께하는 접촉 등은 有覆性으로서, 이것은 바로 無覆性과 다른 것을 말한다."(此後說意者 第七俱觸等是有覆性 此卽無覆性之餘也.)

此意何故無餘心所. 謂欲希望未遂合事. 此識任運緣遂合境
無所希望故無有欲. 勝解印持曾未定境. 此識無始恒緣定事.
無所印持故無勝解.

[질문] 이 의식에 어째서 다른 심소법은 존재하지 않는가?
[답변] 말하자면, (별경 심소법에서) 욕망[欲] 심소법은 完遂하지 못했던 자체를 희망하는데, 이 심식[末那]은 任運하게 완수된 경계를 반연하여 희망하는 것이 없기 때문에, 욕망이 존재하는 것이 아니다. 勝解는 일찍이 결정하지 못한 경계를 믿어서 간직하는 것[印持]으로서, 이 심식은 언제부턴가 항상 결정된 자체를 반연하므로, 印持되는 것이 없기 때문에 승해가 없다.

念唯記憶曾所習事. 此識恒緣現所受境無所記憶. 故無有念.
定唯繫心專注一境. 此識任運刹那別緣. 旣不專一故無有定.

기억[念]은 오직 일찍이 익혔던 자체를 기억하는 것으로서, 이 심식은 항상 현재에 감수된 경계만을 반연하므로 기억되는 것이 없기 때문에 기억이 존재하는 것이 아니다. 선정[定]은 오직 마음을 계박하여 하나의 경계에 專注하는 것으로서, 이 심식은 임운하게 찰나마다 별도로 반연하여 專一하지 못하기 때문에, 禪定이 존재하는 것이 아니다.

慧卽我見故不別說. 善是淨故非此識俱. 隨煩惱生必依煩
惱前後分位差別建立. 此識恒與四煩惱俱. 前後一類分位
無別. 故此識俱無隨煩惱.

혜[慧]는 바로 아견이기 때문에 별도로 선설하지 않는다. 善 심소법은 청정하기 때문에 이 (염오) 심식과는 함께 하지 않는다. 수번뇌 심소법이 발생하려면 반드시 근본번뇌의 전후의 분위상의 차별에 의지하여 건립되는데, 이 심식은 항상 4번뇌와 함께 하여 전후로 한 성류여서 분위의 차별이 없는 것이기 때문에, 이 심식과 함께 하는 수번뇌는 존재하지 않는다.

惡作追悔先所造業. 此識任運恒緣現境 非悔先業故無惡作.
睡眠必依身心重昧外衆緣力有時暫起.

(不定 심소법에서) 악작[悔]은 이전에 지었던 업을 추회하는 것이지만, 이 심식은 임운하게 항상 현재의 경계만을 반연하여 先業을 뉘우치지 못하기 때문에 악작이 존재하지 않는다. 수면[眠]은 반드시 身心의 과중한 暗昧와 외부의 衆緣의 세력에 의지하므로 때때로 잠시 일어남이 있다.

此識無始一類內執不假外緣故彼非有. 尋伺俱依外門而轉.
淺深推度麤細發言. 此識唯依內門而轉. 一類執我故非彼俱.

이 심식은 언제부턴가 한 성류로서 안으로 집착하지만 外緣을 假託하지는 않으므로, 그것[수면]은 존재하지 않는다. 尋求와 伺察은 함께 外門에 의지하여[131] 展轉하며, 얕거나 깊게 推度하고, 추현과 섬세하게 표현한다. 그런데 이 심식은 오직 內門[內我]에 의지해서만 전전하며, 한 성류로서 자아로 집착하기 때문에 그것[尋伺의 행상]과 함께하지 않는다.

---

131) 『新導成唯識論』 卷第4, p.177, "외경을 반연하여 발생되기 때문이다."(緣外境而生故)

有義彼釋餘義非理. 頌別說此有覆攝故. 又闕意俱隨煩惱故.
煩惱必與隨煩惱俱. 故此餘言顯隨煩惱.

어떤 사람[第二師]이, 그가 다른[餘]이라고 의미를 해석한 것은 이치에 맞지 않는데, 게송에서 (다시) 별도로 이것을 有覆無記性에 포함된다고 하기 때문이고, 또한 말나식과 함께하는 수번뇌를 빠뜨렸기 때문이다. 근본번뇌는 반드시 수번뇌와 함께 하기 때문에 이 (게송에서) 다른[餘]이라는 것은 (바로) 수번뇌를 나타낸다는 것이다.

此中有義 五隨煩惱. 遍與一切染心相應. 如集論說. 惛沈掉擧不信懈怠放逸於一切染汚品中恒共相應. 若離於無堪任性等 染汚性成無是處故.

여기에서도 어떤 사람은, 5수번뇌는 두루 일체의 染汚心과 상응한다는 것이다. 마치 『집론』에서,[132] 혼침, 도거, 불신, 해태 및 방일은 일체의 염오품 가운데서 항상 함께 상응하는 것과 같다는 것이다. 만약에 혼침[無堪任] 등[도거 등의 4가지]을 여의면, (곧) 염오성으로 된다는 것이 이 논장에는 없기 때문이다.

煩惱起時心旣染汚. 故染心位必有彼五. 煩惱若起必由無堪任囂動不信懈怠放逸故. 掉擧雖遍一切染心. 而貪位增但說貪分. 如眠與悔雖遍三性心. 而癡位增但說爲癡分.

---

132) 『大乘阿毘達磨集論』 卷第3(『大正藏』 31, 676, 中).

번뇌가 일어날 때에는 마음은 이미 염오되었기 때문에, 染汚心의 위치에서는 반드시 그 5가지가 존재한다. 번뇌가 만약에 일어난다면, 필연코 무감임[혼침], 효동[도거], 불신, 해태 및 방일로 원인하기 때문이다. 도거는 비록 일체의 染汚心에 두루 하지만, 탐욕의 위치에서 증성되므로 단지 탐욕의 일부라고 한다.133) 마치 수면과 후회[惡作]가 비록 3성의 마음에 두루 하지만, 우치의 위치에서 증성되므로 단지 愚癡의 일부로 된다는 것과 같다.

雖餘處說有隨煩惱或六或十遍諸染心. 而彼俱依別義說遍.
非彼實遍一切染心. 謂依二十隨煩惱中解通麤細無記不善
通障定慧相顯說六. 依二十二隨煩惱中解通麤細二性說十.
故此彼說非互相違.

비록 (『유가론』의) 여러 곳에서, 수번뇌에는 6가지나 혹은 10가지가 있으며,134) 모든 염오심에 두루 한다고 하지만, 그것은 모두 별도의 의미에 의거하여 두루 한다고 한 것이지, 그것이 실제로 일체의 염오심에 두루 하는 것은 아니다. 말하자면, 20가지의135) 수번뇌 중에 승해는 麤顯과 審細에 통하고,136) 有覆無記와 不善이며,137) 공통으로 선정과 지혜를 장애하는 행상이 현

---

133) 『瑜伽師地論』 卷第55(『大正藏』 30, 604, 中) 等.
134) 『瑜伽師地論』 卷第55(『大正藏』 30, 604, 中) ; 卷第58(『大正藏』 30, 622, 中). 『大乘阿毗達磨雜集論』 卷第1(『大正藏』 31, 699, 下).
135) 『述記』 卷第5 本(『大正藏』 43, 398, 上), "여기에 말하는 20가지는 欲과 勝解의 2가지 심소법과 不定 심소법의 4가지를 변별한 것이다."(今言二十者 簡欲勝解二法及不定四.)
136) 上同(上同), "승해가 추세에 통한다는 것은 이 행상이 추세의 위치에서 통함을 드러낸 것으로서, 앞의 분함[忿] 등의 10가지의 법[十小隨惑]을 분별하는데, 그 승해가 오직 추현하기 때문이다."(解通麤細著 顯此行相通麤細位 簡前忿等十法 彼解唯麤故.)
137) 上同(上同, 上~中), "유부무기와 불선은 현저하게 2가지의 성품에 통하므로 무참과 무괴의 2가지 법을 분별한다. 그것은 또한 추세한 승해에 통하지만, 그러나 오직 불선이다."

저하는 것에[138] 의거해서 6가지라고[139] 한다. (또한) 22수번뇌 중에서 승해는 추현과 심세에 통하고, 2성품[무참과 무괴]를 변별이 되는 것에 의지해서 10가지라고[140] 한다. 그러므로 이것과 그 교설은 서로 상위되는 것이 아니다.

然此意俱心所十五. 謂前九法五隨煩惱幷別境慧. 我見雖
是別境慧攝. 而五十一心所法中義有差別. 故開爲二.

그런데 이 의식은 함께하는 심소법이 15가지로서, 앞의 (아치 등 4혹과 접촉 등의 5변행) 9법과 (혼침, 도거, 불신, 해태 및 방일) 5수번뇌와 아울러 別境의 慧[我見] 심소법을 말한다. 아견은 비록 별경의 혜 심소법에 포함되지만, 51심소법 중에서 의미에 차별이 있기 때문에 개방하여 2가지로 한다.[141]

何緣此意無餘心所. 謂忿等十行相麤動. 此識審細故非彼俱.
無慚無愧唯是不善. 此無記故非彼相應. 散亂令心馳流外境
此恒內執一類境生. 不外馳流故彼非有.

[질문] 무엇에 인연하여 이 의식에 다른 심소법이 존재하지 않는다고 하는가?

(無記不善者 顯通二性 簡無慚無愧二法 彼亦通麤細解 然唯不善.)

138) 上同(上同, 中), "공통으로 선정과 지혜를 장애하는 행상이 현저하다는 것은 이 6가지의 법이 선정과 지혜의 2가지 법을 장애하는 것이 현저하며, 함께 하는 행상이 혼침과 도거의 2가지의 법을 분별하는 것이 두드러짐을 말한다."(通障定惠相顯者 顯此六法障定及惠二 俱相顯簡惛沈·掉擧二法)
139) 6가지란, 不信, 懈怠, 放逸, 失念, 散亂 및 不正知를 말한다.
140) 10가지란, 6가지의 수번뇌에 惛沈, 掉擧, 邪慾 및 邪勝解를 더한 것이다.
141) 『新導成唯識論』卷第4, p.179, "하나는 혜인 별경으로서 3性과 9地에 통하고, 다른 하나는 아견인데 오직 염오성으로서 9地 등에 통한다."(一慧卽別境通三性九地 二見唯染污通九地等.)

[답변] 말하자면, 분심[忿] 등 10가지(의 小隨惑)는 행상이 추동하고, 이 심식[第7]은 심세하기 때문에 그것과 함께 하는 것이 아니다. 무참과 무괴(의 中隨惑)는 오직 不善인데, 이것은 우부무기성이기 때문에 그것과 상응하지 않는다. 산란은 마음으로 하여금 외경에 馳流하게 하는데, 이것은 항상 내면(의 第8의 見分)에 집착하여, 한 성류로 경계에서 일어나 밖으로 치류하지 않기 때문에 그것[散亂]이 (이 심식에) 존재하지 않는다.

> 不正知者. 謂起外門身語意行 違越軌則. 此唯內執故非彼俱.
> 無餘心所義如前說.

不正知라는 것은 밖으로 身, 語 및 意業의 행상을 일으키므로 軌則에서 벗어나서 상위하지만, 이것은 오직 내면만을 집착하기 때문에 그것[不正知]과 함께 하지 않는다. 다른 심소법이 존재하지 않다는 의미는 앞에서 선설한 것과 같다.

> 有義應說六隨煩惱遍與一切染心相應. 瑜伽論說不信懈怠
> 放逸忘念散亂惡慧一切染心皆相應故. 忘念散亂惡慧若無.
> 心必不能起諸煩惱.

어떤 사람[第二師]은, 6가지의 수번뇌는 두루 일체의 染汚心과 상응한다고 해야 한다. 즉, 『유가론』에서,[142] 불신, 해태, 방일, 망념, 산란 및 악혜[不正知]는 일체의 염오심과 모두 상응한다고 하기 때문이다. 망념과 산란 및 악혜가

---

142) 『瑜伽師地論』 卷第55(『大正藏』 30, 604, 上).

만약에 존재하지 않다면, 마음은 스스로 모든 번뇌를 일으키지 못한다.

要緣曾受境界種類. 發起忘念及邪簡擇. 方起貪等諸煩惱故.
煩惱起時心必流蕩. 皆由於境起散亂故.

요컨대 일찍이 감수했던 경계의 종류를 반연하여 망념과 삿된 간택을 일으켜서, 마침내 탐욕 등 모든 번뇌를 일으키기 때문이다. 번뇌가 일어날 때에는 마음은 반드시 流蕩하게 되는데,[143] 모든 것은 경계에 대하여 산란함을 일으키기 때문이다.

惛沈掉擧行相互違. 非諸染心皆能遍起. 論說五法遍染心者.
解通麤細違唯善法. 純隨煩惱通二性故. 說十遍言義如前說.

혼침과 도거는 행상이 서로 다르고, 모든 염오심에 다 두루 일어나는 것이 아니다. 『雜集論』에서,[144] 5법[불신, 해태, 혼침, 도거 및 방일]이 염오심에 두루 한다는 것은, 승해가 추, 세에 통하고, 오직 善法과 相違하며, (대개) 純大한 수번뇌로서[145] 2성품[무참과 무괴를 변별]에 통하기 때문이라는 것이다. (『유가론』에서) 10가지가 두루 한다는 의미는 앞에서 선설한 것과 같다.

---

143) 『述記』卷第5 本(『大正藏』43, 399, 中), "마음은 반드시 境界에 馳流하여 放縱에 빠진다." (心必馳流於境縱蕩.)
144) 『大乘阿毘達磨雜集論』卷第6(『大正藏』31, 723, 上).
145) 『述記』卷第5 本(『大正藏』43, 399, 下), "근본 번뇌와 부정 심소의 4가지를 분별하는데, 그것들도 또한 공통으로 수번뇌라고 하기 때문이다."(簡根本惑及不定四 彼亦通名隨煩惱故.)

然此意俱心所十九. 謂前九法六隨煩惱. 幷念定慧及加惛沈.
此別說念准前慧釋. 幷有定者. 專注一類所執我境曾不捨故.
加惛沈者. 謂此識俱無明尤重心惛沈故. 無掉擧者此相違故.
無餘心所如上應知.

그런데 이 의식과 함께 하는 심소법은 19가지로서, 말하자면, 앞의 9법[4혹과 접촉 등 5가지]과 6수번뇌[불신 등]와 아울러 기억[念], 선정[定], 혜[慧] 및 혼침을 더한 것이다. 여기에서 별도로 기억 심소법을 말한 것은 앞의 혜[아견] 심소법에 의거한 해석이다. 아울러 선정이 있는 것은 한 성류로 집착된 자아의 경계에 專注해서 일찍이 버리지 못했기 때문이다. 혼침을 더한 것은 이 말나식과 함께 하는 무명이 더욱 過重되어서 마음을 혼침하게 하기 때문이다. 도거가 없는 것은 이것[혼침]과 (바로) 상위하기 때문이고, 다른 심소법[욕망과 승해 등]들이 없는 것은 위에서와 같음을 알아야 한다.

有義復說十隨煩惱遍與一切染心相應. 瑜伽論說放逸·掉
擧·惛沈·不信·懈怠·邪欲·邪勝解·邪念·散亂·不正知.
此十一切染污心起. 通一切處三界繫故. 若無邪欲邪勝解時.
心必不能起諸煩惱. 於所受境要樂合離. 印持事相 方起貪
等諸煩惱故.

어떤 사람은 다시, 10수번뇌는 두루 일체의 염오심과 상응한다고 한다. 즉, 『유가론』에서,[146] 방일, 도거, 혼침, 불신, 해태, 邪慾, 邪勝解, 邪念, 산란

---

146) 『瑜伽師地論』 卷第58(『大正藏』 30, 622, 中).

및 부정지 등 이 10심소법은, 일체의 염오심에서 일어나 일체의 處와 3界의 계박에 통한다고 하기 때문이다.

만약에 사욕과 사승해가 존재하지 않을 때에는 마음은 스스로 모든 번뇌를 일으키지 못한다는 것이다. 감수된 경계에 대하여 요컨대 (자기에게) 수순[合]하거나 상위[離]되는 것을 즐기고,[147] 자체의 형상[事相]을 깊이 간직하여[印持] 마침내 탐욕 등 모든 번뇌를 일으키기 때문이다.

> 諸疑理者於色等事必無猶豫. 故疑相應亦有勝解. 於所緣事亦猶豫者. 非煩惱疑. 如疑人杌.

모든 이치를 의심할 때에는 색법 등의 자체에 대해서는 반드시 유예하는 것이 없기 때문에, 의심과 상응하고 (마음에) 또한 승해도 존재한다.[148] (곧) 반연되는 자체에 대해서 또한 유예함이 있는 것은 번뇌 중의 의심에는 있지 않는데,[149] 마치 사람을 나무 등걸이라 의심하는 것과 같다.

> 餘處不說此二遍者. 緣非愛事疑相應心邪欲勝解非麤顯故. 餘互有無義如前說.

---

147) 『述記』卷第5 本(『大正藏』 43, 400, 上), "법이 자기에게 수순하면 반드시 화합을 즐기고, 법이 자기에게 상위하면 반드시 여읨을 즐기기 때문이다. 앞에 것은 혹은 탐욕을 일으키고, 뒤에 것은 진에심을 일으킨다."(法順己者要樂合故 法違己者要樂離故 先或起貪 後或起恚.)

148) 『述記』卷第5 本(『大正藏』 43, 400, 中), "의심과 상응하면 반드시 승해가 존재한다."(故疑相應定有勝解.)

149) 『述記』卷第5 本(『大正藏』 43, 400, 中), "만약에 자체에 대해서 유독 의심이 일어나서 이것은 苦 자체이고, 이것은 苦 자체가 아니라고 하는 것은 이치를 몰라서 의심이 일어나는 것이 아니며, 이것이 번뇌가 아닌 것은 마치 나무 등걸을 의심하여 사람이라거나 아니라고 하는 것과 같다. 이 異熟生[이숙과]인 美醜 등은 무기심에 소섭되므로 염오심이 아니다."(若於事中 獨生疑者 此是苦事 此非苦事 不迷理生疑者 此非煩惱 如疑於杌爲人·非人 是異熟生 無記心攝 非染汚心.)

다른 곳에서 이 (사욕과 사승해의) 2가지를 (염오심에) 두루 한다고 하지 않는 것은, 좋아하지 않는 자체를 반연할 때와 의심과 상응할 때의 마음에 사욕과 사승해가 麤顯하지 않기 때문이라는 것이다. 다른 것이 서로 존재한다거나 하지 않는다는 의미는 앞에서 선설한 것과 같다.

此意心所有二十四. 謂前九法十隨煩惱加別境五. 准前理釋. 無餘心所如上應知.

이 의식의 심소법은 24가지가 있는데, 앞의 9가지의 법과 10가지의 수번뇌 및 별경의 5가지의 법을 더한 것으로서, (모두) 앞의 이치에 따라서 해석한 것이다. 다른 심소법이 존재하지 않는 것은 위의 내용과 같음을 알아야 한다.

有義前說皆未盡理. 且疑他世爲有爲無. 於彼有何欲勝解相. 煩惱起位若無惛沈 應不定有無堪任性. 掉擧若無應無囂動. 便如善等非染汚位.

[정의] 어떤 사람[護法]은 앞의 주장들은 모두 이치를 다하지 못한 것이라고 한다. 또한 다른 세계가[150] 존재하거나 존재하지 않기도 하다고 의심하면, 그것[事境]에 대하여 어떠한 욕망과 승해의 행상이 존재하는가? (이렇기 때문에) 번뇌가 일어나는 위치에 만약에 혼침이 존재하지 않는다면, 반드시 무감임의 성품도 존재하지 않아야 하고, 도거가 만약에 존재하지 않는다면,

---

150) 『新導成唯識論』 卷第4, p.181, "이것은 자체의 경계이다."(是事境也.)

囂動도 존재하지 않아야 한다. 곧, 善 등[無記]과 같이 염오의 위치가 아니다.

> 若染心中無散亂者. 應非流蕩非染汚心. 若無失念不正知者.
> 如何能起煩惱現前. 故染汚心決定皆與八隨煩惱相應而生.
> 謂惛沈掉擧不信懈怠放逸忘念散亂不正知.

만약에 염오심 중에 산란심이 존재하지 않는다면, 유탕하지 않으므로 염오심이 아니어야 한다. 만약에 실념과 부정지가 존재하지 않는다면, 어떻게 능히 번뇌를 일으켜서 現在前하겠는가? 그러므로 염오심은 결정적으로 모두 8가지의 대수번뇌와 상응하여 일어나는데, (그것은) 혼침, 도거, 불신, 해태, 방일, 망념, 산란 및 부정지를 말한다.

> 忘念不正知念慧爲性者不遍染心. 非諸染心皆緣曾受有簡
> 擇故. 若以無明爲自性者. 遍染心起由前說故.

망념과 부정지가 (만약에) 邪念과 악혜로서 자성으로 삼는다면, 염오심에 두루 하지 않는데, (왜냐하면) 모든 염오심에 전부 일찍이 감수한 것을 반연하여 간택함이 있는 것도 아니기 때문이다. 만약에 (망념과 부정지가) 무명으로서 자성으로 삼는다면, (곧) 염오심에 두루 하여 일어난다는 것은 앞에서 선설한 것으로 원인하기 때문이다.

> 然此意俱心所十八. 謂前九法八隨煩惱幷別境慧. 無餘心
> 所 及論三文. 准前應釋. 若作是說不違理敎.

그러므로 이 의식과 함께 하는 심소법은 18가지로서, 앞의 9가지의 법과 8가지의 대수번뇌와 별경의 혜[我見]를 말하고, 다른 심소법은 존재하지 않는다고 한다. 나아가 논장의 3가지의 내용은[151] 앞의 내용에 의거해서 해석되어야 하는데, 만약에 이렇게 논설한다면, 이치와 聖敎에 상위되지 않는다.

– 끝 –

---

151) 『瑜伽師地論』卷第55(『大正藏』30, 604, 中) ; 卷第58(『大正藏』30, 622, 中) 및 『大乘阿毘達磨雜集論』卷第6(『大正藏』31, 723, 上).

巻第5
『成唯識論』

卷第5

『成唯識論』

此染污意何受相應. 有義此俱唯有喜受. 恒內執我生喜愛故. 有義不然. 應許喜受乃至有頂. 違聖言故.

【受俱門】

[질문] 이 염오 의식은 어떠한 감정과 상응하는가?

[답변] 어떤 사람은, 이것과 함께 하는 것은 오직 희수뿐으로서, 항상 마음에서 (제8식의 견분을) 자아로 집착하여 즐거운 애착을 일으키기 때문이라는 것이다. 또한 어떤 사람은, 그렇지 않다. 희수는 이내 유정천[非想非非想處天]에까지 이른다고 인정해야 하며,[1] 聖敎와[2] 상위되기 때문이라는 것이다.

---

1) 『述記』卷第5 本(『大正藏』43, 405, 中), "(말나식은) 3가지의 지위(아라한, 멸진정 및 출세도)에서 염오의 의미는 없지만, 그 자체는 존재하지 않는 것이 아니다."(三位無染義 非體亦無.) 즉, 喜受가 만약에 제7 말나식과 항상 상응한다면, 말나식은 중생계뿐 만이 아니라 3지위에서도 존재하므로 유정천에서도 희수가 존재해야 하는데, 그렇지 않다는 것을 말한다.

2) 『瑜伽師地論』卷第11(『大正藏』30, 331, 上), "(색계의) 제1 선정에서는 憂受根에서 벗어나고, 제2 선정에서는 苦受, 제3 선정에서는 喜受, 제4 선정에서는 樂受, 無想定 중에서는 捨受에서 벗어난다고 한다."(謂初靜慮 出離憂根 第二靜慮 出離苦根 第三靜慮 出離喜根 第四靜慮 出離樂根 於無相中 出離捨根.)

應說此意四受相應. 謂生惡趣憂受相應. 緣不善業所引果故.
生人欲天初二靜慮喜受相應. 緣有喜地善業果故.

이 의식은 4감정과 상응한다고 해야 한다. 말하자면, 惡道[趣]에 태어날 때에는 憂受와 상응하는데, 善性인 아닌 업[憂受]이 이끄는 진이숙과[제8식]를 반연하기 때문이다. 人間界, 欲界天, 初禪 및 제2 禪에 태어날 때에는 희수와 상응하는데, 기쁨이 있는 지위의 선업[喜受]이 이끄는 이숙과를 반연하기 때문이다.

第三靜慮樂受相應. 緣有樂地善業果故. 第四靜慮乃至有
頂捨受相應. 緣唯捨地善業果故.

제3 禪에서는 낙수와 상응하는데, 즐거움이 있는 지위의 선업[樂受]이 이끄는 이숙과를 반연하기 때문이다. 제4 禪 내지 유정천에 이르러서는 捨受와 상응하는데, 오직 감정이 없어진[不苦不樂] 지위의 선업[捨受]이 이끄는 이숙과만을 반연하기 때문이라는 것이다.

有義彼說亦不應理. 此無始來任運一類緣內執我恒無轉易.
與變異受不相應故.

어떤 사람은, 그의 주장도 또한 이치에 맞지 않는다고 한다. 즉, 이것은 언제부턴가 자연스럽게 한 성류로 마음을 반연하여 자아로 집착해서 항상 전역됨이 없으므로, 변이되는 감정과는 상응하지 않기 때문이다.

又此末那與前藏識 義有異者皆別說之. 若四受俱亦應別說

旣不別說定與彼同. 故此相應唯有捨受.

또한 이 말나식은 앞의 장식과는 의미에 차이가 있다는 것을 (게송에서) 모두 별도[本頌]로 선설했다. 만약에 4감정과 함께 한다면 또한 별도로 선설했어야 했는데, 별도로 교설하지 않았으므로 반드시 그것[장식]의 행상과 같다. 그러므로 이것과 상응하는 것은 오직 사수뿐이라는 것이다.

未轉依位與前所說心所相應. 已轉依位唯二十一心所俱起. 謂遍行別境各五善十一. 如第八識已轉依位. 唯捨受俱任運轉故. 恒於所緣平等轉故.

아직 전의를 이루지 못한 위치에서는 앞에서 선설한 (18)심소법들과 상응하지만, 전의된 위치에서는 오직 21심소법과만 함께 일어난다. 말하자면, 변행과 별경의 각각 5가지와 선 심소법의 11가지이다. 마치 제8식이 전의된 위치에서와 같이 오직 사수와만 함께 자연스럽게 전전하고, 항상 대상에 대하여 평등하게 전전하기 때문이다.[3]

末那心所何性所攝. 有覆無記所攝. 非餘. 此意相應 四煩惱等 是染法故. 障礙聖道 隱蔽自心. 說名有覆. 非善不善 故名無記.

---

[3] 『新導成唯識論』卷第5, p.196, "평등성지에서는 만약에 과위이거나 인위이든지 간에 일체 오직 사수이다."(平等性智若果位若因位一切唯捨受也.)

【三性門】

[질문] 말나식과 그 심소법은 어떤 성품에 포함되는가?
[답변] 유부무기성에 포함되는 것으로서 다른 것[선악 및 무부무기성]이 아닌데, (대개) 이 의식과 상응하는 4근본번뇌 등은 염오법이기 때문이다. 聖道를 장애하고 자기의 심성을 은폐하므로 유부라고 하며, 선성이나 불선이 아니기 때문에 무기라고 한다.

> 如上二界 諸煩惱等. 定力攝藏 是無記攝. 此俱染法 所依細故 任運轉故 亦無記攝. 若已轉依 唯是善性.

[질문] (이 번뇌는 어째서 불선이 아닌가?)
[답변] 마치 上地의 2세계[색계와 무색계]의 모든 번뇌 등이 禪定力으로 攝藏되어서 유부무기성에 포함되는 것과 같이, 이것과 함께하는 (현행의) 염오법도 그 의지체[의 심식]가 미세하고, 자연스럽게 전전하기 때문에 또한 무기성에 포함된다. 만약에 전의되었다면 오직 善性뿐이다.

> 末那心所何地繫耶. 隨彼所生彼地所繫. 謂生欲界現行末那相應心所卽欲界繫. 乃至有頂應知亦然. 任運恒緣自地藏識. 執爲內我 非他地故.

【界繫門】

[질문] 말나식과 그 심소법은 어느 위치에 계박되는가?
[답변] 그것[제8식]이 일어남에 따라서 곧 그것의 위치에 계박된다. 말하자

면, 욕계에 태어날 때면 현행의 말나식과 그에 상응하는 심소법은 바로 욕계에 계박되고, 내지 유정천에 이르기까지 그러함을 알아야 한다. 자연스럽게 항상 자기 위치의 아뢰야식을 반연하고 집착해서 내면의 자아로 삼는 것이지, 다른 위치에서는 그렇지 못하기 때문이다.[4]

若起彼地異熟藏識 現在前者名生彼地 染污末耶緣彼執我. 卽繫屬彼名彼所繫. 或爲彼地諸煩惱等之所繫縛名彼所繫. 若已轉依卽非所繫

만약에 그것의 위치에서 이숙인 장식을 일으켜서 현재전한다면, 그것의 위치에서 일어난다고 한다. 염오성인 말나식이 곧 그것[제8식]을 반연하여 (내면의) 자아로 집착하면,[5] 바로 그것[제8식]에 계박되어서 소속되므로 그것에 묶이게 된다고 한다. 혹은 그것[제8식]의 위치에서[6] (제7식의) 모든 번뇌 등 때문에 그것에 계박되면, 그것에 묶이게 된다고 한다. 만약에 전의되었으면 계박되지 않는다.

---

4) 『述記』卷第5 本(『大正藏』43, 403, 中), "이렇기 때문에 알 수 있는 것은 제7식은 근본식의 종자를 반연하지 않는데, 종자는 다른 위치에서도 相通되는 법으로 인정되기 때문이다. 또한 색법 등을 반연하지 않지만, 색법 등에 또한 상통하기 때문이다. 제8 이숙식은 자체와 다른 위치의 법을 반연하여 상통하지만 자체와 다른 것을 구별하지는 않는다. 제7식은 자아만을 헤아리기 때문으로 다른 위치의 것은 반연하지 않는다."(由此故知 第七不緣本識種子 種子許通 他地法故 亦不緣色等 色等亦通故 第八異熟心 通緣自他地 不作自他解 第七作我解故 不緣他地也.)
5) 『新導成唯識論』卷第5, p.197, "이 교설의 의미는 제7식이 제8식을 계박하므로 제8식은 소속되는 것이고, 제7식은 능히 소속시키는 것임을 말한다."(此說意者 以第七繫第八 卽第八爲所屬 第七爲能屬也.)
6) 『述記』卷第5 本(『大正藏』43, 403, 下), "이 제7 의식은 자체와 함께 하는 때의 4번뇌 때문에 계박되므로 그것에 계박된다고 한다. 곧 심식은 계박되는 것이고, 번뇌는 능히 계박하는 것이다."(此第七意 爲自俱時四惑 所繫名彼所繫 識是所繫 煩惱能繫也.)

此染污意無始相續. 何位永斷或暫斷耶. 阿羅漢滅定出世
道無有. 阿羅漢者總顯三乘無學果位. 此位染意種及現行俱
永斷滅. 故說無有. 學位滅定出世道中俱暫伏滅. 故說無有.

【起滅分位門】

[질문] 이 염오 의식은 언제부턴가 상속되는데, 어떤 위치에서 영원히 단절되거나 혹은 잠시 단절되는가?

[답변] 아라한과 멸진정 및 출세도에서는 존재하지 않는다고 한다. 아라한은 전체적으로 3乘의 무학과의 지위를 나타낸다. 이 지위에서는 염오의식의 종자와 현행이 함께 영원히 단멸되기 때문에 존재하지 않는다는 것이다. 유학위의 멸진정에 증입하거나 출세도에서는[7] 모두 잠시 조복되고 단멸되므로 (또한) 존재하지 않는다고 한다.

謂染污意無始時來微細一類任運而轉. 諸有漏道不能伏滅.
三乘聖道有伏滅義.

말하자면, 염오 의식은 언제부턴가 미세하게 한 성류로 자연스럽게 전전하므로, 모든 (세간의) 有漏道로서는 능히 조복하거나 단멸할 수가 없지만, 3乘의 무루 聖道無漏心이 일어난 때만으로 조복하고 단멸된다는 의미가 있다.

---

[7] 『新導成唯識論』卷第5, p.197, "三乘의 유학위이다. 즉, 2乘의 初果 이후와 대승의 初地의 돈오와 2승 및 보살의 人空은 오직 아집人染만을 조복하고, 돈오과 점오 2가지를 깨달은 보살의 法空은 또한 법집法染만을 조복한다."(三乘有學位也 卽二乘初果以去 大乘初地頓悟 二乘及菩薩 人空唯伏人染 頓漸二悟菩薩法空亦伏法染.)

眞無我解違我執故. 後得無漏現在前時. 是彼等流亦違此意.
眞無我解及後所得. 俱無漏故名出世道.

진실한 무아에 대한 지혜[無分別의 眞智]는[8] 그 아집과 상위되기[9] 때문이다. 후에 증득된 (지혜인) 무루지가 현재전할 때에도 이것은 그것의 등류이므로 또한 이 의식과 상위된다. 진실한 무아에 대한 지혜와 후에 증득된 무루지는 모두 무루법이기 때문에 (모두) 출세도라고 한다.

滅定旣是聖道等流. 極寂靜故此亦非有. 由未永斷此種子故.
從滅盡定聖道起已. 此復現行乃至未滅.

(또한) 멸진정은 聖道의 등류에서 지극히 적정하기 때문에 이것에도 또한 (잠시도) 존재하지 않는다. (그러나 출세도와 멸진정은) 아직 영원히 이것의 종자를 단절하지 못했기 때문에, 멸진정과 (출세도의) 聖道에서 일어났을 때에는 이것[末那]은 다시 현행하여 이내 소멸되지 않는 지위에 이른다.

然此染意相應煩惱. 是俱生故非見所斷. 是染汚故非非所斷.
極微細故所有種子. 與有頂地下下煩惱. 一時頓斷勢力等故.
金剛喩定現在前時. 頓斷此種成阿羅漢. 故無學位永不復起.

---

8) 『述記』卷第1 本(『大正藏』43, 235, 下), "알아야 할 것을 了達한 지혜를 解라고 한다."(了所知智 說之爲解.)
9) 『新導成唯識論』卷第5, p.197, "人, 法觀에 따르므로 자연히 상위되지만, 人, 法觀의 무분별지에 따르면 같은 세력으로 이끌어져서 일부나 혹은 전부가 현행하지 않는다."(隨人法觀 並自違故 隨人法觀無分別智 等流引生 一分或全 亦不現行.)

그런데 이 염오의식과 상응하는 번뇌는 선천적인 것[俱生起]이기 때문에 견도에서 단절되는 것이 아니며, 이것이 염오성이기 때문에 단절하지 못하는 것[非所斷 ; 無漏法]도[10] 아니다. 지극히 미세하기 때문으로서 간직된 번뇌종자는[11] 有頂天 지위의 하하품[第6識 俱生]의 번뇌와 함께 일시에 순간적으로 단절되는데, 그 세력이 같기 때문이다. 반드시 금강유정[금강삼매]이 현재전할 때에 단박에 이것의 종자를 단절하여 아라한으로 된다. 그러므로 무학위에서는 마침내 영원히 다시는 일어나지 않는다.

二乘無學迴趣大乘. 從初發心至未成佛. 雖實是菩薩亦名阿羅漢. 應義等故不別說之.

2승의 무학인이 대승에 회향하여 나아가면, 처음의 발심부터 아직 성불하지 못한 지위에 이르기까지는 비록 실제로는 보살일지라도 또한 아라한이라 한다. 응공 등의 (3가지의) 의미가 같기 때문으로 별도로 선설하지 않는다.[12]

此中有義末那唯有煩惱障俱. 聖敎皆言三位無故. 又說四惑恒相應故. 又說爲識雜染依故.

---

10) 『述記』 卷第5 本(『大正藏』 43, 404, 中~下), "자연스럽게 일어나고 분별성의 것이 아니기 때문이다. 그러나 이것이 염오성이기 때문에 단멸하지 못할 것이 아니다. 단멸하지 못할 법은 무루법이기 때문이다."(任運生故非分別故 然此染故 非是不斷 不斷之法 並無漏故.)
11) 『新譯成唯識論』 卷第5, p.198, "3界9地에 소유된 제7식의 번뇌 종자."(三界九地所有 第七惑種)
12) 『述記』 卷第5 本(『大正藏』 43, 405, 上), "2승의 유학과 돈오의 보살 및 회심한 유학위의 보살은 같은 부류이기 때문에 별도로 구별하지 않는다."(二乘有學 頓悟菩薩 迴心有學菩薩 同類故不別簡.)

여기에서 어떤 사람들[安慧 등]은,[13] 말나식은 오직 번뇌장과만 함께 상응한다는 것이다. 즉, 聖敎에서,[14] 모두 3지위에서 존재하지 않는다고 하였기 때문이고, 4번뇌와 항상 상응한다고 하였으며,[15] 또한 전6식의 잡염의 의지처가 된다고 선설하였기[16] 때문이라는 것이다.

有義彼說教理相違. 出世末那經說有故. 無染意識如有染時定有俱生不共依故.

어떤 사람[護法]은,[17] 그들이 교설한 것은 聖敎와 이치에 상위된다는 것이다. 즉, 출세도에서 말나식은 경전[『해탈경』]에서 존재한다고 하였기 때문이다. 염오되지 않는 의식은 마치 염오성으로 존재할 때와 같이, 반드시 선천적으로 일어나서[俱生起] 함께하지 않는 의지처[不共依]로 존재해야 하기 때문이라는 것이다.

論說藏識決定恒與一識俱轉. 所謂末那. 意識起時則二俱轉.

---

13) 『述記』卷第5 本(『大正藏』43, 405, 上), "안혜 등은 멸진정 등 3位에서 제7식 자체는 존재하지 않지만, 이 심식과 함께할 때에는 오직 인집만이 존재하고 법집은 존재하지 않는다는 것이다. —이 논사의 주장에 의거하면, 성불할 때에는 제7식은 존재하지 않고, 다른 7식이 부처를 이룬다는 것이다."(安慧等云 三位體無 此識俱時 唯有人執 無有法執 -准此師計 卽成佛時 無第七識 餘七識成佛.)
14) 『大乘阿毘達磨雜集論』卷第2(『大正藏』31, 702, 上).
15) 『顯揚聖敎論』卷第1(『大正藏』31, 480, 下).
16) 『述記』卷第5 本(『大正藏』43, 405, 中) ; 『攝大乘論釋』卷第1(『大正藏』31, 383, 下), "청정한 의지처라고 말하지 않기 때문에 청정한 제7식과 법집의 제7식은 존재하지 않는다. 멸진정과 출세도 및 아라한의 3位에서 제7식 자체는 존재하지 않는다."(不言爲淨依故 無淨第七法執 第七 滅定・聖道・無學三位 無第七體也.)
17) 『述記』卷第5 本(『大正藏』43, 405, 中), "호법 등이 주석하기를, 3가지의 지위에서 염오의 의미는 없지만, 자체가 존재하지 않는 것은 아니라고 한다."(護法等釋 三位無染義 非體亦無.)

所謂意識及與末那.

논장에서,[18] 장식은 결정적으로 항상 하나의 심식과 함께 전전한다고 하는데, 이른바 말나식이며, 의식이 일어날 때에는 바로 (장식과) 2가지의 심식이 함께 전전하는데, 의식과 말나식이다.

若五識中隨起一識則三俱轉. 乃至或時頓起五識則七俱轉.
若住滅定無第七識 爾時藏識應無識俱. 便非恒定一識俱轉.
住聖道時若無第七. 爾時藏識應一識俱. 如何可言若起意識
爾時藏識定二俱轉.

만약에 전5식에서 하나의 심식에 따라서 일어날 때에는 곧 (장식과) 3가지의 심식이 함께 전전하며, 내지 어느 때에 전5식이 갑자기 일어날 때에는 (장식과) 7전식이 함께 전전한다는 것이다. 만약에 (너희들이 주장하듯이) 멸진정[6識은 존재하지 않음]에 머물 때에는 제7식이 존재하지 않다면, 그 때에 장식은 심식과 함께 하지 않아야 한다. 곧, 항상 반드시 하나의 심식과만 함께 전전하는 것이 아니어야 한다.[19] (또한) 聖道에 머물 때에 만약에 제7식이 존재하지 않는다면, 그 때의 장식은 (단지 第6) 하나의 심식[第6의 무루성]과만 함께 해야 한다. 어떻게, 만약에 의식이 일어난다면, 그 때의 장식이 반드시 2가지의 심식[제6과 제7]과 함께 전전한다고 할 수가 있는가?

---

18) 『瑜伽師地論』 卷第51(『大正藏』 30, 580, 下).
19) 『述記』 卷第5 本(『大正藏』 43, 405, 中), "『유가론』에서 (藏識은) 항상 하나의 심식과 함께 한다는 것"(論說恒與一識俱言.)과 위배된다는 내용.

顯揚論說. 末那恒與四煩惱相應. 或翻彼相應 恃舉爲行.
或平等行. 故知此意通染不染.

『현양성교론』에서,20) 말나식은 항상 4번뇌와 상응하거나 혹은 그것[四惑]에 반대로 상응하는데, 거만함을 인식활동으로 삼거나 평등함을 인식활동으로 삼는다는21) 것이다. 그러므로 이 의식은 염오성과 염오성이 아닌 것에 통한다는 것을 알아야 한다.

若由論說阿羅漢位無染意故便無第七. 應由論說阿羅漢位
捨賴耶故便無第八. 彼既不爾. 此云何然.

만약에 논장에서,22) 아라한의 지위에서 염오의식이 존재하지 않는다고 하기 때문에 곧 제7식이 존재하지 않는다고 한다면, 논장에서 아라한의 지위에서 장식을 버린다고 하였기 때문에 제8식도 함께 존재하지 않아야 한다.23) 그것[第8]은 그렇지 않는데, 이것[第7]은 어째서 그러한가.24)

---

20) 『顯揚聖教論』 卷第1(『大正藏』 31, 480, 下).
21) 『述記』 卷第5 本(『大正藏』 43, 405, 下), "저것과 반대로 상응하는 것은 평등한 인식활동이기 때문이고, 번뇌와 상응하는 것은 거만한 인식활동이기 때문이다."(翻彼相應平等行故 煩惱相應恃擧行故.)
22) 『瑜伽師地論』 卷第63(『大正藏』 30, 651, 下).
23) 『述記』 卷第5 本(『大正藏』 43, 405, 下), "어째서 제8식은 애호하여 존재한다고 하면서, 제7식은 증오하여 존재하지 않는다고 하는가? 염오성이 없는 의식을 함께 인정하기 때문이다."(何愛第八而便許有 憎第七而言無 言無染意 以俱許故.)
24) 『述記』 卷第5 本(『大正藏』 43, 405, 下), "그 제8식은 오직 염오의 지위에 존재하는 그런 것이 아닌데, 이 제7식은 어째서 그렇게 오직 염오의 지위에만 존재한다고 하는가."(彼第八既不唯在染位中有爾 此第七識如何言然唯染位有.)

又諸論言轉第七識得平等智. 彼如餘智定有所依相應淨識.
此識無者彼智應無. 非離所依有能依故. 不可說彼依六轉識
許佛恒行如鏡智故.

또한 여러 논장에서,[25] 제7식을 전환하여 평등성지를 증득한다고 하는데, 그것[평등지]에도 다른 지혜와 같이 반드시 의지되고 상응하는 청정식이 존재해야 한다. 이[제7 심식이 존재하지 않는다면, 그 평등지도 (또한) 존재하지 않아야 하는데, 의지처[心王]를 여의면 能依[智慧]도 존재하는 것이 아니기 때문이다. (나아가) 그것[평등지]이 6전식에 의지한다고는 할 수 없는데,[26] (모든) 부처님께 (평등성지가) 항상 現行하는 것은 마치 대원경지(의 無間斷)와 같다고 인정하였기 때문이라는 것이다.

又無學位若無第七識. 彼第八識應無俱有依. 然必有此依.
如餘識性故.

또한 무학위에서 만약에 제7식이 존재하지 않는다면, 그 제8식은 당연히 구유의가 없게 된다. 그러므로 (제8식에는) 반드시 이 구유의[卷第3 참조]가 존재해야 하는데, 다른 심식[7識]과 같이 심식의 체성이기 때문이다.[27]

---

25) 『大乘莊嚴經論』 卷第3(『大正藏』 31, 607, 上); 『攝大乘論釋』 卷第9(『大正藏』 31, 438, 上).
26) 『新導成唯識論』 卷第5, p.199, "(6전식은) 轉異됨이 있어서 항상 하지 않기 때문이다."(有轉異 不恒故.)
27) 『述記』 卷第5 本(『大正藏』 43, 406, 上), "그대들은 무학위에서도 제8식에 반드시 현행의 구유의가 존재해야 한다고 하는데, 심식의 체성이기 때문으로서 마치 다른 7식들과 같다는 것이다. 그 논사도 제7식은 제8식을 구유의로 삼는다고 인정하기 때문이다."(汝無學位第八必有現行俱有依 是識性故 如餘七識 彼師許第七以第八爲依故.)

又如未證補特伽羅無我者彼我執恒行. 亦應未證法無我者
法我執恒行. 此識若無彼依何識. 非依第八彼無慧故.

또한 마치 아직 보특가라의 무아를 증득하지 못한 사람은 그의 (제7식의) 아집이 항상 현행하는 것과 같이, 법 무아를 증득하지 못한 사람도 (제7식의) 법집과 아집은 항상 현행해야 한다. 이 제7식이 (3位에) 만약에 존재하지 않는다면 그것[법집]은 어떤 심식에 의지하는가? 제8식에는 의지하지 않는데, 그것[제8]에는 지혜 심소법(과의 상응)이 없기 때문이다.

由此應信二乘聖道滅定無學此識恒行. 彼未證得法無我故.

이렇기 때문에 2승의 聖道와[28] 멸진정 및 무학위에서는 이 심식이 항상 현행한다고 믿어야 하는데, 그들[二乘의 성도와 멸진정]은 아직도 법무아를 증득하지 못했기 때문이다.

又諸論中以五同法證有第七爲第六依. 聖道起時及無學位.
若無第七爲第六依. 所立宗因便俱有失. 或應五識亦有無依
五恒有依六亦應爾.

또한 여러 논장에서,[29] 전5식을 같은 법으로 삼아서 제7 의근이 존재하여

---

28) 『述記』卷第5 本(『大正藏』43, 406, 上), "이 의미는 대승에 회심하거나 돈오한 사람 등이 초지에 證入했으면, 법空을 일부 증득하여 이 청정한 지혜가 존재함을 나타낸 것이다."(意顯 迴心·頓悟人等入初地已 分證法空 有此淨智.)
29) 『瑜伽師地論』卷第51(『大正藏』30, 580, 中), 『攝大乘論釋』卷第1(『大正藏』31, 384, 中).

제6식의 구유의로 된다고 논증한다. 聖道가 일어날 때와 무학위에 만약 (청정한) 제7식이 (청정한) 제6식의 구유의로 되지 못한다면, 건립된 주장[宗]과 원인[因]에 곧 모두 과실이 있게 된다. 혹은 5식도 또한 (5근의) 구유의가 되지 못함이 있어야 하고,[30] 5식이 항상 의지처가 존재하면, 6식도 또한 그러해야 한다.

> 是故定有無染污意. 於上三位恒起現前. 言彼無有者依染
> 意說. 如說四位無阿賴耶非無第八. 此亦應爾.

이렇기 때문에 반드시 염오되지 않는 의식이 존재해야 하며, 上地의 3위에서 항상 일어나 현전하는 것이다. 그 곳[3위]에 존재하지 않다[제7 게송]고 한 것은, 단지 염오의식에 의지하여 교설한 것이다. 마치 4위[3乘의 무학위와 不退轉의 보살위]에 아뢰야식이 존재하지 않는다고 하더라도, 제8식 자체가 존재하지 않는 것이 아닌 것과 같이, 이것도 또한 그러해야 한다.

> 此意差別略有三種. 一補特伽羅我見相應. 二法我見相應.
> 三平等性智相應. 初通一切異生相續. 二乘有學. 七地以前
> 一類菩薩有漏心位.

---

30) 『述記』卷第5 本(『大正藏』43, 406, 中), "의미는 곧 그렇지 않다. 너희가 말하는 5식도 또한 당연히 의지하지 않을 때가 있음을 인정하는데, 6식에 소섭되기 때문으로서 너희의 의식과 같다. 이것은 우리 종파와 상위되는 과실이 있으며, 타종의 것을 취해서 비난을 되돌린 것이다. 즉, 5식은 항상 존재하고, 의식도 당연히 또한 그렇다."(義雖不然 汝之五識亦應許有無依之時 六識攝故 如汝意識 此有自宗相違過失以就他宗 然成返難 五識恒有依 意識應亦.)

【分位行相門】

　이 의식의 차별에는 대략 3가지[末那三位]가 있다. 1) 보특가라[人]의 아견과 상응하고, 2) 법아견과 상응하며,[31] 3) 평등성지와 상응한다.[32] 1)의 것은 일체의 異生 범부에게 (항상) 상속되지만, 2乘의 유학위와 7지 이전의 한 부류 보살의[33] 유루심의 지위에 통한다.

> 彼緣阿賴耶識. 起補特伽羅我見. 次通一切異生聲聞獨覺
> 相續. 一切菩薩法空智果不現前位. 彼緣異熟識起法我見.

　그것[人執의 末那]이 아뢰야식을 반연하여 보특가라의 아견을 일으킨다. 2)의 것은 일체의 異生과 성문 및 독각에게 (항상) 상속되지만, 일체 보살[頓, 漸菩薩]의 (10地 중) 법공지[根本智]와 證果[後得智와 멸진정위]가 현재전하지 않는 지위에 통한다. 그것[法執의 末那]은 이숙식을 반연하여 법에 대한 아견[法執]을 일으킨다.

> 後通一切如來相續. 菩薩見道及修道中法空智果現在前位.
> 彼緣無垢異熟識等起平等性智. 補特伽羅我見起位. 彼法
> 我見亦必現前. 我執必依法執而起.

---

31) 『成唯識論觀心法要』卷第5[『卍新纂續藏經』第51冊(2009), p.357, 中], "보특가라의 아견은 俱生起의 아집이고, 법아견은 구생기의 법집이다."(補特伽羅我見 即俱生我執. 法我見 即俱生法執也.)
32) 『新導成唯識論』卷第5, p.200, "상응되는 법으로서 심식의 행상을 나타낸다."(以相應法 顯識行相.)
33) 『新導成唯識論』卷第5, p.201, "二乘 무학의 회심 보살을 구별하여 한 부류라고 하는데, 영원히 유루심을 단절했기 때문이다."(簡無學廻心菩薩 故云一類 永已斷故.)

3)의 것은 일체의 여래에게 (항상) 상속되는 것으로서, 보살의 견도와 (그 이후의) 수도위 중의 법공지와 증과가 현재전하는 지위에 통한다. 그것[平等智]은 (佛位의) 무구 청정식과 (보살위의) 이숙식 등을 반연하여 평등성지를 일으킨다. 보특가라의 아견이 일어나는 위치에서는 그 법아견도 또한 반드시 현재전하는데, 아집은 필연코 법집에 의지하여 일어난다.

> 如夜迷杌等方謂人等故. 我法二見用雖有別而不相違. 同依一慧. 如眼識等體雖是一而有了別靑等多用不相違故. 此亦應然.

마치 밤에 그루터기 등에 혼미하여 사람 등이라 하는 것과 같기 때문이다. 아견과 법견의 2가지는 작용이 비록 다르지만, 상위하지 않고 함께 하나의 지혜 심소법에 의지한다. 마치 안식 등의 자체가 비록 하나이지만, 청색 등을 요별하는 많은 작용이 있으면서도 상위하지 않는 것과 같기 때문이다. 이것도 또한 그러해야 한다.

> 二乘有學聖道滅定現在前時. 頓悟菩薩於修道位. 有學漸悟. 生空智果現在前時. 皆唯起法執. 我執已伏故. 二乘無學及此漸悟法空智果不現前時. 亦唯起法執 我執已斷故.

2乘의 유학위의 聖道와 멸진정이 현재전할 때와 돈오보살의 수도위에서의 때[34] 및 유학위의 점오[廻心]보살의 생공지와 그 증과가 현재전할 때에는,

---

34) 『新導成唯識論』卷第5, p.201, "이 보살은 수도위에서 생공지와 그 증과가 일어나는 지위이다. 견도의 것은 전부 제거된다."(此菩薩於修道位 生空智果起位也 除見道全.)

(이 3수행자는) 모두 오직 법집만이 일어나는데, (그들에게는) 아집이 조복되었기 때문이다. 2승의 무학위와 이 점오보살의 법공지와 그 증과가 현재전하지 않을 때에는 오직 법집만이 일어나는데, (그들에게는) 아집이 단절되었기 때문이다.

八地以上一切菩薩. 所有我執皆永不行. 或已永斷或永伏故. 法空智果不現前時. 猶起法執不相違故. 如契經說八地以上一切煩惱不復現行. 唯有所依所知障在.

8지 이상의 일체 보살들에게는 소유된 아집이 모두, 영원히 현행하지 않거나 단절되었거나[無學의 점오보살] 혹은 조복되었기[有學의 점오와 돈오보살] 때문이다. 법공지와 그 증과가 현재전하지 않을 때에는 (비록 8지 이상이라도) 오히려 법집이 일어나는데,[35] (생공지와 그 증과로서 법집과) 상위되지 않기 때문이다. 마치 경전에서[36] 8지 이상의 보살들에게는 일체 번뇌가 다시는 현행하지 않고, 오직 (아집) 소의[제7식의 법집]의 소지장[智障]만이 존재한다고 한 것과 같다.

此所知障是現非種. 不爾煩惱亦應在故. 法執俱意於二乘等雖名不染. 於諸菩薩亦名爲染. 障彼智故. 由此亦名有覆無記. 於二乘等說名無覆. 不障彼智故.

---

[35] 『新導成唯識論』 卷第5, p.202, "오직 제6식의 인공지가 일어날 때만 제7식의 법집이 일어난다."(唯第六人空智起時 第七法執起.)
[36] 『解深密經』 卷第4(『大正藏』 16, 707, 下).

이것의 소지장은 현행되지만37) 종자는 아닌데, (만약에) 그렇지 않는다면 번뇌 종자도 (永斷되지 않은 것과 같이) 또한 존재한다고 해야 하기 때문이다. (그러나 이) 법집과 함께하는 의근은 二乘 등에서는 비록 염오성이 아니라고 하지만, 모든 보살에게는 또한 염오성이라 하는데, (바로) 그것[법공]이 지혜를 장애하기 때문이다. 이렇기 때문에 또한 유부무기성이라 하고, 二乘 등에게는 무부무기라고 하는데, 그것[인공]이 지혜를 장애하지 않기 때문이다.

> 是異熟生攝. 從異熟識恒時生故名異熟生. 非異熟果. 此名通故. 如增上緣餘不攝者皆入此攝.

(단지) 이것을 이숙생에 포함시키는데,38) (제8의) 진이숙식에 따라서 어느 때든지 발생되기 때문으로서, 이숙생이라 하지 이숙과(총보와 별보)라고 하지 않는다. 이것[이숙생]의 명칭은 공통되기 때문으로서, 마치 증상연과 같이 다른 것[3緣]에 포함되지 않은 것은 모두 이것[증상연]에 포함된다.39)

> 云何應知此第七識離眼等識有別自體. 聖教正理爲定量故. 謂薄伽梵處處經中說心意識三種別義. 集起名心. 思量名意. 了別名識. 是三別義.

---

37) 『新導成唯識論』 卷第5, p.202, "제7식의 법집으로서 제6식 법집의 현행 종자가 아니다. 그것들은 각각의 지위에서 모두 능히 단절되기 때문이다."(第七法執也. 非第六法執現種也. 彼地地皆能斷故.)
38) 上同, p.202, "제7식은 4가지의 무기[異熟, 威儀, 工巧 및 變化] 중에서 異熟生 무기에 포함된다."(第七識是四無記中異熟生無記攝.)
39) 『述記』 卷第5 末(『大正藏』 43, 408, 下), "(4연 가운데서) 3연[인연, 등무간연 및 소연연]에 포함되지 않는 것은 모두 이 증상연에 포함되고, 3무기에 포함되지 않는 것은 모두 이 이숙무기에 포함된다."(三緣不攝 皆此緣攝 三無記不攝 皆此無記攝.)

【二敎】

[질문] 어떻게 이 제7식이 안식 등을 여의고서 별도로 자체가 존재한다는 것을 알아야 하는가?

[답변] 聖敎와 바른 이치를 定量으로 삼기 때문이다. 말하자면, 박가범[佛]께서 여러 경전에서 마음[心]과 意 및 識의 3가지에 관한 별도의 의미를 선설한 것이다. 즉, 集起하는 것을[40] 마음이라 하고, 사량하는 것을 의라고 하며, 요별하는 것을 식이라 한 것이, 바로 3가지의 별도의 의미이다.

> 如是三義雖通八識而隨勝顯 第八名心. 集諸法種起諸法故. 第七名意. 緣藏識等 恒審思量爲我等故. 餘六名識. 於六別境麤動間斷了別轉故.

이와 같은 3가지의 의미가 비록 8식에 통한다고 할지라도 수승하게 나타나는 것에 따라서 第8識을 마음이라 하는데, 모든 법의 종자를 모아서 제법(의 현행)을 일으키기 때문이다.[41] 제7식을 意라고 하는데, 장식 등을[42] 반연하고 항상 심세 하게 사량하여 자아 등으로 삼기 때문이다. 나머지 6가지

---

40) 集起를 마음인 citta라고 하는데, 集(samudaya)은 '결합하여(sam) 上昇한다(udaya)'라는 의미로서, 연기라는 뜻에 가깝다.[동국대 출판부(2008), 『불교학 개론』, p.128 참조].

41) 『述記』卷第5 末(『大正藏』43, 409, 上), "현행법을 依止로 삼고 종자식을 원인으로 삼아서 능히 일체법을 일으키기 때문이다."(現行爲依 種子識爲因 能生一切法故.)

42) 『述記』卷第5 末(『大正藏』43, 409, 上), "원인에서 유루성은 오직 자아의 경계만을 반연하고, 무루성은 제8식과 진여를 반연한다. 果位에서는 일체법을 반연하는 것이 인정되기 때문에 論藏에서 등이라 한 것이다."(因中有漏唯緣我境 無漏緣第八及眞如 果上許緣一切法故 論言等也.);『新導成唯識論』卷第5, p.203, "等果의 소연에 비교되는 무구식과 진여를 반연하기 때문이다."(等果位所緣 緣無垢識及眞如故.)

를 識이라 하는데, 6가지의 다른 경계의 麁動에43) 間斷하는 것에 대해서 요별하여 전전하기 때문이다.

　　如入楞伽伽他中說.
　　藏識說名心 思量性名意 能了諸境相 是說名爲識
　　又大乘經處處別說有第七識 故此別有. 諸大乘經是至敎量.
　　前已廣說故不重成.

[第一敎] 『입능가경』의 게송 가운데서 선설한 것과 같다.44)
　　　　장식을 마음이라 하고,
　　　　사량하는 성류를 의식이라 하며,
　　　　능히 모든 경계의 형상을 요별하는
　　　　이것을 識이라 한다.
또한 대승경전의 여러 곳에서45) 별도로 제7식이 존재한다고 하였기 때문에, 이것은 (결정코) 별개로 존재한다. 모든 대승경전이 바로 至敎量이라46) 한 것은, 앞에서 자세하게 교설했기[卷第3] 때문에 중복해서 다루지 않는다.

　　解脫經中亦別說有此第七識. 如彼頌言.
　　染汚意恒時 諸惑俱生滅 若解脫諸惑 非曾非當有.

---

43) 『述記』卷第5 末(『大正藏』43, 409, 上), "了別이 容易하므로 麁라 하고, 變易을 動이라 한다." (易了名麁 轉易名動.)
44) 『入楞伽經』卷第9(『大正藏』16, 567, 下).
45) 『佛說佛地經』(『大正藏』16, 721, 下) 등.
46) 至敎量(śabda)은 聖敎量(Āpta-āgama) 혹은 正敎量이라고 하는데, 논의할 때에 聖人들의 말을 인용하여 결정적인 規範으로 삼는 것을 말한다.

[第二敎] 『해탈경』에서[47] 또한 별도로 이 제7식이 존재한다고 하는데, 그 게송에서 선설한 것과 같다.[48]

   염오 의식은 언제나
   모든 번뇌와 함께 생멸한다.
   만약에 모든 번뇌에서 해탈할 때에는
   과거도 아니고 미레에도 존재하지 않는다.

 彼經自釋此頌義言. 有染污意從無始來. 與四煩惱恒俱生滅
謂我見我愛及我慢我癡. 對治道生斷煩惱已. 此意從彼便
得解脫.

 그 경전에서 직접 이 게송의 의미를 주석하여 논술하기를, 염오 의식이 존재하여 언제부턴가 4번뇌와 항상 함께 생멸하는데, 아견, 아애, 아만 및 아치라는 것이다. 대치도[무학위]가 일어나서 번뇌를 단절했을 때에 이 의식은 그것[無間道]에[49] 따라서 곧 해탈을 증득한다.

 爾時此意相應煩惱. 非唯現無亦無過未. 過去未來無自性故.
如是等敎諸部皆有. 恐厭廣文故不繁述.

---

47) 『新導成唯識論』卷第5, p.203, "이것은 대소승에서 공통으로 인정하는 경전으로서, 해탈의 의미에 관하여 해설한 것이어서 해탈경이라 한 것이 아니다. —아함에 포함되지 않은 이 경전은 아함경을 벗어났기 때문에 해탈경이라 한 것이다."(此大小乘通許之經 非是解解脫義 名解脫經－並是爲阿含不攝 此經解脫阿含故 名爲解脫經.)
48) 『瑜伽師地論』卷第16(『大正藏』30, 364, 上) 참조.
49) 『述記』卷第5 末(『大正藏』43, 409, 中) 참조. 한창 번뇌를 끊는 자리인 無間道로서, 번뇌 때문에 間隔되지 않으므로 無間이라 한다.

그 때[무학위]에는 이 의식과 상응하는 번뇌는 오직 현재에만 존재하지 않는 것이 아니라 또한 과거와 미래에도 존재하지 않는데, 과거와 미래는 진실로 자성이 존재하지 않기 때문이라는 것이다.

이와 같은 등의 가르침은 모든[大, 小乘] 부파에 전부 있는데, 자세한 내용을 싫어할까 염려되기 때문에 번거롭게 기술하지 않는다.

已引聖敎當顯正理. 謂契經說不共無明微細恒行 覆蔽眞實.
若無此識彼應非有. 謂諸異生於一切分 恒起迷理不共無明
覆眞實義 障聖慧眼.

【六理證】

(第一證) 이미 聖敎를 인용하였으므로 당연히 바른 이치를 드러내겠다. 경전에서,[50] 공통되지 않는 무명[不共無明]은 미세하게 항상 현행하여 진실을 가리고 은폐한다고 하는데, 만약에 이 말나식이 존재하지 않는다면 그것[恒行不共無明]도 존재하지 않아야 한다는 것이다. 이를테면, 모든 이생 범부들은 일체의 분위[선, 악과 무기의 위치]에서 항상 (무아의) 이치에 혼미한 不共無明을 일으켜서, 진실한 의미를 가리고 신성한 지혜[무루지]의 안목을 장애한다는 것이다.

如伽他說.
眞義心當生 常能爲障礙 俱行一切分 謂不共無明.

---

50) 『分別緣起初勝法門經』 卷下(『大正藏』 16, 842, 上).

게송으로 선설하면 다음과 같다.[51)

    무루의 진실한 지혜[眞義]의 마음만이 일어나야 하지만,
    항상 스스로 장애 되어
    일체의 분위에서 함께 현행하는 것을
    불공무명이라 한다.

是故契經說 異生類 恒處長夜 無明所盲 惛醉纏心 曾無醒覺.
若異生位有暫不起此無明時. 便違經義. 俱異生位 迷理無明
有行不行 不應理故.

이렇게 때문에 경전에서, 이생의 부류들은 항상 기나긴 어둠에 있으면서 무명에 눈이 멀어, 혼미하고 醉亂하게 마음을 얽매어서 일찍이 각성하지 못하게 한다는 것이다.[52) 만약에 범부의 지위에서 잠시라도 이 무명을 일으키지 않을 때가 있다면, 곧 경전의 내용에 어긋난다. 모두가 범부의 지위이므로 이치에 미혹한 무명이 활동하는 때와 활동하지 않는 때가 있다는 것은,[53) 바른 이치가 아니기 때문이다.

此依六識皆不得成. 應此間斷彼恒染故 許有末那便無此失

---

51) 『攝大乘論釋』卷第1(『大正藏』31, 384, 上).
52) 『述記』卷第5 末(『大正藏』43, 410, 上), "만약에 중도에 무명이 존재하지 않을 때가 있다면, 곧 각성한다는 것이 이 경전으로 증명되는데, 무명은 항상 현행하여 3性의 위치에 두루 한다."(若中途有無無明時 便有醒覺 以此經證 無明恒行遍三性位.)
53) 『述記』卷第5 末(『大正藏』43, 410, 上), "그대들은 범부들이 善性과 無記性을 일으키는 위치에서는 무명이 존재하지 않을 때라고 하는데, 무명 또한 당연히 일어난다. 범부의 위치이기 때문에 마치 다른 것이 일어날 때와 같다."(汝言異生起善・無記位無無明時 無明應亦起 異生位故 如餘起時.)

染意恒與四惑相應. 此俱無明何名不共.

이것[不共無明]이 (만약에) 전6식에 의지한다면 모든 것은 성립되지 않는다. 즉, 이것[不共]은 間斷하는 것이어야 하고, 그것[전6식]은 항상 염오의 것이어야 하기 때문이다. 제7식이 존재한다고 인정될 때에 곧 이러한 과실이 없게 된다. 염오의식은 항상 4근본번뇌와 상응하는데, 이것과 함께하는 무명을 어째서 불공무명이라 하는가?

有義此俱我見慢愛非根本煩惱. 名不共何失. 有義彼說理教相違. 純隨煩惱中不說此三故. 此三六十煩惱攝故. 處處皆說染汚末那與四煩惱恒相應故.

어떤 사람은, 이것과 함께 하는 아견과 아만 및 아애는 근본번뇌가 아닌데, 불공무명이라 하면 어떤 과실이 있는가?

또한 어떤 사람은, 그가 주장한 것은 이치와 聖敎에 상위된다. 즉, 純大한 수번뇌 중에서는 이 3가지를 주장하지 않기 때문이다. 이 3가지는 6가지나 10가지의 근본번뇌[本惑]에 포함되기 때문이다.[54] 여러 경전에서 모두 염오의 말나식은 4번뇌와 항상 상응한다고 하기 때문이라는 것이다.

應說四中無明是主. 雖三俱起亦名不共. 從無始際恒內惛迷曾不省察. 癡增上故.

---

54) 『瑜伽師地論』 卷第8(『大正藏』 30, 313, 中)에서는 6本惑, 『大乘阿毘達磨雜集論』 卷第6(『大正藏』 31, 722, 下)에서는 6가지와 10가지의 本惑을 논술한다.

당연히 4번뇌 중에서는 무명[我癡]이 주체이므로 비록 3가지와 함께 일어난다고 하더라도 또한 불공무명이라 해야 한다. 언제부턴가 항상 마음에 혼미하여 일찍이 성찰되지 않아 아치가 증상되었기 때문이다.

此俱見等應名相應. 若爲主時應名不共. 如無明故許亦無失

[질문] 이것[제7식]과 함께하는 아견 등[我癡는 제외]도 당연히 상응이라 해야 하고,[55] 만약에 (그 6식과 상응하는 아견 등이) 주체로 된 때에는 (또한) 불공무명이라 해야 한다.
[답변] 마치 무명과 같기 때문으로서,[56] 그렇다고 인정하면 또한 과실이 없다.

有義此癡名不共者如不共佛法. 唯此識有故. 若爾餘識相應煩惱此識中無應名不共. 依殊勝義立不共名. 非互所無皆名不共.

어떤 사람이, 이 아치를 불공무명이라 한 것은, 마치 18不共佛法과 같이 오직 이 의식에만 존재하기 때문이라는 것이다.
[질문] 만약에 그렇다면, 다른 심식과 상응하는 번뇌도 이 심식 중에 존재하지 않으므로 불공무명이라 해야 한다.
[답변] 수승한 의미에 의거하여 불공이라는 명칭을 건립하는 것으로서, 서로에게 존재하지 않는다고 해서 모두 불공무명이라 하는 것이 아니다.

---

55) 『新導成唯識論』卷第5, p.205, "주체가 아닌 때는 相應이라 해야 한다."(非爲主時應名相應)
56) 上同, "無明과 같은 것을 또한 不共의 我愛 등이라 한다."(如無明亦名不共愛等.)

謂第七識相應無明. 無始恒行障眞義智. 如是勝用餘識所
無. 唯此識有故名不共.

　말하자면, 제7식과 상응하는 무명은 언제부턴가 항상 현행하여 무루의 진실한 지혜[眞義]를 장애한다. 이와 같은 수승한 업용은 다른 심식에는 존재하지 않고, 오직 이 말나식에만 존재하기 때문에 불공이라 한다.

旣爾此俱三亦應名不共. 無明是主獨得此名. 或許餘三亦
名不共. 對餘癡故且說無明.

[질문] 이미 그렇다면, 이것과 함께하는 3가지[見, 慢, 愛]도 당연히 불공이라 해야 한다.
[답변] 무명만이 주체이므로 유독 이 명칭을 붙인다. 혹은 다른 3가지도 또한 불공이라 하는 것이 인정되지만, (단지) 다른 (심식과 상응하는) 아치[제6의 무명]에 상대되기 때문에 또한 무명만을 선설한다.

不共無明總有二種. 一恒行不共. 餘識所無. 二獨行不共.
此識非有. 故瑜伽說. 無明有二. 若貪等俱者名相應無明.
非貪等俱者名獨行無明.

　불공무명에 모두 2가지가 있는데, 1) 항행불공무명으로서 다른 심식에는 존재하지 않는 것이고, 2) 독행불공무명으로서 이 말나식에는 존재하지 않는다. 그러므로 『유가사지론』에서[57) 무명에 2가지가 있는데, 만약에 탐욕 등과 함께 하는 것은 상응무명이라 하고, 탐욕 등과 함께 하지 않는 것은 독행무명이라 한 것이다.

是主獨行唯見所斷. 如契經說. 諸聖有學不共無明已永斷
故不造新業. 非主獨行亦修所斷. 忿等皆通見所斷故. 恒行
不共餘部所無. 獨行不共此彼俱有.

주체인 독행무명은[58] 오직 견도위에서만 단절되는데, 경전에서와 같이[59] 모든 聖人들의 유학위는 불공무명을 영원히 단절하였기 때문에 새로운 업을 짓지 않는다. 주체가 아닌 독행무명은 수도위에서 단절되는데, 분노 등[十小修惑]은 모두 (수도와) 견도에서의 단절에도 통하기 때문이다. 항행불공무명은 다른 부류[部]에는 존재하지 않지만, 독행불공무명은 대승과 소승에 모두 존재한다.

又契經說. 眼色爲緣生於眼識. 廣說乃至意法爲緣生於意
識. 若無此識彼意非有. 謂如五識必有眼等增上不共俱有
所依. 意識旣是六識中攝. 理應許有如是所依.

[第二證] 또한 경전에서,[60] 안근과 색경이 인연이 되어서 안식을 일으킨다고 자세하게 선설하고, 내지 의근과 법경이 인연이 되어 의식을 일으킨다고 한다. 만약에 이 말나식이 존재하지 않는다면, 곧 그 의근도 존재하지 않아

---

57) 『瑜伽師地論』 卷第58(『大正藏』 30, 622, 上).
58) 『述記』 卷第5 末(『大正藏』 43, 411, 中), "四聖諦의 이치에 미혹해서 일어나는데, 오직 후천적[分別起]으로 일어난다."(迷諦理起 唯分別起.)
59) 『分別緣起初勝法門經』 卷下(『大正藏』 16, 841, 下).
60) 『攝大乘論釋論』 卷第9(『大正藏』 31, 314, 下).

야 한다. 마치 전5식과 같이 반드시 안근 등이 增上緣으로 존재해야 하고 공통되지 않으며 구유소의가 존재해야 하는데, 意識은 바로 6식 중에 포함되므로, 이치적으로 이와 같은 소의가 존재한다고 인정해야 한다는 것이다.

> 此識若無彼依寧有. 不可說色爲彼所依. 意非色故. 意識應無隨念計度二分別故.

이 말나식이 만약에 존재하지 않는다면, 그것[제6식]의 의지처가 어찌 존재하겠는가? 색법을 그것의 소의로 삼는 것이 있을 수 없는 것은 의근[제7]이 색법이 아니기 때문이며, 의식은 수념과 계탁의 2가지의 분별력이 없어야 하기 때문이다.[61]

> 亦不可說五識無有俱有所依. 彼與五根俱時而轉如芽影故. 又識與根旣必同境. 如心心所決定俱時.

또한 5식에는 구유소의가 존재하지 않는다고도 할 수 없는데, 그것과 5근이 같은 때에 전전하는 것은 마치 (종자와) 싹과 (형체와) 그림자와 같기 때문이다. 또한 식과 근은 반드시 같은 대상으로서 마음과 심소법처럼 결정적으로 같은 때이어야 한다.

> 由此理趣極成意識. 如眼等識必有不共顯自名處等無間不攝增上生所依. 極成六識隨一攝故.

---

[61] 『述記』卷第5 末(『大正藏』43, 411, 下), "마치 5식 등이 색근에 의지하는 것과 같기 때문이다."(如五識等依色根故.)

이러한 이취로 인하여 논리적으로 지극히 타당한 의식은, 안식 등과 같이 반드시 (他識과) 공통되지 않고 자체의 명칭인 (의식의) 意處를 나타내며,[62] 등무간(한 의근)에 포함되지 않은 증상연으로서 생기의 소의처로 존재해야 하는데, 논리적으로 지극히 타당한 6식은 (각각) 하나씩의 근에 따라 포함되기 때문이다.

又契經說. 思量名意. 若無此識彼應非有. 謂若意識現在前時. 等無間意已滅非有. 過去未來理非有故. 彼思量用定不得成. 旣爾如何說名爲意. 若謂假說. 理亦不然.

[第二證] 또한 경전에서, 사량하는 것을 意라고 하는데, 만약에 이 말나식이 존재하지 않는다면, 그것[思量의 意識]도 존재하지 않아야 한다. 말하자면, 만약에 意識이 현재전할 때에는 等無間하는 意識은 이미 소멸되어서 존재하지 않는다. 과거와 미래는 이치적으로 존재하지 않기 때문에, 그것의 사량하는 작용은 결정코 이루어질 수가 없다. 그렇다면 어떻게 (경전에서) (사량을) 意라고 할 수 있는가? 만약에 가설이라면, 이치가 또한 그렇지 않다.

無正思量假依何立. 若謂現在曾有思量. 爾時名識寧說爲意. 故知別有第七末那. 恒審思量正名爲意. 已滅依此假立意名.

---

62) 『述記』卷第5 末(『大正藏』43, 412, 上), "이것은 바로 12처에서 의처에 포함되는 것을 나타낸다. 상좌부에서 가슴 속의 色物을 의근으로 삼는 것을 변별한다. 그것은 법체[色蘊 등 4蘊]로서 의체[識蘊]가 아니기 때문이다. 오직 제6 의식만으로 인지되는 미세한 색법으로 법처에서 收拾될 뿐이다."(此卽顯是十二處中意處所攝 簡上座部胸中色物以爲意根 彼是法處 非意處故 唯第六識得微細之色 法處所收.)

바르게 사량하는 것이 없다면 가명을 무엇에 의지하여 건립하는가? 만약에 현재에 일찍이 사량했던 것이 존재한다면, 그 때[바로 現在]는 심식이라고 해야지 어째서 意라고 하는가?

그러므로 별도로 제7 말나식이 존재하며, 항상 심세하게 사량하는 것을 바로 意識이라 한다는 것을 알아야 한다. 소멸된 것을 이것[思量識]에 의거하여[63] 의식이라는 명칭을 가립한 것일 뿐이다.

又契經說. 無想滅定 染意若無彼應無別. 謂彼二定俱滅六識及彼心所. 體數無異. 若無染意於二定中一有一無. 彼二何別.

[第四證] 또한 경전에서, 무상정과 멸진정이 존재한다고 하는데, 염오 의식이 만약에 존재하지 않는다면, 그것들은 곧 차별되는 것이 없어야 한다. 말하자면, 그 2가지의 선정은 모두가 6식과 그 (상응하는) 심소법을 단멸하였으므로 마음[體]과 심소법[數]이[64] 다르지 않다.[65] 만약에 염오의식이 2가지의 선정 중에서 하나[무상정]에는 존재하고, 다른 하나[멸진정]에는 존재하지 않는 것이 아니라면, 그 2가지에는 어떠한 차별이 있는가?

---

63) 『述記』卷第5 末(『大正藏』43, 413, 上), "意에는 2가지의 의미가 있는데, 하나는 사량이고, 다른 하나는 依止로서, 제7식은 2가지 명칭에 전부 통한다. 과거는 오직 依止뿐으로서 체상은 비록 현재에 존재하지 않지만, 현재와 더불어 依止함이 사량의 意와 상사하므로 단지 意라고만 하지 心識이라 하지 않는다."(意有二義 一思量義 二依止義 第七通有二名 過去但唯依止 體雖現無 與現依止 思量之意相似 故但名意 不名爲識)
64) 『成唯識論觀心法要』卷第5[『卍新纂續藏經』第51冊(2009), p.360, 下], "자체란 심왕법이고, 數란 심소법을 말한다."(體謂心王 數謂心所.)
65) 『新導成唯識論』卷第5, p.208, "2가지의 무심정에서 대승은 22법으로서 체상으로 삼는데, 제6 심왕법, 5변행, 5별경 및 선 심소법의 11가지를 말한다. 만약에 소승이면 21법으로서 체상으로 삼는데, 제6 심왕법, 10대지법 및 선 심소법의 10가지가 이것이다."(二無心定 大乘以二十二法爲體 謂第六心王五遍行五別境善十一是也 若小乘以二十一法爲體 謂第六心王十大地法善十是也.)

若謂加行界地依等有差別者. 理亦不然. 彼差別因由此有故.
此若無者彼因亦無. 是故定應別有此意.

만약에 功用을 더 하는 수행[加行]과[66] 3계, 9지 및 소의[依身] 등에 차별이 있다면, 이치가 또한 그렇지 않다. 그것[加行]의 차별 원인도 (바로) 이것[제7식]으로 원인하여 존재하기 때문이다. 이것이 만약에 존재하지 않는다면,[67] 그 차별적인 원인도 존재하지 않아야 한다. 이렇기 때문에 반드시 별도로 이 의식이 존재해야 한다.

又契經說. 無想有情一期生中心心所滅. 若無此識彼應無染.
謂彼長時無六轉識

[第五證] 또한 경전에서, 무상천의 유정은 한 평생[五百大劫] 동안에 6식과 그 심소법을 단멸한다고 하는데, 만약에 이 말나식이 존재하지 않는다면, 그 곳에 당연히 염오성이 없어야 한다. 말하자면, 그 곳에는 긴 시간 동안[5백 대겁] 6轉識이 존재하지 않다는 것이다.

若無此意我執便無. 非於餘處有具縛者 一期生中都無我執
彼無我執 應如涅槃 便非聖賢同所訶厭.

---

66) 『述記』卷第5 末(『大正藏』 43, 413, 上), "『섭대승론』에서는 出離想과 靜住想이라 하는데, 곧 이것이 이 가운데 설해지는 가행위이다."(攝論云出離想·靜住想 卽是此中所說加行.) 즉, 무상정에서는 출리상을, 멸진정에서는 정주상을 입정할 때의 가행으로 삼는다는 것이다.
67) 『新導成唯識論』卷第5, p.208, "제7식의 염오의 존재에 의지하여 일체의 성자들은 이것을 소멸시키기 때문에, 가행법 등을 일으켜서 멸진정에 증입한다."(依有第七染 一切聖者爲滅此故 起加行等 入滅定也.)

만약에 이 말나식이 존재하지 않는다면, (곧 俱生起의) 아집도 곧 존재하지 않아야 한다. (그리고) 다른 곳에 具縛되어 있는 사람은 한 평생 동안에 전혀 아집이 없는 것이 아니어야 한다.[68] 그 곳은 아집이 존재하지 않으므로 마치 열반과 같으며, 곧 성현과[69] 같이 책망되거나 염리되는 곳이 아니어야 한다.[70]

初後有故無如是失. 中間長時無故有過. 去來有故無如是失.
彼非現常無故有過. 所得無故能得亦無.

처음 태어날 때[半劫]와 후에 죽을 때[半劫]에 (아집이) 있기[71] 때문에 이러한 과실이 없다고 하지만, 중간의 오랜 기간[499劫]에 (아집이) 없다고 하기 때문에 과실이 있다. 과거나 미래에 (아집이) 존재하기 때문에 이러한 과실이 없다고 하지만, 그것[去來]은 현재 하지도 항상 하지도 않기 때문에 과실이 있다. 증득되는 것이 없기 때문에 (곧) 능히 증득하는 것도 또한 존재하지 않는다.

不相應法前已遮破. 藏識無故熏習亦無. 餘法受熏已辨非理.
故應別有染污末那 於無想天恒起我執. 由斯賢聖同訶厭彼.

---

68) 『述記』卷第5 末(『大正藏』43, 413, 中), "논술하자면, 무상천의 유정의 위치에서는 당연히 아집을 일으키는데, 범부에 포함되기 때문이다."(量云 無想有情位 應起我執 異生攝故.)
69) 見道를 기준으로 이전의 악심을 끊은 지위를 賢位, 그 이상의 지위를 聖位라고 한다.
70) 『述記』卷第5 末(『大正藏』43, 413, 中), "무상천의 성인은 당연히 책망하거나 염리하지 않는데, 아집이 없기 때문으로서 마치 열반 등과 같다."(無想聖人 應不訶厭 無我執故 如涅槃等.)
71) 『新導成唯識論』卷第5, p.208, "살바다가 救難하여, 처음 태어나고 명종하는 위치에서는 아집이 존재한다는 것이다."(薩婆多救 初生位命終位有我執.)

불상응행법은 이전에 부정하여 논파하였는데, 장식이 존재하지 않기 때문에 훈습도 또한 존재하지 않는다. 다른 법[色法]이 훈습을 받아들인다는 것은 바른 이치가 아닌 것으로 판별되었다.

그러므로 별도로 염오의 말나식이 존재해야 하며, 무상천에서 항상 아집을 일으켜야 한다. 이렇기 때문에 賢聖과 같이 그 곳을 책망하고 염리하는 것이다.

又契經說. 異生善染無記心時恒帶我執. 若無此識彼不應有. 謂異生類三性心時. 雖外起諸業而內恒執我. 由執我故 令六識中所起施等 不能亡相.

[第六證] 또한 경전에서, 범부는 선성, 염오성 및 무기성의 마음일 때에 항상 아집[제7식]을 대동한다. 만약에 이 말나식이 존재하지 않는다면, 그것[항상 아집을 대동하는 것]도 존재하지 않아야 한다. 말하자면, 범부의 부류들이 3가지 성품의 마음일 때에 (前6轉識이) 비록 밖으로는 (선악의) 많은 업을 일으키지만, 마음에서는 항상 자아에 집착한다. 자아로 집착하기 때문에 전6식 중에 베풀어지는 보시 등으로 하여금 스스로 분별상을 없애지 못하게 한다는 것이다.

故瑜伽說. 染污末那爲識依止. 彼未滅時相了別縛不得解脫. 末那滅已相縛解脫.

그러므로 『유가론』에서,[72] 염오의 말나식을 제6식이 의지처로 삼는데,

---

72) 『瑜伽師地論』 卷第51(『大正藏』 30, 580, 下).

그것이 아직 소멸되지 않았을 때에는 형상에 요별이[73] 계박되어서 해탈할 수 없지만, 말나식이 소멸되었을 때에는 형상에 대한 계박에서 해탈한다는 것이다.

言相縛者謂於境相不能了達如幻事等. 由斯見分相分所拘 不得自在. 故名相縛.

형상에 계박된다는 것은, (그 소연인) 경계의 형상에 대해서 마치 허깨비 등과 같이 스스로 요달하지 못한 것을 말한다. 이렇기 때문에 그 견분이 상분에 구속되어서 자재할 수가 없으므로, (이것을) 형상에 대한 계박이라 한다.

依如是義有伽他言.
如是染污意 是識之所依 此意未滅時 識縛終不脫.

이러한 의미에 의거하여 어느 게송에서 다음과 같이 선설한다.[74]
    이와 같이 염오 의식은
    6전식 (3性心)의 소의처로서
    이 의식이 소멸되지 않았을 때에는
    심식의 계박에서 마침내 해탈하지 못한다.

---

73) 『述記』卷第5 末(『大正藏』43, 414, 上), "요별이란 마음의 인식활동으로서 경계의 형상은 능히 마음을 계박하므로 형상에 계박된 것을 요별이라 한다."(了別者心行相 境相能縛心 名相了別縛.)
74) 『攝大乘論釋』卷第1(『大正藏』31, 384, 下).

又善無覆無記心時. 若無我執應非有漏. 自相續中六識煩惱與彼善等不俱起故. 去來緣縛理非有故. 非由他惑成有漏故. 勿由他解成無漏故.

또한 선성과 무부무기의 마음일 때에 만약에 아집이 존재하지 않는다면, 유루심이 아니어야 한다. 즉, 자체의 상속에서 6식(이 소유한)의 번뇌는 그 선성 등과 함께 일어나지 않기 때문이다. (만약에) 과거나 미래의 (번뇌의) 인연에 계박된다는 것은,[75] 이치적으로 성립되지 않는데, (과거나 미래의) 다른 번뇌로 인하여 유루법으로 되는 것이 아니기 때문이고,[76] (과거나 미래의) 다른 지혜[解 ; 生空 지혜]로[77] 인하여 무루법으로 되는 것도 아니기 때문이다.

又不可說別有隨眠是不相應現相續起. 由斯善等成有漏法. 彼非實有已極成故. 亦不可說從有漏種生彼善等故成有漏. 彼種先無因可成有漏故.

또한 별도로 睡眠이 존재하는데 이것은 불상응행법으로서 현재에 상속되어 일어나지만, 이것으로 인하여 善性 등이 유루법으로 된다고는 할 수 없다. 그것[隨眠]이 실유가 아니라는 것은 논리적으로 지극히 타당하기 때문이

---

75) 『新導成唯識論』卷第5, p.209, "과거나 미래 자체는 마치 토끼의 뿔과 같이 존재하지 않기 때문에 계박도 존재하지 않는다."(去來體無如兎角 故繫無也.)
76) 『述記』卷第5 末(『大正藏』43, 414, 下), "마치 무학인은 비록 자기 몸에 현재에 번뇌가 존재하지 않다고 하지만, 그렇다고 현재의 다른 인연의 계박 때문에 유루법을 이룬다는 것 또한 그렇지 않다."(言如無學身雖非己身現有煩惱 然由現在他緣縛故 成有漏者 此亦不然.)
77) 『成唯識論觀心法要』卷第5[『卍新纂續藏經』第51冊(2009), p.361, 中], "다른 지혜란, 과거와 미래의 生空 지혜를 가리킨다."(他解 指過去未來生空智慧也.)

卷第5『成唯識論』 337

다. 또한 유루법의 종자로부터 그 선성 등을 일으키기 때문에 유루법으로 된다고도 할 수 없는데, 그 (선성 등의) 종자는 이전부터 유루법으로 될 수 있는 원인이 존재하지 않기 때문이다.

　　非由漏種彼成有漏. 勿學無漏心亦成有漏故. 雖由煩惱引
　　施等業. 而不俱起故非有漏正因. 以有漏言表漏俱故.

유루의 종자로 인하여 그것[선성 등 현행)이 유루법으로 되는 것이 아니며, 學地 중의 무루 현행심이 또한 유루법으로 되는 것도 아니기 때문이다. 비록 (제6식의) 번뇌로 인하여 보시 등의 업을 이끌어 들인다고 하지만, (선업 등이) 함께 일어나지 않기 때문에 유루의 바른 원인[正因]이 아니다. 유루라는 것은 번뇌와 같은 때에 일어난다는 것을 나타내기 때문이다.

　　又無記業非煩惱引. 彼復如何得成有漏. 然諸有漏 由與自
　　身現行煩惱俱生俱滅 互相增益 方成有漏. 由此熏成有漏
　　法種. 後時現起有漏義成.

또한 무기성의 업은 번뇌로 이끌어지는 것이 아닌데, 그것이 다시 어떻게 유루법으로 될 수 있는가? 그렇지만 모든 유루법은 자신의 현행하는 번뇌와 더불어서 함께 발생되고 소멸되며 서로 증익하는 것으로 인하여, 마침내 유루법으로 된다. 이것[유루의 현행]으로 인하여 유루법의 종자를 훈성하여, 뒷날에 (善性 등을) 현기하므로 유루법의 의미가 성립된다.

　　異生旣然有學亦爾. 無學有漏雖非漏俱. 而從先時有漏種起.
　　故成有漏於理無違.

범부들이 (선성 등 3가지가) 그렇다고 한다면, 유학위에서도 또한 그렇다.[78] 무학위의 유루법은 비록 유루와 함께 하지 않지만, 앞선 때의 유루법의 종자로부터 일어나기 때문에 유루법을 이룬다는 것은 이치에 상위되지 않는다.

由有末那恒起我執. 令善等法有漏義成. 此意若無彼定非有. 故知別有此第七識

[총결] 말나식이 존재하여 항상 아집을 일으키므로 인하여, 善性 등의 법으로 하여금 유루법의 의미를 성립시킨다. 이러한 말나식이 만약에 존재하지 않는다면, 그것[유루의 의미]도 결코 존재하지 않는다. 그러므로 별도로 이 제7 말나식이 존재한다는 것을 알아야 한다.

證有此識理趣甚多. 隨攝大乘略述六種. 諸有智者應隨信學. 然有經中說六識者. 應知彼是隨轉理門. 或隨所依六根說六. 而識類別實有八種.

이 말나식이 존재한다고 증명하는 이취가 매우 많지만, 『섭대승론』에 따라서[79] 대략 6가지를 논술한다. 모든 지혜 있는 사람들은 따라서 믿고 배워야 한다.

---

78) 『述記』 卷第5 末(『大正藏』 43, 415, 中), "번뇌와 함께 존재하기 때문에 제7식은 소멸되지 않지만, 다른 심식 가운데에서는 반드시 번뇌와 善性은 함께 하지 않는다."(有煩惱俱故 第七未滅 餘識之中必無煩惱與善俱故.)
79) 『攝大乘論釋』 卷第1(『大正藏』 31, 384, 上).

그런데 어떤 경전에서 6식이라 한 것은 당연히 그것은 隨轉理門이며,[80] 혹은 소의되는 6근에 따라서 6가지라고 한 것임을 알아야 한다. 그렇지만 심식의 성류를 구별하면 진실로 8가지가 존재한다.

     如是已說第二能變. 第三能變其相云何. 頌曰.
     (8) 次第三能變 差別有六種 了境爲性相 善不善俱非.

【第三 能變】

이상과 같이 제2 능변인 말나식을 해설하였다. 제3 능변식은 그 행상이 어떠한가? 게송으로 말하면 다음과 같다.
     다음의 제3 능변식은
     (根, 境에 따라) 차별하면 6가지가 있으며,
     경계를 요별하는 것으로서 자성과 행상으로 삼고,
     善과 不善 및 無記性俱非이다.

     論曰. 次中思量能變識. 後應辨了境能變識相. 此識差別總有六種. 隨六根境種類異故. 謂名眼識乃至意識. 隨根立名具五義故. 五謂依發屬助如根.

---

80) 隨轉門이라고도 하는데, 중생들의 근기와 때에 따라서 그 사람의 뜻에 맞게 교설한 법문을 말한다.

논술하자면, 두 번째의 사량 능변식에 이어서 다음은 경계를 요별하는 능변식의 행상을 변별해야 한다. 이 심식을 차별하면 전체적으로 6가지가 있는데, 6근과 6경에 따라서 종류가 다르기 때문이다. 말하자면, 안식 내지는 의식이라 하는데, (곧) 6근에 따라서 명칭을 건립한 것으로서 5가지의 의미를 갖추었기 때문이다. 5가지란 근에 의지하고, 근에서 일어나며, 근에 소속되고, 근을 도우며, 근과 같은 것을 말한다.

> 雖六識身皆依意轉. 然隨不共立意識名. 如五識身無相濫過
> 或唯依意故名意識 辨識得名心意非例.

비록 6식 자체는 모두 (等無間의) 意에 의지하여 전전하지만, 그러나 공통되지 않는 것[제7]에 따라서 意識이라는 명칭을 건립하므로 5식 자체와 같이 서로 濫用되는 과실은 없다. 혹은 오직 意만을 의지하기 때문에 의식이라고도 하며, 6식의 得名을 변별하는 데 있어서 마음[제8]과 意[제7]는 實例가 되지 않는다.[81]

> 或名色識乃至法識 隨境立名順識義故. 謂於六境了別名識
> 色等五識唯了色等. 法識通能了一切法. 或能了別法獨得
> 法識名. 故六識名無相濫失.

---

81) 『述記』 卷第5 末(『大正藏』 43, 416, 下), "이를테면, 전6식은 6가지의 서로 대하는 것이 있어서 명칭을 변별한 것이고 隨根得名, 제8식을 마음, 제7식을 意라고 한 것(當體得名)은 이러한 상황이 아니므로 實例가 되지 못하며, 그것을 相望하지도 않는다."(謂識有六相望辨名 第八名心 第七名意 非此所況故 例非成 不望彼故.)

혹은 色識 내지는 法識이라 하여 곧 경계에 따라서 그 명칭을 건립하는 것은, 심식의 의미에 수순하기 때문이다. 말하자면, 6경에 대하여 요별하는 것을 識이라 하는데, 색식 등의 5식은 오직 색경 등 (각각 하나하나)만을 요별하고, 법식은 공통으로 능히 일체 제법을 요별한다. 혹은 (제6식) (공통하지 않는) 다른 법을 요별하므로 유독 법식이라 한다. 그러므로 6식의 명칭은 서로 남용되는 과실이 없다.

此後隨境立六識名. 依五色根未自在說. 若得自在諸根互用. 一根發識緣一切境. 但可隨根無相濫失.

이것 다음에 경계에 따라서 6식의 명칭이 건립된 것은, 곧 5色根이 아직 自在하지 못한 데에 의거한 것이다. 만약에 자재함을 증득했을 때[初地 이상 혹은 佛果]에는 모든 근이 서로 작용해서 하나의 근이 심식을 일으켜서 일체의 경계를 반연하는데, 단지 근에 수순하여 (명칭을 건립하므로) 서로 남용되는 과실이 없다.

莊嚴論說如來五根一一皆於五境轉者. 且依麤顯同類境說. 佛地經說. 成所作智決擇有情心行差別. 起三業化作四記等. 若不遍緣無此能故.

『장엄경론』에서,[82] (단지) 여래의 5근 하나하나 모두가 5경에 대해서 전

---

82) 『大乘莊嚴經論』卷第2(『大正藏』 31, 605, 上).

전한다고 한 것은, 또한 麤顯과 同類의 경계에 의거하여 선설한 것이다.[83] 또한 『불지경론』에서,[84] 성소작지는 유정들의 심리활동[心行]의 차별성[8만 4천의 법문]을 결택하여, 身口意 3업의 변화를 일으켜 4記答 등을[85] 짓는다는 것이다. 만약에 두루 반연하지 않는다면, (6塵의 諸境에) 이러한 공능이 없기 때문이다.

然六轉識所依所緣麤顯極成. 故此不說. 前隨義便已說所依. 此所緣境義便當說.

그런데 6전식의 所依와 所緣은 추현하고 논리적으로 지극히 타당하기 때문에, 이 게송에서는 교설하지 않았다.[86] 앞에서 의미의 편의에 따라서 소의처를 교설했으므로, 이것의 소연경을 의미의 편의에 따라서 교설하여야 한다.

次言了境爲性相者. 雙顯六識自性行相. 識以了境爲自性故. 卽復用彼爲行相故. 由斯兼釋所立別名. 能了別境名爲識故.

---

83) 『新導成唯識論』卷第5, p.212, "실제로는 일체를 반연하므로 모든 것은 장애가 없다."(實緣一切 皆無障碍.)
84) 『佛地經論』卷第6(『大正藏』 26, 318, 中).
85) 『述記』卷第5 末(『大正藏』 43, 417, 中), "領受하는 敎化 중에 4記答 등을 하는데, 말하자면 일향기, 분별기, 반문기 및 응치기이다."(領受化中作四記等 謂一向記·分別記·返問記·應置記.)
86) 『述記』卷第5 末(『大正藏』 43, 417, 下), "게송에서 해설하지 않은 것은, 첫째로 색법은 麤動하고 顯著하며, 둘째는 곧 모든 논장에서 전부 그것과 이것은 지극히 타당한 것으로 존재한다고 했기 때문에 본 게송의 내용에서는 다시 별도로 해설하지 않았다."(頌中不說 一色麤而且顯 二乃諸論皆有彼此極成 故本頌文更不別說.)

【自相, 行相門】

이어서 (제8 게송에서) 경계를 요별하는 것을 자성과 행상으로 삼는다고 한 것은, 겹으로 6식의 자성과 행상을 나타낸 것이다. 심식은 경계를 요별하는 것으로서 자성[自證分]으로 삼기 때문이며, 다시 그것을 활용하여 인식활동[見分]으로 삼기 때문이다. 이것으로 인하여 겹으로 건립된 별도의 명칭도 해설하는데, 스스로 경계를 요별하는 것을 (곧) 심식이라 하기 때문이다.

> 如契經說眼識云何. 謂依眼根了別諸色. 廣說乃至意識云何.
> 謂依意根了別諸法. 彼經且說不共所依未轉依位見分所了.
> 餘所依了如前已說.

경전에서 안식이라는 것이 어떠한 것인가 하면, 안근에 의지하여 모든 색법을 요별하는 것이라고 자세하게 교설하고, 내지 의식이란 어떠한 것인가 하면, 의근에 의지하여 일체 제법을 요별한다는 것과 같다. 그 경전에서는 또한 공통되지 않는 소의처와 아직 전의가 이루어지지 않은 위치 및 견분이 요별한 것을 교설하는데, 다른 (공통되는) 소의[根本依와 染淨依 등]와 요별된 것[자증분 등]에 대해서는 앞에서 교설한 것과 같다.

> 此六轉識何性攝耶. 謂善不善俱非性攝. 俱非者謂無記. 非
> 善不善故名俱非. 能爲此世他世順益故名爲善. 人天樂果
> 雖於此世能爲順益非於他世. 故不名善.

【三性門】

[질문] 이 6전식은 어떠한 성품에 포함되는가?

[답변] 선과 불선 및 둘 다 아닌 것[俱非]에 포함되는데, 둘 다 아닌 것이란 무기성을 말한다. 선성이나 불선이 아니기 때문에 둘 다 아닌 것이라 한다. 스스로 이 세간[현재]과 다른 세간[과거나 미래]에 순익하기 때문에 善[유루선과 무루선에 통함]이라 한다. 인간과 천상의 즐거운 과보가[87] 비록 이 세간에서는 순익으로 된다고 하지만, 다른 세간에 있어서는 그렇지 않으므로 善이라 하지 않는다.

能爲此世他世違損. 故名不善. 惡趣苦果雖於此世能爲違損非於他世. 故非不善. 於善不善益損義中不可記別. 故名無記.

능히 이 세간과 다른 세간에 거스르고 파괴시키기[損壞] 때문에 不善이라 한다. 惡趣의 고통스러운 과보[無記의 苦果]는 비록 이 세간에서는 거스르고 손괴되지만, 다른 세간에 있어서는 그렇지 않기 때문에 不善이 아니다. 선과 불선의 이익되고 손괴된다는 의미에서는 記別할 수가 없기 때문에 무기라고 한다.

此六轉識若與信等十一相應是善性攝. 與無慚等十法相應

---

87) 『述記』卷第5 末(『大正藏』43, 418, 下), "인간과 천상의 즐거운 과보는 오직 한 세대에서만 순익되지 두 세대로 이어지는 것이 아니기 때문에 善이라고 하지 않는다. 이것은 무기의 과법으로서 자체가 善이 아니지만 후세에 손괴를 조작하기 때문이다."(人天樂果唯順益一世非二世故不名爲善 是無記果法故 體非是善 於後世中作衰損故.)

不善性攝. 俱不相應無記性攝.

이 6전식이 만약에 믿음 등의 11심소법과 상응한다면, 이것은 선성에 포함되고, 무참 등의 10심소법과 상응한다면, 불선성에 포함되며, 모두에게 상응되지 않으면, 무기성에 포함된다.[88]

有義六識三性不俱. 同外門轉互相違故. 五識必由意識導引俱生同境成善染故. 若許五識三性俱行. 意識爾時應通三性. 便違正理故定不俱.

어떤 사람은 6식은 3성과 함께하지 않는데, 똑같이 밖으로 전전하지만 (善 등 3성으로) 서로 상위되기 때문이고, 5식은 반드시 의식의 引導로 인하여, 함께 동일한 경계를 반연해서 善性과 染汚性으로 되기 때문이다. 만약에 5식이 3성에 함께 현행하는 것이 인정되면, (선천적인) 의식도 그 때에 (또한) 3성에 통해야 하는데, 그러면 곧 바른 이치와 상위되기 때문에 결코 함께 하지 않는다는 것이다.

瑜伽等說藏識一時與轉識相應三性俱起者. 彼依多念. 如說一心非一生滅 無相違過.

---

[88] 『述記』卷第5 末(『大正藏』43, 419, 上), "전5식은 능히 마음을 전환하여 업을 일으키지는 못하고 단지 展轉에 따라서 업을 일으키게 되는데, 威儀 등을 반연하기 때문에 위의무기라고 하며, 이 威儀 등은 마음에 포함된다. 4가지의 무기에서 3가지는 具備되고, 변화무기는 제외된다."(五識不能轉心發業 但作遂轉發業 緣威儀等故名威儀 是威儀等心攝 四無記具三 除變化.)

(그러나)『유가론』등에서,[89] 장식은 일시에 轉識과 상응하는 3성과 함께 일어난다는 것에서, 그 (일시라는) 것은 많은 생각에 의거한다. (그러나) 마치 한 마음이라 하더라도 한 생멸이 아닌 것과 같이,[90] 상위되는 과실은 없다는 것이다.

　　有義六識三性容俱. 率爾等流眼等五識 或多或少容俱起故.
　　五識與意雖定俱生. 而善性等不必同故. 前所設難於此唐捐.

[정의] 어떤 사람은, 6식은 3성을 모두 수용한다. 즉, 솔이와 등류심에서 안식 등의 5식은 많거나 혹은 적게 함께 일어나는 것이 수용되기 때문이다. (또한) 5식과 의식은 비록 반드시 함께 일어나지만, 그러나 善性 등은 반드시 같지 않기 때문에 앞에서 시설된 비판은 여기에서 황당하므로 버린다는 것이다.

　　故瑜伽說. 若遇聲緣從定起者. 與定相應意識俱轉餘耳識生.
　　非唯彼定相應意識能取此聲. 若不爾者於此音聲不領受故
　　不應出定. 非取聲時卽便出定. 領受聲已若有希望後時方出.

그러므로『유가론』에서,[91] 만약에 (사람들이 삼매에서 혹은) 소리의 인연을 만나서 선정에서 깨어난다면, (이것은 바로) 선정과 상응하는 (善性의) 意識과 함께 전전하여 다른 耳識이 일어나는 것이지, 오직 그 선정과 상응하

---

89)『瑜伽師地論』卷第51(『大正藏』30, 580, 下).
90)『瑜伽師地論』卷第3(『大正藏』30, 291, 中) ; 卷第56(『大正藏』30, 609, 下).
91)『瑜伽師地論』卷第63(『大正藏』30, 650, 下).

는 의식만이 능히 이 소리를 연취하는 것이 아니다. 만약에 그렇지 않다면, (이식이 없어서) 이 음성을 받아들일 수 없기 때문에 선정에서 깨나지 않아야 한다. (또한) 소리를 연취할 때에 곧 선정에서 깨나는 것이 아니고, (먼저) 소리를 받아들이고 나서 만약에 희망한다면, 그 뒤에 마침내 깨어난다는 것이다.

在定耳識率爾聞聲理應非善. 未轉依者率爾墮心定無記故.
由此誠證五俱意識非定與五善等性同.

선정에 있는 耳識의 솔이심이 소리를 듣는다면, 이치적으로 당연히 善性이 아니어야 하는데, 아직 轉依되지 않은 사람의 솔이타심은 결정코 (모두) 무기성에 속하기 때문이다. 이러한 진실한 증거로 인하여 5식과 함께 하는 의식은 반드시 5식의 善 등의 성품과 같지 않아야 한다.[92]

諸處但言五俱意識亦緣五境不說同性. 雜集論說等引位中
五識無者. 依多分說. 若五識中三性俱轉. 意隨偏注與彼性同.
無偏注者便無記性. 故六轉識三性容俱.

경론의 여러 곳에서는,[93] 단지 5식과 함께 하는 의식도 또한 5境을 반연한

---

92) 『述記』卷第5 末(『大正藏』43, 420, 上〜中), "5식과 第6識은 결정코 같은 성품이 아니지만, 선정 가운데서 의식은 善性으로서 耳識의 성품과는 같지 않다. -산란한 위치에는 모두 5식이 존재한다는 것은 반드시 같은 성품이 아니라는 것이 증명된다."(五六不定同性 定中意是善與耳性不同-證在散位俱有五者 不定同性.)
93) 『解深密經』卷第1(『大正藏』16, 692, 中); 瑜伽師地論』卷第76(『大正藏』30, 718, 中).

다고만 말하지, 같은 성품이라고는 하지 않는다. 『잡집론』에서,[94] 禪定[等引]의 지위 가운데 5식이 존재하지 않는다는 것은, 그 多分에[95] 의거한 교설이다. 만약에 (산란한 위치의) 5식 중에 3성이 함께 전전한다면, 의식은 편중된 주의력에 따라서 그것과 성품이 같지만, 편중된 주의력이 없을 때에는 곧 무기성이다. 그러므로 6전식은 3성이 함께 하는 것이 인정된다.[96]

得自在位唯善性攝. 佛色心等道諦攝故, 已永滅除戱論種故.

自在함을 증득한 지위에서는 오직 善性에만 포함되는데, 佛位에서의 물질과 마음 등은 도제에 포함되기 때문으로서, 영원히 희론의 종자를 단멸하여 제거했기 때문이다.

六識與幾心所相應. 頌曰.
　(9) 此心所遍行 別境善煩惱 隨煩惱不定 皆三受相應.

【心所相應門】

6식은 몇 가지의 심소법과 상응하는가? 게송으로 선설하면 다음과 같다.

---

94) 『大乘阿毘達磨雜集論』 卷第7(『大正藏』 31, 726, 上).
95) 『新導成唯識論』 卷第5, p.215, "多分이란 하나는 많은 심식이고, 다른 하나는 많은 사람들인데, 5식에서는 오직 耳識만이 일어나고, 사람에게서는 오직 不動인 아라한의 지위에서만 이식이 일어난다는 것이다."(多分者 一多識 二多人 五識中唯起耳識 人中唯不動羅漢起耳識)
96) 『述記』 卷第5 末(『大正藏』 43, 420, 下), "8(入?)地와 二乘 및 범부 등의 지위에서는 6식과 3가지의 성품이 같은 때에 전전하여 수용되는데, 마치 제8식이 다른 3가지의 성품과 함께 하는 것과 같다."[八(入?)地·二乘·凡夫等位 六識三性容俱時轉. 如第八識與餘三性俱]

이것[6識]의 심소법은 변행과

별경과 善과 번뇌와

수번뇌 및 부정으로서

모두 3가지의 감정과 상응한다.

論曰. 此六轉識總與六位心所相應. 謂遍行等. 恒依心起與
心相應. 繫屬於心故名心所. 如屬我物立我所名.

논술하자면, 이 6전식은 전체적으로 6위의 심소법들과 상응하는데, 이를 테면, 변행과 별경 등의 심소법이다. 항상 (다른) 마음에 의지하여 일어나고, 마음과 상응하며, 마음에 얽매어 있기 때문에 심왕 소유법이라 한다. 마치 자기에게 소속된 물건을 (곧) 자기의 것이라고 명칭을 건립하는 것과 같다.

心於所緣唯取總相. 心所於彼亦取別相. 助成心事得心所名.
如畫師資作模塡彩.

마음은 대상에 대해서 오직 전체적인 형상[總相]만을 연취하지만, 심소법은 그것[所緣]에 대해서[97] (총상도 연취하고) 또한 개별적인 형상[別相]도 연취한다. 마음 자체를 돕고 성취시키므로 심소법이라는 명칭을 취득하며, 마치 스승과 제자가 그림을 그릴 때에 스승이 대충 모형을 그려 놓으면[作模],

---

97) 『新導成唯識論』 卷第5, p.216, "심소법이 개별적인 형상을 반연한다는 것은, 심소법 각각은 자체의 행상에 의존해서 전체적인 형상 위의 別別의 義相을 취하는 것으로서, 전체적인 형상인 相分 밖에 별도의 개별적인 형상의 상분이 존재하지 않는다."(心所緣別相者 心所各寄 自行相 取總相上別別義相 總相相分外 別無別相之相分.)

제자가 자세하게 채색하는 것[塡彩]과 같다.

> 故瑜伽說. 識能了別事之總相. 作意了此所未了相. 卽諸心
> 所所取別相. 觸能了此可意等相. 受能了此攝受等相. 想能
> 了此言說因相. 思能了此正因等相. 故作意等名心所法. 此
> 表心所亦緣總相.

그러므로 『유가론』에서,[98] 심식은 능히 자체의 총상을 요별하고, 作意 심소법은 이것[總相]과 아직 형상을 요별하지 못한 것[別相]을 요해한다는 것이다. 즉, 모든 심소법이 연취한 개별적인 형상에서, 접촉은 능히 이것[총상]과 의지대로인 것 등의 형상[별상]을 요별하고, 감정은 이것과 감정에 소섭된 것 등의 형상을 요별하며, 상상은 이것과 언설의 원인이 되는 형상을[99] 요별하고, 생각은 이것과 직접적인 원인[正因] 등의 형상을 요별한다. 그러므로 작의 등을 심소법이라 하며, 이것이라 한 것은 (바로) 심소법이 (별상만을 연취하는 것이 아니고) 또한 총상도 반연한다는 것을 나타낸다.

> 餘處復說. 欲亦能了可樂事相. 勝解亦了決定事相. 念亦能
> 了串習事相. 定慧亦了得失等相. 由此於境起善染等. 諸心
> 所法. 皆於所緣兼取別相

---

98) 『瑜伽師地論』 卷第3(『大正藏』 30, 291, 中).
99) 『述記』 卷第5 末(『大正藏』 43, 422, 上), "말하자면, '이것은 바로 청색으로서 청색이 아닌 것이 아니다' 등으로, 곧 언설을 일으키기 때문에 상상의 형상을 언설의 원인이라 한다."(謂此是靑 非非靑等 便起言說 故想之相說言因也.)

다른 경론에서 다시,[100] 욕망 심소법은 또한 능히 (심식 소연의) 즐길 만한 마음 자체의 개별적인 형상을 요별하고, 승해는 결정된 마음 자체의 개별적인 형상을 요별하며, 기억은 능히 습관된 자체의 형상을 요별하고, 선정과 지혜는 득실 등의 형상을[101] 요별한다는 것이다. 이러하므로 (소연인) 경계에 대해서 선법과 염오법 등을 일으킨다는 것이다.

[총결] 모든 심소법은 전부 경계에 대하여 겹쳐서 개별적인 형상도 연취한다.

雖諸心所名義無異 而有六位種類差別. 謂遍行有五. 別境亦五. 善有十一. 煩惱有六. 隨煩惱有二十. 不定有四. 如是六位合五十一.

비록 모든 심소법이 명칭이나 의미에 차이가 없다고 하지만, 6위의 종류에 차별이 있다. 즉, 변행에 5가지, 별경에 5가지, 선에 11가지, 번뇌에 6가지, 수번뇌에 20가지 및 부정에 4가지가 있다. 이와 같이 6위의 것을 합하면 51가지가 된다.

一切心中定可得故. 緣別別境而得生故. 唯善心中可得生故. 性是根本煩惱攝故. 唯是煩惱等流性故. 於善染等皆不定故.

---

100) 『辯中邊論』 卷上(『大正藏』 31, 465, 上) 참조.
101) 『成唯識論觀心法要』 卷第5[『卍新纂續藏經』 第51冊(2009), p.364, 下, "得相을 요별하면 선 심소법이 일어나므로 正定과 正慧라고 하고, 失相을 요별하면 염오 심소법이 일어나므로 邪定과 邪慧라고 하며, 비득과 비실상을 요별하면 다른 무기 심소법이 일어나므로 정혜 또한 무기성에 속한다."(了於得相 起善心所 即名正定正慧 了於失相 起染心所 即名邪定邪慧 了於非得非失之相 起餘無記心所 即定慧亦屬無記也.)

(변행은) 일체의 마음에서 반드시 취득될 수 있기 때문이고, (별경은) 各別한 경계를 반연하여 일어날 수 있기 때문이며, (선 심소법은) 오직 선성인 마음에서만 일어날 수 있고, (번뇌는) 성류가 근본적으로 번뇌에 포함되기 때문이며, (수번뇌는) 오직 번뇌의 등류성이기 때문이고, (부정은) 선성과 염오성에 대해서 모두 일정하지 않기 때문이다.

然瑜伽論合六爲五. 煩惱隨煩惱俱是染故. 復以四一切辯五差別. 謂一切性及地時俱.

그런데 『유가론』에서,[102] 6가지를 합하여 5가지로 한 것은 근본번뇌와 수번뇌는 모두 염오성이기 때문이다. 다시 4가지의 일체로서 (이) 5가지의 차별을 변별하는데, (4가지란) 일체의 3性과 9地[혹은 3地 ; 有尋有伺地 등]와 시간[103] 및 (마음이) 함께 하는 것을 말한다.

五中遍行具四一切. 別境唯有初二一切. 善唯有一. 謂一切地 染四皆無. 不定唯一. 謂一切性. 由此五位種類差別.

(이) 5위 중에서 변행에는 4가지의 일체를 갖추고, 별경에는 오직 처음의 2가지[3性과 9地]의 일체만이 있으며, 선에는 1가지만으로 일체의 9地를 말하고, 염오인 번뇌에는 4가지가 모두 존재하지 않으며, 부정에는 1가지만으로 일체의 3性을 말하는데, 이렇기 때문에 5위의 종류에 차별이 있는 것이다.

---

102) 『瑜伽師地論』 卷第3(『大正藏』 30, 291, 上).
103) 『新導成唯識論』 卷第5, p.217, "일체 有心의 때나 無始로 단절되지 않거나 혹은 일체의 경계를 반연하기 때문이다."(一切有心時 或無始不斷 或緣一切境故.)

此六轉識易脫不定. 故皆容與三受相應. 皆領順違非二相故.
　　領順境相 適悅身心 說名樂受. 領違境相 逼迫身心 說名苦受.
　　領中容境相 於身於心 非逼非悅 名不苦樂受.

【受俱門】

　이 6전식은 쉽게 변질되고 일정하지 않기 때문에[104] 전부 3감정과 상응하여 수용된다. 모두 수순하거나 상위되며, 이 2가지의 행상이 아닌 것을 받아들이기 때문이다. 수순하는 경계의 형상을 받아들여서 몸과 마음을 편안하고 기쁘게 하는 것을 낙수라고 하며, 상위되는 경계의 형상을 받아들여서 몸과 마음을 핍박하는 것을 고수라고 하고, 中容의 경계의 형상을 받아들여서 몸과 마음에 대해서 핍박하거나 기쁘게 하지도 않는 것을 (捨受인) 不苦不樂受라고 한다.

　　如是三受 或各分二. 五識相應說名身受. 別依身故. 意識
　　相應說名心受. 唯依心故.

　이와 같은 3감정은 혹은 각각 2가지로 나누는데, 5식과 상응하면 身受라고 하는데, 각각 몸에 의지하기 때문이고, 의식과 상응하면 心受라고 하는

---

104) 『述記』卷第5 末(『大正藏』43, 423, 上), "이 6전식은 제7, 제8식과 같지 않는데, 체성이 모두 쉽게 변질되고 항상 일정하지 않기 때문이다. 쉽게 변질된다는 것은 間斷하고 전변된다는 의미이며, 일정하지 않다는 것은 기뻐하거나 걱정하기 내지는 둘 다 아닌 행상이 번갈아 일어나기 때문으로서 모두 3가지의 감정에 통한다."(此六識非如七八 體皆易脫 恒不定故 易脫是間斷轉變義 不定是欣‧慼捨行互起故 皆通三受.)

데, 오직 마음에만 의지하기 때문이다.

> 又三皆通有漏無漏. 苦受亦由無漏起故. 或各分三. 謂見所
> 斷修所斷非所斷 又學無學非二爲三. 或總分四. 謂善不善
> 有覆無覆二無記受.

또한 3감정은 모두 유루와 무루에 통하는데, 고수도 또한 무루로 인하여 일어나기 때문이다. 혹은 각각을 3가지로 나누는데, 견도와 수도에서 단멸되는 것과 (무루법이기 때문에) 단멸되지 않는 것, 또는 유학과 무학 및 2가지가 아닌 것으로서, 3가지로 삼는다. 혹은 전체를 4가지로 나누는데,[105] 선과 불선 및 유부와 무부의 2가지 무기성의 감정을 말한다.

> 有義三受容各分四. 五識俱起任運貪癡. 純苦趣中任運煩惱.
> 不發業者是無記故. 彼皆容與苦根相應.

어떤 사람은, 3감정을 각각 4가지로 나누는 것을 인정하는데, 5식과 (이것과) 함께 일어나는 자연스러운 탐욕과 우치 및 純大한 고취 중의 자연스러운 번뇌로서, 發業되지 않은 것은[106] 무기성이기 때문이라는 것이다. 그것들[5식과 제6식의 任運]은 모두 苦根과 상응한다고 인정한다.

---

105) 『新導成唯識論』 卷第5, p.218, "3가지의 감정에서 1가지에 따라 4가지의 성품이 함께 얻어지는 것으로서, 하나하나가 모두 4가지의 성품을 갖추는 것은 아니다."(三受中隨一得與四性俱 不一一皆具四性.)
106) 『新導成唯識論』 卷第5, p.218, "아치와 아만 및 아애와 수도위의 번뇌의 일부와 신견과 변견 2견의 전부를 말한다."(謂癡慢愛修道煩惱一分及身邊二見全.)

瑜伽論說. 若任運生一切煩惱. 皆於三受現行可得. 若通一
切識身者. 遍與一切根相應. 不通一切識身者. 意地一切根
相應.

『유가론』에서,107) 만약에 자연스럽게 일어난 일체의 번뇌라면, 모두 3감정에 대해 현행하여 취득할 수 있고, 만약에 (전6식이) 일체의 識身[5식]에 통한다면, 두루 일체의 근5受의 근과 상응하며, 일체의 識身에 통하지 않으면[신견과 변견은 5식에 불통], 의식의 일체[苦, 樂, 捨]의 근과 상응한다는 것이다.

雜集論說. 若欲界繫 任運煩惱 發惡行者 亦是不善. 所餘皆
是有覆無記. 故知三受各容有四.

『잡집론』에서도,108) 만약에 욕계에 계박되어 자연스러운 번뇌가 惡行을 일으킨다면, 이것은 불선이고, 다른 것은 모두 유부무기라는 것이다. 그러므로 3감정에 각각 4가지가 존재하는 것이 인정된다는 것을 알아야 한다.

或總分五. 謂苦樂憂喜捨. 三中苦樂各分二者. 逼悅身心相
各異故. 由無分別有分別故. 尤重輕微有差別故. 不苦不樂
不分二者. 非逼非悅相無異故. 無分別故. 平等轉故.

---

107) 『瑜伽師地論』 卷第59(『大正藏』 30, 627, 下).
108) 『大乘阿毘達磨雜集論』 卷第4(『大正藏』 31, 709, 中).

혹은 전체를 5가지로 나누는데, 고, 낙, 우, 희 및 사수를 말한다. 3감정에서 고수와 낙수를 각각 2가지로 나눈다는 것은 몸과 마음을 핍박하고 기쁘게 하는 행상이 각각 다르기 때문이다. (5식에 있을 때에는) 분별력이 없거나 (제6식에 있을 때에는) 분별력이 있기 때문이며, (5식에 있을 때에는) 너무나 過重하거나 (의식에 있을 때에는) 경미한 차별이 있기 때문이다. 불고불락수를 2가지로 나누지 않는 것은 핍박하지도 않고 기쁘지도 하지 않는 행상으로서, 차이가없거나 분별하지 않으며 평등하게 전전하기 때문이다.

諸適悅受五識相應恒名爲樂. 意識相應. 若在欲界初二靜慮近分名喜. 但悅心故.

모든 편안하고 기쁜 감정이 5식과 상응[欲界와 初禪하면 언제나 낙수로 된다고 한다. 의식과 상응해서 만약에 욕계와 (색계 중의) 초선과 2선의 近分定에 있다면 희수라고 하는데, 단지 마음만을 기쁘게 하기 때문이다.

若在初二靜慮根本名樂名喜. 悅身心故. 若在第三靜慮近分根本名樂. 安靜尤重無分別故. 諸逼迫受五識相應恒名爲苦.

만약에 초선과 2선의 根本定에 있다면 낙수라거나 희수라고도 하는데, 몸과 마음을 기쁘게 하기 때문이다. 만약에 제3선의 근분과 근본정에 있다면 (모두) 낙수라고만 하는데, 안정되거나 더욱 과중되기도 하지만 분별하지 않기 때문이다. 모든 핍박한 감정이 5식과 상응한다면 언제나 고수로 된다고 한다.

意識俱者 有義唯憂. 逼迫心故. 諸聖敎說意地感受名憂根故.
瑜伽論說. 生地獄中諸有情類. 異熟無間有異熟生苦憂相續.

어떤 사람[第一師]은, 의식과 함께 하는 것은 오직 憂受뿐이라 하는데, 마음을 핍박하기 때문이고, 모든 경전에서 意識의 근심 감정을 憂根이라 하기 때문이라는 것이다. 『유가론』에서,¹⁰⁹⁾ 지옥에 태어난 모든 유정의 부류들에게는 이숙식에 間斷없이 이숙생[제6식]의 고수[5식]와 우수[제6식]가 상속된다는 것이다.

又說地獄尋伺憂俱. 一分鬼趣傍生亦爾. 故知意地尤重感
受尙名爲憂. 況餘輕者.

또한,¹¹⁰⁾ 지옥에서의 심구와 사찰은 우수와 함께 하고, 일부의 (純大한 고통을 받는) 아귀와 축생[傍生]도 또한 그렇다는 것이다. 그러므로 의식의 과중하고 근심스러운 감정조차도 오히려 우수라고 하는데, 하물며 다른 경미한 것이겠는가?

有義通二. 人天中者恒名爲憂. 非尤重故. 傍生鬼界名憂名苦.
雜受純受有輕重故. 奈落迦中唯名爲苦. 純受尤重無分別故.

---

109) 『瑜伽師地論』 卷第66(『大正藏』 30, 665, 上).
110) 『瑜伽師地論』 卷第5(『大正藏』 30, 302, 下).

또한 어떤 사람[護法 등]은, (의식은 우수와 고수의) 2가지에 통하는데, 인간과 천계에서는 항상 우수로 된다고 한 것은 과중하지 않기 때문이고, 축생과 아귀의 세계에서는 우수라거나 고수라고도 하는데, 번잡한 감정[우수]과 純大한 감정[고수]에는 경미함과 과중함이 있기 때문이라는 것이다. 나락가(인 지옥)에서는 오직 고수뿐이라고 하는데, 그 純大한 감정으로서 너무나 과중하고 분별력이 없기 때문이라는 것이다.

> 瑜伽論說. 若任運生一切煩惱皆於三受現行可得. 廣說如前.
> 又說俱生薩迦耶見唯無記性. 彼邊執見應知亦爾. 此俱苦
> 受非憂根攝. 論說憂根非無記故.

『유가론』에서,111) 만약에 자연스럽게 일어난 일체의 번뇌라면, 모두 3감정에서 현행하여 취득할 수 있다고 한 것은, 앞에서와 같이 자세하게 논술했다. 또한,112) 선천적인 살가야견인 身見은 오직 유부무기성에 포함되며, 그 변집된 견해도 마땅히 그러함을 알아야 한다. 이것[제6식과 상응하는 有覆의 身見]과 함께 하는 것은 고수이지만 憂根에는 포함되지 않는다고 하는데, 『유가론』에서113) 우근은 무기성이 아니라고 하기 때문이다.

> 又瑜伽說. 地獄諸根餘三現行定不成就. 純苦鬼界傍生亦爾.
> 餘三定是樂喜憂根. 以彼必成現行捨故.

---

111) 『瑜伽師地論』 卷第59(『大正藏』 30, 627, 下).
112) 『瑜伽師地論』 卷第58(『大正藏』 30, 622, 上).
113) 『瑜伽師地論』 卷第57(『大正藏』 30, 616, 中).

또한 『유가론』에서,114) 지옥에서는 모든 근에서 다른 3감정은 현행이 반드시 성취되지 않으며, 純大한 苦趣의 아귀와 축생계에서도 또한 그렇다는 것이다. (여기에서) 다른 3감정이란 결정코 낙근, 희근 및 우근을 가리키는데, 그 곳에서는 필연코 현행의 (주된) 捨根(受)을 성취하기115) 때문이라는 것이다.

豈不客捨彼定不成. 寧知彼文唯說客受. 應不說彼定成意根. 彼六客識有時無故. 不應彼論唯說客受通說意根. 無異因故. 又若彼論依客受說. 如何說彼定成八根.

[질문] 어째서 客塵의 捨根이 그 곳[지옥]에서는 반드시 성취되지 않는 것이 아닌가?116) 그 내용[『유가론』]이 오직 객진의 감정만을 선설했다는 것을 어떻게 아는가?
[답변] 그 곳[지옥]에서는 반드시 의근[客受가 의지하는 6識]을 성취한다고 하지 않아야 하는데, 거기[『유가론』]에는 6가지 객진의 심식이 어느 때는 존재하지 않기 때문이다.
[질문] 그 논장[『유가론』 卷第57]에서는 오직 객진의 사수[6식의 捨根]만을 선설한 것으로서 (主客을) 통틀어서 의근[제7, 8식]을 선설한 것이 아닌데, 특이한 까닭이 존재하지 않기 때문이다. 또한, 만약에 그 논장에서 객진의

---

114) 『瑜伽師地論』 卷第57(『大正藏』 30, 615, 上).
115) 『述記』 卷第5 末(『大正藏』 43, 425, 中), "왜냐하면, 그곳에는 반드시 제7과 제8의 두 심식이 존재하며, 상속되고 斷滅되지 않아서 반드시 현행의 捨受를 성취한다."(所以者何 以彼定有七・八二識 相續不斷 定成現捨受.)
116) 『述記』 卷第5 末(『大正藏』 43, 425, 中), "이것은 6식을 변별한 것이기 때문에 객진의 捨根이 존재하지 않다고 한 것으로서, 8식에 준한 작법으로 논술된 것이 아니다."(此辨六識 故無客捨 不約八識 作法爲論.)

사수에 의거하여 선설했다면, 어떻게 그 곳[지옥]에서는 반드시 8근[5根, 意根, 捨根 및 命根]을 성취한다고 하는가?[117]

若謂五識不相續故定說憂根爲第八者. 死生悶絶寧有憂根.
有執苦根爲第八者. 亦同此破. 設執一形爲第八者理亦不然.
形不定故. 彼惡業招容無形故.

[답변] 만약에 5식이 상속되지 않기 때문에 반드시 憂根[意識]을 第8근으로 삼는다면, (곧 그것이) 죽거나 태어나고 기절했을 때에는 어찌 憂根이 존재하겠는가? (다시) 苦根[5識]을 (허망하게) 집착하여 제8근으로 삼음이 있다면, 또한 이것과 같이 논파된다. 설령 하나의 형체를 집착하여 제8근으로 삼는다고 하더라도 이치는 또한 그렇지 않는데, (지옥에서는) 형체가 일정하지 않기 때문이고, 그 곳은 악업에 초감되므로 형체가 없는 것도 허용되기 때문이다.

彼由惡業令五根門恒受苦故. 定成眼等. 必有一形於彼何用.
非於無間大地獄中可有希求婬欲事故. 由斯第八定是捨根.
第七八識捨相應故.

그 곳은 악업으로 인하여 5근의 문에서 항상 고통을 받게끔 하기 때문에 반드시 안근 등을 성취한다. (설령) 하나의 형체를 존재케 하여 그 곳[지옥]에서 어떠한 所用이 있겠는가? 無間 대지옥에서는 음욕 자체를 희구하는 것

---

117) 지옥에서 성취되지 않는 根 중에 捨根이 있다면, 성취되는 8근 중에서는 捨根이 존재하지 않게 되어서 7根뿐이므로, 第8根을 무엇으로 삼으려는지 의문이 일어난다는 것이다.

이 있을 수가 없기 때문이다. 이리하므로 제8근은 반드시 바로 사근으로서 제7식과 제8식은 (항상) 捨受와만 상응하기 때문이다.

如極樂地意悅名樂 無有喜根 故極苦處意迫名苦 無有憂根 故餘三言定憂喜樂.

극락지[第3禪]에서 의식의 기쁨을 낙근이라고만 하는데, 희근이 존재하는 것이 아니라고 하는 것과 같다. 그러므로 지극히 고통스러운 처소에서 의식의 핍박을 고근이라 하며, 우근은 존재하는 것이 아니다. 그렇기 때문에 (『유가론』에서) 다른 3가지라는 것은 결정코 우근과 희근 및 낙근을 가리킨다.

餘處說彼有等流樂. 應知彼依隨轉理說. 或彼通說餘雜受處. 無異熟樂名純苦故. 然諸聖敎意地感受名憂根者. 依多分說. 或隨轉門. 無相違過.

다른 경론에서,[118] 그 곳[악도]에 (또한) 등류의 낙근이 존재한다고 한 것은, 그것이 근기와 때에 따른 법문[隨轉理門]에 의거한 교설[薩婆多의 주장]이라는 것을 알아야 한다. 혹은 그 곳에 다른 번잡한 감정의 처소[아귀와 축생]를 통상적으로 선설하는데, 이숙의 낙근이 존재하지 않는 것은 純大한 고통의 처소라고 하기 때문이다.

그런데 모든 경론에서,[119] 意地[제6]의 근심스러운 감정을 우근이라 한 것은, 多分說[人, 天趣의 전부와 鬼, 畜의 少分]에 의거한 것이며, 혹은 근기와 때

---

118) 『攝大乘論釋』 卷第2(『大正藏』 31, 327, 中).
119) 『大乘阿毘達磨雜集論』 卷第7(『大正藏』 31, 726, 上).

에 따른 법문[隨轉門]이므로 상위되는 과실은 없다.

> 瑜伽論說 生地獄中 諸有情類 異熟無間 有異熟生 苦憂相續.
> 又說地獄尋伺憂俱. 一分鬼趣傍生亦爾者. 亦依隨轉門

『유가론』에서,[120] 지옥에 태어난 모든 유정의 부류들에게는 이숙이 間斷 없이 이숙생의 고수와 우수로 상속됨이 있다고 한다. 또한,[121] 지옥의 심구와 사찰은 우수와 함께 하며, 일부의 아귀와 축생도 또한 그렇다고 한 것은, 역시 중생들의 근기와 때에 따른 법문[隨轉門]에 의거한다는 것이다.

> 又彼苦根意識俱者. 是餘憂類 假說爲憂. 或彼苦根損身心故
> 雖苦根攝而亦名憂. 如近分喜 益身心故. 雖是喜根而亦名樂.

나아가 그 곳[지옥]의 苦根이 의식과 함께 한다는 것은, 다른[雜受 및 人, 天趣] 우근의 동류이므로 가설로서 우근으로 삼는다고 한다. 혹은 그 곳의 苦根은 몸과 마음을 손괴하기 때문에 비록 고근에 포함된다고 하더라도 또한 우근이라 한다. 마치 (초선과 2선의) 근분정의 희근은 몸과 마음을 증익하기 때문에 비록 희근일지라도 또한 낙근이라 하는 것과 같다.

> 顯揚論等具顯此義. 然未至地定無樂根. 說彼唯有十一根故.

---

[120] 『瑜伽師地論』 卷第66(『大正藏』 30, 665, 上).
[121] 『瑜伽師地論』 卷第5(『大正藏』 30, 320, 下).

『顯揚聖教論』 등에서,[122] 이러한 의미를 갖추어서 나타내지만, 그러나 初靜慮 앞의 방편위[未至定]에서는 반드시 낙근이 존재하지 않으므로, 그 곳에는 오직 11근만이[123] 존재한다고 하기 때문이다.

> 由此應知. 意地感受純受苦處亦苦根攝. 此等聖敎差別多門.
> 恐文增廣故不繁述.

이러하므로 의식의 근심스러운 감정은 純大한 감정인 고통스러운 처소에 있으며, 또한 고근에만 포함됨을 알아야 한다. 이러한 등의 경전에 차별되는 많은 법문이 있지만, 내용의 증광을 염려하기 때문에 번잡하게 기술하지 않는다.

> 有義六識三受不俱. 皆外門轉互相違故. 五俱意識同五所緣.
> 五三受俱意亦應爾. 便違正理故必不俱.

어떤 사람은, 6식은 3감정과 함께 하지 않는데, 모두가 밖으로 전전하여 서로 상위되기 때문이다. 즉, 5식과 함께 하는 의식은 5식의 소연과 같으므로 5식이 3감정과 함께 한다면, 의식도 또한 그러해야 한다. (그러면) 곧 바른 이치에 어긋나기 때문에 반드시 함께 하지 않는다는 것이다.

> 瑜伽等說藏識一時與轉識相應三受俱起者. 彼依多念. 如

---

122) 『顯揚聖敎論』 卷第2(『大正藏』 31, 486, 下).
123) 『述記』 卷第5 末(『大正藏』 43, 426, 下), "11근이란, 信, 精進 등 5근과 무탐 등 3무루근, 그리고 의, 희, 사근을 말한다."(十一根者 謂信等五·三無漏·意·喜·捨.)

説一心非一生滅. 無相違過.

『유가론』 등에서, 장식이 일시에 轉識과 상응하는 3감정과 함께 일어난다고 한 것은, 거기에서는 많은 생각에 의지한다는 것이다. 마치 한 마음이라 하더라도 한 생멸이 아닌 것과 같이 상위되는 과실은 없다는 것이다.

有義六識三受容俱. 順違中境容俱受故. 意不定與五受同故.
於偏注境起一受故 無偏注者便起捨故. 由斯六識三受容俱.
得自在位唯樂喜捨. 諸佛已斷憂苦事故.

어떤 사람[護法]은, 6식에는 3감정이 함께하는 것이 인정되는데, 수순과 상위 및 그 중간의 경계를 모두 감수하는 것이 허용되기 때문이고, 의식은 반드시 5식의 감정과 같지 않기 때문이라는 것이다. 편벽되게 傾注되는 경계에 대해서는 하나의 감정만을 일으키기 때문이고, 편벽되게 경주하지 않을 때에는 곧 捨受를 일으키기 때문이다. 이러하므로 6식에는 3감정이 함께 하는 것이 인정된다. 自在를 증득한 지위에서는 오직 낙수와 희수 및 사수뿐인데, 모든 부처님들은 우수와 고수 자체를 단멸했기 때문이다.

前所略標六位心所. 今應廣顯彼差別相. 且初二位其相云何. 頌曰.

(10) 初遍行觸等 次別境謂欲 勝解念定慧 所緣事不同

앞에서 간략하게 논술한 6위의 심소법들에 대해서 이제 자세하게 그 차별된 형상을 나타내야 한다. 우선 처음 2위의 심소법의 형상이 어떠한가를 게송으로 선설하면 다음과 같다.

> 처음 변행은 접촉 등이고,
> 다음 별경은 욕망, 뛰어난 견해,
> 기억, 선정 및 지혜를 일컫지만
> 경계 자체는 같지 않다.

論曰. 六位中初遍行心所卽觸等五. 如前廣說. 此遍行相云何應知. 由敎及理爲定量故.

【遍行】

논술하자면, 6위에서 처음의 변행 심소법이라는 것은, 바로 접촉 등 5가지로서 앞[卷第3]에서 자세하게 선설한 것과 같다.
[질문] 이것만을 변행이라 한 형상을 어떻게 알아야 하는가?
[답변] 聖敎와 이치에 의지하여 定量으로 삼기 때문이다.

此中敎者如契經言. 眼色爲緣生於眼識. 三和合觸. 與觸俱生有受想思. 乃至廣說. 由斯觸等四是遍行.

여기에서 聖敎라는 것은 경전에서[124] 선설한 것과 같이, 안근과 색경이 반연하여 안식을 일으키고, 이 3가지[근, 경, 식]가 화합한 것이 접촉이며, 이 접촉과 함께 일어나는 감정과 상상 및 생각이 존재하고, 내지 자세하게

---

124) 『雜阿含經』 卷第11(『大正藏』 2, 74, 中).

설명한다. 이러하므로 접촉 등 4가지는 변행이라는 것이다.

> 又契經說. 若根不壞境界現前. 作意正起方能生識. 餘經復言.
> 若於此作意卽於此了別. 若於此了別卽於此作意. 是故此二
> 恒共和合. 乃至廣說. 由此作意亦是遍行. 此等聖教誠證非一.

또한 경전에서,[125] 만약에 감각기관인 근이 파괴되지 않고, 경계가 현재 전할 때에는 작의가 바로 일어나서, 마침내 스스로 심식을 일으킨다는 것이다. 다른 경전[『起盡經』]에서도 또한, 만약에 이것[경계]에 대해서 작의할 때에 곧 이것에 대하여 요별하고, 만약에 이것에 대해 요별할 때에 곧 이것에 대하여 작의한다. 이렇기 때문에 이 2가지 법은 항상 함께 화합한다는 것이다. 내지 자세하게 설명하는데, 이것으로 인하여 작의도 또한 변행 심소법이라는 것이다. 이러한 등의 경전의 진실한 증거는 한 둘이 아니다.

> 理謂識起必有三和. 彼定生觸必由觸有. 若無觸者 心心所法
> 應不和合觸一境故.

올바른 이치라는 것은, 심식이 일어날 때에는 반드시 3가지의 화합이 있고, 그것[三和]은 결정코 접촉을 일으키는데, 접촉으로 인하여 (3가지의 화합이) 있게 된다는 것이다. 만약에 접촉이 존재하지 않는다면, 마음과 심소법이 화합하여 하나의 경계에 접촉하지 못하기 때문이다.

---

125) 『象跡喩經』, 『中阿含經』 卷第7(『大正藏』 1, 467, 上).

作意引心令趣自境. 此若無者心應無故.

작의는 마음을 이끌어서 자체의 경계에 취향하게 하는데, 이것이 만약에 존재하지 않는다면, 마음도 (또한) 존재하지 않기 때문이다.

受能領納順違中境 令心等起歡感捨相. 無心起時無隨一故.

감정은 스스로 수순하고 거스른 것과 그 중간의 경계를 받아들여서, 마음 등이 기쁨이나 근심 및 이 2가지가 아닌 형상을 일으키게 하는데, (일찍이) 마음이 일어날 때에 (이 3가지 형상 중의) 한 가지를 따르지 않을 수가 없기 때문이다.

想能安立自境分齊. 若心起時無此想者. 應不能取境分齊相.

상상은 스스로 자체의 경계에 대하여 다소나 大小 등[分齊]을 시설[安立]하므로, 만약에 마음이 일어날 때에 이 상상이 존재하지 않는다면, 당연히 경계에 대한 다소나 대소 등의 형상을 취득할 수가 없는 것이다.

思令心取正因等相造作善等. 無心起位無此隨一故必有思.

생각은 마음에 바른 원인 등의 행상을 취득해서 선법 등을 조작케 하므로, (일찍이) 마음이 일어나는 위치에서 이 (3가지의 법) 중에서 하나 (생각)에 따르지 않을 수가 없기 때문에 반드시 생각이 존재해야 한다.

由此證知 觸等五法心起必有. 故是遍行. 餘非遍行義至當說.

이러한 논증으로 알 수 있듯이 접촉 등의 5법은, 마음이 일어날 때에는 반드시 존재하기 때문에 변행인 것이다. 다른 것이 변행으로 될 수 없는 의미는 지극히 당연하게 설명했다.

次別境者. 謂欲至慧 所緣境事多分不同. 於六位中次初說故.

【別境】

다음의 별경 심소법이라는 것은 욕망에서 지혜 심소법까지를 말한다. 소연인 경계 자체가 여러 부분으로 같지 않다는 것으로서, 6위 가운데 처음 遍行에 이어서 설명하기 때문이다.

云何爲欲 於所樂境希望爲性. 勤依爲業. 有義所樂謂可欣境 於可欣事欲見聞等有希望故.

무엇을 욕망이라 하는가 하면, 좋아하는 경계에 대해서 희망함을 자성으로 삼고 精勤에 의지하는 것을[126] 업용으로 삼는다. 어떤 사람은, 좋아하는 것이란 흔모하는 경계를 일컫는데, (심정적으로) 흔모하는 자체에 대해서 보고 듣는 등을 하고자 할 때에 희망이 있기 때문이라는 것이다.

---

126) 『述記』卷第6 本(『大正藏』43, 428, 中~下), "그런데 精勤의 所依라는 것은-『대법론』권제 10(『大正藏』31, 740, 上) 등에서 모두 믿음은 欲依로 되고, 욕망은 精進依로 된다. 즉, 佛法에 證入하는 차례의 所依이다. 그러나 욕망은 선악 등 3성에 통하므로 오직 善性의 욕망만이 의지처가 된다는 것이다."(然勤依者-及對法第十等皆云 信爲欲依 欲爲精進依 即入佛法 次第依也. 然欲既通三性 即唯善欲爲依.)

卷第5 『成唯識論』 369

於可厭事希彼不合. 望彼別離 豈非有欲. 此但求彼不合離
時可欣自體非可厭事. 故於可厭及中容境一向無欲. 緣可
欣事若不希望亦無欲起.

[질문] 싫어하는 자체에 대해서는 그것에 화합하지 않기를 바라면서 그것에서 떨어지는 것을 희망하는데, 어째서 욕망이 있는 것이 아닌가?
[답변] 이것이 단지 그것에 화합하지 않거나 떠나는 것을 바랄 때에는, 흔모하는 자체이지 싫어하는 자체가 아니다. 그러므로 싫어하는 것[6식 혹은 제6식과 중간적인 것[8식]의 경계에 대해서는 한결같이 욕심이 없다. (즉,) 흔모하는 자체를 반연하더라도, 만약에 희망하지 않을 때에는 또한 욕망이 일어나지 않는다는 것이다.

有義所樂謂所求境. 於可欣厭求合離等有希望故. 於中容
境一向無欲. 緣欣厭事若不希求亦無欲起.

어떤 사람은, 좋아하게 된 것이란 희구되는 경계를 말하는데, 흔모하거나 싫어하는 것에 대해서 화합과 떨어짐 등을 바라면 희망이 있기 때문이며, 중간의 대상에 대해서는 한결 같이 욕망이 없다. 흔모하거나 싫어하는 자체를 반연하더라도 만약에 희구하지 않을 때에는, 또한 욕망이 일어나지 않는다는 것이다.

有義所樂謂欲觀境. 於一切事欲觀察者有希望故. 若不欲觀
隨因境勢 任運緣者卽全無欲. 由斯理趣欲非遍行.

또한 어떤 사람[最勝]은, 좋아하게 된 것이란 관찰하고자 하는 경계를 말하는데, 일체의 자체에 대해서 관찰하고자 하는 것은 희망이 있기 때문이다. 만약에 관찰하고자 하지 않는데, 원인과 경계의 세력에 따라서 자연스럽게 반연한다면, 곧 전혀 욕망이 없다는 것이다. 이러한 이치로 인하여 욕망은 변행 심소법이 아니다.

> 有說要由希望境力諸心心所方取所緣. 故經說欲爲諸法本.
> 彼說不然. 心等取境由作意故. 諸聖敎說作意現前能生識故.

어떤 사람들[薩婆多]은, 요컨대 경계를 희망하는 세력으로 인하여 모든 마음과 심소법이 마침내 소연을 연취한다는 것이다. 그러므로 경전에서,127) 욕망을 모든 법의 근본으로 삼는다고 한다.

(마땅히 이것은 변행 심소법이므로) 그들의 주장은 그렇지 않다. 마음 등이 경계를 연취하는 것은 작의로 원인하기 때문이다. 즉, 모든 경전에서, 작의가 현전하여 능히 심식을 일으킨다고 하기 때문이다.

> 曾無處說由欲能生心心所故. 如說諸法愛爲根本. 豈心心
> 所皆由愛生. 故說欲爲諸法本者. 說欲所起一切事業. 或說
> 善欲能發正勤. 由彼助成一切善事. 故論說此勤依爲業.

일찍이 어느 경전에서도 욕망으로 인하여 능히 마음과 심소법을 일으킨다고 주장한 것은 없었기 때문이다. 마치 모든 법이 갈애를 근본으로 삼는

---

127) 『中阿含經』 卷第28(『大正藏』 1, 602, 下).

다고[128] 한 것과 같다. 어째서 마음과 심소법이 모두 갈애로 인하여 일어나는가? 그러므로 욕망을 모든 법의 근본으로 삼는다는 것은, 곧 욕망에서 일어난 일체[三性] 자체의 업용을 말한다. 혹은 善性의 욕망은 스스로 바른 정진을 일으켜서, 그것으로 인하여 일체의 善性 자체를 조성하는 것이다. 그러므로 논장에서 이것[욕망]은 精勤의 소의를 업으로 삼는다고 한다.

> 云何勝解. 於決定境印持爲性. 不可引轉爲業. 謂邪正等敎理證力於所取境審決印持. 由此異緣不能引轉. 故猶豫境勝解全無. 非審決心亦無勝解. 由斯勝解非遍行攝.

무엇을 勝解라고 하는가? 결정된 경계에 대해서 분명하게 집지하는 것[印持]으로서 자성으로 삼고, (다른 인연을) 이끌어서 전전할 수 없는 것을 업으로 삼는 것을 말한다. 이를테면, 삿되거나 올바른 등의 가르침과 이치 및 증명된 세력으로 연취한 경계에 대하여, 심세하게 결정하고 분명하게 집지하는 것이다. 이러 하므로 다른 반연까지 능히 이끌어서 전전하지 못한다. 그러므로 (疑心 가운데) 경계를 유예하는 것에는 승해가 전혀 없으며, 심세하게 결정하지 않는 마음에도 또한 승해가 존재하지 않는다. 이것으로 인하여 승해는 변행에 포함되는 것이 아니다.

> 有說心等取自境時 無拘礙故 皆有勝解. 彼說非理. 所以者何. 能不礙者卽諸法故. 所不礙者卽心等故. 勝發起者根作意故. 若由此故彼勝發起. 此應復待餘便有無窮失.

---

128) 『雜阿含經』 卷第35(『大正藏』 2, 256, 上).

어떤 사람[薩婆多의 異師]은, 마음 등이 자체의 경계를 연취할 때에는 구속되는 장애가 없기 때문에 모두 승해가 존재한다는 것이다. 그들의 주장은 이치에 맞지 않는데, 왜냐하면, 능히 장애되지 않는 것은 바로 (소연의) 모든 법이기 때문이고,[129] 장애가 되지 않는 것은 (능연인) 마음 등이기 때문이며, (능히 增上되어서) 수승한 (인연이) (마음과 심소법에서) 일어나는 것은 근과 작의이기 때문이다. 만약에 이것[승해]으로 원인하기 때문에 그것[근과 작의]이 수승한 (인연을 취득하여) 일어난다면, 이것[승해]도 당연히 다시 다른 일어남을 기다리게 되어서 곧 무궁한 과실이 있게 된다.

云何爲念. 於曾習境令心明記不忘爲性. 定依爲業. 謂數憶持曾所受境 令不忘失能引定故. 於曾未受體類境中 全不起念. 設曾所受不能明記 念亦不生. 故念必非遍行所攝.

무엇을 기억이라 하는가? (과거에) 일찍이 훈습한 경계에 대해 마음에 분명하게 기억시켜서 잊지 않게끔 하는 것을 자성으로 삼고, 禪定에 의지하는 것으로서 업으로 삼는 것을 말한다. 이를테면, 일찍이 받아들인 경계를 자주 기억하고 집지해서 잊어버리지 않게끔 스스로 선정을 이끌기 때문이다. 일찍이 받아들이지 안했던 (涅槃 등과 같은) 자체와 성류의 경계에 대해서는 전혀 기억을 일으키지 못하며, 설령 일찍이 받아들였다고 하더라도 분명하게 기억할 수 없는 것은 기억 또한 일어나지 않는다. 그러므로 기억은 반드시 변행에 포함되지 않는다.

---

129) 『新導成唯識論』 卷第5, p.226, "만약에 능히 장애되지 않는 것을 승해라고 한 것은, 마음과 심소법을 제외한 외부의 모든 법이므로 모두 능히 장애되지 않는다. 마음과 심소법은 증상연이 되어서 모두 장애되지 않기 때문이다."(若能不礙名勝解者 除心心所 以外諸法 皆是能不礙 與心‥心所 爲增上緣 皆不礙故.)

有說心起必有念俱. 能爲後時憶念因故. 彼說非理. 勿於後
時有癡信等 前亦有故. 前心心所 或想勢力 足爲後時憶念
因故.

어떤 사람들[薩婆多]은, 마음이 일어날 때에는 반드시 기억과 함께 하는데, 능히 뒤에 憶念의 원인으로 되기 때문이라는 것이다. 그들의 주장은 이치에 맞지 않는데, 뒤에 어리석음과 믿음 등이 있다고 해서 이전에도 또한 있었던 것은 아니기 때문이다. 즉, 이전의 마음과 심소법 혹은 想像[形象을 연취했기 때문에]의 세력으로서 뒤에 억념의 원인으로 되기에 충분하기 때문이다.[130]

云何爲定. 於所觀境令心專注不散爲性. 智依爲業. 謂觀得
失俱非境中. 由定令心專注不散. 依斯便有決擇智生.

무엇을 선정이라 하는가? 관찰하려는 경계에 대해 마음을 오로지 傾注하게 하여 산란하지 않는 것을 자성으로 삼고, 지혜에 의지함을 업으로 삼는다. 말하자면, 증득과 과실 및 둘 다 아닌 경계를 관찰하는 중에, 선정력으로 인하여 마음을 오로지 경주케 하여 산란하지 않게 하고, 이것에 의지하여 곧 결택[無漏]의 지혜가 생겨나는 것이다.

心專注言顯所欲住卽便能住. 非唯一境. 不爾見道歷觀諸

---

130) 『述記』卷第6 本(『大正藏』43, 430, 上~中), "마음 등이 경계를 연취하여 그 공능을 훈습해서 근본식 중에 간직함으로서 뒤에 어떤 기억의 원인으로 되는 것이 충분하다. 어째서 반드시 지금의 생각에 따라서 뒷생각이 일어난다고 하는가."(心等取境 已熏功能在本識中 足爲後時有憶念因 何須令念順生後念.)

諦前後境別應無等持. 若不繫心專注境位 便無定起. 故非
遍行.

마음에 오로지 경주케 한다는 것은, (단지 마음이) 머물고자 하는 곳에 능히 머무는 것을 나타내는 것으로서 (반드시) 오직 하나의 경계에만 (머무는 것)은 아니다.[131] 그렇지 않는다면, 곧 견도위에서 모든 진리를 관찰해 나갈 때에 전후의 경계가 달라서 等持[三昧]가 없어야 한다. 만약에 (산란심이) 마음을 계박해서 경계에 오로지 경주하지 못하게 하는 위치에서는 곧 선정이 일어나지 않게 되는데, 그렇기 때문에 변행 심소법이 아니다.

有說爾時亦有定起. 但相微隱. 應說誠言. 若定能令心等和
合同趣一境故是遍行. 理亦不然. 是觸用故.

어떤 사람[正理師]은, (산란심 등의) 그 때에도 또한 선정이 일어난다고 하는데, 단지 그 행상이 미약하고 은밀할 뿐이라는 것이다. (비판하여 말하기를) 진실한 주장을 해야 한다. 만약에 선정이 능히 마음 등을 화합해서 하나의 경계에 함께 취향하게 하기 때문에 이것을 변행이라 한다면, 이치가 또한 그렇지 않다. 이것[和合]은 접촉의 작용이기 때문이다.[132]

若謂此定令刹那頃心不易緣 故遍行攝. 亦不應理. 一刹那

---

131) 『述記』卷第6 本(『大正藏』 43, 430, 中), "深奧하게 소연을 연취하여 선정이 바로 일어나는 것으로서, 반드시 전후에 오직 하나의 경계만을 반연하는 것이 아니다."(深取所緣定即得生 非要前後唯緣一境.)
132) 『述記』卷第6 本(『大正藏』 43, 430, 下), "접촉은 능히 마음과 심소법을 화합하여 이별하지 않게 하는데, 동일한 인연이기 때문이다."(觸能和合心·心所法 不令離別 同一緣故.)

心自於所緣無易義故

만약에 이 선정이 찰나적인 순간에 마음에 반연을 變易시키지 못하게끔 하기 때문에 변행에 포함된다고 한다면, 또한 당연히 이치에 맞지 않는다. 한 찰나의 마음은 스스로 소연에 대해서 變易하는 의미가 없기 때문이다.

若言由定心取所緣 故遍行攝. 彼亦非理. 作意令心取所緣故.

만약에 선정으로 인하여 마음에 소연을 연취하게 하기 때문에 변행에 포함된다면, 그것도 또한 이치에 맞지 않는데, 작의가 마음에 소연을 연취하게 하기 때문이다.

有說此定體卽是心. 經說爲心學心一境性故. 彼非誠證. 依定攝心令心一境說彼言故. 根力覺支道支等攝. 如念慧等非卽心故.

어떤 사람(經部師)은, 이 선정은 체성이 바로 마음이므로 경전에서 (三學 중에서 선정을) 心學이라 하거나 (또는 18禪支 중에서는) 心一境性(禪定)이라 하였기 때문이라는 것이다. 그것은 진실한 증명이 아니다. 선정이 마음을 포섭하고, 마음을 하나의 경계에 머물게끔 하는 것에 의거해서 그의 주장을 하였기 때문이다.[133] (선정을) 5근, 5력, 7각지 및 8정도 등에 포함시켰는

---

133) 『述記』 卷第6 本(『大正藏』 43, 430, 下), "心學이란 마음을 포함한 것에 의지하기 때문이고, 심일경성은 마음을 하나의 경계에 머물게 하기 때문에 마음이라 한 것으로서, 체성이 곧 마음은 아니다."(心學者依攝心故 心一境者 令心住一境 故說爲心 非體卽心.)

데,[134] 마치 기억과 지혜 등과 같이 (각각 자체가 존재하여) 마음이 아니기 때문이다.

> 云何爲慧. 於所觀境簡擇爲性. 斷疑爲業. 謂觀得失俱非境中.
> 由慧推求得決定故. 於非觀境愚昧心中無簡擇故非遍行攝.

무엇을 지혜라고 하는가? 관찰되는 대상에 대해서 간택하는 것으로서 자성으로 삼고, 의심을 단절하는 것으로서 업으로 삼는다. 말하자면, 증득과 과실 및 둘 다 아닌 경계를 관찰하는 중에 지혜의 추구력으로 인하여 결정심을 증득하기 때문이다. 관찰하지 않는 경계에 대한 우매한 마음에서는 간택할 수가 없기 때문에 변행에 포함되지 않는다.

> 有說爾時亦有慧起. 但相微隱. 天愛寧知. 對法說爲大地法故

어떤 사람[正理師]은, 그 때에도 (우매한 마음에) 역시 지혜가 일어난다고 하는데, 단지 그 행상이 미약하고 은밀하다는 것이다.
[반문] 매우 어리석은 사람[天愛]은 어떻게 아는가?
[正理師의 답변] 『대법론』(『發智論』과 『六足論』)에서 (이 지혜는) 대지법이라 했기 때문이다.

> 諸部對法展轉相違. 汝等如何執爲定量. 唯觸等五經說遍行.

---

134) 『述記』 卷第6 本(『大正藏』 43, 430, 下~431, 上), "5근, 5력, 7각지 및 8정도에서 별도로 교설하기 때문이대[因]. 선정은 마음이 아니대[宗]. 마치 기억과 지혜 등과 같이[喩]. 기억과 지혜 등의 법은 그 체성이 생각이다."(五根·五力·七覺·八道支中別說故 定非卽心. 如念·惠等念·惠等法彼體是思.)

說十非經. 不應固執. 然欲等五 非觸等故定非遍行. 如信
貪等.

[반문] 여러 부파의 對法藏은 展轉해서 상위한데,[135] 그대들은 어째서 집착하여 定量으로 삼는가? 오직 접촉 등 5가지만을 경전에서 변행이라 하였지만 10가지라고는 경전에서 선설하지 않았으므로 확고하게 주장하지 않아야 한다. 그리고 욕망 등의 5가지 법은 접촉 등이 아니기 때문에 반드시 변행이 아니어야 하는데, 마치 믿음과 탐욕 심소법 등과 같다.

有義此五定互相資. 隨一起時必有餘四. 有義不定. 瑜伽說此四一切中無後二故. 又說此五緣四境生. 所緣能緣非定俱故.

어떤 사람[安慧]은, 이 5가지의 법은 반드시 서로 도우므로 따라서 1가지가 일어날 때에는 필연코 다른 4가지도 존재한다는 것이다. 또한 어떤 사람은, (같이 하거나 하지 않아서) 일정하지 않다는 것이다. 즉, 『유가론』에서,[136] 이것[別境]에는 4가지의 일체 중에서 뒤의 2가지[時와 俱]가 없기 때문이라 한다. 또한,[137] 이 5가지는 4가지의 경계를[138] 반연하여 일어난다고 하지만, 소연(의 4경)과 능연(인 욕망 등)은 (모두) 반드시 함께 하지 않

---

135) 『新導成唯識論』 卷第5, p.228, "이것은 근본적으로 부처님께서 교설하신 것이 아니기 때문이다."(非是根本佛所說故.)
136) 『瑜伽師地論』 卷第3(『大正藏』 30, 291, 上).
137) 『瑜伽師地論』 卷第55(『大正藏』 30, 602, 上).
138) 『述記』 卷第6 本(『大正藏』 43, 431, 中), "좋아한 것, 결정된 것, 일찍이 익힌 것 및 관찰한 것 등이다."(所樂·決定·曾習·所觀.)

때문이라는 것이다.

> 應說此五 或時起一. 謂於所樂唯起希望. 或於決定唯起印解.
> 或於曾習唯起憶念. 或於所觀唯起專注. 謂愚昧類爲止散心.
> 雖專注所緣而不能簡擇. 世共知彼有定無慧.

당연히 이 5가지에서 어느 때에는 (단지) 1가지만을 일으키는데, 이를테면 좋아한 것[所樂]에 대해서는 오직 희망[欲]만을 일으키고, 결정한 것[決定]에 대해서는 분명한 이해[印解]만을 일으키며, 일찍이 익혔던 것[曾習]에 대해서는 억념만을 일으키고, 관찰한 것[所觀]에 대해서는 傾注하는 마음만을 일으킨다는 것이다. 우매한 부류들은 산란한 마음을 그치기 위하여 비록 소연에 경주하더라도 능히 간택할 수 없다. 세간에서 공통으로 그들에게는 선정만 있고, 지혜는 없다고 알고 있다.

> 彼加行位少有聞思. 故說等持緣所觀境. 或依多分故說是言.
> 如戲忘天專注一境起貪瞋等. 有定無慧. 諸如是等其類實繁.
> 或於所觀唯起簡擇. 謂不專注馳散推求.

그들의 가행위에서 얼마간 듣고 생각하는 것이 있기 때문에 等持[삼매]는 관찰한 경계를 반영한다고 한다. 혹은 (관찰한 경계의) 많은 부분에 의거하기 때문에 (선정과 지혜가 같이 존재한다는) 이러한 주장을 한다. 마치 욕계 6천의 중간에 있는 천계[戲忘天]에서 하나의 경계에 오로지 경주하여 탐욕과 진에 등을 일으키는 것과 같이, 선정만 있고 지혜는 없다. 모든 이와 같은 것들은 그 성류가 참으로 번거로워서 (선정에 반드시 지혜가 존재한다고) 말할 수 없다. 혹은 관찰한 대상에 대해서 오직 간택만을 일으켜야 하지만,

(들떠 있음이 많은 사람은) 오로지 경주하지 못하고 치달려서 산란하게 (法相 등을) 추구한대즉, 지혜만 있고 선정은 없다.

> 或時起二. 謂於所樂決定境中起欲勝解. 或於所樂曾習境
> 中起欲及念. 如是乃至於所觀境起定及慧. 合有十二.

어느 때에는 (단지 동시에) 2가지만을 일으키는데, 좋아하고 결정한 경계에 대해서 욕망과 승해가 일어나는 것을 말한다. 혹은 좋아하고 일찍이 익혔던 대상에 대해 욕망과 기억을 일으킨다는 것이다. 이와 같이 나아가 관찰한 대상에 대해서 선정과 지혜를 일으키므로 종합해서 10종류에 2가지씩이 있다.

> 或時起三. 謂於所樂決定曾習起欲解念. 如是乃至於曾所
> 觀起念定慧. 合有十三.

어느 때에는 3가지를 일으키는데, 좋아하고 결정하였으며, 일찍이 익혔던 대상에 대해서 욕망과 승해 및 기억을 일으킨다는 것이다. 이와 같이 나아가 일찍이 익혔으며, 관찰한 대상에 대해서 기억과 선정 및 지혜를 일으키므로 모두 10종류에 3가지씩이 있다.

> 或時起四. 謂於所樂決定曾習所觀境中起前四種. 如是乃
> 至於定曾習所觀境中起後四種. 合有五四.

어느 때에는 4가지를 일으키는데, 좋아하고 결정하였으며, 일찍이 익혔고, 관찰한 대상에 대해서 앞의 4가지[智慧 제외]를 일으킨다는 것이다. 이와 같이 나아가 결정하고, 일찍이 익혔으며, 관찰한 대상에 대해서 뒤의 4가지 [慾望 제외]를 일으키므로 모두 5종류에 4가지씩이 있다.(이상 30句는 개별)

或時起五. 謂於所樂 決定曾習 所觀境中 具起五種. 如是於 四起欲等五. 總別合有三十一句.

어느 때에는 5가지를 일으키는데, 좋아하고, 결정하였으며, 일찍이 익혔고, 관찰한 대상에 대해서 함께 5가지를 일으킨다는 것이다.(총괄의 1句) 이와 같이 이 4가지의 대상에 대해서 욕망 등 5가지의 법을 일으키므로, 전체(를 일으킨 1句)와 개별적인 것(을 일으킨 30句)을 합하면 31구절이 있다.

或有心位五皆不起. 如非四境 率爾墮心及藏識俱. 此類非一.

혹은 어떤 마음의 위치에서는 5가지가 모두 일어나지 않는데, 4가지의 경계가 아니고 率爾墮心[6식]과 장식과 함께하는 (위치에서는 5가지가 모두 일어나지 않는) 것과 같다. 이러한 성류는 한 가지가 아니다.

第七八識此別境五隨位有無. 如前已說. 第六意識諸位容俱. 依轉未轉皆不遮故.

제7식과 제8식에는 이 별경의 5가지가 (轉依 與否의) 위치에 따라서 존재하거나 않기도 한다는 것은, 앞에서 교설한 것[卷第4]과 같다. 제6식에는 모든 위치에서 함께 하는 것이 인정되는데, 전의했거나 아직 전의하지 안했든지 간에 모두 부정되지 않기 때문이다.

有義五識此五皆無. 緣已得境無希望故. 不能審決無印持故.
恒取新境無追憶故. 自性散動無專注故. 不能推度無簡擇故.

어떤 사람[安慧]은, 5식에는 이 5가지가 모두 존재하지 않는데, (현재에) 취득된 경계를 반연하였으므로 희망이 없기 때문이고, 능히 심세하게 결정하지 못하여 분명하게 집지하지 못하기 때문이며, 항상 새로운 경계를 연취하므로 추억할 수 없기 때문이고, 자성이 산만하여 오로지 傾注할 수 없으며, 능히 추탁해서 간택할 수 없기 때문이라는 것이다.

有義五識容有此五. 雖無於境增上希望. 而有微劣樂境義故.
於境雖無增上審決. 而有微劣印境義故. 雖無明記曾習境體.
而有微劣念境類故.

어떤 사람[護法]은, 5식에서도 이 5가지가 존재하는 것이 인정되는데, 비록 대상의 增上에 대해서 희망하는 것은 없더라도 미열하게 대상을 좋아하는 의미가 있기 때문이고, 대상에 대해서 증상하여 심세한 결정은 못하지만 미열하게나마 대상을 분명하게 하는 의미가 있기 때문이며, 일찍이 익혔던 대상에 대한 체상을 분명하게 기억하지는 못하지만 미열하게 대상의 종류를 기억할 수 있기 때문이다.

雖不作意繫念一境. 而有微劣專注義故. 遮等引故說性散動.
非遮等持. 故容有定. 雖於所緣不能推度. 而有微劣簡擇義故.

비록 마음을 내어서 하나의 경계에 생각을 얽어매지는 못하지만 미열하게 오로지 경주하는 의미는 있기 때문이고, 等引[三昧]을 방해하기 때문에 (5식의) 자성이 산만하다고 하더라도[139] 等持를 막는 것은 아니기 때문에 선정력이 존재하는 것이 인정된다.[140] 소연에 대해서 능히 추탁할 수는 없다고 하더라도 미열하게 간택하는 의미가 있기 때문이다.

由此聖教說眼耳通是眼耳識相應智性. 餘三准此有慧無失. 未自在位此五或無. 得自在時此五定有.

이러하므로 聖教에서,[141] 천안통과 천이통은 안식 및 이식과 상응하는 지혜의 성품이라 하고, 다른 (비식 등) 3가지도 이것[안식과 이식]에 준하여 지혜가 존재한다고 하면 과실이 없다. 자재하지 못한 위치에서는 이 5가지가 어느 때는 존재하지 않지만, 자재함을 증득한 때에는 이 5가지는 반드시 존재한다.

樂觀諸境欲無減故. 印境勝解常無減故. 境皆曾受念無減故. 又佛五識緣三世故. 如來無有不定心故. 五識皆有作事智故.

모든 경계를 관찰하기를 좋아해서 욕망이 줄어들지 않기 때문이고,[142]

---

139) 『大乘阿毘達磨雜集論』 卷第1(『大正藏』 31, 665, 中).
140) 『述記』 卷第6 本(『大正藏』 43, 432, 下), "等持는 禪定과 산란심에 통하지만, 단지 경계에만 오로지 傾注한다."(等持通定散 但專注境.)
141) 『瑜伽師地論』 卷第69(『大正藏』 30, 681, 下).
142) 『述記』 卷第6 本(『大正藏』 43, 433, 上), "부처님의 지위에서도 욕심은 줄어들지 않는 등이 있다. ─그러나 부처님의 5識은 범부의 것과는 같지 않다."(佛地有欲無減等─然佛五識不同凡夫.)

경계를 분명하게 잘 집지해서[印持] 승해가 항상 줄어들지 않기 때문이며, 경계가 모두 일찍이 받아들여서 기억이 줄어들지 않기 때문이다.

또한 부처님의 5식은 (과거 등) 3世도 반연하기 때문이고, 여래에게는 선정의 마음이 아닌 것이 없기 때문이며, (부처님의) 5식에는 모두 성소작지가 존재하기 때문이다.

此別境五何受相應. 有義欲三除憂苦受. 以彼二境非所樂故.
餘四通四. 唯除苦受. 以審決等五識無故.

[질문] 이 별경의 5가지는 어떤 감정과 상응하는가? 어떤 사람은, 욕망에는 (낙수와 희수 및 사수 등) 3가지만 있고 우수와 고수를 제외하는데, 그 2가지의 경계는 좋아하는 것이 아니기 때문이라는 것이다. 다른 (승해 등의) 4가지는 4가지의 감정에 상통되고 오직 고수는 제외되는데, (승해 등의 4가지를) 심세하게 결정하는 (심소법) 등이 5식에는 존재하지 않기 때문이라는 것이다.

有義一切五受相應. 論說憂根於無上法思慕愁感求欲證故.
純受苦處希求解脫. 意有苦根前已說故.

또한 어떤 사람은, 일체 제법은 5가지 감정과 상응한다고 한다. 즉, 논장에서,[143] 憂根은 최상의 법에 대해서 사모하고, 근심, 걱정하면서 희구하여 증득하고자 하기 때문이라는 것이다. 純大한 감정의 고처에서는[144] 해탈하

---

143) 『瑜伽師地論』 卷第57(『大正藏』 30, 618, 下) ; 『大乘阿毘達磨雜集論』 卷第10(『大正藏』 31, 741, 下).

는 것을 희구하는데, 意識에 苦根이 존재한다는 것은 앞에서 선설했기 때문이다.

> 論說貪愛憂苦相應. 此貪愛俱必有欲故. 苦根旣有意識相應.
> 審決等四苦俱何咎. 又五識俱亦有微細印境等四. 義如前說.

또한 논장에서,[145] 탐욕과 갈애가 우수 및 고수와 상응한다는 것은, 이 탐욕과 갈애와 함께 하는 것에는 반드시 욕망이 존재하기 때문이라는 것이다. 苦根을 의식과도 상응한다고 하였으므로 심세하게 결정하는 것 등[勝解 등]의 4가지도 고수와 함께 한다면, 어떠한 허물이 있는가? 또한 5식과 함께 하는 것에도 미세하게 경계를 印持하는 등의 4가지가 존재한다는 의미는 앞에서 선설한 것과 같다.

> 由斯欲等五受相應. 此五復依性界學等. 諸門分別如理應思.

이러하므로 욕망 등[별경 심소법]은 (각각) 5가지의 감정과 상응한다. 이 5가지를 다시 3性, 3界 및 3學 등에 의거하여 여러 부분으로 분별하는 것은 이치와 같이 생각해야 한다.

― 끝 ―

---

144) 『新導成唯識論』 卷第5, p.231, "지옥 전부와 아귀와 축생의 적은 부분."(地獄全 鬼畜少分.)
145) 『瑜伽師地論』 卷第59(『大正藏』 30, 627, 下), 『大乘阿毘達磨雜集論』 卷第7(『大正藏』 31, 726, 上).

第6卷
『成唯識論』

卷第 6

『成唯識論』

已說遍行別境二位 善位心所其相云何 頌曰.
(11) 善謂信慚愧 無貪等三根 勤安不放逸 行捨及不害.

【善】

이미 변행과 별경 심소법의 2위를 설명했다. 선 심소법의 행상은 어떠한가. 게송으로 말하면 다음과 같다.

  선 심소법이란 믿음과 자기의 부끄러움[慚]과
  남에 대한 부끄러움[愧], 무탐 등 3선근,
  근면, 경안, 불방일, 행사 및 불해이다.

論曰. 唯善心俱名善心所 謂信慚等定有十一 云何爲信 於實德能深忍樂欲心淨爲性 對治不信樂善爲業.

논술하자면, 오직 선성으로서[1] 마음과 함께 하므로 선 심소법이라 하는

---

1) 太賢 集, 『成唯識論學記』 卷中末[東國大 出版部, 『韓國佛教全書』 第3冊(1980)], p.597, 下, "有部

데, 믿음과 자기 행동의 부끄러움 등 반드시 11가지가 있다. 어떤 것을 믿음이라 하는가? 진실과 공덕 및 능력에 깊이 安住해서 좋아하고 바라서[樂欲],[2] 마음을 청정케 하는 것을 자성으로 삼고, 믿지 않는 것을 對治해서 (모든) 善을 좋아하(여 희구하)는 것을 업으로 삼는다.

> 然信差別略有三種 一信實有 謂於諸法實事理中深信忍故 二信有德 謂於三寶眞淨德中深信樂故 三信有能 謂於一切世出世善 深信有力能得能成起希望故 由斯對治彼不信心 愛樂證修世出世善.

그런데 믿음의 차별에는 대략 3가지가 있는데, 1) 실제로 존재함을 믿는 것으로서, 모든 법의 진실한 현상과 본질에 대하여 깊게 믿고 안주하기 때문이다. 2) 공덕이 있는 것을 믿는 것으로서, 3寶의 진실하고 청정한 공덕을 깊게 믿고 좋아하기 때문이다. 3) 능력이 있는 것을 믿는 것으로서, 일체의 세간과 출세간의 善에 대해 그 지혜가 있어서 능히 (樂果를) 증득하고 (聖道가) 성취된다고 깊게 믿어서 희망을 일으키기 때문이다. 이리하여 그것[實, 德, 能]을 믿지 못하는 마음을 대치해서, 세간과 출세간의 善을 증득하고 닦는 것을 애호하고 좋아한다.

> 忍謂勝解 此卽信因 樂欲謂欲卽是信果 礭陳此信自相是何.

에서 輕安을 두루 하는 善性이라 하는 것을 遮遣하기 위하여 唯善이라 한다."(遮有部輕安徧善 故言唯善.)

2) 『述記』卷第6 本(『大正藏』 43, 434, 上), "실, 덕, 능의 3가지는 믿음의 소의처로서 경계의 제7이며, 깊이 안주하여 좋아하고 바라는 것은 믿음의 원인과 증과이다."(實·德·能三是信依處 是境第七 深忍·樂欲是信因果.)

豈不適言 心淨爲性.

[질문] 忍이란 뛰어난 견해로서 믿음의 원인이고, 좋아하고 바라다는 것은 욕심으로서 믿음의 증과이다. 이 믿음을 정확하게 진술한다면, 그 자상은 어떠한 것인가?
[답변] 어찌 적절하게 말하지 않겠는가? 마음을 청정하게 하는 것을 자성으로 한다.

　　此猶未了彼心淨言 若淨卽心應非心所 若令心淨慚等何別
　　心俱淨法爲難亦然.

[질문] 이것이 여전히 그 마음을 청정하게 한다는 것을 알지 못하겠다. 만약에 청정한 것이 마음이라면, 심소법이 아니어 한다. 만약에 마음을 청정하게 하는 것이라면, 부끄러움 등과 어떻게 다른가? 마음과 함께 하는 청정법이라면, 비판되는 것도 또한 그렇다.

　　此性澄淸能淨心等 以心勝故立心淨名 如水淸珠能淸濁水
　　慚等雖善非淨爲相 此淨爲相無濫彼失.

[답변] 이것[믿음]은 자성이 매우 맑으므로 (또한) 능히 마음 등을 청정하게 한다. 마음이 수승하기 때문에 (단지) 마음이 청정하다는 명칭을 건립하는데, 마치 물을 맑게 하는 구슬이 혼탁한 물을 맑게 하는 것과 같다. 부끄러움 등은 비록 善이지만 청정으로서 그 자상으로 삼지 않는데, 이것[믿음]은 청정한 것을 자상으로 삼으므로 그것[부끄러움 등]과 혼동되는 과실이 없다.

又諸染法各別有相 唯有不信自相渾濁 復能渾濁餘心心所
如極穢物自穢穢他 信正翻彼故淨爲相.

또한 모든 잡염법은 각각 별도로 자상이 존재하는데, 오직 믿지 않는 것에만 있어서 자상이 혼탁하고, 거듭 다른 마음과 심소법도 혼탁하게 한다. 마치 아주 더러운 물건이 스스로도 더럽고 다른 것도 더럽게 하는 것과 같다. 믿음은 바로 그것과 반대로서 (오로지) 청정을 자상으로 삼는다.

有說信者愛樂爲相 應通三性體應卽欲 又應苦集非信所緣.

어떤 사람들[상좌부 등]은, 믿음은 애호하고 좋아하는 것으로서 자상으로 삼는다고 한다.
[반문] 곧, 3性에 통해야 하고, 자체가 (별경의) 욕심이어야 한다. 또한 고제와 집제는 (애호하고 좋아할 수 없으므로) 믿음의 소연이 아니어야 한다.

有執信者隨順爲相. 應通三性 卽勝解欲 若印順者卽勝解故
若樂順者卽是欲故 離彼二體無順相故 由此應知心淨是信.

어떤 사람들[대중부 등]은, 믿음은 수순하는 것으로서 자상으로 삼는다고 한다.
[반문] 곧, (또한) 3性에 통해야 하고, 승해와 욕심이어야 한다. 만약에 교의의 規範[印]에 수순한다면 승해이기 때문이고, 좋아해서 수순한다면 욕심이기 때문이다. 그 2가지의 체성[승해와 욕심]에서 벗어나면, 수순하는 행상이 없기 때문이다. 이러하므로 마음을 청정하게 하는 것이 믿음임을 알아야 한다.

云何爲慚 依自法力崇重賢善爲性 對治無慚止息惡行爲業
謂依自法尊貴增上 崇重賢善羞恥過惡 對治無慚息諸惡行.

무엇을 (자기의) 부끄러움[慚]이라 하는가? 자신과 법의 증상력에 의지해서[3] 賢人과 善法을 숭상함을 자성으로 삼고, 부끄러워 않는 것을 대치하여 악행을 그치는 것을 업으로 삼는다. 이를테면, 자신과 법을 존중하는 증상력에 의지하여 현인과 선법을 숭상하고 過惡을 수치스러워 하며, 부끄러워 않는 것을 대치하여 모든 악행을 그치는 것이다.

云何爲愧 依世間力輕拒暴惡爲性 對治無愧止息惡行爲業
謂依世間訶厭增上 輕拒暴惡羞恥過罪 對治無愧息諸惡業.

무엇을 (남에 대한) 부끄러움[愧]이라 하는가? 세간력[訶責과 厭離]에 의지해서 난폭한 사람이나 악법을 가벼이 하거나 거부하는 것을[4] 자성으로 삼고, 부끄러워 않는 것을 대치해서 악행을 그치는 것을 업으로 삼는다. 이를테면, 세간 (타인)의 訶責과 (자신을) 厭離하는 증상력에 의지하여 난폭한 사람이나 악법을 가벼이 하거나 거부하고 過罪를 수치스러워 하며, 부끄러워 않는 것을 대치하여 모든 악업을 그치는 것이다.

---

3) 『成唯識論測疏』卷第6, "자기와 법의 증상력에 관한 것은 『雜阿毘曇心論』의 교설과 같은데, 첫째로 자기 증상력이란 上品人은 자신에 대해서 부끄러워하여 諸惡을 짓지 않는 것이고, 둘째로 법의 증상력은 中品人이 聖教에 따라서 諸惡을 짓지 않는 것이며, 셋째는 世間의 증상력으로서 下品人이 세간의 名利에 따라서 제악을 짓지 않는 것을 말한다."(自法力如離心說 一自增上謂上品人慚於自身 不作諸惡 二法增上謂是中品人爲護聖教不造諸惡 三世間增上謂下品人護世名利不造諸惡.) ; "하품인은 남에 대한 부끄럼[愧]은 의탁하지만, 자기 스스로의 부끄럼[慚]은 존재하지 않는다."(下品屬愧 不在於慚.)
4) 『成唯識論觀心法要』卷第6[『卍新纂續藏經』第51冊(2009), p.370, 下, "그들 난폭한 사람들을 가벼이 하여 친하지 않고, 그들 악법을 거부해서 (마음에) 머물게 하지 않는다."(輕彼暴人而不親 拒彼惡法而不住.)

羞恥過惡是二通相 故諸聖教假說爲體 若執羞恥爲二別相
應慚與愧體無差別 則此二法定不相應 非受想等有此義故.

過惡을 부끄러워하는 것은 이 2가지[慚과 愧]의 공통된 행상이다. 그러므로 모든 경전에서[5] 가설로서 체상으로 삼는다.
만약에 수치스러워하는 것에 집착하여 2가지의 別相으로 삼는다면, 慚과 愧 자체는 차별이 없어야 한다. 곧 이 2가지의 법은 반드시 상응하지 않아야 하는데, (이들의) 감정과 상상 등에는 이러한 의미가 없기 때문이다.

若待自他立二別者. 應非實有便違聖教 若許慚愧實而別起.
復違論說十遍善心.

만약에 자신과 남을 相待하여 2가지의 별상을 건립한다면, 진실한 존재가 아니어야 하는데, 곧 聖教에 위배된다. 만약에 慚과 愧가 실유하여 별도로 일어난다면, 다시 논장에서 10가지가 善心에 두루 한다는 것에 위배된다.

崇重輕拒若二別相 所緣有異應不俱生 二失旣同何乃偏責
誰言二法所緣有異 不爾如何.

[질문] 숭상하고 가벼이 거부하는 것이 만약에 2가지의 별상이라면, (이 2가지는) 소연이 다르므로 함께 일어나지 않아야 한다. 2가지의 과실이 같은데, 어째서 치우쳐 詰責하는가?

---

5) 『大乘阿毘達磨雜集論』卷第1(『大正藏』31, 697, 中);『顯揚聖敎論』卷第1(『大正藏』31, 481, 中).

[답변] 누가 2가지 법의 소연이 다르다고 했는가?
[질문] 그렇지 않다면 어째서인가?

> 善心起時隨緣何境 皆有崇重善及輕拒惡義 故慚與愧俱遍
> 善心所緣無別 豈不我說亦有此義 汝執慚愧自相旣同 何理
> 能遮前所設難.

[답변] 선심이 일어날 때에는 따라서 어떠한 경계를 반연하더라도 모두 善을 숭상하고 폭악을 가벼이 거부하는 의미가 있다. 그러므로 참과 괴는 함께 善心에 두루 하고 소연은 다르지 않는 것이다.
[질문] 어째서 우리에게도 이러한 의미가 있다고 하지 않는가?
[답변] 그대들은 참과 괴는 자상이 같다고 주장하는데, 어떤 이치로 앞에서 시설한 비판을 부정할 수 있겠는가?

> 然聖教說顧自他者. 自法名自世間名他. 或卽此中崇拒善惡.
> 於己益損名自他故.

그리고 聖教에서 (이 慚愧 2가지의 법으로) 자신과 남을 고려한다는 것은, 자신과 법을 자기로 하고 세간을 남으로 한 것이다. 혹은 이 가운데서 善惡을 숭상하거나 거부하는데,[6] 자기를 이롭게 하거나 해롭게 하는 것을 자신과 남이라 하기 때문이다.

---

[6] 『新導成唯識論』卷第6, p.248, "善을 숭상하는 것은 自己를 顧慮하는 의미이고, 악을 거부하는 것은 남을 顧慮하는 의미이다."(崇善是顧自義 拒惡名顧他義.)

無貪等者等無瞋癡. 此三名根生善勝故. 三不善根近對治故.
云何無貪. 於有有具無著爲性. 對治貪著作善爲業. 云何無瞋.
於苦苦具無恚爲性. 對治瞋恚作善爲業.

무탐 등이란 무진과 무치 등으로서 이 3가지를 선근이라 한 것은 능히 선법을 일으키는 것이 수승하기 때문이고, (또한) 3가지의 불선근을 친근하게 대치하기 때문이다.

무엇을 무탐이라 하는가? 3界의 과보[3有果]와 그 원인[3有因]에[7] 대해서 집착하지 않는 것으로서 자성으로 삼고,[8] 탐착을 대치해서 선법을 짓는 것을 업으로 삼는다.

무엇을 무진이라 하는가? 3界의 괴로움의 과보와 그 원인에[9] 대해서 성내지 않는 것으로서 자성으로 삼고, 瞋恚를 대치해서 선법을 짓는 것을 업으로 삼는다.

善心起時隨緣何境. 皆於有等無著無恚. 觀有等立非要緣
彼. 如前慚愧觀善惡立. 故此二種俱遍善心.

선심이 일어날 때에는 따라서 어떠한 경계를 반연하더라도 모두 3계의

---

7) 『新導成唯識論』 卷第6, p.248, "탐욕이 3계에 통하고 有도 3계에 통하므로, 탐욕을 유라고 한다."(貪通三界 有亦三界也 故貪云有.); 『成唯識論觀心法要』 卷第6[『卍新纂續藏經』 第51冊(2009), p.371, 中, "有란 3界의 果報를 말하고, 有具란 3界의 혹업과 依報를 말한다."(有謂三界果報 有具謂三界惑業及依報也.)
8) 『成唯識論測疏』 卷第6 및 太賢 集, 『成唯識論學記』 卷中末(1980), p.599, 中, "대승과 소승에서는 (공통으로) 貪慾은 無漏를 攀緣하지 않는다고 하며, 오직 대승에서는 瞋恚와 愚癡는 無漏를 반연한다는 것이다."(大小許貪不緣無漏 唯大乘許瞋癡緣無漏.)
9) 『新導成唯識論』 卷第6, p.248, "瞋恚는 오직 욕계이고, 3苦를 갖추는 것도 또한 욕계이므로, 진에를 苦라고 한다."(瞋唯欲界也. 具三苦亦唯欲界也. 故瞋云苦也.)

과보 등에 대해서 탐착하거나 성내지 않는다. (이 2가지의 선근이 단지) 3계의 과보 등을 觀待해서 건립하지만 요컨대 그것만을 반연하는 것은 아닌데, 마치 앞에서 참과 괴를 선악에 관대해서 건립한 것과 같다. 그러므로 이 2가지[無貪과 無瞋]는 모두가 선심에 두루 한다.

> 云何無癡. 於諸理事明解爲性. 對治愚癡作善爲業.

무엇을 무치라고 하는가? 모든 이치와 현상에 대해서 명확하게 이해하는 것으로서 체성으로 삼고, 우치함을 대치하여 善을 짓는 것을 업으로 삼는다.

> 有義無癡卽慧爲性. 集論說此報教證智決擇爲體. 生得聞思修所生慧. 如次皆是決擇性故. 此雖卽慧爲顯善品有勝功能. 如煩惱見故復別說.

어떤 사람은, 무치는 바로 지혜를 체성으로 삼는데, 『잡집론』에서도,[10] 이것은 과보와 가르침과 증득 및 지혜를 결택한 것으로서 체성으로 삼는다고 한다. (말하자면) 生得慧와 聞慧와 思慧 및 修慧에서 일어나는 지혜로서 순서와 같이 모두가 결택된 성품이기 때문이다. 이것은 비록 지혜일지라도 善品에 뛰어난 공능이 존재한다는 것을 나타내기 위한 것으로서, 마치 근본번뇌의 악견과 같기 때문에 다시 별도로 선설한다는 것이다.[11]

---

10) 『大乘阿毘達磨雜集論』 卷第1(『大正藏』 31, 697, 中).
11) 『述記』 卷第6 本(『大正藏』 43, 436, 下), "善根을 증장하고 불선근을 단절하기 때문으로서, 마치 근본번뇌 중에서 악견의 작용이 한층 수승하기 때문에 별도로 선설하는 것과 같다." (增長善故 斷不善根故 如煩惱中見用增勝故別說之.)

有義無癡非卽是慧. 別有自性. 正對無明如無貪瞋. 善根攝故.

어떤 사람은, 무치는 지혜가 아니므로 별도로 자성이 존재해야 하는데, 바로 무명에 상대되는 무탐과 무진과 같이 선근에 포함되기 때문이다.

論說大悲無瞋癡攝非根攝故. 若彼無癡以慧爲性. 大悲如力
等應慧等根攝.

논장에서도,[12] (諸佛의) 대비심은 무진과 무치에 포함되지만, 근22根에는 포함되지 않는다고 하기 때문이다. 만약에 그 무치가 지혜를 자성으로 삼는다면, 대비심은 10力 등과 같이 지혜 등의 근에 포함되어야 한다.

又若無癡無別自性. 如不害等應非實物. 便違論說十一善中
三世俗有餘皆是實.

또한 만약에 무치가 별도로 자성이 존재하지 않는다면, 마치 (무진으로서 자성으로 삼는) 不害 등과 같이 실물이 아니어야 한다. (만약에 이것이 가립적인 것이라고 인정한다면) 곧 논장에서,[13] 11가지의 선 심소법에서 3가지[불방일, 행사 및 불해는 세속에 존재하고, 다른 것은 모두 실재한다는 교설에 위배된다.

---

12) 『瑜伽師地論』 卷第57(『大正藏』 30, 619, 中).
13) 『瑜伽師地論』 卷第55(『大正藏』 30, 602, 中).

然集論說慧爲體者. 擧彼因果顯此自性. 如以忍樂表信自體
理必應爾.

그런데 『잡집론』에서,14) 지혜로서 체성으로 삼는다고 한 것은, 그것[3慧]의 원인과 과보를 들어서 이것[무치]의 자성을 드러낸 것이다. 마치 안주승해하고 좋아하는 것으로서 믿음 자체를 나타내는 것과 같이, 이치가 반드시 그러해야 한다.

以貪瞋癡六識相應. 正煩惱攝起惡勝故立不善根. 斷彼必
由通別對治. 通唯善慧. 別卽三根. 由此無癡必應別有.

탐욕과 성냄 및 어리석음은 6식과 상응하고, 바로 번뇌에 포섭되어 악행을 일으키는 것이 뛰어나기 때문에 불선근으로 건립된다. 그것을 단절할 때에는 반드시 공통과 개별적인 대치에 의거하는데, 공통적인 것은 오직 선성의 지혜이고, 개별적인 것은 바로 (이) 3선근이다. 이러하므로 무치는 반드시 별도로 존재해야 한다.

勤謂精進. 於善惡品修斷事中勇悍爲性. 對治懈怠滿善爲業.

근면은 정진으로서 선품을 닦고 악품을 끊으려는 자체에서 용맹과 굳셈을 자성으로 삼고, 해태를 대치하여 선을 원만하게 하려는 것을 업으로 삼는다.

---

14) 『大乘阿毘達磨集論』卷第1(『大正藏』31, 664, 中).

勇表精進簡諸染法. 悍表精純簡淨無記. 卽顯精進唯善性攝.

용맹은 정진을 나타내는데, 모든 잡염법을 변별하며, 굳셈은 순수함을 나타내는데, 청정한 무기를 변별한다. 곧, 정진은 오직 선성에만 포함된다는 것을 드러낸다.

此相差別略有五種. 所謂被甲加行無下無退無足. 卽經所說有勢有勤有勇堅猛不捨善軛. 如次應知.

이것의 행상을 차별하면 대략 5가지가 있는데, 말하자면, 갑옷을 입고서[被甲],[15] 가행하면서, 비하하지 않고[無下], 물러서지 않으며, 만족하지 않는[無足] 것이다. 곧, 경전에서 세력이 있음[有勢; 初發心]과 근면[有勤; 自分 修行의 下品]과 용맹[有勇; 中品]과 견고한 용맹[堅猛; 上品] 및 善의 멍에를 버리지 않는[不捨善軛; 勝進] 것이라 하였으니, 차례와 같이 알아야 한다.

此五別者. 謂初發心自分勝進. 自分行中三品別故. 或初發心長時無間慇重無餘修差別故. 或資糧等五道別故.

이 5가지(의 정진)가 차별되는 의미는, 初發心行과 自分行 및 勝進行이고,[16] 나아가 자분의 수행중 3품[上, 中, 下]이 다르기 때문이다. 혹은 초발심과 長時

---

15) 『新導成唯識論』卷第6, p.250, "최초에는 용맹스럽고 조화로운 樂欲을 일으킨다."(最初發起猛利樂欲.)
16) 『新導成唯識論』卷第6, p.250, "(勝進이란) 初地로부터 제2地 등에 證入하는 것이다."(從初地入二地等.)

[三大劫]와 無間[一切時]과 慇重 및 無餘[六度]의 수행의 차별이기 때문이고, 혹은 자량과 가행 등의 5位가 다르기 때문이다.

> 二乘究竟道欣大菩提故. 諸佛究竟道樂利樂他故. 或二加行
> 無間解脫勝進別故.

[질문] (구경도에서는 어째서 정진이 활용되는가?)
[답변] 2乘의 구경도에서는 대보리를 欣求하기 때문이고, 모든 부처님의 구경도에서는 남을 이롭게 하는 것을 좋아하기 때문이다. 혹은 2가지의 가행도[近, 遠]와 무간도와 해탈도 및 승진도가 다르기 때문이다.

> 安謂輕安. 遠離麁重調暢身心堪任爲性. 對治惛沈轉依爲業.
> 謂此伏除能障定法 令所依止轉安適故.

安이란 輕安으로서 추중한 (잡념법의 성품을) 멀리 여의고서 몸과 마음을 조화롭게 성장시켜 (善法 중에서) 堪任 修持하는 것을 자성으로 삼고, 혼침을 대치하여 (染依를 버리고 청정한) 所依로 轉換하는 것을 업으로 삼는다. 말하자면, 이것은 능히 禪定을 장애하는 법을 조복하고 제거해서, 依止되는 것[몸과 마음]을 전환하여 安適하게 하기 때문이다.

> 不放逸者精進三根. 於所斷修防修爲性. 對治放逸成滿一
> 切世出世間善事爲業.

불방일이란 정진과 (무탐 등) 3선근이 (악법을) 단절하고 (선법을) 닦는 것에 대해서 대비(하여 일어나지 않게끔) 하고 (증장하게끔) 닦는 것으로서

卷第6 『成唯識論』 **401**

자성으로 삼고, 방일을 대치하여 일체 세간과 출세간의 善 자체를 원만하게 하는 것을 업으로 삼는다.

謂卽四法於斷修事 皆能防修名不放逸. 非別有體 無異相故. 於防惡事修善事中. 離四功能無別用故.

이를테면, 바로 (정진과 3선근 등) 4가지의 법이 단절하고 닦아야 할 자체에 대해서 모두 스스로 대비하고 닦는 것을 불방일이라 하지만, 별도로 그 체상이 존재하는 것은 아니다. 다른 체상이 존재하지 않기 때문이고, 악법 자체를 막고 선법 자체를 닦는 중에 (정진 등) 4가지 법의 공능을 벗어나면 별도로 작용이 없기 때문이다.

雖信慚等亦有此能. 而方彼四勢用微劣. 非根遍策故非此依

비록 믿음과 부끄러움 등도 또한 이러한 공능이 존재한다고 하지만, 그것의 4가지에 비교하면 세력과 작용이 미열해서, 선근도 아니고, (또한) 두루 (精進을) 책려하는 것도 아니기 때문에, 이것[불방일]의 소의처가 아니다.

豈不防修是此相用. 防修何異精進三根. 彼要待此方有作用. 此應復待餘便有無窮失.

[질문] 어째서 대비하고 닦는 것이 이것[불방일]의 체상과 작용이 아닌가?
[답변] 대비하고 닦는 것이 어떻게 정진과 3선근과 다른가? (만약에) 그것[정진 등]은 반드시 이것을 苦待하여 마침내 작용이 있게 된다고 한다면, 이것도 다시 다른 법을 고대해야 되고, 그러면 끝없는 과실이 있게 된다.

勤唯遍策. 根但爲依. 如何說彼有防修用. 汝防修用其相云
何. 若普依持 卽無貪等. 若遍策錄不異精進.

[질문] 정진은 오직 (선심을) 두루 책려할 뿐이고, 3근은 단지 (널리 선법을 위한) 의지처로 될 뿐이다. 어째서 그것[4법]에 대비하고 닦는 작용이 존재한다고 하는가?
[반문] 그대들이 말하는 대비하고 닦는 작용은 그 행상이 어떠한가? 만약에 널리 (일체의 선심을) 의지하고 증장시키는 (것을 바로 대비하고 닦는) 것이라면, 바로 무탐 등이고, 만약에 두루 책려하고 쫓는 것[策錄]이라면, 정진과 다르지 않다.

止惡進善卽總四法. 令不散亂應是等持. 令同取境與觸何別.
令不忘失卽應是念.

악행을 그치고 선법을 증진시키는 것이라면, 바로 전체적으로 4가지의 법이다. 산란하지 않게끔 하는 것이라면, 이것은 等持이어야 한다. 함께 경계를 취득하게끔 하는 것이라면, 접촉과 어떻게 다른가? 잊어버리지 않게끔 하는 것이라면, 바로 기억이어야 한다.

如是推尋不放逸用. 離無貪等竟不可得. 故不放逸定無別體

이와 같이 불방일의 작용을 추구하여 찾아보면, 무탐 등을 벗어나서는 마침내 존재할 수 없다. 그러므로 불방일은 반드시 별도로 체상이 존재하지 않는다.

云何行捨. 精進三根令心平等正直無功用住爲性. 對治掉
擧靜住爲業. 謂卽四法令心遠離掉擧等障靜住名捨.

어떤 것을 행사라고 하는가? 정진과 (무탐 등) 3선근이 마음을 평등하고 정직하며 공용이 없는 데에 머물게끔 하는 것으로서 체성으로 삼고, 도거를 대치하여 寂靜에 머물게 하는 것을 업으로 삼는다. 말하자면, 바로 4가지의 법이 마음에서 도거 등의 번뇌를 멀리 여의어서 적정에 머물게끔 하는 것을 행사라고 한다.

平等正直無功用住. 初中後位辨捨差別. 由不放逸先除雜染.
捨復令心寂靜而住.

(마음을) 평등하고 정직하며 공용이 없는 데에 머물게 한다는 것은, (곧) 처음과 중간 및 뒤의 위치에서 행사의 차별상을 분별한 것이다. 불방일이 앞서 잡염법을 제거함에 의지해서[17] 행사가 더욱 마음을 적정하게끔 하여 머물게 한다.

此無別體 如不放逸. 離彼四法無相用故. 能令寂靜卽四法故.
所令寂靜卽心等故.

---

[17] 『成唯識論測疏』卷第6 및 太賢 集, 『成唯識論學記』卷中末(1980), p.600, 中, "窺基와 圓測은 2가지를 말하는데, 첫째는 불방일은 無間道이고, 행사는 解脫道라는 것이며, 다른 하나는 비록 같은 찰나이지만 의미상 선후로 한다는 것이다. 뒤의 내용이 수승한데, 함께 善性에 두루하기 때문이다."(基測二說 一云 不放逸是無間道 行捨是解脫道 一云 雖同刹那 義說先後 以後 爲勝 俱徧善故.)

(그러므로) 이것은 별도로 체상이 존재하지 않는데, 마치 불방일과 같이 그것의 4가지 법에서 벗어나면 별상과 작용이 없기 때문이고, 능히 적정하게끔 하는 것이라면 바로 (그것의 정진 등) 4가지의 법이기 때문이며, 적정하게끔 하는 것이라면 마음과 심소법 등이기 때문이다.[18]

云何不害. 於諸有情不爲損惱無瞋爲性. 能對治害悲愍爲業. 謂卽無瞋於有情所不爲損惱假名不害.

어떤 것을 불해라고 하는가? 모든 유정에 대해서 괴롭히지 않는 無瞋을 자성으로 삼고, 능히 危害를 대치한 자비스러운 憐愍을 업으로 삼는다. 말하자면, 바로 무진이 유정의 생명[處所]에 대해서 괴롭히지 않는 것을[19] 가립해서 不害라고 한다.

無瞋翻對斷物命瞋. 不害正違損惱物害. 無瞋與樂不害拔苦. 是謂此二麤相差別.

무진은 생물의 생명을 단절하는 성냄에 반대로 상대하고, 불해는 바로 생물을 괴롭히는 危害와 상위된다. 무진은 즐거움을 주고 불해는 고통을 덜어주는데, 이것을 이 2가지의 거친 행상의 차별상이라 한다.

---

18) 『述記』 卷第6 本(『大正藏』 43, 439, 上), "그러나 스스로 적정하여 行捨로 되었기 때문에, 자체가 바로 4가지의 법이다."(然既以能寂靜爲捨 故體卽四法.)
19) 『述記』 卷第6 本(『大正藏』 43, 439, 上), "생명을 단절시키지 않은 것을 말하는 것이 아니고, 단절되지 않은 생명이 무진이기 때문이다."(非謂不斷命 不斷命是無瞋故.)

理實無瞋實有自體. 不害依彼一分假立. 爲顯慈悲二相別故.
利樂有情彼二勝故.

이치의 실제로는 무진은 진실로 자체가 존재하고, 불해는 그것[무진]의 일부에 의지하여 가립된 것이다. 즉, 慈와 悲의 2가지 체상의 차별을 나타내기 위한 것이고, (또한) 유정을 이롭고 즐겁게 하는 데에 그 2가지[慈, 悲]의 법이 뛰어나기 때문이다.

有說不害 非卽無瞋 別有自體. 謂賢善性. 此相云何. 謂不損惱. 無瞋亦爾. 寧別有性. 謂於有情不爲損惱慈悲賢善是無瞋故.

어떤 사람들[薩婆多]은, 불해는 바로 무진에는 존재하지 않고 별도로 자체가 존재하는데, 현명하고 선한 성품이라는 것이다.
[반문] 이것[불해]의 행상은 어떠한 것인가?
[외인의 답변] 괴롭히지 않는 것이다.
[반문] 무진도 또한 그러한데, 어째서 별도로 자성이 존재한다고 하는가? 말하자면, 유정을 괴롭히지 않는 慈悲와 賢善하는 것이 바로 무진이기 때문이다.

及顯十一義別心所. 謂欣厭等善心所法. 雖義有別說種種名. 而體無異故不別立.

【義別】

(제11송에서) '及'[行捨及不害]이란 11가지의 의미가 다른 심소법이라는 것을 나타내는데, 기쁨과 싫어함 등의 선 심소법을 말한다. 비록 의미에 차별이 있어서 갖가지의 명칭으로 교설하지만, 체상은 차이가 없기 때문에 별도로 건립하지 않는다.

欣謂欲俱 無瞋一分. 於所欣境 不憎恚故. 不忿恨惱 嫉等亦然.
隨應正翻瞋一分故.

기쁨이란, (선한) 욕망과 함께 일어나는 무진의 일부로서 기뻐하는 경계에 대해서 증오하거나 성내지 않기 때문이다. 분노하거나 원한을 품지 않으며, 뇌란하거나 질투하지 않는 것 등도[20] 또한 그러한데, 상응되는 것에 따라서 곧 성냄의 일부에 반대되기 때문이다.

厭謂慧俱無貪一分. 於所厭境不染著故. 不慳憍等當知亦然.
隨應正翻貪一分故. 不覆誑諂 無貪癡一分. 隨應正翻貪癡
一分故.

싫어함이란, 지혜와 함께 일어나는 무탐의 일부로서 싫어하는 경계에 대해 집착하지 않기 때문이다. 아끼거나 교만하지 않는 것 등도 또한 그러함을 알아야 한다. 상응되는 것에 따라서 곧 탐욕의 일부에 반대되기 때문이다. 덮거나 속이지 않고 아첨하지 않는 것은 무탐과 무치의 일부로서, 상응

---

20) 『瑜伽師地論』 卷第89(『大正藏』 30, 802, 下).

되는 것에 따라서 곧 탐욕과 어리석음의 일부에 반대되기 때문이다.

有義不覆唯無癡一分. 無處說覆亦貪一分故. 有義不慢信一分攝. 謂若信彼不慢彼故. 有義不慢捨一分攝. 心平等者不高慢故.

어떤 사람은, 덮지 않는 것은 오직 무치의 일부로서 어디에서도 덮음이 탐욕의 일부라고 한 곳이 없기 때문이라는 것이다. 또한 어떤 사람은, 자만하지 않는 것은 믿음의 일부에 포함된다는 것이다. 말하자면, 만약에 그것을 믿을 때에는 그것을 기만하지 않기 때문이라는 것이다. 어떤 사람은, 자만하지 않는 것은 행사의 일부에 포함된다고 한다. 즉, 마음이 평등하면 자신을 높이거나 자만하지 않기 때문이라는 것이다.

有義不慢慚一分攝. 若崇重彼不慢彼故. 有義不疑卽信所攝. 謂若信彼無猶豫故.

[정의] 어떤 사람은, 자만하지 않는 것은 스스로 부끄러워하는 일부에 포함된다는 것이다. 만약에 그것을 숭상할 때에는 그것을 기만하지 않기 때문이라 한다.

어떤 사람은, 의심하지 않는 것은 믿음에 포함되는데, 만약에 그것을 믿을 때에는 猶豫하지 않기 때문이라 한다.

有義不疑卽正勝解. 以決定者無猶豫故. 有義不疑卽正慧攝. 以正見者無猶豫故.

어떤 사람[道證] 등은, 의심하지 않는 것은 바로 승해로서 결정된 것은 유예하지 않기 때문이라 한다.
[정의] 어떤 사람[圓測과 憬興 등]은, 의심하지 않는 것은 바로 지혜에 포함되는데, 올바른 견해[正見卽慧]는 유예하지 않기 때문이라 한다.

不散亂體卽正定攝. 正見正知俱善慧攝. 不忘念者卽是正念. 悔眠尋伺通染不染. 如觸欲等無別翻對.

산란하지 않는 체상은 바로 올바른 선정에 포함되고, 올바른 견해와 知見은 모두 善의 지혜에 포함된다. 잊지 않는 생각이란 바로 올바른 기억이고, 후회와 수면과 심구 및 사찰은 잡염과 잡염되지 않는 것에 통하는데, 마치 (변행의) 접촉 등과 (별경의) 욕망 등과 같이 (모두) 별도로 반대되는 것이 없기 때문이다.[21]

何緣諸染所翻善中 有別建立有不爾者.

[질문] 어떠한 까닭으로 모든 잡염법에 반대되는 선 심소법 가운데서, 어느 것[11가지의 법]은 별도로 건립하고, 어느 것[15가지의 법]은 그렇게 하지 않는가?

---

21) 『成唯識論測疏』 卷第6, "반대되지 않는 까닭은, 첫째로 결정적으로 어느 善에도 소속되지 않기 때문이고, 둘째는 純淨한 선에 소속되거나 혹은 잡염된 性類의 善에 들기 때문이다."(所以不翻者 一爲不定屬一善故 二爲或屬純淨善或入雜類善.) ; 위의 책 및 太賢 集, 『成唯識論學記』 卷中末(1980), p.601, 上~中, "묻기를, 正念은 忘失의 반대이지만, 그 染淨은 함께 念이고, 正定은 산란의 반대이지만, 그 淨染은 定과 함께 해야 하는가? 헤아리기를, 例가 아닌데, 染淨은 함께 念으로서 작용이 한정되어 念을 자성으로 삼고, 명칭에서 定과 산란심은 뛰어나기 때문에 체상이 하나가 아닌 것이다."(問 正念翻忘 染淨俱是念 正定翻散亂 淨染應俱定 解云 非例 染淨俱名念 齊用念爲性 名中定散殊 故體亦非一.)

相用別者便別立之. 餘善不然故不應責. 又諸染法遍六識者.
勝故翻之別立善法. 慢等忿等唯意識俱.

[답변] 체상과 작용이 다른 것만을 별도로 건립하고, 다른 선 심소법은 그렇지 않기 때문에 비난하지 않아야 한다. 또한 모든 잡염법은 6식에 두루 하는 것이[22] 뛰어나기 때문에 그것에 반대하여 별도로 선법을 건립하지만, 자만 등과 분노 등은 오직 意識과만 함께 하기 때문이다.

害雖亦然. 而數現起損惱他故. 障無上乘勝因悲故. 爲了知
彼增上過失. 翻立不害. 失念散亂及不正知. 翻入別境. 善
中不說.

危害도 비록 그러하지만, 자주 현행하여, 다른 사람을 괴롭히고, (또한) 최상승의 수승한 원인인 대비심을 장애하기 때문에, 그것[害]의 증상된 과실을 알기 위하여 반대로 不害를 건립한다. 실념과 산란 및 부정지가 반대되면 별경 심소법(의 정념, 정정 및 정혜)에 포함되므로 선 심소법에서는 선설하지 않는다.

染淨相翻淨寧少染. 淨勝染劣少敵多故. 又解理通說多同體
迷情事局 隨相分多. 故於染淨不應齊責.

---

22) 『成唯識論測疏』 卷第6, "제6, 제7식은 모두 번뇌에 계박된다."(第六七識 俱惑所縛.)

[질문] 잡염과 청정법은 서로 반대되는데, 청정법은 어째서 잡염법보다 적은가?

[답변] 청정법은 뛰어나고 잡염법은 열등하여 (수승한) 적은 것이 (능히 열등한) 많은 것을 敵對하기 때문이다. 또한 (청정법에 관한) 悟解는 이치가 통하여 다수가 같은 체상인 것을 선설하(기 때문에 자세하게 건립하지 않)지만, (잡염법은) 미혹한 감정이 자체에 국한되어서 체상(의 차별)에 따라 여럿으로 나누어진다.[23] 그러므로 잡염과 청정법을 동일하게 비난해서는 안 된다.

此十一法. 三是假有. 謂不放逸捨及不害. 義如前說. 餘八實有相用別故. 有義十一. 四遍善心. 精進三根遍善品故. 餘七不定.

이 11가지의 법에서 3가지는 가유로서 불방일과 행사 및 불해를 말하는데, 의미는 앞에서 선설한 것과 같다. 다른 8가지는 실유로서 체상과 작용이 다르기 때문이다. 어떤 사람은, 11가지에서 4가지는 선심에 두루 하는데, (이들) 정진과 3선근은 선품에 두루 하기 때문이며, 다른 7가지는 일정하지 않다는 것이다.

推尋事理 未決定時 不生信故. 慚愧同類 依處各別. 隨起一時第二無故.

---

23) 『新導成唯識論』 卷第6, p.254, "혼미한 감정이 사물의 원리를 격리하므로, 事體에 국한된 잡념의 증상된 행상에 따르기 때문에 多種으로 나누어진다."(迷情隔物理 事體旣局 隨染增相 故分多種.)

(즉,) 사물과 이치를 추구하고 심구하는데 아직 결정되지 않았을 때에는 믿음은 일어나지 않기 때문이다. 스스로 부끄러워하고[慚] 남에게 부끄러운 것[愧]은 같은 성류이지만[24] 의지처가 각각 다르므로, 따라서 하나가 일어날 때에 제2의 것은 존재하지 않기 때문이다.

要世間道斷煩惱時有輕安故. 不放逸捨無漏道時方得起故. 悲愍有情時乃有不害故.

요컨대 世間道로서 번뇌를 끊을 때에는 경안이 있기 때문이고, 불방일과 행사는 無漏道일 때에 마침내 일어나기 때문이다. 유정들을 가엾게 여기고 연민할 때에는 이내 不害가 있기 때문이다.

論說十一六位中起. 謂決定位有信相應. 止息染時有慚愧起. 顧自他故. 於善品位有精進三根. 世間道時有輕安起. 於出世道有捨不放逸. 攝衆生時有不害故.

(이렇기 때문에) 논장에서,[25] 11가지의 선 심소법은 6位에서 일어난다고 한다. 즉, 결정된 위치에서는 믿음과 상응하고, 잡염법을 그칠 때에는 참괴가 일어나는데, 자타를 回顧하기 때문이다. 善品의 위치에서는 정진과 3선근이 있고, 세간도의 때에는 경안이 일어나며, 출세간도에서는 행사와 불방일

---

24) 『述記』卷第6 本(『大正藏』43, 441, 中), "(慚愧는) 함께 수치심으로서 그 자상을 삼는데, 같은 性類이기 때문이다. 마치 2가지의 감정 등이 결코 함께 일어나지 않는 것과 같다."(俱以羞恥爲其自相 以同類故 如二受等定不俱生.)
25) 『瑜伽師地論』卷第55(『大正藏』30, 602, 中).

이 있고, 중생들을 섭수할 때에는 不害가 있기 때문이다.

> 有義彼說未爲應理. 推尋事理未決定 心信若不生應非是善.
> 如染心等無淨信故 慚愧類異. 依別境同. 俱遍善心前已說故

어떤 사람은, 그가 선설한 것은 당연히 이치에 맞지 않는다고 한다. 사물과 이치를 추구하고 심구하는데 있어서 아직 결정되지 않아서 마음에 믿음이 만약 일어나지 않는다면, 이것은 善法이 아니어야 한다. 마치 잡염심 등과 같이 청정한 믿음이 없기 때문이다. 참괴는 性類가 다르고 의지하는 것이 (비록) 다를지라도 경계가 같고, 함께 선심에 두루 한다는 것은 앞에서 선설했기 때문이다.

> 若出世道輕安不生. 應此覺支非無漏故. 若世間道無捨不
> 放逸. 應非寂靜防惡修善故. 又應不伏掉放逸故.

만약에 출세도에서 경안이 일어나지 않는다면, 이것[경안의 覺支는 무루법이 아니어야 하기 때문이고, 만약에 세간도에 행사와 불방일이 없다면, 寂靜에서도 악행을 방지하고 선법을 닦는 것도 아니어야 하기 때문이고, 또한 도거와 방일을 조복하지 못하기 때문이다.

> 有漏善心旣具四法. 如出世道. 應有二故 善心起時皆不損物.
> 違能損法有不害故.

유루법의 선심에도 4가지의 법을 갖추었으므로 마치 출세도에서와 같이 2가지[行捨와 不放逸가 존재해야 하기 때문이다. 선심이 일어날 때에는 모두 생물을 괴롭히지 않는데, 능히 괴롭히는 법에 상위되는 不害가 존재하기 때문이다.

> 論說六位起十一者. 依彼彼增作此此說故. 彼所說定非應理.
> 應說信等十一法中. 十遍善心. 輕安不遍. 要在定位方有輕安.
> 調暢身心餘位無故.

(그러나) 논장에서,[26] 6位에서 11가지의 심소법을 일으킨다는 것은, 그것과 그것의 增作에 의지해서 이것과 이것에 관한 교설을 할 뿐이다.[27] 그러므로 그들(初解)이 선설한 것[다른 7가지의 不定]은 결코 이치에 맞지 않는다. 믿음 등의 11가지 법 중에서 10가지는 선심에 두루 하고, 경안은 두루 하지 않는다고 해야 한다. 요컨대 선정의 지위에 있을 때에만 경안이 있으며, 몸과 마음을 조절하고 창달하는 것은 다른 위치에서는 존재하지 않기 때문이다.

> 決擇分說十善心所定不定地皆遍善心. 定地心中增輕安故.

「섭결택분」에서,[28] 10가지의 선 심소법은 선정과 선정이 아닌 지위에서

---

26) 『瑜伽師地論』 卷第55(『大正藏』 30, 602, 中).
27) 『述記』 卷第6 本(『大正藏』 43, 442, 上), "결정된 때에는 믿음이 증성하고, 잡염법이 그친 때에는 참괴가 증성되는 것 등에 의거한 것으로서, 다른 법에 없다는 것은 아니다. 즉, 그것과 그것의 증성에 의지하는데, 반연에는 6가지가 있는 것으로 1가지가 아니기 때문이다. 그래서 그것과 그것의 증성이라 한다. 이것과 이것에 대한 교설을 한다는 것은, 결정된 때 등에서는 믿음의 증성에 의지하기 때문에, 마침내 결정된 때에 믿음 등이 존재한다는데, 6가지로서 1가지가 아니므로, 이것과 이것에 대한 교설이라 한다. 10법이 항상 선심에 두루 존재하지 않는 것은 아니다."(依決定時信增 止染時慚·愧曾等 非無餘法 卽是依彼彼曾 緣有六非一故 說彼彼增言 作此此說者 依決定時等信故 遂言決定時有信等 六類非一 作此此說也 非無十法恒遍善心.)
28) 『瑜伽師地論』 卷第69(『大正藏』 30, 684, 上).

는 모두 善心에 두루 한데, 선정의 마음 중에서 경안을 증장하기 때문이라 한다.

> 有義 定加行亦得定地名. 彼亦微有調暢義故. 由斯欲界亦
> 有輕安. 不爾便違本地分說信等十一通一切地.

어떤 사람은, 선정에서의 가행도 또한 선정의 지위라고 할 수 있는데, 그것도 또한 미약하나마 조절되고 창달하는 의미가 있기 때문이다. 이러하므로 욕계에도 또한 경안이 있는데, (만약에) 그렇지 않다면, 곧「本地分」에서[29] 믿음 등의 11가지는 일체의 지위에 통한다고 한 것에 위배된다는 것이다.

> 有義 輕安唯在定有. 由定滋養有調暢故. 論說欲界諸心心所.
> 由闕輕安名不定地. 說一切地有十一者. 通有尋伺等三地
> 皆有故.

[정의] 어떤 사람은, 경안은 오직 선정에만 존재한다고 하는데, 선정의 자양으로 인하여 조절과 창달됨이 있기 때문이다. 논장에서는,[30] 욕계의 모든 마음과 심소법은 경안을 결여하였으므로 선정의 지위가 아니라고 한다.[31] 일체의 지위에 11가지가 있다고 한 것은, 有尋有伺[初定] 등의 3지위에 통해서 모두 존재하기 때문이다.

---

29) 『瑜伽師地論』 卷第3(『大正藏』 30, 291, 上).
30) 『瑜伽師地論』 卷第63(『大正藏』 30, 650, 下).
31) 『新導成唯識論』 卷第6, p.256, "욕계는 2가지 번뇌(번뇌장과 소지장)의 번잡한 처소로서, 전혀 調暢하는 의미가 없다. 그러므로 경안이 있지 않다."(欲界二障煩雜處 全無調暢義 故無有 輕安.)

此十一種前已具說第七八識隨位有無. 第六識中定位皆具.
若非定位唯闕輕安. 有義 五識唯有十種 自性散動無輕安故.

이 11가지는 앞에서 이미 제7식과 제8식에 위치에 따라서 존재하거나 않기도 하다는 것을 자세하게 선설하였다. 제6식 중의 선정의 지위에서는 모두 11가지를 갖추지만, 만약에 선정이 아닌 위치에서는 오직 경안만이 결여된다.

有義 五識亦有輕安. 定所引善者亦有調暢故. 成所作智俱
必有輕安故.

어떤 사람[安慧]은, 5식에는 오직 10가지만 존재하는데, 자성이 산만하여 경안이 존재하지 않기 때문이라 한다. 또한 어떤 사람[護法]은, 5식에도 역시 경안이 존재하는데, 선정에 이끌려진 (5식의) 善에는 역시 조절되고 창달됨이 있기 때문이고, 성소작지와 함께 하는 것에는 반드시 경안이 존재하기 때문이라는 것이다.

此善十一何受相應. 十五相應. 一除憂苦. 有逼迫受無調暢故.
此與別境皆得相應. 信等欲等不相違故.

[질문] 이 선 심소법의 11가지는 어떤 감정과 상응하는가?
[답변] 10가지는 5가지의 감정과 상응하지만, 1가지[輕安]는 우수와 고수를 제외하는데, 핍박한 감정이 있으면 조절되고 창달됨이 없기 때문이다. 이것들은 별경과 모든 위치[有漏와 無漏]에서 상응하는데, 믿음 등과 욕망 등과는 상위되지 않기 때문이다.

十一唯善. 輕安非欲. 餘通三界. 皆學等三. 非見所斷. 瑜
伽論說信等六根唯修所斷非見所斷. 餘門分別如理應思.

11가지는 오직 善性이고, 경안은 욕계에는 존재하지 않고, 다른 것[10가지]
은 (모두) 3계에 통한다. 모두 有學 등 3가지에 통하지만, 견도에서 단절되지
는 않는데, 『유가론』에서,[32] 믿음 등의 6가지[信根 및 慧根 등]는 오직 수도에
서 단절되는 것으로서 견도에서 단절되는 것이 아니라고 하기 때문이다.
다른 문을 분별하는 것은 이치와 같이 생각해야 한다.

如是已說善位心所. 煩惱心所其相云何. 頌曰
　(12) 煩惱謂貪瞋　癡慢疑惡見.

【六煩惱】

이와 같이 善位의 심소법을 교설하였다. 번뇌 심소법은 그 행상이 어떠한
가? 게송으로 말하면 다음과 같다.
　　　　번뇌란 탐욕, 성냄, 어리석음,
　　　　자만심, 의심 및 악견이다.

論曰. 此貪等六性 是根本煩惱攝故. 得煩惱名. 云何爲貪.
於有有具染著爲性. 能障無貪生苦爲業. 謂由愛力取蘊生故

---

32) 『瑜伽師地論』 卷第57(『大正藏』 30, 616, 中).

논술하자면, 이 탐욕 등의 6가지는 성류가 근본번뇌에 포함되기 때문에 번뇌라고 한다.

어떤 것을 탐욕이라 하는가?[33] 존재[3界의 과보]와 존재의 원인[업, 번뇌, 中有 등]에 대해서 집착하는 것으로서 자성으로 삼고, 능히 무탐을 장애하여 괴로움을 일으키는 것을 업으로 삼는다. 말하자면, 탐애의 세력에 의거해서 (뒤에) 5취온이 일어나기 때문이다.

云何爲瞋. 於苦苦具憎恚爲性. 能障無瞋不安隱性惡行所依
爲業. 謂瞋必令身心熱惱起諸惡業. 不善性故.

어떤 것을 성냄이라 하는가? 괴로움과 괴로움의 원인에 대해서 憎恚하는 것으로서 자성으로 삼고, 능히 무진을 장애하여 不安靜과 악행의 소의가 되는 것을 업으로 삼는다. 말하자면, 성냄은 반드시 몸과 마음을 몹시 괴롭혀서 모든 악업을 일어나게끔 하는 不善의 성품이기 때문이다.

云何爲癡. 於諸理事迷闇爲性. 能障無癡一切雜染所依爲業.
謂由無明起疑邪見貪等煩惱隨煩惱業. 能招後生雜染法故.

어떤 것을 어리석음이라 하는가? 모든 이치와 사물에 대해서 혼미로서 자성으로 삼고, 능히 무치를 장애하여 일체의 잡염법의 소의가 되는 것을 업으로 삼는다. 말하자면, 무명에 의지하여 의심과 삿된 견해[5見] 및 탐욕 등의 번뇌와 수번뇌 및 업을 일으켜서, 능히 뒤에 (3界의) 業生인 잡염법을

---

33) 『瑜伽師地論』 卷第8(『大正藏』 30, 313, 中) ; 卷第55(『大正藏』 30, 603, 上) ; 『顯揚聖敎論』 卷第1(『大正藏』 31, 481, 下).

초감하기 때문이다.

> 云何爲慢. 恃己於他高擧爲性. 能障不慢生苦爲業. 謂若有
> 慢於德有德心不謙下. 由此生死輪轉無窮受諸苦故.

어떤 것을 자만심이라 하는가? 자신을 과신하여 남에 대해 높이는 것으로서 자성으로 삼고, 능히 거만하지 않음을 방해하여 괴로움을 일으키는 것을 업으로 삼는다. 말하자면, 만약에 자만함이 있는 사람은 勝德한 法과 有德한 사람에 대해서 마음으로 겸손하지 않는데, 이것으로 인하여 생사에 윤회하는 것이 끝이 없어서 많은 괴로움을 받게 되기 때문이다.

> 此慢差別有七九種. 謂於三品我德處生. 一切皆通見修所斷.
> 聖位我慢旣得現行. 慢類由斯起亦無失.

이 자만심을 차별하면 7가지와 9가지가 있는데, 3가지[下, 中, 上]의 성품[三品][34]과 자아 및 勝德한 법의 (5가지 수용) 처소에서 일어난다는 것이다.[35] 일체 모든 것은 견도와 수도위에서 단절되는 것이 통하지만,[36] 聖人의 지위

---

34) 『成唯識論測疏』卷第6, [9慢은 7慢 중의 慢, 過慢 및 卑慢의 3性類에서 나누어진 것으로서, 처음의 3가지(我勝, 我等, 我劣)는 過慢, 慢, 卑慢의 차례와 같고, 중간의 3가지(有勝我, 有等我, 有劣我)는 卑慢, 慢, 過慢의 차례, 뒤의 3가지(無勝我, 無等我, 無劣我)는 慢, 過慢, 卑慢의 차례와 같다.] "若辨九慢類自在有兩說 若依發智論 初三如次則過慢慢卑慢 中三如次則卑慢慢過慢 後三如次慢過慢卑慢 若依品類足釋慢類者 婆沙第一百九十九云 依品類論**我勝慢類中** 攝三種慢 若於劣謂己勝則是慢 若於等謂己勝則是過慢 於勝謂己勝則是慢過慢 餘八慢類如理應說 謂於多勝計己爲劣則是卑慢一."
35) 『述記』卷第6 末(『大正藏』43, 444, 中), "7가지와 9가지가 있지만, 5가지의 법 위에서 일어나는데 불과하다. 즉, 상, 중, 하의 3가지 성품과 자아 및 승덕한 법에서 일어나는 것을 말한다."(有七·九種 不過於五法上生, 謂上中下三品, 及我幷勝德處生.)
36) 『新導成唯識論』卷第6, p.258, "소승에서는 견도와 수도에서 단절되므로 성인이 되면 현행

에서도 (俱生起의) 아만은 현행되며, 아만의 성류가 이것으로 인하여 (성자의 지위에서 현행하는 것이 수용되어) 일어난다는 것[의미]에는 또한 과실이 없다.37)

云何爲疑 於諸諦理猶豫爲性. 能障不疑善品爲業. 謂猶豫者善不生故.

어떤 것을 疑心[vimati]이라 하는가? 모든 진리와 이치에 대해서 유예하(여 결정하지 못하)는 것으로서 자성으로 삼고, 능히 의심하지 않는 (모든) 선품을 방해하는 것을 업으로 삼는다. 말하자면, 유예하는 것에는 善法이 일어나지 않기 때문이다.

有義此疑以慧爲體. 猶豫簡擇說爲疑故. 毘助末底是疑義故. 末底般若義無異故.

어떤 사람들[大乘의 異師]은, 이 의심은 지혜로서 체성으로 삼는데,38) 유예하여 간택하는 것을 의심이라 하기 때문이며, 접두어 vi가 mati를 돕는 것이 의심의 의미이기 때문으로 mati와 반야는 의미에 차이가 없기 때문이라는 것이다.39)

하지 않는데, 수도위에는 아만이 존재하지 않기 때문이라 한다. 여기 대승에서는 수도위에도 아만이 존재하기 때문에 성자도 현행한다는 것이다."(小乘云 通見修斷 聖有而不行 無修道我慢故 今大乘 修道旣得有我慢 是故聖者現行.)
37) 『新導成唯識論』 卷第6, p.258, "수도위에서 일어나 流失되지 않는다."(修道起亦無失.)
38) 『瑜伽師地論』 卷第8(『大正藏』 30, 314, 上).
39) 『述記』 卷第6 末(『大正藏』 43, 445, 上), "말하자면, 말제[mati]는 바로 지혜의 다른 명칭이므로 반야와는 별도의 체성이 아니다. 지혜[mati] 위에 vi자를 더해서 이것을 돕는다. vi는

有義此疑別有自體. 令慧不決. 非卽慧故. 瑜伽論說六煩惱
中見世俗有. 卽慧分故. 餘是實有. 別有性故.

또한 어떤 사람은, 이 의심은 별도로 자체가 존재하는데, (이것으로 원인하기 때문에) 지혜가 결정하지 못하게 하는 것은 바로 지혜가 아니기 때문이다. 『유가론』에서,[40] 6가지의 번뇌를 선설하는 중에서 (오직) 악견은 세속에 존재하는데, 바로 지혜의 일부이기 때문이고, 다른 것[5種]은 (모두) 실재로 존재하는데, (각각) 별도로 성품이 존재하기 때문이라는 것이다.

毘助末底執慧爲疑. 毘助若南智應爲識. 界由助力義便轉變. 是故此疑非慧爲體.

vi가 mati를 도움으로 (너희들이 곧) 지혜에 집착하여 의심이라 한다면, vi가 若南[jñāna; 智]을 도움으로 지혜를 (곧) 識[vijñāna]이라 해야 한다. 界[性]는 돕는 세력에 의거해서 의미가 바로 전변된다. 이렇기 때문에 이 의심은 지혜로서 체성으로 삼는 것이 아니다.

云何惡見. 於諸諦理顚倒推度染慧爲性. 能障善見招苦爲業.
謂惡見者多受苦故.

갖가지라는 의미이므로, 곧 갖가지 지혜가 된다. 『유가론』에서는 특이한 지혜를 의심이라 하는데, 특이한 것은 갖가지의 의미이다. 그러므로 의심의 체성이 바로 지혜임을 알아야 한다. 말저와 반야는 모두가 지혜의 다른 명칭이다. vi는 돕는 것인데, 어찌 별도로 체성이 있겠는가. 이렇게 주장하는 사람들은 대승의 異師로서 다른 부파가 아니다."(所謂末底是慧異名 與般若無別體 於慧上加毘字助之 毘是種種義 卽種種慧也 大論言慧疑 異者是種種義 故知疑體卽慧 以末底·般若俱慧異名 以毘助之 豈別有體 此是大乘異師 非是別部.)
40) 『瑜伽師地論』 卷第55(『大正藏』 30, 603, 上).

【六十二見】

어떤 것을 악견이라 하는가? 모든 진리와 이치에 대해서 전도되게 추탁하는 염오와 상응하는 지혜를 자성으로 삼고, 능히 좋은 견해를 장애하여 괴로움을 초래하는 것을 업으로 삼는다. 말하자면, 악견을 가진 사람은 많은 괴로움을 받기 때문이다.

> 此見行相差別有五. 一薩迦耶見. 謂於五取蘊執我我所. 一切見趣所依爲業. 此見差別有二十句六十五等. 分別起攝.

이 악견의 행상을 차별하면 5가지가 있는데, 1) 살가야견으로서, 5취온에 대해서 나와 나의 것이라 주장하는 것을 말한다. 일체의 견취[狀況; 所歸處]가 소의하는 것으로서 업으로 삼는데, 이 견해를 차별하면 20句와 65句 등이[41] 있으며, (단지) 分別起(의 惑)에 포함된다.

---

41) 『述記』卷第6 末(『大正藏』43, 445, 下~446, 上), "20句라는 것은 『雜集論』卷第1(『大正藏』31, 698, 下)에서, 마치 색이 바로 자아이고, 자아에는 색이 있으며, 색은 자아에게 속하고, 자아는 색에 있다고 계탁하는 것을 말한다. 1온에 4가지의 句가 있으므로 5온에 20句이다. 즉, 20句에서 5가지는 아견이고, 15가지는 아소견이다. 어째서 5아견에 15아소견이라 하는가 하면, 아소견과 상응하고[5種, 아소견에 따라 이루어지며[5種, 아소견을 여의지 않기[5種 때문에 15가지가 아소견이다. –65句라는 것은 『大毘婆沙論』「雜蘊」(第1 世第一品 末, 第10卷)에서, 5온에 의하고, 18계와 12처 등에 의거해서 분별하는데, 여기에서 등이라는 것은 처 등과 계 등이다. 말하자면, 마치 색온으로서 자아로 삼고, 다른 4온에 각각 3가지의 아소가 있으니, 바로 나의 영락과 나의 동복 및 나의 그릇으로서 곧 12가지가 있고, 색이 하나의 자아가 되어서 전체적으로 13가지이다. 이와 같이 5온에 60아소견과 5아견이 있는 것과 같다. 이 모든 것은 행상이 5온을 반연하여 분별한 것이고, 또한 발생된 12처를 분별한 것이다. 나아가 이것은 분별이 일으킨 것이지 구생이 아니다. 구생의 자아는 별도로 계탁할 수 없기 때문이다."(謂二十句者 對法第一云 謂唱計色是我 我有色 色屬我 我在色中 一蘊有四 五蘊二十句也 卽二十句中五是我見 十五是我所見 何以五我見 十五我所者 以相應我所 隨逐我所 不離我所故 十五種是我所也 –六十五者 婆沙雜蘊第一世第一品末第十卷 約蘊約界·處等分別 此言等者 等處等界也 謂如以色爲我 於餘四蘊各有三所 謂是我瓔珞 我僮僕 我器 卽有十二 色爲一我 卽總十三也 如是五蘊有六十我所 五我見也. 此皆分別行緣蘊 亦分別所起處 又此是分別所起 非是俱生 俱生之我不別計故.)

二邊執見. 謂即於彼隨執斷常. 障處中行出離爲業. 此見差
別諸見趣中 有執前際 四遍常論 一分常論. 及計後際 有想
十六 無想俱非 各有八論. 七斷滅論等. 分別起攝.

2) 邊執된 견해로서, 곧 그것[앞의 살가야견의 경계]에 따라서 단절된다거나 상주하다고 주장하는 것을 말한다. 意處[道諦] 중의 수행과 出離[滅諦]를 장애하는 것으로서 업으로 삼는다.

이 변견을 차별하면,[42] 모든 견취 중에서 前際[過去]를 집착하는 4가지가 두루 상주한다거나 일부만이 상주한다는 견해, 그리고 後際[未來]를 계탁하는 有想의 16가지와 無想 및 (有想과 無想의) 2가지가 다 아닌 것에 각각 8가지의 견해가 있고, 7가지의 단멸론 등이 있는데, (모두 오직) 분별기의 惑에 포함된다.

三邪見. 謂謗因果作用實事. 及非四見諸餘邪執. 如增上緣
名義遍故. 此見差別諸見趣中 有執前際二無因論四有邊等
不死矯亂. 及計後際五現涅槃. 或計自在世主釋梵及餘物
類常恒不易. 或計自在等是一切物因. 或有橫計諸邪解脫.
或有妄執非道爲道. 諸如是等皆邪見攝.

3) 삿된 견해로서, 인과와 작용 및 진실한 자체를 비방하거나 4가지의 견해가 아닌 모든 다른 삿된 집착을 말하는데, 마치 증상연과 같이 명칭이

---

[42] 『新導成唯識論』卷第6, p.259, "이 邊見 중에는 62見 가운데 47見을 포섭하는데, 40見은 常見이고 7見은 斷見이다."(此邊見中攝六十二見中四十七見 四十常七斷.) 참고로 40見은 四遍常論, 四一分常論, 有想十六論, 無想 八論, 俱非八論을 말한다.

나 의미에 두루 하기 때문이다.

이 견해를 차별하면, 모든 견취 중에서 전제를 집착하는 2가지의 無因論과 4가지의 有邊論 등과 不死矯亂,[43] 그리고 후제를 계탁하는 5가지 현재의 열반이[44] 있다. 혹은 자재천과 대자재천[世主]과 제석천과 범천왕 및 다른 사물의 부류는 항상 하여 變易되지 않는다고 계탁한다. 또는 자재천 등이 일체 사물의 원인이라 계탁하거나, 어떤 사람은, 모든 삿된 해탈을 제멋대로 계탁하기도 한다. 또한 어떤 사람은, 도가 아닌 것을 망령되게 주장하여 도로 삼는다. 이와 같은 것 등은 모두 삿된 견해에 포함된다.

四見取. 謂於諸見及所依蘊. 執爲最勝能得淸淨. 一切鬪諍
所依爲業.

4) 견취견으로서, 모든 견해와 소의처인 5온에 대하여 (이것이) 가장 수승한 것이라 집착하여 능히 청정한 과보[涅槃]를 증득할 수 있다는 것이다. 일체 투쟁의 소의가 되는 것으로서 업으로 삼는다.

五戒禁取. 謂於隨順諸見戒禁及所依蘊. 執爲最勝能得淸淨.

---

43) 『述記』卷第6 末(『大正藏』43, 448, 上~中) 參照. 단 4가지의 不死矯亂이란, 하늘[不死]의 비밀스러운 뜻은 말할 수 없다는 등과 같이, 자신의 不知와 諂曲과 恐怖 및 어리석음 등의 4가지로 타인의 물음에 대하여 矯亂스럽게 대답하는 것을 말한다.
44) 『述記』卷第6 末(『大正藏』43, 448, 中), "첫째로 현재에 人, 天界의 5욕락과 같은 것을 感受하고서 열반이라 하고, 둘째로 5욕락을 厭離하여 현재에 初禪에 머무는 것으로 열반으로 삼으며, −셋째는 욕심과 심구 및 사찰을 염리하기 때문에 현재에 第2禪에 머무는 것으로서 열반으로 삼고, 넷째는 모든 욕심과 심구와 사찰 및 기쁨을 염리하기 때문에 현재에 第3禪에 머무는 것으로서 열반으로 삼으며, 다섯째는 모든 욕심 내지 입출식을 염리하여 현재에 第4禪에 머무는 것으로서 열반으로 삼는다."(一見現在受若人・天五欲樂 便謂涅槃 二厭五欲現住初定以爲涅槃 三厭欲・尋・伺故 現住第二定以爲涅槃 四厭諸欲尋伺・喜故 現住第三定以爲涅槃 五厭諸欲乃至入出息 現住第四定以爲般涅.)

無利勤苦所依爲業. 然有處說執爲最勝名爲見取. 執能得淨
名戒取者. 是影略說. 或隨轉門. 不爾如何非滅計滅非道計
道說爲邪見. 非二取攝.

5) 계금취견으로서, 여러 견해에 수순하여 계율로 금지하는 것과 소의처인 5온에 대하여 (이것이) 가장 수승한 것이라 집착해서 능히 청정함을 증득할 수 있다는 것이다. 무익하고 수고롭게 애쓰는 것에 의지하는 것으로서 업으로 삼는다.

그런데 어느 논장에서,[45] 집착해서 가장 수승하다는 것을 견취견이라 하고, 능히 청정함을 증득할 수 있다고 집착하는 것을 계금취견이라 한 것은, (서로) 그림자처럼 생략하여[影略] 선설한 것[46]이거나 근기에 따른 방편문[隨轉理門]이다. 그렇지 않는다면, 어째서 멸제가 아닌 것을 멸제로 계탁하고, 도제가 아닌 것을 도제로 계탁하는 것을 삿된 견해라고만 하고, 2가지의 取見에 포함된다고는 하지 않았겠는가?

如是總別十煩惱中. 六通俱生及分別起. 任運思察俱得生故
疑後三見唯分別起. 要由惡友或邪敎力自審思察 方得生故

---

45) 『雜集論』卷第1(『大正藏』31, 698, 上~中);『瑜伽師地論』卷第8(『大正藏』30, 313, 下).
46) '影略互顯'의 준말로서 관련이 되는 2가지의 내용을 설명할 때에, 한 쪽에서 생략한 것을 다른 쪽에서는 드러내고, 반대로 한 쪽에서는 드러낸 것을 다른 쪽에서는 생략하여, 서로 상보하여 완전한 설명이 되도록 하는 문장법을 말한다.

【諸門分別】

 이와 같이 전체와 개별적인 10가지의 번뇌 중에서 6가지는 구생기와 분별기에 통하는데, 자연스럽게[내(구생)] 思察할 때에도 함께 일어나기 때문이다. 의심과 뒤의 3가지 견해[邪見, 見取 및 戒禁]는 오직 분별기에서만 일어난다. 요컨대, 나쁜 도반이나 삿된 가르침의 영향력 및 스스로 심세하게 思察하는 것[自分別]으로 마침내 일어날 수 있기 때문이다.

> 邊執見中通俱生者. 有義唯斷. 常見相麤惡友等力方引生故.
> 瑜伽等說. 何邊執見是俱生耶. 謂斷見攝. 學現觀者起如是怖.
> 今者我我何所在耶. 故禽獸等若遇違緣 皆恐我斷而起驚怖.

 변집된 견해 중에 俱生起에 상통된다는 것에 관하여 어떤 사람은, 오직 단절된다는 것[斷見]으로, 항상 한다는 견해[常見]는 행상이 거칠어서 나쁜 도반 등의 영향력으로 引導되어 일어나기 때문이라는 것이다. 『유가론』 등에서도,[47] 어째서 변집된 견해가 구생인가라는 질문에, 단견에 포함되는 것으로 現前에서 직접 명료하게 관찰되는 법[現觀]을 배우는 사람이, 지금 나의 나는 어느 곳에 존재하는가?[48]라는 것과 같이, 공포심을 일으키는 것을 말한다. 그러므로 짐승 등이 만약에 거스르는 환경을 만날 때에는, 모두 나는 단멸될 것이라고 두려워하는 공포심을 일으킨다는 것이다.

> 有義彼論依麤相說. 理實俱生亦通常見. 謂禽獸等執我常存.

---

47) 『瑜伽師地論』 卷第86(『大正藏』 30, 780, 上); 卷第88(『大正藏』 30, 797, 上).
48) 『新導成唯識論』 卷第6, p.261, "『對法論』의 권제7에서, 자신을 관찰해서 단멸되는 것으로 생각하여, 몸은 뒤에 존재하지 않는 것으로 아는 것이다."(對法第七 觀我爲斷 知身後無)

熾然造集長時資具. 故顯揚等諸論. 皆說於五取蘊執斷計常.
或是俱生或分別起.

어떤 사람은, 그 논장은 거친 행상에 의거해서 교설한 것으로서 이치와 실질적으로는 구생기도 또한 常見에 통한다는 것이다. 말하자면, 짐승 등은 자신이 항상 존재할 것이라고 집착해서 치열하게 오랫동안 지낼 살림 도구를 만들고 모으는 것이다. 그러므로 『현양론』 등의 여러 논장에서,[49] 모두가 5취온에 대해서 단멸한다고 집착하거나 항상 한다고 계탁하므로, 이것은 구생기이거나 혹은 분별기인 것이다.

此十煩惱誰幾相應. 貪與瞋癡定不俱起. 愛憎二境必不同故.
於境不決無染著故. 貪與慢見或得相應. 所愛所陵境非一
故說不俱起. 所染所恃境可同故說得相應. 於五見境皆可
愛故. 貪與五見相應無失.

[질문] 이러한 10가지의 번뇌에 어느 것이 몇 가지와 상응하는가?
[답변] 탐욕은 성냄과 의심과는 결코 함께 일어나지 않는데, 탐애와 증오의 2가지 경계는 반드시 같지 않기 때문이고, 경계에 대해서 결정하지 않았을 때[疑]에는 염착함[貪]이 없기 때문이다.
 탐욕은 자만과 악견과는 어느 때에는 상응하는데, 탐애되거나 멸시되는 경계가 한 가지만이 아니기 때문에 함께 일어나지 않는다고 하며,[50] 물들었

---

49) 『顯揚聖教論』 卷第1(『大正藏』 31, 481, 上);『瑜伽師地論』 卷第8(『大正藏』 30, 313, 下).
50) 『瑜伽師地論』 卷第58(『大正藏』 30, 623, 上).

거나 믿었던 경계가 같을 수 있기 때문에 상응한다는 것이다. 5가지 견해의 경계에 대해서는 모두 탐애할 수 있기 때문에 탐욕과 5가지의 견해가 상응한다는 것은 과실이 되지 않는다.

> 瞋與慢疑或得俱起. 所瞋所恃境非一故說不相應. 所蔑所憎 境可同故說得俱起. 初猶豫時未憎彼故說不俱起. 久思不決 便憤發故說得相應. 疑順違事隨應亦爾.

성냄은 자만과 의심과는 어느 때에는 함께 일어나는데, 성내게 되거나 믿게 된 대상이 한 가지가 아니기 때문에 상응하지 않는다고 하며, 멸시되거나 증오하는 대상이 같을 수 있기 때문에 함께 일어난다는 것이다. 처음에 유예할 때에는 아직 그것을 증오하지 않았기 때문에 함께 일어나지 않는다고 하며, 오랫동안 생각했어도 결정하지 않았을 때에는 문득 분노를 일으키기 때문에 상응한다고 한다. 수순하거나 거스르는 자체를 의심하는 것도 상응에 따르므로[51] 또한 그렇다.

> 瞋與二取必不相應. 執爲勝道不憎彼故. 此與三見或得相應. 於有樂蘊起身常見. 不生憎故說不相應. 於有苦蘊起身常見. 生憎恚故說得俱起. 斷見翻此說瞋有無. 邪見誹撥惡事好事. 如次說瞋或無或有.

---

51) 『新導成唯識論』 卷第6, p.262, "상위하거나 수순하는 2가지 자체에 대해, 각각 함께하거나 함께 하지 않음이 있기 때문에 상응한다고 한다."(於違順二事 各有俱不俱 故云隨應.)

성냄은 2가지의 取着見, 戒取된 견해와는 반드시 상응하지 않는데, 집착해서 수승하다거나[見取] 도라고 할[戒取] 때에는 그것을 증오하지 않기 때문이다. 이것[瞋]은 3가지의 견해[身, 邊, 邪]와는 어느 때에는 상응한다. (즉,) 즐거움이 있는 5취온에 대해서 신견과 상견을 일으킬 때에는 증오심을 일으키지 않기 때문에 상응하지 않는다고 하며, 고통이 있는 5취온에 대해서 신견과 상견을 일으킬 때에는 증오와 진에를 일으키기 때문에 함께 일어난다고 한다. 단견은 이것[아견과 상견]과 반대로 성냄이 있거나 없다고 하는데, 삿된 견해가 나쁘거나 좋은 자체를 비방하고 부정할 때에는 순서와 같이 성냄이 없거나 있기도 하다는 것이다.

慢於境定疑則不然. 故慢與疑無相應義. 慢與五見皆容俱起.
行相展轉不相違故. 然與斷見必不俱生. 執我斷時無陵恃故.
與身邪見一分亦爾.

자만은 경계에 대해서 결정적이고 의심은 곧 그렇지 않기 때문에 자만은 의심과 상응하는 의미가 없다. 자만은 5가지의 견해와 모두 함께 일어난다는 것이 인정되는데, 행상이 전전하여 서로 거스르지 않기 때문이다. 그렇지만 단견과는 반드시 함께 일어나지 않는데, 자아가 단절된다고 집착할 때에는 멸시하거나 믿는 것이 없기 때문이고, 신견과 사견의 일부와도 또한 그렇다.

疑不審決與見相違. 故疑與見定不俱起. 五見展轉必不相應.
非一心中有多慧故. 癡與九種皆定相應. 諸煩惱生必由癡故.

의심은 심세하여 결정하지 못하므로 악견과는 상위된다. 그러므로 의심은 악견과는 결코 함께 일어나지 않는다. 5가지의 견해는 전전하여 반드시 상응하지 않는데, 한 마음 중에 많은 지혜가 있는 것이 아니기 때문이다. 어리석음은 9가지의 번뇌와 모두 반드시 상응하는데, 모든 번뇌가 일어나는 것은 반드시 어리석음에 의지하기 때문이다.

此十煩惱何識相應. 藏識全無末那有四. 意識具十. 五識唯三. 謂貪瞋癡. 無分別故. 由稱量等起慢等故.

[질문] 이 10가지의 번뇌는 어떠한 심식과 상응하는가?
[답변] 장식에는 전혀 없고, 말나식에는 (아치 등) 4가지가 있으며, 의식에는 10가지를 갖춘다. 5식에는 오직 3가지뿐으로서 탐욕과 성냄 및 어리석음을 말하는데, 분별력이 없기 때문이고, 헤아림 등에 의거해서 아만 등을 일으키기 때문이다.

此十煩惱何受相應. 貪瞋癡三俱生分別. 一切容與五受相應. 貪會違緣憂苦俱故. 瞋遇順境喜樂俱故.

[질문] 이 10번뇌는 어떠한 감정과 상응하는가?
[답변] 탐욕과 성냄 및 어리석음의 3가지는 구생기이든 분별기이든 일체 5감정과 상응하는 것이 인정된다. 탐욕이 상위되는 인연을 만날 때에는 우수와 고수와 함께 하기 때문이고, 성냄은 수순되는 대상을 만날 때에는 희수와 낙수와 함께 하기 때문이다.

有義俱生分別起慢. 容與非苦四受相應. 恃苦劣蘊憂相應故

어떤 사람은, 구생기와 분별기의 아만은 고수가 아닌 4감정과 상응하는 것이 인정되고, 고수가 열등한 5취온을 믿을 때에는 우수와 상응하기 때문이라는 것이다.

有義俱生亦苦俱起. 意有苦受前已說故. 分別慢等純苦趣無. 彼無邪師邪敎等故. 然彼不造引惡趣業. 要分別起能發彼故.

[정의] 또한 어떤 사람은, 구생기는 또한 고수와도 함께 일어나는데, (극심한 고통의 처소에서도) 의식에 고수가 존재한다는 것은 앞에서 선설했기 때문이다. 분별기의 아만 등은 純大한 고취[地獄]에는 존재하지 않는데, 그것에는 삿된 스승이나 가르침 등이 존재하지 않기 때문이다. 그러므로 그것에서는 악취를 이끌어서 업을 짓지 못하는데, 요컨대 분별기(의 번뇌)로서 (이내) 능히 그것을 발생시키기 때문이라는 것이다.

疑後三見容四受俱. 欲疑無苦等亦喜受俱故. 二取若緣憂俱見等. 爾時得與憂相應故.

의심과 뒤의 3견해[見, 戒, 邪見]는 4감정[苦受 除外]과 함께 하는 것이 인정되는데, 욕계에 고수 등이 존재하지 않을 것이라고 의심할 때에 또한 희수와 함께 하기 때문이다. 2取見[見, 戒見]이 만약에 우수와 함께 하는 악견 등을 반연한다면, 그 때에 우수와 상응하기 때문이다.

有義俱生身邊二見但與喜樂捨受相應. 非五識俱. 唯無記故. 分別二見容四受俱. 執苦俱蘊爲我我所 常斷見翻此與憂相應故.

어떤 사람은, 구생기의 신견과 변견의 2가지 견해는 단지 희수와 낙수 및 사수와만 상응하며 5식과는 함께 하지 않는데, 오직 유부무기성이기 때문이라는 것이다. 분별기의 2가지 견해는 4감정과 함께 하는 것이 인정되고, 고수와 함께 하는 5취온을 집착해서 나와 나의 것이고 항상 하는 것으로 삼으며, 단절된다는 견해는 이것과 반대되는 우수와 상응하기 때문이라는 것이다.

> 有義二見若俱生者. 亦苦受俱. 純受苦處緣極苦蘊苦相應故.
> 論說俱生一切煩惱皆於三受現行可得. 廣說如前. 餘如前說.

[정의] 어떤 사람은, 2가지의 견해가 만약에 구생기의 것이라면, 또한 고수와도 함께 하는데, 純大한 감정의 苦處에서 극심한 고통의 5취온을 반연할 때에는 고수와 상응하기 때문이라는 것이다. 논장에서도,[52] 구생기의 일체 번뇌는 모두 3감정에 대해서 현행한다고 하는데, 자세한 교설은 앞[卷第5]에서와 같고, 다른 것도 이전에 선설한 것과 같다.

> 此依實義. 隨麤相者貪慢四見樂喜捨俱. 瞋唯苦憂捨受俱起.
> 癡與五受皆得相應. 邪見及疑四俱除苦.

이것은 진실한 의미에 의거한 것이고, (만약에) 거친 행상에 따른다면, 탐욕과 자만 및 4가지의 견해[邪見은 除外]는 낙수와 희수 및 사수와 함께 하고, 성냄은 오직 고수와 우수 및 사수와만 함께 일어난다. 어리석음은 5감

---

52) 『瑜伽師地論』 卷第59(『大正藏』 30, 627, 下).

정과 모두 상응하고, 삿된 견해와 의심은 4가지와 함께하지만 고수는 제외된다.

貪癡俱樂通下四地. 餘七俱樂除欲通三. 疑獨行癡欲唯憂捨.
餘受俱起如理應知.

탐욕과 어리석음과 함께 하는 낙수는 下界의 4지위[欲界와 初, 二, 三禪]에 통하고, (성냄을 제외한) 다른 7가지는 낙수와 함께 하는 욕계를 제외한 3가지[初, 二, 三禪]에 통한다. 의심과 독행의 어리석음은 욕계에서는 오직 우수와 사수뿐이고, 다른 감정과 함께 일어나는 것은 이치와 같이 알아야 한다.

此與別境幾互相應. 貪瞋癡慢容五俱起. 專注一境得有定故.
疑及五見各容四俱. 疑除勝解不決定故. 見非慧俱不異慧故.

[질문] 이것은 별경과 몇 가지가 서로 상응하는가?
[답변] 탐욕과 성냄과 어리석음 및 자만은 (별경의) 5가지의 심소법과 함께 일어나는 것이 인정되는데, 하나의 경계에 오로지 傾注할 때에 禪定이 존재하기 때문이다. 의심과 5가지의 견해는 각각 4가지의 심소법과 함께 하는 것이 인정되는데, 의심에는 (단지) 승해만을 제외하는데, 결정하지 못하기 때문이다. (5가지의) 악견은 지혜와 함께 하지 않는데, 지혜와 다르지 않기 때문이다.

此十煩惱何性所攝. 瞋唯不善損自他故. 餘九通二. 上二界
者唯無記攝. 定所伏故.

[질문] 이러한 10가지의 번뇌는 어떤 성품에 포함되는가?
[답변] 성냄은 오직 불선뿐으로서 자신과 남을 해롭게 하기 때문이다. 다른 9가지는 2가지[不善과 유부무기]에 통하는데, 上地의 2세계[色界와 無色界]는 오직 무기성에만 포함되어서 반드시 조복되기 때문이다.

若欲界繫 分別起者. 唯不善攝. 發惡行故. 若是俱生. 發惡行者亦不善攝. 損自他故.

만약에 욕계에 계박되어서 분별로 일어나는 것이라면, 오직 불선에만 포함되어서 악행을 일으키기 때문이다. 만약에 구생의 것으로서 악업을 일으킨다면, 역시 불선에 포함되어서 자신과 남을 해롭게 하기 때문이다.

餘無記攝. 細不障善. 非極損惱自他處故. 當知俱生身邊二見. 唯無記攝不發惡業. 雖數現起不障善故.

다른 것은 무기성에 포함되어서 미세하여 선법을 장애하지 않으며, 자신과 남의 處所를 전혀 損惱하지 않기 때문이다. (그러므로) 구생기의 신견과 변견의 2가지 악견은 오직 무기성에만 포함되는 것으로서 악업을 일으키지 않으며, 비록 자주 현행하지만 선법을 장애하지 않기 때문임을 알아야 한다.

此十煩惱何界繫耶. 瞋唯在欲. 餘通三界. 生在下地未離下染. 上地煩惱不現在前. 要得彼地根本定者. 彼地煩惱容現前故.

[질문] 이 10가지의 번뇌는 어느 世界에 계박되는가?
[답변] 성냄은 오직 욕계에만 있고, 다른 것은 3界에 다 통한다. 下地에 태어

나 생존하면서 아직 하지의 염오법을 여의지 못한[未至定 ; 方便定] 사람은 上地의 번뇌를 현재전하지 못한다. 요컨대 그 상지의 根本定을 증득한 사람만이 그 지위의 번뇌를 현전하는 것이 인정되기 때문이다.

　　諸有漏道雖不能伏分別起惑及細俱生. 而能伏除俱生麤惑.
　　漸次證得上根本定.

모든 유루도는 비록 스스로 분별기의 번뇌와 (제7식 중의) 미세한 구생기의 번뇌[身見과 邊見]를 조복하지는 못하지만, 능히 (전6식 중의) 구생의 거친 번뇌[身, 邊見 이외의 惑]를 조복하고 제거해서 점차로 상지의 근본정을 증득하는 것이다.

　　彼但迷事. 依外門轉. 散亂麤動正障定故. 得彼定已彼地分
　　別俱生諸惑皆容現前.

그것[俱生의 거친 번뇌]은 단지 자체에 대한 미혹으로서 外門에 의지하여 전전하며, 산란하고 거칠어서 바로 선정을 장애하기 때문이다. 그것의 근본정을 증득했을 때에 그 상지의 분별과 구생기의 모든 번뇌가 다 현전하는 것이 인정된다.

　　生在上地下地諸惑分別俱生皆容現起. 生第四定中有中者.
　　由謗解脫生地獄故. 身在上地將生下時. 起下潤生俱生愛故.
　　而言生上不起下者. 依多分說. 或隨轉門.

(만약에) 상지에 태어난다면, 하지의 모든 번뇌는 분별이든 구생이든 다 현행하는 것이 인정된다. (즉,) 제4 선정의 중유 가운데 태어난 사람은 해탈을 비방하므로 인하여 (곧) 지옥에 태어난다고 하기 때문이고, 몸은 상지에 있으면서 장차 하지에 태어나려고 할 때에는, 하지의 삶을 적시는[潤生] 구생기의 갈애를 일으키기 때문이다. 그러나 (어느 경론에서) 상지에 태어나서 하지의 것을 일으키지 않는다고 한 것은, 많은 부분에 의지해서[53] 교설하거나 혹은 때와 근기에 따른 방편문이다.

下地煩惱亦緣上地. 瑜伽等說欲界繫貪求上地生味上定故.
旣說瞋恚憎嫉滅道. 亦應憎嫉離欲地故.

하지의 번뇌는 또한 상지에서도 반연되는데, 『유가론』 등에서[54] 욕계에 계박된 탐욕이 상지에 태어날 것을 희구하면, 상지의 선정을 음미한다고 하기 때문이다. 이미 성냄은 멸제와 도제를 증오하고 질투한다고 하였으므로, 또한 욕망을 여읜 지위에서도 증오하고 질투해야 하기 때문이다.

總緣諸行執我我所斷常慢者得緣上故. 餘五緣上其理極成.

(또한) 전체적으로 모든 행을 반연해서 나와 나의 것이라 집착하여, 단멸하거나 상주한다고 자만하는 것은 상지를 반연하여 취득하기 때문이다.

---

53) 『新導成唯識論』 卷第6, p.266, "적멸을 비방할 때에는 사견과 성냄 및 무명의 3가지가 일어나고, 대부분(나머지 7번뇌은 일어나지 않는다. 삶을 적실 때에는 탐욕과 자만과 무명 및 신견의 4가지가 일어나고, 대부분(나머지 6번뇌은 일어나지 않는다."(謗滅時起邪見瞋無明三 多分(餘七惑)不起 潤生時起貪慢無明身四 多分(餘六惑)不起.)
54) 『瑜伽師地論』 卷第62(『大正藏』 30, 645, 下).

(즉,) 다른 5가지의 번뇌[癡, 疑, 見, 戒, 邪見]가 상지를 반연한다는 것은 그 이치가 지극히 타당한 것이다.

而有處言貪瞋慢等不緣上者. 依麤相說. 或依別緣. 不見世間執他地法爲我等故. 邊見必依身見起故.

그러나 어느 논장에서,[55] 탐욕과 성냄 및 자만 등이 상지를 반연하지 않는다는 것은, 거친 행상에 의해서 교설하거나 혹은 개별적인 인연에 의지한 것이다. 세간에서 다른 지위의 법을 (별도로) 집착해서 자아 등으로 삼는 것을 보지 못하였기 때문이고, 변견은 반드시 신견에 의지하여 일어나기 때문이라는 것이다.

上地煩惱亦緣下地. 說生上者於下有情恃己勝德而陵彼故

상지의 번뇌도 또한 하지를 반연하는데, 상지에 태어나는 사람은 하지의 유정에 대해서 자기의 수승한 덕을 믿고서 그들을 멸시한다고 하기 때문이다.[56]

總緣諸行執我我所斷常愛者得緣下故. 疑後三見如理應思. 而說上或不緣下者. 彼依多分. 或別緣說.

(또한) 전체적으로 제행을 반연해서 나와 나의 것이라 집착하여, 단절되거나 상주한다고 애착하는 사람은 하지를 반연하여 취득하기 때문이다. 의

---

55) 『大乘阿毘達磨雜集論』卷第6(『大正藏』31, 723, 上); 『瑜伽師地論』卷第58(『大正藏』30, 645, 下).
56) 『瑜伽師地論』卷第59(『大正藏』30, 629, 中).

심과 뒤의 3가지 견해는 이치와 같이 생각해야 한다. 그리고 상지의 번뇌가 하지를 반연하지 않는다고 한 것은,[57] 그것도 (또한) 많은 부분에 의지하거나 혹은 개별적인 인연에 의거해서 선설한 것이다.

此十煩惱學等何攝. 非學無學彼唯善故. 此十煩惱何所斷耶. 非非所斷彼非染故.

[질문] 이 10가지의 번뇌는 유학 등에서는 어디에 포함되는가?
[답변] 유학과 무학에는 포함되지 않는데, 그것들[有, 無學의 法]은 오직 선법뿐이기 때문이다.
[질문] 이 10가지의 번뇌는 어떻게 단절되는가?
[답변] 단절되지 않는 것이 아닌데, 그것[非所斷]의 法은 염오법이 아니기 때문이다.

分別起者唯見所斷麤易斷故. 若俱生者唯修所斷細難斷故. 見所斷十實俱頓斷. 以眞見道總緣諦故.

분별로서 일어나는 것은 오직 견도에서 단절되는데, 거칠어서 단절하기가 쉽기 때문이다. 만약에 구생기의 것이라면, 오직 수도에서 단절되는데, 미세하여 단절하기가 어렵기 때문이다. 견도에서 단절되는 10가지의 번뇌는 실제로 모두 즉시에 단절되는데, 진실한 견도는 전체적으로 4聖諦(의 진여)를 반연하기 때문이다.

---

57) 『瑜伽師地論』 卷第58(『大正藏』 30, 622, 上).

然迷諦相有總有別. 總謂十種皆迷四諦. 苦集是彼因依處故.
滅道是彼怖畏處故.

그런데 진리의 체상에 관한 미혹에 전체와 개별적인 것이 있는데, 전체적인 것은 10가지의 번뇌가 모두 4성제에 미혹한 것을 말한다. 즉, 고제와 집제는 그것들[10惑]의 원인과 소의처이기 때문이고, 멸제와 도제는 그것들이 두려워하는 처소이기 때문이다.

別謂別迷四諦相起. 二唯迷苦八通迷四. 身邊二見唯果處起.
別空非我屬苦諦故.

개별적인 것은 별도로 4성제의 체상에 미혹해서 일어나는 것을 말하는데, 2가지의 악견[身, 邊見]은 오직 고제에만 미혹하고, 8가지의 악견은 공통으로 4성제에 미혹하다. 신견과 변견의 2가지는 오직 (혼미한 고제의) 과보의 처소에서만 일어나는데, 별도로 空觀과 非我觀16행상 중 고제의 2행상을 닦는 고제(의 경계)에만 소속되기 때문이다.

謂疑三見親迷苦理. 二取執彼三見戒禁及所依蘊爲勝能淨.
於自他見及彼眷屬. 如次隨應起貪恚慢. 相應無明與九同迷.
不共無明親迷苦理.

말하자면, 의심과 3가지의 악견[身, 邊, 邪見]은[58] 고제의 이치에 매우 미혹

---

58) 『新導成唯識論』 卷第6, p.267, "이 4가지의 행상은 심오하게 소연을 연취하기 때문이다."(此

하고, 2가지의 취견[戒, 見]은 그들 3가지의 악견과 계금취견 및 소의의 5취온을 집착하여 수승하다거나 스스로 청정하다고 한다. 자기(에게 탐착하고)와 남(에게 화를 내는 것)에 대한 견해 및 그 권속에 대해서 순서와 같이 상응에 따라, 탐욕과 성냄 및 자만을 일으킨다. 상응되는 무명은 (앞의) 9가지 번뇌와 똑같이 미혹하고, 不共의 무명은 고제의 이치에 매우 미혹하다.

> 疑及邪見親迷集等. 二取貪等准苦應知. 然瞋亦能親迷滅道.
> 由怖畏彼生憎嫉故. 迷諦親疏麤相如是.

의심과 사견은 집제 등에 매우 미혹하고, 2가지의 취견과 탐욕 등은 고제에 준하여 알아야 한다. 그렇지만 성냄은 또한 멸제와 도제에 아주 미혹한데, 그것들을 두려워하고 외경함에 의거해서 증오하고 질투심을 일으키기 때문이다. 4성제에 미혹하면 친근하거나 소원한 거친 행상이 이와 같다.

> 委細說者貪瞋慢三見疑俱生隨應如彼. 俱生二見及彼相應
> 愛慢無明 雖迷苦諦細難斷故修道方斷. 瞋餘愛等迷別事生
> 不違諦觀故修所斷.

자세하게 교설하면, (만약에) 탐욕과 성냄 및 자만의 3가지 악견과 의심과 함께 일어난다면, 상응에 따름이 그 것[견도의 所斷]과 같다.[59] 구생기의 2가지 견해[身, 邊見]와 그것과 상응하는 갈애와 자만 및 무명은 비록 고제에

四行相深取所緣故.)
59) 『新導成唯識論』卷第6, p.267, "의심과 3가지의 악견 및 무명의 5법은 진리의 이치에 매우 미혹하고, 2가지의 취견은 소원하다."(疑三見無明五法親迷諦理 二取疏遠)

미혹하다고 하지만, (행상이) 미세하여 단절하기 어렵기 때문에 수도에서 비로소 단절된다. (나아가) 성냄과 다른 갈애 등은 개별적인 자체에 미혹하여 일어나지만 4성제관에 상위하지 않기 때문에 수도에서 단절된다.[60]

雖諸煩惱皆有相分. 而所杖質或有或無. 名緣有事無事煩惱.
彼親所緣雖皆有漏. 而所杖質亦通無漏. 名緣有漏無漏煩惱.

비록 모든 번뇌는 전부 상분에 존재하지만, 의지하는 본질은 존재하거나 존재하지 않으므로 자체가 있는 것과 없는 것을 반연하는 번뇌라고 한다. 그 번뇌의 친소연(인 상분)이 비록 모두 유루라고 하더라도, 의지하는 본질은 또한 무루에도 통하므로 유루의 인연과 무루를 반연하는 번뇌라고 한다.

緣自地者相分似質. 名緣分別所起事境. 緣滅道諦及他地者相分與質不相似故. 名緣分別所起名境. 餘門分別如理應思.

(의지와 반연이 함께 증장되므로) 자기의 경계를 반연한 것이란, (그 번뇌의) 상분이 본질로 似現되어서 분별이 일으킨 자체의 경계를 반연한 것을 말한다. 멸제와 도제 및 다른 경계를 반연한 것이란, 상분이 (그것의) 본질과 상사하지 않기 때문에 분별이 일으킨 명칭의 경계를[61] 반연한 것을 말한

---

60) 『述記』卷第6 末(『大正藏』43, 456, 下), "개별적으로 유정이나 혹은 경계의 자체에 미혹하여 일어나지만 이치에는 미혹하지 않아서, 4성제관에 상위되지 않기 때문에 수도에서 단절된다."(迷別有情或境事生不迷於理不違四諦觀故修所斷.)
61) 『新導成唯識論』卷第6, p.268, "혹은 명칭이라 하는데, 심왕과 심소법의 상분의 명칭을 말한다."(或言名者卽心心所相分之名.";智旭 述,『成唯識論觀心法要』卷第6, "이 4分 중에서 상분은

다. 다른 문을 분별한 것은[62] 이치와 같이 생각해야 한다.

已說根本六煩惱相. 諸隨煩惱其相云何. 頌曰.
　　　隨煩惱謂忿 恨覆惱嫉慳
(13)　誑諂與害憍 無慚及無愧
　　　掉擧與惛沈 不信幷懈怠
(14)　放逸及失念 散亂不正知

【隨煩惱】

근본이 되는 6번뇌의 행상을 교설하였다. 모든 수번뇌의 행상은 어떠한가. 게송에서 다음과 같이 말한다.

　　수번뇌라는 것은, 분노, 원한, 가림,
　　고뇌, 질투, 인색, 속임, 아첨, 방해,
　　교만[以上 小隨惑], 무참, 무괴[中隨惑], 도거,
　　혼침, 불신, 해태, 방일, 실념, 산란 및 부정지[大隨惑]이다.

論曰. 唯是煩惱分位差別. 等流性故名隨煩惱. 此二十種類別有三. 謂忿等十各別起故 名小隨煩惱. 無慚等二遍不善故名中隨煩惱. 掉擧等八遍染心故名大隨煩惱.

　　色이고, 견분 등 3분은 名이다."(此四分中 相分屬色 見等三分屬名.)
62) 『述記』卷第6 末(『大正藏』43, 457, 中), "유무의 이숙, 유루와 무루, 7수면, 8纏 및 모든 번뇌를 포함하고, 내지 9품 등으로 분별된 것을 모두 이치와 같이 思惟함을 말한다."(謂有·無異熟 有漏·無漏 七隨眠攝 八纏者蓋攝 乃至九品等分別 皆如理思.)

논술하자면, 이것은 오직 근본번뇌의 분위 상의 차별이고, 등류의 성품이기 때문에 수번뇌라고 한다. 이 20가지를 성류대로 구별하면 3가지로 나눈다. 분노 등 10가지는 각각 개별적으로 일어나기 때문에 소수번뇌라고 한다. 무참 등의 2가지는 不善에만 두루 하기 때문에 중수번뇌라고 하며, 도거 등의 8가지는 染汚心에 두루 하기 때문에 대수번뇌라고 한다.

> 云何爲忿. 依對現前不饒益境憤發爲性. 能障不忿執杖爲業. 謂懷忿者多發暴惡身表業故. 此卽瞋恚一分爲體. 離瞋無別忿相用故.

어떤 것을 분노라고 하는가? 現前의 饒益하지 못한 경계를 상대함으로 인하여 憤發하는 것을 자성으로 삼고, 능히 분노하지 않으려는 것을 방해하여 몽둥이를 잡게 하는 것을 업으로 삼는데, 분노를 품은 사람은 대부분 포악한 신체의 표업을 일으키기 때문이다. 이것은 바로 성냄의 일부를 체상으로 삼는데, 성냄에서 벗어나면 별도로 분노의 행상과 작용이 없기 때문이다.

> 云何爲恨. 由忿爲先懷惡不捨結怨爲性. 能障不恨熱惱爲業. 謂結恨者不能含忍恒熱惱故. 此亦瞋恚一分爲體. 離瞋無別恨相用故.

어떤 것을 원한이라 하는가? 분노를 先頭로 삼아 악심을 품고 버리지 못하여 원한을 맺는 것을 자성으로 삼고, 능히 원망하지 않음을 장애하여 치열하게 고뇌하는 것을 업으로 삼는데, 원한을 맺은 사람은 참을 수가 없어서 항상 치열하게 고뇌하기 때문이다. 이것도 또한 성냄의 일부를 체상으로 삼는데, 성냄에서 벗어나면 별도로 원한의 행상과 작용이 없기 때문이다.

云何爲覆. 於自作罪恐失利譽隱藏爲性. 能障不覆悔惱爲業.
謂覆罪者後必悔惱不安隱故.

어떤 것을 가림이라 하는가? 자신이 지은 죄업에 대해서 이익과 명예를 잃는 것을 두려워하여 은폐하고 감추는 것으로서 자성으로 삼고, 능히 가리지 않으려는 것을 장애하여 후회하고 고뇌하는 것을 업으로 삼는다. 말하자면, 죄업을 가리는 사람은 뒤에 반드시 후회하고 고뇌해서 안온하지 않기 때문이다.

有義此覆癡一分攝. 論唯說此癡一分故. 不懼當苦覆自罪故.

어떤 사람[第一師]은, 이 가림은 어리석음의 일부에 포함되는데, 논장에서[63] 오직 이것은 어리석음의 일부라고 교설하기 때문이고, 當來의 고통을 두려워하지 않고 자신의 죄업를 가리기 때문이라 한다.

有義此覆貪癡一分攝. 亦恐失利譽覆自罪故. 論據麤顯唯說癡分. 如說掉擧是貪分故. 然說掉擧遍諸染心. 不可執爲唯是貪分.

또한 어떤 사람[第二師]은, 이 가림은 탐욕과 어리석음의 일부에 포함되는데, 역시 이익과 명예를 잃을 것이 두려워서 자신의 죄업을 가리기 때문이라는 것이다.

---

63) 『瑜伽師地論』 卷第55(『大正藏』 30, 604, 中); 『大乘阿毘達磨雜集論』 卷第1(『大正藏』 31, 698, 下).

논장에서는, 거칠게 드러나는 것에 의거하여 오직 어리석음의 일부라고 하는데, 마치 도거를 탐욕의 일부라고 하는 것과 같기 때문이다. 그렇지만 도거는 모든 염오심에 두루 한다고 하므로 오직 탐욕의 일부라고만 주장할 수 없다.

云何爲惱. 忿恨爲先追觸暴熱很戾爲性. 能障不惱蛆螫爲業.
謂追往惡觸現違緣心便很戾. 多發囂暴凶鄙麤言蛆螫他故.
此亦瞋恚一分爲體. 離瞋無別惱相用故.

어떤 것을 고뇌라고 하는가? 분노와 원한을 선두로 삼아서 쫓고 접촉하여,[64] 난폭하고 치열하게 어그러지는 것으로서 자성으로 삼고, 능히 고뇌하지 않음을 장애하여 지네가 쏘는 것처럼 하는 것을 업으로 삼는다. 말하자면, 과거의 악행을 쫓아 현재의 상위되는 인연을 접촉하여, 마음이 곧 어그러져 대부분 시끄럽고 사나우며, 흉폭하고 비루하게 거친 말을 하여, 남을 지네처럼 쏘기 때문이다. 이것도 또한 성냄의 일부를 체상으로 삼는데, 성냄에서 벗어나면 별도로 고뇌의 행상과 작용이 없기 때문이다.

云何爲嫉. 徇自名利不耐他榮妒忌爲性. 能障不嫉憂慼爲業.
謂嫉妒者聞見他榮深懷憂慼不安隱故. 此亦瞋恚一分爲體.
離瞋無別嫉相用故.

어떤 것을 질투라고 하는가? 자신의 명예와 이익을 지나치게 희구하여

---

[64] 『新導成唯識論』 卷第6, p.270, "먼저 분노와 원한의 경계를 쫓고 나서 현재의 상위된 인연을 접촉한다."(追先忿恨之境 觸現違緣.)

卷第6 『成唯識論』 **445**

다른 사람의 영화를 참지 못하고 질투하며 시기하는 것으로서 자성으로 삼고, 능히 질투하지 않음을 장애하여 근심하고 걱정하는 것을 업으로 삼는다. 말하자면, 질투하는 사람은 남의 영화를 보고 듣고서 매우 근심하고 걱정을 품어서 안온하지 않기 때문이다. 이것도 또한 성냄의 일부를 체상으로 삼는데, 성냄에서 벗어나면 별도로 질투의 행상과 작용이 없기 때문이다.

> 云何爲慳. 耽著財法不能惠捨祕吝爲性. 能障不慳鄙畜爲業.
> 謂慳吝者心多鄙澁畜積財法不能捨故. 此卽貪愛一分爲體.
> 離貪無別慳相用故.

어떤 것을 인색이라 하는가? 재물과 제법(理, 敎, 行, 果)을 탐착하여 능히 베풀지 못하고 감추거나 아까워하는 것으로서 자성으로 삼고, 인색하지 않음을 장애하여 비루하게 축적하는 것을 업으로 삼는다. 말하자면, 인색하고 아끼는 사람은 마음이 대부분 비루하게 막혀서 재물과 제법을 축적해서 능히 베풀지 못하기 때문이다. 이것은 바로 탐애의 일부를 체상으로 삼는데, 탐애에서 벗어나면 별도로 인색의 행상과 작용이 없기 때문이다.

> 云何爲誑. 爲獲利譽矯現有德詭詐爲性. 能障不誑邪命爲業.
> 謂矯誑者心懷異謀多現不實邪命事故. 此卽貪癡一分爲體.
> 離二無別誑相用故.

어떤 것을 속임이라 하는가? 이익과 명예를 획득하기 위하여 교묘하게 덕이 있는 것으로 보여서 詭辯으로 속이는 것을 자성으로 삼고, 능히 속이지 않음을 장애하여 삿되게 생활하는 것을 업으로 한다. 말하자면, 교묘하게 속이는 사람은 마음에 다른 음모를 품어서 대부분 진실하지 못한 삿된 생활 자체를 드러내기 때문이다. 이것은 바로 탐욕과 어리석음의 일부를 체상으로 삼는데, 2가지의 번뇌에서 벗어나면 별도로 속임의 행상과 작용은 없기 때문이다.

> 云何爲諂. 爲罔他故 矯設異儀 險曲爲性. 能障不諂 敎誨爲業. 謂諂曲者 爲罔冒他 曲順時宜 矯設方便 爲取他意 或藏己失.[65] 不任師友正敎誨故. 此亦貪癡一分爲體. 離二無別諂相用故.

어떤 것을 아첨이라 하는가? 남을 속이기 위하여 거짓으로 다른 관례를 시설하여 왜곡하는 것으로서 자성으로 삼고, 능히 아첨하지 않음과 가르침을 장애하는 것을 업으로 삼는다. 말하자면, 아첨하고 바르지 못한 사람은 다른 사람을 속이고자 왜곡되게 時宜에 수순해서, 거짓으로 방편을 시설하여 남의 의지를 취하거나 혹은 자기의 과실을 감추려고 하는데, 스승이나 친구의 바른 가르침에 따르지 않기 때문이다. 이것도 또한 탐욕과 어리석음의 일부를 체상으로 삼는데, 2가지에서 벗어나면 별도로 아첨의 행상과 작용이 없기 때문이다.

---

65) 『成唯識論』卷第6(『大正藏』 31, 33, 下), "云何爲諂 爲**罔**他故 矯設異儀 險曲爲性 能障不諂 敎誨爲業 謂諂曲者 爲**罔帽**他 曲順時宜 矯設方便 爲取他意 或藏己失."의 내용은 "云何爲諂 爲罔他故 矯設異儀 險曲爲性 能障不諂 敎誨爲業 謂諂曲者 爲罔冒他 曲順時宜 矯設方便 爲取他意 或藏己失."로 바로 잡아야 한다.
   왜냐하면 이 『成唯識論』을 合糅하는데 주도적인 역할을 했던 규기의 또 다른 주석서에 보면, 이 내용이 다음과 같이 논술되어 있기 때문이다. 즉, 窺基 註解, 『大乘百法明門論解』卷下(『大正藏』 44, 49, 中), "諂者 謂罔他故 矯設異儀 諂曲爲性 能障不諂 敎誨爲業 言罔他等義者 諂曲者 爲罔冒他故 曲順時宜 矯設方便 以取他意 或藏己失." 또한 『六祖壇經箋註』「懺悔品」제6에, "諂謂罔冒 曲謂違理."라고 있다. 따라서 『新導成唯識論』卷第6, p.271, "**罔**作罔 不可.", "**罔帽**作罔冒 不可."라고 한 것은 오히려 인정하는 것이 옳다고 본다.

云何爲害. 於諸有情心無悲愍損惱爲性. 能障不害逼惱爲業.
謂有害者逼惱他故. 此亦瞋恚一分爲體. 離瞋無別害相用故.
瞋害別相准善應說.

어떤 것을 방해라고 하는가? 모든 유정에 대해서 마음에 자비심과 연민함이 없으며, 손뇌하는 것으로서 자성으로 삼고, 능히 방해하지 않음을 장애하여 핍뇌하는 것을 업으로 삼는다. 이를테면, 방해하는 사람은 다른 사람을 핍뇌하기 때문이다. 이것도 또한 성냄의 일부를 체상으로 삼는데, 성냄에서 벗어나면 별도로 방해의 행상과 작용이 없기 때문이다. 성냄과 방해의 별도의 행상은 善 심소법에 의거해서 교설된다.

云何爲憍. 於自盛事深生染著醉傲爲性. 能障不憍染依爲業.
謂憍醉者生長一切雜染法故. 此亦貪愛一分爲體. 離貪無別憍相用故.

어떤 것을 교만이라 하는가? 자신의 왕성한 자체에 대해서 매우 염오되고 탐착된 마음을 일으켜 심취하고 오만한 것으로서 자성으로 삼고, 능히 교만하지 않음을 장애하여 염오에 의지함을 업으로 삼는다. 말하자면, 교만에 심취한 사람은 일체의 염오법을 일으키고 증장시키기 때문이다. 이것도 또한 탐애의 일부를 체상으로 삼는데, 탐애에서 벗어나면 별도로 교만의 행상과 작용이 없기 때문이다.

云何無慚. 不顧自法輕拒賢善爲性. 能障礙慚生長惡行爲業.
謂於自法無所顧者輕拒賢善不恥過惡. 障慚生長諸惡行故.

어떤 것을 무참이라 하는가? 자신과 법을 회고하지 않고 현인과 선법을 경솔하게 거부하는 것으로서 자성으로 삼고, 능히 (자신의 행동에 대한) 부끄러움을 장애하여 악행을 일으켜 증장시키는 것을 업으로 삼는다. 말하자면, 자신과 법에 대해서 회고하지 않는 사람은 현인과 선법을 경솔하게 여기고 거부하며, 과도한 악행을 수치스럽게 여기지 않고 부끄러움을 장애해서 모든 악행을 일으켜 증장시키기 때문이다.

> 云何無愧. 不顧世間崇重暴惡爲性. 能障礙愧生長惡行爲業.
> 謂於世間無所顧者崇重暴惡不恥過罪. 障愧生長諸惡行故.
> 不恥過惡是二通相. 故諸聖教假說爲體.

어떤 것을 무괴라고 하는가? 세간을 회고하지 않고 난폭하고 악독함을 숭상하고 중하게 여기는 것으로서 자성으로 삼고, 능히 (남에 대한) 부끄러움을 장애하여 악행을 일으켜 증장시키는 것을 업으로 삼는다. 말하자면, 세간에 대해서 회고하지 않는 사람은 난폭하고 악독함을 숭상하고 중하게 여겨서, 과도한 죄를 수치스럽게 여기지 않고 부끄러움을 장애하여 모든 악행을 일으켜 증장시키기 때문이다.

과도한 악행을 수치스럽게 여기지 않는 것은 2가지의 공통된 행상이기 때문에, 모든 聖敎에서 가정적으로 (2가지의 별상을) 체상으로 삼는다는 것이다.

> 若執不恥爲二別相則應此二體無差別. 由斯二法應不俱生.
> 非受想等有此義故. 若待自他立二別者應非實有. 便違聖教
> 若許此二實而別起復違論說俱遍惡心.

만약에 수치스럽게 여기지 않는 것에 집착해서 2가지의 별상으로 삼는다면, 곧 이 2가지는 체상에 차별이 없어야 한다. 이렇기 때문에 2가지의 법은 당연히 함께 일어나지 않는데, 감정과 상상 등에 이러한 의미가 있는 것이 아니기 때문이다. 만약에 자[自身]과 법타[世間]를 期待해서 2가지의 차별을 건립한다면, 당연히 진실한 존재가 아니어서 곧 聖敎에 상위된다. 만약에 이 2가지가 진실하여 개별적으로 일어나는 것이 인정된다면, 다시 논장에서[66] 모두 포악한 마음에 두루 한다는 교설과 상위된다.[67]

不善心時隨緣何境 皆有輕拒善及崇重惡義故. 此二法俱遍惡心. 所緣不異無別起失.

선한 마음이 아닐 때에는 어떠한 경계를 수순하여 반연하더라도, 모두 선법을 경솔하게 여기고 거부하며 악행을 숭상하고 중하게 여기는 의미가 있기 때문에, 이 2가지의 법은 함께 포악한 마음에 두루 하고 소연이 다르지 않으므로 개별적으로 일어나는 과실은 없다.

然諸聖敎說不顧自他者. 自法名自世間名他. 或卽此中拒善崇惡. 於己益損名自他故. 而論說爲貪等分者. 是彼等流非卽彼性.

그런데 모든 聖敎에서 자타를 회고하지 않는다고 한 것에서, 자신과 법을

---

66) 『瑜伽師地論』 卷第58(『大正藏』 30, 622, 中).
67) 『新導成唯識論』 卷第6, p.272, "일어나거나 일어나지 않음이 있어서 악심에 두루 하지 않기 때문이다."(有起不起 非遍惡故.)

自라고 하고, 세간을 他라고 한다. 혹은 이 가운데서 선법을 거부하고 악행을 숭상한다는 것으로서, 자기에게 이익과 손해되는 것을 재[利益]태[損害]라고 하기 때문이다. 그렇지만 논장에서[68] 탐욕 등의 일부로 삼는다는 것은 그것의 등류로서 그것의 체성은 아니다.

云何掉擧. 令心於境不寂靜爲性. 能障行捨奢摩他爲業.

어떤 것을 들뜸[掉擧]이라 하는가? 마음으로 하여금 경계에 대해서 적정케 하지 않는 것으로서 자성으로 삼고, 능히 평정심[行捨]과 사마타[止念]를 장애하는 것을 업으로 삼는다.

有義掉擧貪一分攝. 論唯說此是貪分故. 此由憶昔樂事生故.
有義掉擧非唯貪攝. 論說掉擧遍染心故. 又掉擧相謂不寂靜.
說是煩惱共相攝故. 掉擧離此無別相故. 雖依一切煩惱假立.
而貪位增說爲貪分.

어떤 사람[第一師]은, 도거는 탐욕의 일부에 포함된다고 하는데, 논장에서[69] 오직 이것은 탐욕의 일부라고 하기 때문이고, 이것은 옛날에 즐거웠던 자체를 추억함으로 인하여 일어나기 때이라는 것이다. 또한 어떤 사람[第二師]은, 도거는 오직 탐욕에만 포함되는 것이 아닌데, 논장에서[70] 도거는 염오심에 두루 하기 때문이라는 것이다. 또한 도거의 행상은 적정하지 않는

---

68) 『瑜伽師地論』 卷第58(『大正藏』 30, 623, 上).
69) 『瑜伽師地論』 卷第55(『大正藏』 30, 604, 中).
70) 『大乘阿毘達磨雜集論』 卷第6(『大正藏』 31, 723, 上); 『瑜伽師地論』 卷第58(『大正藏』 30, 622, 中).

것인데, 번뇌의 공통된 행상에 포함되기 때문이라 하며, 도거는 이것을 벗어나면 별도로 행상이 없기 때문이라는 것이다. 비록 일체 번뇌에 의지하여 가립된 것일지라도 탐욕의 분위에서 증장되므로 탐욕의 일부로 삼는다는 것이다.

有義掉擧別有自性. 遍諸染心如不信等非說他分體便非實. 勿不信等亦假有故.

어떤 사람[第三師]은, 도거는 별도로 자성이 존재한다는 것이다. 즉, 모든 염오심에 두루 하여 마치 不信 등과 같이 다른 것의 일부라고 하므로, 자체[掉擧]는 곧 진실로 존재하지 않는 것이 아니고, 불신 등도 또한 가유가 아니기 때문이다.

而論說爲世俗有者. 如睡眠等隨他相說 掉擧別相謂卽囂動. 令俱生法不寂靜故. 若離煩惱無別此相 不應別說障奢摩他. 故不寂靜非此別相.

그런데 논장에서,[71] 세속에 존재한다는 것은 마치 수면 등과 같이 다른 것의 행상에 따라 교설한 것이라고 한다. 도거의 개별적인 행상은 바로 시끄럽게 거동하는 것으로서, 함께 일어나는 법[心王, 心所]으로 하여금 적정케 하지 않기 때문이다. 만약에 번뇌에서 벗어나므로 별도로 이것의 행상이 존재하지 않는다면, 당연히 개별적으로 사마타를 장애한다고 하지 않아야 한다.

---

71) 『瑜伽師地論』 卷第55(『大正藏』 30, 604, 中).

그러므로 적정하지 못하게 한다는 것은 이것의 개별적인 행상이 아니다.

云何惛沈. 令心於境無堪任爲性. 能障輕安毘缽舍那爲業.

어떤 것을 혼침이라 하는가? 마음을 경계에 대해서 堪任하지 못하게 하는 것을 자성으로 삼고, 능히 경안과 비파사나[觀察]를 장애하는 것을 업으로 삼는다.

有義惛沈癡一分攝. 論唯說此是癡分故. 惛昧沈重是癡相故.

어떤 사람[第一師]은, 혼침은 어리석음의 일부에 포함된다고 하는데, 논장에서[72] 오직 이것은 어리석음의 일부라고 하기 때문이고, 마음이 흐릿하고 어두우며 침륜되어 무거운 것이 어리석음의 행상이기 때문이다.

有義惛沈非但癡攝. 謂無堪任是惛沈相. 一切煩惱皆無堪任. 離此無別惛沈相故. 雖依一切煩惱假立而癡相增但說癡分

또한 어떤 사람[第二師]은, 혼침은 단지 어리석음에만 포함되지 않는다고 한다. 말하자면, 감임하지 못한다는 것은 바로 혼침의 행상이고, 일체 번뇌는 모두 감임하지 못하므로 이것에서 벗어나면 별도로 혼침의 행상이 없기 때문이다. 비록 일체 번뇌에 의지해서 가립되었다고 하더라도 어리석은 행상의 증장이므로, 단지 어리석음의 일부라고 한다.

---

72) 『瑜伽師地論』 卷第55(『大正藏』 30, 604, 中).

有義惛沈別有自性. 雖名癡分而是等流. 如不信等非卽癡攝.
隨他相說名世俗有. 如睡眠等是實有性.

어떤 사람[第三師]은, 혼침은 별도로 자성이 존재한다고 하는데, 비록 어리석음의 일부라고 하더라도 이것은 등류로서 마치 불신 등과 같이 어리석음에 포함되지 않는다. 다른 행상에 따른다면 세속에 존재한다고 해야 하므로 마치 수면 등과 같이 실유성인 것이다.

惛沈別相. 謂卽瞢重. 令俱生法無堪任故. 若離煩惱無別惛沈相. 不應別說障毘缽舍那. 故無堪任非此別相.

혼침의 별도의 행상이란, 이를테면, 어둡고 침중하여 함께 일어나는 법을 감임하지 못하게 하기 때문이다. 만약에 번뇌에서 벗어나면 별도로 혼침의 행상이 존재하지 않는다는 것은, 혼침이 별도로 비파사나를 장애한다고 하지 않아야 한다. 그러므로 감임하지 못하는 것은 이것의 개별적인 행상이 아니다.

此與癡相有差別者. 謂癡於境迷闇爲相. 正障無癡而非瞢重.
惛沈於境瞢重爲相. 正障輕安而非迷闇.

이것이 어리석음의 행상과 차별이 있다는 것은, 어리석음은 경계에 대해서 혼미하고 암매한 것을 행상으로 삼아서, 바로 어리석지 않음을 장애하지만 어둡고 침중한 것은 아니다. 혼침은 경계에 대해서 어둡고 침중한 것을 행상으로 삼아서, 바로 경안을 장애하지만 혼미하고 암매한 것은 아니다.

> 云何不信. 於實德能不忍樂欲心穢爲性. 能障淨信惰依爲業.
> 謂不信者多懈怠故. 不信三相翻信應知.

어떤 것을 不信이라 하는가? 실유와 덕 및 능력에 대해 깊이 안주하여 좋아하며 바라지 않아서 마음을 더럽히는 것을 자성으로 삼고, 능히 청정한 믿음을 장애하여 懈怠의 의지처가 되는 것을 업으로 삼는다. 말하자면, 불신이라는 것은 해태가 대부분이기 때문이고, 불신의 3행상[實有와 德 등]은 믿음의 반대로 알아야 한다.

> 然諸染法各有別相. 唯此不信自相渾濁. 復能渾濁餘心心所.
> 如極穢物自穢穢他. 是故說此心穢爲性.

그렇지만 모든 잡염법은 각각 별도의 행상이 존재하는데, 오직 이 불신만이 자체의 행상이 혼탁하고, 나아가 다른 마음과 심소법도 혼탁하게 한다. 마치 지극히 더러운 물건은 자체도 더럽고 다른 것도 더럽히는 것과 같다. 이렇기 때문에 이것은 마음을 더럽히는 것으로서 자성으로 삼는다.

> 由不信故於實德能不忍樂欲. 非別有性. 若於餘事邪忍樂
> 欲是此因果. 非此自性.

불신으로 인하기 때문에 실유와 덕 및 능력에 대해서 깊이 안주하고 좋아하며 바라지 않지만, 별도로 자성이 존재하는 것은 아니다. 만약에 다른[染法] 자체에 대해서 삿되게 깊이 안주하고 좋아하며 바란다면, 이것[不信]의 원인[忍]과 결과[樂, 欲]로서 이것의 자성은 아니다.

云何懈怠. 於善惡品修斷事中懶惰爲性. 能障精進增染爲業. 謂懈怠者滋長染故.

어떤 것을 해태라고 하는가? 선품과 악품을 수습하고 단절하는 자체 중에서 게으름을 자성을 삼고, 능히 정진을 장애하여 잡염법을 증장하는 것을 업으로 삼는다. 말하자면, 게으른 사람은 잡염을 증장하기 때문이다.

於諸染事而策勤者亦名懈怠. 退善法故. 於無記事而策勤者 於諸善品無進退故是欲勝解. 非別有性. 如於無記忍可樂欲 非淨非染無信不信.

모든 잡염법 자체에 대해서 책려하는 것도 또한 해태라고 하는데, 선법을 감퇴시키기 때문이다. 무기성의 자체에 대해서 책려하는 것은 모든 선품에 대해서 전진하거나 감퇴됨이 없기 때문에, 이것은 욕망과 승해로서 별도로 성품이 있는 것이 아니다. 마치 무기성을 忍可하고 좋아하며 바라는 것은 청정하거나 잡염되지도 않으며, 믿거나 믿지 않는 것도 아닌 것과 같다.

云何放逸. 於染淨品不能防修縱蕩爲性. 障不放逸增惡損善所依爲業. 謂由懈怠及貪瞋癡不能防修染淨品法. 總名放逸. 非別有體.

어떤 것을 방일이라 하는가? 염오와 청정품에 대해서 능히 방어하고 수습하지 않고 방탕하는 것으로서 자성으로 삼고, 방일하지 않음을 장애하여 악행을 증장하고 선법을 훼손시키는 소의처를 업으로 삼는다. 말하자면, 해태와 탐욕과 성냄 및 어리석음으로 인하여 능히 염오와 청정품의 법을 방어하고 수습하지 못하는 것을 전체적으로 방일이라 하지만, 별도로 체상이 있는 것은 아니다.

雖慢疑等亦有此能. 而方彼四勢用微劣障三善根遍策法故.
推究此相如不放逸.

비록 자만과 의심 등에도 또한 이 공능이 있다고 할지라도 그 4가지[懈怠, 貪, 瞋, 癡]에 비하여 세력과 작용이 미렬한데, 3선근[無貪, 無瞋, 無癡]과 두루 책려하는 법[精進]을 장애하기 때문이다. 이것의 행상을 추구하는 것은 불방일과 같다.

云何失念. 於諸所緣不能明記爲性. 能障正念散亂所依爲業.
謂失念者心散亂故

어떤 것을 失念이라 하는가? 모든 소연에 대해서 능히 분명하게 기억하지 않는 것으로서 자성으로 삼고, 올바른 기억을 장애하여 산란심의 의지처가 되는 것을 업으로 삼는다. 말하자면, 기억을 상실한 사람은 마음이 산란하기 때문이다.

有義失念念一分攝. 說是煩惱相應念故. 有義失念癡一分攝.
瑜伽說此是癡分故. 癡令念失故名失念. 有義失念俱一分攝.
由前二文影略說故. 論復說此遍染心故.

어떤 사람[第一師]은, 실념은 기억의 일부에 포함된다고 하는데, 논장에서[73] 이것은 번뇌와 상응하는 기억이라 했기 때문이다. 또한 어떤 사람[第二師]은, 실념은 어리석음의 일부에 포함된다고 하는데, 『유가론』에서[74] 이것은 어리석음의 일부라고 했기 때문이고, 어리석음은 기억을 상실케 하기 때문에 실념이라 한다는 것이다. 어떤 사람[第三師]은, 실념은 모두[念과 癡]의 일부에 포함된다고 하는데, 앞의 2논장에서 그림자처럼 생략[影略]하여 선설했기 때문이고, 다시 이것은 염오심에 두루 한다고 하기 때문이다.

云何散亂. 於諸所緣令心流蕩爲性. 能障正定惡慧所依爲業. 謂散亂者發惡慧故

어떤 것을 산란이라 하는가? 모든 소연에 대해서 마음을 馳流하고 방탕케 하는 것으로서 자성으로 삼고, 능히 올바른 선정을 장애하여 惡慧의 의지처가 되는 것을 업으로 삼는다. 말하자면, 마음이 산란한 사람은 악혜를 일으키기 때문이다.

有義散亂癡一分攝. 瑜伽說此是癡分故. 有義散亂貪瞋癡攝. 集論等說是三分故. 說癡分者遍染心故. 謂貪瞋癡令心流蕩勝餘法故說爲散亂

어떤 사람[第一師]은, 산란심은 어리석음의 일부에 포함된다고 하는데, 『유가론』[卷第55]에서 이것은 어리석의 일부라고 했기 때문이다. 또한 어떤 사

---

73) 『大乘阿毘達磨雜集論』 卷第1(『大正藏』 31, 699, 中).
74) 『瑜伽師地論』 卷第55(『大正藏』 30, 604, 中).

람[第二師]은, 산란은 탐, 진, 치에 포함된다고 하는데, 『集論』75) 등에서 이것은 3가지의 일부라고 했기 때문이다. 어리석음의 일부라고 한 것은 염오심에 두루하기 때문이다. 말하자면, 탐, 진, 치가 마음을 馳流하고 방탕케 하는 것이 다른 법보다 수승하기 때문에 산란이라 한다.

有義散亂別有自體 說三分者是彼等流 如無慚等非即彼攝
隨他相說名世俗有 散亂別相謂即躁擾 令俱生法皆流蕩故
若離彼三無別自體 不應別說障三摩地

어떤 사람[第三師]은, 산란에는 별도로 자체가 존재한다고 한다. 즉, 3가지의 일부라고 한 것은, 이것은 그것의 등류로서 무참 등과 같이 그것[三毒心]에 포함되는 것이 아니고, 다른 행상에 따르므로 세속적인 존재라고 한다. 산란심의 개별적인 행상은 바로 躁急하고 요란스러운 것으로서, 함께 일어나는 법을 모두 유탕하게 하기 때문이다. 만약에 그 3가지에서 벗어나 별도로 자체가 존재하지 않는다면, 당연히 개별적으로 삼마지를 장애한다고 하지 않아야 한다.

掉擧散亂二用何別 彼令易解此令易緣 雖一刹那解緣無易
而於相續有易義故 染汚心時由掉亂力常應念念易解易緣
或由念等力所制伏如繫猿猴 有暫時住故 掉與亂俱遍染心

도거와 산란의 2가지 작용은 어떻게 구별되는가? 그것[掉擧]은 (斷常 등의)

---

75) 『大乘阿毘達磨集論』卷第1(『大正藏』 31, 665, 中).

행상[解]을 變易하게 하고, 이것[散亂]은 반연을 변역하게 한다. 비록 한 찰나에서는 행상과 반연이 변역되지 않는다고 하더라도, 상속함에 있어서는 변역의 의미가 있기 때문이다. 염오심의 때에는 도거와 산란의 세력으로 인해서 항상 생각 생각마다 행상이 바뀌고 반연이 바꾸어지며, 혹은 기억 등의 세력으로 인해서 억제되고 조복되는 것이, 마치 원숭이를 묶어 놓은 것과 같이 잠시 머물 때도 있다. 그러므로 도거와 산란은 함께 염오심에 두루한다.

云何不正知. 於所觀境謬解爲性. 能障正知毀犯爲業. 謂不正知者多所毀犯故

어떤 것을 不正知라고 하는가? 관철되는 경계에 대해서 그릇되게 이해하는 것으로서 자성으로 삼고, 능히 바르게 了知하는 것을 장애하여 계율 등을 훼범하는 것을 업으로 삼는다. 말하자면, 바르지 알지 못하는 사람은 훼범하는 것이 많기 때문이다.

有義不正知慧一分攝. 說是煩惱相應慧故. 有義不正知癡一分攝. 瑜伽說此是癡分故. 令知不正名不正知. 有義不正知俱一分攝. 由前二文影略說故. 論復說此遍染心故.

어떤 사람[第一師]은, 부정지는 惡慧의 일부에 포함되는데, 이것은 번뇌와 상응하는 혜라고 하기 때문이라는 것이다. 또한 어떤 사람[第二師]은, 부정지는 어리석음의 일부에 포함된다고 하는데, 『유가론』에서 이것은 어리석음의 일부라고 하기 때문이고, 아는 것을 바르지 않게끔 하는 것을 부정지라고 한다는 것이다. 어떤 사람[第三師]은, 부정지는 2가지[慧, 癡]의 일부에 포함된다고 하는데, 앞의 2가지 내용에서 影略하여 교설했기 때문이고, 논장에서 다시 이것은염오심에 두루 한다고 했기 때문이라는 것이다.

與幷及言顯隨煩惱非唯二十. 雜事等說貪等多種隨煩惱故. 隨煩惱名亦攝煩惱. 是前煩惱等流性故. 煩惱同類餘染汚法但名隨煩惱. 非煩惱攝故.

(30송의 제13, 14)에서, 와[與], 아울러[幷], 및[及]이란 것은 수번뇌가 오직 20가지의 법만은 아니라는 것을 나타낸다. 『雜事經』 등에서, 탐욕 등 많은 성류의 수번뇌가 존재한다고 하기 때문이다. 수번뇌라는 명칭은 또한 근본번뇌도 포함하는데, 이것은 앞 근본번뇌의 등류의 성품이기 때문이다. 근본번뇌와 같은 성류인 다른 염오법을 단지 수번뇌라고만 한 것이므로[76] 근본번뇌에 포함되는 것은 아니기 때문이다.

唯說二十隨煩惱者謂非煩惱. 唯染麤故. 此餘染法或此分位或此等流. 皆此所攝 隨其類別如理應知.

(그러므로) 오직 20가지의 수번뇌라고만 한 것은, 근본번뇌[本惑]가 아니고 잡염법으로서 거칠기 때문이다. 이것에서 다른 잡염법은 이것의 분위이거나 등류이므로 모두 이것[20가지의 수번뇌]에 포함된다. 그 성류의 차별에 따라서 이치와 같이 알아야 한다.

---

76) 『瑜伽師地論』 卷第62(『大正藏』 30, 644, 下).

如是二十隨煩惱中. 小十大三定是假有. 無慚無愧不信懈
怠定是實有. 教理成故.

이와 같은 20가지의 수번뇌 중에서 소수번뇌의 10가지와 대수번뇌의 3가지[失念, 放逸 및 不正知는 반드시 가유이다. 무참과 무괴와 불신 및 해태는 반드시 실유로서 聖敎와 이치로서 성립되었기 때문이다.

掉擧惛沈散亂三種 有義是假. 有義是實. 所引理教如前應知.
二十皆通俱生分別. 隨二煩惱勢力起故.

도거와 혼침 및 산란의 3가지를 어떤 사람은 가유라고 하고, 어떤 사람은 실유라고 하는데[正義], 인용된 이치와 성교는 앞에서와 같음을 알아야 한다. 20가지의 법 전부는 구생과 분별기에 통하는데, 이 2가지 혹[장구생, 분별]의 세력에 따라서 일어나기 때문이다.

此二十中小十展轉定不俱起. 互相違故 行相麤猛各爲主故.
中二一切不善心俱. 隨應皆得小大俱起.

이 20가지의 법 중에서 소수번뇌의 10가지는 전전하여 반드시 함께 일어나지 않는데, 서로 상위되기 때문이고, 행상이 거칠거나 맹렬하여 각각의 주체가 되기 때문이다. 중수번뇌의 2가지는 일체의 불선심과 함께 하는데, (그) 상응되는 바에 따라서 모두 소수번뇌와 대수번뇌와 함께 일어난다.

論說大八遍諸染心. 展轉小中皆容俱起. 有處說六遍染心

> 者惛掉增時不俱起故. 有處但說五遍染者以惛掉等違唯善故.

논장에서,[77] 대수번뇌의 8가지는 모든 염오심에 두루 한다고 하며, 전전하여 소수번뇌나 중수번뇌와도 모두 함께 일어나는 것이 인정된다는 것이다.

어느 논장에서,[78] 6가지만이 염오심에 두루 한다는 것은, 혼침과 도거가 증장될 때에는 함께 일어나지 않기 때문이라는 것이다. 또한 어느 논장에서,[79] 단지 5가지[惛沈, 掉擧, 不信, 懈怠 및 放逸]만이 염오심에 두루 한다는 것은, 혼침과 도거 등은 오직 선법[輕安과 行捨 등]에만 상위되기 때문이라는 것이다.

> 此唯染故非第八俱. 第七識中唯有大八. 取捨差別如上應知.
> 第六識俱容有一切. 小十麤猛五識中無. 中大相通五識容有.

이것[20가지의 수혹]은 오직 염오법뿐이기 때문에 제8식과는 함께 하지 않으며, 제7식 중에는 오직 대수번뇌의 8가지 법만이 존재하는데, 취득과 버리는 차별은 앞[권제4]에서와 같이 알아야 한다. 제6식과 함께 하는 것은 일체의 수번뇌인 것이 인정되며, 소수번뇌의 10가지는 거칠거나 맹렬해서 5식 중에는 존재하지 않고, 중수번뇌와 대수번뇌와는 행상이 통하므로 5식에도 존재하는 것이 인정된다.

> 由斯中大五受相應. 有義小十除三. 忿等唯喜憂捨三受相應.

---

77) 『瑜伽師地論』 卷第58(『大正藏』 30, 622, 中).
78) 『瑜伽師地論』 卷第55(『大正藏』 30, 604, 上).
79) 『大乘阿毘達磨雜集論』 卷第6(『大正藏』 31, 723, 上).

諂誑憍三四俱除苦 有義忿等四俱除樂. 諂誑憍三五受俱起.
意有苦受前已說故. 此受俱相如煩惱說.

이러하므로 중수번뇌와 대수번뇌는 5가지의 감정과 상응한다. 어떤 사람[第一師]은, 소수번뇌의 10가지에서 3가지[諂, 誑, 憍]를 제외한 분노 등은 오직 희수와 우수 및 사수의 3가지 감정과만 상응하고, 아첨과 속임 및 교만의 3가지는 고수를 제외한 4가지의 감정과 함께 한다는 것이다. 또한 어떤 사람[第二師]은, 분노 등은 낙수를 제외한 4가지의 감정과 함께 하고, 아첨과 속임 및 교만의 3가지는 5가지의 감정과 함께 일어나는데, 지옥의 意識에 고수가 존재한다는 것은 앞에서 교설했기 때문이라는 것이다. 이 감정과 함께 하는 행상은 근본번뇌에서 교설한 것과 같다.

實義如是 隨麤相說[若隨麤相][80] 忿恨惱嫉害憂捨俱. 覆慳
喜捨餘三增樂. 中大隨麤亦如實義.

심세한 의미는[81] 이와 같다. 만약에 거친 행상에 따라서 교설한다면, 분노와 원한과 고뇌와 질투 및 방해는 우수와 사수와 함께 하고, 가림과 인색은 희수 및 사수와 함께 하며, 다른 3가지[諂, 誑, 憍]에서는 낙수를 증장시킨다. 중, 대수번뇌는 거친 행상에 따른다는 것도 또한 심세한 의미와 같다.

如是二十與別境五皆容俱起不相違故. 染念染慧雖非念慧俱.

---

80) 『新導成唯識論』 卷第6, p.279, "'隨麤相說'은 '若隨麤相'로 된다."(隨麤相說作若隨麤相.)
81) 『新導成唯識論』 卷第6, p.279, "實義라는 것은 審細한 의미이다."(實義者審細義.)

而癡分者亦得相應故. 念亦緣現曾習類境. 忿亦得緣剎那
過去故. 忿與念亦得相應. 染定起時心亦躁擾. 故亂與定相
應無失.

이와 같은 20가지는 별경의 5가지와 모두 함께 일어나는 것이 인정되는데, 상위되지 않기 때문이다. 염오의 기억과 악혜가 비록 기억과 혜와는 함께 하지 않지만, (이 2가지의) 어리석음의 일부失念, 不正知와는 또한 상응하기 때문이다. 기억은 현재와 과거에 습득했던 성류의 경계도 반연하며, 분노 또한 찰나에 과거도 반연하기 때문에 분노는 기억과도 역시 상응한다. 염오의 선정이 일어날 때에는 마음도 또한 조급하고 요란스럽기 때문에 산란심이 선정과 상응한다는 것은 과실이 없다.

中二大八十煩惱俱. 小十定非見疑俱起. 此相麤動彼審細故.

중수번뇌의 2가지와 대수번뇌의 8가지는 10가지의 근본번뇌와 함께 하고, 소수번뇌의 10가지는 반드시 악견 및 의심과는 함께 일어나지 않는데, 이것[小]은 행상이 거칠고, 그것[見, 疑]은 심세하기 때문이다.

忿等五法容慢癡俱. 非貪恚並是瞋分故. 慳癡慢俱非貪瞋
並是貪分故.

분노 등[恨, 惱, 嫉, 害]의 5가지의 법은 자만 및 어리석음과는 함께 하는 것이 인정되지만, 탐욕 및 성냄과는 함께 하지 않는데, 이것들[忿等]은 성냄의 일부이기 때문이다. 인색은 어리석음 및 자만과 함께 하고, 탐욕 및 성냄과는 함께 하지 않는데, 이것은 탐욕의 일부이기 때문이다.

憍唯癡俱. 與慢解別是貪分故. 覆誑與諂貪癡慢俱. 行相無
違貪癡分故.

교만은 오직 어리석음과만 함께 하는데, 자만과는 행상이 다르고, 이것
[憍]은 탐욕의 일부이기 때문이다. 가림과 속임 및 아첨은 탐욕과 어리석음
및 자만과 함께 하는데, 행상이 거스르지 않고 탐욕과 어리석음의 일부이기
때문이다.

小七中二唯不善攝. 小三大八亦通無記. 小七中二唯欲界攝.
誑諂欲色. 餘通三界.

소수번뇌 중의 7가지와 중수번뇌의 2가지는 오직 불선법에 포함되고, 소수번
뇌 중의 3가지[諂, 誑, 憍외82) 대수번뇌의 8가지는 유부무기성에도 통한다. 소수
번뇌의 7가지와 중수번뇌의 2가지는 오직 욕계에만 포함되고, 속임과 아첨은
욕계와 색계에 통하며, 다른 것[憍 및 大隨의 8가지]은 (모두) 3계에 통한다.

生在下地容起上十一. 耽定於他起憍誑諂故. 若生上地起
下後十. 邪見愛俱容起彼故. 小十生上無由起下. 非正潤生
及謗滅故.

下地에서 발생되어 존재하면 上地의 11가지 법[大隨의 8, 憍, 誑, 諂]을 일으

---

82) 『新導成唯識論』卷第6, p.280, "아첨과 속임은 색계에도 통하여 존재하고, 교만은 무색계에
통하여 존재한다."(諂誑通色界有 憍通無色有.)

키는 것이 인정되는데, (上地의) 선정에 탐익하여 다른 곳에서[83] 교만과 속임 및 아첨을 일으키기 때문이다.

만약에 상지에서 발생되면 하지의 뒤 10가지 법[中隨의 2, 大隨의 8]을 일으키는데,[84] 사견 및 갈애와 함께 그것들을 일으키는 것이 인정되기 때문이다. 소수번뇌의 10가지가 (곧) 상지에서 발생되면 하지의 것을 일으킬 이유가 없는데, 바로 윤생하고 적멸을 비방하는 것이 아니기 때문이다.

中二大八下亦緣上. 上緣貪等相應起故. 有義小十下不緣上.
行相麤近不遠取故. 有義嫉等亦得緣上. 於勝地法生嫉等故.

중수번뇌의 2가지와 대수번뇌의 8가지는 하지에서 또한 상지를 반연하는데, 상지를 반연하는 탐욕 등과 상응하여 일어나기 때문이다.

어떤 사람[第一師]은, 소수번뇌의 10가지는 하지에서 상지를 반연하지 못하는데, 행상이 거칠고 친근하여 멀리서 연취하지 못하기 때문이라는 것이다. 또한 어떤 사람[第二師]은, 질투 등도 역시 상지를 반연하는데, 수승한 지위와 법에 대해서 질투 등을 일으키기 때문이라는 것이다.

大八諂誑上亦緣下. 下緣慢等相應起故. 梵於釋子起諂誑故.
憍不緣下非所恃故.

대수번뇌의 8가지와 아첨 및 속임은 상지에서 또한 하지도 반연하는데,

---

83) 『新導成唯識論』卷第6, p.280, "욕계의 生에 대해서 속임과 아첨을 일으키기 때문이다."(於欲界生 起諂誑故.)
84) 『述記』卷第6 末(『大正藏』43, 464, 上), "중유의 사견과 함께 하는 무참 등의 2가지가 있고, 윤생의 갈애와 함께 하는 뒤의 8가지가 있기 때문이다."(中有邪見俱有無慚等二 潤生愛俱有後八故.)

하지를 반연하는 자만 등과 상응하여 일어나기 때문이고, 범천왕이 세존의 제자에게 아첨과 속임수를 일으켰기 때문이다.[85] 교만은 하지를 반연하지 못하는데, (하지는) 믿을 것[경계]이 아니기 때문이다.

二十皆非學無學攝. 此但是染彼唯淨故. 後十唯通見修所斷.
與二煩惱相應起故. 見所斷者隨迷諦相或總或別煩惱俱生.
故隨所應皆通四部. 迷諦親疏等皆如煩惱說.

20가지의 법은 모두 유학과 무학에는 포함되지 않는데, 이것들은 단지 염오법이고, 그것[유학, 무학]은 오직 청정법이기 때문이다. 뒤의 10가지의 법은 오직 견소단과 수소단에만 통하는데, 2가지의 번뇌[分別과 俱生]와 상응하여 일어나기 때문이다. 견소단의 것은 4성제의 형상에 미혹하거나 전체나 개별적인 근본번뇌에 따라서 함께 일어난다. 그러므로 상응되는 것에 따라서 모두 4성제의 일부에 통한다. 4성제에 미혹한 친근한 것과 소원한 것 등은 모두 근본번뇌에서 선설한 것과 같다.

前十 有義唯修所斷. 緣麤事境任運生故 有義亦通見修所斷.
依二煩惱勢力起故. 緣他見等生忿等故. 見所斷者隨所依
緣總別惑力皆通四部.

앞의 10가지의 법을 어떤 사람은, 오직 수소단일 뿐으로 거친 자체의 경

---

85) 『新導成唯識論』 卷第6, p.281, "梵王이 馬勝의 손을 잡은 것『俱舍論』 권제4]은 아첨과 속임수이기 때문이다. 이것이 본질에 의거한 영상과 같은 것이라면, 모든 것은 오직 자신의 경계로서 자기의 마음에 속하되기 때문이다."(梵王執馬勝手 是諂誑故 此據本質 若影像者 皆唯自地屬自心故.)

계를 반연하여 임운하게 일어나기 때문이라는 것이다.

[정의] 어떤 사람도, 역시 견소단과 수고단에 통하는데, 2가지의 본혹의 세력에 의지하여 일어나기 때문이고, 남의 악견 등을 반연하여 분노 등을 일으키기 때문이다. 견소단은 그 소의와 소연되는 전체와 개별적인 번뇌의 세력에 따라서 모두 4성제의 일부에 통한다는 것이다.

> 此中 有義忿等但緣迷諦惑生非親迷諦. 行相麤淺不深取故
> 有義嫉等亦親迷諦. 於滅道等生嫉等故.

이 가운데서 어떤 사람은, 분노 등은 단지 4성제에 미혹한 번뇌를 반연하여 일어나는 것으로서 직접 4성제에 미혹한 것은 아닌데, 행상이 거칠고 얕아서 깊이 연취하지 못하기 때문이라는 것이다. 또한 어떤 사람은, 질투 등도 역시 바로 4성제에 미혹한데, 멸제와 도제 등에 대해서 질투 등을 일으키기 때문이라는 것이다.

> 然忿等十但緣有事. 要託本質方得生故. 緣有漏等准上應知.

그러나 분노 등의 10가지는 단지 유위법[有事]만을 반연하는데,[86] 요컨대 본질에 가탁해서 비로소 발생되기 때문이다. 유루법 등을 반연하는 것도 위에 준해서 알아야 한다.

- 끝 -

---

86) 『述記』卷第6 末(『大正藏』43, 465, 上), "아견과 함께는 하지 않지만 아견과 함께 하는 마음 등은 無事[무위법]를 반연한다고 하는데, 본질적으로 자아는 존재하지 않기 때문이다. 이것은 아집하는 마음의 본질에 의거하여 無事를 반연한다고 한다."(不與我見俱 我見俱心等名緣無事 本質我無故 此據人執心本質名緣無事.)

第7卷
『成唯識論』

卷第7 『成唯識論』

已說二十隨煩惱相. 不定有四. 其相云何. 頌曰.
(14) 不定謂悔眠　尋伺二各二.

【不定】

이미 20가지의 수번뇌에 관한 체상을 선설하였다. 부정 심소법에는 4가지가 있는데, 그 체상은 어떠한가? 게송으로 말하면 다음과 같다.

부정 심소법은 후회와 수면과 심구 및 사찰로서
2가지[悔眠와 尋伺]에 각각 2가지[善,染汚]씩이다.

論曰. 悔眠尋伺於善染等皆不定故. 非如觸等定遍心故. 非如欲等定遍地故. 立不定名.

논술하자면, 후회와 수면과 심구 및 사찰은 선법 및 염오법 등에 대해서 모두 일정하지 않기 때문이다.[1] 즉, 접촉 등이 일정하게 마음에 두루 하는

---

[1] 『新導成唯識論』卷第7, p.295, "성류가 3성에 걸쳐서 일정하게 한 성류가 아니기 때문에 부정

것과 같지 않기 때문이고, 욕망 등이 일정하게 9地[欲界, 色界 및 無色界]에 두루 하는 것과 같지 않기 때문에[2] 부정이라는 명칭을 건립한다.

> 悔謂惡作. 惡所作業 追悔爲性. 障止爲業. 此卽於果 假立因名. 先惡所作業 後方追悔故. 悔先不作 亦惡所攝. 如追悔言我先不作如是事業. 是我惡作.

후회라는 것은 악작을 말하는데,[3] (이전에) 지은 업을 싫어해서 (뒷날에) 뉘우치는 것으로서 자성으로 삼고, 삼마태(止)를 장애하는 것을 업으로 삼는다. 이것은 바로 (뉘우침의) 결과에 대해서 원인[惡作]의 명칭을 가립한 것인데, 먼저 지은 업을 싫어해서 뒤에 마침내 뉘우치기 때문이다. 이전에 짓지 않았던 것을 후회하는 것도 또한 악작에 포함된다. 마치 자기가 이전에 이와 같은 자체의 업을 짓지 않은 것은, 바로 자기의 잘못된 짓이라고 후회하여 말하는 것과 같다.

> 眠謂睡眠. 令身不自在昧略爲性. 障觀爲業. 謂睡眠位身不

이라 하고, 3계와 심식에 존재하거나 않기도 하여 일정하지 않기 때문에 부정이라 한다."(性者亘三性不定一性故名不定 界識者有無不定故名不定.)

2) 圓測 撰, 『成唯識論測疏』卷第7, "말하자면, 변행의 5가지는 반드시 8識에 두루 하고, 별경의 5가지와 같은 것은 9地에 두루 하는데, 후회와 수면 등 4가지는 2위치와 같지 않기 때문에 부정이라 한다."(謂徧行五定徧八識 若別境五定徧九地 悔眠等四非如二位 故名不定.)

3) 『述記』卷第7 本(『大正藏』43, 466, 上~中), "후회를 악작이라 한 것은 체성이 바로 원인으로서, 모든 논장에서 악작이라 한 것은 바로 이것[悔]이다. 악작은 후회가 아니고 후회의 체성이 뒤에 뉘우치는 것이 이것[惡作]이다. — 악작의 체성은 무엇으로서 자성으로 삼는가? 악작은 싫어함으로서 지은 업을 싫어한 것이다. 모든 지어진 업을 마음으로 싫어하고서, 이것을 뒤에 뉘우치는 것이 바야흐로 후회의 체성이다."(悔謂惡作者 以體卽因 卽諸論說惡作者是 惡作非悔 悔之體性追悔者是 — 惡作之體以何爲性 惡者嫌也 卽嫌惡所作業 諸所作業起心嫌惡 已而追悔之方是悔性.)

自在心極闇劣. 一門轉故. 昧簡在定. 略別寤時. 令顯睡眠
非無體用. 有無心位假立此名. 如餘蓋纏心相應故.

　　면이라는 것은 수면을 말하는데, 몸이 자재하지 못하고 (마음을 극도로) 어둡고 輕(疏)略하게끔 하는 것으로서[4] 자성으로 삼고, 관찰[毘鉢舍那]을 장애하는 것을 업으로 삼는다.

　　말하자면 수면의 위치에서는 몸을 자재하지 못하게 하고, 마음을 극도로 어둡게 하며, (오직) 한 의식[一門]만이 전전하기 때문이다. 어둡다는 것[昧]은 선정에 든 것과 구별되고, 輕略하다는 것은 깨어 있을 때의 두루 미침[周悉]과 구별되며,[5] 하게 한다는 것[令]은 수면에는 체상과 작용이 없지 않다는 것을 나타낸다. (비록) 5무심위에 존재한다고 하더라도 (또한) 이[極睡眠의] 명칭을 가립하는데,[6] 다른 것과 같이 덮고[五蓋] 얽어매어서[八纏] 마음과 상응해야 하기 때문이다[그러므로 반드시 체상과 작용이 존재한다].[7]

---

4) 『述記』卷第7 本(『大正藏』43, 466, 下), "이것은 몸으로 하여금 자재하지 못하게 하여 앉으면 졸기 때문이다. 내지는 능히 다른 것이 요동쳐도 깨닫지 못한 것과 같기 때문이다. 이것은 마음으로 하여금 극도로 어둡고 輕略하게 하는 것으로서 자성으로 삼는데, 분명하고 예리하게 침중하지 못하기 때문이다."(此令身不自在 坐亦睡眠 乃至能他搖動亦不覺等故. 此心極闇昧輕略爲性 不明利沈重故.) ; 『成唯識論觀心法要』卷第7[『卍新纂續藏經』第51冊(2009), p.385, 下, "마음이 지극히 암열하므로 어둡다고 하며, 오직 한 門[意識]만이 전전하므로 소략이라 하는데, 같은 때의 의식이 두루 내외의 6근문을 향하여 전전하는 것을 덮는다. 이 독두의식은 오직 내부의 한 문만을 향하여 전전하고, 외부의 5문은 생략되어 존재하지 않는다."(心極闇劣故名昧 唯一門轉故名略 蓋同時意識 遍向內外六根門轉 今獨頭意識 唯向內一門轉 略無外五門也.)
5) 『成唯識論觀心法要』卷第7[『卍新纂續藏經』第51冊(2009), p.385, 下, "輕略이란 깨어 있을 때의 두루 미침과 구별된다."[略別寤時(之周悉).]
6) 『述記』卷第7 本(『大正藏』43, 467, 上), "세간과 경전에서 5무심위에 존재하는 것을 또한 극수면이라 하는데, 이것은 가립된 것이다."(世間・聖敎 有於無心之位亦名睡眠. 此假立也.)
7) 『成唯識論觀心法要』卷第7[『卍新纂續藏經』第51冊(2009), p.385, 下, "此(極重睡眠之)名一(故亦定有體用也)."

有義此二唯癡爲體. 說隨煩惱及癡分故. 有義不然亦通善故.
應說此二染癡爲體. 淨卽無癡. 論依染分說隨煩惱及癡分攝.

어떤 사람은, 이 2가지[後悔와 睡眠]는 오직 어리석음으로서 체성으로 삼는데, (『유가론』에서 이것은) 수번뇌 및 어리석음의 일부라고 하기 때문이라는 것이다.[8] 또한 어떤 사람은, 그렇지 않는데, 역시 善性에도 통하기 때문이다. 당연히 이 2가지가 (만약에) 염오법이라면 어리석음으로서 체성으로 삼지만, 청정법이라면 곧 어리석지 않는 것으로서 (체성으로) 삼아야 한다. 논장에서도 염오법의 일부에 의지하므로 수번뇌 및 어리석음의 일부에 포함된다고 한다는 것이다.

有義此說亦不應理. 無記非癡無癡性故. 應說惡作思慧爲體.
明了思擇所作業故. 睡眠合用思想爲體. 思想種種夢境相故.

어떤 사람은, 이 주장도 역시 이치에 맞지 않는데, 무기성은 어리석음이나 어리석음이 아닌 성품이 아니기 때문이다. 악작은 생각과 혜[惡見](의 각 일부)로서 체성으로 삼는데, 지은 업을 분명하게 알고[慧] 생각으로 간택하기[思] 때문이라 해야 한다. 수면은 생각과 상상(의 일부)을 합쳐서 활용하여 체성으로 삼는데, 갖가지 꿈의 경계에 관한 형상들을 생각하고 상상하기 때문이라는 것이다.

論俱說爲世俗有故. 彼染污者是癡等流. 如不信等說爲癡分.

---

8) 『瑜伽師地論』 卷第55(『大正藏』 30, 604, 中).

有義彼說理亦不然. 非思慧想纏彼性故, 應說此二各別有體
與餘心所行相別故 隨癡相說名世俗有.

논장에서도,[9] 모두 세속적인 존재라고 하기 때문이다. 그것[悔, 眠]이 염오법이라는 것은 바로 어리석음의 등류이므로 마치 不信 등과 같이 어리석음의 일부라고 한다는 것이다.
[정의] 또한 어떤 사람은, 그 주장도 이치가 또한 그렇지 않다. 생각과 혜 및 상상은 얽어맴[纏]이나 그것[悔, 眠]의 성품이 아니기 때문이다. 당연히 이 2가지는 각각 별도로 체성이 존재한다고 해야 하는데, 다른 심소법과는 행상이 다르기 때문이다. (다만) 어리석음의 행상에 따라 선설하여 세속적인 존재라고 한 것이다.

尋謂尋求. 令心怱遽於意言境麤轉爲性. 伺謂伺察. 令心匆
遽於意言境細轉爲性.

尋이란 尋求를 말하는데, 마음을 부산하게끔 하여 意言의 경계[10]에 대해서 거칠게 전전하는 것을 체성으로 삼는다. 伺란 伺察로서, 마음을 부산하게끔 하여 의언의 경계에 대해서 심세 하게 전전하는 것을 체성으로 삼는다.

此二俱以安不安住身心分位所依爲業. 並用思慧一分爲體.
於意言境不深推度及深推度義類別故. 若離思慧尋伺二種

---

9) 『瑜伽師地論』 卷第55(『大正藏』 30, 604, 中).
10) 『新導成唯識論』 卷第7, p.296, "일체 제법을 경계로 한다."(一切法名境也.)

體類差別不可得故.

　이 2가지는 함께 편안하거나 편안하지 않게 머물러 몸과 마음의 분위의 의지처가 되는 것을 업으로 삼는다.[11] 아울러 생각과 혜의 (각각의) 일부를 합쳐서 활용하여 체성으로 삼는데, 의언의 경계에 대해서 깊이 추탁하지 않거나[尋求] 깊이 추탁하는[伺察] 의미의 성류가 다르기 때문이다. 만약에 생각과 혜에서 벗어난다면, 곧 심구와 사찰의 2가지는 체성의 성류에 차별되는 것이 있을 수 없기 때문이다.

二各二者. 有義尋伺各有染淨二類差別. 有義此釋不應正理.
悔眠亦有染淨二故. 應說如前諸染心所有是煩惱隨煩惱性.
此二各有不善無記. 或復各有纏及隨眠.

　(제14송에서) 2가지에 각각 2가지씩이라 한 것에 관하여, 어떤 사람은, 심구와 사찰에 각각 염오와 청정의 2성류의 차별됨이 있다는 것이다. 또한 어떤 사람[第二師]은, 이러한 해석은 바른 이치에 맞지 않는데, 후회와 수면에도 또한 염오와 청정의 2가지가 있기 때문이다. 당연히 (尋, 伺가 하나이고, 悔, 眠도 하나라고 한) 앞에서와 같이 모든 잡염의 심소법에 근본번뇌와 수번뇌의 성품이 있고, (이제) 이 2가지[번뇌와 수번뇌]에 각각 불선과 무기

---

11) 『述記』卷第7 本(『大正藏』43, 468, 上), "몸과 마음이 만약에 편안할 때에는 느리고 완만한 것을 업으로 삼고, 몸과 마음이 불안할 때에는 부산한 것을 업으로 삼는다. 모두 생각과 혜에 통하며, 혹은 생각을 편안이라 하는데, 느리고 심세하기 때문이고, 사량하는 성품이기 때문이다. 혜는 불안이라 하는데, 급하고 거칠기 때문이고, 간택하는 성품이기 때문이다. 몸과 마음이 전후로 편안하거나 불안함이 있는 것은, 모두 심구와 사찰에 의지하기 때문에 소의처라고 한다."(身心若安 徐緩爲業 身心不安 匆遽爲業 俱通思惠 或思名安 徐而細故 思量性故 惠名不安 急而麤故 簡擇性故 身·心前後有安·不安 皆依尋·伺故名所依.)

가 있으며, 혹은 다시 각각[번뇌와 수번뇌]에 (현행의) 얽어맴[纏]과 수면(종자)이 존재한다고 해야 한다는 것이다.

有義彼釋亦不應理. 不定四後有此言故. 應言二者顯二種二. 一謂悔眠. 二謂尋伺. 此二二種種類各別. 故一二言顯二二種

어떤 사람[安慧]은, 그 해석도 역시 바른 이치가 아닌데, 부정 심소법의 4가지 다음에 (곧) 이 내용[二各二]이 있기 때문이다. 당연히 (게송에서 처음의) 2가지라고 한 것은 2가지의 둘을 나타낸다고 해야 하는데, 1가지는 후회와 수면이고, 다른 1가지는 심구와 사찰이다. 이 둘의 2가지는 그 종류가 각각 다르기[悔와 眠의 차별, 尋과 伺의 차별] 때문에 1가지의 둘이라는 것은 곧 둘의 2가지를 나타낸다.

此各有二. 謂染不染. 非如善染各唯一故. 或唯簡染故說此言. 有亦說爲隨煩惱故. 爲顯不定義說二各二言. 故置此言深爲有用.

이것에 각각 2가지가 있으니, 염오와 염오되지 않은 것을 말하는데, 마치 (11가지의) 선법과 (26가지의) 염오법의 각각에는 오직 1가지만의 성품인 것과는 다르기 때문이다. 혹은 오직 염오법만을 간택하기 위하여 이 내용[二各二]을 선설한 것으로서, 어느 논장에서는[12] 또한 (이 부정의 4법을) 수번뇌라고 하기 때문이다. (특히) 부정 심소법의 의미를 드러내기 위해서 이 2가

---

12) 『瑜伽師地論』 卷第55(『大正藏』 30, 604, 上).

지에 각각 2가지라고 한 것이다. 그러므로 이 내용을 시설한 것은 심오한 작용이 존재한다는 것이다.

> 四中尋伺定是假有. 思慧合成聖所說故. 悔眠有義亦是假有. 瑜伽說爲世俗有故.

4가지 중에서 심구와 사찰은 반드시 가유로서 생각과 혜가 화합해서 성립된다고 경전에서 선설하기 때문이다. 후회와 수면에 관하여 어떤 사람은 역시 가유로서 『유가론』에서 세속에 존재한다고 했기 때문이라는 것이다.[13]

> 有義此二是實物有. 唯後二種說假有故. 世俗有言隨他相說非顯前二定是假有. 又如內種體雖是實而論亦說世俗有故.

[정의] 어떤 사람은, 이 2가지[悔, 眠]는 실물로 존재하고, 오직 뒤의 2가지[尋, 伺]만을 가유라고 했기 때문이다. 세속에 존재한다는 것은 다른 체상에 따라서 선설한 것으로서 앞의 2가지도 반드시 가유라는 것을 나타낸 것은 아니다. 또한 마음의 종자 자체가 비록 실재한다고 하더라도 논장에서[14] 또한 세속에 존재라고 한 것과 같기 때문이다.

> 四中尋伺定不相應. 體類是同麤細異故. 依於尋伺有染離染立三地別. 不依彼種現起有無故無雜亂.

---

13) 『瑜伽師地論』 卷第55(『大正藏』 30, 604, 中).
14) 『瑜伽師地論』 卷第52(『大正藏』 30, 589, 上).

4가지 중에서 심구와 사찰은 결코 상응하지 않는데, 체상과 성류는 같지만 거칠거나 미세하여 다르기 때문이다. 심구와 사찰의 (현행의) 염오성이 있음과 염오성을 여읜 것에 의지해서 3지위[有尋有伺地 등]의 차별을 건립하는 것이지,[15] 그 (尋, 伺의) 종자와 현행의 있고 없음에 의지하는 것이 아니기 때문에 잡란하지 않는다.

  俱與前二容互相應. 前二亦有互相應義. 四皆不與第七八俱.
  義如前說. 悔眠唯與第六識俱非五法故.

  (이들은) 모두 앞의 2가지[悔, 眠]와 서로 상응되는 것이 인정되고, 앞의 2가지도 또한 상호간에 상응되는 의미가 있어야 한다. 4가지 모두는 제7식 및 제8식과는 함께 하지 않는데, 그 의미는 앞[卷第3, 4]에서 선설한 것과 같다. 후회와 수면은 오직 제6식과만 함께 하는데, 전5식과 상응하는 법[5法]에는 존재하지 않기 때문이다.

  有義尋伺亦五識俱. 論說五識有尋伺故. 又說尋伺卽七分
  別謂有相等. 雜集復言. 任運分別謂五識故. 有義尋伺唯意
  識俱. 論說尋求伺察等法皆是意識不共法故.

---

15) 『新導成唯識論』卷第7, p.298, "3地의 不同은 界地의 상하에 의거하고, 계지의 차별은 추세에 의거하며, 추세의 행상은 잡염법의 세력에 의거한다."(三地不同依界地上下 界地差別依麤細 麤細相依染法力.)

어떤 논장에서는, 심구와 사찰도 역시 전5식과 함께 한다고 하는데,『유가론』에서[16] 전5식에 심구와 사찰이 존재한다고 하기 때문이다. 또한,[17] 심구와 사찰은 바로 7가지의 분별로서 형상의 있음[有相]과 형상의 없음[無相] 등과 같은 것을 말하는데,『잡집론』에서[18] 임운분별이란 전5식을 말한다고 하기 때문이다. 또 다른 견해로서, 심구와 사찰은 오직 意識과만 함께 하는데, 논장에서[19] 심구와 사찰 등과 같은 법은 모두가 의식의 不共法이기 때문이라는 것이다.

> 又說尋伺憂喜相應. 曾不說與苦樂俱故. 捨受遍故可不得說.
> 何緣不說與苦樂俱. 雖初靜慮有意地樂. 而不離喜總說喜名.
> 雖純苦處有意地苦. 而似憂故總說爲憂.

또한,[20] 심구와 사찰은 憂受와 喜受와만 상응하는데, 일찍이 苦受와 樂受와는 함께 한다고 하지 않기 때문이다. 捨受는 두루 하기 때문에 선설하지 않는다고 해도 어떠한 緣故로 고수와 낙수와는 함께 한다고 하지 않는가? 비록 첫 靜慮에는 意識[意地]의 낙수가 있다고 하더라도 희수를 여의지 못하므로 전체적으로 희수라고 한다. 純大의 苦處에도 의식의 고수가 있다고 하더라도 우수와 유사하기 때문에 전체적으로 우수라고 한다.

> 又說尋伺以名身等義爲所緣. 非五識身以名身等義爲境故.

---

16) 『瑜伽師地論』 卷第56(『大正藏』 30, 610, 下).
17) 『瑜伽師地論』 卷第5(『大正藏』 30, 302, 中).
18) 『大乘阿毘達磨雜集論』 卷第2(『大正藏』 31, 703, 上).
19) 『瑜伽師地論』 卷第1(『大正藏』 30, 280, 中).
20) 『瑜伽師地論』 卷第5(『大正藏』 30, 302, 下).

然說五識有尋伺者. 顯多由彼起非說彼相應. 雜集所言任
運分別謂五識者. 彼與瑜伽所說分別義各有異. 彼說任運
卽是五識. 瑜伽說此是五識俱分別意識相應尋伺. 故彼所
引爲證不成. 由此五識定無尋伺.

또한,[21] 심구와 사찰은 名身[名稱의 모임], 句身 등[能詮]과 의미[所詮]를 소연경으로 삼는다고 하는데, 5식은 名身 등과 의미를 소연경으로 삼는 것이 아니기 때문이다. 그렇지만 (『유가론』에서) 5식에 심구와 사찰이 존재한다는 것은 (이 尋, 伺의) 대부분이 그것[率爾 등 5心의 견인]으로 원인하여 일어나는 것을 나타낸 것이지, 그것[5識]과 상응한다는 것은 아니다.[22] 『잡집론』에서,[23] 임운분별이란 것이 5식임을 말한다는 것은 그것과 『유가론』에서 선설한 분별과는 의미가 각각 다른 점이 있다. 거기『잡집론』에서는 임운분별이 바로 5식이라고 하지만, 『유가론』에서는 이것[7種 분별]을 5식과 함께 일어난 분별의식과 상응하는 심구와 사찰이라 한 것이다. 그러므로 거기에 인용된 것은 증거가 된다고 할 수 없다. 이러하므로 5식에는 결코 심구와 사찰함이 존재하지 않는다.

有義惡作憂捨相應. 唯感行轉通無記故. 睡眠喜憂捨受俱起.
行通歡感中庸轉故. 尋伺憂喜捨樂相應. 初靜慮中意樂俱故.
有義此四亦苦受俱. 純苦趣中意苦俱故.

---

21) 『瑜伽師地論』 卷第5(『大正藏』 30, 302, 中).
22) 『瑜伽師地論』 卷第56(『大正藏』 30, 610, 下).
23) 『大乘阿毘達磨雜集論』 卷第2(『大正藏』 31, 703, 上).

어떤 사람은, 후회[惡作]는 우수 및 사수와 상응하는데, 오직 근심하는 행상에서만 전전하여 무기성에 통하기[故로 捨受와 상응] 때문이다. 수면은 희수와 우수 및 사수와 함께 일어나는데, 그 행상이 기쁨과 근심 및 中庸[捨受]을 통하여 전전하기 때문이다. 심구와 사찰은 우수, 희수, 사수 및 낙수와 상응하는데, 初禪에서는 意識의 낙수와 함께 하기 때문이라는 것이다. 또한 어떤 사람은, 이 4가지는 또한 고수와도 함께 하는데, 純大한 苦聚에서는 意識의 고수와 함께 하기 때문이라는 것이다.

四皆容與五別境俱. 行相所緣不相違故. 悔眠但與十善容俱.
此唯在欲無輕安故. 尋伺容與十一善俱. 初靜慮中輕安俱故.
悔但容與無明相應. 此行相麤貪等細故. 睡眠尋伺十煩惱俱.
此彼展轉不相違故.

4가지 모두는 5별경 심소법과 함께 하는 것이 인정되는데, 행상과 소연이 서로 거스르지 않기 때문이다. 후회와 수면은 단지 10가지의 선 심소와만 함께 하는 것이 인정되는데, 이것들은 오직 욕계에만 존재하여 輕安이 없기 때문이다. 심구와 사찰은 11가지의 선 심소와 함께 하는 것이 인정되는데, 초선에서는 경안과 함께 하기 때문이다.

후회는 단지 무명과만 상응되는 것이 인정되는데, 이것은 행상이 거칠지만 탐욕 등은 미세하기 때문이다. 수면과 심구 및 사찰은 10가지의 번뇌 심소와 함께 하는데, 이것과 그것은 전전하여 서로 거스르지 않기 때문이다.

悔與中大隨惑容俱. 非忿等十各爲主故. 睡眠尋伺二十容俱.
眠等位中皆起彼故.

후회는 忿, 대수혹과는 함께 하는 것이 인정되지만, 忿怒 등의 10가지(의 소수혹)와는 그렇지 않는데, (분노 등 10가지로서) 각각 주체로 삼기 때문이다. 수면과 심구 및 사찰은 20가지의 (모든) 번뇌와 함께 하는 것이 인정되는데, 수면 등의 지위에서 모두 그것들(분노 등)을 일으키기 때문이다.

此四皆通善等三性. 於無記業亦追悔故. 有義初二唯生得善.
行相麤鄙及昧略故. 後二亦通加行善攝. 聞所成等有尋伺故.

이 4가지는 모두 선성 등의 3성에 통하는데, 무기성의 업에 대해서도 또한 후회하기 때문이다.

어떤 사람은, 처음의 2가지[悔, 眠]는 오직 선천적인 生得善으로서 행상이 거칠고 낮으며[悔], 어둡고 소략하기[眠] 때문이다. 뒤의 2가지[尋, 伺]는 또한 공통으로 후천적인 加行善에도 포함되는데, 청문해서 성취된 지혜 등(의 善法)에 심구와 사찰이 존재하기 때문이라는 것이다.

有義初二亦加行善. 聞思位中有悔眠故. 後三皆通染淨無記.
惡作非染解麤猛故.

또 다른 견해로서, 처음의 2가지도 역시 가행선에 통하는데, 聞慧와 思慧의 지위에도 후회와 수면이 존재하기 때문이다. 뒤의 3가지는 모두 염오와 청정의 (2가지) 무기성에 통하지만 후회는 염오의 무기성에는 존재하지 않는데,[24] 행상[解 ; 法執 등]이[25] 거칠고 맹렬하기 때문이다.

---

24) 『新導成唯識論』卷第7, p.300, "법집과 후회는 함께하지 않는다."(法執與悔不俱.)
25) 『成唯識論觀心法要』卷第7『卍新纂續藏經』第51冊(2009), p.387, 下, "解란 바로 行相이다."(解卽所有相也.)

四無記中悔唯中二. 行相麤猛非定果故. 眠除第四非定引生.
異熟生心亦得眠故. 尋伺除初彼解微劣不能尋察名等義故.

(청정한) 4무기성에서 후회는 오직 중간[威儀]와 工巧의 2가지인데, 그 행상이 거칠고 맹렬하며, 禪定의 결과가 아니기 때문이다. 수면에는 4번째의 것[變化]만을 제외하는데, 禪定에 이끌려져 일어나는 것이 아니고 이숙생의 (무기인 第6識의) 마음에도 또한 수면이 존재하는 것을 취득하기 때문이다. 심구와 사찰은 첫 번째[異熟無記]의 것만을 제외하는데, 그것[異熟心]은 행상이 미열하여 명칭 등과 의미를 심구하고 사찰할 수 없기 때문이다.

惡作睡眠唯欲界有. 尋伺在欲及初靜慮. 餘界地法皆妙靜故.
悔眠生上必不現起. 尋伺上下亦起下上.

후회와 수면은 오직 욕계에만 존재하고, 심구와 사찰은 욕계와 초선에 존재하는데, 다른 세계[色, 無色]와 지위[第2地 이상]의 법은 모두가 승묘하고 적정하기 때문이다. 후회와 수면이 上地에 있으면 반드시 일어나지 않고, 심구와 사찰은 상지와 하지에서 또한 (서로) 하지와 상지를 일으킨다.

下上尋伺能緣上下. 有義悔眠不能緣上. 行相麤近極昧略故.
有義此二亦緣上境 有邪見者悔修定故. 夢能普緣所更事故.

하지와 상지의 심구와 사찰은 스스로 (서로) 상지와 하지(의 경계)를 반연한다.
어떤 사람은, 후회와 수면은 능히 상지를 반연할 수가 없는데, (후회는) 행상이 거칠고 친근하며, (수면은) 지극히 몽매하고 소략하기 때문이라는 것이다.

또 다른 견해로는, 이 2가지도 역시 상지의 경계를 반연하는데, 삿된 견해가 있는 수행자는 (상지의) 선정을 닦는 것을 후회하기 때문이고, 꿈속에서는 능히 널리 (일찍이) 경험했던 (상지의) 자체를 반연하기 때문이다.[26]

悔非無學離欲捨故. 睡眠尋伺皆通三種. 求解脫者有爲善法皆名學故. 學究竟者有爲善法皆無學故.

후회는 무학위에서는 존재하지 않는데, 욕계(의 不還果의 지위)를 여읠 때는 (곧) 버려지기 때문이다. 수면과 심구 및 사찰은 모두 3가지에 통하는데, 해탈을 희구하는 사람이 (소유한) 有爲의 善法을 모두 有學이라 하기 때문이고, 배움에 궁극을 다한 사람이 (소유한) 유위의 선법은 모두 무학이라 하기 때문이다.[27]

悔眠唯通見修所斷. 亦邪見等勢力起故. 非無漏道親所引生故. 亦非如憂深求解脫故.

---

26) 『述記』 卷第7 本(『大正藏』 43, 472, 中), "꿈에서는 널리 일찍이 경험했던 자체를 반연하는데, 경험했던 자체에서는 上地의 법과 선정 등에 통하기 때문이다."(夢能普緣曾所更事 所更事中通上地法及定等故.) ; 『成唯識論觀心法要』 卷第7[『卍新纂續藏經』 第51冊(2009), p.387, 下, "夢能普緣所更(歷之上界)事故.) 참조.
27) 『成唯識論觀心法要』 卷第7[『卍新纂續藏經』 第51冊(2009), pp.387, 下~388, 上, "일체 범부와 처음과 2과에는 모두 후회가 있지만 3과 이상에서는 다시 후회가 존재하지 않으므로 무학위가 아니라고 한다. 범부의 수면과 심구 및 사찰은 유학위와 무학위도 아닌 것에 포함되고, 처음과 2, 3과의 수면과 심구 및 사찰은 유학위에 포함되며, 4과와 8지 이상의 보살의 수면과 심구 및 사찰은 무학위에 포함된다."(一切凡夫及初二果 皆得有悔 三果以上 即更無悔 故非無學也. 凡夫之睡眠尋伺 即非學非無學攝 初二三果之睡眠尋伺 即是學攝 四果及八地以上菩薩之睡眠尋伺 即無學攝.)

후회와 수면은 오직 견도소단과 수도소단에만 통하는데, 또한 삿된 견해 등의 세력으로도 일어나기 때문이고, (苦根이) 무루도에 직접 이끌어져 일으킨 것이 아니기 때문이며, 또한 憂根이 심오하게 해탈을 희구하는 것과 같지 않기 때문이다.

若已斷故名非所斷. 則無學眠非所斷攝. 尋伺雖非眞無漏道 而能引彼從彼引生故通見修非所斷攝.

만약에 (견, 수도에서) 이미 단멸되었기 때문에 단절되는 것이 아니라[非所斷]고 한다면, 바로 무학위의 수면도 (이내) 단절되는 것이 아닌 것에 포함되어야 한다. 심구와 사찰이 비록 진실한 무루도는 아니더라도 능히 그것[無漏의 正智]을 견인하고 그것에 따라서 (無漏의 後智를) 견인하기 때문에, 견소단과 수소단 및 단절되는 것이 아닌 것[無漏]에 공통으로 포함된다.

有義尋伺非所斷者. 於五法中唯分別攝. 瑜伽說彼是分別故.
有義此二亦正智攝. 說正思惟是無漏故. 彼能令心尋求等故.
又說彼是言說因故.

어떤 사람은, 심구와 사찰이 단절되는 것이 아닌[非所斷] 것은 5법[形相, 名稱, 分別, 正智 및 如如] 중에서 오직 分別에만 포함되는데, 『유가론』에서[28] 그것[尋, 伺]은 바로 분별이라 하였기 때문이라는 것이다. 또 다른 견해로서, 이 2가지[尋, 伺]도 또한 (5法 중) 正智에 포함되는데, (8正道 중) 바른 사유[正思

---

28) 『瑜伽師地論』 卷第5(『大正藏』 30, 302, 下).

惟는 바로 무루법이라고 하기 때문으로서, 그것[正思惟]이 능히 마음으로 하여금 심구 등을 (일으키기) 때문이고, 또한 그것이 言說그렇기 때문에 尋求가 無漏에 통하는 것을 아는 것의[29] 원인이라 하기 때문이라는 것이다.[30]

> 未究竟位於藥病等未能遍知. 後得智中爲他說法必假尋伺. 非如佛地無功用說. 故此二種亦通無漏. 雖說尋伺必是分別. 而不定說唯屬第三. 後得正智中亦有分別故. 餘門准上如理應思.

아직 (여래의) 최후가 아닌 지위에서는 (法門의) 약과 (중생 心行의) 병 등에 대해서 능히 두루 알 수 없지만, 후득지에서는 남을 위하여 법을 선설할 때에 반드시 심구와 사찰에 假託하는데, 부처님의 지위에서 功用이 없이 선설하는 것과는 같지 않다. 그렇기 때문에 이 2가지[尋, 伺]는 또한 무루법에 통한다. 비록 심구와 사찰이 반드시 분별심이라 하더라도 결정적으로 오직 제3의 분별에만 속한다고는 하지 않는데, 후득의 正智에서도 또한 분별이 존재하기 때문이다. 다른 부문은 이상에 의거해서 이치에 맞게 생각해야 한다.

> 如是六位諸心所法. 爲離心體有別自性. 爲卽是心分位差別. 設爾何失. 二俱有過. 若離心體有別自性. 如何聖教說唯有識 又如何說心遠獨行. 染淨由心. 士夫六界.

---

29) 『新導成唯識論』 卷第7, p.302, "故知尋通無漏."
30) 『十地經論』 卷第1(『大正藏』 26, 127, 下).

【王所 一異】

[질문] 이와 같은 6位의 모든 심소법은 마음의 체상을 여의면 별도로 자성이 존재한다고 하는가? 곧, 이것이 마음의 분위상의 차별이라 하는가?

[답변] 설령 그렇다면 어떤 과실이 있는가?

  2가지에 모두 과실이 있는데, 만약에 마음의 체상을 여의고서 별도로 자성이 존재한다면, 어째서 경론에서[31] 오직 心識만이 존재한다고 선설하겠는가? 또한[32] 어째서 (오직) 마음은 멀리서 독단적으로 활동한다고 하며, 염오와 청정법은 마음에 의거하고,[33] 유정[士夫]은 6大[4大와 空,識]라고 하는가?[34]

> 莊嚴論說復云何通. 如彼頌言.
> 許心似二現 如是似貪等
> 或似於信等 無別染善法

  (또한)『莊嚴論』에서[35] 선설한 것을 다시 어떻게 회통할 것인가? 그것의 게송에서 (다음과 같이) 선설한 것과 같다.

> 마음은 2가지[善, 染法 ; 見, 相分 ; 能, 所取]의 법으로 유사하게 顯現됨이 인정된다.
> 이렇게 탐욕 등으로 사현되고,
> 혹은 믿음 등으로 사현된다.

---

31)『十地經論』卷第8(『大正藏』26, 169, 上).
32) 無性 造,『攝大乘論釋』卷第4(『大正藏』31, 402, 上).
33)『說無垢稱經』卷第2(『大正藏』14, 563, 上).
34)『瑜伽師地論』卷第56(『大正藏』30, 609, 上) 및『成唯識論觀心法要』卷第7[『卍新纂續藏經』第51冊(2009), p.388, 中], "士夫卽有情 六界卽地水火風空識."
35)『大乘莊嚴經論』卷第5(『大正藏』31, 613, 中).

별도로 染汚와 善法은 존재하지 않는다.[36]

若卽是心分位差別. 如何聖教說心相應. 他性相應非自性故.
又如何說心與心所俱時而起如日與光.

만약에 이것이 마음의 분위상의 차별이라면 어째서 경전에서는[37] 마음과 상응한다고 하였는가? (상응이라는 것은) 다른 성품과 상응하는 것으로서 자성과는 아니라고 하기 때문이다. 또한 어째서 마음과 심소법은 동시에 일어나는 것이 마치 태양과 햇빛과 같다고 하였는가?[38]

瑜伽論說復云何通. 彼說心所非卽心故. 如彼頌言
　　五種性不成　分位差過失
　　因緣無別故　與聖敎相違

『유가론』에서[39] 선설한 것을 또한 어떻게 회통할 것인가? 그것에서 심소법은 마음이 아니라고 하기 때문이다. 그 게송에서 선설한 것은 다음과 같다.
　　5가지[五蘊]의 성품이 존재한다는 것은 성립되지 않으며,
　　分位에 차별이라는 것도 過失이다.
　　인연에 차별되는 것이 없기 때문으로서
　　聖敎와는 상위된다.

---

36) 『新導成唯識論』 卷第7, p.303, "마음이 變易되어 2가지로 사현되는데, 체성이 바로 마음이기 때문이다."(心變似二 體卽心故.)
37) 『入楞伽經』 卷第9(『大正藏』 16, 567, 中) 등.
38) 『入楞伽經』 卷第7(『大正藏』 16, 557, 下).
39) 『瑜伽師地論』 卷第56(『大正藏』 30, 609, 中).

應說離心有別自性. 以心勝故說唯識等. 心所依心. 勢力生
故說似彼現. 非彼卽心.

마음을 여의어도 별도의 자성이 존재한다고 해야 하는데, 마음이 수승하기 때문으로서 (경론에서) 오직 심식 등이라고만 한다. (또한 이) 심소법은 마음에 의지하고 (마음의) 세력으로 일어나기 때문에 그것[심소법]에 유사하게 나타난다고 하지만, 그것[심소법]은 마음이 아니다.

又識心言亦攝心所. 恒相應故. 唯識等言及現似彼皆無有失.
此依世俗. 若依勝義 心所與心非離非卽. 諸識相望應知亦然.
是謂大乘眞俗妙理.

또한 (보통) 심식이나 마음이라는 말에는 (결정적으로) 심소법도 포함하는데, 항상 상응하기 때문이다. (경론에서) 오직 심식 등뿐이라는 말과 그것에서 사현된다는 것은 모두 過失이 있는 것이 아니다.
 (그러나) 이것은 (단지) 세속제에 의거한 것으로서 만약에 승의제에 의거한다면, (곧) 심소법은 마음은 遠離하는 것도 아니고 相卽하는 것도 아니다. (내지) 모든 심식을 상망함도 또한 그러함을 알아야 하는데, 이것을 대승의 眞, 俗諦의 오묘한 이치라고 한다.

已說六識心所相應. 云何應知現起分位. 頌曰.
(15) 依止根本識 五識隨緣現
　　 或俱或不俱 如濤波依水
(16) 意識常現起 除生無想天

及無心二定 睡眠與悶絕

　이상에서 6識이 심소법과 상응함을 선설하였다. 어떻게 現起되는 분위를 알아야 하는가? 게송으로 말한다.

　　　　근본식에 (5식과 의식이) 의지하며,
　　　　5식은 인연에 따라 현행하는데,
　　　　혹은 함께하거나 함께 하지 않는 것이
　　　　마치 파도[5식]가 물[제8]에 의지하는 것과 같다.
　　　　의식은 항상 현행하지만
　　　　무상천에 들거나
　　　　無心의 2가지 禪定과
　　　　극수면과 민절에서는 없어진다.

　　論曰. 根本識者阿陀那識. 染淨諸識生根本故. 依止者謂前六轉識. 以根識爲共親依.

【六識所依門】

　논술하자면, 근본식이란 阿陀那[執持]識으로서 염오와 청정의 모든 심식이 발생되는 근본이기 때문이다. (근본식에) 의지한다라는 것은 전6전식을 말하는데, 근본식을 공통[현행의 본식]과 직접적[종자의 본식]인 의지처로 삼는다.

　　五識者謂前五轉識. 種類相似故總說之. 隨緣現言顯非常起.

緣謂作意根境等緣.

【六識俱轉門】

5식이란 전5전식을 말하는데, 종류가 서로 비슷하기 때문에 전체적으로 이렇게 선설한다. 인연에 따라 현행한다는 것은 (그것이) 항상 일어나는 것이 아님을 나타내는데, 因緣이란 작의와 감각기관 및 경계 등의 반연을 말한다.

> 謂五識身內依本識. 外隨作意五根境等衆緣和合方得現前.
> 由此或俱或不俱起. 外緣合者有頓漸故. 如水濤波隨緣多少.
> 此等法喩廣說如經.

이를테면, 5식 자체는 안으로는 근본식[轉識種子]에 의지하고, 밖으로는 작의와 5근 및 5경 등의 여러 인연의 화합에 따라서 비로소 現前하게 된다. 이러하므로 (어떤 때에는) 함께 일어나거나 혹은 함께 일어나지 않는데, 외부의 반연이 화합하면 갑작스러움[頓]과 점차[漸]가 있기 때문인데, 마치 물에서 파도가 (일어나는 것이) 인연에 따라 많고 적은 것과 같다. 이러한 것 등의 법과 비유를 자세하게 선설한 것은 경전에서와 같다.[40]

> 由五轉識行相麤動. 所籍衆緣時多不俱. 故起時少不起時多.
> 第六意識雖亦麤動. 而所籍緣無時不具. 由違緣故有時不起.
> 第七八識行相微細. 所籍衆緣一切時有. 故無緣礙令總不行.

---

40) 『解深密經』卷第1(『大正藏』16, 692, 中).

【起滅分位門】

　5轉識은 행상이 거칠게 활동하고, 의지되는 여러 인연의 시간을 다분히 함께 하지 못하기 때문에 일어나는 때는 적고 일어나지 않은 때가 많다. 제6 의식도 또한 거칠게 활동하더라도 의지되는 인연과는 함께 하지 않을 때가 없지만, 상위되는 인연 때문에[41] 일어나지 않을 때가 있다. 제7식과 제8식은 행상이 미세하고 의지되는 여러 인연은 일체의 시기에 존재한다. 그러므로 인연이 장애된다고 해서 전체적으로 활동하지 않는 일은 없다.

　　又五識身不能思慮. 唯外門轉起籍多緣. 故斷時多現行時少.
　　第六意識自能思慮. 內外門轉不籍多緣. 唯除五位常能現起.
　　故斷時少現起時多. 由斯不說此隨緣現.

　또한 5識 자체는 스스로 사려할 수 없고 오직 外門으로만 展轉하며, 현행할 때에는 많은 인연에 의지한다. 그러므로 단절될 때가 많고 현행할 때는 적다. 제6 의식은 스스로 사려할 수 있고 內外의 부문으로 전전하며, 많은 인연에 의지하지 않고 오직 5위의 無心을 제외하면 항상 현행한다. 그러므로 단절되는 때는 적고 현행할 때는 많다. 이렇기 때문에 (게송에서) 이것은 인연에 따라서 현행한다고 하지 않는다.

　　五位者何. 生無想等. 無想天者 謂修彼定厭麤想力生彼天中
　　違不恒行心及心所 想滅爲首. 名無想天. 故六轉識於彼皆斷.

---

41) 『成唯識論觀心法要』卷第7「卍新纂續藏經」第51冊(2009), p.389, 中, "오직 無想天 등 5위에서는 일어나지 않으므로 상위되는 인연이라 한다."(唯除生無想天等五位 名爲違緣也.)

【五位無心】

　5位란 어떠한 것인가? 無想天에 태어나는 것 등으로서, 무상천이란 그 無想定을 닦아서 거친 想像을 厭離한 수행력으로 그 하늘에 태어나는 것을 말한다. 항상 현행하지 않는 마음[前6識]과 그 심소법에 상위되는[42] 想像을 멸진할 것을 첫째로 삼으므로 무상천이라 한다. 그러므로 6전식은 그 곳에서 모두 단절된다.

　　有義彼天常無六識　聖敎說彼無轉識故. 說彼唯有有色支故.
　　又說彼爲無心地故. 有義彼天將命終位. 要起轉識然後命終.
　　彼必起下潤生愛故.

　어떤 사람은, 그 천상에는 항상 6전식이 존재하지 않는데, 聖敎에서 그곳에는 전식됨이 없다고 하기 때문이고, 그곳에는 오직 12有支 중 色支만이 존재한다고 하기 때문이며,[43] 또한 그곳을 無心의 경지라고 하기 때문이라는[44] 것이다. 또한 어떤 사람은, 그 천상에서 장차 목숨이 끝나려는 위치에서는 요컨대 轉識을 일으킨 연후에 명종하는데, 그곳에서는 반드시 下地의 潤生에 대한 애착을 일으킨다고 하기 때문이라는[45] 것이다.

　　瑜伽論說後想生已是諸有情從彼沒故. 然說彼無轉識等者.

---

42) 『述記』 卷第7(『大正藏』 43, 477, 上), "항상 현행하지 않는 심왕과 심소법에 상위된다는 것이란, 6轉識이 멸진되어 전혀 현행하지 않는 것을 나타내는데, 현행하지 않음이 없다는 것은 제7, 8식과 같지 않기 때문이다."(違不恒行心及心所者 顯六轉識滅全不行 非如七八無不行故.)
43) 『瑜伽師地論』 卷第10(『大正藏』 30, 327, 中).
44) 『瑜伽師地論』 卷第13(『大正藏』 30, 345, 上).
45) 『大乘阿毘達磨雜集論』 卷第9(『大正藏』 31, 714, 中).

依長時說. 非謂全無. 有義生時亦有轉識 彼中有必起潤生
煩惱故. 如餘本有初必有轉識故.

『유가론』에서도,46) 뒤에 想像이 일어나서 (이내) 이 모든 유정들은 그곳에서 죽는다고 하기 때문이다. 그런데도 그곳에서 轉識을 하지 않는다는 등으로 선설한 것은, 긴 시간에 의해서 말하는 것이지 전혀 하지 않는다고 말하는 것은 아니라는 것이다. 어떤 사람은, (처음) 태어날 때에도 또한 전식한다는 것인데, 그곳의 中有에서 반드시 潤生의 번뇌를 일으키기 때문이고, 다른[天趣] 本有의 처음과 같이 반드시 전식이 있어야 하기 때문이라는 것이다.

瑜伽論說. 若生於彼唯入不起. 其想若生從彼沒故. 彼本有
初若無轉識 如何名入. 先有後無乃名入故.

『유가론』에서,47) 만약 그곳에 태어날 때에는 오직 (無心에) 證入하기만 하고 (無想定을) 일으키지 않는데, 그에 대한 상상이 만약에 일어날 때에는 (곧) 그곳에서 죽는다고 하기 때문이다. (설령) 그곳의 본유의 처음에 만약에 전식이 일어나지 않는다면, 어떻게 증입이라 할 수 있겠는가? 먼저 존재했다가 뒤에 존재하지 않게 되는 것을 증입이라 할 수 있기 때문이라는 것이다.

決擇分言所有生得心心所滅名無想故. 此言意顯彼本有初

---

46) 『瑜伽師地論』 卷第56(『大正藏』 30, 607, 中).
47) 『瑜伽師地論』 卷第12(『大正藏』 30, 340, 下).

有異熟生轉識暫起. 宿因緣力後不復生. 由斯引起異熟無記分位差別. 說名無想.

「섭결택분」에서는,[48] (그곳 천상에) 소유된 生得의 심왕과 심소법을 멸진한 것을 무상정이라 하기 때문이다. 이 말의 의미가 나타내는 것은 그곳의 본유의 처음에는 이숙생의 전식이 잠시 일어난다고 하더라도, 오래 된 (이 선정의) 인연력으로서 뒤에는 다시 일어나지 않는데, 이것[무상정의 세력]으로 인하여 이숙무기의 분위상에 차별을 牽引하여 일으킬 때에는 무상천이라 한다는 것이다.

如善引生二定名善. 不爾轉識一切不行. 如何可言唯生得滅故彼初位轉識暫起. 彼天唯在第四靜慮. 下想麤動難可斷故. 上無無想異熟處故. 卽能引發無想定思. 能感彼天異熟果故.

마치 (加行의) 善根에 견인되어 일어나는 2가지의 禪定을 善이라 하는 것과 같다. 그렇지 않다면, (그곳에서) 전식은 일체 작용하지 않는데 어떻게 오직 생득적인 것만을 단멸한다고 할 수 있겠는가? 그러므로 그곳의 처음 위치에서는 전식은 (반드시) 잠시 일어난다.

그 무상천은 오직 제4 정려인 廣果天에만 존재하는데, 下地의 3정려에서는 그 상상이 거칠게 활동하여 단절하기가 어렵다고 하기 때문이고, 上地의 5淨居 및 無色界에서는 이 無想 이숙의 처소가 없기 때문이다. 즉, 무상정을 견인하여 일으킨 한 생각이 능히 그 무상천의 이숙과를 招感하기 때문이다.

---

48) 『瑜伽師地論』卷第53(『大正藏』 30, 592, 下).

及無心二定者. 謂無想滅盡定. 俱無六識故名無心. 無想定者. 謂有異生伏遍淨貪未伏上染. 由出離想作意爲先. 令不恒行心心所滅 想滅爲首. 立無想名. 令身安和故亦名定.

나아가 (제16 게송의) '및 無心의 2가지 선정'이란, 무상정과 멸진정을 일컫는데, 모두 6전식이 존재하지 않기 때문에 무심이라 한다. 무상정이란 어떤 이생 범부가 遍淨天[第3 禪定]의 (俱生起의) 탐욕은 조복하였지만 아직 上地[第4 禪定 이상]의 염오법은 조복하지 못했으므로 열반하려는 생각[出離想]인 작의를 우선으로 삼아서 항상 작용하지 않는 심왕[前6識]과 그 심소법을 멸진하게 하려는데, 상상을 소멸하는 것을 먼저 하므로 無想定이라는 명칭을 건립하고, 몸을 편안하고 조화롭게 하기 때문에 (비록 禪定의 심소와는 상응하지 않더라도) 또한 禪定이라 한다.

修習此定品別有三. 下品修者現法必退. 不能速疾還引現前. 後生彼天不甚光淨形色廣大. 定當中夭.

이 선정을 수습하는 품성을 구별하면 3가지가 있는데, 하품을 수습하는 사람들은 현재의 법에서 반드시 퇴전하면, 신속하게 되돌려 이끌어 현재전하는 것이 가능하지 않다. 뒤에 그 천상에 태어나면, 매우 밝고 청정하거나 형색이 광대하지도 않으며 반드시 중간에 夭折한다.

中品修者現不必退. 設退速疾還引現前. 後生彼天雖甚光淨形色廣大而不最極. 雖有中夭而不決定.

중품을 수습하는 사람들은 현재의 법에서 반드시 퇴전하지 않으며, 설령 퇴전하더라도 신속하게 되돌려 이끌어서 현전하게 한다. 뒤에 그 천상에 태어나면, 비록 매우 밝고 청정하며 형색이 광대하더라도 최고로 至極하지는 않으며, 중간에 요절하더라도 결정적인 것은 아니다.

> 上品修者現必不退. 後生彼天最極光淨形色廣大. 必無中夭. 窮滿壽量 後方殞沒. 此定唯屬第四靜慮. 又唯是善. 彼所引故. 下上地無 由前說故.

상품을 수습하는 사람들은 현재의 법에서 반드시 퇴전하지 않으며, 뒤에 그 천상에 태어나면, 가장 지극히 밝고 청정하며 형색도 광대하다. 중간에 요절하지 않고, (그 천상의 500大劫의) 수명을 다한 후에 비로소 죽는다. 이 선정은 오직 제4 정려에만 소속되고 또한 善性인데, 그것[加行의 善心 등의 법]에 이끌려진 것이기 때문이다. 하지[3선정] 및 상지[4空處]에는 존재하지 않는데,[49] 앞에서 선설된 것에 의거하기 때문이다.

> 四業通三. 除順現受. 有義此定唯欲界起. 由諸外道說力起故. 人中慧解極猛利故.

4業에서는[50] 금생에 받는 업[順現受]을 제외한 3가지의 업에 통한다. 어떤

---

49) 『新導成唯識論』 卷第7, p.307, "上地와 下地에는 존재하지 않기 때문이고, 오직 第4 禪定의 第3 天上에만 존재한다."(上下地無故 唯第四定第三天處.)
50) 『成唯識論觀心法要』 卷第7『卍新纂續藏經』 第51冊(2009), p.390, 中, "四業者 一順現受業-二順生受業-三順後受業-四不定受業-."

사람은, 이 선정은 오직 욕계에서만 일어나는데, 모든 외도들의 언설력으로 인하여 일어나기 때문으로서 인간들의 지혜는 지극히 맹렬하기 때문이라는 것이다.

有義欲界先修習已. 後生色界能引現前. 除無想天至究竟故. 此由厭想欣彼果入故唯有漏. 非聖所起.

또한 다른 견해로는, 욕계에서 먼저 수습하고 뒤에 색계에 태어나더라도 능히 이끌어서 현전하는데, (단지) 무상천을 벗어나면 (이내) 色究竟天에 이르기 때문이라는 것이다. 이것은 공상을 싫어하고 그 無想果를 흔모해서 證入하는 것에 의거하기 때문에, 오직 有漏法이어서 (유학과 무학의) 聖人들이 일으키는 것이 아니다.

滅盡定者. 謂有無學. 或有學聖. 已伏或離無所有貪 上貪不定. 由止息想作意爲先. 令不恒行恒行染汚心心所滅 立滅盡名. 令身安和故亦名定. 由偏厭受想亦名滅彼定.

멸진정이란 어떤 (3乘의) 무학 혹은 유학의 聖人이 무소유처의 (俱生起의) 탐욕을 이미 조복하였거나 여의었지만, 上地[非非想處]의 탐욕은 (유학위에서) 결정되는 것이 아니다. (잠시) 그치려는[止息] 상상에 관한 작의를 우선하므로 항상 작용하지 않거나[前6識] 작용하는[第7識] (일부) 염오성의 심왕과 심소법을 (모두) 단멸하므로 멸진정이라고 건립한다. 몸을 편안하게 하기 때문에 또한 선정이라 하고, (나아가) 偏僻된 감정과 상상을 싫어하는 것에 의거하므로 그것[受, 想을 소멸한 선정[滅受想定]이라 한다.

修習此定品別有三. 下品修者現法必退. 不能速疾還引現前.
　　中品修者現不必退. 設退速疾還引現前. 上品修者畢竟不退.

　이 선정을 수습하는 성품을 구별하면 3가지가 있는데, 하품의 수습자는 현재의 법에서 반드시 퇴전하며, 신속하게 되돌려 이끌어서 현전하게 할 수 없다. 중품의 수습자는 현재의 법에서 반드시 퇴전하지 않으며, 설령 퇴전하더라도 신속하게 되돌려 이끌어서 현전하게 한다. 상품의 수습자는 필경에도 퇴전하지 않는다.

　　此定初修必依有頂遊觀無漏爲加行入. 次第定中最居後故.
　　雖屬有頂而無漏攝.

　이 선정을 처음 수습하는 사람은 반드시 (第8 次第의) 有頂의 遊觀 無漏智에[51] 의지하여 가행해서 證入하는데, 9次第定 중에서 (이 멸진정이) 가장 뒤에 있기 때문이고, 비록 유정천에 소속되지만 무루법에 포함된다.

　　若修此定已得自在. 餘地心後亦得現前. 雖屬道諦而是非
　　學非無學攝. 似涅槃故.

　만약에 이 선정을 수습하여 자재력을 증득했다면, 다른 지위[以下의 7地]의 마음 뒤에도 역시 현전하게 된다. (이 선정이) 비록 道諦에 속할지라도 이것은 有學이나 無學도 아닌 것에 포함되는데, (그것이) 열반과 類似하기

---

51) 『新導成唯識論』卷第7, p.308, "煩惱를 단절하지 못하고, 理致를 관찰하지 못하는 後得智이다."(不斷惑不觀理後得智也.)

때문이다.[52]

此定初起唯在人中. 佛及弟子說力起故. 人中慧解極猛利故.
後上二界亦得現前. 鄔陀夷經是此誠證. 無色亦名意成天故.

이 선정을 처음으로 일으키는 것은 오직 人間界에서인데,[53] 부처님과 제자들의 설득력을 (원인하여) 일어나기 때문이고, 인간은 지혜에 지극히 맹렬하기 때문이다. 뒤에는 上地의 두 세계에서도 또한 현전하게 되는데, 『鄔陀夷經』이[54] 이것의 진실한 증거이고, 無色天을 또한 意成天[色界와 無色界의 天上]이라[55] 하기 때문이다.

於藏識教未信受者. 若生無色不起此定. 恐無色心成斷滅故.
已信生彼亦得現前. 知有藏識不斷滅故.

藏識에 관한 가르침을 아직 信受하지 못하는 사람은 만약에 무색계에 태어나더라도 이 선정을 일으키지 못하는데, 色身과 마음이 존재하지 않아서 단멸되는 것을 두려워하기 때문이다. (만약에 장식이 존재하는 것을) 이미 信受한 사람은 그곳에 태어나더라도 (이 선정을) 또한 현전하는데, 그 藏識

---

52) 『成唯識論觀心法要』卷第7 『卍新纂續藏經』 第51冊(2009), p.391, 中, "도제에 속하는 것이므로 당연히 유학과 무학에 포함되지만, 그러나 열반과 유사하므로 유학이 아니고, 진실한 열반이 아니므로 무학이 아니다."(旣屬道諦 宜是學無學攝 然似涅槃 故非學 非真涅槃 故非無學.)
53) 『新導成唯識論』 卷第7, p.309, "上地의 두 세계에는 出家한 弟子가 없기 때문이다."(上二界無出家弟子故.)
54) 『新導成唯識論』 卷第7, p.309, "이것은 出現이라는 의미로서 聲聞乘의 聖人 명칭이다."(此云出現 聲聞聖名.)
55) 『新導成唯識論』 卷第7, p.309, "만약에 新經論에 의하면 末那摩라고 하는데, 末那는 意이고, 摩는 成이다."(若新經論云末那摩 末那者意也 摩者成也.)

이 존재하여 단멸되지 않음을 알기 때문이다.

> 要斷三界見所斷惑方起此定. 異生不能伏滅有頂心心所故.
> 此定微妙要證二空. 隨應後得所引發故.

요컨대 3界의 견소단의 번뇌를 끊어야만 비로소 이 선정을 일으키는데, (모든) 범부들은 유정천의 마음과 심소법을 조복하고 단멸할 수 없기 때문이다. (또한) 이 선정은 미묘[殊勝]하므로 반드시 (먼저) 2공을 증득하는데, 상응에 따라서 뒤에 (2공의 遊觀 無漏智에) 견인되어 일어나게 되기 때문이다.

> 有義下八地修所斷惑中. 要全斷欲餘伏或斷. 然後方能初
> 起此定. 欲界惑種二性繁雜障定强故. 唯說不還三乘無學
> 及諸菩薩得此定故. 彼隨所應生上八地皆得後起.

어떤 사람은, 아래의 8지위[욕계 내지 무소유처]의 수소단의 번뇌 중에서 반드시 완전하게 욕계의 것[9품의 사혹]은 끊고, 나머지[초선 내지 무소유처]는 (단지) 조복하거나 단멸한 연후에 비로소 처음으로 이 선정을 일으킬 수 있다. 욕계의 번뇌종자는 2가지의 성품[不善과 無記]이 번잡하여 선정을 장애하는 세력이 강하기 때문이고, (경론에서) 오직 不還果와 3乘의 무학위 및 모든 보살만이 (능히) 이 선정을 증득한다고 하기 때문이다. 그것들은 상응되는 것에 따라서 위의 8지위[4禪과 4無色界]에서 발생되어 모두 뒤에 (이 선정을) 일으킨다는 것이다.

> 有義要斷下之四地修所斷惑. 餘伏或斷. 然後方能初起此定.
> 變異受俱煩惱種子障定强故. 彼隨所應生上五地皆得後起.

또한 어떤 사람은, (아래의 8지위 중에서) 반드시 아래의 4지위[욕계와 색계의 3禪定]의 수소단에서 번뇌를 끊고, 나머지[제4 선정 및 무소유처]는 조복하거나 단멸한 연후에 비로소 처음으로 이 선정을 일으킬 수 있다. (아래의 4지위 중에서) (고,락 등으로) 변이된 감정과 함께 하는 번뇌종자는 선정을 장애하는 세력이 강하기 때문이다. 그것들은 상응되는 것에 따라서 위의 5지위[제4 선정과 4무색처]에 발생되어 모두 뒤에 (이 선정을) 일으킨다는 것이다.

若伏下惑能起此定. 後不斷退生上地者. 豈生上已卻斷下惑. 斷亦無失. 如生上者斷下末那得生惑故.

[질문] 만약에 하지의 번뇌를 조복하고서도 이 선정을 일으킨다면, 뒤에 단절하거나 퇴전하지 않고 상지에 태어난 사람은 어째서 상지에 태어나고서도 도리어 하지의 번뇌를 단절하는가?
[답변] 단절한다고 해도 과실이 아니다. 마치 상지의 2界에 태어난 사람이 하지의 末那識과 구생되는 번뇌를 단절하는 것과 같기 때문이다.

然不還者對治力強. 正潤生位不起煩惱. 但由惑種潤上地生. 雖所伏惑有退不退. 而無伏下生上地義. 故無生上卻斷下失.

[정의] 그렇지만 불환과의 聖者는 대치하는 능력이 강해서 바로 潤生하는 지위에서 (상계 현행의) 번뇌를 일으키지 않는다. 단지 (上界의) 번뇌종자로 인하여 上地에 태어남을 윤택하게 하므로 비록 조복된 번뇌가 퇴전하거나 퇴전하지 않는다고 하더라도, 下地의 것을 조복해서 上地에 태어난다는 의미는 없다. 그러므로 上地에 태어나서 도리어 下地의 것을 단절한다는 것은

과실이 없는 것이다.

> 若諸菩薩先二乘位已得滅定後迴心者. 一切位中能起此定.
> 若不爾者或有乃至七地滿心方能永伏一切煩惱. 雖未永斷
> 欲界修惑. 如已斷能起此定. 論說已入遠地菩薩方能現起
> 滅盡定故.

만약에 모든 보살들이 먼저 2乘의 지위에서 (이) 멸진정을 증득한 然後에 (마침내 대승으로) 廻心한 분이라면, (곧) 일체의 지위에서 능히 이 선정을 일으킬 수 있다. 만약에 그렇지 않은 분이라면, 어떤 사람은 이내 7地의 滿心에 이르러서 비로소 일체의 번뇌를 영원히 조복하고, 비록 욕계의 수소단의 번뇌종자를 아직 영원히 단멸하지 않았더라도 이미 단멸한 것과 같이 이 선정을 일으킬 수 있다. 논장에서도,56) 第7 원행지에 증입한 보살은 마침내 멸진정을 현재 일으킬 수 있다고 하기 때문이다.

> 有從初地卽能永伏一切煩惱如阿羅漢. 彼十地中皆起此定.
> 經說菩薩前六地中亦能現起滅盡定故.

어떤 (한 성류의 利根) 보살은 초지로부터 바로 일체번뇌를 영원히 조복하는 것이 아라한과 같은데, 그는 10지 중에서 모두 이 선정을 일으킨다. 경전『十地經』에서,57) 보살은 이전의 6地에서도 또한 능히 멸진정을 현기한

---

56) 『瑜伽師地論』 卷第62(『大正藏』 30, 646, 中).
57) 『佛說十地經』 卷第5(『大正藏』 10, 557, 中) 등.

다고 하기 때문이라는 것이다.

無心睡眠與悶絶者. 謂有極重睡眠悶絶 令前六識皆不現行. 疲極等緣所引身位 違前六識故名極重睡眠. 此睡眠時雖無彼體. 而由彼似彼. 故假說彼名.

(제16 게송의) '無心의 수면과 민절'이란 것은, 어떤 지극히 過重한 수면과 민절에서는 전6식을 모두 현행하지 않게 하는 것을 말한다. 극심한 피로 등의 인연에 이끌린 신체 상태에 (6근이 闇閉되어) 전6식에 거스르기 때문에 지극히 과중한 수면이라 한다. 이 수면의 때에는 비록 그 4不定 중 수면 심소 자체가 존재하지 않더라도 그것으로 원인하고 그것과 상사하기 때문에 임시로 그 (수면의) 명칭을 선설하는 것이다.

風熱等緣所引身位亦違六識. 故名極重悶絶. 或此俱是觸處少分. 除斯五位意識恒起.

바람이나 열 등의 인연에 이끌린 신체 상태에 또한 전6식에 거스르기 때문에 지극히 과중한 민절이라 한다.
혹은 이것들[無心의 수면과 민절]은 모두 (수면과 민절의) 觸處의 적은 부분에 포함된다.
이러한 5위를 제외하면 의식은 항상 일어난다.

正死生時亦無意識 何故但說五位不行. 有義死生及與言顯彼說非理. 所以者何. 但說六時名無心故. 謂前五位及無餘依

應說死生卽悶絶攝. 彼是最極悶絶位故.

[질문] 바로 죽고 태어날 때에도 또한 意識이 없는데, 어째서 단지 5위에서만 작용하지 않는다고 하는가?
[답변] 어떤 사람은, 죽음과 태어남(의 때)은 및[及]과 함께[與]라는 말로서 나타냈다는데, 그[第二師]가 설명한 것은 이치가 아니다. 무슨 까닭인가? (경론에서) 단지 6가지의 때만을 무심위라고 하기 때문으로서[58] 이른바 앞의 5위 및 (2乘의) 무여의 열반(에 증입한 것)을 말한다. (단지) 죽음과 태어남은 곧 민절에 포함된다고 해야 할 것이니, 그것[死生]은 바로 가장 극심한 민절의 상태이기 때문이다.

說及與言 顯五無雜. 此顯六識斷已後時依本識中自種還起. 由此不說入無餘依.

(제16 게송에서) 및[及]과 함께[與]라고 한 것은 5位가 雜亂하지 않다는 것을 나타낼 뿐으로서, 여기에서는 전6식이 단절되고 난 뒤에 根本識 중에서 (각각) 自類의 종자에 의지해서 다시 일어나는 것을 나타내고자 한 것이다. 이렇기 때문에 무여의 열반에 증입한 것은 말하지 않은 것이다.

此五位中異生有四. 除在滅定. 聖唯後三. 於中如來自在菩薩唯得存一. 無睡悶故.

---

58) 『瑜伽師地論』 卷第13(『大正藏』 30, 345, 上).

이 5위 중에서 범부에게는 4위가 존재하는데, 멸진정에 있는 것은 제외된다. 聖人에게는 오직 뒤의 3위[滅盡定과 熟眠 및 悶絶] 뿐인데, 그중에서도 여래와 (8지 이상의) 자재 보살에게는 오직 1위만이 있고 숙면과 민절은 없기 때문이다.

是故八識一切有情心與末那二恒俱轉. 若起第六則三俱轉.
餘隨緣合起一至五. 則四俱轉乃至八俱. 是謂略說識俱轉義.

【三能變分別】

이러므로 8識은, 일체 유정들에게 제8식인 마음과 제7식인 말나식의 2심식은 항상 함께 전전하며, 만약에 제6식을 일으킬 때에는 곧 3심식이 함께 전전하고, 나머지는 인연의 和合에 따라 1에서 5가지를 일으킬 때에는 곧 4심식이 함께 전전하거나 내지는 8가지가 함께 전전한다. 이것을 심식들이 함께 전전한다는 의미를 간략하게 선설한 것이라고 한다.

若一有情多識俱轉. 如何說彼是一有情. 若立有情依識多少.
汝無心位應非有情. 又他分心現在前位 如何可說自分有情.

[질문] 만약에 한 有情[有識]59)에게 여러 심식이 함께 전전한다면, 어떻게 그것이 한 유정이라 할 수 있겠는가[薩婆多 等]?

---

59) 『述記』卷第7(『大正藏』 43, 484, 下), "情이란 心識이기 때문이다."(情者識故.) 그러므로 有情을 가리켜서 有識이라고도 한다.

[반문] 만약에 유정을 건립하는 것이 심식의 많고 적음에 의지한다면, 너희의 무심의 위치는 유정에게는 아니어야 한다. 또한 다른 분위[上地의 他界의 分位 등]의 마음이 현재전하는 위치를 어떻게 자기[欲界] 분위의 유정이라 할 수 있겠는가?

然立有情依命根數或異熟識 俱不違理. 彼俱恒時唯有一故.
一身唯一等無間緣. 如何俱時有多識轉. 旣許此一引多心所.
寧不許此能引多心.

[정의] 그렇지만 유정을 건립하는 것이 命根 심소법과 혹은 이숙식에 의지한다는 것은 모두 이치에 위배되지 않는다. 그것[命根과 異熟識]은 함께 어느 때든지 오직 하나로만 존재하기 때문이다.
[질문] 한 신체에는 오직 하나의 등무간연뿐인데, 어떻게 같은 때에 여러 심식이 전전할 수 있겠는가?
[답변] 이 하나[等無間緣]가 여러 (後念의 상응되는) 심소법을 이끈다는 것을 인정하면서도, 어째서 이것이 능히 여러 심왕법을 이끈다는 것은 인정하지 않는가?

又誰定言此緣唯一. 說多識俱者許此緣多故. 又欲一時取
多境者多境現前. 寧不頓取. 諸根境等和合力齊. 識前後生
不應理故.

또한 누가 결정적으로 이 인연[等無間]이 오직 하나뿐이라고 하는가? 여러 심식이 함께 한다는 것은 이 인연도 (또한) 여럿이라고 인정하기 때문이다. 또한 (마치) 일시에 여러 경계를 취득하고자 할 때에는 많은 경계가 現前하는데, 어째서 즉시에 취득하지 못하는가? 모든 감각기관과 경계 등이 화합한 세력은 가지런한 것인데, (만약에) 심식이 (반드시) 전후 차례로 발생된다는 것은 이치에 맞지 않기 때문이다.

又心所性雖無差別. 而類別者許多俱生. 寧不許心異類俱起.
又如浪像依一起多. 故依一心多識俱轉. 又若不許意與五俱.
取彼所緣應不明了. 如散意識緣久滅故.

또한 (모든) 심소법의 성품은 비록 차별이 없다고 하더라도 (집착 등) 性類가 다르다는 것은 여럿이 함께 발생된다고 인정한 것인데, 어째서 마음은 다른 性類로서 함께 일어난다는 것을 인정하지 않는가? 또한 (물의) 물결과 (거울의) 影像이 한 가지[一海, 一鏡]에 의지해서 여러 가지를 일으키는 것과 같다. 그렇기 때문에 한 마음[根本識]에 의지해서 여러 심식이 함께 전전하는 것이다. 또한 만약에 의식이 전5식과 함께 하는 것을 인정하지 않는다면, (곧 의식이) 그것[5識]의 소연(의 경계)을 취득한다는 것도 명료하지 않아야 한다. 마치 산란한 의식이 (단지) 오래된 소멸을 반연한 것과 같기 때문이다.

如何五俱唯一意識 於色等境取一或多. 如眼等識各於自境取
一或多. 此亦何失. 相見俱有種種相故. 何故諸識同類不俱.
於自所緣若可了者一已能了. 餘無用故. 若爾五識已了自境
何用俱起意識了爲. 五俱意識助五令起. 非專爲了五識所緣.

[질문] 어째서 5식과 함께 하는 것은 오직 한 의식뿐인 것을 색경 등에 대해서는 (이내 능히) 하나이거나 혹은 여러 가지를 취득하는가?

[답변] 안식 등이 각각 자체의 경계에 대해서 (능히) 하나이거나 혹은 여러 가지를 취득하는 것과 같은데, 이것도 또한 어떤 과실인가? (6識의) 상분과 견분에는 모두 갖가지의 체상이 존재하기 때문이다.
[질문] 어째서 모든 심식에는 같은 성류가 함께 하지 않는가?
[답변] 자체의 소연을 만약에 了別할 수 있다면, 하나만이 능히 요별되고 다른 것은 작용하지 않기 때문이다.
[질문] 만약에 그렇다면 (곧) 5식은 이미 (각각) 자체의 경계를 요별했는데, 어째서 함께 의식을 일으켜서 요별하는 것을 활용하는 것으로 되는가?
[답변] 5식과 함께 하는 의식은 (능히) 5식을 조력하여 일어나게 하는데, 오로지 5식의 소연을 요별하기 위한 것만은 아니다.

又於彼所緣能明了取異於眼等識 故非無用. 由此聖教說彼意識名有分別. 五識不爾. 多識俱轉何不相應. 非同境故. 設同境者 彼此所依體數異故. 如五根識互不相應.

또한 (의식이) 그 5識 소연에 대해서 능히 명료하게 취득하는 것이 안식 등의 심식과는 다르지만, 그렇다고 작용하지 않는 것은 아니다. 이렇기 때문에 경전에서 그 의식을 선설하여 유분별이라고 하지만, 5식은 그렇지 않다.
[질문] 여러 심식이 함께 전전한다면 어째서 (심왕과 심소법과 같이 서로) 상응하지 않는가?
[답변] 동일한 경계가 아니기 때문이다. 설령 동일한 경계일지라도 그것과 이것의 소의[根] 자체와 가짓수가 다르기[60] 때문으로서, 마치 5근의 심식이

---

60) 『新導成唯識論』 卷第7, p.313, "(5識의) 4가지와 (第6 意識의) 3가지로 所依가 다르다."[四(五識)三(第六)依別.]

서로 상응하지 않는 것과 같다.

> 八識自性不可言定一. 行相所依緣相應異故. 又一滅時餘
> 不滅故. 能所熏等相各異故.

　諸8식의 자성은 결코 한 가지라고 할 수 없는데, 행상과 의지처[根]와 소연경 및 상응(되는 심소법)이 다르기 때문이고, 또한 한가지[心識]가 소멸될 때에 다른 것[心識]은 소멸되지 않기 때문이며, 능훈식과 소훈처 등의 행상도 각각 다르기 때문이다.

> 亦非定異. 經說八識如水波等無差別故. 定異應非因果性故.
> 如幻事等無定性故. 如前所說識差別相依理世俗非眞勝義.
> 眞勝義中心言絶故.

　(그렇지만) 결코 다른 것도 아니다. 경전에서[61] 8식은 마치 물의 파도 등과 같이 차별이 존재하지 않다고 하기 때문이고, (설령) 반드시 다르더라도 (서로) 원인과 결과의 성품이 아니어야 하기 때문이며, 허깨비 등과 같이 정해진 성질이 존재하지 않기 때문이다.
　마치 앞에서 선설한 것과 같이 (3能變) 심식들의 (6位 심소법의) 차별된 체상은 (4諦 중 第2) 도리 세속제에 의거한 것으로서 (第4) 진실한 승의제는 아니다. 진실한 승의제에서는 마음의 언설이 단절되었기 때문이다.

---

61) 『入楞伽經』 卷第9(『大正藏』 16, 574, 中).

如伽他說.

　　心意識八種　俗故相有別

　　眞故相無別　相所相無故.

偈頌으로[62] 선설하면 다음과 같다.

　　心, 意, 識의 8가지는

　　속제에서는 행상에 차별됨이 있지만

　　진제에서는 행상에 차별됨이 없는데,

　　能相[用]과 所相[體]은[63] 존재하지 않기 때문이다.

已廣分別三能變相爲自所變二分所依. 云何應知依識所變假說我法非別實有. 由斯一切唯有識耶. 頌曰.

　　(17) 是諸識轉變　分別所分別

　　　　由此彼皆無　故一切唯識.

【唯識所變】

　이상에서 3능변식의 행상[自體分]을 자체가 轉變[상분과 見分]한 2분이 의지처로 삼는다는 것을 자세하게 분별하였다. 심식이 전변된 것에 의거해서 임시로 아법을 宣說한 것이지 별도로 진실로 존재한 것은 아니다. 이러하므

---

62) 『入楞伽經』 卷第9(『大正藏』 16, 574, 中).
63) 『述記』 卷第7(『大正藏』 43, 486, 中), "작용은 能相이고, 자체는 所相이다."(用爲能相 體爲所相) ; "혹은 견분을 能相으로 삼고 상분을 所相으로 삼거나, 7轉識을 能相으로 삼고 第8識을 所相으로 삼기도 한다."(或以見分爲能相 相分爲所相 以七識爲能相 第八爲所相.)

로 일체는 오직 심식만이 존재한다는 것을 어떻게 알아야 하는가? 게송으로 선설하면 다음과 같다.

    이 모든 심식[自體分]이 전변되어
    분별하고[見分] 분별된 것[相分]이다
    이러므로 그것[實我와 實法]은 모두 존재하지 않는다.
    때문에 일체는 오직 心識뿐이다.

  論曰. 是諸識者. 謂前所說三能變識及彼心所. 皆能變似見
  相二分. 立轉變名. 所變見分說名分別. 能取相故. 所變相
  分名所分別. 見所取故.

 논술하자면[安慧와 護法의 見解], (게송에서) 이 모든 심식이란, 앞에서 선설한 3능변식과 그 심소법을 말한다. 모두 능히 전변되어 견분과 상분의 2분으로 似現되므로 轉變이라는 명칭을 건립한다는 것이다. 전변된 견분을 분별이라 하는데, 능히 상분을 취득하기 때문이다. 전변된 상분을 분별된 것이라 하는데, 견분으로 취득되기 때문이다.

  由此正理彼實我法離識所變皆定非有. 離能所取無別物故.
  非有實物離二相故. 是故一切有爲無爲若實若假皆不離識
  唯言爲遮離識實物. 非不離識心所法等.

 이러한 바른 이치로 인하여, 그 실제의 아법은 심식이 전변된 것[64]을 여

---

64) 『新導成唯識論』卷第7, p.314, "護法은 의타기성으로, 安慧는 변계소집성으로 본다."(依他 護法 遍計 安慧)

의면 모두 반드시 존재하지 않는다. 능취와 소취를 여의면 (이외에는) 별도로 사물이 존재하지 않기 때문이고, (능취와 소취의) 2행상을 여읜 실제의 사물은 존재하지 않기 때문이다.

이렇게 때문에 일체의 유위법과 무위법은 진실한 것이든 임시적인 것이든지 간에 모두 심식을 여의지 않는다. (그리고 게송에서) 오직이라는 것은, (단지) 심식을 여읜 실제의 사물을 부정하기 위한 것으로서 심식을 여의지 않는 심소법 등과 같은 것[二分과 色 및 眞如 등]이 아니다.

> 或轉變者. 謂諸內識轉似我法外境相現. 此能轉變卽名分別.
> 虛妄分別爲自性故. 謂卽三界心及心所. 此所執境 名所分別.
> 卽所妄執實我法性.

혹은[難陀 등] 전변이란, 모든 내부의 심식이 전변되어 아법의 외부대상의 형상으로 似現되는 것을 말한다.

이 능전변을 바로 분별이라 하는데, 허망한 분별을 자성으로 삼기 때문으로서 3界의 심왕과 심소법을 말한다. 이것에 집착된 경계를 분별된 것이라 하는데, 바로 허망하게 집착한 실제의 아법의 성품이다.

> 由此分別變似外境假我法相. 彼所分別實我法性決定皆無.
> 前引敎理已廣破故.

이 분별이 전변되어 외부 대상의 일시적인 아법의 상분으로 사현되므로 인하여, 그 분별된 실제의 아법의 체성은 결코 모두 존재하지 않는다. 앞卷 第1, 2에서 聖敎와 이치를 인용하여 자세하게 논파하였다.

是故一切皆唯有識. 虛妄分別有極成故. 唯既不遮不離識法.
故眞空等亦是有性. 由斯遠離增減二邊. 唯識義成契會中道.

이렇기 때문에 일체는 모두 오직 심식만이 존재하는데, 허망한 분별이 존재한다는 것은 모두가 인정하기 때문이다. 오직이란, 심식을 여의지 않은 법은 부정하지 않기 때문에, 眞空 등에도 또한 성품이 존재한다. 이러하므로 증익과 손감의 두 극단을 멀리 여의고서 유식의 의미가 성립되어 중도에 계합된다.

由何教理唯識義成. 豈不已說. 雖說未了. 非破他義己義便成
應更確陳成此教理.

【九難義】

[질문] 어떠한 가르침과 이치로 인하여 유식의 의미가 (증명되어) 성립되는가?
[답변] (앞에서) 어찌 이미 선설하지 않았던가?
[질문] 비록 선설했을지라도 아직도 了解하지 못했다. (단지) 다른 교의를 논파했다고 해서 자기의 교의가 곧 성립되는 것은 아니므로 이것[唯識]을 이루는 가르침과 이치를 다시 진실하게 진술해야 한다.

如契經說三界唯心. 又說所緣唯識所現. 又說諸法皆不離心.
又說有情隨心垢淨. 又說成就四智 菩薩能隨悟入唯識無境

[해설] 경전에서 3界는 오직 마음뿐이라 했으며,[65] 또한 『解深密』] 所緣은 오직 심식이 사현된 것이라 했다. 나아가 『楞伽經』] 모든 법은 다 마음을 여의지 못한다고 했으며, 또한 『無垢稱經』] 유정은 마음에 따라서 때가 묻거나 청정하다고 했다.

이어서 『阿毘達磨經』] 4지혜를 성취한 보살은 능히 수순해서 唯識無境에 깨달아 들어간다고 했다.

一相違識相智. 謂於一處鬼人天等隨業差別所見各異. 境若實有此云何成.

1) 相違되는 심식의 체상을 관찰하는 지혜[觀相智](를 요달한 것으)로서, 한 장소에서 아귀와 인간 및 천사 등은 업의 차별에 따라서 보는 것이 각각 다르다[例; 一處四見]는 것을 말한다. 境界가 만약에 진실로 존재한다면, 이것[所見의 差別]이 어떻게 이루어지겠는가?

二無所緣識智. 謂緣過未夢境像等非實有境. 識現可得彼境旣無. 餘亦應爾.

2) 존재하지 않는 것[過去와 未來 등]을 소연경으로 삼아 인식한(현재에서 증득되는) 지혜[菩薩智]로서, 과거와 미래, 꿈속의 경계 및 影像 등과 같이 실제로 존재하지 하지 않는 경계를 반연할 때에 심식은 현재에서 취득되지만 그 경계는 존재하지 않는데, (일반적으로) 다른 (현재의) 경계도 또한

---

65) 『十地經論』 卷第5(『大正藏』 26, 169, 上).

그러해야 한다는 것을 말한다.

三自應無倒智. 謂愚夫智若得實境. 彼應自然成無顚倒. 不
由功用應得解脫.

3) 자연스럽게 顚倒되지 아니하는 지혜로서, 어리석은 범부의 지혜가 만약에 진실한 경계를 증득한다면, 그는 자연스럽게 전도되지 않음을 이루어야 하고, 공용에 의지하지 않고도 해탈을 증득해야 하는 것을 말한다.

四隨三智轉智. 一隨自在者智轉智. 謂已證得心自在者 隨
欲轉變地等皆成. 境若實有如何可變. 二隨觀察者智轉智.
謂得勝定修法觀者 隨觀一境衆相現前. 境若是實寧隨心轉.
三隨無分別智轉智. 謂起證實無分別智 一切境相皆不現前.
境若是實何容不現. 菩薩成就四智者. 於唯識理決定悟入.

4) 3지혜에 따라서 전전하는 지혜이다. 즉, (1) 自在者의 지혜에 따라서 전전되는 지혜로서, 마음의 자재함을 증득한 수행자(八地 以上의 보살)가 땅 등(의 본질)을 변화시키고자 할 때에는 모두 성취하는데, 경계가 만약에 실제로 존재한다면, 어떻게 변화될 수 있겠는가? (2) 관찰자(聲聞과 緣覺 등)의 지혜에 따라서 전전되는 지혜로서, 수승한 禪定을 증득하여 法觀을 수습하는 수행자가 하나의 경계를 수순해서 관찰할 때에 갖가지의 형상이 현전하는데, 경계가 만약에 실제한다면, 어째서 마음에 따라서 바뀌겠는가? (3) 무분별지에 따라서 전전하는 지혜로서, 진실함을 증득한 무분별지를 일으킬 때에는 일체 경계의 형상이 모두 현전하지 않는데, 경계가 만약에 실제

한다면, 어째서 현전하지 않는 것이 인정되는가?

  보살의 이 4지혜를 성취한 수행자는 유식의 이치에 대해서 결정적으로 깨닫게 된다.

    又伽他說.
        心意識所緣　皆非離自性
        故我說一切　唯有識無餘.

또한 게송『厚嚴經』]에서 선설한다.
    心意識의 소연[相分]은
    모두 自性을 여의지 않는다.[66]
    그러므로 나는 일체가
    오직 심식뿐이고 다른 것은 존재하지 않다고 한다.

  此等聖教誠證非一. 極成眼等識五隨一故 如餘不親緣離自
  色等. 餘識識故如眼識等亦不親緣離自諸法.

  이러한 聖敎의 진실한 증거는 한 두 가지가 아니다. 모두가 인정하는 안식 등의 심식은[宗] 5識의 한 가지를 따르기 때문에[因], 마치 다른 심식[四識]과 같이[喩], 자체(의 심식)에서 벗어난 색경 등을 직접 반연하지 않는다[宗]. 다른 심식[第6 意識]도 심식이기 때문에[因], 마치 안식 등과 같이[喩], 역시 자체(의 심식)에서 벗어난 모든 법을 직접 반연하지 않는다.

---

66) 『新導成唯識論』卷第7, p.317, "모두 自心을 境界로 삼는다."(皆自心爲境.)

此親所緣定非離此. 二隨一故 如彼能緣. 所緣法故 如相應法.
決定不離心及心所. 此等正理誠證非一. 故於唯識應深信受.

이것의 친소연은 결코 이들[前6識]을 여의지 못하는데, 2가지[相分과 見分] 중의 하나를 따르기 때문으로서 그 능연[見分]과 같다. 소연의 법이기 때문에, 상응법과 같이 결정적으로 심왕과 심소법을 여의지 못한다. 이와 같은 바른 이치에 관한 진실한 증거가 하나 둘이 아니다. 그러므로 유식에 대해서 깊이 信受해야 한다.

我法非有空識非無. 離有離無故契中道. 慈尊依此說二頌言.
　　虛妄分別有　　於此二都無
　　此中唯有空　　於彼亦有此
　　故說一切法　　非空非不空
　　有無及有故　　是則契中道.

자아와 법은 존재하지 않고, 空과 심식은 없지 않다. 있는 것을 여의고 없는 것을 여의므로 중도에 契合된다.
　　미륵보살이 이것에 의해서 2게송으로 말씀하셨다.[67]
　　(3界의) 허망분별(한 마음)이 있지만
　　이것[妄心]에는 2가지[我, 法]가 모두 없다.
　　이것 중에는 오직 空性만 있고
　　그것[空性]에도 또한 이것이 있다.

---

67) 『辯中邊論』初卷(『大正藏』 31, 464, 中).

그러므로 일체제법은

空도 아니고 空이 아닌 것도 아니라고 한다.

있기도 하고[分別] 없기도 하며[二取], 있기 때문에[68]

이것은 곧 중도에 契合된다.

此頌且依染依他說. 理實亦有淨分依他. 若唯內識似外境起.
寧見世間情非情物處時身用定不定轉 如夢境等. 應釋此疑.

이 게송은 비록 염오분의 의타기성에 의거해서 선설한 것이지만, 이치의 실제에서는 청정분의 의타기성도 존재한다.
[질문] 만약에 오직 내부의 심식뿐인데 외부의 대상으로 사현되어 일어난다면, 어떻게 세간의 유정과 무정물을 보는데 장소, 시간, 신체 및 작용의 일정하거나 일정하지 않는 데서 전전한다고 할 수 있겠는가?
[답변] 마치 꿈속의 경계 등과 같은 것이라고 이 의문을 해석해야 한다.

何緣世尊說十二處. 依識所變非別實有. 爲入我空說六二法.
如遮斷見說續有情. 爲入法空復說唯識 令知外法亦非有故.

[질문] 어떤 緣故로 세존께서는 12處를 선설하셨는가?
[답변] 근본식의 전변에 의지한 것으로서 별도로 진실하게 존재하는 것은 아니다. (중생으로 하여금) 我空觀에 證入하게 하기 위해서 이 12법을 말씀하셨으며, 斷見을 부정하기 위해서 상속되는 유정을 말씀하신 것과 같다. 법공

---

68) 『新導成唯識論』 卷第7, p.318, "허망한 중에 空性이 있고, 공성에 허망함이 있다." (妄中有空 空中有妄.)

관에 증입하게 하기 위해서 다시 오직 심식뿐이라 하셨으며, 외부의 법도 또한 존재하는 것이 아님을 알게 하기 위해서였다.

此唯識性豈不亦空. 不爾. 如何. 非所執故. 謂依識變妄執實
法理不可得說爲法空. 非無離言正智所證唯識性故說爲法空.

[질문] 이 [依他起의] 唯識性도 어찌 또한 空이 아니겠는가?
[답변] (그 의미는) 그렇지 않다.
[질문] 어째서인가?
[답변] (唯識性은) 집착된 것이 아니기 때문이다. 이를테면 심식의 전변에 의지해서 망령되게 집착된 실제의 법은 이치적으로 (推究하면, 了知하는 것이) 가능할 수 없다고 하여 법공이라 한다. 언설을 여읜 바른 지혜로 증득된 유식성이 존재하지 않기 때문에 선설하여 법공이라 하는 것은 아니다.

此識若無 便無俗諦. 俗諦無故眞諦亦無. 眞俗相依而建立故
撥無二諦是惡取空. 諸佛說爲不可治者. 應知諸法有空不空.
由此慈尊說前二頌.

  이 심식이 만약에 존재하지 않는다면, 곧 俗諦가 없게 되고, 속제가 없기 때문에 眞諦도 또한 없게 되는데, 진제와 속제는 서로 의지해서 건립되기 때문이다.
  두 가지의 진리를 부정하여 존재하지 않다는 것은 악취공으로서, 모든 부처님께서 치유할 수 없는 수행자라고 하였다. 모든 법은 空과 不空이 존재한다는 것을 알아야 한다. 이러하므로 미륵보살께서 앞의 두 게송을 말씀하신 것이다.

若諸色處亦識爲體. 何緣乃似色相顯現. 一類堅住相續而轉. 名言熏習勢力起故. 與染淨法爲依處故. 謂此若無應無顚倒. 便無雜染亦無淨法. 是故諸識亦似色現.

[질문] 만약에 모든 色處가 또한 심식을 체성으로 삼는다면, 어떤 연고로 이내 色相으로 유사하게 현현되며, (다시) 한 性類로 견고하게 머물면서 계속하여 전전하는가?

[답변] (옛적부터 허망한) 명언훈습의 세력으로 일어나기 때문이고, 염오와 청정법의 의지처가 되기 때문이다. 말하자면, 이것[色法 등]이 만약에 존재하지 않는다면, 전도됨이 없어야 하고, (그러면) 곧 잡염법도 존재하지 않고 또한 청정법도 존재하지 않게 된다. 이렇기 때문에 모든 심식은 또한 色相으로 유사하게 현현된다.

如有頌言.
　　亂相及亂體　應許爲色識
　　及與非色識　若無餘亦無.

어느 게송에서[69] 다음과 같이 선설하는 것과 같다.
　　혼란한 色相[亂相][70] ; 相分]과 體相[亂體 ; 見分 등의 心識]을
　　色識[相分]과 色識이 아닌 것[見分 등]으로 인정해야 한다.
　　만약에 (혼란한 색상[亂相]이) 존재하지 않다면,

---

69) 無性菩薩 造, 『攝大乘論釋』 卷第4(『大正藏』 31, 401, 上)에서 引用.
70) 『新導成唯識論』 卷第7, p.319, "相이란 原因이고, 혼란[亂]이란 心識 등의 허망한 顚倒이다." (相者因也. 亂者心等妄倒也.)

다른 것[혼란한 체상; 亂體]도 역시 존재하지 않는다.

色等外境分明現證. 現量所得. 寧撥爲無. 現量證時不執爲外.
後意分別妄生外想. 故現量境是自相分. 識所變故亦說爲有.
意識所執外實色等. 妄計有故說彼爲無.

[질문] 색경 등의 외부대상은 분명하게 현재에서 作證되어 현량으로서 증득되는데, 어째서 부정하여 존재하지 않다고 하는가?
[답변] (전5식 및 동시의 의식이) 현량으로 (5塵을) 증득[五識]할 때에는 집착하여 외부대상으로 삼지 않지만, 뒤의 意識이 분별하여 망령되게 외부대상이라는 생각을 일으키는 것이다. 그러므로 현량의 경계는 (본래) 바로 (현량의 5식) 자체의 상분이며, (곧) 심식이 전변된 것이기 때문에 또한 존재한다는 것이다. 의식이 집착한 외부의 실제의 색경 등은 (이내) 망령되게 존재한다고 계탁된 것이기 때문에 그것을 존재하지 않는다고 하는 것이다.

又色等境非色似色 非外似外 如夢所緣. 不可執爲是實外色.

또한 색경 등의 경계는 색경이 아니면서도 색경으로 似現되고, 외부의 경계가 아니면서도 외부의 경계로 사현되는데, 꿈속의 소연과 같이 집착해서 이것이 실제하며 외부의 색경이라고는 할 수 없다.

若覺時色皆如夢境不離識者. 如從夢覺知彼唯心. 何故覺
時於自色境不知唯識. 如夢未覺不能自知. 要至覺時方能
追覺. 覺時境色應知亦爾. 未眞覺位不能自知. 至眞覺時亦

> 能追覺. 未得眞覺恒處夢中. 故佛說爲生死長夜. 由斯未了
> 色境唯識.

[질문] 만약에 깨어 있을 때의 색경이 모두 꿈 속의 경계와 같이 심식을 여의지 않는다면, (마치) 꿈에서 깨어나면 그것은 오직 마음뿐이라고 아는 것과 같아야 한다. (그런데) 어째서 깨어 있을 때에 자체의 (소연인) 색경에 대해서 오직 (모두) 심식뿐이라고 알지 못하는가?

[답변] 마치 꿈에서 아직 깨어나지 않았을 때에는 스스로 (본 것이 오직 마음이라고) 아는 것이 가능하지 않고, 반드시 깨어났을 때에 비로소 추가로 깨닫게 되는 것과 같이, 깨어 있을 때의 경계인 색법도 또한 그렇다는 것을 알아야 한다. 아직 진실한 깨달음이 아닌 지위에서는 스스로 알 수 없고, 진실한 깨달음에 이르렀을 때에 또한 추가로 깨닫게 된다. 아직 진실한 깨달음을 증득하지 못한 때에는 항상 (생사의) 꿈 속에 있기 때문에, 부처님께서 생사의 긴 밤이라 하신 것이다. 이러하다면 아직도 색경이 오직 심식뿐이라는 것을 了知하지 못한 것이다.

> 外色實無可非內識境. 他心實有寧非自所緣. 誰說他心非
> 自識境. 但不說彼是親所緣. 謂識生時無實作用. 非如手等
> 親執外物日等舒光親照外境. 但如鏡等似外境現名了他心.
> 非親能了. 親所了者 謂自所變.

[질문] 외부의 색경은 실제로 존재하지 않으므로 내부 심식의 경계가 아닐 수 있지만, 남의 마음에는 실제로 존재하는데 어째서 자신의 소연이 아닌가?

[답변] 누가 남의 마음이 자신의 심식의 경계가 아니라고 했는가? 단지 그 것[他心]은 친소연이라 하지 않았을 뿐이다. 이른바 심식(의 상분)이 일어날

때에는 실제의 작용이 없어서, 마치 손 등이 외부의 물건을 직접 집거나 태양 등이 빛을 비쳐서 외부의 대상을 직접 비추는 것과 같지 않다. 다만 거울 등과 같이 외부의 대상으로 似現되어 나타나는 것을 남의 마음을 了知한다는 것이지, 직접 능히 요지한다는 것은 아니다. 직접 了知되는 것은 자신이 전변한 것[相分]을 말한다.

故契經言 無有少法能取餘法. 但識生時似彼相現名取彼物. 如緣他心色等亦爾.

그렇기 때문에 경전에서,[71] 적은 법[實法]일지라도 능히 (마음 밖의) 다른 법을 취득하는 것은 있을 수 없다. 단지 심식이 일어날 때에 그것으로 似現된 형상이 현현하는 것을, 그[他心] 사물을 취득이라고 한다는 것이다. 마치 남의 마음을 반연한다는 것과 같이 색경 등도 또한 그렇다.

旣有異境何名唯識 奇哉固執觸處生疑 豈唯識敎但說一識 不爾如何. 汝應諦聽. 若唯一識寧有十方凡聖尊卑因果等別. 誰爲誰說. 何法何求. 故唯識言有深意趣.

[질문] 이미 다른[他心] 경계가 있는데, 어째서 유식이라 하는가?
[답변] 新奇롭도다. 견고하게 집착해서 접촉하는 곳마다 의심을 내는구나. 어찌 유식의 가르침이 단지 한 심식만을 말하겠는가?
[질문] (만약) 그렇지 않다면, (그 의미는) 어떤 것인가?

---

71) 『解深密經』 卷第3(『大正藏』 16, 698, 中).

[답변] 그대들은 잘 들어야 한다. 만약에 오직 한 심식뿐이라면, 어떻게 十方의 범부와 성인, 존귀함과 비천함, 원인과 결과 등의 차별됨이 있으며, 누가 누구를 위하여 법을 선설하고, 어떤 법을 어떻게 希求하겠는가? 그러므로 유식이라는 것에는 깊은 의취가 있다는 것을 모름지기 알아야 한다.

> 識言總顯一切有情各有八識·六位心所·所變相見·分位差別及彼空理所顯眞如. 識自相故. 識相應故. 二所變故. 三分位故. 四實性故. 如是諸法皆不離識. 總立識名. 唯言但遮愚夫所執定離諸識實有色等.

심식이라는 것은, 전체적으로 일체 유정에게 각각 8심식, 6위의 심소법, 전변된 상분과 견분, (色心의) 분위상의 차별 및 그들의 空한 이치로 현현되는 진여로 존재한다는 것을 나타낸다. 즉, 심식의 자상[心王]이기 때문이고, 심식과 상응[心所]하기 때문이며, 이 2가지가 전변된 것[色法]이기 때문이고, (앞의) 3가지 법의 분위[不相應行法]이기 때문이며, (앞의) 4가지 법의 진실한 성품[無爲]이기 때문이다. 이와 같이 모든 법은 다 심식을 여의지 않으므로 전체적으로 심식이라는 명칭을 건립한다.

오직이라는 것은, 단지 어리석은 범부가 집착한 것은 결정코 모든 심식에서[72] 벗어나면, 진실로 색법 등이 존재한다는 것을 부정한다.

> 若如是知唯識敎意. 便能無倒善備資糧. 速入法空證無上覺. 救拔含識生死輪迴. 非全撥無惡取空者違背敎理能成是事.

---

72) 『新導成唯識論』卷第7, p.321, "그 진실은 또한 心識을 여의면, 5법이 모두 존재한다는 것을 부정한다."(其實亦遮離識五法皆是有也.)

故定應信一切唯識.

만약에 이와 같이 유식에 관한 가르침의 의미를 아는 사람은, 곧 전도됨 없이 잘 資糧을 갖추어서 신속하게 법공관에 들어 최상의 깨달음을 증득하고, 중생[含識;含靈]이 생사에 윤회하는 것을 拔除하여 救濟한다. 전혀 존재하지 않다[無]고 부정하는 惡取空者는, 가르침과 이치에 違背되므로 능히 이(자리이타) 자체를 성취하는 것이 아니다. 그러므로 반드시 일체는 오직 심식뿐이라는 것을 믿어야 한다.

若唯有識都無外緣. 由何而生種種分別. 頌曰.
(18) 由一切種識　如是如是變
　　以展轉力故　彼彼分別生

[질문] 만약에 오직 심식뿐이고 전혀 (마음) 밖의 반연이 존재하지 않는다면, 무엇으로 인하여 갖가지의 분별[八識 等]을 일으키는가?
　　게송으로 선설하면 다음과 같다.
　　일체종자 심식의
　　이러이러한 轉變에 의지하여
　　展轉하는 세력 때문에
　　그것과 그것의 분별[有漏의 分別心]이 일어난다.

論曰. 一切種識謂本識中能生自果功能差別. 此生等流異熟士用增上果. 故名一切種. 除離繫者非種生故. 彼雖可證而非種果. 要現起道斷結得故. 有展轉義非此所說. 此說能

生分別種故.

논술하자면, 일체종자의 심식이란, (第8) 근본식 중에서 능히 (諸法) 자체의 결과를 발생시키는 공능의 차별을 말한다. 이것[差別 功能]은 (능히) 등류과, 이숙과, 士用果 및 증상과를 일으키기 때문에 일체종자라고 한다. (이 중에서) 계박을 여의는 것[離繫果]을 제외한다는 것은, (離繫果인 무위법은) 종자에서 발생되는 것이 아니기 때문이다. 그것[離繫果]이 비록 증득될 수 있다고 하더라도 종자의 과보는 아닌데, 모름지기 現起하는 도리[無漏의 勝道]로서 번뇌를 단절하여 (마침내) 증득되기 때문이다. 展轉하는 의미가 있지만 (그러나) 여기[偈頌]에서 선설된 것은 아닌데, 여기에서는 (단지) 능히 분별을 일으키는 종자만을 선설하기 때문이다.

此識爲體故立識名. 種離本識無別性故 種識二言簡非種識
有識非種種非識故. 又種識言顯識中種 非持種識 後當說故

이것[種子]은 근본식을 자체로 삼기 때문에 심식이라는 명칭을 건립하는데, 종자는 근본식을 여의면 별도로 체성이 존재하지 않기 때문이다. 종자와 심식이라는 2가지 말은 종자와 심식이 아닌 것을 변별하는데, 심식으로서 종자가 아닌 것과[73] 종자로서 심식이 아닌 것[外部의 穀麥 等]이 있기 때문이다. 또한 종자와 심식이라는 것은, 근본식중 (所持의) 종자를 나타내므로 (능히) 종자의 심식[第八識]을 執持하는 (것을 가리키는) 것이 아니다.[74] (이 차별적인 의미는) 뒤에서 선설될 것에 해당되기 때문이다.

---

73) 『新導成唯識論』 卷第7, p.322, "現起되는 諸識으로서 마음의 종자가 아니다."(現起諸識 非內種子.)
74) 『成唯識論觀心法要』 卷第7[『卍新纂續藏經』 第51冊(2009), p.399, 上, "非(指能)持種(子之)識"

此識中種餘緣助故. 卽便如是如是轉變. 謂從生位轉至熟時.
顯變種多重言如是. 謂一切種攝三熏習共不共等識種盡故.

이 심식 중의 종자는 다른[因緣을 제외한 三緣] 반연에 조력되기 때문에 곧 이러이러하게 전변된다. 이를테면, 생기되는 위치에서부터 전전하여 성숙될 때에 이르기까지 전변되는 종자가 많다는 것을 나타내어 이러하다고 거듭 말하는 것이다. 즉, 일체의 종자에는 3種의 훈습[명언과 아집 등]과 共相識 및 不共相識 등과 같은 심식의 종자들을 다 포함하기 때문이다.

展轉力者謂八現識及彼相應相見分等. 彼皆互有相助力故.
卽現識等總名分別. 虛妄分別爲自性故. 分別類多故言彼彼

전전하는 세력이라는 것은, 8가지 현행하는 심식[自體分]과 그것의 상응법[心所法] 및 상분과 견분 등[不相應과 無爲法]을 말하는데, 그것들[心識 등]은 모두 서로 돕는 세력이 있기 때문이다. 즉, (종자의) 현행하는 심식 등을 전체적으로 분별이라 하는데, 허망분별을 자성으로 삼기 때문이다. 분별[自體分과 相分 및 見分 등]하는 性類가 많기 때문에 그것과 그것[衆多의 의미]이라 한다.

此頌意說. 雖無外緣由本識中有一切種轉變差別及以現行
八種識等展轉力故彼彼分別而亦得生. 何假外緣方起分別.
諸淨法起應知亦然. 淨種現行爲緣生故.

이 게송이 의미하는 것은, 비록 외부의 반연이 없더라도 근본식 중에서

卷第7『成唯識論』 531

일체 종자가 전변하는 차별이 존재한다는 것에 의거하고, 현행하는 8가지 심식 등이 전전하는 세력 때문에, 그것과 그것이 분별하고 또한 발생된다는 것이다. 어찌 외부의 반연을 빌려서 비로소 분별을 일으킨다고 하겠는가? 모든 청정법[三乘의 智果]이 일어나는 것도 또한 그렇다고 알아야 하는데, 청정한 종자와 현행을 반연으로 삼아서 일어나기 때문이다.

> 所說種現緣生分別. 云何應知此緣生相. 緣且有四. 一因緣. 謂有爲法親辦自果. 此體有二. 一種子. 二現行.

【四緣義】

[질문] 교설된 종자와 현행을 반연으로 하여 분별을 일으킨다면, 어떻게 이 반연과 일어나는 행상을 알아야 하는가?

[답변] 인연에는 다시 4가지가 있는데, 1) 인연으로서, 유위법이 직접 자체의 과보를 갖춘 것을 말한다. 이것의 체상에도 2가지가 있는데, (1) (능생의) 종자이고, (2) (능훈의) 현행이다.

> 種子者謂本識中善染無記諸界地等功能差別. 能引次後自類功能. 及起同時自類現果. 此唯望彼是因緣性.

종자라는 것은, 근본식 중의 선법과 염오법 및 무기성, 모든 世界와 지위 등[漏와 無漏, 色과 非色 등]의 공능차별을 말한다. 능히 다음에 자기 성류의 공능을 牽引하고, 나아가 동시에 자기 성류의 현행의 과보를 일으킨다. 이것 [種子]은 오직 그것[自類의 種子와 現行]만을 相望하는 인연의 성품이다.

現行者謂七轉識及彼相應所變相見性界地等. 除佛果善極
劣無記. 餘熏本識生自類種. 此唯望彼是因緣性.

　현행이란, 7전식[自體分]과 그 상응법, 전변된 상분과 견분, 3性, 3界 및 9地
등[有漏와 無漏 等]을 말한다. (단지) 佛果의 선법과 (3性 중의) 지극히 미열한
무기성을 제외하고, 다른 것[제법]은 근본식에 훈습되어 자기 성류의 종자를
일으킨다. 이것[能熏의 現行]은 오직 그것[種子]만을 相望하는 인연의 성품이다.

第八心品無所熏故. 非簡所依獨能熏故. 極微圓故不熏成種

[질문] 第8識은 어째서 능훈하지 않는가?
[답변] 第8識의 心品은[75] 소훈하지 않기[自體가 바로 所熏處] 때문이고,
[질문] 性, 界, 地 등은 어째서 또한 능훈인가?
[답변] 의지처[心王]를 簡擇해서 독단[심소법]으로 능훈하는 것이 아니기 때문이다.
[질문] 어째서 佛果와 미열한 무기성은 제외되는가?
[답변] 지극히 미세[原因의 第八하거나[無記] 원만[業果의 第八하기[佛極果]
때문에 (이 2가지 이유로) 종자를 훈습할 수가 없다.

現行同類展轉相望皆非因緣. 自種生故. 一切異類展轉相
望亦非因緣. 不親生故.

---

75) 『新導成唯識論』卷第7, p.323, "心品이란 것은 상분과 견분 및 共有의 법 등에 통하는 것을
말한다."(心品言通相見共有法等.)

卷第7 『成唯識論』　533

현행하는 동일한 성류가 전전하여 相望한다고 하여 모두가 인연은 아닌데, (근본식 중에서 각각) 자체의 종자로부터 생겨나기 때문이다. 일체의 다른 성류가 전전하여 상망해도 역시 인연은 아닌데, 직접 일으키지 못하기 때문이다.

有說異類同類現行展轉相望爲因緣者. 應知假說. 或隨轉門. 有唯說種是因緣性. 彼依顯勝. 非盡理說. 聖說轉識與阿賴耶展轉相望爲因緣故.

어떤 논장에서는,[76] 다른 성류와 같은 성류의 현행이 전전하고 상망하여 인연으로 된다고 한 것은, 가설[실제로는 增上緣]이거나 혹은 근기에 따른 방편문[隨轉門; 薩婆多宗]임을 알아야 한다는 것이다. 또한 어느 논장에서는,[77] 오직 종자만이 인연의 성품이라고 한 것은, 그것이 수승함을 나타내는 것에 의지해서 말한 것으로서 이치를 다하여 말한 것은 아니다. (왜냐하면) 聖敎에서는,[78] 전식[現起의 제6, 7]과 아뢰야식은 전전하고 상망해서 인연으로 된다고 하였기 때문이라는 것이다.

二等無間緣. 謂八現識及彼心所前聚 於後自類無間等而開導令彼定生. 多同類種俱時轉故 如不相應非此緣攝. 由斯八識非互爲緣.

---

76) 『大乘阿毘達磨雜集論』 卷第4(『大正藏』 31, 713, 上).
77) 『瑜伽師地論』 卷第3(『大正藏』 30, 292, 上) 등.
78) 『瑜伽師地論』 卷第51(『大正藏』 30, 580, 中).

2) 등무간연으로서, 8가지의 현행하는 심식과 그 심소법에서 이전의 積聚가, 뒤에 자기 성류를 無間하고 동등[自類]하게 開導하여 그것[後聚의 자류]을 결정적으로 생겨나게 하는 것을 말한다. 많은 같은 성류의 종자는 同時에 전전하기 때문에 불상응행법과 같은 것은[79] 이 인연에 포함되지 않는다. 이렇기 때문에 8가지의 심식도 서로 인연으로 되지 않는다.

心所與心雖恒俱轉. 而相應故和合似一. 不可施設離別殊異. 故得互作等無間緣. 入無餘心最極微劣無開導用. 又無當起等無間法故非此緣.

심소와 심왕법이 비록 항상 함께 전전하더라도 상응하기 때문에 화합하여 한 가지로 似現되며, 분리되어 特異한 것으로는 施設될 수 없기 때문에 서로 등무간연으로 지어지게 된다. 무여의 열반에 證入한 마음은 최고로 지극히 미세해서 開導하는 작용이 없고, 또한 등무간의 법을 일으키지 않아야 하기 때문에 이것의 인연이 아니다.

云何知然 論有誠說. 若此識等無間彼識等決定生. 卽說此是彼等無間緣故.

[질문] 어떻게 그렇다는 것을 아는가?
[답변] 논장에 진실한 교설이 있는데,[80] 만약에 이[以前의] 심식이 동등하고

---

79) 『新導成唯識論』卷第7, p.324, "종자와 불상응행법은 다분히 함께 전전함이 있으므로 연으로 되는 이치가 없다."(種不相應既有多俱轉 非爲緣理.)
80) 『瑜伽師地論』卷第3(『大正藏』30, 292, 上).

卷第7 『成唯識論』 535

無間하게[81] 그[뒤의] 심식이 등[心所]이 결정적으로 일어난다면, 바로 이것[以前의 심식]은 그것[後識]의 등무간연이라고 하기 때문이다.

> 卽依此義應作是說. 阿陀那識三界九地皆容互作等無間緣.
> 下上死生相開導故. 有漏無間有無漏生. 無漏定無生有漏者.
> 鏡智起已必無斷故. 善與無記相望亦然.

바로 이러한 의미에 의거해서 이와 같이 선설해야 한다. 아타나식은 3界와 9地에서 모두 서로 등무간연으로 되는 것이 인정되는데, 下地와 上地에서 죽고 태어날 때에 서로 開導하기 때문이다. 유루가 無間하게 무루로 생겨나는 것은 있지만, 무루가 결코 유루를 일으키는 것은 아닌데, 대원경지가 일어났으면 반드시 단절되지 않기 때문이다. (無垢와) 善識과 無記를 서로 상망하는 것도[82] 또한 그렇다.

> 此何界後引生無漏. 或從色界或欲界後. 謂諸異生求佛果者
> 定色界後引生無漏. 彼必生在淨居天上大自在宮得菩提故.

[질문] 이것[第8識]은 어떤 세계(에 존재하다가) 다음의 무루법을 견인하여 일으키는가?
[답변] 색계로부터이거나[頓悟] 혹은 욕계의 이후이다[漸悟]. 이를테면, 모든 범부들이 부처님의 극과를 희구하면 결정적으로 색계 이후에 (몸이) 무루법

---

81) 『新導成唯識論』卷第7, p.324, "인연으로 된 것을 말한다."(謂爲緣者.)
82) 『新導成唯識論』卷第7, p.325, "오직 無記는 善識을 일으키지만, 無記를 일으키면 善識이 아니기 때문이다."(唯無記生善 非善生無記故.)

을 견인하여 일으키는데, 그는 반드시 淨居天上의 대자재천궁에 태어나 살면서 보리를 증득하기 때문이다.

> 二乘迴趣大菩提者 定欲界後引生無漏. 迴趣留身唯欲界故.
> 彼雖必往大自在宮方得成佛. 而本願力所留生身是欲界故.

二乘이 (極果인) 대보리에 廻心하여 趣向하면 결정적으로 욕계 이후에 무루법을 이끌어서 일으키는데, 회심해서 취향하여 몸을 머무르게 하는 것은 오직 욕계(에 있을 때) 뿐이기 때문이다. 그가 비록 대자재천궁에 가서 마침내 성불할 수 있다고 하더라도 본원력으로 머무르게 되는 생신은 바로 욕계이기 때문이라는 것이다.

> 有義色界亦有聲聞迴趣大乘願留身者. 旣與敎理俱不相違.
> 是故聲聞第八無漏 色界心後亦得現前. 然五淨居無迴趣者.
> 經不說彼發大心故.

다른 견해로서, 색계에도 또한 성문이 대승에 회심하고 취향해서 원력에 몸을 머무르게 한다는 것은 경전과 이치에 모두 위배되지 않는다. 이렇기 때문에 성문의 제8의 무루법은 색계의 마음 이후에도 또한 현전하는 것이다. 그러나 5정거천 중에서는 회심하여 취향하지 못한다는 것은, 경전에서[83] 그 천상에서는 대보리심을 일으킨다고 하지 않기 때문이라는 것이다.

---

83) 『大般若經』卷第129(『大正藏』5, 693, 上).

第七轉識三界九地亦容互作等無間緣. 隨第八識生處繫故.
有漏無漏容互相生. 十地位中得相引故.

第7 전식도 3계와 9지에서 또한 서로 등무간연으로 되는 것이 인정되는데, 第8 근본식이 발생되는 처소에 따라서 계박되기 때문이다. 유루와 무루법도 서로 상생하는 것이 인정되는데, 10地位 중에서도 서로 牽引하기 때문이다.

善與無記相望亦然. 於無記中染與不染亦相開導. 生空智果
前後位中得相引故. 此欲色界有漏得與無漏相生. 非無色界.
地上菩薩不生彼故.

善識과 무기성이 서로 상망하는 것도 또한 그렇다. 무기성 중에서 염오아집의 제7와 염오되지 않은 것[법집]도 또한 서로 개도하는데, 生空의 지혜[正智]와 증과[後得智 및 滅盡定] 전후의 지위 중에서도 서로 견인하기 때문이다. 이것은 욕계와 색계의 유루법만이 무루법과 서로 상생하는 것으로서 무색계에서는 그렇지 않는데, 10지 이상의 보살들은 그 곳[무색계]에서 태어나지 않기 때문이다.

第六轉識三界九地有漏無漏善不善等　各容互作等無間緣.
潤生位等更相引故. 初起無漏唯色界後. 決擇分善唯色界故.
眼耳身識二界二地鼻舌兩識一界一地自類互作等無間緣.
善等相望應知亦爾.

제6 전식은 3계와 9지에서 유루와 무루, 선법과 불선법 등이 각각 서로 등무간연으로 되는 것이 인정되는데, 삶을 촉진하는 지위 등에서 새롭게 서로 견인하기 때문이다. 처음[見道]으로 무루를 일으키는 것은 오직 색계의 이후로서, (마음의) 결택분의 선법[世第一法位은 오직 색계(에만 존재할)뿐이기 때문이다.

안식과 이식 및 신식은 2계[欲界와 初禪]의 2지[雜居와 離生地]에서, 비식과 설식은 1계[欲界]의 1지[雜居地]에서 자체의 성류가 서로 등무간연으로 된다. 선법 등을 서로 상대해도 또한 그렇다는 것을 알아야 한다.

> 有義五識有漏無漏自類互作等無間緣未成佛時容互起故.
> 有義無漏有漏後起. 非無漏後容起有漏. 無漏五識非佛無故.

다른 견해[安慧]로서, 전5식도 유루와 무루가 자체의 성류로 서로 등무간연으로 되는데, 아직 성불하지 않았을 때[入初地]에는 서로 일으키는 것이 인정되기 때문이라는 것이다. 또한 다른 견해[護法]로서, 무루는 유루의 다음에 일어나며, 무루의 다음에 유루를 일으킨다는 것은 인정되지 않는다. 무루의 전5식은 佛地[成所作智]가 아니면 존재하지 않기 때문이다.

> 彼五色根定有漏故. 是異熟識相分攝故. 有漏不共必俱同
> 境根發無漏識理不相應故. 此二於境明昧異故.

(어째서 존재하지 않는가 하면) 그의 5색근은 반드시 유루법이기 때문이고, (어째서 5색근이 유루인가 하면) 이것은 이숙식의 상분에 포함되기 때문이다. (만약에) 유루이고, 공통되지 않으며, 반드시 함께 하고, 경계를 같이 하는 5색근이 무루의 5식을 일으킨다고 하면, 이치가 상응하지 않기 때문이

다. 이 2가지는[84] 경계에 대해서 밝음과 어두움으로 다르기 때문이다.

> 三所緣緣. 謂若有法是帶己相心或相應所慮所託. 此體有二. 一親二疏. 若與能緣體不相離. 是見分等內所慮託. 應知彼是親所緣緣. 若與能緣體雖相離. 爲質能起內所慮託. 應知彼是疏所緣緣.

3) 소연연으로서, 實有의 假法有法 ; 依他와 圓成과 같은 것이, 자체의 형상[體相]을 간직한 마음이나 혹은 상응하는 법[心所法]에 緣慮[所緣]되고 依託[緣]되는 것을 말한다. 이것의 체상에는 2가지가 있는데, (1) 친소연연이고, (2) 소소연연이다. 만약에 (상분이) 능연(인 견분)과 체상이 서로 여의지 않아서 견분 등[自證와 證自證]이 내부로 사려되고 의탁되는 것이라면, 그것은 바로 친소연연이라고 알아야 한다. 만약에 (본질이) 능연(인 견분)과 체상이 비록 서로 여의었을지라도 (그러나) 본질로 되어서 능히 내부로 사려되고 의탁되는 것을 일으킨다면, 그것은 바로 소소연연이라고 알아야 한다.

> 親所緣緣能緣皆有. 離內所慮託必不生故. 疏所緣緣能緣或有. 離外所慮託亦得生故.

친소연연은 (단지) 능연(의 마음이 결정한 것)에 모두 존재하는데, 내부로 사려되고 의탁되는 것[相分]을 여의고서는 반드시 일어나지 않기 때문이다. 소소연연은 능연(의 마음)에 존재하는 것이 일정하지 않는데, 외부로

---

[84] 『新導成唯識論』卷第7, p.326, "무루의 밝은 심식과 유루의 暗昧한 색근."(無漏明識與有漏末根)

사려되고 의탁되는 것을 여의어도 또한 (能緣의 마음에서) 일어날 수 있기 때문이다.

  第八心品 有義唯有親所緣緣. 隨業因力任運變故. 有義亦
  定有疏所緣緣. 要仗他變質自方變故.

 제8의 심품에 관하여 어떤 사람은, 오직 친소연연만이 존재하는데, 業과 因의 세력에 따라서 임운하게 변현하기 때문이라는 것이다. 또한 다른 견해로서, 결정적으로 소소연연도 존재하는데, 반드시 남의 변현에 의지하여 본질적으로 스스로 변현하기 때문이라는 것이다.

  有義二說俱不應理. 自他身土可互受用. 他所變者爲自質故.
  自種於他無受用理. 他變爲此不應理故. 非諸有情種皆等故.
  應說此品疏所緣緣一切位中有無不定.

[정의] (나아가) 또 다른 견해로서, 2가지의 교설은 모두 이치에 맞지 않는데, 자신과 남의 신체와 국토를 서로 수용할 수 있고, 남이 전변한 것을 자신의 본질로 삼기 때문이다. 자신의 心種子가 남에게 수용된다는 이치는 존재하지 않는데, 남이 이것[種子]을 변현한다는 것은 이치에 맞지 않기 때문이고, 모든 유정들은 종자가 모두 같지 않기[五姓各別] 때문이다. 이 (제8) 심품의 소소연연은 (因果의) 일체 지위에서 존재하거나 존재하지 않아서 일정하지 않다고 해야 한다는 것이다.

  第七心品 未轉依位是俱生故必仗外質. 故亦定有疏所緣緣.
  已轉依位此非定有. 緣眞如等無外質故.

제7의 심품은 아직 轉依를 이루지 못한 위치[有漏]에서는 俱生(의 我法 2執)이기 때문에 반드시 외부의 본질에 의지한다. 그러므로 반드시 소소연연은 존재한다. 이미 전의를 이룬 위치[無漏]에서는 이것이 결코 존재하는 것이 아닌데, (만약에) 진여 등[虛空과 去來]을 반연함에는 외부의 본질이 존재하지 않기 때문이다.

第六心品行相猛利. 於一切位能自在轉. 所仗外質或有或無. 疏所緣緣有無不定.

제6의 심품은 행상이 맹렬하고 예리하여 일체 (聖凡)의 지위에서 모두 스스로 자재하여 전전하기 때문에, (그) 의지되는 외부의 본질은 존재하거나 존재하지 않으므로 소소연연도 존재하거나 하지 않아서 일정하지 않다.

前五心品未轉依位麁鈍劣故 必仗外質故亦定有疏所緣緣. 已轉依位此非定有 緣過未等無外質故.

전5식의 심품은 아직 전의를 이루지 못한 위치에서는 거칠고 우둔하며 열등하기 때문에 반드시 외부의 본질에[85] 의지하는데, 그러므로 또한 반드시 소소연연도 존재한다. 전의를 이룬 위치에서는 이것은 결코 존재하는 것이 아닌데, (成所作智에 통하여) 과거와 미래(의 법) 등을 반연하는 것에는 외부의 본질이 존재하지 않기 때문이다.

---

85) 『新導成唯識論』卷第7, p.328, "第8識이 변현된 것이거나 第6識이 변현된 것이다."(第八所變 或第六所變.)

四增上緣. 謂若有法有勝勢用 能於餘法或順或違. 雖前三
緣亦是增上. 而今第四除彼取餘 爲顯諸緣差別相故.

4) 증상연으로서, 만약에 實有의 假法[有法 ; 依他와 圓成]에 수승한 세력의 작용이 존재한다면, 스스로 다른 법에 대해서 수순하거나 혹은 거스르는 것을 말한다. 비록 앞의 3인연도 또한 이 증상연이지만, 이제 4)에서 그것[앞의 3가지]들을 제외한 (그) 나머지를 취득하여, 모든 인연[4緣]의 차별된 형상을 드러내기 때문이다.

此順違用於四處轉 生住成得四事別故. 然增上用隨事雖多
而勝顯者唯二十二應知卽是二十二根.

이것의 수순하고 거스르는 (수승한 세력의) 작용은 4가지의 處에서 전전하는데, (말하자면) 생겨나고, 머물며, 이루고, 증득하는 4가지 자체가 다르기 때문이다. 그런데 증상연의 작용은 자체에 따라서 비록 많을지라도 수승하게 드러나는 것은 오직 22가지뿐으로서 바로 22근임을 알아야 한다.

前五色根以本識等所變眼等淨色爲性. 男女二根身根所攝
故卽以彼少分爲性. 命根但依本識親種分位假立非別有性.
意根總以八識爲性. 五受根如應各自受爲性. 信等五根卽
以信等及善念等而爲自性.

전5식의 色根은 근본식 등이 전변한 안식 등의 청정한 색법을 자성으로 삼는다. 남근과 여근의 2근은 身根에 포함되기 때문에 그[身根] 일부를[86] 자성으로 삼는다. 命根은 단지 근본식의 친종자[異熟無記]의 分位에 의지하여 가립된 것이므로 별도로 자성이 존재하는 것이 아니다. 意根은 전체적으로 8識을 자성으로 삼고, 5受根은 상응되는 것과 같은 각각의 자체 感受를 자성으로 삼는다. 믿음 등의 5근은 바로 (善心所法 중의) 믿음 등[精進]과 (別境 중의) 善法의 생각 등[定과 慧]으로서 자성으로 삼는다.

未知當知根體位有三種. 一根本位 謂在見道除後刹那 無所未知可當知故. 二加行位. 謂煖頂忍世第一法 近能引發根本位故. 三資糧位. 謂從爲得諦現觀故發起決定勝善法欲 乃至未得順決擇分所有善根名資糧位. 能遠資生根本位故.

미지당지근의[87] 자체의 분위에는 3가지가 있는데, (1) 근본위로서 견도에 있는 것을 말하고, (15心 중에서 오직) 최후의 (第16心 한) 찰나는 제외하는데, (第16 刹那心으로서는) 아직 了知하지 못한 것은 미래에 알 수 있는 것이 아니기 때문이다. (2) 가행위로서 난, 정, 인 및 세제일법위를 말하는데, 친근하게 스스로 근본위를 견인하여 일으키기 때문이다. (3) 자량위로서 사성제의 現觀을 증득하기 위해서 결정적으로 수승한 善法에 대한 욕구를 일으켜서 追從하지만, 이내 아직 순결택분에 (이전에) 소유된 善根[믿음 등의 五善]을 증득하지 못한 것을 자량위라고 한다. 능히 疏遠하게 근본위를 도아서 일으키기 때문이다.

---

86) 『新導成唯識論』 卷第7, p.328, "이상의 7근은 色을 體相으로 삼는다."(以上七根以色爲體.)
87) 3무루근의 하나로서 견도위의 수행자[第15心]는 일찍이 了知하지 못하던 4聖諦의 이치를 다음 생각인 第16心에서 완전하게 요지하는 위치에 있으므로, 이 지위에 있는 수행자가 소지한 意, 樂, 喜 등 9근을 이렇게 명칭한다.

於此三位信等五根意喜樂捨爲此根性. 加行等位於後勝法
求證愁感 亦有憂根非正善根 故多不說.

이 3지위에서 믿음 등의 5근 및 의근, 희근, 낙근, 捨根(을 합하여 9근)으로서 이 근[未知當知]의 자성으로 삼는다. 가행위 등[資糧]의 지위에서는 뒤의 수승한 법에 대하여 증득하려고 희구하고 근심하므로 또한 憂根도 존재한다고 하지만, (단지) 바른 선근은 아니기 때문에 자세하게 선설하지 않는다.

前三無色有此根者 有勝見道傍修得故. 或二乘位迴趣大者
爲證法空地前亦起九地所攝生空無漏. 彼皆菩薩此根攝故.
菩薩見道亦有此根 但說地前以時促故.

앞의 3무색계에 이 근[未知根]이 존재한다는 것은, 수승한 견도에서 곁으로 닦아서 증득되는 것이 있기 때문이다. 혹은 二乘의 지위에서 대승에 회심하여 취향한 수행자가, 法空을 증득하기 위해서 10地 이전[勝解行地]에 또한 9地에 포함된 生空의 무루법을 일으키므로, 그것들을 모두 보살의 이 근에 포함시키기 때문이다. 보살의 견도에서도 또한 이 근이 존재하는데, 단지 10地 이전만을 선설하는 것은 시간이 促迫하기 때문이다.

始從見道最後刹那乃至金剛喩定所有信等無漏九根皆是已
知根性. 未離欲者 於上解脫求證愁感. 亦有憂根非正善根
故多不說.

처음에 견도의 최후의 찰나[第16心]로부터 나아가 금강유정에 이르기까지에 소유된 믿음 등의 무루의 9根은 모두 已知根의[88] 성품이다. 아직 욕망을 여의지 못한 수행자는 最上의 해탈에 대해 증득하려고 희구하고 근심하므로 또한 憂根도 존재하지만, 바른 善根은 아니기 때문에 자세하게 선설하지 않는다.

> 諸無學位無漏九根一切皆是具知根性. 有頂雖有遊觀無漏而不明利非後三根. 二十二根自性如是. 諸餘門義如論應知.

모든 무학위에서 무루의 9根은 일체가 모두 具知根의[89] 성품이다. 有頂天에는 비록 遊觀의 무루법이 존재한다고 하더라도 분명하고 銳利하지 않으므로 이후의 3무루근은 아니다. 22근의 자성은 이와 같다. 모든 다른 부문의 의미는 논장과[90] 같음을 알아야 한다.

― 끝 ―

---

88) 3무루근과 22근의 하나로서 수도에서 일어나는 意, 樂, 喜 등의 9根인데, 이것은 이미 지혜로서 迷悟因果의 이치를 了知한 것을 말한다.
89) 3무루근의 하나로서, 닦을 것과 끊을 것을 모두 완료하여 더 이상 닦을 것이 없는 아라한의 지위에서 일어나는 지혜를 말한다.
90) 『瑜伽師地論』 卷第57(『大正藏』 30, 614, 上).

卷第8 『成唯識論』

卷第8
『成唯識論』

如是四緣依十五處義差別故立爲十因. 云何此依十五處立.
一語依處. 謂法名想所起語性. 卽依此處立隨說因. 謂依此
語隨見聞等說諸義故.

【十五依處】

  이와 같은 4緣을 15處에 의지하여 의미를 차별하기 때문에 건립하여 10因으로 한다. 어떻게 이것[10因]을 15처에 의지하여 (새롭게) 건립하는가?
  1) 언어의 의지처로서, (어떤 하나의) 법과 명칭 및 상상에서 일어나는 언어의 성품을 말한다. 즉, 이것의 의지처에 의지해서 隨說因을 건립하는데, 이것[能詮因]의 언어에 의지하여 보고 듣는 것 등에 따라서 모든 의미[所詮果]를 선설하기 때문이다.

此卽能說爲所說因. 有論說此是名想見. 由如名字取相執
著隨起說故. 若依彼說便顯此因是語依處.

이것은 바로 능히 교설하는 언어를 표현되는 (모든 의미의) 원인으로 삼는다. 어느 논장에서,[1] 이것(의 원인)은 바로 명칭과 상상 및 견해라고 하는데, 名字와 같이 형상을 취하고서 집착에 따라 주장을 일으키기 때문이라는 것이다. 만약에 그것[論藏]의 주장에 의거한다면, 곧 이것의 원인이 언어의 의지처로 나타난다는 것이다.

二領受依處. 謂所觀待能所受性. 即依此處立觀待因. 謂觀待此令彼諸事或生或住或成或得. 此是彼觀待因.

2) 領受하는 의지처로서, 觀待되는 것에 관한 (어떤) 감정의 주체와 대상의 성류를 말한다. 즉, 이것의 의지처에 의거하여 觀待因을[2] 건립한다. 말하자면, 이것[能受, 所受]에 관대하여 그것의 모든 자체를 생겨나게 하고 머물게 하며 성취하게 하고 증득하게끔 하면, 이것[領受依處]이 바로 그것의 관대인이다.

三習氣依處. 謂內外種未成熟位. 即依此處立牽引因. 謂能牽引遠自果故.

3) 習氣의 의지처로서, 내부[有, 無漏]와 외부의 종자가 아직 성숙되지 못한 위치를 말한다. 즉, 이것의 의지처에 의지하여 牽引因을 건립하는데, 능히 疏遠한 自果를 견인하기 때문이다.

---

1) 安慧 合糅, 玄奘 譯, 『大乘阿毘達磨雜集論』 卷第4(『大正藏』 31, 713, 中).
2) 마음과 몸이 즐거움과 음식 등을 희구할 적에 그 원인이 되는 것을 말하는데, 고통은 즐거움, 기갈은 음식의 觀待라고 한다.

四有潤種子依處. 謂內外種已成熟位. 卽依此處立生起因.
謂能生起近自果故.

4) 3界[有]에 潤生하는 종자의 의지처로서, 내부와 외부의 종자가 성숙한 위치를 말한다. 즉, 이것의 의지처에 의지해서 生起因을 건립하는데, 능히 親近한 自果를 일으키기 때문이다.

五無間滅依處. 謂心心所等無間緣. 六境界依處. 謂心心所
所緣緣. 七根依處. 謂心心所所依六根. 八作用依處. 謂於
所作業作具作用 卽除種子餘助現緣.

5) 無間滅의 의지처로서, 마음과 심소법의 등무간연을 말한다. 6) 境界의 의지처로서, 마음과 심소법의 소연연을 말한다. 7) 감각기관의 의지처로서, 마음과 심소법의 所依인 6根을 말한다. 8) 作用의 의지처로서, 지어진 업에 대한 (일체) 지어진 도구의 能作하는 업용을 말하는데, 바로 종자를 제외한 다른 것이 (疏遠하게) 조력하는 현재의 인연이다.

九士用依處. 謂於所作業作者作用 卽除種子餘作現緣. 十
眞實見依處. 謂無漏見除引自種於無漏法能助引證.

9) 士用의[3] 의지처로서, 지어진 업에 대한 (일체) 作者의 능작하는 업용을 말하는데, 종자를 제외한 다른 것이 (친근하게) 작용하는 현재의 인연이다.

---

3) 原因을 강력한 士夫인 男子의 動作作用에 비유하여 士用이라 한다.

10) 진실한 견해의 의지처로서, 무루에 관한 견해가 자신의 종자를 이끄는 것을 제외하고 무루법에 대해서 능히 조력하고 견인하며 증득하는 것을 말한다.

總依此六立攝受因. 謂攝受五辦有漏法 具攝受六辦無漏故.

전체적으로 이러한 6가지[5)~10)]의 의지처에 의지해서 攝受因을 건립한다. 말하자면, (앞의) 5가지[10)의 眞實見 제외]의 의지처를 섭수하여 (세간의) 유루법을 변별하고, 6가지의 의지처를 완전히 섭수하여 (출세간의) 무루법을 변별하기 때문이다.[4]

十一隨順依處. 謂無記染善現種諸行 能隨順同類勝品諸法.
卽依此處立引發因. 謂能引起同類勝行及能引得無爲法故.

11) 隨順의 의지처로서, 무기법과 염오 및 선법의 현행 종자의 諸行이 능히 동일한 성류와 수승한 성품의 모든 법에 수순하는 것을 말한다. 즉, 이것의 의지처에 의지해서 引發因을 건립하는데, 동일한 성류의 수승한 諸行을 일으키고, 나아가 무위법을 증득하기 때문이다.

十二差別功能依處. 謂有爲法各於自果 有能起證差別勢力.
卽依此處立定異因 謂各能生自界等果. 及各能得自乘果故.

---

[4] 『新導成唯識論』卷第8, p.342, "즉, 第6[(6)]의 의지처는 有漏法에 통하지 않는다."(卽第六依不通有漏.)

12) 차별된 공능의 의지처로서, 유위법이 각각 자과에 대해서 능히 (유위법을) 일으키고 (무위법을) 증득하는 차별된 세력이 있는 것을 말한다. 즉, 이것의 의지처에 의지해서 定異因을[5] 건립하는데, 각각 자기 세계 등의 과보를 일으키고,[6] 나아가 자기 교법의 과보를 증득하기 때문이다.

十三和合依處. 謂從領受乃至差別功能依處 於所生住成得
果中 有和合力. 即依此處立同事因. 謂從觀待乃至定異皆
同生等一事業故.

13) 화합의 의지처로서, (第2) 領受의 의지처로부터 (第12) 차별된 공능의 의지처에 이르기까지[7] 일어나고 머무르며 성취되고 증득하게 되는 업과 중에 화합력이 존재하는 것을 말한다. 즉, 이것의 의지처에 의지하여 同事因을 건립하는데, 觀待因으로부터 定異因에 이르기까지 모두[6因] 함께 일어나는 것 등이 하나의 자체 업이기 때문이다.

十四障礙依處. 謂於生住成得事中能障礙法. 即依此處立
相違因. 謂彼能違生等事故.

14) 障碍의 의지처로서, 일어나고 머무르며 성취되고 증득되는 자체(의

---

5) 『新導成唯識論』卷8, p.343, "自體의 性相을 定이라 하고, 공통되지 않는 다른 것이기 때문에 異라고 한다."(自性相稱名定 不共他故名異.)
6) 『新導成唯識論』卷8, p.343, "각각 능히 일으킨다라는 것은, 선업은 반드시 인간과 천상의 제8식 등을 견인한다는 것이다."(謂各能生 謂善業定引人天第八等.)
7) 『新導成唯識論』卷8, p.343, "앞의 6因을 자체로 삼는데, 즉 觀待, 牽引, 生起, 攝受, 引發 및 定異이고, 言說因은 취하지 않는데, 疎遠하기 때문이다."(以前六因爲體 觀待牽引生起攝受引發定異 不取言說 以疎遠故.)

업과) 중에서 능히 장애되는 법을 말한다. 즉, 이것의 의지처에 의지하여 相違因을 건립하는데, 그것이 일어나는 등의 자체에 상위되기 때문이다.

> 十五不障礙依處. 謂於生住成得事中不障礙法. 卽依此處立不相違因. 謂彼不違生等事故.

15) 障碍하지 않는 의지처로서, 일어나고 머무르며 성취되고 증득되는 자체(의 업과) 중에서 장애되지 않는 법을 말한다. 즉, 이것의 의지처에 의지하여 不相違因을 건립하는데, 그것이 일어나는 등의 자체에 상위되지 않기 때문이다.

> 如是十因二因所攝. 一能生二方便. 菩薩地說牽引種子生起種子名能生因. 所餘諸因方便因攝.

이와 같은 10因은 2因에 포함되는데, 하나는 能生因이고, 다른 하나는 方便因이다. 즉,『유가론』의 보살지에서,[8] 견인되는 종자와 생기되는 종자는 능생인이고, 다른 모든 원인은 방편인에 포함된다고 하였다.

> 此說牽引生起引發定異同事不相違中. 諸因緣種. 未成熟位名牽引種已成熟位名生起種. 彼六因中諸因緣種 皆攝在此二位中故.

---

8)『瑜伽師地論』卷第38(『大正藏』30, 501, 中).

이 교설은 견인, 생기, 인발, 정이, 동사 및 불상위인 중에서 모든[6因] 인연의 종자가 아직 성숙되지 못한 위치는 견인종자라고 하고, 성숙된 위치는 생기종자라고 한다. 그것의 6因 중에서 모든 인연의 종자는 모두 이 2位 중에 포함되어 존재하기 때문이다.

雖有現起是能生因 如四因中生自種者而多間斷. 此略不說.

비록 현행하는 것이 능히 일어나는 원인이고, 마치 4因[引發 등] 중에서 자체 종자를 일으키는 것과 같은 것이 존재한다고 하더라도, 대부분 間斷하므로 여기[보살지]에서는 생략하여 선설하지 않는다.

或親辨果亦立種名. 如說現行穀麥等種. 所餘因謂初二五九
及六因中非因緣法. 皆是生熟因緣種餘故總說爲方便因攝.

혹은 (능히) 직접 (종자의) 업과를 분별하므로 또한 종자라는 명칭을 건립하는데, 마치 현행의 穀麥 등의 종자라고 하는 것과 같다. 다른 원인이라는 것은 1), 2), 5), 9) 및 6因 중에서 인연이 아닌 법을 말한다. (이러한 것들은) 모두 이것은 일어나고 성숙된 (위치의) 인연종자의 다른 것이기 때문에 전체적으로 方便因에 포함시키는 것이다.

非此二種唯屬彼二因 餘四因中有因緣種故. 非唯彼八名所
餘因 彼二因亦有非因緣種故.

이것[보살지]의 2因[生起와 牽引]의 종자는 오직 그것[10因]의 2因에만 소속되는 것이 아닌데, 다른 4因[引發 등] 중에도 인연인 종자가 있기 때문이다.

卷第8 『成唯識論』 555

오직 그 8因[생기와 견인 제외]만을 다른 원인이라 하지 않는데, 그것의 2因[생기와 견인]에도 또한 인연이 아닌 업종자가 있기 때문이다.

> 有尋等地說生起因是能生因餘方便攝. 此文意說六因中現種是因緣者皆名生起因. 能親生起自類果故. 此所餘因皆方便攝.

(『유가론』의) 尋求와 伺察이 있는 지위[有尋有伺地] 등에서,[9] (오직) 생기인만이 능생인이고 나머지는 (모두) 방편인에 포함된다고 하였다.
　이 내용의 의미는 (견인 등) 6因 중에서 (만약에) 현행과 종자가 인연(에 포함된다)이라면 모두 생기인이라는 것인데, 스스로 직접 자체 성류의 업과를 일어나게 하기 때문이고, 이것에서 다른 원인은 모두 방편인에 포함된다는 것이다.

> 非此生起唯屬彼因餘五因中有因緣故. 非唯彼九名所餘因彼生起因中有非因緣故.

이것의 생기인[『유가론』所說]은 오직 그것의 원인[4) 생기인]에만 소속되는 것은 아닌데, 다른 5因[견인 등] 중에도 인연이 존재하기 때문이다. 오직 그것의 9因[生起 제외]만을 다른 원인이라 하는 것은 아닌데, 그 생기인 중에도 (또한) 인연이 아닌 것이 존재하기 때문이다.

---

9) 『瑜伽師地論』 卷第5(『大正藏』 30, 302, 上).

或菩薩地所說牽引生起種子. 卽彼二因. 所餘諸因卽彼餘八.
雖二因內有非能生因 而因緣種勝顯故偏說. 雖餘因內有非
方便因 而增上者多顯故偏說.

혹은 (『유가론』의) 보살지에서, 교설한 견인과 생기종자라는 것은 바로 그것[10因]의 2因이고, 다른 모든 원인이라는 것은 그것의 다른 8因이다. 비록 2因 안에도 (또한) 능생인이 아닌 것이 있다고 할지라도, 인연종자가 수승하게 나타나기 때문에 치우쳐 선설한다. 다른 원인 안에도 방편인이 아닌 것이 있다고 할지라도, 증상연이 많이 나타나기 때문에 치우쳐 선설한다.

有尋等地說生起因是能生因 餘方便者. 生起卽是彼生起因
餘因應知卽彼餘九. 雖生起中有非因緣種而去果近 親顯故
偏說. 雖牽引中亦有因緣種而去果遠 親隱故不說. 餘方便
攝准上應知.

(『유가론』의) 유심유사지 등에서, 생기인은 바로 능생인으로서 다른 (모든) 방편인이라 한 것에서, 생기인이란 바로 이것이 그것[10因]의 생기인이고, 다른 원인이란 그것의 나머지 9因이라는 것을 마땅히 알아야 한다. 비록 생기인 중에도 (또한) 인연이 아닌 업종자가 있다고 하더라도 업과를 제거한 것과 친근하고, 바로 (명언종자를) 나타나기 때문에 (능생인이라고) 치우쳐 선설한다. 비록 견인인 중에도 또한 (반드시) 인연의 종자가 있다고 할지라도 업과를 제거한 것과는 소원하고, 매우 은밀하기 때문에 선설하지 않는다. 다른 방편인에 포함된다는 것도 위의 내용에 의거하여 알아야 한다.

所說四緣依何處立. 復如何攝十因二因. 論說因緣依種子立. 依無間滅立等無間. 依境界立所緣. 依所餘立增上.

[질문] (앞에서) 선설된 4인연은 어떤 의지처에 의지하여 건립되는가? 또한 어떻게 10因과 2因에 포함되는가?
[답변] 논장에서,[10] 인연연은 종자에 의지하여 건립하고, 무간멸에 의지하여 등무간연을 건립하며, 경계에 의지하여 소연연을 건립하고, 다른 것에 의지하여 증상연을 건립한다는 것이다.

此中種子卽是三四十一十二十三十五六依處中因緣種攝. 雖現四處亦有因緣而多間斷. 此略不說. 或彼亦能親辦自果如外麥等亦立種名. 或種子言唯屬第四. 親疏隱顯取捨如前.

이 가운데서 종자란 바로 3), 4), 11), 12), 13) 및 15)의 6가지 의지처 중의 인연종자에 포함된다. 비록 현행의 4가지 의지처[11), 12), 13) 및 15)]에도 또한 인연이 존재한다고 할지라도 間斷함이 많으므로 여기에서는 생략하여 선설하지 않는다. 혹은 그것[현행]에도 또한 직접 자체 종자의 업과를 변별하여 마치 외부의 보리 등과 같이 종자라는 명칭을 건립한다. 혹은 종자란, 오직 4)[3界에 潤生하는 종자의 의지체]에만 소속된다는 것인데, 親疎와 隱顯함이 있으므로 取捨된다는 것은 앞에서와 같다.

---

10) 『瑜伽師地論』 卷第5(『大正藏』 30, 302, 上).

言無間滅境界處者應知總顯二緣依處非唯五六. 餘依處中
亦有中間二緣義故. 或唯五六餘處雖有而少隱故略不說之.

　무간멸과 경계의 의지처라는 것은, 전체적으로 2가지 인연[등무간과 소연]의 의지처를 나타내는데, 오직 5)[무간멸]와 6)[경계]만은 아니라는 것을 알아야 한다. 나머지[13種]의 의지처 중에도 또한 중간의 2가지 인연[등무간과 소연]의 의미가 있기 때문이다. 혹은 오직 5)와 6)뿐이고, 다른 의지처에도 비록 존재한다고 하더라도 미약하게 은밀하기 때문에 생략하여 선설하지 않는다.

論說因緣能生因攝. 增上緣性即方便因. 中間二緣攝受因攝.
雖方便內具後三緣而增上多故此偏說. 餘因亦有中間二緣
然攝受中顯故偏說. 初能生攝進退如前.

　논장에서,[11] (4가지 인연 중) 인연은 능생인에 포함되고, 증상연의 성품은 바로 방편인이며, 중간의 2가지 인연[등무간과 소연]은 섭수인에 포함된다는 것이다. 비록 방편인의 내에는 뒤의 3가지 인연[첫 인연은 제외]을 갖춘다고 하더라도 증상연이 많기 때문에 이것[증상]에 치우쳐 선설한다. 다른 인연[領受, 同事 및 不相違因]에도 또한 중간의 2가지 인연이 존재한다고 하더라도 섭수인에서만 나타나기 때문에 치우쳐 선설한다. 처음의 인연을 능생인에 포함시키는데, 그 前進과 後退는 앞에서와 같다.

---

11) 『瑜伽師地論』 卷第38(『大正藏』 30, 501, 中).

所說因緣必應有果. 此果有幾依何處得.

[질문] (앞에서) 선설한 원인과 인연에는 반드시 업과가 존재해야 한다. 이것 업과에 몇 가지가 있으며, 어느 의지처에 의지하여 증득되는가?

果有五種. 一者異熟. 謂有漏善及不善法所招自相續異熟生無記. 二者等流. 謂習善等所引同類或似先業後果隨轉.

[답변] 업과에 5가지가 있는데, 1) 이숙과로서, (전6식이 짓은) 유루의 선과 불선법에 초감된 자체 상속하는 이숙생의 무기성을 말한다. 2) 등류과로서, 善法 등을 훈습하여 引發한 동일의 성류와 혹은 앞선 업에 유사하게 뒤의 업과가 수순하여 전전하는 것을 말한다.

三者離繫. 謂無漏道斷障所證善無爲法. 四者士用. 謂諸作者假諸作具所辦事業. 五者增上. 謂除前四餘所得果.

3) 이계과로서, 무루도에서 번뇌[2障]를 단절하고서 증득한 善性의 무위법을 말한다. 4) 士用果로서,[12] 모든 作者가[13] 많은 作具에 假託하여 변별한 자체의 업을 말한다. 5) 증상과로서, 앞의 4果를 제외한 다른 증득된 업과를

---

12) 『新導成唯識論』卷第8, p.346, "4) 士用果에는 2가지의 주장이 있는데, 하나는 오직 士夫男子를 원인으로 하여 증득되는 것[人士用]이 士用果이고, 다른 하나는 마음과 심소법과 함께 하는 것 등도 또한 이 업과를 증득한대[法士用는 것이다."(四者士用 有二說 一唯士夫爲因所得 是士用果 二云 心心所俱等 亦得此果.)
13) 『成唯識論觀心法要』卷第8『卍新纂續藏經』第51冊(2009), p.406, 下, "作者란 士로서, 즉 선비, 농민, 공업인 및 상인 등이 이들이다."(作者名爲士 卽士農工商等是也.)

말한다.

> 瑜伽等說習氣依處得異熟果. 隨順依處得等流果. 眞見依處
> 得離繫果. 士用依處得士用果. 所餘依處得增上果.

『유가론』등에서,[14] 습기의 의지처는 이숙과를 증득하고, 수순의 의지처는 등류과를 증득하며, 진실한 견해의 의지처는 이계과를 증득한다. 士用의 의지처는 士用果를 증득하고, 다른 의지처는 증상과를 증득한다는 것이다.

> 習氣處言顯諸依處感異熟果一切功能. 隨順處言顯諸依處
> 引等流果一切功能. 眞見處言顯諸依處證離繫果一切功能.
> 士用處言顯諸依處招士用果一切功能. 所餘處言顯諸依處
> 得增上果一切功能. 不爾便應太寬太狹.

(여기에서) 습기의 의지처라는 것은, (이내) 모든 의지처가 이숙과를 초감하는 일체 공능을 나타낸 것이고, 수순의 의지처란, 모든 의지처가 등류과를 견인하는 일체 공능을 나타낸 것이며, 진실한 견해의 의지처란, 모든 의지처가 이계과를 증득하는 일체 공능을 나타낸 것이다. 士用의 의지처란, 모든 의지처가 사용과를 초감하는 일체 공능을 나타낸 것이고, 다른 의지처란 모든 의지처가 증상과를 증득하는 일체 공능을 나타낸 것인데, 그렇지 않는다면, 곧 (나머지 의지처라는 말이) 대단히 寬大하거나 (습기, 수순, 眞見 및 士用의 의지처라는 말이) 狹小해야 한다.

---

14) 『瑜伽師地論』卷第5(『大正藏』30, 302, 上); 『顯揚聖教論』卷第18(『大正藏』31, 571, 下) 등.

或習氣者唯屬第三. 雖異熟因餘處亦有此處亦有非異熟因
而異熟因去果相遠. 習氣亦爾故此偏說.

혹은 (여기에서 말하는) 습기의 의지처란, 오직 3)[습기의 의지처]에만 소속되는데, 비록 이숙인이 다른 의지처에도 또한 존재하고, 이것[습기]의 의지처에도 이숙인이 아닌 것이 존재한다고 하더라도, 이숙인이 업과를 버리는 행상이 소원하며, 습기도 그렇기 때문에 이것을 치우쳐 선설한다.

隨順唯屬第十一處. 雖等流果餘處亦得此處亦得非等流果
而此因招勝行相顯. 隨順亦爾故偏說之.

수순이란, 오직 11)[수순의처]의 의지처에만 소속되는데, 비록 등류과를 나머지 의지처에서도 증득하고, 이것의 의지처에서도 또한 등류과가 아닌 것[離繫果]을 증득한다고 하더라도, 이것[등류]의 원인은 (선악의) 수승함을 초감하는 행상이 두드러지고, 수순도 또한 그렇기 때문에 치우쳐서 이것을 선설한다.

眞見處言唯詮第十. 雖證離繫餘處亦能此處亦能得非離繫
而此證離繫相顯故偏說.

진실한 견해의 의지처란, 오직 10)만을 논의하는데, 비록 이계과를 증득하는 것은 다른 의지처에서도 가능하고, 이것[진견]의 의지처에서도 또한 이계과가 아닌 것을 증득한다고 하더라도, 이것[진경]이 이계과를 증득하는 행상이 두드러지기 때문에 치우쳐 선설한다.

士用處言唯詮第九. 雖士用果餘處亦招此處亦能招增上等
而名相顯是故偏說.

士用의 의지처란, 오직 9)만을 논의하는데, 비록 사용과가 다른 의지처에서도 초감되고, 이것의 의지처에서도 또한 증상과 등을 초감한다고 하더라도, 명칭과 체상이 두드러지기 때문에 치우쳐 선설한다.

所餘唯屬餘十一處. 雖十一處亦得餘果招增上果餘處亦能
而此十一多招增上. 餘已顯餘故此偏說.

다른 의지처란, 오직 (앞의 4果의 의지처를 제외한) 나머지 11가지의 의지처에만 소속되는데, 비록 11가지의 의지처에서도 다른 4果를 증득하고, 증상과를 초감하는 것은 다른[4果] 의지처에서도 또한 가능하다고 하더라도, 이 11가지가 많은 증상과를 초감하고, 다른[4果] 의지처로서 다른 것[4果]을 나타냈기 때문에 이것을 치우쳐 선설한다.

如是卽說 此五果中 若異熟果牽引生起定異同事不相違因
增上緣得. 若等流果牽引生起攝受引發定異同事不相違因 初
後緣得. 若離繫果 攝受引發定異同事不相違因增上緣得.

이와 같은 즉설은 이것의 5果 중에서 만약에 이숙과라면, (곧) 견인, 생기, 정이, 동사 및 불상위의 5因과 增上緣(의 1緣)으로서 증득되고, 만약에 등류과라면, 견인, 생기, 섭수, 인발, 정이, 동사 및 불상위의 7因과 인연[初과 증상연[後]으로서 증득되며, 만약에 이계과라면, 섭수, 인발, 정이, 동사 및 불상위의 5因과 증상연으로서 증득된다.

> 若士用果 有義觀待攝受同事不相違因增上緣得. 有義觀待
> 牽引生起攝受引發定異同事不相違因除所緣緣餘三緣得.
> 若增上果十因四緣一切容得. 傍論已了應辯正論.

만약에 士用果라면, 어떤 사람은 관대, 섭수, 동사 및 불상위인과 증상연으로서 증득된다고 하며, 다른 사람은 관대, 견인, 생기, 섭수, 인발, 정이, 동사 및 불상위인과 所緣緣을 제외한 다른 3연으로서 증득된다는 것이다. 만약에 증상과라면, 10因과 4緣으로서 일체법을 증득하는 것이 인정된다. 傍論[15依處 등은 了知했으므로 正論을 변별해야 한다.

> 本識中種容作三緣生現分別除等無間. 謂各親種是彼因緣
> 爲所緣緣於能緣者. 若種於彼有能助力或不障礙是增上緣.
> 生淨現行應知亦爾. 現起分別展轉相望容作三緣 無因緣故.

【緣生分別】

근본식 중의 종자는 3연으로 되어서 현행의 분별[심,심소의 자체,상,견분]을 일으키는 것이 인정되는데 등무간연은 제외된다. 말하자면, (8識) 각각에서 바로 종자가 그것의 인연이고, 소연연으로 되는 것은 능연인 것에 관한 것이다.15) 만약에 (이 심식의) 종자가 그것[現識]에 대해서 조력하는 세력이

---

15) 『新導成唯識論』卷第8, p.349, "능히 종자를 반연하는 마음과 심소법에 대한 것이다."(於能緣

있거나 혹은 장애하지 않는다면, (모두) 이것은 증상연이다. 청정한 현행을 일으키는 것도 또한 그러함을 알아야 한다. 현행하여 일어나는 분별이 전전하고 相望하여 3연으로 되는 것이 인정되는데, 인연이 없기 때문이다.16)

謂有情類自他展轉容作二緣除等無間. 自八識聚展轉相望
定有增上緣必無等無間. 所緣緣義或無或有.

말하자면, 유정의 부류들은 自他로 전전하여 2연[所緣과 增上緣]으로 되는 것이 인정되는데, 등무간연은 제외된다. (즉,) 자신의 8식취가 전전하여 상망하므로 반드시 증상연은 존재하지만 등무간연은 존재하지 않으며, 소연연의 의미는 없거나 있기도 한다.

八於七有. 七於八無. 餘七非八所仗質故. 第七於六五無一有.
餘六於彼一切皆無. 第六於五無. 餘五於彼有. 五識唯託第
八相故.

제8식은 전7식에 존재하지만 전7식은 제8식에 존재하지 않는데, 다른 7식은 제8식이 의지하는 본질이 아니기 때문이다. 제7식은 전6식의 5식에는 존재하지 않지만 제6식 하나에는 존재한다. 다른 6식은 그것[제7식]에 일체 모두 존재하지 않는다. 제6식은 전5식에 존재하지 않지만 다른 5식은 그것[제6식]에 존재한다. (업과의) 5식은 오직 제8식의 상분에만 依託하기 때문이다.

種心心所也.)
16) 『新導成唯識論』卷第8, p.349, "현행을 현행에서 相望하는 것은 바로 자체를 변별하는 것이 아니다."(現望於現 非親辨體.)

自類前後 第六容三餘除所緣取現境故. 許五後見緣前相者
　　　五七前後亦有三緣. 前七於八所緣容有 能熏成彼相見種故.

　자체 성류의 전후에서 제6식에는 3연[인연 제외]이 존재하는 것이 인정되지만, 다른 것[나머지 7識]에서는 소연연을 제외하는데, (단지) 현재의 경계만을 연취하기 때문이다. (만약에) 5식의 後念의 견분이 前念의 상분을 반연한다고 인정한다면, 전5식과 제7식의 (자체 성류의) 전후에 또한 (인연을 제외한) 3연이 존재한다는 것이다. 이전의 7전식은 제8식에 대해 소연연으로 존재하는 것이 인정되는데,[17] (이전의 7식의 현행이) 능히 그것[제8식 중]의 상분과 견분의 종자를 훈습하기 때문이다.

　　　同聚異體展轉相望唯有增上　諸相應法所仗質同不相緣故.
　　　或依見分說不相緣. 依相分說有相緣義 謂諸相分互爲質起
　　　如識中種爲觸等相質. 不爾無色彼應無境故.

　동일한 積聚의 다른 체상이[18] 전전하고 상망하는 것에는 오직 증상연만 존재하고, 모든 상응되는 법은 의지하는 본질이 같아서 서로 반연하지 않기 때문이다. 혹은 견분에 의지해서 서로 반연하지 않는다고 하지만, (만약에) 상분에 의지하면 서로 반연하는 의미가 있다고 한다. 말하자면, (마음과 심소법의) 모든 상분은 서로 본질로 되어서 일어나는데, 마치 제8식 중의 종자

---

17) 『新導成唯識論』 卷第8, p.349, "'소연이 존재한다고 인정한다'는 것은, 5식은 제8식의 상분인 색 등의 상분의 종자를 훈습한다는 것이다, 제8식의 견분은 소연연 등이고, 제7식과 제6식도 이에 의거한다."(所緣容有 五識熏成第八相分色等相分種 是第八見分所緣緣等 七六准之.)
18) 『新導成唯識論』 卷第8, p.349, "또한 마치 안식의 심왕과 심소법과 같이."(且如眼識心王心所.)

[상분]를 접촉 등의 (5심소법의) 상분의 본질로 삼는 것과 같다. 그렇지 않는다면, 무색계로서 그것[접촉 등 5심소법]은 (소연의) 경계가 없어야 하기 때문이다.

設許變色亦定緣種 勿見分境不同質故.

설령 (무색계의 第8 심왕과 심소법이 下界의) 색법을 變現한다고 인정하더라도 또한 반드시 종자만을 반연하는데, (상응하는 심소법의) 견분의 경계는 동일한 (마음 소연의) 본질이 아니라고 하지 않아야 하기 때문이다.

同體相分爲見二緣見分於彼但有增上. 見與自證相望亦爾.
餘二展轉俱作二緣. 此中不依種相分說但說現起互爲緣故.

동일한 체상의 상분은 견분의 2연(소연과 증상연)이 되고, 견분은 그것[상분]에 대해서 단지 증상연만이 존재하는데, 견분과 자증분이 상망하는 것도 또한 그렇다. 다른 2分(자증과 증자증분)은 전전하(고 상당하)여 함께 2연으로 된다. 여기에서는 종자의 상분에 의지한다고는 하지 않고, 단지 현행이 일어나서 서로 반연으로 된다는 것을 말하기 때문이다.

淨八識聚自他展轉皆有所緣能遍緣故. 唯除見分非相所緣
相分理無能緣用故.

청정한 제8식의 적취는 自他로 전전하여 모두 소연연이 존재하는데, (4智 相應의 心品으로서) 능히 두루 (서로) 반연하기 때문이다. 오직 견분은 상분의 소연연이 아닌 것은 제외하는데,[19] 상분은 이치적으로 능연의 작용이 없기 때문이다.

　　旣現分別緣種現生. 種亦理應緣現種起. 現種於種能作幾緣.

[질문] 현행의 분별이 종자와 현행을 반연하여 일어난다면, 종자도 또한 이치적으로 현행과 종자를 반연하여 일어나야 하는데, 형행과 종자는 종자에 대해 능히 몇 가지의 반연으로 되는가?

　　種必不由中二緣起 待心心所立彼二故. 現於親種具作二緣
　　與非親種但爲增上. 種望親種亦具二緣 於非親種亦但增上.

[답변] 종자는 반드시 중간의 2연[등무간과 소연연]으로 인해서 일어나지 않는데, (現起하는) 마음과 심소법을 苦待하여 그 (중간의) 2연을 건립하기 때문이다. 현행은 직접 (스스로 훈습된) 종자에 대해서는 함께 2연으로 되고, 직접 훈습하지 않은 종자를 위해서는 다만 증상연으로만 된다. (前念의) 종자를 (일체의 위치에서) 스스로 직접 훈습한 종자에 상망하여 또한 2연[중간의 2緣을 제외]을 갖추며, (다른 성품의) 직접 훈습하지 않는 종자에 대해서도 또한 증상연으로만 된다.

　　依斯內識互爲緣起分別因果理敎皆成. 所執外緣設有無用
　　況違理敎何固執爲.

---

19) 『新導成唯識論』卷第8, p.350, "견분 등은 상분의 소연연으로 되지 못한다."(見分等 非爲相分 所緣緣.)

[총결] 이렇게 마음의 심식이 서로 인연으로 되어 일어난다는 것에 의지하여, (마음과 심소법의) 분별의 원인과 과보에 대한 이치와 聖敎가 모두 성립된다. 주장하는 외부 인연이 설령 존재한다고 하더라도 작용이 없고, 하물며 이치와 聖敎에 위배되는데, 고집스럽게 주장하여 무엇을 하려는가?

雖分別言總顯三界心及心所　而隨勝者諸聖敎中多門顯示.
或說爲二三四五等　如餘論中具廣分別.

비록 분별이란 말이 전체적으로 (유루) 3界의 마음과 심소법을 나타낸다고 하더라도, 수승한 것에 따라 모든 聖敎에서 여러 부문으로 나타내는데, 어떤 곳에서는 2, 3, 4 및 5가지 등이라[20] 한다. 다른 논장에서[21] 완전하게 자세히 분별한 것과 같다.

雖有內識而無外緣　由何有情生死相續. 頌曰.
(19) 由諸業習氣　二取習氣俱
　　　前異熟旣盡復生餘異熟.

비록 마음의 심식만이 존재한다고 하더라도 외부의 인연이 존재하지 않는다면, 무엇에 의거하여 유정들의 생사가 상속되겠는가? 게송으로 말하면 다음과 같다.

　　모든 업의 습기와
　　2取[능취와 소취]의 습기가 함께 하므로 인하여

---

20) 『入楞伽經』 卷第5(『大正藏』 16, 545, 上)에는 10가지의 분별 등이 교설되어 있다.
21) 『瑜伽師地論』 卷第38(『大正藏』 30, 489, 下).

앞의 이숙이 斷盡되면

다시 다른 이숙을 (별도로) 일으킨다.

論曰. 諸業謂福非福不動. 卽有漏善不善思業. 業之眷屬亦
立業名. 同招引滿異熟果故.

【三業】

논술하자면, 모든 업이라는 것은, (人, 天界의) 복덕과 (3惡趣의) 복덕이 아닌 것 및 (上界의) 不動을 말한다. 즉, 유루의 선업과 불선업의 思業으로 업의 권속도[22] 또한 업이라는 명칭을 건립하는데, (능히) 함께 引業(총보)과 滿業(별보)의 이숙과를 초감하기 때문이다.

此雖纔起無間卽滅 無義能招當異熟果. 而熏本識起自功能.
卽此功能說爲習氣. 是業氣分熏習所成 簡曾現業故名習氣.

이것[현재의 업]은 비록 일어나자마자 사이도 없이 소멸되어서 의미상 능히 미래의 이숙과를 초감할 수 없다고 하더라도, 근본식에서 자체를 일으키는 공능을 훈습하는데, 바로 이 공능을 습기라고 한다. 이것은 업의 기분으로서 훈습으로 이루어지며, 예전[薩婆多]과 현재[順世外道]의 업을 변별하기 때문에 습기라고 한다.

---

22) 『新導成唯識論』 卷第8, p.351, "선, 악업의 思業과 함께 할 때의 5蘊一切이다."(善惡業思俱時 五蘊.)

如是習氣展轉相續至成熟時招異熟果. 此顯當果勝增上緣.
相見名色心及心所本末. 彼取皆二取攝. 彼所熏發親能生
彼 本識上功能名二取習氣. 此顯來世異熟果心及彼相應諸
因緣種.

이와 같이 습기가 (선업과 불선업으로) 전전하고 상속해서 성숙한 때에 이르러서 (총, 별의) 이숙과를 초감하는데, 이것은 미래 과보의 수승한 증상연을 나타낸다. (혹은) 상분과 견분(을 취득하고), 명칭[4蘊]과 물질[色蘊], 마음과 심소법 및 근본[제8]과 지말[前7], 그것들[앞의 4취]의 취득은 모두23) 2取에 포함되는데, 그것[8取]에 훈발되어서 직접 그것을 일으킨다. 근본식 상의 공능차별을 2취의 습기라고 하는데, 이 2취라는 것은 미래세의 이숙과의 마음과 그것에 상응하는 모든 인연[명언]종자를 나타낸다.

俱謂業種二取種俱 是疏親緣互相助義. 業招生顯故頌先說.

(게송에서) 함께 한다[俱]라는 것은, 업종자와 2취 종자가 함께 함을 말하는데, 疎遠[업종]과 親近[2취종]의 인연으로 서로 돕는다는 의미이다. (그러나) 업은 태어남을 초감하는 것[의미]이 수승하기 때문에 게송에서 먼저 선설한다.

前異熟者謂前前生業異熟果. 餘異熟者謂後後生業異熟果.
雖二取種受果無窮而業習氣受果有盡. 由異熟果性別難招

---

23) 『新導成唯識論』卷第8, p.352, "처음에 선설한 8取와 뒤에 선설한 4取"(初說八取 後說四取.)

等流增上性同易感.

(게송에서) 앞의 이숙이라는 것은, 전전생의 업력(이 초감한)의 이숙과를 말하고, 다른 이숙이라는 것은, (초감되는) 후후생의 업력의 이숙과를 말한다. 비록 2취의 종자는 과보를 받는 것이 다함이 없다고 하지만, 업의 습기는 과보를 받는 것에 다함이 있다. (왜냐하면) 이숙과는 성품[무기]이 다르기도 하고 초감하는 것도 어렵지만, 등류과와 증상과는 (인과의) 성품이 같기도 하여 초감하기도 쉬운 것이다.

由感餘生業等種熟. 前異熟果受用盡時復別能生餘異熟果. 由斯生死輪轉無窮何假外緣方得相續. 此頌意說由業二取生死輪迴皆不離識心心所法爲彼性故.

(미래의) 다른 태어남을 초감하는 업 등의 종자가 성숙되므로 인하여, 이전의 이숙과를 수용하는 것이 다했을 때에 다시 별도로 (後後生의) 다른 이숙과를 일으킨다. 이것에 의거하여 생사에 윤회하는 것이 다함이 없는데, 어째서 외부의 인연을 가립하여 마침내 상속되는 것을 취득하려는가?
  이 게송의 의미는, 제업과 2취의 습기로 인하여 생사에 윤회하고, (이) 모두[업과 2취의 습기]는 심식을 여의지 않는데, 마음과 심소법을 그것[生死因果]의 성품으로 삼기 때문이다.

復次生死相續由諸習氣. 然諸習氣總有三種. 一名言習氣. 謂有爲法各別親種. 名言有二. 一表義名言. 卽能詮義音聲差別. 二顯境名言. 卽能了境心心所法. 隨二名言所熏成種

作有爲法各別因緣.

【三熏習】

다시 이어서 생사의 상속이라는 것은, 모든 습기로 원인하는데, 그러한 모든 습기에는 전체적으로 3가지가 있다. 1) 명언습기로서, 유위법 (3性)의 각각 다른 친근한 종자를 말한다. 명언에 2가지가 있는데, (1) 表義名言으로서,[24] 능히 의미를 설명하는 음성의 차별이다. (2) 顯境名言으로서,[25] 대상을 요별하는 마음과 심소법이다. 2명언에 따라서 훈성된 종자가 유위법의 각각 다른 인연으로 된다.

二我執習氣. 謂虛妄執我我所種. 我執有二. 一俱生我執.
卽修所斷我我所執. 二分別我執. 卽見所斷我我所執. 隨二
我執所熏成種令有情等自他差別.

2) 아집습기로서, 허망하게 나와 나의 것이라 집착하는 종자를 말한다. 아집에도 2가지가 있는데, (1) 구생기의 아집[第6, 7에 통함]으로서, 수도위에서 단절되는 나와 나의 것이라는 집착이다. (2) 분별기의 아집[오직 第6에만 존재]으로서, 견도위에서 단절되는 나와 나의 것이라는 집착이다. 2가지의 아집에 따라서 훈성된 종자가 유정 등을 自他로 차별하게끔 한다.

---

24) 『新導成唯識論』卷第8, p.353, "만약에 외부의 인연에 依止하면, 표의명언이다."(若依外緣 名 表義名.)
25) 『新導成唯識論』卷第8, p.353, "만약에 외부의 인연에 依止하지 않는다면, 현경명언이다."(若 不依外緣 名顯境名.)

三有支習氣. 謂招三界異熟業種. 有支有二. 一有漏善. 卽
是能招可愛果業. 二諸不善. 卽是能招非愛果業. 隨二有支
所熏成種令異熟果善惡趣別.

3) 有支習氣[26]로서, 3계의 이숙과를 초감하는 업종자를 말한다. 有支에 2가지가 있는데, (1) 유루의 善으로서, 이것은 능히 (人, 天界의) 애착할만한 과보를 초감하는 업이다. (2) 모든 不善으로서, (3惡趣의) 애착할만한 것이 아닌 과보를 초감하는 업이다. 2가지의 유지습기에 따라서 훈습된 종자가 이숙과를 선취와 악취로 차별되게끔 한다.

應知我執有支習氣於差別果是增上緣. 此頌所言業習氣者應
知卽是有支習氣. 二取習氣. 應知卽是我執名言二種習氣. 取
我我所及取名言而熏成故皆說名取. 俱等餘文義如前釋.

그러므로 아집과 유지습기는 차별된 과보에 대해서[27] 증상연임을 알아야 한다.
이 게송에서 언급한 업습기라는 것은 바로 유지습기이고, 2취 습기는 아집과 명언의 2습기임을 알아야 한다. 나와 나의 것을 취착하고 언어를 (경계로 삼아서) 취착하며 훈성하기 때문에, 모두 취착이라 한다. (게송에서) 함께 한다[俱] 등의 다른 내용은 의미가 앞에서 해석한 것과 같다.

---

26) 『新導成唯識論』卷第8, p.353, "有란 3有[界]이고, 支란 원인과 支分의 의미로서 바로 3계의 원인이다. 이것은 6心識에 통하며, 모두 이것의 훈습으로 존재한다."(有者三有 支者因義分義 卽三有因也. 通六識 皆有此熏.)
27) 『新導成唯識論』卷第8, p.353, "아집습기는 有情 등을 自他로 차별하게 하고, 유지습기는 이숙과를 善, 惡趣로 차별하게 한다."(我執習氣令有情等自他差別 有支習氣令異熟果善惡趣差別.)

復次生死相續由惑業苦. 發業潤生煩惱名惑. 能感後有諸
業名業. 業所引生衆苦名苦.

【十二有支】

다시 생사의 상속이란, 미혹과 업 및 괴로움에 의거하는데, 업을 일으켜서 태어남을 發潤하는 번뇌를 미혹이라 하고, 능히 미혹의 생존[後有]을 초감하는 모든 행위를 업이라 하며, 업에서 引生되는 갖가지 고통을 괴로움이라 한다.

惑業苦種皆名習氣 前二習氣與生死苦爲增上緣 助生苦故.
第三習氣望生死苦能作因緣親生苦故.

미혹과 업 및 괴로움의 종자를 모두 습기라고 하며, 앞의 2가지의 습기[惑과 業]는 생사의 괴로움과 함께 증상연으로 되는데, 조력하여 괴로움을 일으키기 때문이다. 제3의 습기[苦果]는 생사의 괴로움에 相望되어 능히 인연으로 되는데, 직접 괴로움을 일으키기 때문이다.

頌三習氣如應當知. 惑苦名取能所取故. 取是著義 業不得名.
俱等餘文義如前釋.

게송에서의 3가지의 습기는 상응되는 것과 같이 알아야 한다. 미혹과 괴로움만을 취착이라 하는 것은 능취[惑]와 소취[苦]이기 때문인데, 취란 집착의 의미이고, 업은 취착이라 하지 않는다. (게송에서) 함께 한다는 등의 다른 내용에 관한 의미는 앞에서 해석한 것과 같다.

> 此惑業苦應知總攝十二有支. 謂從無明乃至老死如論廣釋.

이러한 미혹과 업 및 괴로움에 전체적으로 12有支를 포함하는 것을 알아야 한다. 말하자면, 무명에서부터 내지 노사에 이르기까지로서 논장에서[28] 자세하게 해설한 것과 같다.

> 然十二支略攝爲四. 一能引支. 謂無明行. 能引識等五果種故. 此中無明唯取能發正感後世善惡業者. 卽彼所發乃名爲行. 由此一切順現受業別助當業皆非行支.

그런데 12有支를 대략 4가지에 포함시킨다. 즉, 1) 能引支로서, 無明과 行支를 말하는데, 능히 심식 등[명색 및 受]의 5가지 업과[현재의 5果]의 종자를 견인하기 때문이다. 여기에서 무명은 오직 바로 後世를 초감할 선악의 업을 일으키는 것만을 취착하는데, 곧 그것이 일으킨 것이 이내 行支로 된다. 이것에 의거하여 일체의 현재에 수순하여 받는 (별보의) 업과 별도의 조력으로 미래에 받는 (별보의) 업은 모두 行支가 아니다.

> 二所引支. 謂本識內親生當來異熟果攝識等五種. 是前二支所引發故. 此中識種謂本識因. 除後三因餘因皆是名色種攝. 後之三因如名次第卽後三種.

---

28) 『瑜伽師地論』 卷第9(『大正藏』 30, 321, 上 ; 324, 上).

2) 所引支로서, 근본식 안에서 직접 미래의 이숙과生, 老死에 포함되는 심식 등의 5有支를[29] 일으키는 명언종자를 말하는데, 이것은 앞의 2有支[無明과 行]에 견인되어 일어나는 것이기 때문이다. 이것[5支] 중에서 심식의 종자란 (미래의) 근본식의 (친근한) 원인을 말하고, 뒤의 3因[6處, 觸 및 受]을 제외한 다른 원인은 모두 名色의 종자에 포함된다. 뒤의 3因은 명칭의 순서와 같이 바로 뒤의 3가지 법의 종자이다.

　　或名色種總攝五因於中隨勝立餘四種.　六處與識總別亦然
　　論說識亦是能引識中業種名識支故.　異熟識種名色攝故.

혹은 명색종자에 전체적으로 5因을 포함하지만, 그 중에서 수승한 것에[30] 따라서 나머지 4가지를 건립하고, 6處와 識의 전체[6處]와 개별적[意根]인 것도 또한 그렇다.

『잡집론』에서,[31] 識도 또한 능히 견인한다는 것은 識 중에 (간직한) 업종자를 識支라고 하기 때문이고, 이숙식의 종자는 명색종자에 포함되기 때문이다.

　　經說識支通能所引業種識種俱名識故.　識是名色依非名色
　　攝故.　識等五種由業熏發雖實同時.　而依主伴總別勝劣因

---

29) 『新導成唯識論』卷第8, p.355, "즉, 識支의 전부와 명색, 의처, 접촉 및 감정의 少分으로서 총보의 자체이다. 제8식과 그 상응법은 제외되며, 다른 것은 모두 별보이다."(卽識支全及名色幷意處觸受少分　是總報體　除第八及相應法　餘皆別報.)
30) 『新導成唯識論』卷第8, p.355, "執持하는 것은 識이 뛰어나고, 識을 일으키는 것은 處가 뛰어나며, 경계를 접촉하는 것은 감촉이 뛰어나고, 영납하는 것은 감정이 뛰어난다."(執持識勝　生識處勝　觸境觸勝　領納受勝.)
31) 『大乘阿毘達磨雜集論』卷第4(『大正藏』31, 711, 中).

果相異. 故諸聖教假說前後.

경전에서,32) 識支가 能引과 所引에 통한다는 것은, (곧) 업종자[能引]와 식종자[所引]를 모두 識支라고 하기 때문이고, 식지는 명색의 의지처라고 하므로 명색에 포함되는 것이 아니기33) 때문이다. 식지 등 5가지의 종자가 업으로 인하여 훈습되는 것이 비록 실제로는 동시라고 하더라도, 주체[識支]와 동반[나머지의 4因], 전체[名色]와 개별[나머지의 3因], 수승[6處]과 열등[觸, 受] 및 원인[觸]과 결과[受]의 서로 다른 것에 의지한다. 그러므로 모든 경전에서 가정적으로 전, 후를 설한다.

或依當來現起分位有次第故說有前後. 由斯識等亦說現行
因時定無現行義故. 復由此說生引同時潤未潤時必不俱故.

혹은 미래와 현행의 분위에 의지해서 차례가 존재하기 때문에 전, 후가 존재한다고 한다. 이러한 (의미로) 인하여 識支 등[所引의 5支]을 또한 현행에도 존재한다고 하는데,34) 원인인 때에는 반드시 현행의 의미가 존재하지 않기 때문이다. 다시 이러하므로 생겨나고 견인되는 것이 동시라고 하는데, 潤生과 未潤生의 때에는 반드시 함께 하지 않기 때문이다.

三能生支. 謂愛取有. 近生當來生老死故. 謂緣迷內異熟果愚
發正能招後有諸業爲緣 引發親生當來生老死位五果種已.

---

32) 『分別緣起初勝法門經』 卷上(『大正藏』 16, 840, 中).
33) 『新導成唯識論』 卷第8, p.355, "즉, 識 외에 별도로 名色을 설한다."(卽識外別說名色.)
34) 『十地經論』 卷第8(『大正藏』 26, 169, 中) 등.

3) 能生支로서, 갈애와 취착 및 존재[有]를 말하는데, 친히 미래의 태어남과 老死를 일으키기 때문이다. 말하자면, (먼저) 마음의 이숙과에 미혹한 어리석음을 반연하여 바로 미혹의 생존[後有]을 초감하는 많은 업[行]支를 일으켜서 인연으로 삼고, 직접 미래의 태어남과 노사 위치의 5果[식지 등]를 일으킬 인연종자를 견인한다.

復依迷外增上果愚 緣境界受發起貪愛 緣愛復生欲等四取.
愛取合潤能引業種及所引因轉名爲有 俱能近有後有果故.

다시 외부의 증상과에 미혹한 어리석음에 의지해서 경계에 대한 감정을 반연하여 탐애를 일으킨다. 탐애를 반연하여 다시 욕망 등 4가지의 취착[欲, 見, 戒 및 我語取]을 일으키고, 탐애와 취착이 화합하여 潤生한[35] 能引의 업종자와 所引의 5因을 轉換하여 존재[有]라고[36] 하는데, 모두 친근하게 미혹한 생존[生]과 老死의 과보를 있게 하기 때문이다.

有處唯說業種名有此能正感異熟果故. 復有唯說五種名有 親生當來識等種故.

어느 논장에서,[37] 오직 업종자만을 존재라고 한다는 것은, 이것이 바로 이숙과를 초감하기 때문이다. 또한 어느 경론[上同 등]에서, 오직 (식지 등)

---

35) 『新導成唯識論』 卷第8, p.356, "마치 물이 種子를 적시면, 종자가 친근하게 열매를 맺는 것과 같다."(如水潤種種近果生.)
36) 『新導成唯識論』 卷第8, p.356, "업종자와 5果의 종자를 합한 6가지."(業種五果種合六.)
37) 『瑜伽師地論』 卷第10(『大正藏』 30, 326, 上).

5가지의 종자만을 존재라고 한 것은, 직접 미래의 식지 등을 일으킬 종자이기 때문이다.

> 四所生支. 謂生老死. 是愛取有近所生故. 謂從中有至本有中
> 未衰變來皆生支攝. 諸衰變位總名爲老. 身壞命終乃名爲死.

4) 所生支로서, 태어남[生]과 老死를 말한다. 이것이 탐애와 취착 및 존재에 친근하게 일어나기 때문이다. 말하자면, 中有에서 본유의 위치 중에 이르기까지 아직 衰變되지 않은 以來에는 모두 生支에 포섭된다. 모든 노쇠하는 위치를 전체적으로 늙음이라 하고, 몸이 파괴되고 목숨이 다하는 것은 이내 죽음이라 한다.

> 老非定有 附死立支. 病何非支. 不遍定故. 老雖不定遍故
> 立支. 諸界趣生除中夭者將終皆有衰朽行故.

[질문] 태어남[生]은 별도로 건립되는데, 노사와 어떻게 함께 하는가?[38]
[답변] 늙음은 결코 有支가 아니고, 죽음에 덧붙여서 支分으로 건립된다.
[질문] 病을 어째서 지분이라 하지 않는가?
[답변] 두루 하거나 결정적이지 않기 때문이다.
[질문] 늙음도 또한 결정적인 것이 아닌데, 어째서 죽음에 덧붙여서 건립하는가?[39]
[답변] 늙음이 비록 결정적이지 않더라도 (모든 趣生에) 두루 하기 때문에

---

38) 『成唯識論觀心法要』卷第8[『卍新纂續藏經』第51冊(2009), p.411, 上, "一問 生旣別立 老死何共."
39) 『成唯識論觀心法要』卷第8[『卍新纂續藏經』第51冊(2009), p.411, 中, "又問 老亦不定 何故附立."

지분으로 건립한다. (이를테면) 모든 界, 趣 및 生에서 뜻밖의 재난[中夭]을 제외하고 장차 죽으려 할 때에, 모두 (根과 識支의) 노쇠하는 행상이 있기 때문이다.

名色不遍何故立支. 定故立支. 胎卵濕生者六處未滿定有名色故.

[질문] 명색도 두루 하지 않는데, 어째서 지분으로 건립하는가?
[답변] 결정적이기 때문에 지분으로 건립된다. 胎, 卵 및 濕으로 태어나는 것은, 6根[處]이 아직 원만하지 못한 때부터 결정적으로 명색이 존재하기 때문이다.

又名色支亦是遍有. 有色化生初受生位雖具五根而未有用爾時未名六處支故. 初生無色雖定有意根而不明了未名意處故. 由斯論說十二有支一切一分上二界有.

또한 명색의 지분도 이것이 두루 존재한다. 유색계의 化生의 초기에 생명을 받는 단계에서는, 비록 5근을 갖추었더라도 아직도 작용이 존재하는 것은 아닌데,[40] 그러할 때는 아직 6處支라고 하지 않기 때문이다. (또한) 처음으로 무색계에 태어날 때에는 비록 반드시 의근이 존재한다고 하더라도, 명료하지 않으므로 아직 意處라고 하지 않기 때문이다. 이러하므로 인하여

---

[40] 『新導成唯識論』卷第8, p.357, "이렇기 때문에 단지 名色이라 하지 6處라고 하지 않는다."(是故但云名色 不云六處.)

논장에서,[41] 12有支의 일체[의 지분]에서 하나의 支分은 색계와 무색계에 존재한다는[42] 것이다.

> 愛非遍有寧別立支. 生惡趣者不愛彼故. 定故別立. 不求無有生善趣者定有愛故. 不還潤生愛雖不起 然如彼取定有種故.

[질문] 탐애는 두루 존재하지 않는데, 어째서 별도로 지분으로 건립하는가? 악취에 태어난 자는 그 곳을 애착하지 않기 때문이다.
[답변] 결정적이기 때문에 별도로 건립한다. (이것을 제거하면 마침내) 미혹의 생존[有]이 존재하지 않는다고 희구하지 않으며, 선취에 태어나려는 자는 반드시 탐애가 있기 때문이다. 不還果(의 사람)은 潤生하는 것에 (대치력이 강하여) 애착을 비록 일으키지 않더라도, 그 자신의 取支과 같이 반드시 (탐애의) 종자가 있기 때문이다.

> 又愛亦遍. 生惡趣者於現我境亦有愛故. 依無希求惡趣身愛經說非有. 非彼全無.

또한 탐애도 두루 하는데, 악취에 태어난 자는 현재의 자아와 경계[제8식의 견분]에 대해서 애착이 있기 때문이다. (단지) 악취의 몸을 희구하려는

---

[41] 『瑜伽師地論』 卷第10(『大正藏』 30, 327, 中).
[42] 『成唯識論觀心法要』 卷第8(『卍新纂續藏經』 第51冊(2009), p.411, 中, "말하자면, (色界의) 無想天에는 色은 존재하지만 名은 존재하지 않으며, (無色界의) 4空天에는 명은 존재하지만 색은 존재하지 않기 때문에 하나의 지분이라 하는 것이다."(謂無想天 有色無名 四空天 有名無色 故名一分也.)

애착이 없는 것에 의거하여 경전에서,[43] 존재하지 않는다고 한 것이지, 그것이 (악취 중에) 전혀 존재하지 않는다는 것은 아니다.

何緣所生立生老死所引別立識等五支. 因位難知差別相故
依當果位別立五支.

[질문] 무슨 緣故로 일어난 것[現果]에는 (단지) 태어남과 老死만을 건립하고, 견인된 위치[원인]의 종재에는 별도로 식지 등의 5가지의 지분을 건립하는가?
[답변] 원인의 위치에서는 차별된 형상을 了知하기 어렵기 때문에, 미래 결과의 위치에 의지하여 별도로 5가지의 지분을 건립한다.

謂續生時因識相顯. 次根未滿名色相增. 次根滿時六處明盛.
依斯發觸因觸起受. 爾時乃名受果究竟.

말하자면, 生有가 상속되는 때에는[44] 원인인 식지의 형상을 드러내고, 다음에 5근이 아직 원만하지 않은 때에는 (원인인) 명색의 형상을 증장시키며, 이어서 5근이 원만할 때에는 6근이 분명하게 번성된다. 이것[6근]에 의지해서 접촉을 일으키고 접촉으로 인하여 감정을 일으키는데, 그 때를 곧 과보를 받는 것이 마지막이라 한다.

依此果位立因爲五. 果位易了差別相故總立二支以顯三苦.

---

43) 『分別緣起初勝法門經』 卷上(『大正藏』 16, 839, 下).
44) 『成唯識論觀心法要』 卷第8(『卍新纂續藏經』 第51冊(2009), p.411, 中), "중유의 몸이 부모의 근방에서 결생되어 상속되는 때를 말한다."(謂中有身 於父母邊結生相續時也.)

이 과보의 위치에 의거해서 (견인된) 원인을 건립하여 5가지로 한다. 과보의 단계에서는 차별된 형상을 了知하는 것이 쉽기 때문에, 전체적으로 2가지의 지분[생, 노사]으로 건립하여 3가지의 괴로움[생, 노, 사]을 나타낸다.⁴⁵⁾

然所生果若在未來爲生厭故說生老死 若至現在爲令了知分位相生說識等五.

그러나 생기된 과보가 만약에 미래제에 있을 때에는, 厭離心을 일으키게 되기 때문에 태어남[生]과 老死라고 한다. 만약에 현재에 이르렀을 때에는 분위에서 서로 일어나는 것을 了知하게 되기 때문에 식지 등의 5가지라고 한다.

何緣發業總立無明潤業位中別立愛取. 雖諸煩惱皆能發潤而發業位無明力增. 以具十一殊勝事故. 謂所緣等廣如經說.

[질문] 무슨 緣故로 업을 일으킨 때에는 전체적으로 무명만을 건립하고, 업을 潤生하는 위치에서는 별도로 탐애와 취착을 건립하는가?
[답변] 비록 모든 번뇌가 모두 업을 일으키고 윤생한다고 하더라도, 업을 일으키는 위치에서는 무명의 세력만이 증장되는데, 11가지의 수승한 자체를 갖추기 때문으로서 소연 등을⁴⁶⁾ 말한다. 자세한 것은 경전에서⁴⁷⁾ 선설한

---

45) 『新導成唯識論』卷第8, p.358, "3가지의 괴로움을 나타낸다는 것은 욕계에 의거한 교설이고, 만약에 색계와 무색계라면 곧 3가지의 형상으로서 生과 變異 및 滅盡을 말한다."(顯三苦者 約欲界說 若上二界卽三相 謂生異滅) ; "生은 行苦, 老는 壞苦, 死는 苦苦病, 飢渴 등을 나타낸다."(生顯行老壞死苦苦.)
46) 『新導成唯識論』卷第8, p.358, "11가지의 수승법이란, 소연, 행상, 인연, 等起, 轉異, 邪行, 行狀, 작업, 장애, 隨轉 및 대치의 11가지이다."(十一殊勝 所緣行相及因緣等起轉異并邪行行狀作業與障礙隨轉對治爲十一.)
47) 『分別緣起初勝法門經』卷上(『大正藏』16, 837, 下).

것과 같다.

　　於潤業位愛力偏增. 說愛如水能沃潤故. 要數溉灌方生有芽.

　업을 潤生하는 위치에서는 탐애의 세력만이 偏僻되게 증장되는데, 탐애는 마치 물이 능히 肥沃하고 潤澤하게 하는 것과 같기 때문이다. 요컨대 자주 물을 대서 마침내 後有의 싹을 띄우는 것이다.

　　且依初後分愛取二. 無重發義立一無明. 雖取支中攝諸煩惱.
　　而愛潤勝說是愛增.

　또한 (탐애의) 처음과 뒤(의 분위)에 의거하여 탐애와 취착의 2가지로 나누는데,[48] 겹으로 일으키는 의미가 없기 때문에 (단지) 하나의 무명 지분만을 건립한다. 비록 취착의 지분 중에 모든 번뇌의 법을 포함한다고 하더라도, 탐애가 (업을) 윤택하는 것이 수승하므로 탐애가 증장시킨다고 한다.

　　諸緣起支皆依自地　有所發行依他無明　如下無明發上地行
　　不爾 初伏下地染者所起上定 應非行支. 彼地無明猶未起故.

　[질문] 모든 연기의 支分은 모두 자체의 지위에 의지한다고 하는데,[49] (그렇지만 혹 상지에서) 일어난 行支가 (하지의) 다른 무명에 의지하는 것이 있습

---

48) 『新譯成唯識論』卷第8, p.358, "탐애가 증장된 것을 取着이라 한다. 그러므로 처음 것은 탐애이고, 뒤의 것은 취착인 것이다."(愛增名取 故初名愛 後名取也.)
49) 『瑜伽師地論』卷第56(『大正藏』30, 612, 中).

니까?

[답변] 마치 하지[욕계]의 무명이 (능히) 상지[초선의 미지정]의 行支를 일으키는 것과 같다. (설령) 그렇지 않다면, 처음에 하지의 염오심을 조복시킨 사람이 일으킨 상지의 禪定[초선의 미지정]은 마땅히 행지가 아니어야 한다. 그 상지[근본지]의 무명은 오히려 아직 일어나지 않았기 때문이다.

> 從上下地生下上者彼緣何受而起愛支. 彼愛亦緣當生地受
> 若現若種於理無違.

[질문] 상지와 하지에서 (展轉하여) 하지와 상지에 태어난 사람은 그가 어느 (지위의 경계를) 감정을 반연하여 탐애의 지분을 일으키는가?
[답변] 그의 탐애는 또한 다음에 태어나는 지위의 감정으로서, 만약에 (함께) 현행하거나 (앞의) 종자를 반연하여 일어난다는 것은 이치적으로 위배되지 않는다.

> 此十二支十因二果定不同世. 因中前七與愛取有或異或同.
> 若二三七各定同世.

이 12支에서 10가지의 (현재의) 因과 2가지의 (미래의) 果는 반드시 같은 시기가 아니다. 10가지의 因 중에서 앞의 7가지의 因과 탐애, 취착 및 존재는 (시기가) 다르기도 하고 같기도 한다. 만약에 2支[生, 老死]와 3支[愛, 取, 有] 및 (앞의) 7因이라면 각각 같은 시기이다.

> 如是十二一重因果足顯輪轉及離斷常. 施設兩重實爲無用.
> 或應過此便致無窮.

이와 같은 12支의 一重[10因 2果]의 인과로서 輪轉을 나타내고, 더불어서 단절과 항상함을 여읜 것에 충족하여 兩重[2世의 因, 果]을 (소승이) 시설한 것은 진실로 無用한 것이다. 혹은 이것에서 벗어난다고 하더라도 곧 무궁한 것이어야 한다.

此十二支義門別者九實三假. 已潤六支合爲有故. 卽識等五三相位別名生等故.

이 12支에서 義門이 차별되는 것을 말하면, 9支는 실체이고 3支[有, 生, 老死]는 가법인데,[50] (곧) 이미 윤생의 (행지 등) 6支를 합해서 존재로 삼기 때문이다. 즉, 식지 등 5支의 3체상[生, 異, 滅]의 분위의 차별을[51] 태어남[生] 등이라 하기 때문이다.

五是一事. 謂無明識觸受愛五餘非一事. 三唯是染煩惱性故. 七唯不染異熟果故. 七分位中容起染故假說通二餘通二種.

5支는 하나의 자체로서 무명, 식, 접촉, 감정 및 탐애의 5가지를 말하는데, 다른 것[7支]은 하나의 자체가 아니다.[52]
3支[無明, 愛, 取]는 오직 염오법으로서 번뇌의 성품이기 때문이고, 7支[識

---

50) 『新導成唯識論』卷第8, p.359, "다른 것을 반연하여 자체로 삼는 것은 假法이고, 다른 것을 반연하지 않고 자체로 삼는 것은 實法이다."(攬他爲自者爲假 不攬他爲自者爲實.)
51) 『新導成唯識論』卷第8, p.359, "3가지 체상의 분위의 차별에서 生은 生支, 異는 老支, 滅은 死支이다."(三相位別 生是生支 異者老也 滅者死也.)
52) 『新導成唯識論』卷第8, p.359, "行支는 물질과 마음에 통하고, 取支는 다른 번뇌에 통한다."(行支通色心 取通餘惑.)

등 5支와 生, 老死는 염오되지 않은 것으로서 이숙과이기 때문이다. (그런데 이) 7支의 분위 중에서 염오법을 일으키는 것도 인정되기 때문에 가정적으로 2가지[染, 不染]에 통한다고 한다.53) 나머지[行, 有]는 2가지에 통한다[有支는 無記에도 통함].

無明愛取說名獨相 不與餘支相交雜故 餘是雜相. 六唯非色. 謂無明識觸受愛取 餘通二種. 皆是有漏 唯有爲攝 無漏無爲非有支故

무명, 탐애 및 취착은 독립적인 체상[이것 자체가 支分으로 됨]이라 하는데, 다른 지분과 서로 (染, 不染과) 뒤섞이지 않기 때문이고, 나머지[行, 識 등의 9支]는 뒤섞인 체상이다. 6支는 오직 (심법으로서) 색법이 아닌데, 무명, 식, 접촉, 감정, 탐애 및 취착을 말하고, 다른 것[6支 ; 行, 名色 등]은 2가지[色, 心]에 통한다. 모두 유루법으로서 오직 유위법에만 포함되는데, 무루법과 무위법은 (12가지의) 지분[有支]이 아니기 때문이다.

無明愛取 唯通不善有覆無記. 行唯善惡. 有通善惡無覆無記. 餘七唯是無覆無記. 七分位中亦起善染. 雖皆通三界而有分有全.

무명, 탐애 및 취착은 오직 不善法[욕계의 무명, 애, 취]과 유부무기[上2界의 무명, 애, 취와 욕계의 애, 취]에만 통하고, 行支는 선, 악뿐이고, 有支는

---

53) 『瑜伽師地論』卷第10(『大正藏』30, 327, 中).

(업종자의) 선, 악 및 (식지 등 명언종자의) 무부무기에 통한다. 다른 7支[識支 등 5支와 생, 노사]는 오직 무부무기성일 뿐이다. 7支의 분위 중에서도 또한 善法과 염오법을 일으킨다. 비록 모두 3界에 통한다고 하더라도 일부만 존재하거나 전부 존재한다.[54]

> 上地行支能伏下地 卽麤苦等六種行相 有求上生而起彼故 一切皆唯非學無學 聖者所起. 有漏善業明爲緣故 違有支故非有支攝.

上地의 (유루의) 行支는 능히 下地의 것[번뇌]을 調伏하는데, 바로 거칠고 고통스러움 등 6가지의 행상이고, 上地의 태어남을 희구하여 그것[行支]을 일으킴이 있기 때문이다.[55] 일체 모두는 오직 유학이나 무학도 아니다. (즉,) 聖者가 일으킨 유루의 善業은 (무루의) 지혜로서 반연으로 삼기 때문으로, 有支에 상위되기 때문에 (12支의) 有支에 포함되는 것이 아니다.

> 由此應知聖必不造感後有業 於後苦果不迷求故. 雜修靜慮資下故業生淨居等於理無違.

이것으로 인하여 聖人은 반드시 미혹의 존재를 초감하는 (총보의) 업을 (새롭게) 짓지 않는다는 것을 알아야 하는데, (왜냐하면, 不共無明의 종자를

---

54) 『新導成唯識論』 卷第8, p.360, "欲界에는 12支가 전부 존재하고, 色界와 無色界에는 12支에서 일부만 존재한다."(欲界有十二全 上二界有十二少分.)
55) 『新導成唯識論』 卷第8, p.360, "下界의 12지를 관찰하여 거침과 고통 및 번뇌로 삼고, 上界의 일체를 관찰하여 寂靜과 勝妙 및 여읨으로 삼는다."(觀下十二支爲麤苦障 觀上界一切爲靜妙離)

단절했기 때문에) 뒤의 苦果에 대해서 미혹하게 희구하지 않기 때문이다. 禪定을 번잡하게 닦아서 下地 (3天)의 故業을 資助하여 淨居天 등에 태어난다는 것은 이치에 위배되는 것이 아니다.

有義無明唯見所斷. 要迷諦理能發行故. 聖必不造後有業故. 愛取二支唯修所斷. 貪求當有而潤生故. 九種命終心俱生愛俱故. 餘九皆通見修所斷.

어떤 사람들[火辨, 難陀]은, 무명은 오직 견도에서 단절되는 것으로서 요컨대 4성제의 이치에 미혹해서 스스로 行支를 일으키기 때문이고, 聖人은 반드시 미혹의 존재[後有]에 관한 업을 짓지 않는다고 하기 때문이다. 탐애와 취착의 2支는 오직 수도위에서 단절되는 것으로서 미래의 존재[當有]를 탐착하고 희구하여 윤생하기 때문이고, 9가지의 임종할 때의 마음은[56] (모두) 선천적인 탐애와 함께 한다고 하기 때문이다.[57] 나머지 9支는 모두 견도와 수도위에서 단절되는 것에 통한다는 것이다.

有義一切皆通二斷. 論說預流果已斷一切一分有支無全斷者故. 若無明支唯見所斷. 寧說預流無全斷者. 若愛取支唯修所斷 寧說彼已斷一切支一分.

---

56) 『新導成唯識論』卷第8, p.360, "(중생들이) 3界에서 (다시) 3界에 태어날 때에는 각각 潤生하는 마음에 3가지씩이 있기 때문이다."(三界三界生各潤生心各有三故.)
57) 『大乘阿毘達磨雜集論』卷第5(『大正藏』31, 714, 中).

또한 어떤 사람[護法]은, 일체 모든 것은 2가지의 단절[견도와 수도]에 통하는데, 논장에서58) 예류과는 일체 중 일부의 有支을 단절했지만 전부를 단절한 수행자는 아니라고 하기 때문이다. 만약에 무명의 지분이 오직 견도에서만 단절된다면, 어째서 예류과는 전부를 단절한 사람이 아니라고 하겠는가? 만약에 탐애와 취착의 지분이 오직 수도에서만 단절된다면, 어째서 그곳[예류과]에서 일체의 지분 중 일부의 지분만을 단절했다고 하겠는가?

又說全界一切煩惱皆能結生. 往惡趣行唯分別起煩惱能發. 不言潤生唯修所斷 諸感後有行皆見所斷發. 由此故知無明愛取三支亦通見修所斷.

또한 (그 논장에서) 全一한 세계의 일체 번뇌는 모두 능히 (潤生하여) 結生하며,59) (나아가) 악취에 왕래하는 (총보업의) 行支는 오직 (후천적인) 분별기의 번뇌만을 일으킨다는60) 것이다. (그러나 그것에서는) 윤생하는 것[번뇌]은 오직 수도위에서 단절될 뿐이고, (또한) 모든 미혹의 존재를 초감하는 행지는 모두 견도위에서 단절되는 것으로서, (번뇌를) 일으키지 않는다는 것이다.

이것으로 인하기 때문에 무명과 탐애 및 취착의 3가지의 지분은, 또한 (각각) 견도와 수도위에서 단절되는 것에 통한다는 것을 알아야 한다는 것이다.

---

58) 『瑜伽師地論』 卷第10(『大正藏』 30, 327, 中).
59) 『瑜伽師地論』 卷第59(『大正藏』 30, 629, 下).
60) 『瑜伽師地論』 卷第59(『大正藏』 30, 627, 上).

然無明支正發行者唯見所斷. 助者不定. 愛取二支正潤生
者唯修所斷. 助者不定.

그런데 무명의 지분에서 분명하게 (악취의) 行支를 일으키는 것은 오직 견도에서만 단절되지만 (모든 취행을) 자조하는 것은 일정하지 않으며, 탐애와 취착의 2지분에서 윤생하는 것은 오직 수도에서만 단절되지만 (윤생을) 자조하는 것은 (또한) 일정하지 않다는 것이다.

又染污法自性應斷. 對治起時彼永斷故. 一切有漏不染污
法非性應斷. 不違道故.

또한 염오법은 자성이 단절되어야 하는데, (무루 明法의) 대치가 일어나는 때에 그것[闇法]의 종자은 영원히 단절되기 때문이다. (만약에) 일체 유루의 不染汚法이라면 자성이 단절되지 않아야 하는데, (모두가) 도품에 상위되지 않기 때문이다.

然有二義說之爲斷. 一離縛故. 謂斷緣彼雜彼煩惱. 二不生故.
謂斷彼依令永不起.

그런데 (善法과 무부무기에는) 2가지의 의미가 존재하여 그것을 단절이라 하는데,[61] 1) 계박을 여의었기 때문으로서 그것을 반연하여 그것에 잡란한

---

61) 『新導成唯識論』 卷第8, p.361, "此善無記有二義 故說之爲斷."

번뇌를[62] 끊는 것을 말한다. 2) 일어나지 않기 때문으로서 그것의 의지체[因]를 단절해서 영원히 (果法이) 일어나지 않게끔 하는 것을 말한다.

依離縛斷說有漏善無覆無記唯修所斷. 依不生斷說諸惡趣
無想定等唯見所斷. 說十二支通二斷者於前諸斷如應當知.

계박을 여읜 단절에 의지하여 유루의 선법과 무부무기는 오직 수도에서 단절될 뿐이라[63] 하고, 일어나지 않는 단절에 의지해서 모든[第8] 악취와 무상정 등은 오직 견도에서 단절될 뿐이라 한다. 12支를 (見, 修道의) 2가지의 단절에 통한다고 한 것은[64] 앞의 여러 가지의 단절[自性, 離縛 및 不生]에 상응됨과 같이 알아야 한다.

十樂捨俱. 受不與受共相應故. 老死位中多分無樂及客捨故.
十一苦俱非受俱故. 十一少分壞苦所攝. 老死位中多無樂受
依樂立壞故不說之. 十二少分苦苦所攝. 一切支中有苦受故.

10支[受와 老死 제외]는 낙수와 사수와 함께 하는데, 受는 수와 함께 상응하

---

62) 『新導成唯識論』 卷第8, p.361, "'그것에 잡란하다'는 것은, 제7식이 번뇌를 일으킬 때에 비록 그 6식 등의 법을 반연하지 않더라도 6식 등은 그것으로 인하여 유루성으로 된다. 6식의 3性位에서 제7식의 번뇌는 항상 일어나는데, 제7식의 번뇌가 단절되는 때에 6식 등의 법도 단절되었다고 한다."(雜彼者 第七起煩惱時 雖不緣彼六識等法 六識等由之成有漏性 六識三性位七惑恒起 七惑斷時 六識等法名爲斷.)
63) 『瑜伽師地論』 卷第57(『大正藏』 30, 616, 中).
64) 『新導成唯識論』 卷第8, p.361, "무명과 탐애 및 취착은 自性斷이고, 行과 有의 일부는 3가지의 단절에 통하며, 識 등의 7支는 오직 離縛과 不生인데, 염오법이 아니기 때문이다."(無明愛取自性斷 行及有少分通三斷也 識等七唯離縛與不生 非染法故.)

지 않기[65] 때문이고, 노사의 위치에서는 대부분 낙수와 객관[6識]의 사수가 존재하지 않기 때문이다. 11支는 고수와 함께 하지만 (단지) 수와는 함께 하지 않기 때문이다.

11支의 일부는 壞苦에 포섭되고 노사의 위치에서는 대부분 낙수가 존재하지 않는데, 낙수에 의지하여 괴고를 건립하기 때문에 그것을 설하지 않는다. 12支의 일부는 苦苦에 포섭되는데, 일체의 지분 중에는 苦受가 존재하기 때문이다.

十二全分行苦所攝. 諸有漏法皆行苦故. 依捨受說十一少分.
除老死支 如壞苦說. 實義如是. 諸聖敎中隨彼相增所說不定.

12支의 모든 지분은 行苦에 포섭되는데, 모든 유루법은 전부 행고이기 때문이다. 捨受에 의거하여 (行苦를) 선설하면, (곧) 11支의 일부로서 老死의 지분은 제외하는데, (위의) 壞苦에서 선설한 것과 같다.

진실한 의미는 이와 같고, (만약에) 모든 聖敎 중에서는 그 형상이 증장됨에 따라서 교설하지만 일정하지 않다.

皆苦諦攝取蘊性故. 五亦集諦攝業煩惱性故. 諸支相望增
上定有 餘之三緣有無不定.

모두 苦諦에 포섭되는데 (이것은) 5取蘊의 성품이기 때문이고, (무명, 애,

---

65) 『新導成唯識論』 卷第8, p.361, "바로 자체이기 때문에 이것은 한 心識에 묶인다."(是自體故此約一識.)

취, 행, 유의) 5支는 또한 集諦에 포섭되는데 업과 번뇌의 성품이기 때문이다.66)

모든 지분은 相望하는 것이어서 (오직) 증상연은 반드시 존재하지만, 다른 3인연은 존재하거나 하지 않아서 일정하지 않다.

> 契經依定唯說有一. 愛望於取有望於生有因緣義. 若說識支是業種者行望於識亦作因緣. 餘支相望無因緣義.

경전에서는 일정한 것에 의거하여 오직 (증상연) 하나만이 존재한다고 한다. 탐애를 취착에 상망하고,67) 존재[有]를 (現在의) 태어남[生]에 상망하는 것은,68) 인연[種子生種子 ; 種子生現行]의 의미가 있다. 만약에 識支가 바로 업종자라고 하기 때문이라면,69) (現行의) 행지를 식지에 상망하는 것도 또한 인연[現行熏種子]으로 된다. (앞의 3支를 제외한) 다른 지분을 상망하는 것은 인연의 의미가 없다.

> 而集論說無明望行有因緣者 依無明時業習氣說. 無明俱故假說無明實是行種 瑜伽論 說諸支相望無因緣者 依現愛取唯業有說.

---

66) 『新導成唯識論』卷第8, p.362, "行支와 有支는 업이고, 무명과 탐애 및 취착의 3支는 번뇌성이기 때문이다."(行有是業 無明愛取三是煩惱性故.)
67) 『新導成唯識論』卷第8, p.362, "탐애의 증장을 취착이라 하는데, 탐애의 종자가 취착을 일으키기 때문이다."(愛增名取 愛種生取故.)
68) 『新導成唯識論』卷第8, p.362, "識支 등 5가지 種子의 展轉을 有支라고 하고, 所生된 現行을 生支라고 하기 때문이다."(識等五種轉名有 所生現行名生故.)
69) 『大乘阿毘達磨雜集論』卷第4(『大正藏』31, 712, 上).

그런데 『잡집론』에서,[70] 무명을 行支에 相望하여 인연이 존재한다고 한 것은, (곧) 무명(과 함께 한) 때의 업 습기에 의거하여 선설한 것이다. 무명과 함께 하기 때문에 가립적으로 무명이라 한 것이지만 실제로는 行支의 종자이다. 『유가론』에서,[71] 모든 지분을 상망하여 인연이 존재하지 않는다고 한 것은, 현행의 탐애와 취착 및 오직 업 종자만에 의지하여 선설한 것이다.

無明望行愛望於取生望老死有餘二緣. 有望於生受望於愛
無等無間有所緣緣. 餘支相望二俱非有.

무명을 行支에 상망하고 탐애를 취착에 상망하며, 태어남을 노사에 상망하면, 다른 2인연[등무간과 소연연]이 존재한다. 존재를 태어남에 상망하고, 受를 탐애에 상망하면, 등무간연은 존재하지 않고 소연연은 존재한다, 다른 지분을 상망하면, 2인연은 모두 존재하지 않는다.

此中且依鄰近順次不相雜亂實緣起說. 異此相望爲緣不定.
諸聰慧者如理應思.

이 가운데서는 또한 隣近과 順次와 서로 잡란하지 않는 진실한 緣起法에 의거하여 교설하는데, (만약에) 이것[앞의 4義]에 다르게 (서로) 상망하면 인연으로 되는 것이 일정하지 않다. 모든 총명한 지혜가 있는 사람은 이치와 같이 사유해야 한다.

---

70) 『大乘阿毘達磨雜集論』 卷第4(『大正藏』 31, 711, 下).
71) 『瑜伽師地論』 卷第10(『大正藏』 30, 324, 下).

惑業苦三攝十二者 無明愛取是惑所攝. 行有一分是業所攝.
七有一分是苦所攝.

미혹과 업 및 괴로움의 3가지에 12지를 포섭시킨다면, 무명과 탐애 및 취착은 미혹에 포섭되고, 行支와 존재[有支]의 일부는[72] 업에 포섭되며, 7支[識支 등의 5支와 生, 老死와 존재[有支]의 일부는[73] 괴로움에 포섭된다.

有處說業全攝有者 應知彼依業有說故. 有處說識業所攝者
彼說業種爲識支故. 惑業所招獨名苦者 唯苦諦攝爲生厭故.
由惑業苦卽十二支故此能令生死相續.

어느 논장에서,[74] 업에 전적으로 존재[有]를 포섭한다는 것은, 그것은 업의 존재에 의지해서만 교설한 때문이라는 것을 알아야 한다. 또한 다른 논장에서,[75] 識支도 업에 포섭된다는 것은, 그것은 업종자를 선설해서 식지로 삼기 때문이다. 미혹과 업에 초감된 것[식지 등 7支]만을 유독 괴로움이라 한 것은, 오직 苦諦에만 포섭되어서 (유정이) 厭離心을 일으키게끔 하기 때문이다.

미혹과 업 및 괴로움은 곧 12지로 원인하기 때문에 이것들[미혹 등]이 능히 生死를 상속하게끔 한다.

---

72) 『新導成唯識論』 卷第8, p.363, "識支 등의 種子를 제외하기 때문이다."(除識等種故)
73) 『新導成唯識論』 卷第8, p.363, "이미 潤生된 識支 등의 5種子."(已潤識等五種)
74) 『瑜伽師地論』 卷第56(『大正藏』 30, 612, 中) ; 『十地經論』 卷第8(『大正藏』 26, 171, 中) 등.
75) 『大乘阿毘達磨雜集論』 卷第4(『大正藏』 31, 712, 中).

復次生死相續由內因緣 不待外緣故唯有識 因謂有漏無漏二
業正感生死故說爲因. 緣謂煩惱所知二障助感生死故說爲緣.

【三種生死】

다시 이어서 생사의 상속이라는 것은 마음의 원인과 인연에 의지하고, 외부의 반연을 苦待하지 않기 때문에 오직 심식만이 존재한다. 원인이란 유루와 무루의 2업을 말하는데, 바로 (分段과 變易의 2가지의) 생사를 초감하기 때문에 원인이라 한다. 인연이란 번뇌와 소지장의 2혹장을 말하는데, 資助해서 생사를 초감하기 때문에 인연이라 한다.

所以者何. 生死有二. 一分段生死. 謂諸有漏善不善業 由
煩惱障緣助勢力所感三界麤異熟果. 身命短長隨因緣力有
定齊限故名分段.

[질문] 무슨 까닭인가?
[답변] 생사에 2가지가 있는데, 1) 분단생사로서, 모든 유루의 善法과 不善의 업이 번뇌장의 인연을 돕는 세력에 의지하여 초감된 3界의 麤動한 이숙과를 말한다. 신체와 생명에 짧고 긴 것이 있고, 원인과 인연의 세력에 따라서 결정적인 제한이 있기 때문에 분단이라 한다.

二不思議變易生死. 謂諸無漏有分別業 由所知障緣助勢力
所感殊勝細異熟果. 由悲願力改轉身命無定齊限故名變易.
無漏定願正所資感妙用難測名不思議.

2) 不思議한 變易生死로서, 모든 무루의 有分別의 업이 소지장의 인연을 돕는 세력에 의지하여 초감된 수승하고 심세한 이숙과를 말한다. 자비와 원력의 세력에 의지하여 신체와 생명을 改轉하는데, 결정적인 제한이 없기 때문에 變[改]易[轉]이라 한다. 무루의 禪定[第4禪]과 원력에 바로 資助하고 感得되어, 승묘한 작용을 헤아리기 어려우므로 부사의라고 한다.

或名意成身隨意願成故. 如契經說. 如取爲緣有漏業因續後有者而生三有. 如是無明習地爲緣無漏業因有阿羅漢獨覺已得自在菩薩生三種意成身.

혹은 意成身이라 하는데, (대비심의) 의지와 원력에 따라서 성취되기 때문이다. 경전에서 선설한 것과 같이,[76] 취착을 인연으로 삼고 유루의 업을 원인으로 삼아서 미혹의 존재를 상속한 사람이 三有[界]에 태어나는 것과 같이, 이와 같이 무명습지를[77] 인연으로 삼고 무루의 업을 원인으로 삼아서, 어떤 아라한과 독각 및 이미 자재함을 증득한 보살이 3가지의 意成身을 일으킨다는 것이다.

亦名變化身. 無漏定力轉令異本如變化故. 如有論說. 聲聞無學永盡後有云何能證無上菩提. 依變化身證無上覺非業報身 故不違理.

---

76) 『勝鬘經』(『大正藏』 12, 220, 上).
77) 『新導成唯識論』 卷第8, p.364, "5住地煩惱 중에서 第5 무명습(주)지는 바로 소지장으로서 법집에 포함된다."(五住地中 第五無明習地 卽所知障 是法執攝.)

또한 변화신이라고도 하는데, 무루의 선정력으로서 전환하여 본래의 것[分段身]과 다르게끔 한 것이 마치 변화된 것과 같기 때문이다. 어느 논장에서 선설한 것과 같이,[78] 성문의 무학위는 영원히 미혹의 존재를 滅盡했는데, 어떻게 능히 최고의 깨달음을 증득한다고 하는가 하면, 변화신에 의지하여 최고의 깨달음을 증득한다는 것으로서 業報身은 아니라는 것이다. 그러므로 이치에 위배되지 않는다.

若所知障助無漏業能感生死. 二乘定性應不永入無餘涅槃. 如諸異生拘煩惱故. 如何道諦實能感苦. 誰言實感.

만약에 소지장이 무루의 업을 助力하여 능히 변역생사를 초감한다면, 二乘의 定姓은 영원히 무여열반에 證入하지 않아야 하는데, 마치 모든 범부[無種姓人]가 번뇌장에 구속되는 것과 같기 때문이다.
[질문] 어떻게 道諦가 실제로 (변역생사의) 괴로움을 초감하는가?
[답변] 누가 실제로 초감한다고 하였는가?

不爾如何. 無漏定願資有漏業. 令所得果相續長時展轉增勝假說名感. 如是感時由所知障爲緣助力非獨能感. 然所知障不障解脫. 無能發業潤生用故.

[질문] 그렇지 않다면 어째서인가?
[답변] 무루의 (수승한) 선정과 원력이 유루의 업을 자조하여, 증득된 과보

---

78) 『顯揚聖敎論』卷第16(『大正藏』 31, 560, 上).

를 상속해서 오랜 세월 동안 전전하여 증장하게끔 하는 것을 가정적으로 초감이라 한다. 이와 같이 (무루의 업을) 초감할 때에는 소지장을 인연으로 삼아 자조하는 세력에 의지하므로, (무루의 업을) 독단으로 능히 초감하는 것이 아니다. 그렇지만 소지장은 해탈을 장애하지 않는데 능히 업을 일으켜서 潤生하는 작용이 없기 때문이다.

何用資感生死苦爲. 自證菩提利樂他故. 謂不定性獨覺聲聞及得自在大願菩薩. 已永斷伏煩惱障. 故無容復受當分段身.

[질문] 어떻게 자조해서 변역생사의 괴로움을 초감하는 것을 작용이라 하는가?
[답변] 스스로 깨달음을 증득하여 남을 이롭고 안락하게 하고자 하기 때문이다. 말하자면, 결정되지 않는 種姓의 독각과 성문 및 자재함을 증득한 큰 원력의 보살8地 이상은, 영원히 번뇌장을 단절하고 조복하였기 때문에 다시는 미래의 분단신을 감수하는 것을 허용하지 않는다.

恐廢長時修菩薩行遂以無漏勝定願力. 如延壽法資現身因令彼長時與果不絶. 數數如是定願資助乃至證得無上菩提.

오랜 세월 동안 보살행을 닦은 것을 그만두는 것이 두려워서 마침내 무루법의 수승한 선정과 원력으로서, (마치 세간의) 수명을 연장하는 법과 같이 現在 몸의 (故業의) 원인을 자조하여, 그것[業]을 오랜 세월 동안에 (現身의) 과보와 함께 단절되지 않게 한다. 자주자주 이와 같이 선정과 원력으로서 자조하여 이내 최고의 깨달음을 증득하는 데 이르게 되는 것이다.

彼復何須所知障助. 旣未圓證無相大悲. 不執菩提有情實有
無由發起猛利悲願. 又所知障障大菩提. 爲永斷除留身久住.
又所知障爲有漏依. 此障若無彼定非有. 故於身住有大助力.

[질문] 그것은 다시 어째서 소지장을 자조하는 것도 필요하는가?
[답변] (眞如) 無相과 (正智의) 대비심을 아직 원만하게 증득하지 못한 때에 (만약에) 깨달음과 유정이 (모두) 실제로 존재한다고 집착하지 않는다면, 맹렬한 대비심과 원력을 일으켜야 하는 것에 연유하지 않는다. 또한 소지장은 큰 깨달음을 장애하므로 영원히 단절하여 없애기 위해서 몸을 유지하여[79] 오래도록 머물게 한다. 나아가 소지장을 유루법의 의지처로 삼는데, 이 번뇌가 만약에 존재하지 않는다면, 그것[有漏法]도 반드시 존재하는 것이 아니다. 그러므로 몸이 머무는 것에 크게 자조하는 세력이 있는 것이다.

若所留身有漏定願所資助者　分段身攝二乘異生所知境故.
無漏定願所資助者變易身攝. 非彼境故. 由此應知. 變易生
死性是有漏異熟果攝. 於無漏業是增上果.

만약에 머무르게 된 몸이 유루법에 (따라) 선정과 원력에 자조하게 되는 것을 분단신에 포함하는데, (이것은) 2乘과 범부의 소지장의 경계이기 때문이다. (만약에) 무루법에 (따라) 선정과 원력에 자조하게 되는 것을 변역신에 포함하는데, 그들[2乘 등]의 경계가 아니기 때문이다. 이것으로 인하여, 변역생사는 자성이 유루법이고 이숙과에 포섭되며, 무루법의 업에 대해서

---

79) 『新導成唯識論』 卷第8, p.365, "단절할 인연으로 삼기 때문이다."(爲所斷緣故.)

는 바로 증상과인 것을 알아야 한다.

有聖教中說爲無漏出三界者. 隨助因說. 頌中所言諸業習氣卽前所說二業種子. 二取習氣卽前所說二障種子. 俱執著故. 俱等餘文義如前釋.

어느 聖敎에서,[80] (이 변역생사의 몸으로서) 무루로 되어 3界를 벗어난다는 것은, (무루업의) 조력하는 원인에 따라서 선설한 것이라 한다.
(제19) 게송에서 언급된 모든 업의 습기란 바로 앞에서 말한 2가지 업[유루와 무루]의 종자이고, 이취습기란 앞에서 말한 2가지 혹장의 종자로서 함께 집착하기 때문이다. 함께 한다 등의 다른 내용은 의미가 앞에서 해설한 것과 같다.

變易生死雖無分段前後異熟別盡別生. 而數資助前後改轉. 亦有前盡餘復生義. 雖亦由現生死相續而種定有. 頌偏說之.

변역생사는 비록 분단생사 전후의 이숙식이 별도로 멸진되거나 일어나는 일이 없다고 하더라도, (선정과 원력으로서) 자주 자조함으로 전후로 改轉變易된다. 또한 이전의 것이 멸진되고 다른 것이 다시 일어나는 의미도 있다.
또한 현행으로 인하여 생사가 상속된다고 하더라도 종자는 반드시 존재한다는[81] 것을, 게송에서 치우쳐 선설한 것이다.

---

80) 『十地經論』 卷第12(『大正藏』 26, 199, 中) 등.
81) 『新導成唯識論』 卷第8, p.366, "일체의 때에 존재하는데, 현행과 같이 많은 間斷이 있는 것이 아니기 때문이다."(一切時有 非如現行多間斷故.)

或爲顯示眞異熟因果皆不離本識故不說現. 現異熟因不卽
與果. 轉識間斷非異熟故.

혹은 진이숙의 원인[업종자]과 결과[근본식]는 모두 근본식을 여의지 않는다는 것을 나타내기 위하여 현행(의 업종자와 근본식)은 선설하지 않는다. 현행의 이숙인은 바로 과보와 함께 하지 않는데, 전식은 (대부분) 間斷하므로 진이숙이 아니기 때문이다.

前中後際生死輪迴 不待外緣 旣由內識. 淨法相續應知亦然.
謂無始來依附本識有無漏種由轉識等數數熏發漸漸增勝.
乃至究竟得成佛時. 轉捨本來雜染識種 轉得始起淸淨種識
任持一切功德種子. 由本願力盡未來際起諸妙用相續無窮.
由此應知唯有內識

과거와 현재 및 미래에 생사에 윤회하는 것은 외부의 반연을 苦待하지 않고 마음의 심식에 의지한다. 청정법이 상속되는 것도 또한 그러함을 알아야 한다. 말하자면, 언제부턴가 근본식에 의탁한 온갖 무루종자는 전식 등의 상습적인 熏發에 의거해서 점차로 증성된다. 내지 究竟에 성불을 증득한 때에는 본래 잡염법의 심식의 종자를 전의해서, 비로소 현기한 청정한 종자식을 전득해서 일체 공덕의 종자를 任持한다. 본원력에 의지하여 미래세가 다하도록 모든 승묘한 작용을 일으켜 상속해서 다함이 없다. 이러하므로 오직 마음의 심식만이 존재한다는 것을 알아야 한다.

若唯有識 何故世尊處處經中說有三性. 應知三性亦不離

識. 所以者何. 頌曰.

(20) 由彼彼遍計　遍計種種物

　　　此遍計所執　自性無所有

(21) 依他起自性　分別緣所生

　　　圓成實於彼　常遠離前性

(22) 故此與依他　非異非不異

　　　如無常等性　非不見此彼.

【三性義】

[질문] 만약에 오직 심식만이 존재한다면, 어째서 세존께서 여러 경전에서 3자성이 존재한다고 하였는가?

[답변] 3자성도 또한 심식을 여의지 않는다는 것을 알아야 한다. 왜냐 하면, 게송에서 다음과 교설했기 때문이다.

　　그것과 그것의 변계에 의지하여[82]

　　갖가지[所遍計]의 체상[所執된 것]을[83] 변계하나니

　　이 변계소집의 것은

　　자성이 있지 않다.

　　의타기의 자성은

　　분별의 인연으로 일어난다.

---

82) 『新導成唯識論』卷第8, p.367. 이 내용을 좀 더 해설하면, "그것[能遍計](第6, 7識)의 依他起心과 그것(心王과 心所法)의 변계에 의지하여"라고 할 수 있다.
83) 『成唯識論述記』卷第9 本(『大正藏』 43, 540, 中), "物이란 체상으로서, 즉 능변계[第6, 7識]의 마음이 일으킨 집착이다."(物者體也. 即能遍計心起所執也.)

원성실성은 그것[의타]에서
항상 앞 것[변계]을 遠離[空]한 성품[空性]이다.
그러므로 이것[원성]은 의타기와
다르지 않고 다르지 않는 것도 아니다.
마치 無常[無我, 空] 등의 성품과 같으니
이것[원성]을 證見하지 못하면, 그것[의타]도 알 수 없다.

論曰. 周遍計度故名遍計. 品類衆多說爲彼彼. 謂能遍計虛妄分別. 卽由彼彼虛妄分別 遍計種種所遍計物. 謂所妄執蘊處界等 若法若我自性差別. 此所妄執自性差別總 名遍計所執自性. 如是自性都無所有. 理敎推徵不可得故.

논술하자면, 널리 계탁하기 때문에 변계라고 하며, 품류가 많으므로 그것과 그것이라 한다. (이것은) 말하자면, 능변계[제6, 7]의 허망한 분별[依他心]이다. 즉, 그것과 그것의 허망분별에 의지하여 갖가지로[84] 변계된 체상을 두루 계탁한다. 허망하게 집착된 5온, 12처 및 18계 등과 같은 법과 자아에 관한 자성과[85] 차별을 말한다. 이렇게 허망하게 집착된 자성[마음 밖의 我, 法]과 차별을 전체적으로 변계소집의 자성이라 한다. 이와 같은 자성은 전혀 실재하지 않는데, 이치와 聖敎로서 추구할 수 없기 때문이다.

---

84) 『新導成唯識論』卷第8, p.368. "갖가지란 2가지의 의미가 있는데, 1) 능변계의 마음에는 품류가 많기 때문에 갖가지라고 하고, 2) 當情現相미혹한 정신에 나타나는 형상에는 갖가지의 형상들이 있기 때문이다."(種種有二義 一能計心品多故云種種 二當情有種種相也.)
85) 『新導成唯識論』卷第8, p.368. "이것은 곧 마음으로서 밖의 온갖 법이 아니다."(此卽心外非有法也.)

或初句顯能遍計識　第二句示所遍計境　後半方申遍計所
執若我 若法自性非有. 已廣顯彼不可得故.

혹은 (게송의) 첫 구절은 능변계하는 심식을 나타내고, 제2 구절은 소변계[의타와 원성]인 경계를 현시하며, 뒤의 半句는 변계소집의 자아나 법의 자성이 실재하지 않는다는 것을 펼친 것이다. 이미 (권제7에서) 자세하게 그것이 취득할 수 없다는 것을 현시했기 때문이다.

初能遍計自性云何. 有義八識及諸心所有漏攝者皆能遍計.
虛妄分別爲自性故　皆似所取能取現故. 說阿賴耶以遍計所
執自性妄執種爲所緣故.

첫 구절의 능변계의 자성은 어떠한가? 어떤 사람[安慧 등]은, 8식과 모든 심소법의 유루에[86] 포함되는 것은 모두 능변계인데, 허망한 분별을 자성으로 삼기 때문이고,[87] 모두 소취와 능취로 似現되기 때문이며, (또한 경론에서) 아뢰야식은 변계소집의 자성이 허망하게 집착한 종자를 所緣으로 삼기 때문이라는[88] 것이다.

有義第六第七心品執我法者是能遍計. 唯說意識能遍計故.
意及意識名意識故. 計度分別能遍計故.

---

86) 『新導成唯識論』卷第8, p.368. "유루심에 집착되지 않은 것이 없다는 것은, 5識과 第8識은 오직 法執이고, 제7식은 我執만이 있으며, 제6식은 2가지의 집착에 통한다."(有漏之心無非執者 五八唯法 七唯有人 六通二執.)
87) 『入楞伽經』卷第2(『大正藏』16, 522, 上); 『辯中邊論』卷上(『大正藏』31, 465, 上).
88) 『瑜伽師地論』卷第51(『大正藏』30, 580, 上); 『顯揚聖教論』卷第17(『大正藏』31, 566, 上).

어떤 사람[護法 등]은, 제6식과 제7식의 심품이 자아와 법으로 집착한 것이 능변계인데, (경전에서) 오직 의식만을 능변계라고 하기 때문이고, (제7의) 意와 (제6의) 意識을 (전체적으로) 意識이라 하기 때문이며, 계탁하여 분별하는 것이 능변계이기[89] 때문이다.

> 執我法者必是慧故. 二執必與無明俱故. 不說無明有善性故.
> 癡無癡等不相應故. 不見有執導空智故. 執有執無不俱起故.
> 曾無有執非能熏故.

자아와 법으로 집착된 것은 반드시 慧[惡見] 심소법이기 때문이고, 2가지의 집착은 무명과 함께 하기 때문이다. 무명에 善性이 존재한다고 하지 않기 때문이고, 어리석음과 그렇지 않음[善心] 등과는 상응하지 않기 때문이다. 집착이 있으면서 空의 지혜를 引導하는 것을 보지 못하였기 때문이고, 실재라고 집착하는 것[法執心]과 실재가 없다고 통달하는 것[加行智]은 함께 일어나지 않기 때문이고, 일찍이 집착함이 있었던 것은 능훈식이 아닌 것이 없었기 때문이다.

> 有漏心等不證實故一切皆名虛妄分別. 雖似所取能取相現而
> 非一切能遍計攝. 勿無漏心亦有執故. 如來後得應有執故.
> 經說佛智現身土等種種影像如鏡等故. 若無緣用應非智等.

유루의 (모든) 마음(과 심소법) 등은 진리를 증득하지 못하기 때문에 일

---

89) 『新導成唯識論』卷第8, p.368. "5識과 第8識은 계탁하지 않기 때문이다."(五八無計度故.)

체 모두가 허망분별이라 한다. 비록 소취와 능취의 형상으로 사현된다고 하더라도 일체가 (모두) 능변계에 포함되는 것은 아니다. 무루심에도 또한 집착이 있기 때문에 여래의 후득지에도 집착이 있다고 해서는 안된다. 경전에서, 부처님의 후득지는 신체와 국토 등과 같이 갖가지의 影像을 나타내는 것이 마치 거울 등과 같다고 하기 때문이다. 만약에 (能, 所의) 인연의 작용이 없다면,[90] 지혜 등이 아니어야 한다.

　　雖說藏識緣遍計種. 而不說唯故非誠證. 由斯理趣唯於第六第七心品有能遍計. 識品雖二而有二三四五六七八九十等遍計不同故言彼彼.

비록 (경전에서) 藏識이 변계의 종자를 반연한다고 하더라도[91] 오직 (변계만을) 반연한다고 하지 않기 때문에 진실한 증거는 아니다. 이러한 이치에 의거해서 오직 제6식과 제7식의 심품에만 능변계가 존재하고, 심식의 품류에는 비록 2가지[제6, 7]만 존재한다고 하더라도 2, 3, 4, 5, 6, 7, 8, 9, 10법 등[92] (上에서 일어나) 변계하는 것이 같지 않음이 있기 때문에 그것과 그것이라 한다.

　　次所遍計自性云何. 攝大乘說是依他起 遍計心等所緣緣故.
　　圓成實性寧非彼境 眞非妄執所緣境故 依展轉說亦所遍計.

---

90) 『新導成唯識論』 卷第8, p.369, "만약에 견분이 존재하지 않는다고 한다면, 이치에 상위된다."(若無見分 違理.)
91) 『瑜伽師地論』 卷第51(『大正藏』 30, 580, 上).
92) 『新導成唯識論』 卷第8, p.369에서 보면, 2가지란 自性과 差別分別, 3가지는 3分別이며, 등이란 62見 등을 말한다는 것이다.

遍計所執雖是彼境. 而非所緣緣故非所遍計.

[질문] 다음[제2句]의 所遍計의 자성은 어떠한가?
[답변] 『攝大乘』에서,[93] 이것은 의타기성일 뿐이라 하는데, 변계소집하는 마음 등의 所緣緣이기 때문이다.
[질문] 원성실성은 어째서 그것의 경계가 아닌가?
[답변] 진실한 것은 허망하게 집착하는 소연의 경계가 아니기 때문이다. (만약에) 展轉에 의거하여 말한다면 또한 소변계이지만, (그러나) 변계소집이 비록 그것[執心]의 경계라고 하더라도 소연연이 아니기 때문에 소변계가 아니다.[94]

遍計所執其相云何. 與依他起復有何別. 有義三界心及心所由無始來虛妄熏習. 雖各體一而似二生. 謂見相分. 即能所取. 如是二分情有理無. 此相說爲遍計所執.

[질문] 변계소집이라는 그 체상은 어떠하며, 의타기성과는 또한 어떠한 차별이 있는가?
[답변] 어떤 사람들[安慧 등]은, 3界의 마음과 심소법은 언제부턴가 허망하게 훈습된 (종자에) 의지하여, 비록 각각 체상은 하나[自體分]라고 하더라도 2분으로 사현되어 일어나는데, 見分과 相分으로서 바로 능취와 소취이다. 이와 같은 2분은 心情의으로는 존재하지만 이치적으로는 존재하지 않는데, 이

---

93) 『攝大乘論釋』 卷第4(『大正藏』 31, 403, 下).
94) 『新導成唯識論』 卷第8, p.370, "有體法에 의거하여 所遍計를 건립하기 때문이다."(據有體法立所遍計故.)

러한 (2가지의) 체상을 변계소집성으로 삼는다는 것이다.95)

二所依體實託緣生. 此性非無名依他起. 虛妄分別緣所生故.
云何知然. 諸聖教說虛妄分別是依他起. 二取名爲遍計所執.

(이 相, 見分의) 2가지의 의지처인 자체분은 진실로 인연에 가탁해서 일어나며, 이것의 체성이 존재하지 않는 것이 아님을 의타기성이라 하는데, 허망분별한 (종자의) 인연으로 일어나기 때문이다.
[질문] 어떻게 그렇다는 것을 아는가?
[답변] 모든 경론에서,96) 허망분별은 바로 의타기성이고, 2取는 변계소집이라 하기 때문이다.

有義一切心及心所由熏習力所變二分從緣生故亦依他起.
遍計依斯妄執定實有無一異俱不俱等. 此二方名遍計所執.

어떤 사람들[護法 등]은, 일체의 마음과 심소법의 훈습력에 의지하여 변화된 2분도 인연에 따라서 일어나기 때문에 또한 의타기성이며, 변계소집이라는 것은 이것[依他의 2分]에 의지하여 허망하게 반드시 실제로 존재하거나 존재하지 않고, 하나이거나 다른 것이며, 함께 하거나 하지 않는다는 등으로 집착하는데, 이러한 2가지를 변계소집이라 한다.

諸聖教說唯量唯二唯種種. 皆名依他起故. 又相等四法十

---

95) 『辯中邊論』 卷上(『大正藏』 31, 464, 中).
96) 『辯中邊論』 卷上(『大正藏』 31, 464, 下).

一識等論皆說爲依他起攝故.

모든 경론에서,[97] 오직 量知[唯識]와 2분 및 갖가지(의 行相을 일으키기 때문에)를 선설해서 모두 의타기성이라 하기 때문이다. 또한 형상 등의 4법[如如를 제외한 相, 名, 分別 및 正智과 11심식[身識으로서 안식 등 5界 등] 등과[98] 같은 것은, 논장에서[99] 모두 의타기성에 포함된다고 하기 때문이다.

不爾無漏後得智品二分應名遍計所執. 許應聖智不緣彼生.
緣彼智品應非道諦. 不許應知有漏亦爾.

그렇지 않는다면, 무루법의 후득지품의 2분도 (또한) 변계소집성이라 해야 한다. 그렇다고 인정하면, 聖人의 지혜는 그것[자신의 依他의 相分]을 반연하여 일어나지 않아야 하고, (혹은 다시) 그것을 반연하는 智品도 道諦가 아니어야 한다. 그렇다고 인정하지 않는다면, 유루법(의 2분)도 또한 그러하다는 것을 알아야 한다.

又若二分是遍計所執. 應如兎角等非所緣緣. 遍計所執體非有故. 又應二分不熏成種後識等生應無二分. 又諸習氣是相分攝. 豈非有法能作因緣.

또한 만약에 2분이 바로 변계소집이라면, 토끼의 뿔 등과 같이 소연연이

---

97) 『攝大乘論釋』 卷第4(『大正藏』 31, 401, 下).
98) 『成唯識論觀心法要』 卷第8(『卍新纂續藏經』 第51冊(2009), p.416, 下 참조.
99) 『攝大乘論釋』 卷第4(『大正藏』 31, 399, 上).

아니어야 하는데, 변계소집은 자체가 존재하지 않기 때문이다. 또한 2분은 종자를 훈성하지 않아야 하고, 다음의 심식 등이 (다시) 일어날 때에는 2분이 존재하지 않아야 한다. 나아가 모든 습기는 (바로 제8식의) 상분에 포섭되는데, 어찌 존재가 아닌 법이 능히 (현행하는 諸識의) 친인연으로 되겠는가?

> 若緣所生內相見分非依他起二所依體例亦應然. 無異因故.
> 由斯理趣衆緣所生心心所體及相見分有漏無漏皆依他起.
> 依他衆緣而得起故.

(또한) 만약에 인연(의 종자)로 일어난 마음의 상분과 견분이 의타기성이 아니라면, 2심분의 의지처인 자체분도 예컨대 또한 그러해야 하는데, 다른 원인이 없기 때문이다.

이러한 理趣에 의거하여 (다른) 여러 인연으로 일어난 마음과 심소법의 자체분 및 상분과 견분은 유루법이나 무루법에서 모두가 의타기성인데, 다른 여러 인연에 의지해서 일어나기 때문이다.

> 頌言分別緣所生者 應知且說染分依他. 淨分依他亦圓成故.
> 或諸染淨心心所法皆名分別能緣慮故. 是則一切染淨依他
> 皆是此中依他起攝.

(제21) 게송에서 분별의 인연으로 일어난다는 것은, 또한 염오분의 의타기성만을 말하는 것임을 알아야 하는데, 청정분의 의타기성은 또한 원성실성이기 때문이다. 혹은 모든 염오와 청정법의 마음과 심소법을 모두 분별심이라 하는데, 능히 인연을 사려하기 때문이다. 이것은 바로 일체의 염오와 청정법의 의타기성은 모두 이것[偈頌]의 의타기성에 포함된다.

二空所顯圓滿成就 諸法實性名圓成實. 顯此遍常體非虛謬.
簡自共相虛空我等. 無漏有爲離倒究竟勝用周遍亦得此名.
然今頌中說初非後.

2空으로 顯現된 원만하고 성취되는 것으로서 모든 법의 진실한 성품을 원성실성이라 한다. 이것은 두루 하고 항상 하며, 체성이 虛謬하지 않다는 것을 나타내고, 자상과 공상, 허공과 자아 등과 같은 것을 변별한다.
무루법의 유위는 전도됨을 여읜 것이고, 최상의 목표이며, 수승한 작용이 두루 하므로 또한 이렇게 명칭한다. 그렇지만 지금의 게송에서는 처음의 것[진여의 원성실]을 말하지 뒤의 것은 아니다.

此卽於彼依他起上常遠離前遍計所執. 二空所顯眞如爲性.

이것[圓成]은 바로 그것의 의타기성 위에서 항상 이전의 변계소집을 멀리 여의며, 2공으로 현현된 진여를 자성으로 삼는다.

說於彼言顯圓成實與依他起 不卽不離. 常遠離言顯妄所執
能所取性理恒非有. 前言義顯不空依他. 性顯二空非圓成實.
眞如離有離無性故.

게송에서 그것에서[於彼]라고 한 것은, 원성실성은 의타기성과는 相卽하는 것도 아니고 遠離하는 것도 아닌 것을 나타내고, 항상 遠離한다[常遠離]는 것은, 허망하게 집착된 능취와 소취의 성류는 원리가 항상 존재하지 않는다는 것을 나타낸다. 앞[前]이라는 의미는 의타기성은 空한 것이 아님을 나타내고, 성품[性]이란 것은 2공은 (바로) 원성실성이 아닌 것을 나타내는데, 진여는 존재를 여의고 존재가 아닌 것도 여읜 성품이기 때문이다.

> 由前理故此圓成實與彼依他起非異非不異. 異應眞如非彼實性. 不異此性應是無常. 彼此俱應淨非淨境. 則本後智用應無別.

앞의 이치에 의거하기 때문에 이 원성실성은 그 의타기성과는 다른 것도 아니고 다르지 않는 것도 아니다. (만약에) 다르다면, 진여는 그것[依他]의 진실한 성품이 아니어야 하고, 다르지 않는다면, 이것[眞如]의 성품은 무상한 것이어야 하며, (또한) 그것[依他]이나 이것[眞如] 모두가 청정하거나 청정하지 않는 경계이어야 한다. 즉, 근본지와 후득지의 작용에 차별이 없어야 한다.

> 云何二性非異非一. 如彼無常無我等性. 無常等性與行等法異應彼法非無常等. 不異此應非彼共相.

[질문] 어째서 2가지의 성품이 다른 것도 아니고 하나도 아닌가?
[답변] 그것의 무상과 무아 등의 성품과 같다. 무상 등의 성품과 (모든) 行法 등 (생멸하는 법)이 (만약에) 다르다면, 그[行 등] 법은 무상 등이 아니어야 한다. (만약에) 다르지 않는다면, 이것[무상 등]은 그것[行法 등]의 共相이[100] 아니어야 한다.

---

100) 『成唯識論觀心法要』卷第8[『卍新纂續藏經』第51冊(2009), p.417, 下, "무상, 무아, 고뇌, 무자성[空] 및 不淨함이 諸法에 두루 하므로 空相이라 한다."(無常無我苦空不淨 遍于諸法 名爲共相)

> 由斯喩顯此圓成實與彼依他非一非異. 法與法性理必應然.
> 勝義世俗相待有故.

이러한 비유에 의거해서 이 원성실성은 그 의타기성과는 하나도 아니고 다른 것도 아니라는 것은, 법[의타]과 법의 성품[진여]은 이치가 반드시 그렇다는 것을 나타내는데, 승의제와 세속제는 (반드시) 相待하여 존재하기 때문이다.

> 非不證見此圓成實而能見彼依他起性. 未達遍計所執性空
> 不如實知依他有故. 無分別智證眞如已後得智中方能了達
> 依他起性如幻事等.

이 원성실성을 證見하지 못하면 능히 그 의타기성을 증견하는 것이 아니다. 아직 변계소집성이 공한 것임을 통달하지 못했을 때에는, 실제와 같이 의타기성의 존재를 了知하지 못하기 때문이다. 무분별의 지혜가 진여를 증득하고서 후득지 중에서 마침내 능히 의타기성이 幻影 등과 같다고 요달한다.

> 雖無始來心心所法已能緣自相見分等. 而我法執恒俱行故
> 不如實知衆緣所引自心心所虛妄變現. 猶如幻事陽焰夢境
> 鏡像光影谷響水月變化所成非有似有.

비록 언제부턴가 (일체 범부의) 능히 마음과 심소법이 자신의 상분과 견분 등을 반연한다고 하더라도, 아집과 법집이 항상 함께 작용하기 때문에 실제와 같이 여러 가지의 반연에 견인되고, 자신의 마음과 심소법이 허망하게 변현된다는 것을 了知하지 못한다. 마치 幻影, 아지랑이, 꿈속의 대상, 거울의 영상, 빛의 그림자, 계곡의 메아리, 물에 비친 달 및 (보살들의) 변화로 성립된 것과 같이, 존재하지 않지만 존재로 似現된다.

依如是義故 有頌言.
　　非不見眞如　而能了諸行
　　皆如幻事等　雖有而非眞.

이와 같은 의미에 의지하기 때문에 어느『厚嚴經』게송에서 다음과 같이 선설한다.

　　진여를 깨닫지 못하면,
　　능히 모든 유위법은
　　모두 환영 등과 같이
　　비록 존재하더라도 진실한 것이 아니라고 了達하지 못한다.

此中意說. 三種自性. 皆不遠離心心所法. 謂心心所及所變現
衆緣生故. 如幻事等非有似有誑惑愚夫. 一切皆名依他起性.

이들 (게송)의 의미를 해설하면, 3자성은 모두 마음과 심소법을 멀리 여의지 못한다는 것이다. 말하자면, 마음[自證分]과 심소법 및 변현된 것[相, 見分]은 여러 가지의 인연에서 일어난 것이기 때문에 幻影 등과 같이 존재하지 않지만 존재로 似現되므로, 어리석은 범부들을 속이고 미혹하는 일체의 모든 것을 의타기성이라 한다.

愚夫於此橫執我法有無一異俱不俱等. 如空華等. 性相都無.

一切皆名遍計所執.

　어리석은 범부는 이것[依他]에 대해서 자아와 법은 존재한다거나 하지 않으며, 하나이거나 다르고, 함께 하거나 하지 않는다는 등으로 제멋대로 주장하지만, 마치 空華 등과 같다. 자성과 체상이 모두 존재하지 않는 일체의 모든 것을 변계소집성이라 한다.

　　依他起上彼所妄執我法俱空. 此空所顯識等眞性名圓成實.
　　是故此三不離心等.

　의타기성 상에서 그것에 허망하게 집착된 자아와 법은 모두 空이고, 이러한 空에서 顯現된 심식 등의 진실한 성품을 원성실성이라 한다. 이렇기 때문에 이 3자성은 마음 등을 여의지 않는다.

　　虛空擇滅非擇滅等何性攝耶. 三皆容攝. 心等變似虛空等相.
　　隨心生故依他起攝. 愚夫於中妄執實有此卽遍計所執性攝.
　　若於眞如假施設有虛空等義圓成實攝.

[질문] 허공과 택멸 및 비택멸 등은 어떤 성품에 포섭되는가?
[답변] 3자성에 모두 포섭되는 것이 인정된다. 마음 등이 전변되어 허공 등으로 사현된 체상은 마음에 따라서 일어나기 때문에 의타기성에 포섭된다. (만약에) 어리석은 범부가 그[의타기법] 가운데서 허망하게 진실한 존재로 집착한다면, 이것은 바로 변계소집성에 포섭된다. 만약에 진여에 대하여 가립적으로 시설한 모든 虛空 등의 의미는 (바로) 원성실성에 포섭된다.

有漏心等定屬依他. 無漏心等容二性攝. 衆緣生故攝屬依他.
無顚倒故圓成實攝.

(그리고) 유루의 마음 등은 반드시 의타기성에 소속되고, 무루의 마음 등은 2가지의 성품에 포함되는 것이 인정된다. 즉, 여러 가지의 인연에서 일어나기 때문에 의타기성에 포함되고, 顚倒됨이 없기 때문에 원성실성에 포함된다.

如是三性與七眞如云何相攝. 七眞如者. 一流轉眞如. 謂有爲法流轉實性. 二實相眞如. 謂二無我所顯實性. 三唯識眞如. 謂染淨法唯識實性. 四安立眞如. 謂苦實性. 五邪行眞如. 謂集實性. 六淸淨眞如. 謂滅實性. 七正行眞如. 謂道實性.

[질문] 이와 같은 3자성과 7진여는 서로 어떻게 포섭되는가?
[답변] 7진여라는 것은, 1) 유전진여로서 유위법이 流轉하는 진실한 성품을 말한다. 2) 실상진여로서 2무아로 드러난 진실한 성품을 말한다. 3) 유식진여로서 염오와 청정법에 관한 유식의 진실한 성품을 말한다. 4) 안립진여로서 苦諦의 진실한 성품을 말한다. 5) 邪行眞如로서 集諦의 진실한 성품을 말한다. 6) 청정진여로서 滅諦의 진실한 성품을 말한다. 7) 正行眞如로서 道諦의 진실한 성품을 말한다.

此七實性圓成實攝. 根本後得二智境故. 隨相攝者流轉苦集三前二性攝. 妄執雜染故. 餘四皆是圓成實攝.

이 7진여의 진실한 성품은 (모두) 원성실성에 포섭되는데, 근본과 후득지의 2지혜의 경계이기 때문이다. (만약에) 체상에 따른 포섭이라면 유전과 고제 및 집제는 앞의 2성품[遍計와 依他]에 포섭되는데, 허망하게 집착하고 잡염법의 것이기 때문이고, 나머지의 4가지는 모두 원성실성에 포섭된다.

三性六法相攝云何. 彼六法中皆具三性. 色受想行識及無
爲皆有妄執緣生理故.

[질문] 3자성과 6법이 서로 포섭하는 것은 어떠한가?
[답변] 그 6법 중에는 모두 3자성을 구비하는데, 색, 수, 상, 행, 식 및 무위는[101] 모두 허망하게 집착된 것[遍計]과 인연으로 일어난 것[依他] 및 원리[圓成]가 있기 때문이다.

三性五事相攝云何. 諸聖教說相攝不定. 謂或有處說依他起
攝彼相名分別正智圓成實性攝彼眞如遍計所執不攝五事.

[질문] 3자성과 5법 자체[事]는 서로 포섭되는 것이 어떠한가?
[답변] 여러 경전에서 서로 포섭된다는 것을 선설한 것이 일정하지 않다. 말하자면, 어떤 논장에서는,[102] 의타기성은 그것의 형상, 명칭, 분별 및 正智를 포섭하고, 원성실성은 그것의 진여만을 포섭하며, 변계소집성은 5법 자체를 포섭하지 않는다는 것이다.

---

101) 『新導成唯識論』 卷第8, p.375, "마음이 轉變된 무위는 의타기성에 수용되기 때문이다."(心變無爲依他收故.)
102) 『瑜伽師地論』 卷第74(『大正藏』 30, 704, 下) 등.

彼說有漏心心所法變似所詮說名爲相. 似能詮現施設爲名.
能變心等立爲分別 無漏心等離戲論故 但總名正智 不說能
所詮. 四從緣生皆依他攝.

그 교설은, 유루의 마음과 심소법이 전변되어 표현의 내용으로 似現된 것은 형상이라 하고, 능히 표현하는 것으로 사현된 것은 시설하여 명칭이라 한다. 능변하는 마음 등을 건립하여 분별이라 하고, 무루의 마음 등은 戲論을 여의었기 때문에 단지 전체적으로 正智라고 하지만, 능히 표현하는 것과 그 내용이라고는 하지 않는다. (이) 4법 자체는 인연에 따라서 일어나므로 모두 의타기성에 포함된다는 것이다.

或復有處說依他起攝相分別遍計所執唯攝彼名正智眞如圓
成實攝. 彼說有漏心及心所相分名相餘名分別. 遍計所執
都無體故 爲顯非有假說爲名. 二無倒故圓成實攝.

혹은 다시 어느 논장에서는,[103] 의타기성에서는 형상과 분별을 포섭하고, 변계소집성에서는 오직 그것의 명칭만을 포섭하며, 正智와 진여는 원성실성에 포섭된다는 것이다. 그 교설에서는 유루의 마음과 심소법의 상분을 형상이라 하고 다른 것은 분별이라 하는데, 변계소집성은 전혀 자체가 존재하지 않기 때문이다. 존재하지 않는 것을 나타내기 위하여 (단지) 가립적으로 선설한 것을 명칭이라 하고, 2가지[진여와 正智]는 전도됨이 없기 때문에 원성실성에 포섭된다는 것이다.

---

103) 『辯中邊論』 卷中(『大正藏』 31, 469, 下).

或有處說依他起性唯攝分別遍計所執攝彼相名. 正智眞如
圓成實攝. 彼說有漏心及心所相見分等總名分別虛妄分別
爲自性故遍計所執能詮所詮隨情立爲名相二事.

또한 어느 경전에서는,[104] 의타기성에서는 오직 분별만을 포섭하고, 변계소집성에서는 그것의 형상과 명칭을 포섭하며, 正智와 진여는 원성실성에 포섭된다는 것이다. 그 교설에서는 유루의 마음과 심소법의 상분과 견분 등과 같은 것은 전체적으로 분별이라 하는데, 허망한 분별로서 자성으로 삼기 때문이다. 변계소집성의 能詮[명칭]과 所詮[형상]이라는 것을 識情에 따라서 건립하는데, 명칭과 형상의 2법 자체로 삼는다는 것이다.

復有處說名屬依他起性義屬遍計所執. 彼說有漏心心所法
相見分等由名勢力成所遍計故說爲名. 遍計所執隨名橫計
體實非有假立義名.

다시 어느 논장에서는,[105] 명칭은 의타기성에 소속되고, 의미[형상과 분별]는[106] 변계소집성에 소속된다는 것이다. 그 교설에서는 유루의 마음과 심소법의 상분과 견분 등은 명칭의 세력에 의지하여 所遍計로[107] 되기 때문에 명칭이라 한다. 변계소집성은 (곧) 명칭에 따라서 제멋대로 계탁하여

---

104) 『入楞伽經』 卷第7(『大正藏』 16, 557, 中).
105) 世親 造, 『攝大乘論釋』 卷第5(『大正藏』 31, 343, 中).
106) 『新導成唯識論』 卷第8, p.376, "의미란 形相과 分別인데, 所詮의 의미이기 때문이다."(義者 相及分別 所詮義故.)
107) 『新導成唯識論』 卷第8, p.376, "能詮의 명칭에 따라서 그것을 반연하여 집착을 일으켜서 소변계로 된다."(隨能詮名 緣之起執 成所遍計.)

(ㄷ) 자체가 진실로 존재하지 않으므로, 가정적으로 의미라는 명칭을 건립한다는 것이다.

諸聖教中所說五事文雖有異而義無違. 然初所說不相雜亂.
如瑜伽論廣說應知.

(이상) 모든 경전 중에 교설된 5법 자체에 관한 내용은 비록 다른 점이 있다고 하더라도 의미는 상위되지 않는다. 그리고 처음 교설된 것은 서로 잡란하지 않는데, 『유가론』에서[108] 자세하게 선설한 것과 같이 마땅히 알아야 한다.

又聖教中說有五相此與三性相攝云何. 所詮能詮各具三性.
謂妄所計屬初性攝. 相名分別隨其所應所詮能詮屬依他起.
眞如正智隨其所應所詮能詮屬圓成實. 後得變似能詮相故.

[질문] 또한 경론 중에서,[109] 5법상[110]이 존재한다고 하는데, 이것들과 3자성은 서로 포섭되는 것이 어떠한가?
[답변] 所詮과 能詮에는 각각 3자성을 구비한다. 말하자면, 허망하게 계탁된 것은 처음[遍計]의 성품에 소속되고, 형상과 명칭 및 분별은 그 상응되는 것에 따라서 소전과 능전도 (염오분의) 의타기성에 소속되며, 진여와 正智는 그 상응되는 것에 따라서 소전과 능전도 원성실성에 소속되는데, 후득지가

---

108) 『瑜伽師地論』 卷第72, 73, 74(『大正藏』 30, 696, 上 ; 703, 中 ; 704, 下).
109) 『顯揚聖教論』 卷第16(『大正藏』 31, 557, 中).
110) 『新導成唯識論』 卷第8, p.376, "1) 所詮, 2) 能詮, 3) 相屬, 4) 執着, 5) 不執着."

변현되어 능전의 법상으로 사현되기 때문이다.

> 二相屬相唯初性攝 妄執義名定相屬故. 彼執著相唯依他起
> 虛妄分別爲自性故. 不執著相唯圓成實無漏智等爲自性故.

2가지[能, 所詮]가 서로 소속된 법상은 오직 처음[변계]의 성품에 포함되는데, 의미와 명칭은 반드시 서로 소속된다고 허망하게 집착하기 때문이다. 그것에 대한 집착된 법상은 오직 의타기성인데, 허망한 분별을 자성으로 삼기 때문이다. 집착하지 않는 법상은 오직 원성실성인데, 무루의 지혜 등을 자성으로 삼기 때문이다.

> 又聖敎中說四眞實. 與此三性相攝云何. 世間道理所成眞實
> 依他起攝三事攝故. 二障淨智所行眞實圓成實攝二事攝故.

[질문] 또한 경전에서 4진실을 선설하는데, 이 3자성과 서로 포섭되는 것은 어떠한가?

[답변] 世間과 道理로 성립된 진실은 의타기성에 포함되는데, 3가지[형상, 명칭, 분별]의 자체에 포함된다고[111] 하기 때문이다. 2惑障[번뇌, 소지장]의[112] 청정한 지혜가 실행한 진실은 원성실성에 포함되는데, 2가지[진여, 正智]의 자체에 포함된다고[113] 하기 때문이다.

---

111) 『瑜伽師地論』卷第73(『大正藏』 30, 702, 中).
112) 『新導成唯識論』卷第8, p.377, "4성제의 이치를 煩惱障 진실이라 하고, 진여를 所知障 진실이라 한다."(四聖諦理名煩惱障眞實 眞如名所知障眞實.)
113) 『瑜伽師地論』卷第73(『大正藏』 30, 702, 中).

辯中邊論說初眞實唯初性攝共所執故. 第二眞實通屬三性.
理通執無執雜染清淨故. 後二眞實唯屬第三.

『변중변론』에서는,[114] 처음[世間]의 진실은 오직 첫[변계] 성품에만 포함
된다고 하는데, 함께 집착하기[115] 때문이다. 제2[道理]의 진실은 공통으로
3자성에 소속되는데, 도리는 집착과 집착이 없음과 잡염법[依他] 및 청정법
[圓成]에 통하기 때문이다. 뒤[번뇌, 소지장의 2진실은 오직 제3의 성품[圓成]
에만 소속된다고 한다.

三性四諦相攝云何. 四中一一皆具三性. 且苦諦中無常等
四各有三性. 無常三者. 一無性無常. 性常無故. 二起盡無
常. 有生滅故. 三垢淨無常. 位轉變故.

[질문] 3자성과 4성제는 서로 포섭하는 것이 어떠한가?
[답변] 4성제 중의 하나하나에 모두 3자성을 구비한다. 가령 고제의 無常
등의 4가지(의 行觀)에는 각각 3자성이 존재한다.[116] (즉,) 무상의 3性이라는
것은, 1) (변계는) 자성이 존재하지 않는 무상으로서, 자성은 항상 존재하지
않기 때문이다. 2) (의타는) 일어남이 다한 무상으로서, 생멸함이 있기 때문
이다. 3) (원성은) 더러움과 청정의 무상으로서, 위치가 전변되기 때문이다.

---

114) 『辯中邊論』 卷中(『大正藏』 31, 469, 下).
115) 『新導成唯識論』 卷第8, p.377, "또한 자아와 법을 처음의 진실로 삼는다."(又我法爲初眞實.)
116) 『新導成唯識論』 卷第8, p.377, "오직 苦諦의 4가지 行觀에서만 각각 3性을 구비한다."(唯苦
四行各具三性.)

苦有三者. 一所取苦. 我法二執所依取故. 二事相苦. 三苦
相故. 三和合苦. 苦相合故.

고제에 3性이 존재한다는 것은, 1) (변계는) 取着된 (5蘊이 바로) 괴로움이
라고 (행관하는) 것으로서, 自我와 法의 2가지의 집착이 의지처로 취착되기
때문이다. 2) (의타의 緣起는) 자체 형상이 (바로) 괴로움으로서, 3가지 괴로
움의 (자체) 형상이기 때문이다. 3) (원성은) 화합이 (바로) 괴로움이라고
(행관하는) 것으로서, (진여법과) 괴로움의 행상이 화합하기 때문이다.

空有三者. 一無性空 性非有故. 二異性空. 與妄所執自性
異故. 三自性空. 二空所顯爲自性故.

空에 3性이 존재한다는 것은, 1) 자성이 없는 공으로서, (변계는) 자성이
존재하는 것이 아니기 때문이다. 2) 다른 성품의 공으로서, (의타는) 허망하
게 집착된 자성과는 다르기 때문이다. 3) 자성의 공으로서, (원성은) 2가지
의 공으로 드러난 (진여를) 자성으로 삼기 때문이다.

無我三者. 一無相無我. 我相無故. 二異相無我. 與妄所執
我相異故. 三自相無我. 無我所顯爲自相故.

無我의 3性이라는 것은, 1) (변계는) 형상이 없는 무아로서, 자아의 체상은
존재하지 않기 때문이다. 2) (의타는) 다른 형상의 무아로서, 허망하게 집착
한 자아의 체상과는 다르기 때문이다. 3) (원성은) 자상의 무아로서, (2가지
의) 무아에서 드러난 (진여를) 자상으로 삼기 때문이다.

集諦三者. 一習氣集. 謂遍計所執自性執習氣. 執彼習氣假立彼名. 二等起集. 謂業煩惱 三未離繫集. 謂未離障眞如.

　集諦의 3性이라는 것은, 1) 습기의 집제로서, 능변계의 (마음이) 집착한 자성 소집의 습기는 그것[我, 法]을 집착한 습기이므로, 가립하여 그[습기의 집제] 명칭으로 건립한다. 2) 평등하게 일으키는 집제로서, 업과 번뇌, (즉 의타기성을) 말한다. 3) 계박을 여의지 못한 집제로서, 아직 번뇌의 (진여, 즉 원성실성을) 여의지 못한 것을 말한다.

滅諦三者. 一自性滅. 自性不生故. 二二取滅. 謂擇滅二取不生故. 三本性滅. 謂眞如故.

　滅諦의 3性이라는 것은, 1) 자성의 멸제로서, (변계에서) 자성은 발생되지 않기 때문이다. 2) 2取능, 소취의 멸제로서 擇滅을 말하는데, 2취가 발생되지 않게 하기 때문이다. 3) 본성의 멸제로서, 진여(의 자성은 본래 적멸)이기 때문이다.

道諦三者. 一遍知道. 能知遍計所執故. 二永斷道. 能斷依他起故. 三作證道. 能證圓成實故. 然遍知道亦通後二.

　道諦의 3性이라는 것은, 1) 두루 了知한 도제로서, 능히 변계소집성(의 空性)을 了知하였기 때문이다. 2) 영원히 단멸한 도제로서, 능히 (염오분의) 의타기성을 단멸했기 때문이다. 3) 증득된 도제로서, 원성실성을 증득하였기 때문이다. 그런데 두루 了知한 도제는 또한 뒤의 2가지[의타, 원성]에도 통한다.

七三三性如次配釋. 今於此中所配三性或假或實如理應知.

(이상) 7항목의 3가지를[117] 3자성의 순서와 같이 배대하여 해석했다. 지금 이들 가운데에 배대된 3자성은 가립적인 것이거나 실제하다는 것을 이치와 같이 알아야 한다.

三解脫門所行境界與此三性相攝云何. 理實皆通隨相各一.
空無願相如次應知.

[질문] 3가지[空, 無願 및 無相]의 해탈문이 실행한 경계와 이 3자성이 서로 포섭되는 것은 어떠한가?
[답변] 이치적으로 진실하게는 모두 (3性에) 통하고, 체상에 따라서는 각각 1가지씩인데, 空[변계]과 無願[의타] 및 無相[원성] 해탈로서 (3性의) 순서와 같이 알아야 한다.

緣此復生三無生忍. 一本性無生忍. 二自然無生忍. 三惑苦
無生忍. 如次此三是彼境故.

이것들[3性]을 반연하여 다시 3가지의 無生忍을 일으키는데, 1) 本性[遍計]의 무생인으로서 (我, 法은 본래 존재하지 않기 때문이고), 2) 자연[依他]의 무생인으로서 (연기법으로 짓지 못하기 때문이며), 3) 미혹과 괴로움[圓成]의 무생인이다. (究竟에는 발생되지 않기 때문이다.) 순서와 같이 이 3性은

---

117) 『成唯識論觀心法要』卷第8[『卍新纂續藏經』第51冊(2009), p.419, 中], "七三者 即苦諦四種行觀 及集滅道三諦."

그것[3忍]의 경계이기 때문이다.

> 此三云何攝彼二諦. 應知世俗具此三種 勝義唯是圓成實性. 世俗有三. 一假世俗 二行世俗 三顯了世俗 如次應知 卽此三性.

[질문] 이 3性에 어떻게 그 2진리[진,속제]를 포섭하는가?
[답변] 세속제는 이 3가지를 갖추고, 승의제는 오직 원성실성뿐이라는 것을 알아야 한다. 세속제에도 3가지가 있는데, 1) 가립적인 세속제이고, 2) 有爲行의 세속제이며, 3) (2空이) 顯了한 세속제로서, 순서와 같이 이것의 3性임을 알아야 한다.

> 勝義有三. 一義勝義. 謂眞如勝之義故. 二得勝義. 謂涅槃勝卽義故. 三行勝義. 謂聖道勝爲義故. 無變無倒隨其所應 故皆攝在圓成實性.

승의제에도 3가지가 있는데, 1) 도리의 승의제로서 (바로) 진여를 말하는데, 수승한 (지혜의) 경계[義利]이기 때문이다. 2) 증득된 승의제로서 열반을 말하는데, 수승한 (증과가) 곧 경계이기 때문이다. 3) 正行의 승의제로서 聖道를 말하는데, 수승한 것으로서 경계로 삼기 때문이다. (이 3가지의 수승한 경계는) 변현되지 않고 전도되지 않으며, 그 상응에 따르기 때문에 모두 원성실성에 포함된다.

> 如是三性何智所行 遍計所執都非智所行. 以無自體非所緣

> 緣故. 愚夫執有聖者達無亦得說爲凡聖智境. 依他起性二智
> 所行圓成實性唯聖智境.

[질문] 이와 같은 3性은 어떤 지혜의 실행인가?
[답변] 변계소집성은 전혀 (범부와 성인의) 지혜가 실행된 경계가 아닌데, 자체가 존재하지 않음으로 所緣緣이 아니기 때문이다. (그러나) 어리석은 범부는 실재하는 것으로 (허망하게) 집착하고, 聖者는 (그것이 본래) 실재하지 않는 것으로 통달하므로, 또한 범부와 성인의 지혜의 경계로 된다고도 한다. 의타기성에는 (범부와 성인의) 2지혜가 실행되고, 원성실성은 오직 성인의 지혜의 경계일 뿐이다.

> 此三性中幾假幾實. 遍計所執妄安立故可說爲假. 無體相
> 故非假非實. 依他起性有實有假. 聚集相續分位性故說爲
> 假有

[질문] 이 3자성 중에서 몇 가지는 가립된 것이고, 몇 가지는 진실한 것인가?
[답변] 변계소집성은 (그것이) 妄情되게 안립된 이유에서는 가립적인 존재라고 할 수 있지만, 체상이 존재하지 않는 이유에서는 가립적인 것도 아니고 진실한 것도 아니다. 의타기성에는 진실한 것도 존재하고 가립적인 것도 존재한다. [병(瓶) 등의] 聚集과 (3세의) 相續 및 分位 상의 성류이기 때문에 가립적인 존재라고 한다.

> 心心所色 從緣生故說爲實有 若無實法 假法亦無. 假依實
> 因而施設故. 圓成實性唯是實有. 不依他緣而施設故.

마음과 심소법 및 색법은 인연에 따라 일어나기 때문에 진실한 존재라고 한다. 만약에 진실한 법이 존재하지 않는다면, 가립적인 법도 또한 존재하지 않아야 하는데, 가립적인 것은 실재하는 원인에 의거하여 시설하기 때문이다. 원성실성은 오직 진실로 존재할 뿐인데, 다른 인연에 의지하여 시설하지 않기 때문이다.

此三爲異爲不異耶. 應說俱非 無別體故 妄執緣起眞義別故.
如是三性義類無邊. 恐厭繁文略示綱要.

[질문] 이 3자성은 다른 것인가 아니면 다른 것이 아닌가?
[답변] 모두 부정되어야 하는데, 차별적인 체성이 존재하지 않기 때문이고[非異], 허망하게 집착한 것[변계]과 연기된 것[의타] 및 진실한 義利[원성]로 차별되기 때문이다[非不異].

이와 같이 3자성은 義類가 無邊하지만, 번쇄한 내용을 싫어할까 염려되어 간략하게 綱要만을 현시하는 것이다.

― 끝 ―

第9卷
『成唯識論』

卷第9
『成唯識論』

若有三性. 如何世尊說一切法皆無自性. 頌曰

(23) 卽依此三性　立彼三無性
　　　故佛密意說　一切法無性

(24) 初卽相無性　次無自然性
　　　後由遠離前　所執我法性

(25) 此諸法勝義　亦卽是眞如
　　　常如其性故　卽唯識實性.

【三無性】

만약에 3자성이 존재한다면, 어째서 세존께서 일체제법은 모두 자성이 없다고 하였는가? 게송으로 말하면 다음과 같다.

　　바로 이 3자성에 의지해서
　　그것의 3무자성을 건립한다.
　　그러므로 부처님께서 밀의로서
　　모든 법은 자성이 없다고 하였다.

처음의 것[변계]은 상무자성을 말하고
다음의 것[의타]은 무자연성을 말한다.
뒤의 것[원성]은 앞[변계]에서 집착한
자아와 법을 멀리 여읜 것에 의거한 자성을 말한다.
이것은 모든 법의 승의이며
또한 진여이다.
상주하고 一如한 것이 그 자성이기 때문으로
곧 唯識의 진실한 성품인 것이다.

論曰. 卽依此前所說三性立彼後說三種無性. 謂卽相生勝
義無性. 故佛密意說一切法皆無自性非性全無.

논술하자면, 곧 이 앞에서 선설한 3자성에 의지하여 그 뒤에 선설하여 3무자성을 건립하는데, 바로 체상과 緣生 및 승의 무자성을 말한다. 그러므로 부처님께서 밀의로서 일체제법은 모두 자성이 존재하지 않는다고 한 것은 자성이 전혀 존재하지 않는다는 것이 아니다.

說密意言顯非了義. 謂後二性雖體非無. 而有愚夫於彼增
益妄執實有我法自性. 此卽名爲遍計所執. 爲除此執故. 佛
世尊於有及無總說無性.

(게송에서) 밀의라는 말을 하였다는 것은 (究竟으로) 了義가 아니라는 것을 나타낸다. 말하자면, 뒤의 2자성[의타, 원성]은 비록 자체가 존재하지 않는데도 어떤 어리석은 범부는 그것에 대해서 增益하여 허망하게 진실로 자아와 법의 자성이 존재한다고 집착한다. 이것을 변계소집성이라 하는데, 이

러한 집착을 없애기 위해서 불세존께서 有體[의타, 원성]와 無體法[변계]에 대하여 전체적으로 무자성이라 한 것이다.

> 云何依此而立彼三. 謂依此初遍計所執立相無性由此體相
> 畢竟非有如空華故.

[질문] 어떻게 이것[3성]에 의지해서 그 3무자성을 건립하는가?
[답변] 말하자면, 이 처음의 변계소집성에 의지해서 상무자성을 건립하는데, 이것의 체상은 궁극적으로 존재하지 않는 것이 마치 空華와 같기 때문이다.

> 依次依他立生無性. 此如幻事託衆緣生. 無如妄執自然性
> 故假說無性非性全無.

다음의 의타기성에 의지해서는 생무자성을 건립하는데, 이것은 幻影 자체와 같이 여러 인연에 의탁해서 일어난다. 허망하게 집착된 것과 같이 자연적으로 발생된 성품이 없기 때문에 가정적으로 무자성이라 하지만, 성품이 전혀 존재하지 않는 것은 아니다.

> 依後圓成實立勝義無性. 謂卽勝義由遠離前遍計所執我法性故
> 假說無性非性全無. 如太虛空雖遍衆色而是衆色無性所顯 雖
> 依他起非勝義故亦得說爲勝義無性. 而濫第二故此不說.

뒤의 원성실성에 의지해서는 승의 무자성을 건립한다. 말하자면, 바로 승의는 앞의 변계소집성의 자아와 법을 멀리 여읜 것에 의거한 자성이기 때문에 가정적으로 무자성이라 하지만, 성품이 전혀 없다는 것은 아니다. 마치 큰 허공[승의]이 비록 많은 색법[의타]에 두루 한다고 하더라도 여러 색법의 무자성으로 드러나는 것과 같다. 비록 의타기성도 (단지 세속에서) 승의[正智]가 아니기 때문에 또한 승의 무자성이라 할 수 있다고 하더라도,[1] 제2의 것[원성의 승의무성]에 혼동되기 때문에 여기[게송]에서 선설하지 않는다.[2]

此性卽是諸法勝義. 是一切法勝義諦故. 然勝義諦. 略有四種. 一世間勝義. 謂蘊處界等. 二道理勝義. 謂苦等四諦. 三證得勝義. 謂二空眞如. 四勝義勝義. 謂一眞法界.

　(제25 게송에서) 이것의 성품은 바로 모든 법의 승의인데, 일체제법의 승의제이기 때문이다. 그런데 승의제에 대략 4가지가 있는데, 1) 세간의 승의제로서 5온과 12처 및 18계 등과 같은 것을 말하고, 2) 도리의 승의제로서 고제 등의 4성제를 말하며, 3) 증득의 승의제로서 2공으로 드러나는 진여를 말하고, 4) 승의의 승의제로서 하나의 진실한 법계를 말한다.

---

1) 『成唯識論觀心法要』卷第9[『卍新纂續藏經』第51冊(2009), pp.420, 下~421, 上], "『반야심경』에서 색이 공과 다르지 않고 공이 색과 다르지 않다고 한 것은, 바로 원성실성과 의타기성이 다르지도 않고 다르지 않는 것도 아니라는 의미다. -색과 공은 모두 의타기성에 포함되므로 색과 공은 무자성이어서 허망하면 함께 허망하고 진실하면 함께 진실하다. 이것은 바로 색도 아니고 공도 아니며 색이고 공으로서 원성실성이고 또한 승의 무자성이다."(般若心經云 色不異空 空不異色 乃圓成與依他非異非不異之義 — 色空皆屬依他起攝 色空無性 妄則俱妄 眞則俱眞 是則非色非空 而空而色 名圓成實 亦名勝義無性.)
2) 『新導成唯識論』卷第9, p.2, "의타기성의 승의 무자성을 이 게송에서 선설하지 않은 까닭을 해설한다."(釋依他勝義無性 此頌不說之所由也.)

此中勝義依最後說. 是最勝道所行義故. 爲簡前三故作是說.
此諸法勝義亦卽是眞如.

이 (게송) 가운데서 승의라는 것은 (곧) 맨 나중의 것[4]에 의거해서 말하는데, 가장 뛰어난 도품이 行證한 경계[義利]이기 때문이다. 앞의 3가지(의 승의)를 변별하려 하기 때문에 이 교설을 하는데, 이것이 제법의 승의이고, 또한 바로 진여라는 것이다.

眞謂眞實顯非虛妄. 如謂如常表無變易. 謂此眞實於一切
位常如其性故曰眞如. 卽是湛然不虛妄義.

眞이란 진실로서 허망하지 않는 것을 나타내고, 如란 如常으로서 變易됨이 없는 것을 나타낸다. 말하자면, 이것은 진실한 것으로서 모든 위치에서 항상 如如한 것[常住一如]이 그 성품이기 때문에 진여라고 한다. 즉, 湛然하여 허망하지 않는 의미이다.

亦言顯此復有多名. 謂名法界及實際等. 如餘論中隨義廣釋.
此性卽是唯識實性. 謂唯識性略有二種. 一者虛妄. 謂遍計
所執. 二者眞實. 謂圓成實性. 爲簡虛妄說實性言.

(게송에서) 또한이라는 것은, 이것[승의]에 다시 많은 명칭이 존재한다는 것을 나타낸다. 말하자면, 법계 및 실제 등으로 명칭하는데, 다른 논장에서[3]

---

3) 『大乘阿毘達磨雜集論』卷第2(『大正藏』31, 702, 中).

의미에 따라 자세하게 해석한 것과 같다.

이것의 자성은 바로 唯識의 진실한 성품인데, 유식의 진실한 성품에 대략 2가지가 있다. 즉, 1) 허망한 것으로서 (의타기 上의) 변계소집성을 말하고, 2) 진실한 것으로서 (의타기가 드러내는) 원성실성을 말하는데, 허망한 것을 변별하기 위해서 진실한 성품이라 한다.

復有二性. 一者世俗. 謂依他起. 二者勝義. 謂圓成實. 爲簡世俗故說實性.

다시 2가지의 성품[실체]이 있는데, 1) 세속으로서 의타기성을 말하고, 2) 승의로서 원성실성을 말하는데, 세속적인 것을 변별하려고 하기 때문에 진실한 성품이라 한다.

三頌總顯諸契經中說無性言非極了義. 諸有智者不應依之總撥諸法都無自性.

(앞의) 3가지의 게송은, 전체적으로 모든 경전에서 교설한 무자성이라는 것은 지극한 了義가 아니라는 것을 나타낸다. 모든 지혜가 있는 사람은 이것에 의거해서 전체적으로 일체제법은 모두 자성이 없다고 부정하지 않아야 한다.

如是所成唯識相性. 誰於幾位如何悟入. 謂具大乘二種姓者. 略於五位漸次悟入.

【二種姓】

이와 같이 성취된 유식의 형상과 성품을 누가 몇 가지의 지위에서 어떻게 깨닫는가? 대승의 2가지의 種姓을 구비한 사람이 대략 5가지의 지위에서 점차로 깨닫는다.

> 何謂大乘二種種姓. 一本性住種姓. 謂無始來依附本識法
> 爾所得無漏法因. 二習所成種姓. 謂聞法界等流法已聞所
> 成等熏習所成. 要具大乘此二種姓. 方能漸次悟入唯識.

[질문] 무엇을 대승의 2가지의 종성이라 하는가?
[답변] 1) 본성에 安住한 종성으로서,[4] 언제부턴가 근본식에 의탁하여 자연스럽게 증득된 무루법의 원인을 말한다. 2) 훈습으로 성취된 종성으로서, 법계에 等流되는 법[12分敎]을 청문하고서 (그) 청문으로 성취한 것[聞慧] 등과 같이[5] 훈습으로 성취된 것을 말한다. 요컨대 대승의 이 2가지의 종성을 구비한 사람은 마침내 점차로 유식의 실성을 깨닫는다.

> 何謂悟入唯識五位. 一資糧位. 謂修大乘順解脫分. 二加行位.
> 謂修大乘順決擇分. 三通達位. 謂諸菩薩所住見道. 四修習位.
> 謂諸菩薩所住修道. 五究竟位. 謂住無上正等菩提.

---

4) 『新導成唯識論』卷第9, p.4, "보살지에서 무시이래로 자연스럽게 6處가 수승한 것을 본성주종성이라 한다는 것이다."(菩薩地『瑜伽論』卷第35(『大正藏』30, 478, 下) 참조云 無始法爾 六處殊勝 名本性住種.)
5) 『新導成唯識論』卷第9, p.4, "무루의 옛 종자를 증장하게 하는 것을 習所成種姓이라 한다."(令無漏舊種曾長 名習種姓.)

[질문] 무엇을 유식성을 깨닫는 5位라고 하는가?
[답변] 1) 자량위[初發心位 ; 40心位 ; 煖位 이젠로서 대승의 순해탈분을 닦는 것을 말한다. 2) 가행위[난위 등 4善根位로서 대승의 순결택분을 닦는 것을 말한다. 3) 통달위[初地 ; 歡喜地 등]로서 모든 보살들이 안주하는 見道를 말한다. 4) 수습위로서 모든 보살들이 안주하는 修道를 말한다. 5) 구경위로서 최상의 정등정각에 안주하는 것을 말한다.

云何漸次悟入唯識. 謂諸菩薩於識相性資糧位中能深信解. 在加行位能漸伏除所取能取引發眞見. 在通達位如實通達. 修習位中如所見理數數修習伏斷餘障. 至究竟位出障圓明. 能盡未來化有情類復令悟入唯識相性.

[질문] 어떻게 점차로 유식성을 깨닫는가?
[답변] 말하자면, 모든 보살들은 유식의 형상과 성품에 대하여 자량위 중에서는 스스로 깊이 믿고 了解하며, 가행위에 있을 때에는 점차로 소취와 능취를 조복하고 제거하여 참다운 見道를 이끌어낸다. 통달위에서는 실제와 같이 통달하고, 수습위에서는 견도된 이치와 같이 (생각 생각으로) 자주자주 수습하여 나머지 번뇌를 조복하고 단절한다. 구경위에 이르러서는 번뇌를 벗어나 원만하고 지혜로워서[6] 능히 미래세가 다하도록 유정들을 교화하고, 다시 (그들로 하여금) 유식의 형상과 성품을 깨닫게 한다.

---

6) 『新導成唯識論』 卷第9, p.5, "第10地의 보살은 因陀羅網 가운데서 달 등을 보는 것과 같기 때문에 지혜라고 하지 않는다."(第十地菩薩如羅網中觀月等故 不名爲明.)

初資糧位其相云何. 頌曰

(26) 乃至未起識 求住唯識性
　　　於二取隨眠 猶未能伏滅

【資糧】

처음의 자량위의 형상은 어떠한가? 게송에서 다음과 같이 선설한다.
　　나아가 (순결택분의) 심식을 일으켜서
　　유식의 實性에 안주하려고 희구하지 않으면
　　2取着의 수면을
　　능히 조복하고 단절하지 못한 것과 같다.

論曰. 從發深固大菩提心. 乃至未起順決擇識求住唯識眞勝義性. 齊此皆是資糧位攝. 爲趣無上正等菩提. 修習種種勝資糧故. 爲有情故勤求解脫. 由此亦名順解脫分.

논술하자면, 심오하고 견고한 대보리심을 일으켜서부터 이내 (가행위 중의) 순결택분의 심식을 일으켜 유식의 진실한 승의성에 안주하기를 희구하지 않는데까지, 이것에 한정된 것을 모두 자량위에 포함한다. 최상의 정등정각에 나아가기 위해서 갖가지의 수승한 자량을 수습하기 때문이다. (또한 다시 그) 유정들을 위해서 부지런히 해탈을 희구하는데, 이것에 의거하여 또한 순해탈분이라고도 한다.

此位菩薩依因善友作意資糧四勝力故於唯識義雖深信解而

未能了能所取空. 多住外門修菩薩行. 故於二取所引隨眠
猶未有能伏滅功力令彼不起二取現行.

이 지위의 보살은 (본성과 습소성의) 원인과[7] 훌륭한 선지식과 (勝解한) 작의 및 자량의 4가지 뛰어난 세력에 의지하기 때문에, 유식의 의미에 대해서 비록 깊이 믿고 이해하지만, 아직도 능히 능취와 소취가 (性類가 본래) 空이라는 것을 了達하지 못하고, 다분히 外門[事相의 散心]에 머물면서 보살행을 닦는다. 그러므로 2가지의 취착으로 견인된 수면에 대해서 여전히 공능력을 조복하고 단절해서, 그것[수면]으로 하여금 2가지의 취착의 현행을 일으키지 못하게끔 하지 못한다.

此二取言顯二取取. 執取能取所取性故. 二取習氣名彼隨眠.
隨逐有情眠伏藏識 或隨增過故名隨眠. 卽是所知煩惱障種

이 (게송에서) 2취라는 것은 (그) 2취의 취착을 나타내는데, 능취(인 견분)와 소취(인 상분)의 성류를 (존재한다고) 집착하여 취득하기 때문이다. (이) 2취의 습기[種子]를 그것[二取]의 수면이라 하는데, 유정에 隨逐되어서 아뢰야식에 眠伏되고, 혹은 過失의 增强에 따르기 때문에 수면이라 한다. 바로 소지와 번뇌장의 종자이다.

煩惱障者. 謂執遍計所執實我薩迦耶見而爲上首百二十八
根本煩惱. 及彼等流諸隨煩惱. 此皆擾惱有情身心能障涅

---

7) 『成唯識論觀心法要』 卷第9)『卍新纂續藏經』 第51冊(2009), p.423, 上, "첫째의 原因力이란 大心을 일으킴을 말한다."(一因力 謂發大心)

槃名煩惱障.

번뇌장이란 변계소집이 진실한 자아로 집착하는 살가야견[身見]을 上首로 하여 128가지의 근본번뇌[8] 및 그것들의 등류인 모든 수번뇌를 말한다. 이것이 모두 유정의 몸과 마음을 뇌란하여 능히 열반을 장애하므로 번뇌장이라 한다.

所知障者. 謂執遍計所執實法薩迦耶見而爲上首見疑無明愛恚慢等. 覆所知境無顚倒性能障菩提名所知障.

소지장이란 변계소집이 진실한 법으로 집착하는 살가야견을 上首로 악견과 의심과 무명과 탐애와 성냄 및 자만 등이다. 了知된 경계[有,無爲境]와 전도됨이 없는 성품[眞如]을 덮어서 능히 깨달음을 장애하므로 소지장이라 한다.

此所知障決定不與異熟識俱. 彼微劣故. 不與無明慧相應故. 法空智品與俱起故.

이 소지장은 결정적으로 (第8의) 이숙식과는 함께 하지 않는데, 그것[第8]은 미열하기 때문이고, 무명과 지혜와는 상응하는 것이 아니기 때문이며, (소지장은 반드시) (第6의 法空인) 법공지품과 함께 일어나기 때문이다.

七轉識內隨其所應. 或少或多如煩惱說. 眼等五識無分別

---

8) 『成唯識論觀心法要』 卷第9 『卍新纂續藏經』 第51冊(2009), p.423, 中 참조.

故法見疑等定不相應. 餘由意力皆容引起.

7전식 안에서는 그 상응되는 것에 따라서 적거나 많기도 한 것이 번뇌장과 같다고 한다. 안식 등 5식은 분별력이 없기 때문에 법에 대한 악견과 의심 등과는 결코 상응하지 않는다. 다른 것은 의식의 세력에 의해서 모두 일어나는 것이 인정된다.

此障但與不善無記二心相應. 論說無明唯通不善無記性故.
癡無癡等不相應故.

이 번뇌는 단지 不善과 유부무기의 2가지 마음과만 상응한다. 논장에서,[9] 무명은 오직 불선과 무기의 성품에만 통한다고 하기 때문이고, 어리석거나 어리석지 않음 등과는 상응하지 않기 때문이다.

煩惱障中此障必有. 彼定用此爲所依故. 體雖無異而用有別.
故二隨眠隨聖道用有勝有劣斷或前後.

번뇌장에는 이 (소지장의) 번뇌가 반드시 존재하는데, 그것[번뇌장]은 결정적으로 이것을 활용하여 의지처로 삼기 때문이다. 체상은 비록 다르지 않지만, 작용은 차별됨이 있다. 그러므로 2수면은 (3乘의) 聖道의 작용이 수승하거나 열등함에 따라서 단절되는 것이 앞이거나 혹은 뒤이다.

---

[9] 『瑜伽師地論』卷第59(『大正藏』30, 628, 中) ; 『大乘阿毘達磨雜集論』卷第4(『大正藏』31, 709, 中).

此於無覆無記性中是異熟生. 非餘三種 彼威儀等勢用薄弱
非覆所知障菩提故. 此名無覆望二乘說. 若望菩薩亦是有覆.

이것[소지장]은 (4種의) 무부무기성 중에서 (오직) 이숙생이고, 다른 3가지에서는 그렇지 않다. 그 威儀無記 등은 세력이 미약해서 了知된 것[도리]을 덮거나 깨달음을 장애하는 것이 아니기 때문이다. (그리고) 이것을 무부무기라고 한 것은 (단지) 2乘에 상망해서 교설한 것이며, 만약에 보살에 상망한다면, 또한 유부무기이다.

若所知障有見疑等如何此種契經說爲無明住地. 無明增故總
名無明. 非無見等. 如煩惱種立見一處欲色有愛四住地名.
豈彼更無慢無明等.

[질문] 만약에 소지장에 악견과 의심 등이 존재한다면, 어째서 이것의 종자를 경전에서[10] 無明住地[11]라고 하였는가?
[답변] 무명이 증장되기 때문에 전체적으로 무명이라 한 것이지, 악견 등이 존재하지 않는다는 것은 아니다. (예를 들면) 번뇌장의 종자에서 見一處와[12] 慾愛와[13] 色愛[14] 및 有愛의[15] 4住地의 명칭을 건립함에 대하여, 어째서 그것

---

10) 『勝鬘經』(『大正藏』 12, 220, 上).
11) 5住地 번뇌의 하나로서 無明은 모든 번뇌의 所以와 所住가 되고, 그것을 일으키는 근본이 되므로 住地라고 한다.
12) 3界에서 分別하는 번뇌의 종자이지만, 見道에 證入할 때에 일시에 단절되므로 見一處라고 한다.
13) 欲界 衆生의 윤회의 주체에서 思惑인 탐애와 성냄과 어리석음 및 자만심 가운데, 탐애가 가장 강력하게 작용하므로 思惑을 대신하여 나타낸다.
14) 色界의 思惑 중 탐애를 말한다.
15) 無色界의 思惑 중 탐애를 말한다.

[惡見 등]에 다시 자만과 무명 등이 존재하지 않는가라고 하는 것과 같다.

> 如是二障分別起者見所斷攝. 任運起者修所二斷攝. 二乘
> 但能斷煩惱障. 菩薩俱斷. 永斷二種唯聖道能 伏二現行通
> 有漏道.

이상과 같은 2혹장에서 분별하여 일어나는 것은 견도에서 단절되는 것에 포함되고, 任運하게 일어나는 것은 수도에서 단절되는 것에 포함된다. 2乘은 단지 스스로 번뇌장만을 단절하고, 보살은 모두 단절한다. 2혹장의 종자를 영원히 단절하는 것은 오직 (地上의) 성도만이 가능하며, 2혹장의 현행을 조복하는 것은 (地前의) 유루도에도 통한다.

> 菩薩住此資糧位中二麤現行雖有伏者. 而於細者及二隨眠
> 止觀力微未能伏滅.

보살은 이 자량위 중에 안주하여 2혹장의 거친 현행을 비록 조복한다고 하더라도, 미세(하게 분별)한 것과 2혹장의 수면에 대해서는 지관력이 미약하므로 능히 조복하거나 단절하지 못한다.

> 此位未證唯識眞如. 依勝解力修諸勝行. 應知亦是解行地攝.

이 지위에서는 아직도 유식의 진여를 증득하지 못했으므로 승해력에 의지해서 여러 가지의 수승한 수행을 닦는데, 또한 이것은 勝解行地에[16] 포함된다는 것을 알아야 한다.

所修勝行其相云何. 略有二種謂福及智. 諸勝行中慧爲性
者皆名爲智. 餘名爲福.

[질문] 수습하는 수승한 수행의 행상은 어떠한가?
[답변] 대략 2가지가 있는데, 복덕과 지혜를 말한다. 여러 가지의 뛰어난 수행 중에서 혜[10力과 一切智]로서 체성으로 삼는 것은 모두 지혜라고 하고, 다른 것[모든 相好 등]은 복덕이라 한다.

且依六種波羅蜜多通相皆二. 別相前五說爲福德. 第六智慧
或復前三唯福德攝. 後一唯智. 餘通二種.

또한 6바라밀다에 의거하여 말하면, 공통적인 형상은 모두 2가지이다. 개별적인 형상에서는 (보시 등) 앞의 5가지는 복덕이라 하고, 제6 번째의 것은 지혜이다. 혹은 앞의 3가지는 오직 복덕에 포함되고, 마지막의 1가지만 지혜이며, 다른 것은 2가지에 공통된다는 것이다.

復有二種謂利自他. 所修勝行隨意樂力一切皆通自他利行.
依別相說六到彼岸菩提分等自利行攝. 四種攝事四無量等
一切皆是利他行攝. 如是等行差別無邊 皆是此中所修勝行.

---

16) 十信, 十住, 十行 및 十回向의 40心位를 말한다.

다시 2가지가 있는데, 자신과 남을 이롭게 하는 것을 말한다. 수습하는 뛰어난 수행은 意樂하는 세력에 따라서 일체 모두가 자신과 남을 이롭게 하는 수행에 통한다. 개별적인 형상에 의거해서 말하면, 6바라밀과 보리분법[37助道品] 등은 자신을 이롭게 하는 수행에 포함되고, 4섭법과 4무량심 등은 모두 남을 이롭게 하는 수행에 포함된다. 이와 같은 종류의 수행 차별은 한 없이 많지만, 모두 이 지위에서 수습되는 뛰어난 수행이다.

此位二障雖未伏除修勝行時有三退屈. 而能三事練磨其心
於所證修勇猛不退.

이 지위에서는 2혹장을 아직 조복하고 제거하지 못하여 뛰어난 수행을 닦을 때에 3가지의 퇴굴심이 있다고 하더라도, 능히 3가지의 자체[보리, 보시 등 및 轉依]로서 그 마음을 연마하여 증득하고 修增한대로 용맹정진하여 퇴굴하지 않는다.

一聞無上正等菩提廣大深遠 心便退屈 引他已證大菩提者
練磨自心勇猛不退.

1) 최상의 정등정각은 광대무변하고 심원하다는 것을 청문하고서 마음이 문득 퇴굴할 때에, 남이 대보리를 증득한 것을 상기하여 자기의 마음을 연마해서 용맹정진하여 퇴굴하지 않는다.

二聞施等波羅蜜多甚難可修心便退屈. 省己意樂能修施等.
練磨自心勇猛不退.

2) 보시 등 6바라밀은 닦는 것이 매우 어려워도 닦을 수 있다는 것을 청문하고서 마음이 문득 퇴굴할 때에, 자기의 意志대로 스스로 보시 등을 닦는 것을 즐기고자 살펴서, 자기의 마음을 연마하여 용맹정진해서 퇴굴하지 않는다.

三聞諸佛圓滿轉依極難可證心便退屈. 引他麤善況己妙因
練磨自心勇猛不退. 由斯三事練磨其心堅固熾然修諸勝行.

3) 모든 부처님의 원만한 轉依는 지극히 어려워도 증득할 수 있다는 것을 청문하고서 마음이 문득 퇴굴할 때에, 남의 드러나는 선행을 상기하여 자신의 승묘한 원인과 비교하여, 자기의 마음을 연마해서 용맹정진하여 퇴굴하지 않는다.
　이러한 3가지의 자체에 의지하여 그 마음을 연마해서, 견고하고 치열하게 모든 뛰어난 수행을 닦는다.

次加行位其相云何. 頌曰
　　(27)現前立少物　謂是唯識性
　　　　以有所得故　非實住唯識.

【加行】

다음에 가행위의 형상은 어떠한가? 게송으로 말하면 다음과 같다.
　　현재전에 (심식이 變易된 진여의) 적은 것을 건립하여
　　　　유식의 성품이라 하면

心得되는 것이 있기 때문에
진실로 유식의 성품에 안주하는 것이 아니다.

**論曰. 菩薩先於初無數劫善備福德智慧資糧順解脫分旣圓滿已.
爲入見道住唯識性復修加行伏除二取. 謂煖頂忍世第一法.**

논술하자면, 보살은 먼저 처음의 무수겁에서 잘 복덕과 지혜의 자량을 구비하여 순해탈분을 원만하게 하였다. 견도에 증입하여 유식의 실성에 안주하기 위하여 다시 가행을 닦아서 2取를 조복하여 제거하는데, 난, 정, 인 및 세제일법을 말한다.

**此四總名順決擇分. 順趣眞實決擇分故. 近見道故立加行名.
非前資糧無加行義.**

이 4가지를 전체적으로 순결택분이라 하는데, (능히) 진실한 결택분에 수순하기 때문이다. (그) 견도에 親近하므로 가행위라는 명칭을 건립하지만, 이전의 자량위에도 가행의 의미가 없는 것은 아니다.

**煖等四法依四尋思四如實智初後位立. 四尋思者尋思名義
自性差別假有實無.**

난위 등 4가지의 법은 4심사관과 4여실지관의 처음처음의 2位는 尋思觀과 뒤[뒤]의 2位는 實智觀의 지위에 의거해서 건립한다. 4심사관이란 명칭과 경계[義]利와 자성 및 차별은 (모두가) 가립적인 존재로서 진실로는 존재하지 않는다는 것을 尋思하는 것이다.

如實遍知此四離識及識非有名如實智. 名義相異故別尋求.
二二相同故合思察.

(만약에) 여실하게 이 4가지도 심식을 여읜다거나 심식도 (또한) 실재가 아니라는 것을 두루 了知하는 것을 여실지라고 한다. 명칭과 경계는 서로 다르기 때문에 별도로 尋求되지만, 2가지[名, 義]의 2가지[自]性과 差別]는 서로 같기 때문에 함께 사찰된다[合相觀].

依明得定發下尋思觀無所取立爲煖位. 謂此位中創觀所取名等四法皆自心變假施設有實不可得.

明得定에[17] 의지하여 下位의[18] 심사관을 일으켜서 所取[境界]는 존재하지 않는다고 관찰하는 것을 난위라고 건립한다. 말하자면, 이 위치에서는 처음으로 所取의 명칭 등의 4법은 모두가 자기의 마음이 전변된 것으로서 가립적으로 시설해서 존재하지 진실로는 (실재의 名, 義 등을) 취득할 수 없다고 관찰한다.

初獲慧日前行相故立明得名. 卽此所獲道火前相故亦名煖.

처음으로 지혜의 태양처럼 무루행상[前行]의[19] 형상을 획득하기 때문에

---

17) 『新導成唯識論』卷第9, p.400, "명이란 무루의 지혜인데, 처음으로 무루 지혜의 밝은 형상을 증득하기 때문에 明得이라 하고, 明得의 禪定이라 한다."(明者無漏慧 初得無漏慧之明相故名明得 明得之定.)
18) 『成唯識論觀心法要』卷第9『卍新纂續藏經』第51冊(2009), p.425, 上, "심사관의 첫 위치이기 때문에 아래라고 한다."(尋思初位 故名爲下.)

명득정이라는 명칭을 건립한다. 바로 여기에서 획득된 도리의 불꽃은 앞의 형상(前相)이기 때문에 또한 난위라고 한다.

> 依明增定發上尋思觀無所取立爲頂位. 謂此位中重觀所取
> 名等四法皆自心變假施設有實不可得. 明相轉盛故名明增.
> 尋思位極故復名頂.

明增定에 의지하여 상위의 심사관을 일으켜서 소취가 존재하지 않다고 관찰하는 것을 頂位라고 건립한다. 이 위치에서는 거듭 소취의 명칭 등의 4법은 모두가 자기의 마음이 전변된 것으로서 가정적으로 시설해서 존재하지 진실로는 취득할 수 없다고 관찰한다. 밝은 (지혜의) 형상이 展轉하여 왕성하기 때문에 明增定이라 하고, 4심사관 지위의 最極이기 때문에 頂位라고 한다.

> 依印順定發下如實智於無所取決定印持. 無能取中亦順樂忍.
> 旣無實境離能取識 寧有實識離所取境 所取能取相待立故.

印順定에 의지하여 (忍位의) 하위의 여실지를 일으켜서 소취를 존재하지 않는 것으로 결정적으로 잘 心得하고(印持), 능취가 존재하지 않는 중에서도 또한 수순하고 즐겁게 忍可한다. 이미 진실한 경계로서 능취의 심식에서 여읜 것이 존재하지 않는데, 어찌 진실한 심식으로서 소취의 경계에서 여읜 것이 존재하겠는가? 소취와 능취는 서로 苦待하여 건립되기 때문이다.

---

19) 『新導成唯識論』 卷第9, p.400, "앞에서 일어나는 것이 前行으로서 무루의 행상이다."(前起之 前行也 無漏行相)

印順忍時總立爲忍. 印前順後立印順名. 忍境識空故亦名忍.

印持와 隨順의 忍可하는 때를 전체적으로 忍位라고 건립한다. 앞의 (소취의 공을) 忍可하고 뒤의 (능취의 공)에 수순하므로 印順定이라는 명칭을 건립하고, (印取된) 경계도 심식도 空性이라 忍可하기 때문에 또한 忍位라고 한다.

依無間定發上如實智印二取空立世第一法. 謂前上忍唯印能取空. 今世第一法二空雙印. 從此無間必入見道故立無間名. 異生法中此最勝故名世第一法.

無間定에 의지하여 상위의 여실지를 일으켜서 (쌍으로) 2取의 공함을 잘 심득한 것을 세제일법이라 건립한다. 말하자면, 앞忍位의 上忍에서는 오직 능취의 空만을 印持하고, 여기의 세제일법에서는 2空을 쌍으로 忍可한다. 이 無間에 따라서 반드시 견도에 證入하기 때문에 무간정이라는 명칭을 건립하고, 중생들의 제법 중에서 이것이 최상이기 때문에 세제일법위라고 한다.

如是煖頂依能取識觀所取空. 下忍起時印境空相. 中忍轉位於能取識如境是空順樂忍可. 上忍起位印能取空. 世第一法雙印空相.

이와 같은 난위와 정위에서는 능취의 심식에 의지해서 소취된 (경계의 본래) 空으로 관찰한다. 下忍이 일어나는 때에는 경계의 공한 형상을 忍可하고, 中忍이 전전하는 위치에서는 능취의 심식에 대해서 (또한) 경계와 같이 공한 것으로 수순하려 忍可를 즐긴다. 上忍이 일어나는 위치에서는 능취의 공함을 인가하고, 세제일법위에서는 쌍으로 (2取의) 공의 형상을 인가한다.

> 皆帶相故未能證實. 故說菩薩此四位中. 猶於現前安立少物.
> 謂是唯識眞勝義性. 以彼空有二相未除. 帶相觀心有所得故.
> 非實安住眞唯識理. 彼相滅已方實安住.

(그런데) 모두 (空의) 형상을 지녔기 때문에 아직 능히 진실함을 증득할 수 없다. 그러므로 보살은 이 4位 중에서 여전히 현재전에 적은 사물을 안립하여, 이것이 유식의 진실한 승의성이라 한다. 그 (所執된) 공과 (依他의) 실유의 2가지 형상을 아직 제거하지 못하고 (그) 형상을 지니고서 관찰하는 마음에 증득됨이 있기 때문에, 진실로 참다운 유식의 도리에 안주하는 것이 아니다. 그 형상을 (모두) 단절해버리면 마침내 진실로 안주하게 되는 것이다.

> 依如是義故有頌言
>   菩薩於定位 觀影唯是心
>   義相旣滅除 審觀唯自想
>   如是住內心 知所取非有
>   次能取亦無 後觸無所得.

이와 같은 의미에 의거하기 때문에 어느 게송에서 다음과 같이 선설한다.
    보살은 禪定의 위치에서
    影像은 오직 마음뿐이라 관찰하여[煖位]
    境界에 대한 상상을 멸제하며
    오직 자신의 상상뿐이라고 심세하게 관찰한다[頂位].

이와 같이 마음에 안주하여
所取는 존재하지 않는다고 了知한다.
이어서 能取도 또한 존재하지 않다고 하며
다음에 無所得에 感觸한다.

此加行位未遣相縛. 於麤重縛亦未能斷. 唯能伏除分別二
取違見道故. 於俱生者及二隨眠有漏觀心有所得故有分別
故未全伏除全未能滅.

이 가행위에서는 아직도 (空, 有의) 형상에 계박된 것을 遮遣하지 못하고, 추중한[20] 계박에 대해서도 또한 능히 단절한 것이 아니다. 오직 분별기의 2取만을 조복하고 제거하는데, 견도에 相違되기 때문이다. 구생기의 것[2取]과 2가지[구생과 분별]의 수면에 대해서 유루로 관찰한 마음에 증득되는 것이 있기 때문이고, 분별의 것이 있어서 아직도 완전하게 조복하고 제거하지 못하므로, (2가지의 수면에 대해서) 완벽하게 능히 단멸시키지 못한다.

此位菩薩於安立諦非安立諦 俱學觀察. 爲引當來二種見故
及伏分別二種障故. 非安立諦是正所觀非如二乘唯觀安立.

이 지위의 보살은 안립된 聖諦와[21] 안립되지 않은 聖諦에[22] 대해서 함께 勤學하고 관찰한다. 미래의 (眞, 相의) 2가지의 見道를 견인하기 위한 것이고,

---

20) 『新導成唯識論』 卷第9, p.402, "일체 유루법의 안온하지 않는 성품."(一切有漏法不安穩性)
21) 『新導成唯識論』 卷第9, p.402, "차별과 명언이 있다."(有差別名言.) 즉, 依言眞如와 같다.
22) 『新導成唯識論』 卷第9, p.402, "차별과 명언이 없다."(無差別名言.) 즉, 離言眞如와 같다.

분별의 2가지의 혹장을 조복하기 위한 것이다. 안립되지 않은 성제는 바른 (보살의) 관찰로서 2乘이 오직 안립된 성제만을 관찰하는 것과는 같지 않다.

菩薩起此煖等善根. 雖方便時通諸靜慮而依第四方得成滿.
託最勝依入見道故.

보살이 이 난위 등의 4선근을 일으키는 것은, 비록 방편의 때에는 모든 (初, 二, 三의) 선정에 통한다고 하더라도 제4 선정에 의지하여 마침내 원만함을 증득하는데, 최고로 수승한 의지처에 의탁해서 견도에 증입하기 때문이다.

唯依欲界善趣身起餘慧厭心非殊勝故. 此位亦是解行地攝.
未證唯識眞勝義故.

오직 욕계의 善趣의 신체에 의지해서만 일어나는데, 다른 (세계에서는) 지혜와 厭離의 마음이 뛰어나지 않기 때문이다. 이 지위도 또한 (앞의 자량위와 같이) 승해행지에 포함되는데, 아직도 유식의 진실한 승의성을 증득하지 못하기 때문이다.

次通達位其相云何. 頌曰
　　(28)若時於所緣　智都無所得
　　　　爾時住唯識　離二取相故.

【見道】

다음의 통달위의 형상은 어떠한가? 게송으로 말하면 다음과 같다.

어느 때에 경계에 대해서
지혜로도 전혀 증득되는 것이 없게 된다.
그때에 유식성에 안주하는데
2取의 형상을 여의었기 때문이다.

論曰. 若時菩薩於所緣境無分別智都無所得. 不取種種戲論相故. 爾時乃名實住唯識眞勝義性. 卽證眞如智與眞如平等平等俱離能取所取相故. 能所取相俱是分別. 有所得心戲論現故.

논술하자면, 어느 때에 보살이 소연의 경계에 대해서 무분별의 지혜가 전혀 증득됨이 없다는 것은, 갖가지 희론의 형상을 취득하지 않았기 때문이다. 그때에 이내 유식의 참다운 승의성에 진실로 안주한다고 한다. 곧, 진여를 증득한 지혜와 진여가 평등 평등하여 함께 능취와 소취의 형상을 여의었기 때문이다. 능취와 소취의 형상은 모두가 분별이고, 증득됨이 있는 마음[유루의 마음과 심소법]에만 (형상에 관한) 희론이 현현되기 때문이다.

有義此智二分俱無. 說無所取能取相故. 有義此智相見俱有. 帶彼相起名緣彼故. 若無彼相名緣彼者應色智等名聲等智. 若無見分應不能可說爲緣眞如智. 勿眞如性亦名能緣. 故應許此定有見分.

어떤 사람은, 이 지혜에는 2가지의 心分[相, 見]이 모두 존재하지 않는데, 소취와 능취의 형상이 존재하지 않기[23] 때문이라는 것이다.

또 다른 사람은, 이 지혜에는 상분과 견분이 함께 존재하는데, 그것[진여]의 형상을 지니고서 일어나는 것, 그것을 반연이라 하기 때문이다. 만약에 그것[진여]의 형상이 존재하지 않아도 그것을 반연한다는 것은, 色境에 관한 지혜 등을 (반연하여) (비록 소리 등의 형상이 존재하지 않더라도) (또한) 소리 등의 지혜라고 명칭해야 한다.[24] 만약에 견분이 존재하지 않는다면, 능연도 존재하지 않아야 한다. (그런데) 어떻게 진여를 반연하는 지혜로 삼을 수 있겠는가? 진여의 성품도 또한 능연이라 해서는 안 되기 때문에, 이것[지혜]에는 반드시 견분도 존재한다고 인정해야 한다는 것이다.

有義此智見有相無. 說無相取不取相故. 雖有見分而無分別
說非能取非取全無. 雖無相分而可說此帶如相起不離如故.
如自證分緣見分時不變而緣此亦應爾. 變而緣者便非親證
如後得智應有分別. 故應許此有見無相.

또 다른 사람[護法]은, 이 지혜에는 견분은 존재하고 상분은 존재하지 않는데, (진여의) 형상 없음을 (正智로서) 취득하는 것은 형상을 취득한 것이 아니라고 하기[25] 때문이다. 즉, 비록 견분이 존재한다고 하더라도 (수념과 계탁)분별이 존재하지 않으므로 (게송에서) 능취가 아니라고 하는 것이지,

---

23) 『攝大乘論釋』卷第6(『大正藏』31, 418, 下).
24) 『新導成唯識論』卷第9, p.403, "이 色境에 관한 지혜 상에는 소리 등 형상이 존재하지 않기 때문이다."(此色智上無聲等相故.)
25) 『瑜伽師地論』卷第73(『大正藏』30, 701, 上).

(견분으로) 취득되는 것이 전혀 없다는 것은 아니다. 비록 상분이 존재하지 않더라도 이것[根本實智]이 진여의 체상을 지니고서 (함께) 일어날 수 있다고 하는데, (이 지혜는) 진여를 여의지 않기 때문이다. 마치 자증분이 견분을 반연할 때에 변현되지 않고서 반연하는 것과 같이, 이것[眞如智]도 또한 그렇다. 변현되어서 반연한다면, 곧 직접적으로 증득된 것이 아니고 후득지와 같이 분별이 존재해야 한다. 그러므로 이것[根本實智]에는 견분만이 존재하고 상분은 존재하지 않는다고 인정해야 한다는 것이다.

> 加行無間此智生時體會眞如名通達位. 初照理故亦名見道.

가행위와 無間하게 이[무분별] 지혜가 일어날 때에 진여에 體會하므로26) 통달위라고 하며, (이 지위에서) 최초로 진리를 照見하기 때문에 또한 견도라고 한다.

> 然此見道略說有二. 一眞見道. 謂卽所說無分別智. 實證二空所顯眞理. 實斷二障分別隨眠. 雖多刹那事方究竟而相等故總說一心.

그런데 이 견도에 대략 2가지가 있다고 하는데, 1) 眞見道로서 선설한 무분별의 지혜가 진실로 2空으로 현현된 진리를 증득한 것을 말한다. 실제로 2혹장이 분별한 수면을 단절하며, 비록 많은 찰나에 자체가 마침내 최후라고 하더라도 행상이 상사하기 때문에27) 전체적으로 一心(의 진견도)라고 한다.

---

26) 『新導成唯識論』 卷第9, p.404, "體는 能通이고, 會는 通達이다."(體者通也 會者達也.)
27) 『瑜伽師地論』 卷第58(『大正藏』 30, 625, 上) 등.

有義此中二空二障漸證漸斷. 以有淺深麤細異故. 有義此
中二空二障頓證頓斷. 由意樂力有堪能故.

어떤 사람은, 이것 가운데서는 2공과 2혹장을 점진적으로 증득하고 단절
하는데, 淺深과 麤細의 차이가 있기 때문이라는 것이다.
[正義] 또한 어떤 사람은, 이것 가운데서는 2공과 2혹장을 단박에 증득하고
단절하는데, (앞 가행위 때의) 意樂의 세력으로 인하여 堪能하는 (세력이)
있기 때문이라는 것이다.

二相見道. 此復有二. 一觀非安立諦有三品心. 一內遣有情
假緣智能除軟品分別隨眠. 二內遣諸法假緣智能除中品分
別隨眠. 三遍遣一切有情諸法假緣智能除一切分別隨眠.

2) 相見道로서 이것에 다시 2가지가 있는데, (1) 안립되지 않는 聖諦를 관찰
하는 것에 3품류의 마음이 있다. ① 내면적으로 유정이 가립한 것을 遮遣하는
데 반연한 지혜로 능히 軟品[下品]이 분별한 (번뇌장의) 수면을 없앤다. ②
내면적으로 제법이 가립한 것을 차견하는데 반연한 지혜로 中品이 분별한
(소지장의) 수면을 없앤다. ③ (내외적으로) 두루 일체 유정과 제법이 가립한
것을 차견하는데 반연한 지혜로 일체 분별한 (2혹장의) 수면을 없앤다.

前二名法智各別緣故. 第三名類智總合緣故. 法眞見道二
空見分自所斷障無間解脫. 別總建立名相見道.

앞의 2가지는 法智라고 하는데 각각 별도로 반연하기 때문이고, 제3의 것

은 類智라고 하는데 總合해서 반연하기 때문이다. 진견도중 2공의 견분이 스스로 단절한 번뇌에서 무간도와 해탈도인 것에 法則하는[28] 것을 개별과 전체적인 것으로 건립하여 상견도라고 한다.

有義此三是眞見道. 以相見道緣四諦故. 有義此三是相見道. 以眞見道不別緣故.

어떤 사람은, 이 3가지는 진견도로서 상견도는 (3心을 造作하지 못하고) 4성제를 반연하기 때문이라 한다.
[正義] 또 다른 사람은, 이 3가지는 상견도로서 진견도는 (단지 전체적으로 진여만을 반연하지) 별도로 반연하지 않기 때문이라는 것이다.

二緣安立諦有十六心. 此復有二. 一者依觀所取能取別立 法類十六種心.

(2) 안립된 聖諦를 반연하는 것에 16가지의 마음이 있는데, 이것에 다시 2가지가 있다. ① 소취[諦理]와 능취[이치를 반연하는 智慧]를 관찰하는 것에 의거해서 별도[無間과 解脫]로 法智와 類智의 16가지 마음을 건립한다.

謂於苦諦有四種心. 一苦法智忍. 謂觀三界苦諦眞如. 正斷

---

28) 『新導成唯識論』卷第9, p.405, "法則으로서 放學의 의미이다. 無間道의 人, 法의 2견분은 각각 개별적인 법이기 때문에 처음의 두 마음이 있으며, 解脫道의 人, 法의 2견분은 전체적인 法이기 때문에 제3의 마음이 있다."(法則 放學義 無間道人法二見分各別法故有初二心 解脫道人法二見分總法故有第三心也.)

三界見苦所斷二十八種分別隨眠. 二苦法智. 謂忍無間觀
前眞如證前所斷煩惱解脫.

말하자면, 苦諦에 대하여 4가지의 마음이 있는데, (가) 苦法智忍으로서 3界
의 고제에 관한 진여를[29] 관찰하여, 바르게 3界의 견혹 중 고제 (때에) 단절된
28가지 분별의 수면을 끊는 것이다. (나) 苦法智로서 (앞의) 忍可와 無間하게
이전의 진여를 관찰하여, 앞에서 단절한 번뇌의 해탈을 증득하는 것이다.

三苦類智忍. 謂智無間無漏慧生於法忍智各別內證. 言後
聖法皆是此類. 四苦類智. 謂此無間無漏智生審定印可苦
類智忍.

(다) 苦類智忍으로서 苦法智와 無間하게 무루의 지혜가 일어나 (앞의) 法忍
과 法智에 대해서[30] 각각 별도로 내적으로 증득한다. (이 法忍과 法智의) 이
후의 聖法은 모두 이것의 품류라고 한다. (라) 苦類智로서 이것[類忍]과 無間하
게 무루의 지혜가 일어나 苦類智忍을 審定하여 印可하는[31] 것이다.

如於苦諦有四種心集滅道諦應知亦爾. 此十六心八觀眞如
八觀正智. 法眞見道無間解脫見自證分差別建立名相見道.

---

29) 『新導成唯識論』卷第9, p.405, "이것은 진견도의 무간도 견분에 관한 법이다."(此法於眞見道
無間道見分.)
30) 『新導成唯識論』卷第9, p.405, "이것은 진견도의 무간도 자증분에 관한 법이다."(此法於眞見
無間道自證分.)
31) 『新導成唯識論』卷第9, p.405, "이것은 진견도의 해탈도 자증분에 관한 법이다."(此法於眞見
解脫道自證分.)

고제에 4가지의 마음이 존재하는 것과 같이 집제와 멸제 및 도제에도 또한 그렇다는 것을 알아야 한다. 이 16가지의 마음에서 8가지[法忍]과 法智는 진여를 관찰하고, 8가지는 正智를 관찰한다. 진견도중 무간도와 해탈도의 견분[法智]과 자증분[類智]에 法則하므로서 차별해서 건립하여 상견도라고 한다.

二者依觀下上諦境別立法類十六種心. 謂觀現前不現前界苦等四諦各有二心. 一現觀忍. 二現觀智. 如其所應法眞見道無間解脫見分觀諦斷見所斷百一十二分別隨眠名相見道.

② 下地와 上地의 4성제의 경계를 관찰하는 것에 의거해서 별도로 法智와 類智의 16가지의 마음을 건립한다. 말하자면, 현전[下地]과 현전하지 않는[上地] 세계의 고제 등의 4성제를 관찰하는 것에 각각 2가지의 마음이 있다. (가) (無間道의) 現觀忍이고, (나) (解脫道의) 現觀智이다. 그에 상응되는 것과 같이 (모방해서) 진견도중 무간도와 해탈도의 견분이 성제를 관찰하는 것에 法則하여, 견도에서 단절되는 112가지의[32] 분별의 수면을 단절하는 것을 상견도라고 한다.

若依廣布聖教道理說相見道有九種心. 此卽依前緣安立諦二十六種止觀別立.

만약에 聖教를 널리 弘布하는 도리에 의지하여 상견도를 선설한다면, 9가지의 마음이 있다. 이것은 바로 앞[相見道]의 안립된 성제를 반연하는 2종의

---

32) 『新導成唯識論』卷第9, p.406, "欲界 4聖諦 下의 見惑에 40가지, 色界와 無色界의 2界에 각각 36가지씩인데, 각각 瞋恚는 제외되기 때문이다."(欲界四諦下見惑四十 上二界各三十六 各除瞋故.)

16가지의 마음에 의거해서 止念[一]과 觀察[八心]을 별도로 건립한다.

謂法類品忍智合說各有四觀. 卽爲八心. 八相應止總說爲一.
雖見道中止觀雙運而於見義觀順非止. 故此觀止開合不同.
由此九心名相見道.

말하자면, 法類品의 8忍과 8智를 합하여 선설하면,[33] 각각 4성제의 관찰[四忍과 四智觀]이 있으므로 곧 8가지의 마음이 되고, 8가지의 관찰과 상응하는 止念을 전체적으로 말하면 1로 된다. 비록 견도 중에서는 지념과 관찰이 함께 수행한다고 하더라도, 견도의 의미에 있어서는 관찰만 수순하고 지념에는 그렇지 않다. 그러므로 이것은 관찰과 지념을 열고[觀, 八] 합하는[止, 一] 것이 같지 않다. 이것에 의거해서 9가지의 마음을 상견도라고 한다.

諸相見道依眞假說世第一法無間而生及斷隨眠　非實如是.
眞見道後方得生故. 非安立後起安立故. 分別隨眠眞已斷故.

모든 상견도는 (모두 이) 진견도에 의거하여 가정적으로 선설하므로 (그것은) 세제일법에 (따라서) 無間하게 일어난다고 하며, 나아가 (능히) 수면을 단절한다고 한다. (그러나) 실제로는 이와 같지 않는데, (반드시) 진견도 이후에 마침내 (3心의 상견도가) 일어나기 때문이다. 안립되지 않은 聖諦 이후에 (마침내) 안립된 성제를 일으키기 때문이고, (그것이) 분별의 수면을 진견도 (중에서 먼저) 단절하기 때문이다.

---

33) 『瑜伽師地論』 卷第58(『大正藏』 30, 625, 上).

前眞見道證唯識性. 後相見道證唯識相. 二中初勝故頌偏說.
前眞見道根本智攝 後相見道後得智攝.

이전의 진견도에서는 유식의 실성을 증득하고, 이후의 상견도에서는 유식의 법상을 증득한다. (진, 상견의) 2가지 중에서는 처음의 것이 수승하기 때문에 게송에서 편중하여 선설하는 것이다. 이전의 진견도는 근본지에 포함되고, 이후의 상견도는 후득지에 포함된다.

諸後得智有二分耶. 有義俱無離二取故. 有義此智見有相無.
說此智品有分別故. 聖智皆能親照境故. 不執著故說離二取.

[질문] 모든 후득지에는 2가지의 심분견, 상분이 존재하는가?
[답변] 어떤 사람(安慧)은, 모두 존재하지 않는데, 2取를 여의기 때문이라는 것이다. 또한 어떤 사람은, 이 후득지에는 견분은 존재하지만 상분은 존재하지 않는다. 이것의 智品에서는[34] 분별이 존재한다고 하기 때문이고, 聖智는 모두 직접 경계를 관조하기 때문이며, (단지) 집착하지 않기 때문에 2取를 여읜다고 한다는 것이다.

有義此智二分俱有. 說此思惟似眞如相不見眞實眞如性故.
又說此智分別諸法自共相等觀諸有情根性差別而爲說故.
又說此智現身土等爲諸有情正法故.

---

34) 『瑜伽師地論』 卷第55(『大正藏』 30, 606, 上) 등.

[정의] 또 어떤 사람은, 이 후득지에는 2가지의 심분이 모두 존재하는데, 이것은 (단지) 似現된 진여의 법상만을 사유하여[35] 진실한 진여의 실성을 보지 못한다고[36] 하기 때문이다.[37] 또한 이 지혜는 제법의 自相과 共相 등을 분별하며, 모든 유정들의 근기의 차별을 관찰한다고 하기 때문이다. 그리고 이 지혜는 신체와 국토 등을 현현하여 모든 유정들을 위해서 正法을 선설한다고 하기 때문이다.

若不變現似色聲等寧有現身說法等事. 轉色蘊依不現色者轉四蘊依應無受等.

만약에 사현된 물질과 소리 등을 변현하지 않는다면, 어떻게 신체를 나타내고 법을 선설하는 등과 같은 자체가 있겠는가? (설령) 색온의 의지처를 展轉하므로 색법을 나타내지 않는다면, 4온의 의지처를 전전하므로 감정 등도 존재하지 않아야 한다.

又若此智不變似境離自體法應非所緣. 緣色等時應緣聲等. 又緣無法等應無所緣緣. 彼體非實無緣用故. 由斯後智二分俱有.

또한 만약에 이 지혜가 변현되어서 경계로 사현되지 않는다면, 자체를

---

35) 『新導成唯識論』卷第9, p.407, "思惟한다는 것은 見分이 존재한다는 것을 밝힌다."(思惟者 明有見分.)
36) 『新導成唯識論』卷第9, p.407, "보지 못한다는 등은 相分이 존재한다는 것을 밝힌다."(不見等者 明有相分.)
37) 『瑜伽師地論』卷第73(『大正藏』30, 700, 上).

여읜 법은 所緣이 아니어야 하고, (혹은) 물질 등을 인연할 때에는 소리 등도 반연해야 한다. 또한 존재하지 않는 법 등을 반연할 때에는 所緣緣도 존재하지 않아야 하는데, 그 (過未의) 법체는 실재하지 않으므로 반연의 작용도 존재하지 않기 때문이다. 이러 하므로 후득지에는 2가지의 심분이 모두 존재한다는 것이다.

此二見道與六現觀相攝云何. 六現觀者. 一思現觀謂最上品喜受相應思所成慧. 此能觀察諸法共相引生煖等. 加行道中觀察諸法. 此用最猛偏立現觀煖等不能廣分別法又未證理故非現觀.

【六現觀】

[질문] 이 2견도와 6현관은 서로 포섭되는 것이 어떠한가?
[답변] 6현관이란, 1) 思現觀으로서 최상품의 喜受와 상응하는 思所成智를 말한다. 이것은 능히 제법의 共相을 관찰하여 난위 등을 引生하는데, 가행도 중에서 제법을 관찰함에 (오직) 이것의 작용이 가장 강력하므로 편중해서 현관으로 건립한다. 난위 등은 널리 제법을 분별할 수 없고, 또한 아직 이치를 증득하지 못하기 때문에 현관이 아니다.

二信現觀. 謂緣三寶世出世間決定淨信. 此助現觀令不退轉立現觀名. 三戒現觀謂無漏戒除破戒垢令觀增明亦名現.

2) 信現觀으로서 삼보를 반연하는 세간과 출세간의 결정적인 청정한 믿음

이다. 이것이 현관을 도와서 퇴전하지 않게끔 하므로 현관이라는 명칭을 건립한다.

  3) 戒現觀으로서 무루의 계율을 말하는데, 파계의 더러움을 제거하고, 관찰하여 더욱 지혜롭게끔 하므로 또한 현관이라 한다.

    四現觀智諦現觀. 謂一切種緣非安立根本後得無分別智.
    五現觀邊智諦現觀. 謂現觀智諦現觀後諸緣安立世出世智.
    六究竟現觀. 謂盡智等究竟位智.

  4) 現觀智諦現觀으로서 모든 종류의 안립되지 않는 聖諦를 반연하는 근본과 후득지의 무분별한 지혜이다.
  5) 現觀邊智諦現觀으로서 4) 現觀智諦現觀의 다음[後邊]에 모든 안립된 성제를 반연하는 세간과 출세간의 지혜이다.
  6) 究竟現觀으로서 盡智 등의 구경위의 지혜를 말한다.

    此眞見道攝彼第四現觀少分. 此相見道攝彼第四第五少分.
    彼第二三雖此俱起而非自性故不相攝.

  이 진견도에는 그 4)의 현관의 일부를 포함하고, 이 상견도에는 그 4)와 5)의 (현관의) 일부를 포함한다. 그 2)와 3)의 현관은 비록 이것[견도]과 함께 일어나더라도 (현관의) 자성이 아니기 때문에 서로 포섭하지 않는다.

    菩薩得此二見道時生如來家. 住極喜地. 善達法界得諸平等.
    常生諸佛大集會中. 於多百門已得自在. 自知不久證大菩提

能盡未來利樂一切.

보살이 이 2견도를 증득할 때에는 如來家에[38] 태어나고, 극희지인 (見道에) 안주하며, 법계를 잘 통달하고, 모든 평등성을 증득하며, 항상 諸佛의 큰 집회[佛受用土] 중에 태어나고, 많은 백 가지의 部門에서 자재함을 증득하며, 스스로 멀지 않아서 대보리를 증득하여 능히 미래세가 다하도록 일체 유정들을 利樂하게 한다는 것을 了知한다.

次修習位其相云何. 頌曰
(29) 無得不思議 是出世間智
    捨二麤重故 便證得轉依

【修道】

다음의 수습위는 그 형상이 어떠한가? 게송으로 말하면 다음과 같다.
    증득할 수 없고, 不可思議하며,
    출세간의 (무분별한) 지혜이다.
    2가지의 추중[2惑障의 종자]을 단절했기 때문에
    바로 전의[보리와 열반을 증득한다[佛果에 이른다].

論曰. 菩薩從前見道起已. 爲斷餘障證得轉依 復數修習無

---

38) 『新譯成唯識論』 卷第9, p.409, "모든 부처들의 法界를 如來家라고 하며, 이곳에 證會하기 때문에 태어난다고 한다."(諸佛法界名如來家 於此證會 故名生也.)

分別智. 此智遠離所取能取. 故說無得及不思議. 或離戲論
說爲無得. 妙用難測名不思議.

논술하자면, 보살은 이전의 견도에서 일어난 다른 (구생기의) 2혹장을 단절하여 轉依를 증득하기 위해서 다시 자주 무분별지를 수습한다. 이 지혜는 소취와 능취를 멀리 여의었기 때문에 증득할 것이 없고, 不可思議하다고 한다. 혹은 (무분별지가) 희론을 여의었으므로 증득할 것이 없고, 승묘한 작용을 측정하기 어려우므로 불가사의하다고 한다.

是出世間無分別智. 斷世間故名出世間. 二取隨眠是世間本.
唯此能斷獨得出名. 或出世名依二義立. 謂體無漏及證眞如.
此智具斯二種義故獨名出世. 餘智不然. 卽十地中無分別智.

이것은 출세간의 무분별지로서 세간의 것[2取의 수면]을 단절했기 때문에 출세간이라 한다. 2取의 수면은 세간의 근본번뇌로서 오직 이것만이 능히 단절하므로 유독 출세라고 명칭한다. 혹은 출세간이라는 명칭은 2가지의 의미에 의지하여 건립되는데, (그) 자체가 무루이고, 진여를 증득한 것이라 한다. 이 무분별지만이 이러한 2가지의 의미를 갖추었기 때문에 유독 출세간이라 한다. 다른 지혜[후득지]는 그렇지 않는데, 바로 10地 중의 무분별지를 말한다.

數修此故此能捨彼二麤重故 便能證得廣大轉依. 捨二麤重.
二障種子立麤重名. 性無堪任違細輕故 令彼永滅故說爲捨.
此能捨彼二麤重故 便能證得廣大轉依.

이것[무분별지]을 자주 수습하기 때문에 (능히) 2혹장의 추중을[39] 버리는데, 2혹장의 종자에 추중이라는 명칭을 건립한다. (그) 성류가 堪任하지 못하고, 미세함과 가벼움(의 무루법)에 상위되기 때문이며, (능히) 그것을 영원히 소멸시키기 때문에 버린다[捨]라고 한다. 이것[10地智]은 능히 그 2혹장의 추중을 버리기 때문에 곧 광대한 전의[佛果]를 증득한다.

> 依謂所依卽依他起與染淨法爲所依故. 染謂虛妄遍計所執.
> 淨謂眞實圓成實性.

(여기에서) 依라는 것은 所依를 말하는데, 바로 (제8식의) 의타기성으로 염오와 청정법과 함께 소의가 되기 때문이다. 염오법이란 허망한 변계소집성을 말하고, 청정법이란 진실한 원성실성을 말한다.

> 轉謂二分轉捨轉得. 由數修習無分別智斷本識中二障麤重
> 故能轉捨依他起上遍計所執及能轉得依他起中圓成實性.
> 由轉煩惱得大涅槃. 轉所知障證無上覺. 成立唯識意爲有
> 情證得如斯二轉依果.

轉이란 (의타기성의 염,정에서) 2염정의 심분을 전환해서 버리거나[染分] 증득하는 것[淨分]을 말한다. (10地에서) 자주 무분별지를 수습하여 근본식 중의 2혹장의 추중을 단절하므로 인하기 때문에, 능히 의타기성 上의 변계소집성을 전환해서 버리고, 의타기성 중의 원성실성을 전환해서 증득한다.

---

[39] 『新導成唯識論』卷第9, p.410, "麤重에 2가지가 있는데, 하나는 種子를 麤重이라 하고, 다른 하나는 種子가 아닌 習氣를 麤重이라 한다."(麤重有二 一種子名麤重 二非種習氣名麤重.)

번뇌장을 전환하므로 인하여 대열반을 증득하고, 소지장을 전환해서는 최상의 깨달음을 증득한다. (이 논장에서) 유식을 완성하여 건립하는 의미는 유정들에게 이와 같은 2전의의 과보를 증득하게 하기 위해서이다.

或依卽是唯識眞如. 生死涅槃之所依故. 愚夫顚倒迷此眞如.
故無始來受生死苦. 聖者離倒悟此眞如. 便得涅槃畢究安樂.

혹은 依라는 것은 바로 유식의 진여를 말하는데, 생사와 열반의 所依이기 때문이다. 어리석은 범부는 전도되어 이 진여에 미혹하기 때문에 언제부턴가 생사의 고통을 받지만, 聖者는 전도를 여의고 이 진여를 깨달아 즉시에 열반을 증득하여 필경에 안락하게 된다.

由數修習無分別智斷本識中二障麤重故　能轉滅依如生死
及能轉證依如涅槃. 此卽眞如離雜染性. 如雖性淨而相雜染.
故離染時假說新淨. 卽此新淨說爲轉依.

자주 무분별지를 수습하여 근본식 중의 2혹장의 추중을 단절하므로 인하기 때문에, 능히 진여에 (미혹하게) 의지하는 생사를 전환하여 멸진하고, 진여에 (개오하여) 의지하는 열반을 전환하여 증득한다. 이것[열반]은 바로 진여가 잡염법을 여읜 성품이다. 진여는 비록 체성은 청정하다고 하더라도 체상은 잡염법이기 때문에, 잡염법을 여의었을 때에 가정적으로 새로운 청정이라 하는데, 이 새로운 청정(한 진여)을 轉依라고 한다.

修習位中斷障證得. 雖於此位亦得菩提而非此中頌意所顯.
頌意但顯轉唯識性. 二乘滿位名解脫身. 在大牟尼名法身故.

수습위에서 2혹장을 단절하고 증득한다. 비록 이 10地에서 또한 菩提를 증득한다고 하더라도 이 게송의 의미로 나타나는 것은 아니다. 게송의 의미는 단지 유식의 실성을 전환한 것만을 나타내는데, 2乘의 원만한 지위는 해탈신이라 하고, 大牟尼에 있는 것은 法身이라 하기 때문이다.

云何證得二種轉依　謂十地中修十勝行斷十重障證十眞如
二種轉依由斯證得.

【十地】

[질문] 어떻게 2가지의 전의를 증득하는가?
[답변] 10地 중에서 10가지의 뛰어난 수행을 수습하고, 10가지의 추중한 번뇌를 단절하면, 10가지의 진여를 증득하는데, 2가지의 전의가 이러한 것들에 의거해서 증득하는 것을 말한다.

言十地者. 一極喜地. 初獲聖性具證二空能益自他生大喜故.
二離垢地. 具淨尸羅遠離能起微細毀犯煩惱垢故.

10地라는 것은, 1) 極喜地로서 처음으로 聖人의 성품을 획득해서 2空을 구족하여 증득하면, 능히 자신과 남을 이롭게 하는 큰 기쁨을 일으키기 때문이다. 2) 離垢地로서 청정한 계율을 구족하여, 능히 미세한 훼범을 일으키는 번뇌의 더러움을 멀리 여의었기 때문이다.

三發光地. 成就勝定大法總持能發無邊妙慧光故. 四焰慧地.

安住最勝菩提分法燒煩惱薪慧焰增故.

3) 發光地로서 수승한 선정과 큰 교법의 總持를 성취해서 능히 無邊의 오묘한 지혜의 빛을 발휘하기 때문이다. 4) 焰慧地로서 가장 뛰어난 보리분법에 안주하여 번뇌의 땔나무를 태워버린 지혜의 불꽃이 증성하기 때문이다.

五極難勝地. 眞俗兩智行相互違合令相應極難勝故. 六現前地. 住緣起智引無分別最勝般若令現前故.

5) 極難勝地로서 진,속제의 두 지혜의 행상이 상위되는 것을 화합하여 상응하게끔 하는 것이 지극히 어렵고 수승하기 때문이다. 6) 現前地로서 12연기에 안주하는 지혜가 분별하지 않는 가장 뛰어난 반야를 引發하여 현전하게끔 하기 때문이다.

七遠行地. 至無相住功用後邊出過世間二乘道故. 八不動地. 無分別智任運相續相用煩惱不能動故.

7) 遠行地로서 형상 없이 머무는 功用의 최후의 한계에 이르러서 세간도와 2乘의 출세도를 벗어났기 때문이다. 8) 不動地로서 무분별지가 자연스럽게 상속되어 有相과 공용 및 번뇌에 능히 동요하지 않기 때문이다.

九善慧地. 成就微妙四無礙解能遍十方善說法故. 十法雲地. 大法智雲含衆德水蔽如空麤重充滿法身故.

9) 善慧地로서 미묘한 4無礙解를[40] 성취하여 능히 十方에 두루 잘 법을 선설하기 때문이다. 10) 法雲地로서 큰 교법의 지혜의 구름이 많은 공덕의 물을 함유해서 허공과 같이 麤重[2障]을 隱蔽하여 법신에 충만하기 때문이다.

如是十地總攝有爲無爲功德以爲自性. 與所修行爲勝依持
令得生長故名爲地.

이와 같은 10地는 전체적으로 유위와 무위의 공덕을 포섭하여 자성으로 삼는다. (보살이) 수습한 수행과 수승한 의지처로 되어서 생장하게끔 하기 때문에 地라고 한다.

十勝行者卽是十種波羅蜜多. 施有三種. 謂財施無畏施法施.
戒有三種. 謂律儀戒. 攝善法戒饒益有情戒. 忍有三種. 謂
耐怨害忍安受苦忍 諦察法忍.

【十勝行】

10가지의 뛰어난 수행이란 것은 10가지의 바라밀다이다. 보시 바라밀에 3가지가 있는데, 재시와 무외시 및 법시를 말한다. 지계 바라밀다에도 3가

---

40) 『新導成唯識論』卷第9, p.412, "無性의 『攝大乘論釋』(『大正藏』 31, 424, 中)에서 논술하기를, 法無礙로 인하여 法句를 了知하고, 義無礙로 인하여 義理에 通達하며, 詞無礙로 인하여 言詞를 分別하고, 辯無礙로 인하여 辯說이 自在하다는 것이다."(無性云 由法無礙了知法句 由義無礙通達義理 由詞無礙分別言詞 由辯無礙自在辯說.)

지가 있는데, 율의계와[41] 선법[佛法]을 포섭한 계율 및 모든 유정들을 饒益케 하는 계율이고, 인욕 바라밀다에 3가지가 있는데, 원한과 妨害를 인내하는 인욕과 고통을 편안히 받아들이는 인욕 및 진리를 잘 관찰한 無生法忍을[42] 말한다.

> 精進有三種. 謂被甲精進攝善精進利樂精進. 靜慮有三種. 謂安住靜慮 引發靜慮辦事靜慮. 般若有三種. 謂生空無分別慧法空無分別慧俱空無分別慧.

정진 바라밀다에 3가지가 있는데, 큰 서원을 일으킨[被甲] 정진과[43] 善法을 포섭한 정진 및 중생을 이롭고 안락하게 하는 정진을 말하고, 선정 바라밀다에 3가지가 있는데, (現法에 즐겁게) 安住하는 선정과 (6神通을) 引發한 선정 및 (유정을 이롭게 하는) 자체를 변별한 선정을 말한다. 반야 바라밀다에 3가지가 있는데, 아공 무분별지와 법공 무분별지 및 아, 법공 무분별지를 말한다.

> 方便善巧有二種. 謂迴向方便善巧拔濟方便善巧. 願有二種. 謂求菩提願利樂他願. 力有二種. 謂思擇力修習力. 智有二種. 謂受用法樂智成熟有情智.

---

41) 『新導成唯識論』 卷第9, p.412, "7衆戒로서 善法이 任持한다."(七衆戒 善任持.)
42) 『新導成唯識論』 卷第9, p.413, "앞의 2가지 忍辱의 所依로서 無生法忍진실한 이치를 깨달은 마음의 평온을 任持한다."(前二忍所依 無生法忍任持.)
43) 『成唯識論觀心法要』 卷第9『卍新纂續藏經』 第51冊(2009), p.430, 中, "즉, 최초로 보리심을 일으켜서 四弘誓願의 갑옷을 입고 깊이 스스로를 책려하기 때문이다."(即最初發菩提心 被弘誓鎧 深自勵故.)

方便善巧 바라밀다에 2가지가 있는데, (반야에) 회향하는 방편선교와 (대비심으로 중생들의 고통을) 제거하고 구제하는 방편선교를 말한다. 서원 바라밀다에 2가지가 있는데, 깨달음을 희구하는 서원과 남을 이롭고 안락하게 하려는 서원을 말하고, 願力의 바라밀다에 2가지가 있는데, (제법을) 思擇하는 원력과 수습하는 원력을 말한다. 지혜 바라밀에 2가지가 있는데, 法樂을 수용한 지혜와 유정을 성숙하게 하는 지혜를 말한다.

> 此十性者. 施以無貪及彼所起三業爲性. 戒以受學菩薩戒時三業爲性. 忍以無瞋精進審慧及彼所起三業爲性. 精進以勤及彼所起三業爲性. 靜慮但以等持爲性. 後五皆以擇法爲性. 說是根本後得智故.

이것의 10가지의 성품이란, 보시 바라밀은 무탐과 그것에서 일어난 (身, 口, 意 등) 3업을 자성으로 삼고, 지계는 보살계를 수용하고 율學할 때의 3업을 자성으로 삼는다. 인욕은 無瞋과 정진과 審慧[諦察法忍] 및 그것에서 일어난 3업을 자성으로 삼고, 정진은 근면과 그것에서 일어난 3업을 자성으로 삼으며, 선정은 단지 삼매만을 자성으로 삼는다. 나머지 5가지는 모두 (7覺支중) 擇法 覺支를 자성으로 삼는데, (논장에서) 근본지[제6의 반야]와 후득지 [방편 등 뒤의 4바라밀다]라고[44] 하기 때문이다.

> 有義第八以欲勝解及信爲性. 願以此三爲自性故. 此說自性 若幷眷屬一一皆以一切俱行功德爲性.

---

[44] 無性 造, 『攝大乘論釋』 卷第7(『大正藏』 31, 425, 下).

어떤 사람은, 제8의 서원 바라밀은 (선법에 대한) 욕망과 승해 및 믿음을 성류로 삼는데, 사홍서원은 (반드시) 이 3가지를 자성으로 삼기 때문이라는 것이다.

이것[위의 모든 것]은 자성을 선설한 것이지만, 만약에 眷屬을 아우른다면, 하나하나 모두가 일체 함께 수행한 공덕을 자성으로 삼는다.

此十相者. 要七最勝之所攝受方可建立波羅蜜多. 一安住最勝. 謂要安住菩薩種性. 二依止最勝. 謂要依止大菩提心. 三意樂最勝. 謂要悲愍一切有情. 四事業最勝. 謂要具行一切事業.

이것의 10가지의 형상은, 요컨대 7가지의 가장 수승한 것에 攝受되어야만 비로소 바라밀다로 건립될 수 있다. 1) 안주의 최승으로서 반드시 보살종성에 안주하는 것을 말하고, 2) 의지처의 최승으로서 대보리심에 의지하는 것을 말한다. 3) 意樂의 최승으로서 일체의 유정들을 자비스럽게 연민하는 것을 말하고, 4) (마음) 자체 업의 최승으로서 일체의 자체 업을 구족하게 수행하는 것을 말한다.[45]

五巧便最勝. 謂要無相智所攝受. 六迴向最勝. 謂要迴向無上菩提. 七淸淨最勝. 謂要不爲二障間雜.

---

[45] 『成唯識論觀心法要』 卷第9[『卍新纂續藏經』 第51冊(2009), p.430, 下], "말하자면, 분별이나 만족하는 마음이 없이 보시와 계율 등의 선법을 수행하면, 마침내 능히 만족스럽게 수승한 자량을 증장하기 때문이다."(謂以無分劑無厭足心 修行施戒等善 方能增長滿足勝資糧故.)

5) 善巧 方便의 최승으로서 형상이 없는 지혜에 섭수되는 것을 말하고, 6) 회향의 최승으로서 반드시 최상의 깨달음에 회향하는 것을 말한다. 7) 청정의 최상으로서 요컨대 2혹장에 순간적으로 잡란하지 않는 것을 말한다.

若非此七所攝受者所行施等非到彼岸. 由斯施等十對波羅
蜜多一一皆應四句分別.

만약에 이 7가지에 섭수되지 않는다면, 수행한 보시 등은 바라밀다가 아닙니다. 이러한 것에 의거해서 보시 등의 10가지를 바라밀다에 배대해서 하나 하나를 모두 4句로서 분별해야[46] 한다.

此但有十不增減者 謂十地中對治十障證十眞如無增減故.

이것이 단지 10가지만 존재하고 增減되지 않는다는 것은, 10地 중에서 10가지의 번뇌를 對治하여 10가지의 진여를 증득하므로 증감하는 것이 없기 때문이다.

復次前六不增減者爲除六種相違障故. 漸次修行諸佛法故.
漸次成熟諸有情故. 此如餘論廣說應知.

또한 이어서 앞의 6가지가 증감되지 않는 것은, 6가지의 상위되는 번뇌를 제거하기 위한 것이고, 점차로 모든 (十力 등의) 佛法을 수행하기 때문이며,

---

46) 四句法이라고도 하는 사물의 본연 상태를 나누는 4가지의 범주로서 有, 無, 亦有亦無 및 非有非無의 4가지 표시법을 말한다.

모든 유정들을 성숙시키기 때문이다. 이것은 다른 논장에서 자세하게 논술한 것과[47] 같이 마땅히 알아야 한다.

又施等三增上生道. 感大財體及眷屬故. 精進等三決定勝道. 能伏煩惱成熟有情及佛法故. 諸菩薩道唯有此二.

나아가 보시 등의 3가지는 增上生[수승한 果報]의 도로서 많은 재물과 신체 및 권속을 초감하기[48] 때문이고, 정진 등의 3가지는 결정적인 수승한 도로서 능히 번뇌를 조복시켜서 유정과 佛法을 성숙시키기 때문이다. 모든 보살도에는 오직 이 2가지[增上生과 決定勝]만이 존재한다.

又前三種饒益有情. 施彼資財不損惱彼. 堪忍彼惱而饒益故. 精進等三對治煩惱. 雖未伏滅而能精勤修對治彼諸善加行永伏永滅諸煩惱故.

또한 앞의 3가지는 유정들을 요익하게 하는데, (이 보시는) 그들에게 資財를 베풀고, (지계는) 그들을 괴롭히지 않으며, (인욕은) 그들의 괴롭힘을 堪忍하게 하여 요익하게 하기 때문이다. 정진 등의 3가지는 번뇌를 대치하는데, 비록 아직 조복하거나 소멸시키지 못하더라도 능히 정진해서 그것을 대치하는 온갖 선법의 가행을 수습하여, 모든 번뇌를 영원히 조복하고 소멸시키기 때문이다.

---

47) 無性 造,『攝大乘論釋』卷第7(『大正藏』31, 420, 上).
48)『新導成唯識論』卷第9, p.415, "布施는 많은 財物을 가져오고, 持戒는 큰 身體를 가져오며, 忍辱은 많은 眷屬을 가져온다."(施感大財 戒感大體 忍感眷屬.)

又由施等不住涅槃. 及由後三不住生死. 爲無住處涅槃資糧.
由此前六不增不減.

나아가 보시 등에 의거해서는 열반에 안주할 수 없고,⁴⁹⁾ 뒤의 3가지에 의거해서는 생사에 안주할 수 없으므로⁵⁰⁾ 무주처 열반의 資糧으로 된다. 이것에 의거해서 앞의 6가지는 증감되지 않는다.

後唯四者 爲助前六令修滿足不增減故. 方便善巧助施等三
願助精進力助靜慮智助般若令修滿故 如解深密廣說應知.

뒤의 것이 오직 4가지뿐인 것은, 앞의 6가지를 助力하여 수습하는 데에 만족하게끔 하기 위하여 증감하지 않기 때문이다. (어떻게 6가지를 조력하는가 하면) 방편선교는 보시 등의 3가지를 돕고, 서원은 정진을 도우며, 원력은 선정을 돕고, 지혜는 반야를 도와서 수습하는 것이 원만하게끔 하기 때문이다. 『해심밀경』에서⁵¹⁾ 자세하게 선술한 것과 같이 마땅히 알아야 한다.

十次第者. 謂由前前引發後後. 及由後後持淨前前. 又前前
麤後後細故易難修習次第如是. 釋總別名如餘處說.

10가지의 次第라는 것은, 앞의 것들에 의거해서 뒤의 것들을 引發하고,⁵²⁾

---

49) 『新導成唯識論』 卷第9, p.415, "앞의 3가지는 悲心이기 때문에 涅槃에 안주할 수 없다."(前三 悲故 不住涅槃.)
50) 『新導成唯識論』 卷第9, p.415, "뒤의 3가지는 智慧이기 때문에 生死에 안주할 수 없다."(後三 慧故 不住生死.)
51) 『解深密經』 卷第4(『大正藏』 16, 705, 中).

뒤의 것들에 의거해서 앞의 것들을 住持하여 청정하게 한다.[53] 또한 앞의 것들은 거칠고[54] 뒤의 것들은 미세하기[55] 때문에, 쉽거나 어렵게 수습하는[56] 순서가 이와 같다. 전체와 개별적인 명칭을 해석한 것은 다른 경론에서[57] 선설한 것과 같다.

此十修者 有五種修. 一依止任持修. 二依止作意修. 三依止意樂修. 四依止方便修. 五依止自在修. 依此五修修習十種波羅蜜多皆得圓滿. 如集論等廣說其相.

이 10가지의 수행이라는 것에는 5가지의 수습이 있는데, 1) 任持에 의지하여 수행하는 것이고, 2) 작의에 의지해서 수행하는 것이다. 3) 마음의 意樂에 의지해서 수행하는 것이고, 4) 방편에 의지해서 수행하는 것이며, 5) 자재함에 의지해서 수행하는 것이다. 이 5가지의 수습에 의지하여 10가지의 바라

---

52) 『成唯識論觀心法要』卷第9(『卍新纂續藏經』第51冊(2009), p.431, 中, "布施로 인하여 持戒를 引發하고, 持戒로 인하여 忍辱을 引發하며, 내지 願力으로 인하여 智慧를 引發한다."(由施引戒 由戒引忍 乃至 由力引智也.)
53) 『成唯識論觀心法要』卷第9(『卍新纂續藏經』第51冊(2009), p.431, 中, "智慧의 住持로 인하기 때문에 願力이 청정하고, 願力의 주지로 인하기 때문에 誓願이 청정하며, 내지 持戒의 주지로 인하기 때문에 布施가 청정하다."(由智持故力淨 由力持故願爭 乃至 由戒持故施淨也.)
54) 『成唯識論觀心法要』卷第9(『卍新纂續藏經』第51冊(2009), p.431, 中, "布施는 持戒보다 거칠고, 持戒는 忍辱보다 거칠며, 내지 願力은 智慧보다 거칠다."(施矗於戒 戒矗於忍 乃至 力矗於智也.)
55) 『成唯識論觀心法要』卷第9(『卍新纂續藏經』第51冊(2009), p.431, 中, "智慧는 願力보다 미세하고, 願力은 誓願보다 미세하며, 내지 持戒는 布施보다 미세하다."(智細於力 力細於願 乃至 戒細於施也)
56) 『成唯識論觀心法要』卷第9(『卍新纂續藏經』第51冊(2009), p.431, 中, "布施를 닦는 것은 쉽지만 持戒를 닦는 것은 어렵고, 持戒를 닦는 것은 쉽지만 忍辱을 닦는 것은 어려우며, 내지 誓願을 닦는 것은 쉽지만 願力을 닦는 것은 어렵고, 願力을 닦는 것은 쉽지만 智慧를 닦는 것은 어렵다."(修施易 修戒難 修戒易 修忍難 乃至 修願易 修力難 修力易 修智難)
57) 『瑜伽師地論』卷第78(『大正藏』30, 731, 中);『解深密經』卷第4(『大正藏』16, 705, 下) 등.

밀다를 수행해서 모두 원만함을 증득한다. 『집론』 등에서[58] 그 체상을 자세하게 선설한 것과 같다.

> 此十攝者. 謂十一一皆攝一切波羅蜜多互相順故. 依修前行而引後者. 前攝於後必待前故 後不攝前不待後故.

이 10가지를 포섭하는 것은, 10가지의 (수행) 하나하나에 모두 일체의 바라밀다를 포섭하는데, 서로 수순하기 때문이다. [1)] 이전의 수행을 수습하여 이후의 것을 引發하는 것에 의지해서 말한다면, 이전의 것에 이후의 것을 포함하는데, (이후는) 반드시 이전의 것을 苦待하기 때문이고, 이후의 것은 이전의 것을 포함하지 않는데, (이전은) 이후의 것을 고대하지 않기 때문이다.

> 依修後行持淨前者 後攝於前持淨前故. 前不攝後非持淨故.
> 若依純雜而修習者. 展轉相望應作四句.

[2)] 이후의 수행을 수습하여 이전의 것을 住持하여 청정하게 하는 것에 의지해서 말한다면, 이후의 것은 이전의 것을 포섭하는데, (능히) 이전의 것을 주지하여 청정하게 하기 때문이고, 이전의 것에는 이후의 것을 포섭하지 않는데, 주지하여 청정하게 하는 것이 아니기 때문이다. 만약에 순수하거나 잡란스러운 수습에 의거해서 말한다면, 展轉하여 서로 相望되므로 마땅히 4句 分別를 지어야 한다.[59]

---

58) 『大乘阿毘達磨雜集論』 卷第12(『大正藏』 31, 748, 中); 無性 造, 『攝大乘論釋』 卷第7(『大正藏』 31, 421, 中).
59) 『成唯識論觀心法要』 卷第9[『卍新纂續藏經』 第51冊(2009), p.431, 下, "一是純非雜 二是雜非純 三亦純亦雜 四非純非雜也." 참조.

此實有十而說六者 應知後四第六所攝. 開爲十者第六唯攝
無分別智後四皆是後得智攝緣世俗故.

이것은 실제로 10가지가 존재하지만 6가지라고 하는 것은, 뒤의 4가지는 (모두) 제6(의 반야 바라밀다)에 포함되기 때문이라는 것을 알아야 한다. 開放하여 10가지로 한 것은 제6의 반야는 오직 무분별지에 포함되고, 뒤의 4가지는 모두 후득지에 포함되어 세속을 반연하여 (생기되기) 때문이다.

此十果者. 有漏有四除離繫果. 無漏有四除異熟果. 而有處
說具五果者或互相資或二合說

이 10가지의 (수행이 초감한) 과보를 말한다면, 유루(의 10가지 수행의 초감)에는 4과가 있는데 (단지) 離繫果만을 제외하고, 무루(의 10가지 수행의 초감)에도 4과가 있는데 異熟果만을 제외한다. 그런데 어느 논장에서 5과를 갖춘다고 한 것은, 서로 資助하거나 혹은 2가지의 수행[有,無漏]을 화합해서 선설한 것이다.

十與三學互相攝者. 戒學有三. 一律儀戒. 謂正遠離所應離法.
二攝善法戒. 謂正修證應修證法. 三饒益有情戒. 謂正利樂
一切有情. 此與二乘有共不共甚深廣大如餘處說.

10바라밀다와 3學이 서로 포섭된다는 것은, 戒學에 3가지가 있는데, 1) 律儀戒로서 바르게 遠離해야 할 법을 遠離하는 것을 말하고, 2) 善法을 포섭하는 계로서 (有爲法을) 수습하고 (無爲法을) 증득해야 할 법을 수습하고 증득하는 것을 말한다. 3) 중생들을 饒益하게 하는 계로서 바르게 일체의 유정들을 이롭고 안락하게 하는 것을 말한다. 이것[3學]은 2乘과 공통되거나 공통되지 않는 것이 있으며, 매우 심오하고 광대하다는 것은 다른 논장에서[60] 선설한 것과 같다.

> 定學有四. 一大乘光明定. 謂此能發照了大乘理敎行果智光明故. 二集福王定. 謂此自在集無邊福如王勢力無等雙故.

定學에 4가지가 있는데, 1) 대승의 광명을 일으키는 선정으로서, 이것이 능히 대승의 이치와 교법과 수행 및 증과를 觀照해서 了知하는 지혜[3慧]의 광명을 일으키기 때문이다. 2) 복덕을 쌓음이 왕과 같은 선정으로서, 이것이 自在하여 無邊한 복덕을 쌓는 것이 마치 왕의 세력과 같이 한결같아서 상대할 것이 없기 때문이다.

> 三賢守定. 謂此能守世出世間賢善法故. 四健行定. 謂佛菩薩大健有情之所行故. 此四所緣對治堪能引發作業如餘處說.

3) 賢善을 수호하는 선정으로서, 이것이 능히 세간과 출세간의 賢善의 법을 수호하기 때문이다. 4) 강건한 수행의 선정으로서, 불, 보살들의 위대한 강건은 유정들이 수행하는 것이기 때문이다. 이 4가지의 소연과 대치와 堪能과 引發 및 작업은 다른 논장에서[61] 선설한 것과 같다.

---

60) 無性 造, 『攝大乘論釋』 卷第7(『大正藏』 31, 426, 上) ; 世親 造, 『攝大乘論釋』 卷第8(『大正藏』 31, 360, 下).
61) 無性 造, 『攝大乘論釋』 卷第8(『大正藏』 31, 427, 上).

慧學有三. 一加行無分別慧. 二根本無分別慧. 三後得無分
別慧. 此三自性所依因緣所緣行等如餘處說.

慧學에 3가지가 있는데, 1) 가행의 무분별혜이고, 2) 근본의 무분별혜이며, 3) 후득의 무분별혜이다. 이 3가지의 자성과 소의와 인연과 소연 및 행상 등은 다른 논장에서[62] 선설한 것과 같다.

如是三慧初二位中種具有三. 現唯加行. 於通達位現二種三.
見道位中無加行故. 於修習位七地已前若種若現俱通三種.

이와 같은 3가지의 지혜는, 처음의 2지위 중[자량과 가행위]에서는 종자라면 3가지[가행, 근본 및 후득]가 갖추어 있고, 현행이라면 오직 가행의 무분별혜뿐이다. 통달위에서는 현행이라면 2가지[근본과 후득]이고, 종자라면 3가지인데, 견도[통달]위 중에서는 (현행의) 가행이 없기 때문이다. 수습위에서 7지 이전에는 종자든 현행이든 간에 모두 3가지에 통한다.

八地以去現二種三. 無功用道違加行故. 所有進趣皆用後得
無漏觀中任運趣故. 究竟位中現種俱二. 加行現種俱已捨故.

(보살의) 8지 이후는 현행이라면 2가지[근본과 후득]이고, 종자라면 3가지이다. 공용이 없는 도는 (현행의) 가행에 상위되기 때문이고, (그) 소유된 진취에서 모두 후득지를 활용하며, 무루의 관법 중에서 임운하게 趣向하기

---

62) 無性 造, 『攝大乘論釋』 卷第8(『大正藏』 31, 429, 中).

때문이다. 구경위 중에서는 현행도 종자도 모두 2가지[근본과 후득]인데, 가행의 현행과 종자를 함께 버렸기 때문이다.

若自性攝 戒唯攝戒. 定攝靜慮. 慧攝後五. 若幷助伴皆具相攝. 若隨用攝戒攝前三. 資糧自體眷屬性故. 定攝靜慮. 慧攝後五. 精進三攝. 遍策三故.

만약에 (단지) 자성만을 (서로) 포섭한다면, 계학은 오직 지계 바라밀다만을 포섭하고, 정학은 선정만을 포섭하며, 혜학은 뒤의 5가지를 포함한다. 만약에 助伴을 아울러 연취한다면 (곧) 모두 충분하게 서로 포섭한다. 만약에 작용에 따라 (서로) 포섭한다면, 계학은 앞의 3가지를 포섭하는데, (보시는 지계의) 자량과 (지계는 지계의) 자체 및 (인욕은 지계의) 권속의 성품이기[63] 때문이다. 정학은 선정을 포섭하고, 혜학은 뒤의 5가지를 포섭하는데, 정진은 3학에 포섭되어서 두루 3학을 策勵하기 때문이다.

若隨顯攝 戒攝前四. 前三如前及守護故. 定攝靜慮. 慧攝後五.

만약에 顯了된 것에 따라 (서로) 포섭한다면, 계학은 앞의 4가지를 포섭하는데, 앞의 3가지는 이전(에 선설한 것)과 같고, 나아가 (정진을) 수호하기 때문이다. 정학은 선정을 포섭하고, 혜학은 뒤의 5가지를 포함한다.

---

63) 『新導成唯識論』卷第9, p.418, "布施는 持戒의 資糧이고, 持戒는 持戒 自體이며, 忍辱은 持戒의 眷屬이다."(施是戒資糧 戒是戒自體 忍是戒眷屬.)

此十位者 五位皆具. 修習位中其相最顯. 然初二位頓悟菩
薩種通二種現唯有漏. 漸悟菩薩若種若現俱通二種. 已得生
空無漏觀故.

이 10가지의 (수행을 만약에) 지위에 따른다면 5位에 모두 구비되는데, (오직) 수습위에서만 그 행상이 가장 현저하다.[64] 그리고 처음의 2位에서 돈오 보살의 (10바라밀다의) 종자는 (비록) 2가지[유,무루]에 통하지만, 현행은 오직 유루일 뿐이다. (만약에) 점오 보살이라면 종자이거나 현행이거나 간에 모두 2가지에 통하는데, (그) 아공의 무루관법을 증득하였기 때문이다.

通達位中種通二種現唯無漏. 於修習位七地已前種現俱通
有漏無漏. 八地以去種通二種現唯無漏. 究竟位中若現若
種俱唯無漏.

통달위에서의 종자는 2가지에 통하고, 현행은 오직 무루일 뿐이다. 수습위에서 7지 이전은 종자나 현행이 모두 유루와 무루에 통하고, 8지 이후는 종자는 2가지에 통하지만 현행은 오직 무루일 뿐이다. 구경위에서는 현행이든 종자든 모두 오직 무루일 뿐이다.

此十因位有三種名. 一名遠波羅蜜多. 謂初無數劫. 爾時施等
勢力尙微被煩惱伏未能伏彼. 由斯煩惱不覺現行. 二名近

---

64) 『新導成唯識論』 卷第9, p.418, "유루와 무루에 통하고, 능히 無邊한 행상이기 때문이다."(通有漏無漏 能無邊行故.)

波羅蜜多. 謂第二無數劫. 爾時施等 勢力漸增非煩惱伏 而
能伏彼. 由斯煩惱故意方行.

이 10바라밀다의 因位에는 3가지의 명칭이 있는데, 1) 疏遠한 바라밀다라로서 처음[地前]의 무량한 겁을 말한다. 그때의 보시 등은 세력이 오히려 미약하여 번뇌에게 被伏당하여 아직 능히 그것을 조복할 수가 없으므로, 이것으로 인하여 번뇌를 깨닫지 못해서 현행하게 된다. 2) 친근한 바라밀다로서 제2[초지에서 제7지]의 무량한 겁을 말한다. 그때의 보시 등은 세력이 점차로 증장되어 번뇌에 조복당하지 않고 능히 그것을 조복시키므로, 이것으로 인하여 번뇌(를 없앤 중생이 되었기 때문에) 故意로 마침내 현행하게 한다.

三名大波羅蜜多. 謂第三無數劫. 爾時施等勢力轉增能畢
竟伏一切煩惱. 由斯煩惱永不現行. 猶有所知微細現種及
煩惱種故未究竟.

3) 광대한[65] 바라밀다로서 제3[제8지 이상의 무량한 겁을 말한다. 그때의 보시 등은 세력이 展轉하여 증장되어서 능히 畢竟에 일체의 번뇌를 조복시킨다. 이러 하므로 번뇌를 영원히 현행하지 않게 한다. (그런데) 여전히 소지장의 미세한 현행과 종자 및 번뇌장의 종자가 존재하기 때문에 구경위는 아니다.

此十義類差別無邊. 恐厭繁文略示綱要. 十於十地雖實皆修

---

65) 『新導成唯識論』卷第9, p.419, "無相하고 任運하며 長時이기 때문에 廣大하고 한다."(無相任運長時故名大.)

而隨相增地地修一. 雖十地行有無量門而皆攝在十到彼岸.

이 10가지의 의미와 성류의 차별은 무변하지만, 번잡한 내용을 싫어할까 염려되어서 간략하게 요점만을 현시한다. 10바라밀다를 10地에서 비록 실제로 모두 수행한다고 하더라도, 행상의 증장에 따라 각 지위에서 한 바라밀다만을 수습한다고 한다.[66] 비록 10地의 수행에 무량한 부문이 존재한다고 하더라도 모두 10바라밀다에 포섭되어 존재한다.

十重障者. 一異生性障. 謂二障中分別起者依彼種立異生性故. 二乘見道現在前時唯斷一種名得聖性. 菩薩見道現在前時具斷二種名得聖性.

【十重障】

10가지의 과중한 번뇌라는 것은, 1) (극희지에서 단절되는) 중생성의 번뇌로서 2혹장 중에서 분별기의 것을 말하는데, 그것의 종자에 의지해서 중생성을 건립하기 때문이다. 2乘의 견도가 현재전할 때에는 오직 하나[번뇌장]의 종자만을 단절함으로서 성인의 성품을 증득한다는 것이다. 보살의 견도가 현재전할 때에는 2가지[2障]의 종자를 충분히 단절함으로서 성인의 성품을 증득한다는 것이다.

二眞見道現在前時彼二障種必不成就. 猶明與闇定不俱生.

---

66) 『新導成唯識論』卷第9, p.419, "다른 것을 수습하지 않는 것은 아니다."(非不修餘)

如秤兩頭低昂時等. 諸相違法理必應然. 是故二性無俱成失.

　2가지[凡, 聖]의 진견도가 현재전할 때에는 그 (분별의) 2혹장의 종자는 반드시 성취되지 않는데, 마치 밝음과 어둠이 결코 함께 일어나지 않는 것과 같고, 저울의 양쪽 끝이 내려가고 올라갈 때 등과 같이, 모든 상위되는 법은 이치가 반드시 그러해야 한다. 이렇기 때문에 2가지[凡,聖]의 성품을 함께 성취한다는 과실은 없다.

　　無間道時已無惑種 何用復起解脫道爲. 斷惑證滅期心別故.
　　爲捨彼品麤重性故. 無間道時雖無惑種而未捨彼無堪任性.
　　爲捨此故起解脫道. 及證此品擇滅無爲.

[질문] 무간도의 때에 (만약에) 혹장의 종자는 존재하지 않는데, 어떻게 다시 해탈도를 일으키는 작용이 있게 되는가?
[답변] (무간도의 기간에) 혹장을 단절하고 (해탈도의 기간에) 적멸을 증득하는 기간의 마음이 다르기 때문이고, (또한) 그 (혹장의) 성류의 추중[2障의 습기]한 성품을 버리게 되기 때문이다. 무간도의 때에 비록 혹장의 종자는 존재하지 않더라도 아직 그것이 堪任하지 못하는 성품을 버리지 못했으므로, 이것을 버리기 위하여 해탈도를 일으키고 더불어서 이 품성의 택멸무위를 증득하게 되는 것이다.

　　雖見道生亦斷惡趣諸業果等而今且說能起煩惱是根本故.
　　由斯初地說斷二愚及彼麤重.

　비록 견도가 일어날 때에는 또한 악취의 모든 業果 등이 단절된다고 하더라도, 여기에서는 우선 能起되는 (업과의) 번뇌만을 선설하는데, 이것[업과]의 근본이기 때문이다. 이러 하므로 初地에서 2가지의 우치와 그것의 추중을 단절한다는 것이다.67)

一執著我法愚卽是此中異生性障. 二惡趣雜染愚 卽是惡趣諸業果等. 應知愚品總說爲愚. 後准此釋. 或彼唯說利鈍障品俱起二愚.

(1) 자아와 제법에 집착하는 우치라는 것은 바로 이것 가운데의 중생성의 혹장을 말하고, (2) 악취의 잡염법에 관한 우치라는 것은 악취의 모든 業果 등을 말한다. (업과인) 우치의 품류를 (또한) 전체적으로 우치라고 하고, 이후의 (諸地의) 것도 이것[초지]에 견주어서 해석한다는 것을 알아야 한다. 혹은 그곳[초지]에서는 오직 예리하거나 우둔한 혹장의 품성과 (상응하여) 함께 일어나는 2가지의 우치를 말한다.

彼麤重言 顯彼二種. 或二所起無堪任性. 如入二定說斷苦根所斷苦根雖非現種而名麤重. 此亦應然. 後麤重言例此應釋.

그곳에서 추중이라는 것은 그 2가지[2愚]의 종자를 나타낸다. 혹은 (단지) 2가지[2愚]에서 일어난 堪任하지 못하는 성품이므로 제2의 禪定에 증입할 때에 苦根을 단절한다고 하지만, 단절된 고근이 비록 현행하거나 종자가 아니

---

67) 『解深密經』 卷第4(『大正藏』 16, 704, 中) ; 『瑜伽師地論』 卷第78(『大正藏』 30, 730, 上).

더라도 (또한 고근의) 추중이라 하는 것과 같이, 이것도 또한 그러해야 한다. (다시) 이후의 (諸地에서) 추중이라는 말도 이것에 견주어서 해석해야 한다.

雖初地所斷實通二障. 而異生性障意取所知. 說十無明非
染污故. 無明卽是十障品愚. 二乘亦能斷煩惱障. 彼是共故
非此所說.

비록 초지(인 견도)에서 단절된 것이 실제로 2혹장에 통하더라도 중생성의 혹장이라는 의미는 (단지) 所知障만을 연취한다고 하는데, (경전에서 10지에서 단절된) 10가지의 무명은 염오성이 아니라고 하기[68] 때문이다. 무명이란 바로 10가지 혹장의 품류의 우치이고, 2乘도 또한 능히 번뇌장을 단절하는데, (번뇌장을 단절하는) 그것은 공통으로 (단절하기) 때문에 여기[소지장의 處]에서 선설하는 것이 아니다.

又十無明不染污者唯依十地修所斷說. 雖此位中亦伏煩惱
斷彼麤重而非正意. 不斷隨眠故此不說.

또한 10가지의 무명이 염오성이 아니라는 것은, 오직 10地의 修所斷에 의지해서 선설하는데, 비록 이 지위[초지] 중에서 또한 (일부 구생기의) 번뇌를 조복하고 (나아가) 그것[구생기의 번뇌]의 추중을 단절한다고 하더라도, 올바른 의미는 아니다.[69] (그 구생기의 번뇌인) 수면을 단절하지 못하기 때문

---

68) 世親 造, 『攝大乘論釋』 卷第7(『大正藏』 31, 337, 下).
69) 無著 造, 『攝大乘論本』(『大正藏』 31, 150, 下).

에 이것[번뇌]을 선설하지 않는다.

> 理實初地修道位中 亦斷俱生所知一分. 然今且說最初斷者
> 後九地斷准此應知. 住滿地中時旣淹久. 理應進斷所應斷障.
> 不爾三時道應無別.

이치의 진실을 논하면, 초지의 수도위에서는 또한 구생기의 소지장의 일부도 단절하지만, 여기에서는 우선 최초(의 견도)에서 단절되는 것[異生性]을 선설한다. 이후의 9地에서 단절하는 것도 이것에 견주어서 알아야 한다. 住持와 원만한 지위 중에 시간이 이전에 오래 머무르면 이치상 精進하여 단절해야 할 혹장을 단절해야 하는데, 그렇지 않는다면 3시간證入, 住持 및 圓滿의 법도는 차별이 없어야 한다.

> 故說菩薩得現觀已 復於十地修道位中 唯修永滅所知障道
> 留煩惱障助願受生 非如二乘速趣圓寂. 故修道位不斷煩惱
> 將成佛時方頓斷故.

그렇기 때문에 보살은 現觀을 증득하고서 다시 10地의 수도위 중에서 오직 소지장을 영원히 멸진할 법도만을 수습하고, (구생하는) 번뇌장(의 종자)를 留保하여 (깨달으려는) 서원을 도와서 (3界의) 태어남을 받는다. 마치 2乘이 신속하게 圓寂에 취향하는 것과는 같지 않는데,[70] 그러하므로 수도위에서는 번뇌장(의 종자)을 단절하지 않고 장차 성불할 때에 마침내 단박에

---

70) 『大乘阿毘達磨雜集論』 卷第14(『大正藏』 31, 763, 下).

단절하기 때문이다.

> 二邪行障. 謂所知障中俱生一分及彼所起誤犯三業. 彼障二
> 地極淨尸羅. 入二地時便能永斷. 由斯二地說斷二愚及彼
> 麤重.

2) (離垢地에 포함되는) 삿된 수행의 장애로서, 소지장 중의 구생기의 일부와 거기에서 생기된 그릇된 毁犯의 3업을 말한다. 그것은 第2地의 지극히 청정한 계율을 장애하지만 제2지에 증입할 때에 바로 영원히 멸진된다. 이러 하므로 제2지에서 2가지의 우치와 그것의 추중을 단절한다는[71] 것이다.

> 一微細誤犯愚. 卽是此中俱生一分. 二種種業趣愚. 卽彼所
> 起誤犯三業. 或唯起業不了業愚.

(즉,) (1) 미세하게 그릇된 훼범의 우치로서, 바로 이것 중의 구생기의 일부를 말한다. (2) 갖가지 業趣[72]의 우치로서, 그것에서 생기된 그릇된 훼범의 3업을 말한다. 혹은 오직 업만을 일으키고 업을 了知하지 못하는 우치이다.

> 三闇鈍障. 謂所知障中俱生一分令所聞思修法忘失. 彼障
> 三地勝定總持及彼所發殊勝三慧. 入三地時便能永斷.

---

71) 『瑜伽師地論』 卷第78(『大正藏』 30, 730, 上).
72) 『新導成唯識論』 卷第9, p.422, "趣라는 것은 毁責을 말하는데, 마치 人趣를 惡趣라고 하는 것과 같다."(趣者毁責名 如人惡趣.)

3) (發光地에 포함되는) 암둔한 장애로서, 소지장 중의 구생기의 일부가 청문하고 사유하며 수습한 법을 망실하게끔 하는 것을 말한다. 그것은 第3地의 (修慧를 발휘하는) 수승한 선정과 (聞慧와 思慧를 발휘하는) 총지 및 그것[선정 등]에서 발휘된 수승한 3慧를 장애하지만, 第3地에 증입할 때에 곧 영원히 단절된다.

由斯三地說斷二愚及彼麤重. 一欲貪愚. 卽是此中能障勝定及修慧者. 彼昔多與欲貪俱故名欲貪愚.

이러 하므로 인하여 제3지에서 2가지의 우치와 그것의 추중을 단절한다고 한다. (즉,) (1) 탐욕의 우치로서, 바로 이것이 수승한 선정과 수혜를 장애하는 것을 말하고, 그것[소지장]이 일찍이 대부분 탐욕과 함께 하기 때문에 탐욕의 우치라고 한다.

今得勝定及修所成彼旣永斷欲貪隨伏. 此無始來依彼轉故. 二圓滿聞持陀羅尼愚. 卽是此中能障總持聞思慧者.

여기에서 수승한 선정과 수습해서 성취한 (지혜를) 증득하므로 그것[소지장]은 이미 영원히 단절되었고, 탐욕도 따라서 조복된다. 이것[탐욕]은 언제부턴가 그것[소지장]에 의지해서 전전하기 때문이다. (2) 원만하게 청문하고서 任持한 陀羅尼의 우치로서, 바로 이것이 총지와 문혜 및 사혜를 장애하는 것을 말한다.

四微細煩惱現行障. 謂所知障中俱生一分 第六識俱身見等攝. 最下品故不作意緣故遠隨現行故說名微細.

4) (焰慧地에 포함되는) 미세한 번뇌가 현행하는 장애로서, 소지장 중에서 구생기의 일부가 第6識과 함께 하는 身見 등에 포섭되는 것을 말한다. (즉, 이것은) 최하품이고,[73] (임운하게 일어나) 작의하지 않고 반연하며, (언제부턴가) 멀리서부터 수순하여 현행하기 때문에 미세하다고 한다.

彼障四地菩提分法. 入四地時便能永斷. 彼昔多與第六識
中任運而生執我見等同體起故說煩惱名.

그것은 第4地의 보리분법을 장애하지만, 제4지에 증입할 때에 곧 영원히 단절된다. 그것[소지장]은 일찍이 대부분 제6식 중에서 자연스럽게 발생되어 자아로 집착하는 我見 등과 동체로 일어나기 때문에 번뇌라고 한다.

今四地中旣得無漏菩提分法 彼便永滅 此我見等亦永不行.

이제 제4지 중에서 이미 무루의 보리분법을 증득하였으므로 그것[소지장]이 곧 영원히 멸진되고, 이것의 아견 등도 또한 영원히 활동하지 않는다.

初二三地行施戒修相同世間. 四地修得菩提分法方名出世.
故能永害二身見等.

초지와 제2지 및 제3지에서는 보시와 지계 및 수습을 실천하는 법상이

---

73) 『新導成唯識論』 卷第9, p.423, "분별된 身見 등은 상품이라 하고, 獨頭의 탐욕 등은 中品이라 한다."(分別身見等爲上品 獨頭貪等爲中品.)

세간에서와 같다.74) 제4지에서는 보리분법을 수습하여 증득하므로 마침내 출세간이라 한다. 그렇기 때문에 영원히 2가지[분별과 구생]의 신견 등을 없앤다.75)

寧知此與第六識俱. 第七識俱執我見等與無漏道性相違故.
八地以去方永不行七地已來猶得現起與餘煩惱爲依持故.
此麤彼細伏有前後. 故此但與第六相應.

[질문] 이것[신견 등]이 (단지) 제6식과 함께 한다는 것을 어떻게 아는가?
[답변] 제7식과 함께 하는 자아로 집착하는 아견 등은 (제6식의 아공의) 無漏道와는 성품이 서로 상위되기 때문에, 8지 이후에서만 마침내 영원히 활동하지 않는다. 7지 이전에는 여전히 現起하는 것이 증득되어 다른 (아애 등) 번뇌의 의지처가 되기 때문이다. 이것[제6식과 함께 하는 것]은 거칠고 그것[제7식과 함께 하는 것]은 미세하여 조복하는 것에 前後가 있다.76) 그러므로 이것[아견]은 단지 제6식과만 상응한다.

身見等言亦攝無始所知障攝定愛法愛. 彼定法愛三地尙增.
入四地時方能永斷. 菩提分法特違彼故.

---

74) 『新導成唯識論』卷第9, p.423, "世間의 유정들도 대부분 이 3가지의 福業 자체를 짓기 때문이다."(世間有情多作此三福業事故.)
75) 『新導成唯識論』卷第9, p.423, "견도에서는 분별기의 것을 단절하고, 제4지에서는 구생기의 것을 단절한다."(見道斷分別 四地斷俱生.)
76) 『新導成唯識論』卷第9, p.423, "이 제6식의 아견은 거칠고, 그 제7식의 아견은 미세하므로, 거친 것은 먼저 조복되고, 미세한 것은 뒤에 조복된다."(此第六我見麤 彼第七我見細 麤者前伏 細者後伏.)

(그런데) 신견 등이라 선설한 것은 또한 언제부턴가의 소지장에 포함된 선정과 제법에 관한 애착도 포섭한다. 그것의 선정과 제법에 관한 애착은 제3지에서는 오히려 증성되지만 제4지에 증입할 때에는 마침내 영원히 소멸되는데, 보리분법이 특히 그것[定愛 등]에 상위되기 때문이다.

由斯四地說斷二愚及彼麤重. 一等至愛愚. 卽是此中定愛俱者. 二法愛愚. 卽是此中法愛俱者. 所知障攝二愚斷故煩惱二愛亦永不行.

이러 하므로 제4지에서 2가지의 우치와 그것의 추중을 단절한다고 한다. (즉,) (1) 삼매[등지]를 애착하는 우치라는 것은 바로 이것이 선정의 애착과 함께 하는 것을 말하고, (2) 제법을 애착하는 우치라는 것은 이것이 제법의 애착과 함께 하는 것을 말한다. 소지장에 포섭된 2가지의 우치가 단절되었기 때문에 번뇌장의 2가지 애착도 또한 영원히 활동하지 않는다.

五於下乘般涅槃障. 謂所知障中俱生一分 令厭生死樂趣涅槃 同下二乘厭苦欣滅. 彼障五地無差別道. 入五地時便能永斷.

5) (極難勝地에 포함되는) 下乘에 대하여 반열반하는 장애로서, 소지장 중의 구생기의 일부가 생사윤회를 厭離하고 즐겁게 열반에 취향하는 것은, 下位의 2乘이 고통을 싫어하고 적멸을 欣慕하는 것과 같은 것을 말한다. 그것은 제5지의 무차별의 법도를 장애하지만, 제5지에 증입할 때에 곧 스스로 영원히 소멸된다.

由斯五地說斷二愚及彼麤重. 一純作意背生死愚. 卽是此中厭生死者. 二純作意向涅槃愚. 卽是此中樂涅槃者.

이러 하므로 제5지에서 2가지의 우치와 그것의 추중을 단절한다고 한다. (즉,) (1) 순수하게 작의하여 생사를 등지는 우치라는 것은 바로 이것이 생사를 싫어하는 것을 말하고, (2) 순수하게 작의하여 열반에 취향하는 우치라는 것은 이것이 열반을 즐기는 것을 말한다.

六麤相現行障. 謂所知障中俱生一分執有染淨麤相現行. 彼障六地無染淨道. 入六地時便能永斷.

6) (現前地에 포함되는) 거친 형상이 현행하는 장애로서, 소지장 중의 구생기의 일부가 염오와 청정법의 거친 형상이 존재한다고 집착하여 현행하는 것을 말한다. 그것은 제6지의 염오와 청정함이 없는 법도를 장애하지만, 제6지에 증입할 때면 곧 스스로 영원히 단절된다.

由斯六地說斷二愚及彼麤重. 一現觀察行流轉愚. 卽是此中執有染者. 諸行流轉染分攝故 二相多現行愚. 卽是此中執有淨者. 取淨相故相觀多行未能多時住無相觀.

이러 하므로 제6지에서 2가지의 우치와 그것의 추중을 단절한다고 한다. (즉,) (1) 현전에서 (苦,集諦의) 행상의 流轉을 관찰하는 우치라는 것은, 바로 이것 중에 염오법이 존재한다고 집착하는 것을 말한다.[77] 모든 행상의 유전은 (전부) 염오분에 포섭되기 때문이다. (2) (滅,道諦의 淸淨한) 형상이 다수 현행하는 우치라는 것은, 이것 중에 청정법이 존재한다고 집착하는 것을

---

77) 『新導成唯識論』卷第9, p.425, "苦, 集諦의 행상의 流轉相을 攀緣하므로 障碍로 되고, 雜染이 존재한다고 執着하는 것이 이것이다."(緣苦集行流轉相爲障 執有染是.)

말한다. (무루의) 청정상을 취득하기 때문에 유상관이[78] 대부분 현행하지만, 아직도 많은 시간에 무상관에 머무는 것은 가능하지 않다.

七細相現行障. 謂所知障中俱生一分執有生滅細相現行.
彼障七地妙無相道. 入七地時便能永斷.

제7은 (遠行地에 포함되는) 미세한 형상이 현행하는 장애로서, 소지장 중의 구생기의 일부가 생멸하는 미세한 형상이[79] 존재한다고 집착해서 현행하는 것을 말한다. 그것은 제7지의 勝妙한 무상도를 장애하지만, 제7지에 증입할 때에 곧 스스로 영원히 소멸된다.

由斯七地說斷二愚及彼麤重. 一細相現行愚. 卽是此中執
有生者. 猶取流轉細生相故.

이러 하므로 제7지에서 2가지의 우치와 그것의 추중을 단절한다고 한다. (즉,) (1) 미세한 형상이 현행하는 우치라는 것은, 곧 이것 중에 生起됨[유전문]이 존재한다고 집착하는 것을 말한다. 여전히 유전의 미세한 생기의 형상에[80] 취착하기 때문이다.

---

78) 『新導成唯識論』 卷第9, p.425, "有相觀이다. 즉, 後得智가 有相의 淸淨觀을 짓는다."(有相觀 卽後得智作有相淨觀.)
79) 『新導成唯識論』 卷第9, p.425, "생멸하는 미세한 형상이란 이전의 第6地를 가리킨다."(生滅細相者指前六地也.)
80) 『新導成唯識論』 卷第9, p.425, "流轉은 生起를 시초로 하지만, 실제로는 또한 소멸됨이 있다."(以流轉以生爲首 實亦有滅.)

二純作意求無相愚. 卽是此中執有滅者. 尚取還滅細滅相故.
純於無相作意勤求未能空中起有勝行.

(2) 순수하게 작의하여 無相을 희구하는 우치라는 것은, 이것 중에 소멸됨[환멸문]이 존재한다고 집착하는 것을 말한다. 아직도 환멸의 미세한 형상을 취착하기 때문이다. (즉,) 순수하게 無相에 대해서 작의하고 부지런히 희구하지만, 아직도 (無相의) 空理 중에서 有相에 관한 수승한 현행을 일으키는 것이 가능하지 않다.

八無相中作加行障. 謂所知障中俱生一分令無相觀不任運起.
前之五地有相觀多無相觀少. 於第六地有相觀少無相觀多.
第七地中純無相觀. 雖恒相續而有加行.

8) (不動地에 포함되는) 無相 중에서 가행을 짓는 장애로서, 소지장 중의 구생기의 일부가 무상관을 임운히 일어나지 못하게끔 하는 것을 말한다. 이전의 5지에서는 유상관은 많지만 무상관은 적으며,[81] 제6지에서는 유상관은 적지만 무상관은 많다.[82] 제7지에서는 순수하게 무상관이 비록 항상 상속되더라도[83] (自在하지 못하기 때문에) 가행함이 있다.

由無相中有加行故未能任運現相及土. 如是加行障八地中無

---

81) 『新導成唯識論』 卷第9, p.425, "이전의 5地에서는 觀心이 劣等하였기 때문에 무상관이 적다."(前之五地觀心劣故 無相觀少.)
82) 『新導成唯識論』 卷第9, p.425, "第6地에서는 여전히 염오와 청정법을 평등한 진여로 관찰하기 때문에 대부분 무상관에 머문다."(第六地中猶觀染淨平等如故 多住無相.)
83) 『新導成唯識論』 卷第9, p.425, "미세한 生滅相을 단절했기 때문이다."(斷微細生滅相故.)

功用道. 故若得入第八地時便能永斷. 彼永斷故得二自在.

　무상관 중에서 가행함이 있는 것에 의거하기 때문에 임운하게 (금은 등의) 형상과 (大小의) 국토를[84] 나타내는 것이 가능하지 않다. 이와 같은 가행은 제8지 중의 功能이 없는 법도를 장애한다. 그렇기 때문에 만약에 제8지에 증입할 때면 곧 스스로 영원히 단절된다. 그것이 영원히 단절되기 때문에 2가지[형상과 국토]의 자재함을 증득한다.

由斯八地說斷二愚及彼麤重. 一於無相作功用愚. 二於相自在愚. 令於相中不自在故. 此亦攝土相一分故.

　이러 하므로 제8지에서 2가지의 우치와 그것의 추중을 단절한다고 한다. (즉,) (1) 無相한 것에 대해서 공용을 짓는 우치를 말하고, (2) 有相한 것에 대해 자재하는 우치를 말하는데, 有相한 것에 대해서 자재하지 못하게끔 하기 때문이다. 이것[유상한 것]에 또한 국토도 포함하는데, 有相의 일부이기 때문이다.

八地以上純無漏道任運起故三界煩惱永不現行. 第七識中細所知障猶可現起. 生空智果不違彼故.

　제8지 이상에서는 순수한 무루도가 (마침내) 임운하게 일어나기 때문에 3界의 번뇌가 (그 때에) 영원히 현행하지 않는다. (오직) 제7식 중의 미세한 소지장만이 (존재하여) 여전히 현행하는 것이 가능한데, 我空의 지혜와 과보

---

84) 『新導成唯識論』卷第9, p.426, "금과 은 등의 형상과 크고 작은 국토이다."(金銀等相及大小土也.)

가 그것[법집의 제7식 ; 미세한 소지장]에 상위되지 않기 때문이다.[85]

> 九利他中不欲行障. 謂所知障中俱生一分 令於利樂有情事中
> 不欲勤行樂修己利. 彼障九地四無礙解. 入九地時便能永斷.

9) (善慧地에 포함되는) 利他 중에서 실천하려 하지 않는 장애로서, 소지장 중의 구생기의 일부가 유정을 利樂하게 하는 자체 중에서, 勤行하려 하지 않고 자신의 이익만을 즐기려고 수습하는 것을 말한다. 그것은 제9지의 (利他法인) 4無礙解를 장애하지만, 제9지에 증입할 때면 곧 영원히 단절된다.

> 由斯九地說斷二愚及彼麤重. 一於無量所說法 無量名句字
> 後後慧辯 陀羅尼自在愚.

이러 하므로 제9지에서 2가지의 우치와 그것의 추중을 단절한다고 한다. (1) 무량하게 교설된 法門[義無礙解]과 무량한 명칭과 문구 및 문자[法無礙解]와 뒷 것[詞無礙解]의 慧辯 (등)의 陀羅尼에[86] 자재하는 우치를 말한다.

> 於無量所說法陀羅尼自在者 謂義無礙解. 卽於所詮總持自在.
> 於一義中現一切義故.

무량하게 교설된 법문에 대해서 다라니가 자재하다는 것은 義無礙解로서,

---

85) 『新導成唯識論』 卷第9, p.426, "주석서에서 논하기를, 法執의 末那識은 그것과 상위되지 않는다고 하기 때문이라는 것이다."(疏云 法執末那不違彼故.)
86) 『新導成唯識論』 卷第9, p.426, "陀羅尼의 言句는 3無礙解에 관통된다."(陀羅尼言貫通三無礙解.)

곧 所詮의 것에 대해 總持의 자재함으로 하나의 의미로 일체의 의미를 나타내기 때문이다.

> 於無量名句字陀羅尼自在者 謂法無礙解. 卽於能詮總持自在.
> 於一名句字中現一切名句字故.

무량한 명칭과 문구 및 문자에 대해 다라니가 자재하다는 것은 法無礙解로서, 能詮의 것에 대해 총지의 자재함으로 하나의 명칭과 문구 및 문자로 일체의 명칭과 문구 및 문자를 나타내기 때문이다.

> 於後後慧辯陀羅尼自在者 謂詞無閡解. 卽於言音展轉訓釋
> 總持自在. 於一音聲中現一切音聲故.

뒷 것의 慧辯에 대해 다라니가 자재하다는 것은 詞無礙解로서, 言音이 전전하여 訓釋한 것에 대해서 총지의 자재함으로 하나의 음성으로 일체의 음성을 나타내기 때문이다.

> 二辯才自在愚. 辯才自在者謂辯無礙解. 善達機宜巧爲說故.
> 愚能障此四種自在. 皆是此中第九障攝.

(2) 변재가 자재한 우치를 말하는데, 辯才가 자재하다는 것은 辯無礙解를 말한다.[87] 잘 (타인의) 根機의 적절함을 통달하여 교묘하게 선설하기 때문

---

87) 『新導成唯識論』卷第9, p.427, "불, 보살의 7辯才란, 迅速, 相應, 敏捷, 無疎 眞理와 契合, 無斷, 多豐義 및 勝妙한 변재를 말한다."(七辯 迅應捷無疎無斷豐義勝妙.)

이다. (이) 우치가 능히 이 4가지의 자재함을 장애하는 것은 모두 이것 중의 제9지의 장애에 포함된다.

> 十於諸法中未得自在障. 謂所知障中俱生一分令於諸法不得自在. 彼障十地大法智雲及所含藏所起事業. 入十地時便能永斷.

10) (法雲地에 포함되는) 제법 중에서 아직도 자재함을 증득하지 못하게 하는 장애로서, 소지장 중의 구생기의 일부가 제법에 대해서 자재함을 증득하지 못하게끔 하는 것을 말한다. 그것은 제10지의 大法의 智雲과[88] (다라니문과 삼마지문 등의) 함장된 것 및 생기된 자체의 업과를[89] 장애하지만, 제10지에 증입할 때면 바로 영원히 단절된다.

> 由斯十地說斷二愚及彼麤重. 一大神通愚. 卽是此中障所起事業者. 二悟入微細祕密愚. 卽是此中障大法智雲及所含藏者.

이러 하므로 제10지에서 2가지의 우치와 그것의 추중을 단절한다고 한다. (즉,) (1) 대신통력의 우치를 말하는데, 이것에서 일어난 자체의 업과를 장애하는 것을 말한다. (2) (장애되는 것을) 미세하고 비밀스럽게 깨닫는 우치를 말하는데, 이것에서 大法의 智雲과 함장된 것을 장애하는 것을 말한다.

---

88) 『新導成唯識論』 卷第9, p.427, "大法이란 眞如로서, 眞如를 攀緣하는 智慧는 大雲과 같기 때문에 大法의 智雲이라 한다."(大法者眞如也. 緣如之智如於大雲故名大法智雲.)
89) 『新導成唯識論』 卷第9, p.427, "지혜가 일으킨 신통력."(智所起神通.)

此地於法雖得自在而有餘障未名最極. 謂有俱生微所知障.
　　及有任運煩惱障種. 金剛喩定現在前時彼皆頓斷入如來地.

　이 제10지에서는 법[총지와 선정 및 업]에 대해 비록 자재함을 증득하더라도 다른 장애가 존재하므로 아직도 最極이라고 하지 않는다. 말하자면, 구생기의 미세한 소지장이 존재하고, 나아가 임운하는 번뇌장의 종자가 존재하지만, 금강유정이 현재전할 때에 그것을 모두 단박에 단절하고서 여래지에 증입한다.

　　由斯佛地說斷二愚及彼麤重. 一於一切所知境極微細著愚.
　　卽是此中微所知障.

　이러 하므로 佛地에서 2가지의 우치와 그것의 추중을 단절한다고 한다. (즉,) (1) 일체의 소지장의 경계에 대해서 지극히 미세하게 집착하는 우치를 말하는데, 바로 이것 중의 미세한 소지장이다.

　　二極微細礙愚. 卽是此中一切任運煩惱障種. 故集論說得
　　菩提時頓斷煩惱及所知障成阿羅漢及成如來證大涅槃大菩
　　提故.

　(2) 지극히 미세하게 장애하는 우치를 말하는데, 이것 중의 일체의 임운한 번뇌장의 종자이다. 그렇기 때문에 『잡집론』에서,[90] 菩提를 증득할 때에

---

90) 『大乘阿毘達磨雜集論』 卷第14(『大正藏』 31, 763, 下).

단박에 번뇌장과 소지장을 단절하여 아라한으로 되고, 더불어서 여래가 된다고 하였는데, 대열반과 대보리를 증득하였기 때문이다.

- 끝 -

卷第10
『成唯識論』

卷第 10
『成唯識論』

此十一障二障所攝. 煩惱障中 見所斷種 於極喜地見道初斷.
彼障現起地前已伏. 修所斷種 金剛喩定現在前時 一切頓斷.
彼障現起地前漸伏.

【二障】

이 11가지의 장애는 (모두 소지와 번뇌의) 2혹장에 포섭된다. 번뇌장 중에서 견도에서 단절되는 종자는 극희지인 견도의 초기에 단절되지만, 그 혹장의 現起는 10地 이전에 이미 조복된다.[1] 수도에서 단절되는 종자는[2] 금강유정이 현재전할 때에 일체가 즉시에 단절되지만, 그 혹장의 현행은 10地 이전[자량과 가행위]에 점차로 조복된다.

---

1) 『新導成唯識論』卷第10, p.439, "자량위에서는 거친 것이 조복되고, 가행위에서는 미세한 것이 조복된다. 즉, 분별하는 2取의 現行이다."(資糧伏麤 加行伏細 即分別二取現行也.)
2) 『新導成唯識論』卷第10, p.439, "이것은 漸悟의 有學位에 통한다."(此通漸悟有學.)

初地以上能頓伏盡 令永不行如阿羅漢. 由故意力 前七地中
雖暫現起而不爲失. 八地以上畢竟不行.

초지 이상에서는 스스로 즉시에 조복해버려서 영원히 현행하지 않게끔 하는 것이 마치 아라한과 같다. (번뇌를 두려워하지 않는) 故意的인 세력에 의지하여 이전의 7지 중에서는[3] 비록 잠시 현행하더라도 과실이 되지 않으며, 제8지 이상에서는 필경에 현행하지 않는다.

所知障中見所斷種於極喜地見道初斷. 彼障現起地前已伏.
修所斷種於十地中漸次斷滅金剛喩定現在前時方永斷盡.
彼障現起地前漸伏乃至十地方永伏盡.

소지장 중에서 견도에서 단절되는 종자는 극희지인 견도의 초기에 단절되고, 그 혹장의 현행은 10지 이전에 조복된다. 수도에서 단절되는 종자는 10지 중에서 점차로 단절하고, 금강유정이 현재전할 때에 마침내 영원히 멸진된다. 그 혹장의 현행은 10지 이전에 점차로 조복되지만, 이내 10지에 이르러서 마침내 영원히 조복된다.

八地以上六識俱者不復現行. 無漏觀心及果相續能違彼故.
第七俱者猶可現行. 法空智果起位方伏. 前五轉識設未轉
依無漏伏故障不現起.

---

3) 『新導成唯識論』卷第10, p.439, "앞의 3지에서는 아견 등을 일으키고, 7지 이전에는 탐욕 등을 일으킨다."(前三地起我見等 七地以前起貪慾等.)

제8지 이상에서는 (만약에) 6식[제6식의 소지장과 함께 한다면 다시는 현행하지 않는데, 무루관의 마음과 (아공의 지혜와) 업과가 상속되어 그것 [제6식의 2執]에 상위되기 때문이다. (만약에) 제7식과 함께 한다면 여전히 현행할 수 있는데, 법공의 지혜와 업과가 일어나는 위치에서 마침내 조복된다. 앞의 5轉識은 설령 전의되지 않았더라도 (제6식의) 무루관으로 조복되었기 때문에 혹장[5식의 2障]을 현기하지 않는다.

雖於修道十地位中皆不斷滅煩惱障種而彼麤重亦漸斷滅. 由斯故說二障麤重一一皆有三住斷義. 雖諸住中皆斷麤重 而三位顯. 是故偏說.

비록 수도위의 10지위 중에서 모두 번뇌장의 종자를 단멸하지는 못했더라도, 그것의 추중을 또한 점차로 단절한다. 이렇기 때문에 2혹장의 추중 하나하나가 모두 3位에 安住하여⁴⁾ 단절하는 의미가 있다는 것이다.⁵⁾ 비록 모든 安住에서 일체의 추중을 단절한다고 하더라도 3位가 현저하기 때문에 편중하여 선설한다.

斷二障種漸頓云何. 第七識俱煩惱障種三乘將得無學果. 時一刹那中三界頓斷. 所知障種將成佛時一刹那中一切頓 任運內起無麤細故.

---

4) 『新導成唯識論』卷第10, p.440, "1) 極喜, 2) 無相 및 3) 成滿의 菩薩로서, 이것이 단절된 처소를 말한 것이다."(一極喜 二無相 三成滿菩薩 此說已斷處.)
5) 『瑜伽師地論』卷第48(『大正藏』30, 562, 上).

[질문] 2혹장의 종자를 점차와 즉시에 단절하는 것은 어떠한가?

[답변] 제7식과 함께 하는 번뇌장의 종자는 3乘人이 장차 무학과를 증득하려고 할 때에 한 찰나 중에 3界의 것을 단박에 단절한다. 소지장의 종자는 (보살이) 장차 성불하려고 할 때에 한 찰나 중에 일체의 것을 단박에 단절한다. (2혹장이 함께) 임운하게 마음에서 일어나지만 거칠거나 미세하지 않기 때문이다.[6]

餘六識俱煩惱障種見所斷者 三乘見位眞見道中一切頓斷.
修所斷者隨其所應一類二乘三界九地一一漸次九品別斷.
一類二乘三界九地合爲一聚九品別斷. 菩薩要起金剛喩定
一刹那中三界頓斷.

다른 6식과 함께 하는 번뇌장의 종자에서 (만약에) 견도에서 단절되는 것이라면, 3乘의 견도위의 진견도 중에서 일체를 즉시에 단절한다. (만약에) 수도에서 단절되는 것이라면, 그 상응되는 것에 따라서 (혹은 어떤) 한 부류의[7] 2乘은 3界와 9地의 것[구생의 번뇌]을 하나하나 점차로 9품만을 별도로 단절한다. (다시 어떤) 한 부류의 2乘은 3界와 9地를 합해서[8] 한 무리[9]의 9품으로 삼아서 별도로 단절하지만, 보살은 반드시 금강유정을 일으켜서 한 찰나 중에 3界의 것을 즉시에 단절한다.

---

6) 『新導成唯識論』卷第10, p.440, "비록 81품이 존재한다고 하더라도 모두 비상비비상처의 제9품과 같기 때문에 거칠거나 미세하지 않다고 한다."(雖有八十一品 皆同非想第九品 故言無麤細.)
7) 『新導成唯識論』卷第10, p.440, "이 한 部類란 차례로 4果를 증득한 사람들이다."(此一類次得四果人.)
8) 『新導成唯識論』卷第10, pp.440~441, "見道 이전에는 조복하지 못하지만, 견도 이후에는 마침내 類聚을 합해서 단절한다."(於見前不伏 見後方類聚合斷.)
9) 여러 가지의 部類가 하나로 모여 있는 것을 (和合)聚라고 한다.

所知障種 初地初心頓斷一切見所斷者. 修所斷者 後於十
地修道位中漸次而斷. 乃至正起金剛喩定一刹那中方皆斷盡.
通緣內外麁細境生品類差別有衆多故.

소지장의 종자에서, 초지의 첫 마음에서 일체의 견소단의 것을 즉시에 단절한다. (만약에) 수소단의 것이면, 뒤에 10地의 수도위에서 점차로 단절하고, 나아가 바로 금강유정을 일으켜서 한 찰나 중에 마침내 모두 단절해 버린다. 공통적으로 내부와 외부, 거친 것과 미세한 경계를 반연하여 일어나므로[10] 품류[9品]가 차별되는데, 衆多한 것이 존재하기[11] 때문이다.

二乘根鈍漸斷障時 必各別起無間解脫. 加行勝進或別或總.
菩薩利根漸斷障位. 非要別起無間解脫刹那刹那能斷證故.
加行等四刹那刹那前後相望皆容具有

【四道】

2乘은 근기가 우둔하므로 점차로 (6식 구생의) 번뇌장을 단절할 때에 반드시 각각 별도로 무간과 해탈도를 일으키고,[12] 가행과 승진도는 개별이나 혹은 전체를 일으킨다.[13] 보살은 예리한 근기이므로 점차로 (6식 구생의)

---

10) 『新導成唯識論』卷第10, p.441, "이유는 6識과 함께하는 所知障을 모든 지위에서 漸次로 단절하는 것이 같지 않다는 것이다."(所以六識俱所知障諸地漸斷不同者.)
11) 『新導成唯識論』卷第10, p.441, "모든 지위에서 분분하게 별도로 단절된다."(諸地分分別斷.)
12) 『新導成唯識論』卷第10, p.441, "無間하게 一品을 단절하고 난 다음에 해탈도를 일으키는 등과 같다."(如無間斷一品 次起解脫等.)
13) 『成唯識論觀心法要』卷第10[『卍新纂續藏經』第51冊(2009), p.437, 中, "만약에 이전의 승진도

소지장을 단절하는 위치에서 반드시 별도로 무간과 해탈도를 일으키지 않는데, (즉) 찰나 찰나에 (무간도에서) 능히 단절하고 (해탈도에서) 증득하기 때문이다. 가행도 등의 4도는 찰나 찰나에 전후로 상망하여 모두 구비하여 존재하는 것이 인정된다.[14]

> 十眞如者. 一遍行眞如. 謂此眞如二空所顯無有一法而不在故. 二最勝眞如. 謂此眞如具無邊德於一切法最爲勝故. 三勝流眞如. 謂此眞如所流敎法於餘敎法極爲勝故. 四無攝受眞如. 謂此眞如無所繫屬. 非我執等所依取故.

【十眞如】

10진여라는 것은, 1) 변행의 진여로서,[15] 이 진여는 2空[我, 法空]으로 나타나는데, 한 法이라는 것도 존재하지 않는다는 것은 존재하는 것이 없기 때문이다. 2) 최상승의 진여로서,[16] 이 진여는 無邊한 공덕을 갖추어 일체제법에서 가장 수승하기 때문이다. 3) 수승한 流轉의 진여로서,[17] 이 진여로부터

라면, 곧 뒤의 가행도가 되므로 전체라고 하지만, 혹 동시가 아닐 때에는 개별이라 한다."(若前之勝進 卽爲後之加行 則名爲總 或不同時 則名爲別也.)

14) 『新導成唯識論』卷第10, p.441, "有漏의 4도에는 위의 色界 등 2界의 10지에 통하므로 모두 존재하고, 욕계에는 오직 가행과 승진도만이 존재하며, 無漏의 4도는 有頂天非想非非想處을 제외한 모두가 4도에 통한다."(有漏四道通上二界十地 皆有 欲界唯有加行勝進 無漏四道除有頂 皆通四道.)

15) 『新導成唯識論』卷第10, p.441, "극희지에서 중생성의 번뇌는 단절된다."(極喜地斷異生性障.)

16) 『新導成唯識論』卷第10, p.441, "이구지에서 삿된 수행의 장애를 단절한다."(離垢地斷邪行障.), "犯戒를 여의므로 인하여 이 진여를 증득해서 공덕을 장엄하기 때문이다."(由離犯戒 證此眞如 德莊嚴故.)

17) 『新導成唯識論』卷第10, p.441, "발광지에서 암둔한 장애를 단절한다."(發光地斷闇鈍障.), "聞

유전되는 교법은 다른 교법 보다 지극히 수승하기 때문이다. 4) 섭수됨이 없는 진여로서,[18] 이 진여는 계박과 종속됨이 없어서 아집 등의 所依와 所取(의 경계)가 아니기 때문이다.

五類無別眞如. 謂此眞如類無差別. 非如眼等類有異故. 六無染淨眞如. 謂此眞如本性無染亦不可說後方淨故. 七法無別眞如. 謂此眞如雖多敎法種種安立而無異故.

5) 性流의 차별이 없는 진여로서,[19] 이 진여에는 성류의 차별이 없는데[20] 안근 등의 종류에 다름이 있는 것과 같은 것이 아니기 때문이다. 6) 염오와 청정함이 없는 진여로서,[21] 이 진여는 본래부터 자성이 염오되지 않으며, 또한 뒤에 청정해진다고 할 수 없기 때문이다. 7) 교법의 차별이 없는 진여로서,[22] 이 진여는 비록 많은 교법에서 갖가지로 안립되더라도 다른 것이 없기 때문이다.

八不增減眞如. 謂此眞如離增減執. 不隨淨染有增減故. 卽

慧 등 3慧를 증득하고 대승의 법을 照明하므로 인하여, 이 法敎의 근본진여를 관찰할 수 있으므로 수승한 流轉이라 한다."(由得三慧 照大乘法 觀此法敎根本眞如 名勝流.)

18) 『新導成唯識論』卷第10, pp.441~442, "염혜지에서 미세한 번뇌가 현행하는 장애를 단절한다."(焰慧地斷微細煩惱現行障.)

19) 『新導成唯識論』卷第10, p.442, "극난승지에서 下乘의 般涅槃의 장애를 단절한다."(極難勝地斷下乘般涅槃障.)

20) 『新導成唯識論』卷第10, p.442, "생사와 열반 2가지는 모두 평등하기 때문에 차별이 없다고 한다."(生死涅槃二皆平等故云無差別.)

21) 『新導成唯識論』卷第10, p.442, "현전지에서 麤相한 현행의 장애를 단절한다."(現前地斷麤相現行障.)

22) 『新導成唯識論』卷第10, p.442, "원행지에서 微細相의 현행의 장애를 단절한다."(遠行地斷細相現行障.)

此亦名相土自在所依眞如. 謂若證得此眞如已現相現土俱
自在故.

8) 증감되지 않는 진여로서,[23] 이 진여는 증감되는 집착을 여읜 것이므로 청정과 염오법에 따라서 증감됨이 존재하는 것이 아니기 때문이다. 즉, 이것을 또한 형상과 국토의 자재가 의지하는 진여라고 하는데, 만약에 이 진여를 증득했을 때에는 형상을 나타내고 국토로 변현되는 것이 모두 자재하기 때문이다.

九智自在所依眞如. 謂若證得此眞如已於無礙解得自在故.
十業自在等所依眞如. 謂若證得此眞如已普於一切神通作
業總持定門皆自在故.

9) 지혜의 자재함이 의지하는 진여로서,[24] 만약에 이 진여를 증득했을 때에는 걸림 없는 지혜에 대해서 자재함을 증득하기 때문이다. 10) 3업의 자재함 등이 의지하는 진여로서,[25] 만약에 이 진여를 증득했을 때에는 널리 일체의 신통한 작업과 총지 및 선정의 부문에 모두 자재하기 때문이다.

雖眞如性實無差別而隨勝德假立十種. 雖初地中已達一切

---

23) 『新導成唯識論』卷第10, p.442, "부동지에서 無相 중 加行을 짓는 장애를 단절한다."(不動地斷無相中作加行障.)
24) 『新導成唯識論』卷第10, p.442, "선혜지에서 利他 중 수행하고자 하지 않는 장애를 단절한다."(善慧地斷利他中不欲行障.)
25) 『新導成唯識論』卷第10, p.442, "법운지에서 諸法 중에서 자재함을 증득하지 못하게 한 장애를 단절한다."(法雲地斷諸法中未得自在障.)

而能證行猶未圓滿. 爲令圓滿後後建立.

비록 진여의 자성은 진실로 차별이 없다고 하더라도 수승한 공 덕에[26] 따라서 10가지를 가립한다. 초지 중에서 일체[10眞如]를 통달했더라도 能證의 (10가지 수승한) 수행이 여전히 원만하지 못하므로 원만하게 하기 위해서 뒤의 것들을 (의지하여 10가지의 명칭을) 건립한다.

如是菩薩於十地中勇猛修行十種勝行斷十重障證十眞如於二轉依便能證得.

【六轉依】

이와 같이 보살은 10地 중에서[27] 용맹스럽게 10가지의 수승한 수행을 닦고, 10가지의 추중한 번뇌를 단절하며, 10진여를 증득하여 2가지의 轉依菩提와 涅槃를 곧 스스로 증득한다.

轉依位別略有六種. 一損力益能轉. 謂初二位. 由習勝解及慚愧故損本識中染種勢力益本識內淨種功能. 雖未斷障種實證轉依而漸伏現行亦名爲轉.

---

26) 『新導成唯識論』卷第10, p.442, "소증과 소생 및 능증의 수승한 공덕."(所證所生能證勝德.)
27) 『新導成唯識論』卷第10, p.443, "10지와 10수승행과 10번뇌 및 10眞如인 (能證得의) 4因을 말한다."(謂十地十勝行十障十眞如是四因也.)

轉依하는 지위의 차별에는 대략 6가지가 있다.[28] 1) (염오종자의) 세력을 감소시키고 (청정종자의) 공능을 증익하게 하는 전의로서, 처음의 2지위[자량과 가행위]에서 수승한 信解를 습득하고[자량위] (업과의) 참괴함[가행위]에 의거하기 때문에, 근본식 중의 염오종자의 세력을 감소시키고, 근본식 내의 청정종자의 공능을 증익하는 것을 말한다. 비록 아직 번뇌의 종자를 단절하여 진실로 전의를 증득하지는 못했더라도, 점차로 (2惑障의) 현행을 조복하므로 또한 전의라고 한다.

二通達轉謂通達位. 由見道力通達眞如斷分別生二障麤重 證得一分眞實轉依.

2) 통달된 전의로서 통달위를 말하는데, 견도의 세력으로서 (遍行의) 진여를 통달함에 의거하여, 分別起로 발생된 2혹장의 추중종자와 습기을 단절하여 일부 진실한 전의를 증득한다.

三修習轉. 謂修習位. 由數修習十地行故 漸斷俱生二障麤重 漸次證得眞實轉依.

3) 수습된 전의로서 수습위를 말하는데, 10地의 수행을 자주자주 수습함에 의거하기 때문에, 점차로 俱生起의 2혹장의 추중을 단절하고, 아울러 진실한 전의를 증득한다.

---

28) 『新導成唯識論』卷第10, p.443, "대략 5位를 드는데[總說], 地前의 지위를 2位, 10지위를 2位 및 여래위를 1位로 한다."(略開五位 地前爲二 十地爲二 如來爲一.)

攝大乘中說通達轉在前六地 有無相觀通達眞俗 間雜現前
令眞非眞現不現故. 說修習轉在後四地 純無相觀長時現前
勇猛修習斷餘麤重 多令非眞不顯現故.

(그런데)『섭대승론』에서29) (또한) 통달된 전의가 앞의 6地에 존재한다는
것은, (그것이) 有相과 無相觀으로서 진제와 속제를 통달한 것이 뒤섞여 현전
하여, 진실한 것[무성]과 진실하지 않는 것[유성]을 현현하거나 현현하지 않
게끔 하기 때문이라는 것이다. 수습된 전의가 뒤의 4地[제7~제10]에 존재한
다는 것은, 순수한 무상관이 長時에 현전하며, 용맹스럽게 수습하여 나머지
의 추중을 단절해서 대부분 진실하지 않는 것을 현현하지 않게끔 하기 때문
이라는 것이다.

四果圓滿轉. 謂究竟位. 由三大劫阿僧企耶 修習無邊難行
勝行 金剛喩定現在前時永斷本來一切麤重頓證佛果圓滿
轉依. 窮未來際利樂無盡.

4) 證果가 원만한 전의로서 구경위를 말하는데, 3大劫의 아승기야에 의거
하여 無邊한 難行으로 수승한 수행을 수습하였기 때문에, 금강유정이 현재
전할 때에 영원히 본래의 일체 추중을 단절하고서, 즉시에 佛果의 원만한
전의를 증득하여 미래세가 다하도록 利樂하는 것이 다함이 없다.

五下劣轉. 謂二乘位. 專求自利厭苦欣寂唯能通達生空眞

---

29) 世親 造,『攝大乘論釋』卷第9(『大正藏』31, 369, 中).

如斷煩惱種證眞擇滅無勝堪能名下劣轉.

5) 下劣한 전의로서 2乘의 지위를 말하는데, 自利만을 專門的으로 희구하며, 고통을 厭離하고 적멸을 欣求한다. 오직 아공(으로 나타난) 진여만을 통달해서, 번뇌장의 종자를 단절하고, (오직) 진실한 택멸무위만을 증득하는데, 수승한 감능력이 존재하지 않으므로 하렬한 전의라고 한다.

六廣大轉. 謂大乘位. 爲利他故趣大菩提 生死涅槃俱無欣厭
具能通達二空眞如 雙斷所知煩惱障種 頓證無上菩提涅槃
有勝堪能名廣大轉. 此中意說廣大轉依 捨二麤重而證得故.

6) 광대한 전의로서 대승의 지위를 말하는데, 남을 이롭게 하기 위해서 大菩提에 나아가고, 생사와 열반을 모두 흔구하지도 염리하지도 않는다. 구체적으로 2空(으로 나타난) 진여를 통달하고, 소지장과 번뇌장의 종자를 함께 단절하여, 최상의 보리와 열반을 즉시에 증득하며, (이와 같은) 수승한 감능력이[30] 존재하는 것을 광대한 전의라고 한다.

이것[게송] 중의 의미는 (바로 佛果의) 광대한 전의를 말하는데, 2혹장의 추중을 버려서 증득하기 때문이라는 것이다.

轉依義別略有四種. 一能轉道. 此復有二. 一能伏道. 謂伏
二障隨眠勢力令不引起二障現行. 此通有漏無漏二道加行

---

[30] 『新導成唯識論』卷第10, p.444, "일제 지혜 등을 갖추었기 때문에 감능력이 있다고 한다." (具一切智等 故云有堪能.)

根本隨其所應漸頓伏彼.

【轉依義別】

轉依에 관한 의미의 차별에 대략 4가지가 있다. 1) 能轉道로서 여기에도 다시 2가지가 있는데, (1) 能伏道로서 2혹장의 수면 세력을 조복하고, 2혹장의 현행을 견인하여 일어나지 않게끔 하는 것을 말한다. 이것은 통틀어 유루와 무루법의 2道와 (또한) 가행과 근본 및 후득지의 3智를 지니는데,[31] 그 상응되는 것에 따라서 그것[2혹장의 현행]을 점차적으로나 즉시에 조복한다.

二能斷道. 謂能永斷二障隨眠. 此道定非有漏加行. 有漏曾習.
相執所引未泯相故. 加行趣求所證所引未成辦故.

(2) 能斷道로서 능히 2혹장의 수면을 영원히 단절하는 것을 말한다. 이 道[근본과 후득지]는 반드시 유루도와 加行智가 아니다. (즉,) 유루도는 예전의 훈습이었고, (또한) 형상의 집착에 견인된 것이며, 아직도 형상을 泯絶하지 못했기 때문이다. 가행지는 증득되는 것[진여]과 견인되는 것[무분별지]을 취향해서 희구하지만, 아직 변별력을 성취하지 못했기[32] 때문이다.

有義根本無分別智 親證二空所顯眞理. 無境相故能斷隨眠.

---

31) 『新導成唯識論』 卷第10, pp.444~445, "가행지는 점차로 조복하여 없애지만, 2가지의 지혜 [근본과 후득지]는 즉시에 조복한다."(加行智能漸伏除 二智能頓伏.)
32) 『新導成唯識論』 卷第10, p.445, "번뇌를 단절하는 것이 가능하지 않다."(不能斷惑)

後得不然故非斷道.

어떤 사람은, 근본 무분별지는 바로 2공이 나타낸 진리에서 증득되고, 경계에 대한 형상[相分]이 존재하지 않기 때문에 능히 (2혹장의) 수면을 단절한다. (그러나) 후득지는 그렇지 않기 때문에 能斷道가 아니라고 한다.

有義後得無分別智 雖不親證二空眞理 無力能斷迷理隨眠.
而於安立非安立相 明了現前無倒證故 亦能永斷迷事隨眠.

또한 어떤 사람은, 후득 무분별지는 직접 2공의 진리를 증득하지 못해서 미혹한 수면을 능히 단절할 능력이 없다고 하더라도, (4諦의) 안립과 비안립의 형상에 대해서 명료하게 현전에서 전도됨이 없이 증득하기 때문에, 또한 영원히 미혹한 수면을 단절한다는 것이다.

故瑜伽說修道位中 有出世斷道世出世斷道. 無純世間道能
永害隨眠. 是曾習故相執引故.

그렇기 때문에 『유가론』에서,[33] 수도위 중에는 (근본지인) 출세간의 능단도와 (후득지인) 세간[安立]과 출세간[非安立]의 능단도가 존재하지만, 純大한 세간도[有漏]가 (존재하여) 영원히 수면을 없애지 못한다는 것은, 이것[세간도]이 예전에 훈습된 것이었고, (또한) 형상의 집착에 견인된 것이기 때문이라는 것이다.

---

33) 『瑜伽師地論』 卷第55(『大正藏』 30, 606, 上).

由斯理趣 諸見所斷及修所斷迷理隨眠 唯有根本無分別智
親證理故能正斷彼 餘修所斷迷事隨眠 根本後得俱能正斷.

이러한 이치에 의거하여 모든 견도위에서 단절되는 것과[34] 수도위에서 단절되는[35] 미혹한 수면은, 오직 근본 무분별지만이 직접 진리를 증득하기 때문에 능히 그것을 바로 단절한다. 다른 수도위에서 단절되는 미혹한 수면은[36] 근본[제9품]과 후득지[前8품]가 함께 바로 단절한다.

二所轉依. 此復有二. 一持種依. 謂本識. 由此能持染淨法
種 與染淨法俱爲所依. 聖道轉令捨染得淨. 餘依他起性雖
亦是依而不能持種故此不說.

2) 所轉依로서, 이것에 다시 2가지가 있는데, (1) 持種依로서 근본식을 말한다. 이것은 능히 염오와 청정법의 종자를 執持하므로 염오와 청정법 모두의 의지처가 된다. 聖道가 전전하여 염오법을 버리고 청정법을 증득하게끔 하며, 다른 의타기성도[37] 또한 의지처이기는 하지만, 능히 종자를 집지하지 못하기 때문에 여기에서는 선설하지 않는다.

---

34) 『新導成唯識論』卷第10, p.445, "見惑은 자체에 미혹한 것[迷事]과 이치에 미혹한 것[迷理]에 통한다."(見惑通於迷事迷理.)
35) 『新導成唯識論』卷第10, p.445, "무명과 2견 및 이들과 함께하는 근본지와 隨惑"(無明二見及此俱根本及隨惑.)
36) 『新導成唯識論』卷第10, p.445, "탐욕과 진에와 아만과 무명 및 이들과 함께하는 隨惑"(貪恚慢無明及此俱隨惑.)
37) 『成唯識論觀心法要』卷第10[『卍新纂續藏經』第51冊(2009), p.441, 中, "앞의 7전식을 가리킨다."(指前七轉識也.)

二迷悟依. 謂眞如. 由此能作迷悟根本諸染淨法依之得生.
聖道轉令捨染得淨. 餘雖亦作迷悟法依而非根本故此不說.

(2) 迷悟依로서 진여를 말하는데, 이것은 미혹과 깨달음의 근본으로 되므로 모든 염오와 청정법이 이것에 의지해서 생겨나게 된다. 聖道가 전전해서 염오법을 버리고 청정법을 증득하게끔 하는데, 다른 것[依他起性]도 비록 미혹과 깨달음의 법이 의지처로 삼지만, 근본식이 아니기 때문에 여기에서는 선설하지 않는다.

三所轉捨. 此復有二. 一所斷捨. 謂二障種. 眞無間道現在
前時障治相違彼便斷滅永不成就. 說之爲捨.

3) 所轉捨로서 이것에도 2가지가 있는데, (1) 所斷捨로서 2혹장의 종자를 말한다. 진실한 무간도가 현재전할 때에는 번뇌와 (그것의) 能治는 상위되므로 그것[依他의 종자]이 즉시에 단절되어서 영원히 성취할 수 없는데, 이것을 버렸다[捨]고 한다.

彼種斷故不復現行妄執我法. 所執我法不對妄情. 亦說爲捨.
由此名捨遍計所執.

그것의 종자는 단절되었기 때문에 다시 현행하여 허망하게 자아와 법으로 집착하지 않는다. 집착된 자아와 법도 (다시) (그) 허망된 감정을 상대하지 않으므로 또한 버렸다고 한다. 이것에 의거해서 변계소집성을 버렸다고 한다.

二所棄捨. 謂餘有漏劣無漏種. 金剛喩定現在前時引極圓
明純淨本識 非彼依故皆永棄捨.

(2) 所棄捨로서 (2혹장의) 다른 유루법과 (2乘의) 下劣한 무루법의 종자를 말한다, 금강유정이 현재전할 때에 지극히 원만하고 분명한 純淨의 근본식을 견인하지만, 그것[유루와 下劣의 무루]의 의지처가 아니기 때문에 모두 영원히 버린다.

彼種捨已現有漏法及劣無漏畢竟不生. 旣永不生亦說爲捨.
由此名捨生死劣法.

그것의 종자를 버렸을 때에는 현재의 유루법과 열등한 무루법도 필경에는 일어나지 않으며, 영원히 일어나지 않으므로 또한 버렸다고 한다. 이것으로 인하여 (變異하는) 생사와 열등한 법을 버렸다고 한다.

有義所餘有漏法種及劣無漏金剛喩定現在前時皆已棄捨.
與二障種俱時捨故.

어떤 사람은, 다른 유루법의 종자와 열등한 무루법(의 종자)은 금강유정이 현재전할 때에 모두 버려지는데, (俱生起의 미세한) 2혹장의 종자와 같은 때에 버려지기 때문이라는 것이다.

有義爾時猶未捨彼 與無間道不相違故. 菩薩應無生死法故.
此位應無所熏識故. 住無間道應名佛故. 後解脫道應無用故.

[정의] 또한 다른 사람은, 그 때[금강심]에도 여전히 그것을 버리지 못하는데, (제8식 등의 다른 유루법은) 무간도와 상위되지 않기 때문이고, 보살에게는 (일부 變易) 생사하는 법이 존재하지 않아야 하며, (또한) 이 지위에서는 훈습되는 심식이 존재하지 않아야 하고, (즉) 무간도에 안주할 때에는 부처님이라 해야 하며, (곧 부처님이므로) 뒤의 해탈도에서는 작용이 없어야 하기 때문이라는 것이다.

由此應知. 餘有漏等解脫道起方棄捨之. 第八淨識非彼依故.

이러 하므로 다른 유루법 등은 해탈도가 일어날 때에 마침내 이것을 버리는데, (해탈도의) 제8 청정식은 (곧) 그것[유루 등]의 의지처가 아니기 때문이라는 것을 알아야 한다.

四所轉得. 此復有二. 一所顯得. 謂大涅槃. 此雖本來自性淸淨 而由客障覆令不顯 眞聖道生斷彼障故 令其相顯名得涅槃. 此依眞如離障施設. 故體卽是淸淨法界.

4) 所轉得으로서 이것에도 다시 2가지가 있는데, (1) 所顯得으로서 대열반을 말한다. 이것이 본래부터 자성청정하다고 하더라도 객진번뇌가 가려서 현현하지 못하게끔 하므로 진실한 聖道가 발생되어서 그것의 번뇌를 단절하기 때문에, 그 형상을 나타나게끔 하는 것을 열반을 증득한다고 한다. 이것은 진여가 번뇌를 여읜 것에 의거하여 (명칭을) 시설하기 때문에 자체는 바로 청정한 법계이다.

涅槃義別略有四種. 一本來自性淸淨涅槃. 謂一切法相眞

如理. 雖有客染而本性淨. 具無數量微妙功德. 無生無滅湛
若虛空. 一切有情平等共有.

【四涅槃】

열반의 의미에 관한 차별에 대략 4가지가 있는데, ① 본래 자성청정 열반
으로서 일체의 제법상이 (의지하는) 진여의 이치를 말한다. 비록 객진번뇌
에 오염되었다고 하더라도 본성이 청정하고, 한량없는 미묘한 공덕을 갖추
었으며, 생멸함이 없어서 湛然한 것이 마치 허공과 같고, 일체 유정들에게
평등하게 공통으로 존재한다.

與一切法不一不異. 離一切相一切分別. 尋思路絶名言道斷.
唯眞聖者自內所證. 其性本寂故名涅槃.

일체 제법과는 하나도 아니고 다른 것도 아니며, 일체의 형상과 일체의
분별을 여의었고, 사려와 식별을 초월한 것[尋思路絶]이며, 언어도단이고, 오
직 진실한 聖者만이 자신의 내면에서 증득하는 것이다. 그 성품이 본래부터
圓寂하기 때문에 열반이라 한다.

二有餘依涅槃. 謂卽眞如出煩惱障. 雖有微苦所依未滅. 而
障永寂故名涅槃. 三無餘依涅槃. 謂卽眞如出生死苦. 煩惱
旣盡餘依亦滅. 衆苦永寂故名涅槃.

② 유여의 열반으로서 바로 진여가 번뇌장을 아주 벗어난 것을 말한다.

비록 미세한 괴로움의 소의가 존재하여 아직 적멸하지 못하더라도 번뇌를 영원히 寂靜하게 하였기 때문에 열반이라 한다. ③ 무여의 열반으로서 진여가 생사의 괴로움을 벗어난 것을 말한다. 번뇌를 멸진하였고, 다른 소의도 또한 소멸하여 衆多한 고통을 영원히 적정하게 하였기 때문에 열반이라 한다.

四無住處涅槃. 謂卽眞如出所知障. 大悲般若常所輔翼. 由
斯不住生死涅槃 利樂有情 窮未來際用而常寂 故名涅槃.

④ 무주처 열반으로서 진여가 (다시) 소지장을 벗어난 것을 말한다. 대비심과 반야(후득지)로 항상 보태어서 도움이 되게 하므로, 이것에 의지하여 생사와 열반에도 머물지 않고, 유정들을 利樂하게 하는 것을 미래세가 다하도록 활용하더라도,[38] 언제나 적정하기 때문에 열반이라 한다.

一切有情皆有初一. 二乘無學容有前三. 唯我世尊可言具四.
如何善逝有有餘依 雖無實依而現似有. 或苦依盡說無餘依
非苦依在說有餘依. 是故世尊可言具四.

일체 유정들 모두에게는 처음의 1가지만이 존재하고, 2乘의 무학에게는 앞의 3가지가 존재하는 것이 인정되며, 오직 우리 세존만이 4가지를 구족하였다고 할 수 있다.

[질문] 어째서 善逝에게 유여의 열반이 존재하는가?
[답변] 비록 진실한 의지처는 존재하지 않는다고 하더라도, 존재하는 것으

---

38) 『新導成唯識論』 卷第10, p.448, "비록 大悲心과 智慧의 2가지를 활용하여 일으키더라도 체성은 항상 적정하다."(雖起悲智二用 而體性恒寂.)

로 似現되거나[應化身] 괴로움의 의지처가 멸진되었으므로 무여의 열반이라 하고, 괴로움이 없는 의지처[所依身]는 존재하므로 유여의 열반이라 한다. 이렇게 때문에 세존은 4가지를 구족하였다고 할 수 있다.

若聲聞等有無餘依 如何有處說彼非有. 有處說彼都無涅槃 豈有餘依彼亦非有.

[질문] 만약에 성문승 등에게 무여의 열반이 존재한다면, 어째서 어떤 經論에서는[39] 그들[2乘]에게는 존재하는 것이 아니라고 하는가?
[답변] 그 경론에서 그들에게 모두 열반이 존재하지 않는다고 하였지만, 어째서 유여의 열반도 그들에게 또한 존재하지 않는다고 하는가?

然聲聞等身智在時有所知障. 苦依未盡圓寂義隱. 說無涅槃. 非彼實無煩惱障盡所顯眞理有餘涅槃.

그렇지만 성문승 등은 灰身滅智에[40] 있을 때에는 소지장도 존재하며, 괴로움의 의지처도 아직 멸진되지 않아서 圓寂의 의미가 감추어졌으므로 열반이 존재하지 않는다고 한다. (그러나) 그들에게 진실로 번뇌장을 멸진하여 顯現하게 된 진리인 유여의 열반마저 존재하지 않는다는 것은 아니다.

爾時未證無餘圓寂 故亦說彼無無餘依. 非彼後時滅身智已

---

39) 『勝鬘經』(『大正藏』 12, 219, 下).
40) 焚身滅智라고도 하는데, 2乘들이 최후로 몸을 재灰로 만들고 지혜마저 소멸시킨다는 의미로서, 몸과 마음이 함께 존재하지 않는 무여의 열반을 말한다.

無苦依盡無餘涅槃. 或說二乘無涅槃者 依無住處不依前三.

　(또한) 그럴 때에는 아직 무여의 圓寂을 증득하지 못하였기 때문에 역시 그들에게 무여의 열반이 존재하지 않는다고 한다. 그런 다음에 灰身滅智를 소멸했을 때에는 괴로움의 의지처를 멸진한 무여의 열반이 존재하지 않는다는 것은 아니다. 혹은 2乘에게 열반이 존재하지 않는다고 한 것은 (곧,) 무주처 열반설에 의거한 것으로서 앞의 3가지(의 宣說)에 의거한 것이 아니다.

　　又說彼無無餘依者 依不定姓二乘而說. 彼纔證得有餘涅槃.
　　決定迴心求無上覺. 由定願力留身久住. 非如一類入無餘依.

　또한 그들[2乘]에게 무여의 열반이 존재하지 않는다고 한 것은 不定姓의 2乘에 의거하여 말한 것이다. (즉,) 그들은 잠시 유여의 열반을 증득할 즈음에 결정적으로 마음을 돌려서 최상의 깨달음을 흔구하고, 선정과 서원력에 의지하여 몸을 留保하고서 오래도록 念住하는데, 한 부류[定姓의 2乘]가 무여의 열반에 증입하는 것과는 같지 않다.

　　謂有二乘深樂圓寂 得生空觀親證眞如. 永滅感生煩惱障盡
　　顯依眞理有餘涅槃. 彼能感生煩惱盡故 後有異熟無由更生.

　말하자면, 어떤 2乘[定姓]은 깊이 원적을 즐겨 아공관을 취득하고서 직접 진여를 증득하며, 영원히 潤生을 초감하는 번뇌장을 멸진해서 (먼저) 진리에 의지하는 유여의 열반을 현현한다. 그들은 능히 潤生을 초감하는 번뇌장을 멸진하였기 때문에 (곧,) 다음 존재의 이숙과가 다시는 윤생하는 것에 의지하지 않는다.

現苦所依任運滅位 餘有爲法旣無所依 與彼苦依同時頓捨
顯依眞理無餘涅槃.

현재의 괴로움의 의지처[身]가 任運하게 소멸된 지위에서는 (지혜 등) 다른 유위법도 이미 의지처가 존재하지 않으므로, 그 괴로움의 의지처와 동시에 즉시 버려져서 진리에 의지하는 무여의 열반을 현현한다.

爾時雖無二乘身智 而由彼證可說彼有 此位唯有淸淨眞如.
離相湛然寂滅安樂. 依斯說彼與佛無差. 但無菩提利樂他業.
故復說彼與佛有異.

그 때에는 비록 2乘의 회신멸지가 존재하지 않더라도, (먼저) 그것이 증득된 것에 의거하여 그들[2乘]에게 (무여의 열반이) 존재한다고 할 수 있다. 이[무여의 열반] 지위에서는 오직 청정한 진여만이 존재하며, 형상을 여의어서 湛然하고 적멸하며 안락하다. 이것에 의거해서 그들[2乘]은 부처님과 차별되는 것이 없다고 하지만, 단지 菩提와 남을 利樂하는 선업이 존재하지 않기 때문에 그들은 부처님과 차별이 존재한다고 한다.

諸所知障旣不感生. 如何斷彼得無住處. 彼能隱覆法空眞如
令不發生大悲般若 窮未來際利樂有情 故斷彼時顯法空理.
此理卽是無住涅槃. 令於二邊俱不住故.

[질문] 모든 소지장은 윤생을 초감하지 못하는데, 어떻게 그것을 단절해서 무주처 열반을 증득하는가?

[답변] 그것이 능히 법공진여를 隱覆하여, 대비심과 반야를 발생시켜서 미래세가 다하도록 유정들을 이락하게 하지 못하게끔 한다. 그렇기 때문에 그것[소지장]을 단절할 때에 법공의 이치가 현현되는데, 이 도리가 바로 무주처 열반으로서 2邊際[생사와 열반]에 모두 머물지 않게끔 하기 때문이다.

若所知障亦障涅槃. 如何斷彼不得擇滅 擇滅離縛彼非縛故.

[질문] 만약에 소지장도 또한 열반을 장애한다면, 어째서 그것을 단절하여 택멸을 증득한다고 하지 않는가?
[답변] 택멸이란 것은 (번뇌의) 계박을 여읜 것인데, 그것[소지장]은 (分段生死의) 계박이 아니기 때문이다.

旣爾斷彼寧得涅槃. 非諸涅槃皆擇滅攝. 不爾性淨應非涅槃. 能縛有情住生死者斷此說得擇滅無爲. 諸所知障不感生死. 非如煩惱能縛有情.

[질문] 이미 그렇다면, 그것을 단절하여 어떻게 (무주처) 열반을 증득하는가?
[답변] 모든 열반이 다 택멸에 포함되는 것도 아니다. (만약에) 그렇지 않는다면, 자성청정한 열반은 열반이 아니어야 한다.[41] 능히 유정을 계박해서 (분단)생사에 머물게 하는 이것[번뇌]을 단절해서 택멸무위를 증득한다고 한다. 모든 소지장은 (분단)생사를 초감하지 못하는데, 번뇌가 능히 유정을 계박하는 것과는 다르다.

---

41) 『新導成唯識論』卷第10, p.450, "제성은 이것이 택멸에 포함되는 것이 아니기 때문이다."(體性非是擇滅攝故.)

故斷彼時不得擇滅. 然斷彼故法空理顯. 此理相寂說爲涅槃.
非此涅槃擇滅爲性. 故四圓寂諸無爲中初後卽眞如. 中二
擇滅攝.

그렇게 때문에 그것[소지장]을 단절할 때에 택멸(이라는 명칭)을 증득하지 못한다. 그렇지만 그것을 단절하였기 때문에 법공의 이치가 현현되는데, 이 도리는 체상이 적정하므로 (또한) 열반이라 한다. 이 (무주처) 열반은 택멸을 체성으로 삼는 것이 아니다. 그러므로 4가지의 圓寂은 모든 무위법 중에서 처음[자성청정]과 나중의 것[무주처]은 바로 진여무위이고, 중간의 2가지[유여와 무여]는 택멸무위에 포함된다.

若唯斷縛得擇滅者 不動等二四中誰攝. 非擇滅攝. 說暫離故.
擇滅無爲唯究竟滅. 有非擇滅非永滅故. 或無住處亦擇滅攝.
由眞擇力滅障得故.

[질문] 만약에 오직 계박[번뇌]을 단절하는 것만으로 택멸을 증득한다면, (곧) 부동무위 등 2가지[不動과 想受]는 4가지(의 무위) 중에서 어느 것에 포함되는가?
[답변] 비택멸 무위에 포함되는데, (이 2가지를) 잠시 여의었다고 하기 때문이다.[42] (만약에) 택멸무위는 오직 究竟滅일[43] 뿐이고, 비택멸 무위는 영원히 소멸되지 않는 것에도 존재하기 때문이다. 혹은 무주처 열반도 또한

---

42) 『顯揚聖敎論』 卷第18(『大正藏』 31, 572, 中).
43) 『新導成唯識論』 卷第10, p.451, "영원히 수면을 없애기 때문이다."(永害睡眠故.)

택멸에 포함되는데, (法空智의) 진실한 간택력에 의지하여 소지장을 소멸하고서 증득하기 때문이다.

> 擇滅有二. 一滅縛得. 謂斷感生煩惱得者. 二滅障得. 謂斷餘障而證得者. 故四圓寂諸無爲中 初一卽眞如. 後三皆擇滅 不動等二 暫伏滅者非擇滅攝 究竟滅者 擇滅所攝.

택멸에 2가지가 있는데, ① 계박을 소멸하여 증득하는 것[滅縛得]으로서, 潤生을 초감하는 번뇌장을 단절하고서 증득하는 것을 말한다. ② 혹장을 소멸하여 증득하는 것[滅障得]으로서, 다른 소지장을 단절하고서 증득하는 것을 말한다. 그러므로 4가지의 원적은 모든 무위법 중에서 처음의 1가지[自性淸淨涅槃]는 바로 진여이고, 나머지의 3가지는 모두 택멸무위이다. (만약에) 부동무위 등의 2가지가 잠시 조복되어 단절되는 것은 (바로) 비택멸에 포함되고, 究竟滅인 것은 택멸에 포함된다.

> 旣所知障亦障涅槃. 如何但說是菩提障. 說煩惱障但障涅槃豈彼不能爲菩提障. 應知聖敎依勝用說. 理實俱能通障二果. 如是所說四涅槃中唯後三種名所顯得.

[질문] 소지장은 또한 무주열반도 장애하는데, 어째서 단지 이 無上菩提의 장애뿐이라고만 하는가?
[답변] 번뇌장도 단지 열반만을 장애한다고 하는데, 어째서 그것이 보리의 장애라는 것은 가능하지 않는가? 聖敎에서는 수승한 작용에 의거해서 선설한다는 것을 알아야 하는데, 이치상 실제로는 모두 공통적으로 2증과[涅槃과 菩提]를 장애한다.

이와 같이 선설한 4가지의 열반 중에서 오직 뒤의 3가지만을[44] 현현된 증득이라 한다.

二所生得. 謂大菩提. 此雖本來有能生種而所知障礙故不生.
由聖道力斷彼障故令從種起名得菩提. 起已相續窮未來際.
此卽四智相應心品.

【四智】

(2) 所生得으로서 大菩提를 말한다. 이것이 비록 본래부터 능생의 종자가 존재한다고 하더라도 소지장에 장애되기 때문에 발생되지 않는다. 聖道의 지혜력으로서 그 혹장을 단절하기 때문에 종자로부터 생기하게끔 하는 것을 菩提를 증득한다고 한다. 생기되면 상속되어서 미래세를 다하는데, 이것이 바로 4가지의 지혜와 상응하는 심품인 것이다.

云何四智相應心品. 一大圓鏡智相應心品. 謂此心品離諸
分別. 所緣行相微細難知. 不妄不愚一切境相. 性相淸淨離
諸雜染. 純淨圓德現種依持. 能現能生身土智影. 無間無斷
窮未來際. 如大圓鏡現衆色像.

무엇이 4가지의 지혜와 상응하는 심품인가? ① 대원경지와 상응하는 심

---

44) 『新導成唯識論』卷第10, p.451, "처음의 한 가지[性淨涅槃]는 현현되어 증득되는 것이 아니고, 본래부터 적정하기 때문이다."(初一非由顯得 本來寂故.)

품으로서, 이 심품은 모든 분별을 여의고, 소연과 행상도 미세하여 알기가 어렵다. 일체의 境界相에 항상 現在前하고[不忘][45] 迷闇하지 않으며[不愚], 체성[자체분]과 체상[견분]도 청정하여 모든 잡염법을 여읜 것이다. 순수하고 청정하며 원만한 공덕이 있어서 현행과 종자의 의지처가 된다. (자체는) (自受用身 등의) 3身과 4土 및 (뒤의 3)지혜의 영상을 능히 현현하고 일으키며, 미래세가 다하도록 間斷하고 단절됨이 없는 것이 마치 크고 원만한 거울에 많은 사물들의 影像이 나타나는 것과 같다.

> 二平等性智相應心品. 謂此心品觀一切法自他有情悉皆平等.
> 大慈悲等恒共相應. 隨諸有情所樂示現受用身土影像差別.
> 妙觀察智不共所依. 無住涅槃之所建立. 一味相續窮未來際.

② 평등성지와[46] 상응하는 심품으로서, 이 심품은 일체제법과 자타의 유정이 모두 다 평등하다고 관조하고, 대자비 등과 항상 함께 상응한다. 모든 유정들[10地의 보살]이 좋아하는 것에 따라서 타수용신과 국토의 영상을 차별하여 나타내 보인다. 묘관찰지의 不共의 의지처이고, 무주처 열반이 건립되는 곳이며, 미래세가 다하도록 한 성품으로 상속된다.

> 三妙觀察智相應心品. 謂此心品善觀諸法自相共相無礙而轉.
> 攝觀無量總持定門及所發生功德珍寶. 於大衆會能現無邊

---

45) 『新導成唯識論』 卷第10, p.452, "망각되지 않는다는 것은 항상 現在前한다는 의미이다."(不忘者恒現前義.)
46) 『新導成唯識論』 卷第10, p.452, "평등성이란 진여의 이치로서, 지혜가 이것을 반연하기 때문에 평등이라 한다."(平等性者眞如理也 智緣於此故言平等.)

作用差別皆得自在. 雨大法雨斷一切疑令諸有情皆獲利樂.

③ 묘관찰지와 상응하는 심품으로서, 이 심품은 잘 제법의 자상(依他性)과 공상(圓成實)을 관조하여 걸림 없이 展轉한다. 무량한 총지와 선정문 및 발생된 공덕의 珍寶를 攝藏하여 관조한다. 대중의 회합에서 능히 한량없는 작용의 차별을 나타내어 모두 자재함을 증득한다. 대법의 비를 내리고,[47] 일체의 의심을 단절하며, 모든 유정들로 하여금 전부 利樂을 획득하게 한다.

四成所作智相應心品. 謂此心品爲欲利樂諸有情故. 普於十方示現種種變化三業 成本願力所應作事.

④ 성소작지와 상응하는 심품으로서, 이 심품은 모든 유정들을 利樂하게 하고자 하여 널리 시방에서 갖가지 변화(變化身)의 3업을 나타내 보여서, 본원력에 상응되는 지어진 자체를 성취한다.

如是四智相應心品 雖各定有二十二法能變所變種現俱生.
而智用增以智名顯. 故此四品總攝佛地一切有爲功德皆盡.

이와 같은 4가지의 지혜와 상응하는 심품이, 비록 각각 결정적으로 22법의[48] 能變(견분)과 所變(상분)과 종자 및 현행과 함께 일어난다고 하더라도, 지혜의 작용이 증성하므로 지혜라는 명칭으로 나타낸다. 그렇기 때문에 이 4가지의 심품에 佛地의 일체 유위의 공덕을 전체적으로 포함한다고 하여

---

[47] 『佛地經論』卷第3(『大正藏』26, 302, 上) 참조.
[48] 『新導成唯識論』卷第10, p.453, "변행과 별경과 善 및 심왕법."(遍行別境善幷心王.)

모두 다한다.

> 此轉有漏八七六五識相應品. 如次而得. 智雖非識而依識
> 轉識爲主故說轉識得. 又有漏位智劣識强. 無漏位中智强
> 識劣. 爲勸有情依智捨識故說轉八識而得此四智.

이것[4智品은 유루의 제8, 제7, 제6 및 전5식에 상응되는 심품을 전환하여 차례와 같이 증득한다. 지혜는 비록 심식이 아니더라도 심식에 의지해서 전환하여 일어나며, 심식을 주체로 삼기 때문에 심식을 전환해서 증득한다고 한다. 또한 유루의 지위에서는 지혜는 열등하고 심식이 강력하며, 무루의 지위에서는 지혜가 강력하고 심식이 열등하다. 유정들에게 권장해서 지혜에 의지하고 심식을 버리도록 하기 때문에 8식을 전환하여 이 4가지의 지혜를 증득한다고 한다.

> 大圓鏡智相應心品 有義 菩薩金剛喩定現在前時卽初現起.
> 異熟識種與極微細所知障種俱時捨故. 若圓鏡智爾時未起
> 便無能持淨種識故.

대원경지와 상응하는 심품에 관하여, 어떤 사람은, 보살의 금강유정이 현재전할 때에 즉시에 처음으로 現起되는데, 이숙식의 종자를 지극히 미세한 소지장의 종자와 같은 때에 버리기 때문이다. 만약에 대원경지가 그 때에 아직 현기하지 않는다면, 곧 청정종자를 능히 집지하는 심식이 존재하지 않기 때문이라는 것이다.

有義 此品解脫道時初成佛故乃得初起. 異熟識種金剛喩定
現在前時猶未頓捨. 與無間道不相違故. 非障有漏劣無漏
法但與佛果定相違故.

또한 어떤 사람[護法]은, 이 심품은 해탈도의 때에 처음으로 성불하기 때문에 곧 최초로 일어나게 된다. (그) 이숙식의 종자는 금강유정이 현재전할 때에도 여전히 즉시에 버리지 못하는데, 무간도와 상위되지 않기 때문이다. 장애되지 않는 유루의 선법과 열등한 무루법만이 단지 佛果[해탈도]와 반드시 상위되기 때문이다.

金剛喩定無所熏識無漏不增應成佛故. 由斯此品從初成佛
盡未來際相續不斷. 持無漏種令不失故.

(만약에) 금강유정에 훈습된 이숙식이 존재하지 않는다면, (곧) 무루법이 (다시) 증장되지 않고서 성불해야 하기 때문이다. 이러하므로 이 심품은 처음으로 성불할 때부터 미래세가 다하도록 상속되어서 단절되지 않는데, 무루종자를 집지해서 逸失하지 않게끔 하기 때문이라는 것이다.

平等性智相應心品菩薩見道初現前位違二執故方得初起.
後十地中執未斷故有漏等位或有間斷. 法雲地後與淨第八
相依相續盡未來際.

평등성지와 상응하는 심품은 보살의 견도 초기의 현재전하는 지위에서, 2가지의 집착[아집, 법집]에 상위되기 때문에 마침내 최초로 일어나게 된다.

이후의 10地 중에서는 (구생기의 2가지의) 집착을 아직 단절하지 못했기 때문에, 유루법 등의 지위에서 혹은 間斷함이 있기도 한다. (제10) 법운지 이후에는 (평등성지와 상응하는 심품이) 청정한 제8지와 서로 의지하여 미래세가 다하도록 상속된다.

> 妙觀察智相應心品生空觀品二乘見位亦得初起. 此後展轉
> 至無學位或至菩薩解行地終或至上位. 若非有漏或無心時
> 皆容現起

묘관찰지와 상응하는 심품에서, 아공을 관조하는 심품은 2乘의 견도위에서도 또한 처음으로 일어나고, 이 이후에 전전해서 무학위에 이르거나 보살의 勝解行地의 최종위에 이르며, 상위의 지위[10地, 如來地]에 이른다. 만약에 유루심이나 無心의 때가 아니면 모두 현기되는 것이 인정된다.

> 法空觀品菩薩見位方得初起. 此後展轉乃至上位. 若非有
> 漏生空智果或無心時皆容現起.

법공을 관조하는 심품은 (오직) 보살의 견도위에서 비로소 처음 일어나게 되고, 이 이후에 전전해서 이내 上位의 지위에 이른다. 만약에 유루심과 아공의 지혜의 증과나 혹은 무심의 때가 아니면, 모두 현기되는 것이 인정된다.

> 成所作智相應心品 有義 菩薩修道位中後得引故亦得初起
> 有義 成佛方得初起. 以十地中依異熟識所變眼等. 非無漏故

有漏不共必俱 同境根發無漏識理不相應故.

성소작지와 상응하는 심품에 관하여, 어떤 사람은, 보살의 수도위 중에서 후득지에 牽引되기 때문에 처음으로 일어나게 된다는 것이다. 또한 어떤 사람[護法]은, 성불할 때에 마침내 처음으로 일어나게 되는데, 10地 중에서는 이숙식이 전변된 안식 등에 의지하는 무루법이 아니기 때문이다. (설령) 유루법이고, 공통적인 것이 아니며, 반드시 함께하더라도 경계를 같이 하는 5근이 무루식을 引發한다는 것은 이치에 상응되지 않기 때문이다.

此二於境明昧異故. 由斯此品 要得成佛依無漏根方容現起. 而數間斷. 作意起故.

이 2가지[무루식과 유루식]는 경계에 대해서 지혜와 蒙昧함으로 다르기[49] 때문이다. 이러 하므로 이 심품은 반드시 성불할 때에 무루의 5근에 의지해서 마침내 현기되는 것이 인정되지만, 자주 間斷됨이 있고, (반드시) 作意로 일어나기 때문이라는 것이다.

此四種姓雖皆本有而要熏發方得現行 因位漸增 佛果圓滿 不增不減盡未來際. 但從種生不熏成種 勿前佛德勝後佛故.

이 4가지의 지혜의 種姓이 비록 모두 본래부터 존재한다고 하더라도 반드시 훈습하여 마침내 현행하게 된다. 수행의 기간[因位]에서는 점차로 증성되

---

[49] 『成唯識論觀心法要』卷第10[『卍新纂續藏經』第51冊(2009), p.445, 中, "유루근식은 경계에 대해서 몽매하고, 무루근식은 경계에 대해서 밝다."(有漏根識於境昧 無漏根識於境明也.)

지만, 부처님의 지위에서는 원만하여 미래세가 다하도록 증가나 감소됨이 없다. (그것은) 단지 종자로부터 발생되지 (다시 새롭게) 종자를 훈습하여 이루지 않는데, 이전의 부처님의 공덕이 후세의 부처님보다 수승하다고 해서는 안 되기 때문이다.

> 大圓鏡智相應心品 有義 但緣眞如爲境 是無分別非後得智.
> 行相所緣不可知故. 有義 此品緣一切法. 莊嚴論說大圓鏡
> 智於一切境不愚迷故. 佛地經說如來智鏡諸處境識衆像現故.

대원경지와 상응하는 심품에 관하여, 어떤 사람은, 단지 진여만을 반연하여 경계로 삼는다. 이것은 무분별지로서 후득지가 아니며, 행상과 소연도 알 수 없기 때문이라는 것이다. 또한 어떤 사람[護法]은, 이 심품은 일체제법을 반연하는데, 『장엄론』에서[50] 대원경지는 일체의 경계에 대해서 미혹하지 않다고 하기 때문이다. 『불지론』에서도[51] 여래의 대원경지에는 모든 6處와 6境 및 6識의 (18界의) 많은 영상들이 현현된다고 하기 때문이다.

> 又此決定緣無漏種及身土等諸影像故 行緣微細說不可知.
> 如阿賴耶亦緣俗故.

또한 이것은 결정적으로 무루종자 및 신체와 국토 등의 모든 영상을 반연하기 때문이다. 행상과 소연도 미세하여 알 수 없다고 하며, 아뢰야식과 같이 또한 세속도 반연하기 때문이라는 것이다.

---

50) 『大乘莊嚴經論』 卷第3(『大正藏』 31, 607, 上).
51) 『佛地經論』 卷第3(『大正藏』 26, 302, 下).

緣眞如故是無分別. 緣餘境故後得智攝. 其體是一隨用分二.
了俗由證眞. 故說爲後得. 餘一分二准此應知.

진여를 반연하기 때문에 이것은 무분별지이고, 다른 경계를 반연하기 때문에 (바로) 후득지에 포함된다. 그 자체는 하나[正智]이지만, 현행에 따라서 둘로 나눈다. (단지) 세속을 요별하는 것은 진여를 증득하는 것에 의지하기 때문에 후득지로 된다고 한다. 다른 것[지혜]도 하나이지만 둘로 나누는 것도 이것에 견주어서 알아야 한다.

平等性智相應心品 有義 但緣第八淨識 如染第七緣藏識故.
有義 但緣眞如爲境. 緣一切法平等性故.

평등성지와 상응하는 심품에 관하여, 어떤 사람은, 단지 제8의 청정식만을 반연하는데, 염오의 제7식이 장식을 반연하는 것과 같기 때문이라는 것이다. 또한 어떤 사람은, 단지 진여만을 반연하여 경계로 삼는데, 일체제법의 평등한 성품을 반연하기 때문이라는 것이다.

有義 遍緣眞俗爲境 佛地經說平等性智證得十種平等性故.
莊嚴論說緣諸有情自他平等隨他勝解示現無邊佛影像故.
由斯此品通緣眞俗二智所攝於理無違.

[正義] (나아가) 어떤 사람은, 두루 진여와 세속을 반연해서 경계로 삼는데, 『불지경』에서[52] 평등성지는 10가지의 평등성을 증득한다고 하기 때문이다.

---

52) 『佛說佛地經』(『大正藏』 16, 721, 下).

『장엄경론』에서도[53] 모든 유정들의 자타의 평등성을 반연하고, 타인[10地 보살]의 수승한 了解에 따라서 한량없는 부처님의 영상을 시현한다고 하기 때문이라는 것이다.

이러 하므로[54] 이 심품이 공통적으로 진여와 세속을 반연하므로 2가지의 지혜[근본과 후득지]에 포함된다는 것은, 이치에 상위되는 것이 아니라고 한다.

妙觀察智相應心品緣一切法自相共相 皆無障礙二智所攝.
成所作智相應心品有義但緣五種現境 莊嚴論說如來五根
一一皆於五境轉故.

묘관찰지와 상응하는 심품은 일체제법의 자상과 공상을 반연하는 데, 모두 장애가 없으므로 2가지의 지혜에 포함된다.

성소작지와 상응하는 심품에 관하여, 어떤 사람은, 단지 5가지의 현재의 경계만을 반연하는데, 『장엄론』에서[55] 여래의 5근은 하나하나에 모두 5경계가 展轉한다고 하기 때문이라는 것이다.

有義 此品亦能遍緣三世諸法 不違正理. 佛地經說 成所作
智起作三業諸變化事 決擇有情心行差別 領受去來現在等義.

---

53) 『大乘莊嚴經論』 卷第3(『大正藏』 31, 607, 上).
54) 『佛地經論』 卷第3(『大正藏』 26, 303, 上) 참조.
55) 『大乘莊嚴經論』 卷第3(『大正藏』 31, 605, 上).

[正義] 또한 어떤 사람은, 이 심품이 또한 두루 3世의 모든 법을 반연한다는 것은 바른 이치와 상위되지 않는다. 『불지론』에서[56] 성소작지는 3業의 모든 변화 자체를 일으키고, 유정의 마음 활동의 차별을 결택하며, 과거와 미래 및 현재 등의 의미를 받아들인다고 한다.

若不遍緣無此能故 然此心品 隨意樂力或緣一法或二或多.
且說五根於五境轉 不言唯爾 故不相違. 隨作意生 緣事相
境起化業故 後得智攝.

만약에 두루 반연하지 않는다면, 이러한 능력이 존재하지 않기 때문이다. 그러나 이 심품은 意樂하는 세력에 따라서 1가지의 법이나 2가지의 법 혹은 많은 법을 반연한다. 또한 5근은 5경에 대해서만 전전한다고 하지만, 오직 그렇다고만 말하지 않기 때문에 상위되지 않는다. (이 지혜는) 작의에 따라서 발생되고, 자체 형상의 경계를 반연하여 변화하는 (다른) 업을 일으키기 때문에 후득지에만[57] 포함된다.

此四心品雖皆遍能緣一切法而用有異. 謂鏡智品現自受用
身淨土相持無漏種. 平等智品現他受用身淨土相. 成事智
品能現變化身及土相. 觀察智品觀察自他功能過失雨大法
雨破諸疑網利樂有情. 如是等門差別多種.

---

56) 『佛地經論』 卷第6(『大正藏』 26, 318, 中).
57) 『新導成唯識論』 卷第10, p.457, "무위법을 반연하지 않기 때문에 正智가 존재하지 않는다." (不緣無爲故 無有正智.)

이러한 4가지의 마음의 심품은 비록 모두 두루 일체제법을 능히 반연한다고 하더라도 작용에 차이가 존재한다는 것이다. 말하자면, 대원경지의 심품은 자수용신과 청정국토의 형상을 나타내고, 무루법의 종자를 집지한다. 평등성지의 심품은 타수용신과 청정국토의 형상을 나타내고, 성소작지의 심품은 변화신과 (淨, 穢)국토의 형상을 나타낸다. 묘관찰지의 심품은 자타의 공능과 과실을 관찰하여 큰 교법의 비를 내리며, 모든 의심의 그물을 파괴하여 유정들을 利樂하게 한다. 이와 같이 등 부문의 차별에 여러 가지가 있다.

此四心品名所生得. 此所生得總名菩提. 及前涅槃名所轉得.
雖轉依義總有四種而今但取二所轉得. 頌說證得轉依言故.
此修習位說能證得. 非已證得因位攝故.

이 4가지 지혜의 심품을 所生得大菩提이라 한다. 이 소생득을 전체적으로 菩提라고 하고, 나아가 이전의 열반을 所轉得이라 한다.
비록 전의에 관한 의미에 전체적으로 (能轉道 등) 4가지가 있다고 하더라도, 여기에서는 단지 2가지[所顯과 所生]의 所轉得의 것만을 취하는데, 게송 [제29]에서 轉依를 증득한다고 하기 때문이다.
이 수습위에서는 (단지) 능히 증득되는 것만을 언설하지 이미 증득된 것은 선설하지 않는데, 因位에 포함되기 때문이다.

後究竟位其相云何. 頌曰.
(30) 此卽無漏界　不思議善常
　　　 安樂解脫身　大牟尼名法.

【究竟位】

마지막의 구경위의 형상은 어떠한가? 게송으로 말하면 다음과 같다.
    이것[보리와 열반]은 바로 무루계이고,
    不思議하며, 善法이고 상주하는 것이며,
    안락이고, 해탈신이며,
    大牟尼라는 法身이니라.

論曰. 前修習位所得轉依 應知卽是究竟位相. 此謂此前二轉依果. 卽是究竟無漏界攝. 諸漏永盡 非漏隨增 性淨圓明 故名無漏.

논술하자면, 앞의 수습위에서 증득된 전의가 바로 구경위의 형상임을 알아야 한다. (게송에서) 이것이란 이 앞에서 선설한 2가지 전의의 증과를 말하는데, 곧 구경위의 무루계에 포함된다. 모든 번뇌를 영원히 소진하고, 번뇌에 따라서 증성되지 않으며, 자성이 청정하고 원만하며 밝기 때문에 무루라고 한다.

界是藏義. 此中含容無邊希有大功德故. 或是因義. 能生五乘世出世間利樂事故.

界라는 것은 함장의 의미로서 이것 가운데 한량없는 희유한 큰 공덕을 함장하여 受用하기 때문이다.[58] 혹은 이것은 원인의 의미로서 능히 5乘[人,

---

58) 『新導成唯識論』卷第10, p.458, "보리는 능히 유위의 공덕을 함장하고, 열반은 무위의 공덕

天乘과 3乘]의 세간과 출세간의 利樂 자체를 일으키기 때문이다.

> 淸淨法界可唯無漏攝. 四智心品如何唯無漏. 道諦攝故唯無漏攝. 謂佛功德及身土等皆是無漏種姓所生. 有漏法種已永捨故. 雖有示現作生死身 業煩惱等似苦集諦 而實無漏. 道諦所攝.

[질문] 청정법계는 오직 무루법에 포섭된다고 할 수 있지만, 4가지의 지혜(와 상응하는) 심품을 어째서 무루법이라 하는가?
[답변] 道諦에 포함된다고[59] 하기 때문에 오직 무루법에 포섭된다. 말하자면, 부처님의 (유위의) 공덕 및 신체와 국토 등은 모두 무루법의 종성에서 일어난 것이고, 유루법의 종자는 이미 영원히 버렸기 때문이다. 비록 시현되어서 생사의 신체로 되고, 업과 번뇌 등이 있으며, 고제와 집제로 사현되는 것이 존재한다고 하더라도 진실한 무루법으로서 도제에 포함된다.

> 集論等說. 十五界等唯是有漏. 如來豈無五根五識五外界等. 有義 如來功德身土甚深微妙非有非無. 離諸分別絶諸戲論. 非界處等法門所攝. 故與彼說理不相違.

[질문] 『잡집론』 등에서 15界 등은 오직 유루법이라 하는데, 여래에게는 어째서 (유루의) 5근과 5식 및 5경 등이 존재하지 않는다고 하는가?

을 저장한다."(菩提能含有爲功德 涅槃能藏無爲功德.)
[59] 『瑜伽師地論』 卷第66(『大正藏』 30, 675, 上), "부처님의 지혜와 신통력 등 일체의 공덕은 도제에 포섭된다."(佛智通等一切功德道諦所攝.)

[답변] 어떤 사람[淸辯]은, 여래의 공덕과 신체 및 국토는 매우 심오하고 미묘하며, 존재하거나 존재하지 않는 것도 아니고, 모든 분별을 여의며, 일체의 희론을 단질하고, 18계와 12처 등의 법문에 포함되는 것도 아니기 때문에[60] 그들[『잡집론』 등] 주장과 이치가 상위되지 않는다는 것이다.

有義 如來五根五境妙定生故法界色攝. 非佛五識雖依此變
然麤細異. 非五境攝. 如來五識非五識界. 經說佛心恒在定故
論說五識性散亂故.

또한 어떤 사람은, 여래의 5근과 5경은 승묘한 선정에서 일어나기 때문에 (단지) 법계의 색법에 포함된다. 부처님의 것이 아닌 (보살과 異生 등의) 5식은 비록 이것에 의거하여 변한다고 하더라도, 거침과 미세함이 다르기 때문에 5경에 포함되는 것이 아니다. (그리고) 여래의 5식도 (또한) 5식의 세계에 포함되는 것이 아닌데,[61] 경전에서[62] 부처님의 마음은 항상 선정에 있다고 하기 때문이고, 논장에서[63] 5식은 성품이 산란하다고 하기 때문이라는 것이다.

成所作智何識相應. 第六相應. 起化用故 與觀察智性有何別.
彼觀諸法自共相等. 此唯起化. 故有差別.

[질문] 성소작지는 어떤 (청정한) 심식과 상응하는가?

---

60) 『佛地經論』 卷第3(『大正藏』 26, 293, 下) 참조.
61) 『佛地經論』 卷第3(『大正藏』 26, 293, 下) 참조.
62) 『說無垢稱經』 卷第4(『大正藏』 14, 576, 中).
63) 『大乘阿毘達磨雜集論』 卷第1(『大正藏』 31, 699, 中).

[답변] 제6식(의 청정분)과 상응하는데, 변화하는 작용을 일으키기 때문이다.
[질문] 묘관찰지와는 체성에 어떠한 차별이 있는가?
[답변] 그것[묘관찰]은 제법의 자상과 공상 등을 관찰하고, 이것[성소작]은 오직 변화의 작용만을 일으키기 때문에 차별이 있다.

此二智品應不並生. 一類二識不俱起故 許不並起於理無違. 同體用分俱亦非失. 或與第七淨識相應. 依眼等根緣色等境 是平等智作用差別. 謂淨第七起他受用身土相者 平等品攝. 起變化者成事品攝.

[질문] (만약에 그렇다면,) 이 2가지 지혜의 심품은 함께 일어나지 않아야 하는데, 한 성류에 2가지의 심식이 같이 일어나는 것이 아니기 때문이다.
[답변] 함께 일어나지 않는다고 인정하더라도 (또한) 이치에 상위되는 것이 아니며, (역시) 체성은 같지만 작용이 분리되거나 함께 (일어나는) 것이라 해도 또한 과실이 아니다. (다시 성소작지는) 혹은 제7식의 청정분과 상응하며, (그것이) 안근 등에 의지하여 색경 등을 반연하는 것은 바로 평등성지의 작용의 차별(일 뿐)이다. 말하자면, 타수용의 신체와 국토의 형상을 청정한 제7식이 일으키는 것은 평등성지의 심품에 포함되고, 변화를 일으키는 것은 성소작지의 심품에 포함된다.

豈不此品轉五識得. 非轉彼得體卽是彼. 如轉生死言得涅槃不可涅槃同生死攝. 是故於此不應爲難.

[질문] 어째서 이[성소작] 심품은 5식을 전환하여 (또한) 증득하는 것이 아닌가?

[답변] 그것[5識]을 전환하여 (이 지혜를) 증득한다고 해서 (곧 이 지혜의) 체성이 바로 그것[5識]인 것은 아니다. 마치 생사를 전환해서 열반을 증득한다고 하더라도 열반을 같은 생사에 포함시킬 수 없는 것과 같다. 이렇게 때문에 이것에 대해 비난해서는 안 된다.

> 有義 如來功德身土如應攝在蘊處界中. 彼三皆通有漏無漏.
> 集論等說十五界等唯有漏者. 彼依二乘麤淺境說 非說一切.
> 謂餘成就十八界中唯有後三通無漏攝. 佛成就者雖皆無漏
> 而非二乘所知境攝.

어떤 사람은, 여래의 공덕과 신체 및 국토는 상응되는 것과 같이 5온과 12처 및 18계 중에 포함되어 존재하는데, 그 3가지는 모두 유루와 무루[佛의 온, 처, 계는 오직 무루]에 통한다. (그리고)『잡집론』등에서[64] 15계 등은 오직 유루라고 한 것은, 그것은 2乘의 거칠고 얕은 경계에[65] 의거하여 말하는 것으로서 일체를 말하는 것이 아니다. 이를테면, 다른 수행자[2乘과 10지 보살]가 성취한 18계 중에는 오직 뒤[의근과 의식 및 법경]의 3가지만 있어서 무루에 통하여 포섭되지만, (만약에) 부처님께서 성취한 것[18계]이 비록 모두 무루라고 하더라도 2乘이 了知한 경계에는 포함되는 것이 아니다.

> 然餘處說佛功德等非界等者. 不同二乘劣智所知界等相故.
> 理必應爾. 所以者何. 說有爲法皆蘊攝故 說一切法界處攝故

---

64) 『大乘阿毘達磨雜集論』卷第3(『大正藏』31, 706, 下) 등.
65) 『新導成唯識論』卷第10, p.460, "거칠고 嫌惡스런 경계와 얕은 심식의 체성."(麤惡之境及淺識之體.)

十九界等聖所遮故.

그런데 다른 경론[大般若經 등]에서 부처님의 공덕 등을 18계 등이 아니라고 한 것은, 2乘의 열등한 지혜로 了知한 18계 등의 형상과 같지 않기 때문으로서 이치가 반드시 그러해야 한다. 무슨 까닭인가 하면, (여러 경론에서) (일체의) 유위법은 모두 5온에 포섭된다고 하기 때문이고, (또한) 일체제법은 18계와 12처에 포섭된다고 하기 때문이며, 19계 등은 (곧) 聖敎에서[66] 遮遣되기 때문이다.

若絶戲論便非界等 亦不應說卽無漏界 善常安樂解脫身等.
又處處說轉無常蘊獲得常蘊 界處亦然. 寧說如來非蘊處界.
故言非者是密意說.

만약에 (모든) 희론을 단절하기 때문에 곧 18계 등이 아니라고 한다면, 또한 (본 게송에서) "바로 무루계이고, 善法이며, 상주하고, 안락하며, 해탈신 등"이라고도 하지 않아야 한다. 또한 여러 경론에서[67] 무상한 5온을 전환해서 항상 하는 5온을 획득하고, 18계와 12처도 또한 그렇다고 하는데, 어째서 여래를 온, 처, 계가 아니라고 하는가? 그렇기 때문에 (온, 처, 계 등이) 아니라고 한 것은 (단지) 밀의의 교설인 것이다.

又說五識性散亂者說餘成者. 非佛所成. 故佛身中十八界

---

66) 『說無垢稱經』 卷第4(『大正藏』 14, 572, 下).
67) 『大般涅槃經』 卷第39(『大正藏』 12, 590, 下) ; 『大乘莊嚴經論』 卷第3(『大正藏』 31, 606, 下) 등.

等皆悉具足而純無漏.

또한 (경론에서) 5식은 체성이 산란하다고 한 것은, 다른 데[9위]서 성취된 것을 말하지 부처님께서 성취한 (5식 또한 산란하다고) 것은 아니다. 그러므로 佛身 중에도 18계 등을 모두 다 구족하지만 순수한 무루인 것이다.

此轉依果又不思議 超過尋思言議道故. 微妙甚深自內證故. 非諸世間喩所喩故.

이 (2가지의) 전의의 증과는 또한 不思議한데, 尋思와 言議의 도를 초월하기 때문이고, 미묘하고 매우 심오하며, 자내증이기 때문이며, 모든 세간의 비유로서 비유될 것이 아니기 때문이다.

此又是善白法性故. 淸淨法界遠離生滅極安隱故. 四智心品妙用無方. 極巧便故. 二種皆有順益相故. 違不善故. 俱說爲善.

이것은 또한 (오직) 善法으로서 순백한 법의 성품이기 때문으로서, 청정한 법계는 생멸함을 멀리 여의어 지극히 안온하기 때문이다. 4智의 심품은 승묘한 작용에 걸림이 없으며, 매우 善巧한 방편이기 때문이고, (이) 2가지 [유, 위]에 모두 수순하고 增益되는 법상이 존재하기 때문이며, 不善法에 상위되기 때문에 모두 善法이라 한다.

論說處等八唯無記. 如來豈無五根三境. 此中三釋廣說如前.

一切如來身土等法皆滅道攝. 故唯是善. 聖說滅道唯善性故.
說佛土等非苦集故. 佛識所變有漏不善無記相等. 皆從無
漏善種所生. 無漏善攝.

[질문] 논장에서[68] 12처 등의 8가지[5근과 향, 味, 觸]는 오직 무기성이라 하는데, 어째서 여래에게는 5근과 3경[향, 미, 촉]이 존재하지 않는다고 하는가?
[답변] 이것에 관하여 3가지의 해석이 있는데, 자세한 것은 앞[유루 등의 3解]에서와 같다. 일체 여래의 신체와 국토 등의 법[진여와 4智]은 모두 멸제와 도제에 포함되기 때문에 오직 善法으로서, 聖敎에서 멸제와 도제는 오직 선법의 성품이라 하기 때문이다. 부처님의 국토 등은 고제와 집제가 아니라고 하기[69] 때문이고, 부처님의 심식이 전변된 유루와 불선 및 무기의 법상 등은 모두 무루의 善法의 종자로부터 발생된 것이므로 무루의 선법에 포함된다.

此又是常無盡期故. 清淨法界無生無滅性無變易故說爲常.
四智心品所依常故無斷盡故亦說爲常.

이것은 또한 상주하는 것으로서 멸진되는 때가 없기 때문인데, (5법 중에서 진여인) 청정한 법계는 생멸함도 없고 체성이 變易하지 않기 때문에 (자성이) 상주하다고 한다. 4智의 심품은 의지처[진여]가 상주하기 때문이고, (영원히) 단절되거나 소진되는 것도 없기 때문에 또한 상주하다고 한다.

---

68) 『大乘阿毘達磨雜集論』 卷第4(『大正藏』 31, 709, 下).
69) 『大乘阿毘達磨雜集論』 卷第6(『大正藏』 31, 719, 下) 등.

非自性常從因生故. 生者歸滅一向記故. 不見色心非無常故.
然四智品 由本願力所化有情無盡期故 窮未來際無斷無盡.

(그렇다고) 자성이 상주하는 것은 아니며, (4智의 심품의) 원인[종자]으로부터 발생되기 때문이고, 발생된 것은 소멸로 돌아간다고 한결같이 記別하기 때문이며, 물질과 마음이 무상하지 않다는 것을 알지 못하기 때문이다. 그렇지만 4智의 심품이 본원력에 의지하여 化現된 유정은 멸진되는 때가 없기 때문에 미래세가 다하도록 단절되거나 멸진되는 것도 아니다.

此又安樂無逼惱故. 清淨法界衆相寂靜. 故名安樂. 四智心品永離惱害. 故名安樂. 此二自性皆無逼惱. 及能安樂一切有情. 故二轉依俱名安樂. 二乘所得二轉依果 唯永遠離煩惱障縛 無殊勝法故但名解脫身.

이것은 또한 (모두) 안락으로서 핍박이나 괴롭힘이 없기 때문이고, 청정한 법계는 많은 법상을 적정하게 하기 때문에 안락이라 한다. 4智의 심품은 영원히 괴롭힘의 弊害를 여의기 때문에 안락이라 한다. 이 2가지는 자성이 모두 핍박과 괴롭힘이 없고, 능히 일체의 유정들을 편안하고 즐겁게 하기 때문에 2가지[보리와 열반]의 전의를 함께 안락이라 한다.
 2乘이 증득한 2가지 전의의 증과는 오직 번뇌장의 계박만을 영원히 여의지만, 수승한 법이 존재하지 않기 때문에 단지 解脫身이라 한다.

大覺世尊成就無上寂黙法 故名大牟尼. 此牟尼尊所得二果 永離二障 亦名法身. 無量無邊力無畏等 大功德法所莊嚴故.

대각하신 세존은 최상의 적묵한 법을 성취하셨기 때문에 大牟尼라고 한다. 이 牟尼 존자가 증득한 (보리와 열반의) 2증과는 영원히 2혹장을 여의었으므로 또한 법신이라 하는데, (법이란) 무량하고 무변한 10力과 4無所畏 등 위대한 공덕의 법으로 장엄되었기 때문이다.

體依聚義總說名身 故此法身五法爲性. 非淨法界獨名法身.
二轉依果皆此攝故.

(몸[身]이란) 체성과 의지처 및 (많은 공덕의) 積聚의 의미를 전체적으로 몸이라 한다. 그러므로 이 법신은 5법으로서 체성으로 삼지만 (단지) 청정한 법계만을 유독 법신이라 하는 것은 아니다. 2가지 전의의 증과는 모두 이것[법신]에 포함되기 때문이다.

如是法身 有三相別. 一自性身. 謂諸如來眞淨法界. 受用
變化平等所依. 離相寂然 絶諸戱論. 具無邊際眞常功德. 是
一切法平等實性. 卽此自性亦名法身. 大功德法所依止故.

【三身】

이와 같은 법신은 3형상의 차별됨이 있다. 1) 자성신으로서, 모든 여래가 (증득한) 진실하고 청정한 법계로서 수용과 변화신의 평등한 의지처이며, (靑, 黃 등) 10형상을 여의어서 寂然하고, 모든 희론을 단절하였으며, 무변제의 진실하고 항상 하는 공덕을 갖추었다. 이것은 일체제법의 평등한 實性으로서 바로 이 자성을 또한 법신이라 하는데, 위대한 공덕법의 의지처이기 때문이다.

二受用身. 此有二種. 一自受用. 謂諸如來三無數劫 修集 無量福慧資糧所起無邊眞實功德. 及極圓淨常遍色身. 相續湛然盡未來際恒自受用廣大法樂.

2) 수용신으로서 이것에 2가지가 있다. (1) 자수용신으로서, 모든 여래가 3무수겁 동안에 무량한 복덕과 지혜의 자량을 수습하고 積集하여 일으킨 무변한 진실한 공덕과, (대원경지가 변현한) 지극히 원만하고 청정하며 항상 하고 두루 하는 色身을 말한다. 상속되고 湛然하며, 미래세가 다하도록 항상 스스로 광대한 法樂을 수용한다.

二他受用. 謂諸如來由平等智示現 微妙淨功德身. 居純淨土 爲住十地諸菩薩衆 現大神通 轉正法輪 決衆疑網 令彼受用 大乘法樂. 合此二種名受用身.

(2) 타수용신으로서, 모든 여래가 평등성지에 의지해서 시현하는 미묘하고 청정한 공덕의 몸을 말한다. 순수한 정토에 계시면서 10地에 머무는 모든 보살들을 위하여 대신통력을 나타내고, 바른 법륜을 굴려서 많은 의심들을 결택하며, 그들에게 대승의 법락을 수용하게끔 한다. 이 2가지를 종합해서 수용신이라 한다.

三變化身. 謂諸如來由成事智變現 無量隨類化身. 居淨穢土 爲未登地諸菩薩衆二乘異生 稱彼機宜現通說法 令各獲得

諸利樂事.

3) 변화신으로서, 모든 여래가 성소작지에 의지해서 변현한 무량한 부류에 따른 화신을 말한다. 정토와 예토에 계시면서 아직 (10地에) 오르지 못한 모든 보살들과 (廻心한) 2乘 및 범부들을 위하여, 그 근기에 적절하게 명칭하며, 신통력을 나타내어 법문을 하여, 각각 모든 利樂하는 자체를 획득하게끔 한다.

以五法性攝三身者. 有義 初二攝自性身. 經說眞如是法身故.
論說轉去阿賴耶識得自性身. 圓鏡智品轉去藏識而證得故.

5법[진여와 4智]의 체성으로서 3身을 포섭하는 것에 관하여, 어떤 사람은 처음의 2가지[진여와 대원경지]에는 자성신을 포함하는데, 경전에서[70] 진여가 바로 법신이라 하기 때문이다. 논장에서[71] 아뢰야식을 전환해서 자성신을 증득하고, 대원경지의 심품은 (이내) 장식을 전환해서 증득한다고 하기 때문이다.

中二智品攝受用身. 說平等智於純淨土爲諸菩薩現佛身故.
說觀察智大集會中說法斷疑現自在故. 說轉諸轉識得受用
身故.

---

70) 『佛地經論』 卷第7(『大正藏』 26, 325, 下).
71) 無性 造, 『攝大乘論釋』 卷第9(『大正藏』 31, 438, 下).

중간의 2智[평등성과 묘관찰지]의 심품에는 수용신을 포함하는데, 평등성지는 순수한 정토에서 모든 보살들을 위하여 佛身을 나타낸다고[72] 하기 때문이다. 묘관찰지는 대법회에서 법문을 하여 의심을 단절하고 자재함을 드러낸다고[73] 하기 때문이고, 모든 전식을 전환해서 수용신을 증득한다고[74] 하기 때문이다.

後一智品攝變化身. 說成事智於十方土現無量種難思化故
又智殊勝具攝三身. 故知三身皆有實智.

마지막의 한 지혜[성소작지]의 심품에는 변화신을 포함하는데, 성소작지는 시방의 국토에서 무량한 종류의 헤아리기 어려운 변화를 드러낸다고[75] 하기 때문이다. 또한 지혜가 수승하여 빠짐없이 3身을 포함한다고[76] 하기 때문에 3身에게 모두 진실한 지혜가 존재한다는 것을 了知한다.

有義 初一攝自性身. 說自性身本性常故. 說佛法身無生滅故.
說證因得非生因故. 又說法身諸佛共有遍一切法猶若虛空無
相無爲非色心故.

(또한) 어떤 사람은 처음의 한 가지[진여]에는 자성신을 포함하는데, 자성

---

72) 『大乘莊嚴經論』 卷第3(『大正藏』 31, 607, 上).
73) 『大乘莊嚴經論』 卷第3(『大正藏』 31, 607, 中).
74) 無性 造, 『攝大乘論釋』 卷第9(『大正藏』 31, 438, 上).
75) 『大乘莊嚴經論』 卷第3(『大正藏』 31, 607, 中).
76) 無性 造, 『攝大乘論釋』 卷第9(『大正藏』 31, 435, 下).

신은 본성이 상주하는 것이라[77] 하기 때문이고, 부처님의 법신은 생멸함이 없다고[78] 하기 때문이며, (법신은 바로) 원인을 증득해서 취득하지 원인을 일으키는 것은 아니라고[79] 하기 때문이다. 또한 법신은 모든 부처님께 공통적으로 존재하며, 일체제법에 두루 하고, 마치 허공과 같이 형상이 없고, 무위이며, 색과 심법도 아니라고[80] 하기 때문이라는 것이다.

> 然說轉去藏識得者. 謂由轉滅第八識中二障麤重顯法身故. 智殊勝中說法身者. 是彼依止彼實性故. 自性法身 雖有眞實無邊功德而無爲故不可說爲色心等物.

그런데 (논장에서) 장식을 전환해서 (자성신을) 증득한다고 한 것은, 제8식 중의 2혹장의 추중[종자]을 전환해서 소멸하고, 법신을 현현하는 것에 의지하기 때문이다. (또한) 지혜가 수승한 중에 법신을 (포함한다고) 선설한 것은, (법신이) 그것[4智]의 의지처이고, 그것의 진실한 성품이기 때문이다. 자성법신은 비록 진실하고 무변한 공덕이 존재한다고 하더라도 무위법이기 때문에 색이나 심법 등의 사물이라고는 할 수 없다.

> 四智品中眞實功德 鏡智所起常遍色身 攝自受用. 平等智品所現佛身攝他受用. 成事智品所現隨類種種身相攝變化身.

---

77) 『大乘莊嚴經論』 卷第3(『大正藏』 31, 606, 下).
78) 『瑜伽師地論』 卷第78(『大正藏』 30, 734, 上).
79) 世親 造, 『金剛般若波羅蜜經論』 卷上(『大正藏』 25, 785, 上).
80) 『大乘阿毘達磨雜集論』 卷第1(『大正藏』 31, 694, 下) ; 無性 造, 『攝大乘論釋』 卷第9(『大正藏』 31, 435, 下).

4智의 심품 중의 진실한 공덕과 대원경지에서 생기되어 항상 하고 두루 하는 색신은 자수용신을 포함한다. 평등성지의 심품이 드러낸 佛身에는 타수용신을 포함하고, 성소작지의 심품이 드러낸 종류에 따른 갖가지 신체적인 형상에는 변화신을 포함한다.

> 說圓鏡智是受用佛. 轉諸轉識得受用故. 雖轉藏識亦得受用. 然說轉彼顯法身故. 於得受用略不說之. 又說法身無生無滅唯證因得非色心等.

대원경지는 자수용불이라[81] 하는데, 모든 전식을 전환해서 자수용신을 증득한다고[82] 하기 때문이다. 비록 장식을 전환해서도 또한 자수용신을 증득한다고 하더라도 그것[장식]을 전환해서 법신을 드러낸다고 하기 때문에, 자수용신을 증득하는 것에 대해서는 생략하여 선설하지 않는다. 또한 법신은 생멸하지도 않고 오직 원인을 증득함으로서 취득되며, 색이나 심법 등에는 존재하지 않는다는 것이다.

> 圓鏡智品與此相違. 若非受用屬何身攝. 又受用身攝佛不共有爲實德故四智品實有色心皆受用攝.

대원경지의 심품은 이것[법신]과 상위되는데,[83] 만약에 자수용신이 아니

---

81) 『大乘莊嚴經論』 卷第3(『大正藏』 31, 607, 上).
82) 無性 造, 『攝大乘論釋』 卷第10(『大正藏』 31, 448, 下).
83) 『新導成唯識論』 卷第10, p.466, "이것은 진실한 色心으로서 法身의 非色心과는 다르다."(是實色心 與法身非色心違.)

라면, 어떤 化身에 소속되어 포함되는가? 또한 자수용신에는 부처님의 공통되지 않은 유위의 진실한 공덕을 포함한다. 그렇기 때문에 4智 심품의 실유의 색과 심법은 모두 자수용신에 포함된다.

> 又他受用及變化身 皆爲化他方便示現. 故不可說實智爲體.
> 雖說化身智殊勝攝. 而似智現或智所起. 假說智名 體實非智.
> 但說平等成所作智 能現受用三業化身. 不說二身卽是二智.
> 故此二智自受用攝.

또한 타수용신과 변화신은 모두 남을 교화하기 위하여 방편으로 나타내 보이기 때문에 진실한 지혜로서 체성으로 삼는다고는 할 수 없다. 비록 변화신이 (바로) 지혜의 수승에 포함된다고 하더라도 지혜로 사현되거나 지혜에서 생기되므로 가정적으로 지혜라고 하는 것이다. 자체는 진실로 지혜가 아니며, 단지 평등성지와 성소작지가 능히 타수용신과 3업의 변화신을 드러낸다고 하는데, 2化身이 바로 2智라고는 하지 않기 때문에 이 2智(평등과 성소작)는 자수용신에 포함된다.

> 然變化身及他受用 雖無眞實心及心所. 而有化現心心所法.
> 無上覺者神力難思故 能化現無形質法.

그러나 변화신과 타수용신에 비록 진실한 마음과 심소법이 존재하지 않는다고 하더라도 화현된 마음과 심소법은 존재한다.[84] 최상의 깨달음은 신

---

84) 『新導成唯識論』卷第10, 466, "이것은 진실한 상분으로서 견분으로 사현되어 나타난다."(此實相分 似見分現.)

통력으로 헤아리기 어렵기 때문에 능히 形質이 없는 법을[85] 화현한다.

若不爾者 云何如來現貪瞋等. 久已斷故. 云何聲聞及傍生
等知如來心. 如來實心等覺菩薩尚不知故.

만약에 그렇지 않는다면, 어떻게 여래께서 탐욕과 성냄 등을 드러내겠는가. (이것들을) 오래전에 단절했기 때문이다. 어떻게 성문 및 축생 등이 여래의 마음을 알겠는가. 여래의 진실한 마음은 등각의 보살조차도 오히려 알지 못하기 때문이다.

由此經說. 化無量類皆令有心. 又說如來成所作智化作三業.
又說變化有依他心依他實心相分現故.

이러하므로 경전[涅槃經]에서, 무량한 부류들을 변화시켜서 모두 마음이 있게끔 한다는 것이다. 또한 여래의 성소작지는 3업을 변화하여 조작한다고[86] 하며, 변화신에는 의타기심이 존재한다고[87] 하는데, 타인의 진실한 마음에 의지해서 상분으로 (가립되어) 드러나기 때문이라는 것이다.

雖說變化無根心等. 而依餘說. 不依如來. 又化色根心心所
法無根等用故不說有.

---

85) 『新導成唯識論』 卷第10, 466, "마음이 화현한 相分의 마음"(化心相分心.)
86) 『佛說佛地經』(『大正藏』 16, 722, 中).
87) 『瑜伽師地論』 卷第78(『大正藏』 30, 736, 상); 『解深密經』 卷第5(『大正藏』 16, 710, 下).

비록 (다른 경론에서) 변화신에는 5근과 마음 등이 존재하지 않는다고[88] 하더라도 다른 것[3乘 및 異生 등으로 변화된 것]에 의거하여 선설된 것으로서 여래에 의거한 것이 아니다. 또한 변화된 색근과 마음 및 심소법은 감각기관 등의 작용이 존재하지 않기 때문에 존재한다고 하지 않는다.

> 如是三身雖皆具足無邊功德. 而各有異. 謂自性身 唯有眞實常樂我淨. 離諸雜染衆善所依. 無爲功德. 無色心等差別相用.

이와 같은 3身은 비록 모두 무변한 공덕을 구족하였다고 하더라도 각각 다른 점이 있다. 말하자면, 자성신은 오직 진실한 常, 樂, 我, 淨만이 있으며, 모든 잡염법을 여의었고, 많은 善法의 의지처이며, 무위의 공덕이지만, 색법과 마음 등의 차별된 형상과 작용은 존재하지 않는다.

> 自受用身具無量種妙色心等眞實功德. 若他受用及變化身. 唯具無邊似色心等 利樂他用化相功德.

자수용신은 무량한 종류의 승묘한 색법과 마음 등의 진실한 공덕력을 구족하는데, 만약에 타수용신과 변화신이라면, 오직 무변하게 似現된 색법과 마음 등으로 남을 利樂하게 하는 작용인 변화된 형상의 공덕만을 갖춘다.

> 又自性身正自利攝. 寂靜安樂無動作故. 亦兼利他. 爲增上

---

88) 『瑜伽師地論』卷第98(『大正藏』30, 862, 下), "4가지의 자체에서 능히 변화될 수 없는 것은, 1) 5근, 2) 마음, 3) 심소법 및 4) 업과 그 업과이다."(於四事不能化 一根 二心 三心所 四業及業果.)

緣令諸有情得利樂故. 又與受用及變化身爲所依止. 故俱
利攝. 自受用身唯屬自利. 若他受用及變化身唯屬利他. 爲
他現故.

또한 자성신은 바로 自利에 포함되는데, 적정하고 안락하여 동작이 없기 때문이다. 또한 利他心을 兼備하여 증상연으로 삼아서 모든 유정들에게 이락을 증득하게끔 하기 때문이다. 나아가 수용신과 변화신의 의지처가 되기 때문에 함께 자리와 이타에 포함된다. 자수용신은 오직 자리에만 소속되지만, 만약에 타수용신과 변화신이라면, 이타에만 소속되는데 남을 위하여 드러내기 때문이다.

又自性身依法性土. 雖此身土體無差別. 而屬佛法相性異故.
此佛身土俱非色攝. 雖不可說形量小大. 然隨事相其量無邊.
譬如虛空遍一切處.

또한 자성신은 法性의 국토에 의지하는데, 비록 이 신체와 국토가 자체에 차별이 존재하지 않다고 하더라도 부처님과 법에 소속되어서 형상과 체성이 다르기 때문이다. 이러한 부처님의 신체와 국토는 모두 색법에 포함되지 않는다. 비록 形量의 크고 작음을 말할 수 없다고 하더라도 자체의 형상에 따른다면 그 형량이 무변한데, 비유하면, 허공이 일체의 장소에 두루 하는 것과 같다.

自受用身還依自土. 謂圓鏡智相應淨識由昔所修自利無漏
純淨佛土因緣成熟. 從初成佛盡未來際相續變爲純淨佛土.

周圓無際衆寶莊嚴. 自受用身常依而住. 如淨土量身量亦爾.

자수용신은 다시 자신의 국토에 의지하는데, 말하자면, 대원경지와 상응하는 청정식은, 예전에 수습했던 自利行의 무루법으로서 순수하고 청정한 불국토의 인연이 성숙됨에 의지하여, 처음으로 성불해서 미래세가 다하도록 상속되며, 순수하고 청정한 불국토를 변화하게 한다. 두루 원만하여 끝이 없으며, 갖가지 보배로 장엄된 것이고, 자수용신이 항상 의지하여 머무는데, 마치 정토의 크기와 같이 佛身의 크기도 또한 그러하다.

諸根相好一一無邊. 無限善根所引生故. 功德智慧旣非色法. 雖不可說形量大小. 而依所證及所依身亦可說言遍一切處.

諸根의 相好는 하나하나가 무변한데, 무한한 善根에 引導되어 생기되었기 때문이다. 공덕과 지혜는 색법이 아니므로 비록 形量의 크고 작음을 말할 수는 없다고 하더라도, 증득된 것[2空의 진여]과 의지하는 자성법신에 의거하여 또한 일체의 장소에 두루 한다고 할 수 있다.

他受用身亦依自土. 謂平等智大慈悲力 由昔所修利他無漏純淨佛土因緣成熟. 隨住十地菩薩所宜變爲淨土. 或小或大或劣或勝前後改轉. 他受用身依之而住. 能依身量亦無定限.

타수용신도 또한 자신의 국토에 의지하는데, 말하자면, 평등성지는 대자비력으로서 예전에 수습했던 利他行의 무루법으로 순수하고 청정한 불국토의 인연이 성숙됨에 의거하여, 10地에 머무는 보살들의 適宜에 따라 정토를 변화하게 한다. 작거나 크기도 하고, 열등하거나 수승하기도 하여 전후로 다르게 전변해서 타수용신은 이것에 의지해서 머무는데, 能依하는 신체의 크기도 또한 정해진 제한은 없다.

若變化身依變化土. 謂成事智大慈悲力由昔所修利他無漏淨穢佛土因緣成熟. 隨未登地有情所宜化爲佛土. 或淨或穢或小或大前後改轉. 佛變化身依之而住. 能依身量亦無定限.

예컨대 변화신은 변화된 국토에 의지한다. 말하자면, 성소작지는 대자비력으로서 예전에 수습했던 이타행의 무루법인 정토와 예토의 불국토의 인연이 성숙됨에 의거하여, 아직 10地에 오르지 못한 유정들의 적의에 따라서 불국토를 화현하게 한다. 정토이거나 예토이기도 하고, 작거나 크기도 하며, 전후로 다르게 전변해서 부처님의 변화신은 이것에 의지해서 머무는데, 능의하는 신체의 크기도 또한 정해진 제한은 없다.

自性身土一切如來同所證故體無差別. 自受用身及所依土雖一切佛各變不同. 而皆無邊不相障礙. 餘二身土隨諸如來所化有情有共不共.

자성신의 신체와 국토는 일체 여래가 같이 증득한 것이기 때문에 자체에 차별이 없다. 자수용의 신체와 의지처인 국토는 비록 일체 제불이 각각 변화한 것이 같지 않다고 하더라도 모두 無邊하고 (또한) 서로 장애되지 않는다. 다른 2가지[타수와 변화신]의 신체와 국토는 모든 여래가 화현한 유정에 따라서 함께 하거나 함께 하지 않기도 한다.[89]

> 所化共者同處同時. 諸佛各變爲身爲土 形狀相似不相障礙
> 展轉相雜爲增上緣. 令所化生自識變現. 謂於一土有一佛
> 身爲現神通說法饒益.

화현한 것이 함께 한다는 것은 동일한 장소에서 같은 때에 제불이 각각 변화하여 신체와 국토로 되고, 形狀이 상사하여 서로 장애하지 않으며, 전전하여 서로 복잡하게 증상연으로 되는데, 화현한 중생이 자신의 心識으로 변현하게끔 한다. 말하자면, 한 국토에 한 佛身이 존재하여, 그들을 위하여 신통력을 나타내고 법을 선설하여 요익하게 하는 것이다.

> 於不共者唯一佛變. 諸有情類無始時來 種姓法爾更相繫屬.
> 或多屬一或一屬多. 故所化生有共不共. 不爾多佛久住世
> 間各事劬勞實爲無益. 一佛能益一切生故.

함께 하지 않는다는 것은 오직 한 부처님만이 변현하는데, 모든 유정의 부류들은 언제부턴가 種姓 그대로 다시 서로 계박되어서 종속된다. 혹은 (화현된) 많은 것[유정들]이 (오직) 하나[부처님의 화현]에 종속되거나 하나[유정]가 (반드시) 많은 것[부처님의 화현]에 종속되기 때문에, 화현된 중생들은 (자연스럽게) 함께 하거나[一屬多] 함께 하지 않기도[多屬一] 한다. (만약에)

---

89) 『佛地經論』 卷第7(『大正藏』 26, 327, 上) 참조.

그렇지 않는다면, (곧) 많은 부처님들이 오래 동안 세간에 머물면서 각각의 자체를 수고롭게 하는 것이 실제로는 쓸모가 없게 되는데, 한 부처님만이 능히 일체의 중생들을 이익 되게 하기 때문이다.

此諸身土 若淨若穢 無漏識上所變現者. 同能變識俱善無漏. 純善無漏因緣所生. 是道諦攝 非苦集故. 蘊等識相不必皆同. 三法因緣雜引生故.

이 모든 3佛身과 4국토는 청정한 것이나 더러운 것에도 존재한다. (만약에) 무루[여래와 10地]의 심식 위에서 변현된 것[상분]이라면, 능변의 심식[제8식 등]과 같이 모두 선법이고 무루법이다. 純善인 무루의 인연[종자]에서 생기된 것이므로 이것은 도제에 포함되는데, 고제와 집제가 아니기 때문이다. 5온 등의 심식의 상분은 반드시 모두 같은 것도 아닌데,[90] 3법[온, 처, 계]의 인연이 잡란하게 引生하기 때문이다.

有漏識上所變現者 同能變識皆是有漏. 純從有漏因緣所生 是苦集攝. 非滅道故. 善等識相不必皆同. 三性因緣雜引生故 蘊等同異類此應知. 不爾應無五十二等.

(만약에) 유루의 심식[91] 위에서 변현된 것[身, 土의 상분]이라면, 능변의

---

90) 『新導成唯識論』 卷第10, p.470, "말하자면, 견분은 마음이고, 상분은 마음이 아니다. 마치 第8識의 상분중 根과 境 등과 전6식의 소연인 색 등은 견분과는 한 종류의 성류로 생기된 것이 아닌 것과 같이, 색과 마음 등의 차별이다."(謂見分是心 相分非心 如第八相中根境等及六識所緣色等 以與見分非一種類故 色心等別.)

91) 『新導成唯識論』 卷第10, p.470, "예컨대 10地의 第8識과 前5識."(若十地第八識幷五識)

심식과 마찬가지로 모두 유루법이다. 순전히 유루법의 인연[종자]으로부터 생기된 것으로서 고제와 집제에 포함되는데, 멸제와 도제가 아니기 때문이다. (그리고 변현된) 善 등[3]性의 심식의 상분은 반드시 모두 같은 않는데, 3性의 인연이 잡란하게 引生한 것이기 때문이다. 5온 등의 同異도 이것에 견주어서 알아야 한다. (만약에) 그렇지 않는다면, (즉 화현된 부처에게는) 5온과 12처 등이 존재하지 않아야 한다.

然相分等依識變現. 非如識性依他中實. 不爾唯識理應不成. 許識內境俱實有故. 或識相見等從緣生. 俱依他起 虛實如識 唯言遣外不遮內境. 不爾眞如亦應非實.

그리고 상분 등은 심식에 의지하여 변현되는데, 심식의 성품이[92] 의타기성 중에서 진실한 것과 같은 것은 아니다. (만약에) 그렇지 않는다면, 유식의 이치가 성립되지 않아야 하는데, (그것은) 심식과 내부의 경계[상분 등]를 모두 진실한 존재라고 인정하기 때문이다. 혹은 심식[자체분] 중의 상분과 견분과 같은 것은 인연으로부터 생기된 것이므로 모두 의타기성이지만, (그것들이) 허망하거나 진실한 것은[93] 마치 심식 (자체)와 같다. 오직이라는 말은 (단지) 외부대상[변계]만을 부정하고 내부대상[상분 등]은 부정하지 않

---

92) 『新導成唯識論』 卷第10, p.470, "견분이라거나[難陀] 자체분이라[護法] 한다."(一云見分 一云自體分.)

93) 『成唯識論觀心法要』 卷第10[『卍新纂續藏經』 第51冊(2009), p.452, 上, "허망하거나 진실한 것이 마치 심식과 같다는 것은, 진실로 수승한 의미에 의거하면 바로 심식 자체는 환몽과 같으므로 (그것에서) 변현된 상분과 견분의 2심분도 또한 허망하며, 이치의 세속제에 준거하면 의타기성의 심식 자체는 존재하지 않는 것이 아니므로 변현된 상분과 견분의 2심분도 진실하다는 것이다."(言虛實如識者 依眞勝義 則識體旣如幻夢 所變相見二分亦虛 約理世俗 則依他識體不無 所變相見二分亦實.)

는다는 것이다. (만약에) 그렇지 않는다면, (根本智가 반연하는) 진여[내부의 實相 경계]도 또한 진실한 것이 아니어야 한다.

內境與識旣並非虛. 如何但言唯識非境. 識唯內有境亦通外.
恐濫外故但言唯識

[질문] 내부의 경계와 심식이 함께 허망한 것이 아니라면, 어째서 단지 오직 심식이라고만 하고, 경계라고 하지 않는가?
[답변] 심식은 오직 내부에만 존재하고 경계는 또한 외부에도 통하는데, 외부에 치우치는 것이 염려되기 때문에 단지 오직 심식이라고만 하는 것이다.

或諸愚夫迷執於境 起煩惱業 生死沈淪 不解觀心勤求出離.
哀愍彼故說唯識言 令自觀心解脫生死. 非謂內境如外都無.

혹은 모든 어리석은 범부들은 경계에 대해서 미혹하게 집착해서 번뇌와 업을 일으키고, 생사에 沈淪하며, 마음뿐이라고 관찰하여 부지런히 해탈을 희구하는 것을 了解하지 못한다. (그리하여) 그들을 불쌍히 여기기 때문에 오직 심식이라 하는 것이고, 스스로 마음뿐이라고 관찰해서 생사를 해탈하게끔 하는 것이며, 내부의 경계도 외부의 경계와 같이 전혀 존재하지 않는다는 것이 아니다.

或相分等皆識爲性. 由熏習力似多分生. 眞如亦是識之實性.
故除識性無別有法. 此中識言亦說心所 心與心所定相應故

혹은 상분 등은 모두 심식[자체분]을 자성으로 삼는데, 훈습력에 의지해서 여러 心分으로 사현되어 일어난다. 진여도 또한 이 심식의 진실한 성품이다. 그렇기 때문에 심식 (자체)의 성품[자체분]을 제외하고는 별도로 법[상,견분]이 존재하는 것이 아니다. 이것 중에서 심식이라는 것은 또한 심소법도 가리키는데, 마음[심식]과 심소법은 반드시 상응하기 때문이다.

此論三分成立唯識 是故說爲成唯識論. 亦說此論名淨唯識
顯唯識理極明淨故. 此本論名唯識三十. 由三十頌顯唯識理.
乃得圓滿非增減故.

이 논장은 3분단으로 유식을 성립하기 때문에 『성유식론』이라 한다. 또한 이 논장을 청정한 유식론이라 하는데, 유식의 이치를 드러내어 (마음을) 지극히 밝고 청정하게 하기 때문이다. 이것의 근본 논장은 唯識三十頌으로서 30게송에 의거하여 유식의 도리를 드러내는데, 바로 원만함을 증득하는데 있어서 (본 게송이) 증감되지 않기 때문이다.

已依聖敎及正理 分別唯識性相義
所獲功德施群生 願共速登無上覺.

이미 聖敎와 바른 이치에 의지하여
유식의 성품과 법상의 의미를 분별하였다.
증득된 공덕을 많은 중생들에게 베푸는데
바라노니, 모두 신속하게 최상의 정각에 오를지어다.[94]

― 끝 ―

---

94) 護法의 『釋論』에 附加된 偈頌

찾아보기

[ㄱ]

가림 152, 444
가법 9, 85
가설 6, 7, 39
가유 23, 51, 281
가행 333, 401
가행도 718
가행선 485
가행위 60, 231, 544, 642, 651, 657, 661
가행지 608, 725
가훈성 117
각 182
각지 79
각찰 14
간택 154, 157, 235, 420, 476, 533
갈대 104, 119, 215, 251
갈라람 215
갈애 234
감인 682
감정 145, 146, 231, 368, 588
감촉 50, 142, 153, 157
감촉의 자성 143, 144
개도의 249, 268, 271, 273
개미의 행렬 35
개아 17
개오 283
객진 360
객진번뇌 731
거북이의 털 31
거울의 영상 617
견고 28
견도 19, 183, 244, 245, 259, 310, 318, 417, 438, 440, 539, 544, 591, 642, 652, 657
견도소단 488
견도위 329, 716
견분 7, 47, 97, 118, 120, 121, 122, 255, 280, 284, 294, 303, 336, 344, 514, 521, 531, 566, 610, 613
견분의 종자 253
견분의 현행 253
견상 66
견소단 56
견인인 550
견주성 116
견취 422
견취견 424
결과 26
결과의 색법 36
결법 75
결생 184, 242, 591
결정심 269
결택 175, 374, 397
경계 26, 551
경량부 164, 196, 197, 224, 231, 250
경부사 376
경안 389, 401, 412, 416, 484
계곡의 메아리 617
계금취견 425
계박 246, 255
계탁 9, 17, 19, 20, 27, 30, 37, 82, 330, 423, 525
계학 686
계현관 670
고고 594
고근 355, 361, 363, 488
고뇌 445

고락	11	교만	448, 466
고류지	664	구경도	401
고류지인	664	구경위	113, 642, 689, 690, 751
고법지	664	구경현관	670
고법지인	664	구난	235, 257, 258
고수	354, 482	구리	37
고제	181, 201, 392, 439, 594, 664	구비(俱非)	145, 340, 345
고처	432	구생	80, 286, 287
고취	360	구생기	168, 169, 310, 311, 334, 420, 426, 430, 499, 501, 573, 657, 695, 709, 722
곡맥	115		
공	48, 78, 106, 108, 528, 618, 628	구신(句身)	483
공과 불공	523	구원	156
공관	439	구유근	177, 249
공능	24, 32, 44, 96, 99, 113, 196, 237, 253, 259, 280, 561	구유소의	249, 265, 330
		구유의	248, 249, 252, 254, 258, 259, 260, 314
공능차별	532		
공리	201	구유인	120
공상	89, 133, 615	구종	116
공상종자	115	구지근	546
공성	77, 521	궁생사온	191
공용	333, 489	궤범	6
공화(空華)	223	그루터기	318
공화(空花)	29	극고	193
과구유	112	극난승지	676, 701
과능변	92	극락지	362
과미무체	113	극미	11, 13, 34, 37, 42, 43, 45, 46, 47, 48
과보	11, 12, 241	극미로	41
과상	37, 95	극수면	211, 277, 475, 493
과색	36	극희지	675, 692
관대인	550, 553	극희지인	671
관소연론	253, 257, 259	근	26
관습력	213	근면	389, 399
관찰	453	근본번뇌	291, 353, 443, 461
관찰자	519	근본속성	24
광과천	498	근본식	96, 114, 190, 225, 259, 493, 508, 511, 530, 604
괴(愧)	389, 393		
괴고	594	근본실지	661
		근본위	544

근본의	249, 344
근본정	357
근본지	167, 317, 586, 775
근분정	363
금강삼매	310
금강유정	310, 545, 713, 714, 729, 742
기별	152, 187, 345
기쁨	407
기선	239
기세간	120, 174, 203
기억	20, 150, 174, 289, 373, 380
기진경	143, 367
꿈속의 대상	617

[ㄴ]

나락가	359
낙수	193, 220, 304, 354, 482, 594
낙아뢰야	192
난성	28
난위	642, 652
내경	287
내문	290
내법	82, 196
내부대상	774
내부의 심식	8
내심	286
내아	282
내적인 원인	17
내처	253, 255
뉘우침	474
능가경	518
능각	123
능단도	725
능변	90
능변계	606, 607
능변식	6, 93, 247, 278, 341
능복도	725

능상	66, 514
능생	532
능생인	554, 557, 559
능소화합	119
능연	83, 122, 378, 540
능의	182, 314
능인지	576
능장	94
능전	70, 483, 622, 623
능전도	725, 750
능전인	549
능집수	206
능취	79, 178, 575, 609, 614, 642, 644
능치	243
능훈	115, 199, 254, 261, 532
능훈식	100, 117, 119, 263
능훈의 4가지 의미	117
능훈의 현행	533

[ㄷ]

다계경	103
다라니	698, 706
다분설	362
단견	426, 522
단과	244
단멸론	423
단식	219, 222, 223
대(大)	23, 24
대모니	675, 760
대반야경	756
대범천왕	33
대법론	377
대보리	166, 401, 537, 710, 724
대보리심	643, 680
대비심	398, 410, 599
대수번뇌	443, 462
대승	164, 310

대승의 이사	420
대신통력	708
대열반	710
대원경	175
대원경지	173, 175, 272, 314, 742, 746, 750, 761, 765
대자비력	770
대자재천	32, 114, 424
대중부	190, 199, 392
대중연	114
대지법	233, 234, 236
대치	189, 396
대치도	323
대해	186
도	245
도거	291, 292, 293, 295, 296, 404, 413, 443, 445, 451, 459
도과	244
도리의 승의제	638
도제	181, 201, 423, 425, 439, 502, 600, 702, 752
도제의 3성	627
독각	165, 173, 317, 601
독각종성	102, 110
독두의식	265
독행불공무명	328
돈오	536
돈오보살	318, 690
동류인	120
동분	56
동사	559
동사인	553
동이성	30
동질	23
득	55
득과 비득	52
등기선	239
등류	269, 451, 477
등류과	92, 120, 560
등류습기	91
등류심	269, 347
등류의 성품	443
등무간	331, 341, 559, 568, 596
등무간연	271, 273, 274, 277, 510, 536, 551, 558, 565
등무간연의	249, 268
등인	383
등지	375, 379, 403

[ㄹ]

류지	663, 665

[ㅁ]

마음	171, 195, 321
마음의 심식	5, 8, 10
마음의 적멸	194
만심	506
만업	92, 570
말나	289
말나3위	317
말나식	91, 177, 246, 254, 256, 258, 260, 263, 266, 271, 281, 306, 311, 312, 324, 430, 505
망념	299
멸박득	738
멸수상정	231, 235, 501
멸장득	738
멸정중	224, 226
멸제	181, 201, 423, 425, 439
멸제의 3性	627
멸진정	137, 195, 222, 224, 226, 228, 229, 233, 246, 308, 312, 315, 318, 332, 499, 509, 538
명구문	69

명근	58, 95, 202, 223, 510, 544	무루심	205, 210, 242
명득정	653	무루위	174
명론	33, 34	무루의 지혜	624
명색	215, 242	무루종자	99, 100, 101, 111
명신	483	무루지	309, 504
명언	147	무루행상	653
명언종자	101, 257, 589	무루현행	241
명자	6, 550	무명	235, 285, 296, 299, 326, 398, 418, 440, 576, 588, 596, 645, 646, 695
명증정	654	무명습지	599
몸의 표색	50	무명주지	647
묘관찰지	740, 741, 744, 748	무부	288, 355
무간 대지옥	361	무부무기	151, 320, 337, 589, 592
무간	401	무부무기성	152, 153, 306, 647
무간도	323, 693, 730	무분별	309
무간멸	239, 551, 558	무분별지	189, 672, 726
무간정	655	무분별혜	688
무감임	292	무불성 유정	184
무괴	293, 295, 449	무상(無相)	482, 602, 628, 704
무구식	172	무상	15, 27, 423
무구칭경	106, 518	무상과	501
무기	152, 195, 306, 572	무상관	705, 723
무기법	198	무상정	137, 222, 223, 231, 332, 496, 498, 499, 593
무기성	97, 116, 174, 238, 256, 258, 338, 348, 355, 359, 434, 456, 476, 485, 538, 560, 758	무상천	191, 222, 333, 493, 496, 498
무대색	41, 48	무색계	155, 191, 205, 210, 212, 224, 280, 306, 498, 503, 538, 567
무루	222, 416, 441, 533, 542, 550, 589, 598, 600, 601	무색정	60
무루계	173	무색천	503
무루관	715	무생법인	678
무루관법	690	무소유처	501
무루도	412, 488, 560, 700	무수겁	652
무루법	98, 101, 105, 107, 108, 132, 210, 309, 355, 413, 538, 601, 602, 614, 673, 743	무심	60, 493, 496, 507
		무심위	198, 211, 223, 229, 234
부부선	345	무심정	60, 222, 230, 237
무루식	224	무아	186, 193, 283, 284
		무아설	16

무아의 3성	626	민절	222, 271, 277, 493, 507
무여열반	171, 173, 732	믿음	390
무여의	242	밀의	190

[ㅂ]

무외시	677
무원	628
무위	243, 528
무위법	15, 41, 55, 73, 74, 76, 78, 273, 531, 553, 560
무인론	424
무자성	640
무자연성	636
무정물	26
무종성인	600
무주처 열반	732, 740
무진	396, 405
무진의경	103
무집수	256
무참	293, 295, 443, 449
무참외도	39
무체법	637
무치	396, 397, 399
무탐	239, 389, 396, 403, 679
무표업	51
무학	319, 355, 438, 468, 501, 502, 589
무학과	245
무학도	53
무학위	164, 172, 193, 194, 241, 310, 314, 315, 323, 487, 546, 600
문자	189
문혜	397, 485
문훈습	101, 109
미륵	187
미륵보살	521
미미심	60
미자재위	270
미지근	545
미지정	364, 435, 586

바라밀	677
바른 견해	16
박가범	321
반야 바라밀다	678
반야	732
반연	8, 17, 19, 31, 82, 135, 158, 184
발광지	676, 698
발지론	377
방론	278
방분	35, 43, 48
방생	358
방일	291, 292, 413, 456
방편	272, 447
방편문	425
방편선교 바라밀다	679
방편선교	679, 683
방편인	554, 555, 557, 559
방편정	435
방해	448
배대	28, 30
번뇌 심소법	417
번뇌	22, 241, 353
번뇌장	4, 102, 165, 311, 646, 674, 709, 713, 738
범부	172
법주	27, 31
범천왕	424
법	106
법견	318
법경	236
법계	639
법공	82, 645, 678

법공관	81, 522	별경	150, 174, 305, 350, 353, 366, 369, 378,
법공지	317, 318		384, 409, 410, 416, 433, 465, 544
법공지품	645	별경의 혜	293
법공진여	736	별보	320
법도	52	별상	350
법무아	315	병[瓶]	14, 34, 42, 96
법무애해	71, 706	보리분법	650, 699
법성	77, 256	보살	165, 310
법시	677	보살종성	680
법식	342	보살지	518, 555
법아견	317, 318	보살행	601
법운지	677, 708	보시 바라밀	679
법의 종자	321	보특가라	53, 186, 315, 317, 318
법의 형상	83	보편성	29, 30, 31, 38
법이	244	복덕	570, 687
법인	664	복제	227
법지	664, 665	본성	644
법집	80, 82, 315, 317, 318	본성주종	103
법집심	608	본성주종성	100
변견	287	본유	103, 111, 115
변계	605	본유설	105
변계소집	605, 610	본유종자	103, 105, 109, 111
변계소집성	181, 616, 621, 636	본제	33
변무애해	707	본지분	415
변역	20, 21	본혹	286, 326, 461
변역생사	599, 600	부동	77, 570, 737
변역신	602	부동지	166, 676, 704
변이	7, 142	부정 심소법	290, 473, 479
변정천	499	부정	350, 353, 474
변중변론	133, 625	부정지	294, 299, 410, 460
변집	423	분노	410, 428, 443, 445
변행 심소법	141, 148, 236, 288, 367, 371	분단생사	165, 598, 603
변행	174, 305, 350, 353, 366, 409	분단신	600, 602
변행의 진여	718	분별	18, 19, 80, 142, 287, 569
변현	25	분별기	18, 422, 426, 430, 573, 657
변화신	600, 762, 766, 768	분별론자	106, 107, 190
별경 심소법	289, 369, 385	분별심	529

찾아보기 **783**

분별의 법집	81	불퇴전	165, 167, 168, 172
분별의식	483	불해	389, 398, 405, 410, 411
분심	294	불환과	487
분위	53	비득	55
분위행상문	317	비량	26, 31, 44, 58, 73, 126
분제(分齊)	147	비바사나	453, 475
불가지	136	비비상처	501
불고불낙	304	비상비비상처천	303
불고불낙수	354	비아관	439
불공	95, 265	비원	272
불공무명	324, 589	비정물	214
불공법	482	비택멸	75, 77, 618, 737
불공상	133	비택멸법	207
불공의 무명	440	빛의 그림자	617
불공의	311		
불과	723, 743	**[ㅅ]**	
불국토	72	사(事)	124, 197, 198, 202, 213
불극과	533	사(思)	221
불방일	389, 398, 401, 403, 404, 411	사견	286
불법	681	사경(事境)	298
불사교란	424	사근	360
불상위인	554, 559	사량	6, 246, 284, 321, 331, 341
불상응	531	사량식	91, 332
불상응행법	41, 52, 191, 194, 203, 205, 208, 223, 229, 273, 335, 337, 528	사려	15
		사마타	451
불선	355	사명외도	40
불선근	396, 399	사무애해	717, 706, 707
불선법	466, 588	사비량	201
불선업	570	사상(事相)	297
불성취	56	사소성지	669
불신	291, 292, 452, 455, 477	사수(捨受)	93, 148, 175, 220, 304, 354, 365, 482
불신의 3행상	455		
불염오법	592	사승해	297
불위	318, 349	사업(思業)	570
불지	539, 709	사욕	297
불지경론	343	사용(士用)	551, 563
불지론	749	사용과	120, 560

사찰	232, 290, 358, 363, 473, 477, 482
사택	679
사행진여	619
사현	45, 86, 89, 253, 281, 527, 535
사현관	669
사혜	397, 485
사홍서원	680
산란	294, 410, 458, 459
살가야견	193, 281, 359, 422, 645
살바다	274, 286, 362, 371, 374, 406, 570
살바다의 이사	373
살바다종	534
삼마타	474
삿된 견해	16, 423
상2계	224
상견	426
상견도	662
상계	224
상망	26
상무자성	636
상분	7, 97, 121, 122, 253, 255, 336, 441, 514, 520, 531, 565, 566, 610, 613
상상	147, 228, 231, 368
상생	250
상속	21, 184
상수멸	77
상위인	554
상응	7, 148, 285
상응무명	328
상응법	236
상응선	238
상종	250
상좌부	162, 190, 199, 213, 224, 392
상주	27
상즉	14, 117, 119, 127
상지	306, 316, 466, 486, 589
상지의 2세계	434
상품	400
상하	43
색경	43, 253
색계	213, 224, 255, 306, 357, 503, 505, 536
색구경천	501
색근	28, 35, 36
색법	13, 25, 26, 34, 36, 38, 39, 41, 196, 273
색상	524
색식	253, 342
색신	194, 503
색심	275, 528
색온	215, 255, 571
색처	220, 524
생각	147, 368
생공	19
생공관	18
생공의 지혜	337, 538
생공지	318
생기인	556
생득혜	397
생사위	211
생사윤회	16, 419
생시중	211
생인	115
서원 바라밀	680
석가	188
석녀	29, 202
선교방편	681
선법	479
선서	732
선성	97, 238, 337
선식	538
선심소법	353, 389, 544
선업	290, 570
선정 바라밀다	678
선정	134, 145, 150, 174, 203, 211, 212, 223, 239, 227, 231, 234, 236, 289, 292, 296,

	332, 349, 373, 374, 401, 414, 433, 475, 486, 498, 586, 590, 599, 601, 603, 656, 679, 694	소각	123
		소기사	729
		소룡	287
선정력	212, 306	소변계	605, 607, 610, 622
선취	658	소상	514
선혜지	677, 706	소생득	739, 750
설일체유부	192, 200	소소연연	541
섭결택분	97, 165, 414, 498	소수번뇌	443, 462
섭대승	610	소수혹	294
섭대승론	101, 104, 251, 275, 339, 723	소승	23, 41, 187
섭수	220	소시	287
섭수인	552, 559	소연	17, 132, 208, 211, 343, 350, 378, 559, 565
섭장	182, 306		
성결정	113	소연경	236, 483
성교	235, 247	소연문	279
성교량	186	소연연	44, 47, 83, 283, 564, 566, 568, 596, 610, 630
성냄	287, 418, 427, 428, 430, 445, 448, 645		
성도	111, 184, 308, 316, 318	소의	182, 343, 673
성량	186	소의근	236
성류	14, 21, 86	소의문	248
성류	87	소의처	248, 249, 283
성문	173, 317, 600, 601	소인지	577
성문	519	소장	94
성문승	188, 733	소전	483, 622, 623
성문종성	102, 110	소전과	549
성불	189	소전득	730
성소작지	343, 416, 539, 542, 741, 745, 748, 763, 771	소전사	728
		소전의	171, 727
성자	53, 107	소지장	4, 102, 110, 165, 319, 598, 600, 602, 645, 674, 714, 738
성지	667		
성취	56	소지장	695
세간	5, 726	소취	79, 178, 575, 609, 614, 642, 644
세간도	243, 412	소훈	115, 116, 199, 261
세간의 승의제	638	소훈식	116
세속제	97, 492, 629	소훈의 4가지 의미	116
세제일법	652, 655	소훈처	100, 119, 196, 533
세제일법위	539, 544	속성	7, 28, 29, 30, 31, 87

속임	446	습소성	644
속제	523	습윤	28
손감	9	승론	197
솔이	347, 483	승론학파	27, 32, 39
솔이타심	348, 381	승의 무자성	636
수구문	354	승의선	239
수념	330	승의성	659
수도	259, 417, 438, 441	승의의 승의제	638
수도소단	488	승의제	10, 250, 513, 629, 638
수도위	18, 109, 286, 318, 329, 591, 696	승진	400
수론자	23	승진도	717
수론파	106	승진행	400
수론학	38	승해	150, 289, 292, 295, 372, 380, 385, 392, 399, 456
수면	72, 271, 290, 292, 337, 473, 475, 507		
수명	208, 214	승해행지	545, 648, 658, 744
수번뇌 심소법	290	승혜	174
수번뇌	291, 292, 294, 295, 326, 350, 353, 418, 442, 461, 476, 479	시기	111
		식(食)	221
수설인	549	식물	219
수소단	695	식별	20
수순	147, 552, 561, 562, 655	식사	219, 220, 222
수습	12	식식	219, 221, 223
수습위	642, 671, 675, 690, 750	식온	216, 255, 280
수승한 업용	328	식지	597
수승한 증과	4	신견	193, 359, 645
수연	239	신구의 3업	343
수용신	761	신근	28, 544
수전리문	252, 340, 362	신살바다	46
수전문	534	신수	203
수혜	397, 698	신아	23, 38
숙면	222, 509	신통력	772
순결택분	642, 652	신험관	669
순대	326	신훈	115
순세외도	570	실념	299, 410, 457
순질	23, 24	실법	515, 527
순해탈분	642, 652	실상진여	619
습기	100, 158, 550, 561, 562	실아	515

실유	23		204, 206, 240, 246, 258, 607
실유법	223	아만	246, 285
실유성	245	아법	542
실지관	652	아비달마경	104, 182, 518
실체	7, 27, 29, 30, 31, 86, 87	아상	19, 285
심구	232, 269, 290, 358, 363, 473, 477, 482	아소견	280, 282, 287
심법	236	아애	92, 194, 246, 285, 700
심분	7, 125, 660	아집	17, 19, 309, 315, 318, 334
심사	247	아집습기	573
심사관	652	아첨	447
심소법	5, 7, 14, 21, 27, 35, 231, 236	아치	246, 285, 293, 327
심소상응문	349	아타나	171, 493
심수	354	아타나식	183, 184, 273, 536
심식 자체	7	아탐	285
심식	5, 7, 9, 22, 23, 27, 29, 31, 43, 208, 215	아함	190
		악견	422, 427, 476, 608
심식의 성류	90	악도	304
심식의 작용	5	악업	361
심식의 체성	314	악작	103, 151, 290, 474, 476
심의식	520	악차	98
심일경성	376	악취	184, 345, 592, 593
심종자	541	악취공자	529
심지	104, 119, 250	악행	356
심행	77, 226, 227, 232	악혜	294, 458
심혜	679	안근	35, 39, 43, 44
십지경	506	안립진여	619
		안식	44
[ㅇ]		암질	23
		애아뢰야	192
아견	16, 20, 246, 285, 290, 296, 300, 318, 327	애착	303
아견의 소연경	16	애착처	192
아공	678	양지	612
아공관	522	어리석음	418, 430, 445, 453, 476
아귀	359	언교	212
아라한	93, 164, 168, 170, 246, 308, 310, 710, 714	언어의 표색	50, 51
		업	12, 21, 22, 241, 570
아뢰야식	91, 93, 104, 121, 154, 172, 202,	업도	52

업력	214	예토	130
업보신	600	오타이경	503
업의 체성	30	온	17
업장	207	온법	191
업종자	257, 578, 604	외경	9, 123, 287
여래	165, 206, 318, 489, 710	외도	23, 34, 38, 188, 196
여래가	671	외문	290, 435, 644
여래종성	102, 110	외부대상	774
여래지	172, 744	외부의 경계	5, 8, 84
여상	639	외연	290
여여	639	외처	253, 255
연각	519	요달	263
연기법	596	요별	7, 120, 247
연기의 이치	159	요별경식	6, 91
연취	28	요지	111, 120, 230
연품	662	요해	183
열반	16, 22, 179, 180, 224, 424	욕계	213, 255, 307, 356, 357, 415, 431, 433, 486, 505, 539
열반경	767		
열지옥	270	욕계천	304
염분	673	욕망	174, 193, 289, 369, 380, 456, 474
염오	26, 266	욕심	392
염오법	306, 461, 476, 479, 589, 673	용맹	400
염오성	238, 353	우근	358, 361, 488
염오식	242	우부무기성	294
염오심	294, 443, 451, 460	우수	304, 358, 482
염오심의 위치	292	우치	292, 694
염오의식	332	원력	601, 603
염정법	265	원성	540, 543
염정심	269	원성실성	181, 606, 613, 615, 621, 637
염정의	344	원인	26, 32, 34, 598
염정중	240	원적	737
염정품의 법	196	원한	443, 445
염혜지	676, 699	원행지	506, 676, 703
영수	550	위의무기	647
예류	6, 169	유가론	99, 143, 251, 256, 257, 260, 269, 277, 279, 287, 292, 295, 296, 328, 335, 347, 351, 356, 359, 363, 378, 417, 421,
예류과	591		
예류향	245		

	426, 436, 458, 476, 480, 483, 488, 497, 556, 561, 623, 726
유가사	48
유관 무루지	502
유근신	121, 133, 203
유기법	198
유대색	41, 43, 44, 48
유동성	28
유루 심성	127
유루	222, 243, 416, 441, 529, 533, 570, 589, 598, 607
유루도	308, 435
유루법	100, 101, 105, 107, 108, 210, 244, 338, 413, 469, 501, 602, 730
유루선	345
유루식	122
유루식의 전변	135
유루심	317, 337
유루위	174
유루종자	173, 241
유법	38
유변론	424
유부 말나	267
유부	306, 355, 359
유부무기	151, 292, 356, 434, 588, 646
유부무기성	246, 291, 306, 320, 359, 432, 466
유분식	190
유사	469
유상(有想)	423
유상(有相)	482
유색	206
유색계	262, 267
유생멸	117
유승용	118
유식(有識)	132, 208, 279, 509, 517, 636, 640
유식성	3, 5, 127, 523, 642, 652, 776
유식의 도리	183
유식진여	619
유심위	137, 211, 222, 229
유심유사	415
유심유사지	353, 481, 556, 557
유여의 열반	731
유예	420
유위	212
유위법	15, 49, 65, 68, 553, 573
유전	151, 176, 178, 249
유전문	186, 703
유전진여	619
유정	6, 8, 11, 26, 211, 228, 448, 509
유정천	303, 307, 546
유증감	118
유지	574
유집수	206, 256, 257
유학	241, 319, 355, 417, 438, 468, 501, 502, 589
유학위	172, 308, 317, 318
유학인	194
윤생	4, 436, 497, 558, 578, 584, 591, 601, 735
윤회	22, 286
율의계	678, 686
응공	310
의(意)	221, 247
의근	236, 247, 271, 278, 283, 315, 320, 330, 544
의류	250
의무애해	706
의미	189
의사식	221, 222
의성신	599
의성천	503
의식	177, 230, 236, 247, 258, 341, 482
의심	287, 420, 427, 428, 457

의업	51	인공	320
의주석	247	인과	22, 250
의지	362	인과동시	251
의지처	43, 256, 306	인과의 의미	199
의처	423	인과이시	112, 250
의취	189	인능변	91
의타	540, 543	인발인	552
의타기	606	인상(因相)	95
의타기성	83, 181, 523, 613, 614, 617, 621, 637, 673, 728	인색	446
		인순정	654
의타심	606	인식대상	43
의탁	229	인식활동	137
이계과	530, 560, 686	인업	149, 570
이구지	675	인연	9, 14, 45, 251, 263, 278
이근	506	인연력	18, 21, 43
이생 범부	324	인연성	120
이생	768	인연연	558
이생성	696	인연의 성품	115
이생지	539	인연의	249, 250
이숙 무기	206	인연종자	557
이숙	6, 92, 95, 261, 247	인욕 바라밀다	678
이숙과	52, 560, 572, 686	인욕	679
이숙무기	172, 486, 544	인위(忍位)	655
이숙무기성	148	인인(引因)	115
이숙생	61, 149, 208, 320, 560	인자과	114
이숙성	91	인지	289, 384, 655
이숙습기	91, 92	인해	379
이숙식	93, 95, 117, 129, 130, 132, 135, 167, 172, 208, 253, 262, 288, 510, 603, 743	일래	6
		일체 종자식	93, 95, 96, 120
이숙심	214, 486	일체종자	98, 529
이숙심만	207	임운분별	482
이숙중	202	임지	6, 21
이십유식론	252, 257	입능가경	128, 185, 322
이지근	546	입출식	226, 231
인(因)	316		
인(忍)	391	**[ㅈ]**	
인(印)	655		
인간계	304, 503	자과	551

자구	178		397, 399, 482, 577, 709, 752
자량	201, 401	장식	94, 185, 247, 260, 263, 266, 271, 283,
자량	529, 545, 683		305, 307, 312, 321, 347, 430
자량위	108, 544, 642, 643, 722	장애	553
자류	250, 535	장엄경	173, 190
자류의 종자	532	장엄경론	342, 748
자리행	770	장엄론	490
자만	410, 427, 429, 457, 645	재시	677
자만심	419	적정	238, 404, 413
자분행	400	적집	42, 247
자상	88, 220, 344	적취	566
자성	24, 26, 82, 246, 284	전(纏)	477
자성선	239, 760, 771	전5식	43, 45, 177, 212, 230, 252, 315, 482
자성청정 열반	731	전6식	91, 197, 199, 220, 311, 496, 507
자수용신	740, 761, 768	전6전식	335
자아	6, 11, 12, 13, 22, 280, 283	전념	566
자아와 법	5, 6, 90	전도	16
자아의 체상	15, 16	전륜성왕	54
자아의 크기	13	전멸후생	22
자양	221	전변	6, 7, 24, 37, 43
자재	264, 342, 349, 269	전식	103, 104, 105, 194, 197, 207, 208, 210,
자재자	519		228, 242, 248, 286, 347
자재천	424	전식종자	494
자증	540	전의	141, 183, 244, 276, 282, 284, 381, 651,
자증분	7, 124, 126, 284, 344, 5671 617		722
자체	37, 44	전전(展轉)	6, 7, 26, 157, 260
자체분	120, 123, 280, 514, 515, 531, 533,	전제(前際)	423
	610, 613, 775	점오	536
자체의 원인	36	점오보살	318, 690
자체의 체상	123	접촉	288, 293, 473, 588
작용	15, 161, 176	정거천	590
작의	145, 195, 368	정거천상	537
잡거	539	정과색	136
잡사경	461	정고량	186
잡염	241	정등정각	642
잡염법	106, 181, 182, 286, 411, 674	정량	33, 176, 321
잡집론	143, 165, 221, 250, 295, 349, 356,	정려	482

정론	278	제6식	212, 224
정리논사	145	제6의 소리	66
정리사	377	제7식	18, 80, 247, 259, 321, 495, 565, 754
정분	673	제7지	691
정사유	488	제8식	18, 80, 170, 208, 210, 213, 260, 321, 495, 565
정색	280		
정성	734	제8식의 심품	533
정식	9, 17, 27, 32, 37	제8지	691, 714
정실	205, 206	제문분별	426
정심	213	제복	169
정위	654	제석천	424
정이인	553	제취	176, 178
정인(正因)	338, 351	조복	308, 319
정지	170, 488, 538, 638, 660, 747	종(宗)	316
정진 바라밀다	678	종성	110, 601
제16 찰나심	544	종성의 차별	102
정진	403, 544	종자	100, 132, 154, 320, 530, 568
정학	687	종자생종자	113, 250, 595
정행진여	619	종자생현행	113, 119, 251, 595
제16심	544, 545	종자식	156, 171
제1사	288, 358, 444, 451, 453, 458, 460, 464, 467	종자의 의미	112
		종자의	249, 250, 251
제2 능변	340	종지	21
제2 능변식	246	종파	24, 40
제2 선	304	중도	162
제2사	291, 294, 444, 451, 453, 458, 459, 460, 464, 467, 478, 508	중동분	95, 193, 223, 225
		중수번뇌	443, 462
제2지 이상	486	중수혹	294
제3 능변	340	중요(中夭)	581
제3 선	304	중유	242, 436
제3 선정	362, 499	중품	400
제3 정려	193	증과	317, 318
제3사	452, 454, 458, 459, 460	증득	180
제4 선	304	증득의 승의제	638
제4 선정	436, 499	증상과	560
제4 정려	498	증상생	682
제6 의식	18, 80, 463, 520, 565	증상연	109, 255, 277, 283, 320, 423, 559,

	563, 565, 566, 574	진현관	183
중상연의	249, 278	질애성	14, 27, 37, 42
중오	427	질투	445
중익	9	집기	195, 321
중일아함경	186, 192, 194	집론	291, 459
중입	99, 102	집수	120, 121, 156, 174, 207, 213, 214
중자중	540	집수중	206
중자중분	125, 127, 567	집제	181, 201, 392, 439, 702
지(地)	30	집제의 3성	627
지[四大]	28, 34	집지	195, 200, 208
지견	409	집지식	177
지계 바라밀다	677		
지계	679	[ㅊ]	
지교량	186, 322	찰나멸	112
지념	451	참(慚)	389, 393
지성	23, 24	참괴	395, 397
지업석	247	처[處]	129, 156
지옥	100, 358, 431	처	120
지운	708	처소	42
지전(地前)	691	천계	359, 570
지종의	727	천안통	383
지종중	195	천애	71, 377
지품	612, 667	천이통	383
지혜	4, 5, 31, 150, 174	천취	205, 363
진견	561, 562	청정	26
진견도	661, 670, 693	청정국토	750
진공	517	청정도	243
진사	88	청정법	181, 241, 243, 411, 476
진여	19, 77, 78, 108, 282, 542, 614, 636, 731	청정식	116, 272, 314
		청정진여	619
진여지	661	체상	5, 24, 524
진의	325	체성	24, 96
진이숙	149, 205, 604	체온	208, 214
진이숙과	95, 304	초능변	279
진이숙식	225	초능변식	93, 94, 95, 248
진제	523	초도	245
진지	309	초발심	400

초발심위	642
초발심행	400
초선	255, 304, 357, 484, 486, 539, 586
초정(初定)	415
초정려	364
초지	82, 167, 169, 539, 642, 694, 714
촉식	220, 222
촉처	507
총림	23, 27
총보	211, 320, 591
총상	350
최상승의 진여	718
최하품	699
추색	35
추중한 혹장	4
추타	290, 422, 478
추현	34, 43
축생	359
출세간	671, 672, 726
출세간심	109
출세도	243, 246, 308, 413
취생증	204
취온	194, 225
취적종성	184
취착	588, 596
취향	537
친소연	441, 521
친소연연	84, 155, 541
친인연	255, 281

[ㅌ]

타방	131
타법처	134
타성	251
타수용신	283, 740, 750, 761, 766, 768, 770
타심	526
탐애	427, 448, 588, 596, 645
탐욕	287, 328, 418, 427, 430, 445, 451
탐착	396
택멸	75, 77, 198, 618, 736
택멸무위	693, 736
택법	679
토끼의 뿔	16, 27, 76, 612
통달위	642, 659, 690

[ㅍ]

평등성	282
평등성지	272, 282, 314, 317, 740, 743, 770
평등지	318
평정심	451
폭포수	158, 164, 184
표색	49
표업	50
품류	38

[ㅎ]

하계	130
하계의 4지위	433
하승	701
하지	466, 586, 589
하품	400
하하품	310
학질	227
항수전	113
항행불공무명	324, 328
해심밀	518
해심밀경	183, 683
해탈	11, 12, 323, 643
해탈경	311, 323
해탈도	717, 730, 743
해탈문	628
해탈신	675
해태	291, 292, 399, 455, 456
행사	389, 398, 404, 411, 451

행상	14, 120, 148, 211, 232, 246, 284, 305	화합된 형상	45
행상문	344	화합성	117
행지	576	환멸	176, 179
허공	14, 15, 21, 22, 75, 77, 122, 208, 223, 542, 618	환멸문	151, 186, 704
		환멸의 품류	179
허공의 꽃	200	환몽자	8
허깨비	20	환상	79
허망분별	521, 609	환생	242
현과	583	환영	616, 617
현관	696	환희지	642
현관변지제현관	670	회신멸지	733
현관인	665	회심	537
현관지	665	효동	292
현관지제현관	670	후념	566
현기	204, 211, 261, 534, 568	후득지	167, 317, 538, 623, 667, 672, 749
현량	23, 26, 27, 31, 44, 73, 126	후엄경	122, 127, 617
현량지	31, 32	후유	575
현색	49	후제	423
현양성교론	313, 364, 427	후지	488
현재유체	113	후취	535
현재전	213	후회	292, 444, 473, 474, 484
현전지	676, 702	후후생	572
현행	73, 105, , 177, 314, 532, 568, 613	훈발	604
현행훈종자	119, 251, 595	훈습	109, 229, 568
형상	6, 7, 24, 155	훈습력	8, 21, 22, 611
혜[慧]	290	흔아뢰야	192
혜변	706	희론	40, 621, 672
혜학	688	희망천(戱忘天)	270, 379
호마	100, 119, 195	희수	220, 303, 482
혹(惑)	245	희아뢰야	192
혼미	283		
혼침	291, 293, 295, 296, 401, 453	**[1]**	
화	28, 34	1기의 분위	69
화생	205	1분설	128
화신	766	1인론	32
화지부	191	1처4견	518
화합	24, 31, 553	10가지의 바라밀다	677

10가지의 수행	684	2과	587
10가지의 유색처	134	2교	321
10력	398, 649, 681, 760	2변제	736
10리중	195	2분설	128
10바라밀다	692	2선(禪)	233
10소수혹	329	2수면	646
10수번뇌	296	2습기	574
10승행	677	2승	110, 166, 172, 199, 310, 315, 318, 320, 401, 506, 602, 675, 692, 716
10인(因)	549, 555, 557, 564, 587		
10중장	692	2승의 극과	537
10지(支)	593	2승의 금강심	192
10지(地)	81, 168, 283, 545, 673, 675, 681, 692, 721	2우(愚)	694
		2인	556
10진여	718, 721	2장	102, 110, 111, 560
10처	253	2종성	641
10혹	439	2증과	738
11계	222	2지(地)	255
11근	364	2지(智)	763
12법	522	2취	286, 569, 652
12분교	641	2취	571
12유지	576, 582, 593	2취견	431
12처	7, 80, 253, 522, 638, 753, 758	2취의 습기	644
15계	752	2혹장	598, 624, 662, 671, 713, 722
15의처	564	20론	259
15처	549	21심소법	305
16행상	439	22근	97
18계	7, 80, 254, 638, 753	22법	741

18계	746
18불공불법	327
18선지(禪支)	376

[2]

2가지의 선정	493
2가지의 악견	439
2견도	669
2공	4, 5, 504, 638, 661, 718, 770
2공	167, 662

[3]

3가지의 소연	136
3가지의 속성	38
3가지의 악견	439
3계	95, 134, 191, 204, 206, 209, 222, 241, 333, 385, 396, 521, 551, 569, 603, 716
3계의 결과	206
3계의 과보	418
3계의 원인	206

3능변	513
3독심	459
3무루근	102, 546
3무성	635
3무심위	211
3법	773
3분설	128
3불신	773
3선근	457
3선정	505
3성	353, 385, 626
3성문	306
3성의	605
3세	192, 200, 384
3속성	26
3승	99, 165, 241, 244, 501, 716, 768
3승의 무학과	308
3승의 지과(智果)	532
3신	740, 760
3악취	193, 570, 574
3업	51, 570
3연	320, 566
3온	221
3위	267, 715
3유(有)	599
3유과(有果)	396
3유인(有因)	396
3인	577
3자성	181, 222 346, 605, 618, 635
3지(智)	725
3지위	311, 481
3체상	587
3품	419
3학	385, 686
3화합	142
3훈습	573
37조도품	650

[4]

4가지의 경계	378
4감정	305
4공처	500
4과	563
4구	681
4구분별	685
4근본번뇌	285, 306, 311, 323, 326
4기답	343
4대종	129, 133
4도	717
4무량심	650
4무색계	504
4무소외	760
4무애해	677, 706
4바라밀다	679
4방	43
4법	612
4부정	507
4분설	128
4상(相)	68
4생(生)	95, 204
4선(禪)	255, 504
4선근	658
4선근위	642
4섭법	650
4성제	438, 468, 625, 638
4식(識)	520
4식(食)	144
4심사관	652
4여실지관	652
4연	276, 549, 564
4열반	731
4온	215, 571
4위(位)	267, 316
4인	555
4인(忍)	666

4정단	58
4주지	647
4지(地)	723
4지(智)	757
4지관	666
4지품	742
4천(天)	270
4토(土)	740, 773
4혹	293, 313
40심위	642

[5]

51심소법	293
5개(蓋)	475
5견	418
5근	376
5력	376
5법	295, 481, 488, 620, 762
5변행	279, 288, 293
5별경	484
5색근	257, 342
5성각별	541
5수(受)	356
5승	751
5식	255
5심	483
5온	7, 13, 14, 53, 80, 186, 424, 491, 626, 638
5위(位)	222, 642, 690
5위무심	195, 271, 277, 475, 495
5유(唯)	26
5인	556, 563, 577
5전식	261, 715
5정거	498
5종성	99
5지(地)	255, 257
5진(塵)	280, 525
5처	221
5취	95, 178, 204
5취온	18, 19, 20, 192, 418, 422, 427, 594
500대겁	333, 500

[6]

6경	341, 746
6과보	155
6근	341, 551
6대	490
6도(度)	401
6도행	243
6리증	324
6바라밀	650
6번뇌	417
6법	620
6수번뇌	296
6식	746
6신통	678
6욕천	270
6위	352, 412, 490, 513,
6위의 심소법	528
6인	555
6전식	228, 230, 240, 333
6족론	377
6종자	154
6지(地)	506
6처	249, 264, 746
6현관	669
62견	422

[7]

7각지	376, 679
7보(寶)	54
7심계	222
7업도	52
7인	563, 586

7전식	158, 177, 195, 214, 227, 312, 566, 646
7종 분별	483
7지(地)	169, 506
7진여	619

[8]

8근	361
8심식	528
8인(因)	556
8인(忍)	666
8전(纏)	475
8정도	376, 488
8지(地) 이상	519
8지(地)	269, 319, 601
8지(智)	666

[9]

9근	546
9법	205, 296
9지(地)	134, 204, 222, 241, 333, 353, 474, 545, 716,
9품	716

이 만

철학 박사
동국대학교 명예교수

[학력]
- 동국대학교 불교학과 졸업
- 同 대학원 불교학과 석,박사과정 졸업

[경력]
- 동국대 경주 캠퍼스 불교학과 교수
  - 同 불교문화대학 학장
  - 同 불대문화대학원 원장
- 미국 캔사스주립대학교 교환교수
- 동명대학교 불교문화학과 객원교수

[저서]
- 『신라 태현의 유식사상 연구』(동쪽나라, 1989)
- 『유식학개론』(민족사, 1999)
- 『한국유식사상사』(장경각, 2000)
- 『신유식학개론』(경서원, 2006)
- 『불교문학과 사상』(부흥기획, 2001)

[번역]
- 『인식과 초월』(민족사, 1991)
- 『강좌대승불교 유식사상』(경서원, 1993)

[논문]
- 「법상관계 논소에 인용된 신라인의 찬술서」(불교학보 제27집, 1990)
- 「신라 의빈의 유식사상」(한국불교학 제17집, 1992)
- 「백제 의영의 유식사상」(한국불교학 제19집, 1994)
- 「신라의 불교의례와 발달」(불교학보 제55집, 2010) 등 60여 편

성유식론(成唯識論) 주해
마음의 구조와 작용

초 판 발 행 2016년 6월 16일
초 판 2쇄 2017년 9월 22일
초 판 3쇄 2021년 4월 2일

역   주 이 만
펴 낸 이 김성배
펴 낸 곳 도서출판 씨아이알

편 집 장 홍민정
책임편집 김동희
디 자 인 유현주, 윤미경
제작책임 김문갑

등록번호 제2-3285호
등 록 일 2001년 3월 19일
주   소 (04626) 서울특별시 중구 필동로8길 43(예장동 1-151)
전화번호 02-2275-8603(대표)
팩스번호 02-2265-9394
홈페이지 www.circom.co.kr

I S B N 979-11-5610-234-2 93220
정   가 38,000원

ⓒ 이 책의 내용을 저작권자의 허가 없이 무단 전재하거나 복제할 경우 저작권법에 의해 처벌될 수 있습니다.